누가복음

ESV 성경 해설 주석

편집자 주

- 성경의 문단과 절 구분은 ESV 성경의 구분을 기준하였습니다.
- 본문의 성경은 《성경전서 개역개정판》과 ESV 역을 주로 사용하였습니다.

ESV Expository Commentary: Luke
© 2021 Crossway
Originally published as *ESV Expository Commentary*, Volume 8: *Matthew-Luke*
Published by Crossway
a publishing ministry of Good News Publishers
Wheaton, Illinois 60187, U.S.A.

ESV EXPOSITORY COMMENTARY

누가복음

ESV 성경 해설 주석

토머스 R. 슈라이너 지음
홍병룡 옮김

국제제자훈련원

추천의 글

성경은 하나님의 생명의 맥박이다. 성경은 사망에서 생명으로 옮겨 주는 생명의 책이다. 성경은 하나님의 창조와 구원 디자인에 따라 삶을 풍요롭게 하는 생활의 책이다. 성경을 바로 이해하고 적용해서 그대로 살면 우선 내가 살고 또 남을 살릴 수 있다. '하나님의 생기'가 약동하는 성경을 바로 강해하면 성령을 통한 생명과 생활의 변화가 분출된다. 이번에 〈ESV 성경 해설 주석〉 시리즈가 나왔다. 미국 필라델피아 웨스트민스터신학교의 이언 두기드 교수와 남침례교신학교의 제임스 해밀턴 교수와 커버넌트신학교의 제이 스클라 교수 등이 편집했다. 학문이 뛰어나고 경험이 많은 신세대 목회자/신학자들이 대거 주석 집필에 동참했다. 일단 개혁주의 성경신학 교수들이 편집한 주석으로 신학적으로 건전하다. 〈ESV 성경 해설 주석〉은 또한 목회와 신앙생활 전반에 소중한 자료다. 성경 내용을 총체적으로 이해하고 적용한 주석으로 읽고 사용하기가 쉽게 되어 있다. 성경 각 권의 개요와 주제와 저자와 집필 연대, 문학 형태, 성경 전체와의 관계, 해석적 도전 등을 서론으로 정리한 후 구절마다 충실하게 주석해 두었다. 정금보다 더 값지고 꿀보다 더 달고 태양보다 더 밝은 성경 말씀을 개혁주의 성경 해석의 원리에 따라 탁월하게 해석하고 적용한 〈ESV 성경 해설 주석〉이 지구촌 각 교회 지도자들과 성도들에게 널리 읽혀서 생명과 생활의 변화를 통해 하나님의 영광이 극대화되기 바란다.

권성수 | 대구 동신교회 담임목사

〈ESV 성경 해설 주석〉은 미국의 건전한 개혁주의 전통에 서 있는 젊고 탁월한 학자들을 중심으로 집필된 해설 주석이다. 이 책은 매우 읽기 쉬운 주석임에도 세세한 부분까지 놓치지 않고 해설을 집필해 놓았다. 성경 전체를 아우르는 신학적 큰 그림을 견지하면서도 난제는 간결하고 핵심을 찌르듯 해설한다. 목회자들이나 성경을 연구하는 이들은 이 주석을 통해 성경 기자의 의도를 쉽게 파악하여 설교와 삶의 적용에 적절하게 활용할 수 있을 것이다.

김성수 | 고려신학대학원 구약학 교수

ESV 성경은 복음주의 학자들이 원문에 충실하게 현대 언어로 번역한다는 원칙으로 2001년에 출간된 성경이다. ESV 번역을 기초로 한 이 해설 주석은 성경 본문의 역사적 의미를 밝힘으로써, 독자가 하나님의 영감된 메시지를 발견하도록 도울 목적으로 기획되었다. 각 저자는 본문에 대한 학문적 논의에 근거하여 일반 독자가 이해하고 적용할 수 있도록 충실하게 안내하고 있다. 또한 성경 각 권에 대한 서론은 저자와 본문을 이해하는 데 큰 도움을 준다. 이 주석은 말씀을 사모하는 모든 사람들, 특별히 말씀을 선포하고 가르치는 책임을 맡은 이들에게 신뢰할 만하고 사용하기에 유익한 안내서다.

김영봉 | 와싱톤사귐의교회 담임목사

〈ESV 성경 해설 주석〉은 성경 해석의 정확성, 명료성, 간결성, 통합성을 두루 갖춘 '건실한 주석'이다. 단단한 문법적 분석의 토대 위에 문학적 테크닉을 따라 복음 스토리의 흐름을 잘 따라가며, 구약 본문과의 연관성 속에서 견고한 성경신학적 함의를 제시한다. 성경을 이해하는 데 관심 있는 일반 독자들은 이 책을 통해 최신 해석들을 접할 수 있으며, 설교자들은 영적 묵상과 현대적 적용에 통찰을 얻을 수 있을 것이다.

김정우 | 총신대학교 명예교수, 한국신학정보연구원 원장

〈ESV 성경 해설 주석〉은 단락 개요, 주석 그리고 응답의 구조로 전개되기 때문에 독자는 성경의 말씀들을 독자 자신의 영적 형편에 적합하게 적용할 수 있다. 특히 절 단위의 분절적인 주석이 아니라 각 단락을 하나의 이야기로 묶어 해석하기 때문에 본서는 성경이라는 전체 숲을 파악하는 데 더없이 유익하다. 목회자, 성경 교사, 그리고 성경 애호적인 평신도들에게 추천할 만하다.

김회권 | 숭실대학교 기독교학과 구약신학 교수

성경 주석의 가장 중요한 사명은 하나님의 말씀을 바르게 해석하고 오늘날 청중에게 유익하게 적용할 수 있도록 안내하는 일이다. 〈ESV 성경 해설 주석〉은 목회자와 성도 모두에게 성경에 새겨진 하나님의 마음을 읽게 함으로 진리의 샘물을 마시게 할 뿐 아니라 하나님을 더욱 사랑하는 마음을 불러일으킨다. 성경과 함께 〈ESV 성경 해설 주석〉을 곁에 두라. 목회자는 강단에 생명력 있는 설교에 도움을 얻을 것이고 일반 독자는 말씀을 더 깊이 깨닫는 기쁨을 누릴 것이다.

류응렬 | 와싱톤중앙장로교회 담임목사, 고든콘웰신학교 객원교수

주석들의 주석이 아니라 성경을 섬기는 주석을, 학자들만의 유희의 공간이 아니라 현장을 섬기는 주석을, 역사적 의미만이 아니라 역사 속의 의미와 오늘 여기를 향하는 의미를 고민하는 주석을, 기발함보다는 기본에 충실한 주석을 보고 싶었다. 그래서 책장 속에 진열되는 주석이 아니라 책상 위에 있어 늘 손이 가는 주석을 기다렸다. 학문성을 갖추면서도 말씀의 능력을 믿으며 쓰고, 은혜를 갈망하며 쓰고, 교회를 염두에 두고 쓴 주석을 기대했다. 〈ESV 성경 해설 주석〉은 나를 성경으로 돌아가게 하고 그 성경으로 설교하고 싶게 한다. 내가 가진 다른 주석들을 대체하지 않으면서도 가장 먼저 찾게 할 만큼 탄탄하고 적실하다. 현학과 현란을 내려놓고 수수하고 담백하게 성경 본문을 도드라지게 한다.

박대영 | 광주소명교회 책임목사, 《묵상과 설교》 편집장

또 하나의 주석을 접하며 무엇이 특별한가 하는 질문부터 하게 된다. 먼저 디테일하고 전문적인 주석과 학문적인 논의의 지루함을 면케 해주면서도 성경 본문의 흐름과 의미 그리고 중요한 주제의 핵심을 잘 파악하게 해 준다는 점을 들 수 있다. 그래서 분주한 사역과 삶으로 쫓기는 이들의 시간과 에너지를 절약해 준다는 이점이 있다. 또한 본문에 대한 충실한 해석뿐 아니라 그 적용까지 이끌어낼 수 있도록 돕는다는 점이 유익하다. 더불어 가독성이 뛰어나다는 점에서 설교를 준비하는 이들뿐 아니라 성경을 바로 이해하기 원하는 모든 교인들에게 적합한 주석이다.

박영돈 | 작은목자들교회 담임목사, 고려신학대학원 교의학 명예교수

성경이 질문하고 성경이 답변하게 하는 방법을 찾는 것은 이 시대에 성경을 연구하거나 가르치거나 설교하는 이들의 가장 큰 고민거리라고 할 수 있다. 그동안 접했던 많은 성경 주석서들은 내용이 너무 간략하거나 지나치게 방대했다. 〈ESV 성경 해설 주석〉은 이 시대의 목회자들뿐만 아니라 진리를 갈망하는 모든 신자들, 특히 제자

훈련을 경험하는 모든 동역자들에게 매우 신선하고 깊이 있는 영감을 공급하는 주석이다. 첫째, 해석이 매우 간결하고 담백하면서도 깊이가 있다. 둘째, 영어 성경과 대조해서 본문을 폭넓게 이해할 수 있다. 셋째, 성경 원어 이해를 돕기 위한 세심한 배려는 목회자뿐만 아니라 성경의 깊이를 탐구하는 모든 신앙인들에게도 큰 유익을 준다. 넷째, 이 한 권으로 충분할 수 있다. 성경이 말하기를 갈망하는 목회자의 서재뿐만 아니라 말씀을 사랑하는 모든 신앙인들의 거실과 믿음 안에서 자라나는 다음 세대의 공부방들도 〈ESV 성경 해설 주석〉이 선물하는 그 풍성한 말씀의 보고(寶庫)가 되기를 염원한다.

故 박정식 | 전 은혜의교회 담임목사

〈ESV 성경 해설 주석〉는 성경 본문을 통해 저자가 드러내기 원하는 사고의 흐름을 따라가면서 예수님을 중심으로 하는 구원계시사적 관점에서 친절히 해설한다. 《ESV 스터디 바이블》의 묘미를 맛본 분이라면, 이번 〈ESV 성경 해설 주석〉을 통해 복음에 충실한 개혁주의 해설 주석의 간명하고도 풍성한 진미를 기대해도 좋다. 설교자는 물론 성경을 진지하게 읽음으로 복음의 유익을 얻기 원하는 모든 크리스천에게 독자 친화적이며 목회 적용적인 이 주석 시리즈를 기쁘게 추천한다.

송영목 | 고신대학교 신학과 신약학 교수

일반 성도들이 성경을 읽을 때 곁에 두고 참고할 만한 자료가 의외로 많지 않다. 그런 점에서 〈ESV 성경 해설 주석〉이 한국에 소개되는 것을 매우 기쁘게 생각한다. 학술적이지 않으면서도 깊이가 있는 성경 강해를 명료하게 담아내고 있기 때문이다. 성경을 바르고 분명하게 이해하려는 모든 성도들에게 큰 도움이 되리라 확신하며 추천한다.

송태근 | 삼일교회 담임목사, 미셔널신학연구소 대표

본 시리즈는 장황한 문법적 · 구문론적 논의는 피하고 본문의 흐름을 따라 단락별로 본문의 핵심을 파악할 수 있도록 도와주는 매우 간결하고 효율적인 주석 시리즈다. 본 시리즈는 석의 과정에서 성경신학적으로 건전한 관점을 지향하면서도, 각 책의 고유한 신학적 특성을 드러내 보여주는 것도 소홀히 하지 않는다. 특히 본 시리즈는 목회자들이 설교를 준비할 때 본문 이해의 시발점으로 사용하기에 적절하며, 평신도들이 읽기에도 과히 어렵지 않은 독자 친화적 주석이다. 본 시리즈는 성경을 연구하는 모든 이들에게 매우 요긴한 동반자가 될 것이다.

양용의 | 에스라성경대학원대학교 신약학 교수

메시아적 시각을 평신도의 눈높이로 풀어낸 주석이다. 주석은 그저 어려운 책이라는 편견을 깨뜨리고 성경을 사랑하는 모든 이의 가슴 속으로 살갑게 파고든다. 좋은 책은 평생의 친구처럼 이야기를 듣고 들려주면서 함께 호흡한다는 점에서 〈ESV 성경 해설 주석〉은 가히 독보적이다. 깊이에서는 신학적이요, 통찰에서는 목회적이며, 영감에서는 말씀에 갈급한 모든 이들에게 열린 책이라고 할 수 있다. 서사적 구조와 시의 적절한 비유적 서술은 누구라도 마음의 빗장을 해제하고, 침실의 머리맡에 두면서 읽어도 좋을 만큼 영혼의 위로를 주면서도, 말씀이 주는 은혜로 새벽녘까지 심령을 사로잡을 것으로 믿는다. 비대면의 일상화 속에서 말씀을 가까이하는 모든 이들이 재산을 팔아 진주가 묻힌 밭을 사는 심정으로 사서 평생의 반려자처럼 품어야 할 책이다.

오정현 | 사랑의교회 담임목사, SaRang Global Academy 총장

〈ESV 성경 해설 주석〉 시리즈의 특징은 신학자나 목회자들에게도 도움이 되겠지만 평신도 지도자인 소그룹 인도자들의 성경본문 이해에 대한 통찰력을 제공한다. 건강한 교회의 공통분모인 소그룹 활성화를 위하여 인도자의 영적 양식은 물론 그룹원들의 일상을 새로운 각도에서 조명하는 원리를 찾아주는 데 도움을 준다. 서로 마음이 통하는 반가운 친구처럼 손 가까이 두고 싶은 책으로 추천하고 싶다.

오정호 | 새로남교회 담임목사, 제자훈련 목회자네트워크(CAL-NET) 이사장

〈ESV 성경 해설 주석〉은 내용이 충실하여 활용성이 높고, 문체와 편집이 돋보여 생동감을 주기에 충분하다. 이와 함께 본문의 의미를 최대한 살려내는 심오한 해석은 기존의 우수한 주석들과 어깨를 나란히 할 만큼 정교하다. 또한 본 시리즈는 성경 각 권을 주석함과 동시에 성경 전체를 관통하는 그리스도 중심의 구속사적 관점을 생생하게 적용함으로써 탁월함을 보인다. 설교자와 성경 연구자에게는 본문에 대한 알찬 주석을 제공한다는 차원에서 오아시스와 같고, 실용적인 주석을 기다려온 평신도들에게는 설명이 뛰어나다는 점에서 가장 이상적인 해설서로 적극 추천한다.

윤철원 | 서울신학대학원 신약학 교수, 한국신약학회 회장

설교자들은 늘 신학적으로 탄탄하면서도 성경신학적인 주석서가 목말랐다. 학문적으로 치우쳐 부담되거나 석의가 부실한 가벼운 주석서들과는 달리 〈ESV 성경 해설 주석〉은 깊이 있는 주해와 적용에 이르기까지 여러 면에서 균형을 고루 갖춘 해설 주석서다. 한국 교회 강단을 풍성케 할 역작으로 기대된다.

이규현 | 수영로교회 담임목사

ESV 성경은 원문을 최대한 살려서 가장 최근에 현대 영어로 번역한 성경이다. 100여 명의 대표적인 복음주의 학자와 목회자들로 구성된 팀이 만든 ESV 성경은 '단어의 정확성'과 문학적 우수성뿐만 아니라 그 의미를 깊이 있게 드러내는 영어 성경이다. 2001년에 출간된 이후 교회 지도자들과 수많은 교파와 기독교 단체에서 널리 사용되었고, 현재 전 세계 수백만의 그리스도인들이 사용하고 있다. 〈ESV 성경 해설 주석〉은 무엇보다 개관, 개요, 주석이 명료하고 탁월하다. 포스트모던 시대에도 진지한 강해설교를 고민하는 모든 목회자들과 성경공부 인도자들에게 마음을 다하여 추천하고 싶다. 이 책을 손에 잡은 모든 이들은 손에 하늘의 보물을 잡은 감사를 느끼게 될 것이다.

이동원 | 지구촌교회 원로목사, 지구촌 목회리더십센터 대표

〈ESV 성경 해설 주석〉은 '성경'을 '말씀'으로 대하는 신중함과 경건함이 부드럽지만 강렬하게 느껴지는 저술이다. 본문의 흐름과 배경을 알기 쉽게 보여주면서 본문의 핵심을 명확하게 제시하는 묘한 힘을 가지고 있다. 연구와 통찰을 질서 있고 조화롭게 제공하여 본문을 보는 안목을 깊게 해 주고, 말씀을 받아들이는 마음을 곧추세우게 해 준다. 주석서에서 기대하는 바가 한꺼번에 채워지는 느낌이다. 설교를 준비하는 목회자, 성경을 연구하는 신학생, 말씀으로 하나님을 만나려는 성도 모두에게 단비 같은 주석이다.

이진섭 | 에스라성경대학원대학교 신약학 교수

ESV 성경 간행에 이은 〈ESV 성경 해설 주석〉의 발간은 이 땅을 살아가는 '말씀의 사역자'들은 물론, 모든 '한 책의 백성'들에게 주어진 이중의 선물이다. 본서는 구속사에 대한 거시적 시각과 각 구절에 대한 미시적 통찰, 학자들을 위한 학술적 깊이와 설교자들을 위한 주해적 풀이, 그리고 본문에 대한 탁월한 설명과 현장에 대한 감동적인 적용을 다 아우르고 있는 성경의 '끝장 주석'이라 할 만하다.

전광식 | 고신대학교 신학과 교수, 전 고신대학교 총장

〈ESV 성경 해설 주석〉은 처음부터 그 목적을 분명히 하고 집필되었다. 자기 스스로 경건에 이르도록 성장하기 위해서, 또 다른 사람들을 가르치기 위해서, 성경을 진지하게 연구하는 모든 사람들에게 도움을 주기 위해서라고 밝힌다. 목사들에게는 목회에 유익한 주석이요, 성도들에게는 적용을 돕는 주석이다. 또 누구에게나 따뜻한 감동을 안겨주는, 그리하여 주석도 은혜가 된다는 것을 새삼 확인할 것이다. 학적인

주석을 의도하지 않았지만, 이 주석의 구성도 주목할 만하다. 한글과 영어로 된 본문, 단락 개관, 개요, 주해, 응답으로 구성되어 있다. 만약 신구약 한 질의 주석을 곁에 두길 원하는 성도라면, 〈ESV 성경 해설 주석〉 시리즈는 틀림없이 실망시키지 아니할 것이라고 확신한다.

정근두 | 울산교회 원로목사

말씀을 깊이 연구하는 일부의 사람들에게는 원어 주해가 도움이 되겠지만, 강단에 서는 설교자들에게는 오히려 해설 주석이 더 요긴하다. 〈ESV 성경 해설 주석〉은 본문 해설에 있어 정통 신학, 폭넓은 정보, 목회적 활용성, 그리고 적용에 초점을 두었다. 이 책은 한마디로 설교자를 위한 책이다. 헬라어나 히브리어에 능숙하지 않아도 친숙하게 성경 본문을 연구할 수 있다는 점에서 주변 목회자들에게 적극적으로 추천하고 싶다. 목회자가 아닌 일반 성도들도 깊고 풍성한 말씀에 대한 갈증이 있다면, 본 주석 시리즈를 참고할 것을 강력하게 권하고 싶다.

정성욱 | 덴버신학교 조직신학 교수

입고 있는 옷이 있어도 새 옷이 필요할 때가 있다. 기존의 것이 낡아서라기보다는 신상품의 맞춤식 매력이 탁월하기 때문이다. 〈ESV 성경 해설 주석〉 시리즈는 분주한 오늘의 목회자와 신학생뿐 아니라 성경교사 및 일반 그리스도인의 허기지고 목마른 영성의 시냇가에 심길 각종 푸르른 실과나무이자 물 댄 동산과도 같다. 실력으로 검증받은 젊은 저자들은 개혁/복음주의 신학과 신앙의 깊은 닻을 내리고, 성경 각 권의 구조와 문맥의 틀 안에서 저자의 의도를 핵심적으로 포착하여 침침했던 본문에 빛을 던져준다. 아울러 구속사적 관점 아래 그리스도 중심적 의미와 교회-설교-실천적 적용의 돛을 바라보게 함으로써 본문의 지평을 한층 더 활짝 열어준다. 한글/영어 대역으로 성경 본문이 제공된다는 점은 한국인 독자만이 누리는 보너스이리라. "좋은 주석은 두껍고 어렵지 않을까"라는 우려를 씻어주듯 이 시리즈 주석서는 적절한 분량으로 구성된 '착한 성경 해설서'라 불리는 데 손색이 없다. 한국 교회 성도의 말씀 묵상, 신학생의 성경 경외, 목회자의 바른 설교를 향상시키는 데 〈ESV 성경 해설 주석〉 시리즈만큼 각 사람에게 골고루 영향을 끼칠 주석은 찾기 어려울 듯싶다. 기쁨과 확신 가운데 추천할 수 있는 이유다.

허주 | 아세아연합신학대학교 신약학 교수, 한국복음주의신약학회 회장

〈ESV 성경 해설 주석〉은 정확무오한 하나님의 말씀을 전하는 설교자와 전도자들에게 훌륭한 참고서다. 성경적으로 건전하고 신학적으로 충실할 뿐 아니라 목회 현장에 실질적인 도움이 된다. 나 또한 나의 설교와 가르침의 사역에 활용할 수 있기를 고대한다.

대니얼 에이킨 (Daniel L. Akin) | 사우스이스턴침례신학교 총장

하나님은 그의 아들에 대해 아는 것으로 모든 열방을 축복하시려는 영원하고 세계적인 계획을 그의 말씀을 통해 드러내신다. 이 주석이 출간되어 교회들이 활용할 수 있게 된 것만으로 행복하고, 성경에 대한 명확한 해설로 말미암아 충실하게 이해할 수 있게 해 준 것은 열방에 대한 축복이다. 물이 바다를 덮음같이 하나님의 영광에 대한 지식이 온 땅에 충만해지는데 이 주석이 사용되길 바란다.

이언 추 (Ian Chew) | 목사, 싱가포르 케이포로드침례교회

〈ESV 성경 해설 주석〉은 탁월한 성경 해설과 깊이 있는 성경신학에 바탕한 보물 같은 주석이다. 수준 높은 학구적 자료를 찾는 독자들뿐만 아니라 읽기 쉽고 이해하기 쉽도록 잘 정리된 주석을 원하는 사람들에게도 적합하다. 목회자, 성경교사, 신학생들에게 이 귀한 주석이 큰 도움이 되고 믿을 수 있는 길잡이가 되리라 확신한다.

데이비드 도커리 (David S. Dockery) | 사우스웨스턴침례신학교 석좌교수

대단한 주석! 성경을 배우는 모든 학생들에게 도움이 될 수 있도록 최고 수준의 학자들이 성경의 정수를 정리하여 접근성을 높여서 빠르게 참고하기에 이상적인 주석이다. 나 또한 설교 준비와 성경 연구에 자주 참고하고 있다.

아지스 페르난도 (Ajith Fernando) | 스리랑카 YFC 교육이사, *Discipling in a Multicultural World* 저자

〈ESV 성경 해설 주석〉은 성경교사들의 기초 자료로서 활용성 높은 최고의 주석 중 하나다. 일반 독자들도 쉽게 이해할 수 있는 동시에 강해설교가들에게 충분한 배움을 제공한다. 이 주석 시리즈는 성경을 제대로 배우고자 하는 전 세계 신학생들에게도 표준 참고서가 될 것이다.

필립 라이켄 (Philip Graham Ryken) | 휘튼칼리지 총장

〈ESV 성경 해설 주석〉에 대하여

성경은 생명으로 맥동한다. 성령은 믿음으로 성경을 읽고 소화해서 말씀대로 살아가는 사람들에게 맥동하는 생명력을 전해 준다. 하나님께서 성경 안에 자신을 계시하셨기 때문에 성경은 꿀보다 달고 금보다 귀하며, 모든 부(富)보다 가치 있다. 주님은 온 세상을 위해 생명의 말씀인 성경을 자신의 교회에 맡기셨다.

또한 주님은 교회에 교사들을 세우셔서 하나님의 말씀이 무엇을 의미하는지를 설명해 주고 각 세대에 어떻게 적용해야 하는지를 분명하게 보여주도록 하셨다. 우리는 이 주석이 하나님의 말씀을 진지하게 공부하는 모든 사람들, 즉 다른 사람들에게 가르치기 위해 성경을 연구하는 사람들과 스스로 경건에 이르도록 성장하기 위해 성경을 공부하는 사람들에게 큰 유익을 주길 기도한다. 우리의 목표는 성경 본문을 그리스도 중심적으로 명료하고 뚜렷하게 설명하는 것이다. 모든 성경은 그리스도에 대해 말하고 있으며(눅 24:27), 우리는 성경의 각 책이 우리가 "예수 그리스도의 얼굴에 있는 하나님의 영광을 아는 빛"(고후 4:6)을 보도록 어떻게 돕고 있는지 알려주길 원한다. 그런 목표를 이루고자 이 주석 시리즈를 집필하는 저자들에게 다음과 같은 원칙을 제시했다.

- 올바른 석의를 토대로 한 주석 성경 본문에 나타나 있는 사고의 흐름과 추론 방식을 충실하게 따를 것.
- 철저하게 성경신학적인 주석 성경은 다양한 내용들을 다루지만, 그리스도 안에서 완성된 구속이라는 단일한 주제를 말하고 있다는 점에서 성경 전체를 하나의 통일된 관점으로 볼 수 있게 할 것.
- 전 세계를 대상으로 한 주석 성경과 신학적으로 신뢰할 만한 자료들을 가능한 한 많은 사람들에게 공급하겠다는 크로스웨이(Crossway)의 선교 목적에 맞게 전 세계 독자들이 공감하고 필요로 하는 주석으로 집필할 것.
- 폭넓은 개혁주의 주석 종교개혁의 역사적 흐름 안에서 오직 은혜와 오직 믿음으로 말미암아 오직 그리스도 안에서 오직 성경의 가르침을 따라 오직 하나님의 영광을 위한 구원을 천명하고, 큰 죄인에게 큰 은혜를 베푸신 크신 하나님을 높일 것.
- 교리 친화적인 주석 신학적 담론도 중요하므로 역사적 또는 오늘날 신학적으로 중요한 문제들과 성경 본문에 대한 주석을 서로 연결하여 적절하고 함축성 있게 다룰 것.
- 목회에 유익한 주석 문법적이거나 구문론적인 긴 논쟁을 피하고, 하나님을 경외하는 마음으로 '성경 본문 아래 앉아' 경청하게 할 것.
- 적용을 염두에 둔 주석 오늘날 서구권은 물론이고 그 밖의 다른 세계에서 살아가는 사람들이 처한 상황과 성경 본문이 어떻게 연결되는지를 간결하면서도 일관되게 제시할 것(이 주석은 전 세계 다양한 상황 가운데 살아가는 사람들을 대상으로 하기 때문에).
- 간결하면서도 핵심을 찌르는 주석 성경에 나오는 단어들을 일일이 분석하는 대신, 본문의 흐름을 짚어내서 간결한 언어로 생동감 있게 강해할 것.

이 주석서에서 기본적으로 사용한 영역 성경은 ESV이지만, 집필자들에게 원어 성경을 참조해서 강해와 주석을 집필하도록 요청했다. 또한 무조건 ESV 성경 번역자들의 결해(結解)를 따르라고 요구하지도 않았다.

인간이 세운 문명은 시간이 흐르면 무너져서 폐허가 되지만, 하나님의 말씀은 영원히 서 있다. 우리 또한 바로 그 말씀 위에 서 있다. 성경의 위대한 진리들은 시간과 공간을 뛰어넘어 말하고, 우리의 목표는 전 세계적으로 적용될 수 있는 방식으로 그 진리들을 전하는 것이다.

하나님께서 자신의 말씀을 연구하는 일에 복을 주시고, 그 말씀을 강해하고 설명하려는 이 시도에 흡족해 하시기를 기도한다.

차례

약어표

참고 자료 I

1QM	War Scroll
1QSa	Rule of the Congregation (appendix a to 1QS)
4QFlor	Florilegium, or Midrash on Eschatology
AB	Anchor Bible
BDAG	Bauer, W., F. W. Danker, W. F. Arndt, and F. W. Gingrich. *A Greek-English Lexicon of the New Testament and Other Early Christian Literature.* 3rd ed. Chicago: University of Chicago Press, 1999.
BECNT	Baker Exegetical Commentary on the New Testament
BZNW	Beihefte zur Zeitschrift für die neutestamentliche Wissenschaft
HTS	Harvard Theological Studies
IVPNTC	IVP New Testament Commentary Series
JBL	*Journal of Biblical Literature*
JTS	*Journal of Theological Studies*
NAC	New American Commentary
NICNT	New International Commentary on the New Testament
NIGTC	New International Greek Testament Commentary
PNTC	Pillar New Testament Commentary
SBJT	*Southern Baptist Journal of Theology*
TJ	*Trinity Journal*
TTT	Teach the Text Commentary Series
ZECNT	Zondervan Exegetical Commentary on the New Testament

성경 |

구약 ▶

창	창세기
출	출애굽기
레	레위기
민	민수기
신	신명기
수	여호수아
삿	사사기
룻	룻기
삼상	사무엘상
삼하	사무엘하
왕상	열왕기상
왕하	열왕기하
대상	역대상
대하	역대하
스	에스라
느	느헤미야
에	에스더
욥	욥기
시	시편
잠	잠언
전	전도서
아	아가
사	이사야
렘	예레미야
애	예레미야애가
겔	에스겔
단	다니엘
호	호세아
욜	요엘
암	아모스
옵	오바댜
욘	요나
미	미가
나	나훔
합	하박국
습	스바냐
학	학개
슥	스가랴
말	말라기

신약 ▶

마	마태복음
막	마가복음
눅	누가복음
요	요한복음
행	사도행전
롬	로마서
고전	고린도전서
고후	고린도후서
갈	갈라디아서
엡	에베소서
빌	빌립보서
골	골로새서
살전	데살로니가전서
살후	데살로니가후서
딤전	디모데전서
딤후	디모데후서
딛	디도서
몬	빌레몬서
히	히브리서
약	야고보서
벧전	베드로전서
벧후	베드로후서
요일	요한일서
요이	요한이서
요삼	요한삼서
유	유다서
계	요한계시록

ESV Expository Commentary

Luke

누가복음 서론

개관

누가복음은 예수님의 탄생에서 갈릴리 사역을 거쳐 죽음과 부활과 승천을 클라이맥스로 하는 예루살렘으로의 여정에 이르는 그분의 생애 이야기를 들려준다.[1] 달리 말하면 이 복음서는 하나님께서 언약을 성취하신 경위, 즉 예수 그리스도라는 인물을 통해 하나님 나라가 도래했다는 것을 말해준다. 성령의 기름 부음을 받은 메시아, 인자 그리고 하나님의 아들인 예수님은 십자가와 부활을 통해 가난한 자, 버림받은 자, 회개하고 복음을 믿어 하나님께 돌아오는 모든 자, 곧 그분의 제자들에게 구원을 베풀기 위해 오신다.[2]

1 이 주석은 반(半)대중적인 수준으로 쓰였다. 필자는 이 복음서에 대해 나름대로 생각하면서 상당 기간에 걸쳐 읽은 여러 주석에 빚을 졌다(참고문헌을 보라). 필자는 일찍이 신학자 초창기에 더 짧은 누가복음 주석을 쓴 적이 있으나, 이 주석은 각주가 보여주듯이 주로 대럴 복(Darrell Bock)과 데이비드 갈런드(David Garland)에게 많은 도움을 받았다. 필자의 해설을 먼저 쓴 다음에 이 두 저자의 주석을 참고했다.

2 박사과정 학생인 엘리아스 코예 스틸 4세가 이 주석서의 응답 부분에 나오는 많은 각주를 추적해준 것에 감사를 표한다.

저자

'누가에 따른 복음'(the Gospel according to Luke)이라 불리는 이 책의 저자는 이 복음서에 직접 이름이 나오지 않고, 자신이 이 사건들의 목격자가 아니라고 말한다(1:2). 전통적으로 이 복음서의 저자는 누가로 알려져 있다. 일부 학자는 누가의 저작권에 대해 의심을 표명하지만, 누가를 저자로 생각할 만한 타당한 이유들이 있다. 이 복음서를 누가의 저작으로 보고 이 셋째 복음에 붙인 제목은 주후 2세기 초에 존재했던 것으로 보이고, 이는 누가가 셋째 복음을 썼다는 초기의 증거가 될 수 있다.

우리는 셋째 복음의 저자가 사도행전도 집필했다는 것을 주목해야 한다. 나중에 사도행전에 나오는 "우리"라는 구절을 고려할 때 이것이 왜 중요한지 살펴볼 것이다. 셋째 복음과 사도행전이 동일한 저자에 의해 쓰였다는 것을 뒷받침하는 요인은 많다. 첫째, 두 책 모두 동일한 인물, 데오빌로에게 헌정되었다(눅 1:3; 행 1:1). 둘째, 사도행전 1:1이 "첫 번째 책"(새번역)을 언급함으로써 사도행전이 두 권짜리 저술의 두 번째 책에 해당한다는 것을 보여준다. 셋째, 두 책의 언어와 양식이 상당히 비슷하다. 넷째, 두 책이 성령에 대한 강조, 이방인의 포용, 구원 역사의 성취 등 많은 주제를 공유한다. 다섯째, 사도행전 1:1-11은 명백히 누가복음 24장이 멈추는 지점에서 시작한다. 그 지점은 예수님의 승천(눅 24:51; 행 1:2, 9-11), 부활(눅 24장; 행 1:3) 그리고 제자들이 성령 부음을 받을 때까지 예루살렘에 머무는 모습(눅 24:49; 행 1:4-5, 8)을 언급하는 구절들이다.

누가의 저작권은 변함없이 셋째 복음을 의사인 누가의 저서로 보는 초기 교회 전통의 지지를 받는다. 누가라는 이름이 신약성경에 세 번밖에 나오지 않는 것(골 4:14; 딤후 4:11; 몬 1:24)을 보면, 그가 유명 인물인 듯 두드러지게 등장하지 않는 것을 알 수 있다. 그가 잘 알려진 것은 신약성경에 그 이름이 나와서가 아니라 셋째 복음과 사도행전을 그의 저술로 보기 때문이다. 초기 교회가, 누가가 유명했기 때문에 이 복음서를 그의 저술로 본 것이 아니라는 점은 누가의 저작권을 지지하는 중요한 논증이다. 사실 이 복음서는 신약에 나오는 부차적 인물의 저서로 간주되는데, 이는 누가가 그 저자라는 생각을 뒷받침한다. 현존하는 이 복음서의 제목들 중 가장 초창기의 것에 누가의 이름이 있다. 2세기에 작성된 무라토리 정경(Muratorian Canon) 역시 누가가 셋째 복음을 썼으며, 그는 바울의 동료였다고 전한다. 2세기 후반에 기록된 익명의 반(反)마르키온 서문(Anti-Marcionite prologue)은 누가를 시리아 안디옥 출신의 의사라고 밝히며, 84세까지 살았고 바울의 추종자였다고 알려준다. 이레니우스(Irenaeus) 역시 셋째 복음을 바울을 따르며 바울과 함께 복음을 전했던 누가의 저서로 여긴다[이단 논박(*Against Heresies*) 3.1.1; 3.14.1]. 터툴리안(Tertullian)도 누가는 바울의 동료였다고 말하면서 셋째 복음의 저자가 누가라고 한다[반마르키온(*Against Marcion*) 4.2]. 초기 파피루스 P^{72}(주후 200년경)는 이 복음서를 '누가에 따른' 복음이라고 부른다. 알렉산드리아의 클레멘트(Clement of Alexandria)도 누가를 저자로 간주한다[잡문집(*Miscellanies*) 5.12.82]. 오리겐(Origen) 역시 누가가 이방인을 위해 쓴 복음서라며 누가복음의 저자를 누가로 밝힌다[유세비우스(Eusebius), 교회사(*Ecclesiastical History*) 6.25.5]. 유세비우스는 누가복음과 사도행전 모두 누가의 저서며 그는 안디옥 출신의 의사였다고 말한다(교회사 3.4.6). 호바트(Hobart)는 전문적인 의학 용어가 사용되었다는 이유로 의사인 누가가 저자라는 생각을 지지한다.[3] 하지만 캐드버리(Cadbury)는 전문적인 의학 용어가 이 복음서에 나온다는 의견을 반박한다.[4] 물론 그런 주장이 누가가 의사였다는 생각을 부인하는 것은 아니다. 단지 누가가 이 복음서에서 독특한 의학 용어를 사용하지는 않는다고 주장할 따름이다.

누가복음과 사도행전이 동일한 저자의 저술임을 감안하면, 누가의 저작

3 W. K. Hobart, *The Medical Languages of St. Luke* (1882, repr. Grand Rapids, MI: Baker, 1954).

4 H. J. Cadbury, *The Style and Literary Method of Luke*, HTS 6 (Cambridge, MA: Harvard University Press, 1919-1920); Cadbury, "Lexical Notes on Luke-Acts, II: Recent Arguments for Medical Language," *JBL* 45/1 (1926): 190-209.

권에 대한 증거를 사도행전에서 추론할 수도 있다. 그런 결론은 사도행전에 나오는 유명한 '우리' 구절, 즉 저자가 일인칭 복수형을 사용하는 텍스트들로부터 이끌어낼 수 있다(행 16:10-17; 20:5-16; 21:1-18; 27:1-28:16). 일인칭 복수형은 그 구절들에서 일어나는 사건에 저자가 참여한 경우를 가리킨다고 결론짓는 것이 자연스럽다. 일부 학자는 일인칭 복수형이 박진감을 주기 위한 수단이라고 생각하지만, 만일 그렇다면 저자가 그것을 왜 더 많이 사용하지 않는지에 답할 수 없기 때문에 그런 견해는 별로 만족스럽지 못하다. 우리는 '우리' 구절 바깥에 기록된 사건들에 등장하는 사람은 누구든지 사도행전의 저자군(群)에서 제외시킬 수 있다. 누가는 교회 전통과 잘 들어맞는 우선적인 후보 중 하나로 떠오른다(다른 유일한 후보는 디도일 것이다). 또 하나의 중요한 사실이 있다. 사도행전에 나오는 '우리' 대목들의 시대와 동떨어진 시기에 쓰인 바울의 편지들에는 누가의 이름이 생략되는 반면, 바울이 로마에서 쓴 것으로 추정되는 편지들(골 4:14; 몬 1:24), 즉 누가가 바울과 함께 있었던 시기(행 27-28장)에 쓴 편지들에는 누가가 언급된다는 사실이다. 일부 학자는 누가가 유대인이었다고 생각하지만, 골로새서에 나오는 언급들은 누가가 이방인이라는 견해를 지지한다.[5] 요컨대 누가가 사도행전과 더불어 셋째 복음의 저자였다고 생각할 만한 타당한 이유들이 있다.

저작 연대와 배경

누가복음의 저작 연대를 확실히 말하기는 어렵다. 일부 학자는 그 연대를 2세기로 추정하지만 대다수는 주후 75-90년으로 잡는다. 이에 대한 논거

5 예. David E. Garland, *Luke*, ZECNT (Grand Rapids, MI: Zondervan, 2011), 23-24.《강해로 푸는 누가복음》(디모데).

는 여럿 있다. (1) 누가가 주후 70년에 일어난 예루살렘의 함락을 뒤돌아 보는 것으로 추정된다. (2) 주후 60년에 쓰인 것으로 추정되는 마가복음을 사용한다. (3) 그보다 앞서 나름의 내러티브를 편찬한 '다수'를 거론하므로, 그의 복음서는 더 늦은 시기로 잡아야 한다. (4) 이 책의 신학은 초기의 보편적 성격을 띠고 있기 때문에 더 늦은 시기에 쓰인 것이 틀림없다.

저작 연대가 더 늦을 수도 있지만, 필자는 다음의 이유들로 인해 이 복음서가 주후 60년대 초에 기록된 것이라고 제안한다. 비록 다음 이유들 가운데 어느 것도 그처럼 이른 시기임을 증명할 수는 없지만 말이다. 그래서 이른 시기를 주장하는 입장은 결정적인 것이 아니라 암시적인 성격을 지닌다. (1) 예루살렘의 함락(주후 70년)에 대한 언급이 없다. (2) 누가복음과 사도행전 둘 다 로마에서 일어난 네로의 박해(주후 64년)를 전혀 거론하지 않는다. (3) 누가는 사도행전에서 주후 62년에 일어난 야고보의 죽음 또는 60년대 후반에 일어난 바울의 죽음에 대한 언급을 빠뜨린다. (4) 마가가 그의 복음서를 주후 50년대 혹은 60년대 초에 기록했을 수 있기에, 누가 역시 60년대 초에서 중반 사이에 썼을 것이다.

누가가 여러 자료를 사용했다는 것은 이 복음서의 서문에 분명히 나온다(1:1-4). 그는 다른 많은 사람이 복음 전통에 대한 기사를 써왔고 이 전통들이 교회에 전수되었다고 말한다. 누가는 구체적으로 "이 모든 일을 처음부터 자세히 조사해 보았[다]"(1:3, 현대인의성경)고 말함으로써 그가 쓸 만한 정보들을 철저히 가려냈다는 것을 보여준다. 그러면 누가는 어떤 자료들을 사용했을까? 이는 물론 추측의 문제인 만큼 독단론은 배제되어야 한다.

그래도 대다수의 신약 학자들은 누가가 그의 복음서를 쓸 때 마가복음을 사용했다는 것에 동의한다(이 이론에 강하게 반대하는 학자들이 다수 있지만). 그 이유는 마가복음의 상당한 부분이(종종 마가의 표현을 그대로 반영하는 부분을 포함한) 누가복음에서 사용되는 점에 있다. 물론 이 논거는 누가가 먼저 기록했다는 견해를 지지할 수도 있으나 다양한 이유로 인해 그 가능성은 희박하다.

아울러 누가와 마태 모두 기록된 문서 또는 구전으로 구성된 어떤 공통 자료를 사용했을 수도 있다. 이 자료는 'Q'('근원'이라는 뜻의 독일어 Quelle에서 유래한)라고 불린다. 안타깝게도 Q는 잔존하지 못했고 어쩌면 기록된 형태로 존재한 적이 없었을지도 모른다. 마태복음과 누가복음에는 나오지만 마가복음에 나오지 않는 구절은 약 230구절이다. 어떤 공통 자료가 존재할 가능성이 있는 이유는, 누가복음과 마태복음이 공유하는 이 전통의 글귀가 놀랄 만큼 비슷하고 때로는 정확히 일치하기 때문이다. 그런데 글귀가 그토록 비슷하다면, 어쩌면 누가가 마태로부터 직접 빌려왔을 수도 있지 않을까(극소수의 학자는 마태가 누가로부터 빌려왔다고 생각한다)? 하지만 그랬을 가능성은 희박하다. 누가는 마태가 쓰는 글귀를 똑같이 사용하는 경우에도 그것을 전혀 다른 맥락에 두기 때문이다. 누가가 똑같은 글귀의 위치를 바꿔놓았거나 마태가 치밀하게 구성한 산상 설교(마 5-7장)를 분해했을 가능성은 매우 희박하다. 그러므로 누가와 마태가 상대방의 복음서에 직접 의존하지 않은 채 어떤 공통 자료를 사용했고 또 각색했을 가능성이 가장 크다. 우리로서는 그 자료가 구전이었는지 문서였는지는 알 수 없지만 말이다.

끝으로, 누가복음에서 마가복음이나 Q에 의존하지 않는 자료가 나오면 보통 'L.'이라는 딱지를 붙인다. 이는 누가에게 정보의 다른 출처가 있었다는 것을 가리키는 편리한 방법이다. 그런 출처가 얼마나 많았는지는 도무지 알 수 없다.

누가가 예수님의 어머니 마리아, 세례 요한의 제자들, 마나엔(초기 제자, 참고. 행 13:1), 글로바(눅 24:18) 또는 다른 이들로부터 정보를 받았을 가능성도 배제해서는 안 된다. 다수의 신약 학자들은 누가가 이런 인물들 중 누군가에게 의존했다는 것을 의심한다. 그러나 누가가 예수님의 말씀을 듣고 직접 목격했던, 당시에 살아 있던 사람들을 만나러 와서 그분에 관해 이야기했을 가능성은 충분히 있다. 당시의 다른 연구자도 그렇게 했을 것이다. 초기 교부였던 2세기의 파피아스(Papias)가 분명히 밝히듯이(유세비우스, 교회사 3.39.3-4), 고대 세계에서는 그런 절차를 높이 평가했다.

일부 학자는 이렇게 주장하기도 한다. 누가가 자료들을 사용한 방식을 보면, 그의 저술에 역사적 신빙성이 결여되고 있고, 실제로 일어난 사건들을 전하기 위해서가 아니라 교회에 유익을 주고 자신의 신학을 제의하기 위해 글을 쓰고 있다는 것이다. 이에 대해 우리가 염두에 두어야 할 것이 있다. 첫째, 그런 입장은 누가가 이 복음서의 서문(1:1-4)에서 말하는 그의 목적, 즉 정확성을 그의 관심사 중 하나로 삼는다는 점과 상충된다. 둘째, 유익을 주는 것과 신학을 역사와 대립시키는 것은 방법론적으로 결함이 있다. 모든 역사 서술이 어느 정도 해석의 성격을 지니는 것은 저자들이 어떤 주제를 강조할지 선택해야 하기 때문이다. 물론 누가는 독특한 신학을 갖고 있지만, 저자가 그처럼 해석적 선택과 발표를 한다고 해서 역사적 신빙성이 없다고 결론짓는 것은 논리적으로 무리가 있다. 이와 동일한 논점을 유익을 주는 것에도 적용할 수 있다. 말하자면 실제로 발생한 사건들이 유익을 주는 것일 수도 있다는 뜻이다.

셋째, 누가가 마가복음을 사용한 방식(가장 흔한 이론)은 그가 역사적 정확성에 관심이 있었다는 것을 보여준다. 예컨대 누가와 마가가 공유하는 예수님의 말씀은 보통 사소한 차이밖에 없다. 현대 독자는 고대의 저자가 항상 정확한 말의 내용에 관심이 있었던 것은 아니라는 점을 기억해야 한다. 누가는 때때로 예수님의 말씀과 행동을 바꾸어 표현하는 데 만족할 것이다. 그런 환언이 부정확하다고 말할 수 있는 경우는 실제로 일어난 일에 대해 독자를 속일 경우뿐이다. 누가는 예수님 말씀의 복사판을 제공한 것이 아니고 자유롭게 그 말씀을 지어낸 것도 아니다. 오히려 일어난 사건을 그 자신의 양식으로 기록할 자유가 있다고 느낀 것이 분명하다. 끝으로, 누가의 이야기가 다른 공관복음들과 다른 경우에는 그 가운데 어느 것도 모든 것을 망라한다고 주장하지 않는다는 것을 상기할 필요가 있다. 따라서 우리는 어느 복음서 저자에게도 모든 이야기를 다 들려달라고 요구하면 안 된다. 우리가 복음서를 읽을 때 제기하는 역사성에 관한 모든 질문은 결코 응답받을 수 없을 것이다. 그러나 우리가 겸손하고 또 성경의 영감을 믿는다면 저자의 말을 믿어주는 것이 좋다.

장르와 문학적 특징

앞에서 세 편의 공관복음서(마태복음, 마가복음, 누가복음)가 밀접한 관계를 갖고 있다고 말했다. 여기서는 누가복음이 지닌 독특한 요소들을 주목하고, 누가복음이 다른 두 복음과 다른 몇 가지 특징을 살펴볼까 한다. 물론 셋째 복음서의 독특한 요소들은 나중에 누가의 신학에서 다룰 것이다. 누가의 역사적 관심은 이 복음서의 서문(1:1-4)에서 이야기가 시작될 때 나타난다. 그가 데오빌로에게 글을 쓰는 것은 그토록 신중하게 연구한 '내러티브'(1:1)의 진실을 알게 하기 위해서다. 그 이야기는 헤롯 대왕의 통치하에 일어나는 사건들과 함께 시작된다(1:5). 누가는 또한 독자들에게 당시에 직책을 맡은 정치 및 종교 지도자들에 관해 알려줌으로써 세례 요한 사역의 출범에 대한 역사적 맥락을 제공한다(3:1-2). 누가의 역사적 관심은 이 복음서에 국한되지 않고 사도행전까지 계속 이어진다.

누가가 쓴 예수님의 어린 시절 이야기들(1:5-2:52)은 마태복음과 확연한 차이가 있다. 누가는 세례 요한의 출생과 그의 부모인 엘리사벳과 사가랴의 경험에 초점을 맞춘다. 그와 동시에 마태복음과 대조적으로 예수님의 탄생에 대한 마리아의 관점을 크게 다루는 만큼, 가브리엘이 마리아에게 나타난 장면, 엘리사벳을 방문한 일, 그녀의 찬송, 당시에 들은 내용과 일어난 일을 마음속에 간직하는 모습 등에 관해 다룬다. 누가는 또한 아우구스투스가 명한 인구 조사가 계기가 된 예수님의 베들레헴 탄생에 관한 이야기를 들려준다. 그와 동시에 오직 누가만 예수님의 탄생이 목자들에게 알려진 것과 그들의 방문에 대해 이야기한다. 이와 같이 예수님이 성전에서 봉헌되는 장면과 시므온과 안나의 말에 관한 이야기도 누가복음에만 나온다. 끝으로, 누가가 들려주는 어린 시절 이야기에만 예수님이 유월절을 맞이하여 부모와 함께 예루살렘에 갔다가 뒤에 남아 성전에서 종교 지도자들과 대화를 나눈 이야기가 있다. 잠시 어린 시절 이야기를 남겨두면, 누가의 족보(3:23-38)가 마태복음 1:1-17에 나오는 족보와 다르다는 것도 알게 된다.

누가복음의 구조는 추적하기가 어렵다. 그 이야기가 사건들, 가르침 그리고 비유들과 섞여서 약간 느슨하게 구성되어 있기 때문이며, 특히 9:51-19:27이 그렇다. 이 복음서의 구조는 마태복음처럼 깔끔하고 명쾌하지 않고, 마가복음의 전반적인 구조 역시 누가복음보다 더 분명하다. 그래도 우리가 알아볼 수 있는 개요가 있으므로 이는 주석에서 설명할 예정이다. 이야기가 어디로 진행되는지는 누가복음 9:51에서 19:27에 이르는 부분이 특히 어렵지만, 그 텍스트를 면밀히 관찰하면 예수님이 고난당하고, 죽고, 다시 일으킴을 받기 위해 예루살렘으로 천천히 이동하시는 모습을 볼 수 있다. 이 복음서에서 예수님은 땅에서 하늘로 여행하신다. 그분은 베들레헴에서 태어나서, 갈릴리에서 사역하고, 고난당하고 죽기 위해 예루살렘을 향해 움직인 후, 죽음에서 다시 살아나서 하늘에 계신 하나님께로 되돌아가신다. 이 여행 내러티브는 또한 신자들에게 그분의 제자가 된다는 것이 무슨 뜻인지를 가르쳐준다.

누가의 평지 설교(6:17-49)는 마태의 산상 설교(마 5:1-7:29)와 많은 특징을 공유하지만, 누가는 그 설교가 "평지에[서]"(눅 6:17) 하신 것이라고 말하면서 복(福)과 화(禍)를 모두 포함시킨다(20-26절). 아울러 예수님이 부활 후 엠마오로 걸어가시는 이야기는 다른 곳에서 반복되지 않는데, 누가의 내레이터 기술이 그 이야기에 뚜렷이 나타난다(24:13-35). 이와 마찬가지로 부활 이후 마지막 출현, 제자들에게 사명을 주시는 모습, 예수님의 승천 장면 역시 누가 특유의 색채가 나타난다(24:36-53).

누가복음은 또한 다른 복음서들에 나오지 않는 독특한 비유들을 담고 있다. 예컨대 선한 사마리아인의 비유(10:25-37), 한밤중에 찾아온 친구의 비유(11:5-8), 은퇴를 계획하는 부자의 비유(12:15-21), 잃어버린 양과 잃어버린 동전과 잃어버린 두 아들의 비유(15:3-32), 불의한 청지기의 비유(16:1-13), 부자와 나사로의 비유(16:19-31), 불의한 재판관과 과부의 비유(18:1-8) 그리고 바리새인과 세리의 비유(18:9-14) 등이다.

누가는 세상에서 하찮은 사람들, 보잘것없는 사람들에게 특별한 관심이 있다. 누가는 부자와 권력자 또는 C. S. 루이스(C. S. Lewis)가 '핵심층'(inner ring, 권력의 회랑)이라 부르는 자들에게 무시당하는 이들에 대한 예수님의 관심을 기록한다. 또한 여성에 대한 관심이 눈에 띄는데, 예수님의 탄생 이야기도 마리아의 관점에서 들려준다(1:26-2:52). 어쩌면 누가가 이런 이야기들을 마리아로부터 직접 들었을 수도 있다. 누가는 사가랴의 아내인 엘리사벳(1:5-7, 13, 24-25, 36, 39-45)과 안나(2:36-38)에게도 초점을 맞춘다. 예수님 역시 사렙다의 과부(4:26)와 시바의 여왕(11:31)을 언급하신다. 예수님은 시몬의 장모를 치유하고(4:38-39) 18년 동안 똑바로 설 수 없었던 병든 여인을 고침으로써(13:10-17) 연민을 드러내신다. 아울러 나인성 과부의 외아들을 죽은 상태에서 일으키기도 하신다(7:11-17). 오직 누가만 죄인인 여자가 바리새인인 시몬의 집에 들어가서 눈물로 예수님의 발을 씻고 죄를 용서받는 아름다운 이야기(7:36-50)를 들려준다. 누가가 아니었다면, 여자들이 어떻게 예수님과 함께 여행하며 그분의 사역을 뒷받침했는지(8:1-3) 우리가 알지 못했으리라. 마태와 마가처럼 누가 역시 12년 동안 혈루병을 앓은 여자를 치유하시는 이야기와 죽었던 야이로의 딸을 일으키시는 이야기를 전한다(8:40-56).

마리아와 마르다에 관한 잊을 수 없는 이야기는 누가복음에만 나온다. 마르다가 자신이 부엌에서 음식을 장만하는 동안, 마리아는 주님의 말씀을 듣느라 도와주지 않는다며 불만을 토로하는 장면이다(10:38-42). 예수님은 그분과 관계를 맺는 것이 무슨 뜻인지에 대해 감상적 견해를 가진 이 여자를 바로잡아주신다(11:27-28). 예수님은 남자와 여자 둘 다의 관점에서 비유들을 이야기하시므로, 겨자씨를 심는 남자와 곡식 가루에 누룩을 넣는 여자가 짝을 이룬다(13:18-21). 고대 세계에서 잃어버린 양의 비유(15:3-7)는 남자의 영역을 반영하는 반면, 잃어버린 동전의 비유(8-10절)는 여자의 세계를 반영한다. 예수님의 여성에 대한 관심은 또한 맷돌을 갈고 있는 두 여자의 운명에 대해 말씀하시는 장면(17:35)과 공의를 빼앗긴 과부의 비유(18:1-8, 참고. 20:47)를 이야기하시는 장면에 반영된다. 예수님은 소유한 모든 것을 주님께 드리는 가난한 과부를 선정하여 칭찬하신다(21:1-4). 여자들은 예수님이 십자가로 가실 때 눈물을 흘리고(23:27-31), 장사지내기 위해 그분의 몸에 바를 향유를 준비한다(55-56절). 부활의 소식도 맨 먼저 여자들에게 알려진다(24:1-11, 22-24).

누가는 유대 사회에서 소외된 이들에 대한 예수님을 사랑을 보여준다. 예컨대 천사들이 예수님의 탄생을 이스라엘 사회의 엘리트 출신이 아닌 목자들에게 알려준다(2:8-20). 예수님은 귀신 들린 자로부터 귀신들을 쫓아내시고(4:31-37, 41; 8:26-39; 9:37-42) 나병 환자(5:12-16, 참고. 7:21-22)와 맹인(4:18; 7:21; 18:35-43, 참고. 14:13, 21)을 치유하시는 등 유대 사회에서 가장 낮은 자들에게 자비를 베푸신다. 그리고 당시에 미움을 받던 사마리아인도 하나님께 속할 수 있다고 가르치신다(10:25-37; 17:11-19). 예수님이 세리와 죄인들을 회개하도록 부르시는 모습에서 이방인에 대한 사랑을 보게 된다. 그분은 레위(마태, 마 9:9)를 제자로 부르셨고, 다른 세리 및 죄인들이 모인 잔치에 참석하셨으며, 그런 부류의 사람들과 식탁 교제를 나눈다는 이유로 바리새인들로부터 비판을 받기까지 하셨다(눅 5:27-32, 참고. 7:29, 34). 잃어버린 양, 잃어버린 동전 그리고 잃어버린 두 아들의 비유(15:3-32)는 세리와 죄인들에 대한 예수님의 사랑과 용납(15:1-2)을 변호하기 위해 들려주신 이야기다. 이와 마찬가지로 바리새인과 세리의 비유는 바리새인이 아니라 세리가 하나님과 바른 관계를 맺는다는 것을 보여준다(18:9-14). 또한 삭개오 이야기는 가장 멸시받는 사회 구성원조차 회개하기만 하면 구원받을 수 있다는 것을 가르쳐준다(19:1-10).

신학

이 복음서에 담긴 누가의 신학은 풍부하고 다면적이다. 사도행전 역시 누가가 쓴 책이므로 두 권 모두 다룰 수 있다. 하지만 여기서는 몇 가지 중심 주제들을 간략하게 다루는 만큼 논의를 누가복음에 국한시키려고 한다.

언약

하나님께서 그분의 백성과 맺은 언약들, 즉 아브라함 언약(예. 창 12:1-3), 다윗 언약(예. 삼하 7장) 그리고 새 언약(예. 렘 31:31-34)에 따르면, 주님은 그 백성을 구원하겠다고 약속하신다. 누가복음 첫 부분부터 언약의 성취, 하나님 계획의 실현이 중앙 무대를 차지한다. 이 복음서의 첫 구절은 "우리 가운데서 일어난 일들에 대하여 차례대로 이야기를 엮어내려고"(1:1, 새번역, 참고. 1:45) 한다고 말한다. 세례 요한은 사람들의 마음을 주님께 되돌림으로써 엘리야의 역할을 완수한다(1:16-17, 참고. 말 3:1; 4:6). 마리아는 천사 가브리엘로부터 그녀의 아들이 다윗의 왕위에 앉아 영원히 다스릴 것이라는 말을 듣는다(눅 1:32-33). 이는 다윗의 언약이 예수님을 통해 실현된다는 것을 보여준다. 사가랴는 구속(救贖)이 이스라엘에 임했다는 것을 기뻐하면서 동일한 약속의 실현을 기뻐하고(68-69절), 하나님의 약속이 이스라엘의 원수들에 대한 승리로 실현되는 모습을 본다(70-71절). 마리아도 주님이 그분에게 대적하는 나라들을 전복시킴으로써 아브라함과 맺은 언약을 이루실 것이라 말하면서 동일한 주제를 전한다(52-55절). 그럼에도 열방에 대한 승리는 애초에 사가랴와 마리아가 미처 이해하지 못한 방식으로 일어난다. 그 언약은 예수님의 희생적인 피로 세워지기 때문이다(22:20).

하나님 나라

하나님 나라는 하나님의 통치를 묘사하고, 언약은 하나님 나라에 관한 약속들을 보증하는 수단이다. 누가는 "하나님의 나라"라는 어구를 32차례 사용하고, 다른 일곱 번에 걸쳐 하나님 나라 또는 예수님 나라를 언급하기 위해 "나라"(kingdom)라는 단어를 사용한다. 하나님 나라는 그분의 통치를 의미하는데, 특히 세상이 그분의 주되심을 위해 되찾아질 것이라는 구원의 약속을 나타낸다. 누가는 그 나라가 왕과 함께, 메시아와 함께 올 것이라고 가르치는데, 그분은 물론 나사렛 예수다. 누가는 예수님의 가르침을 하나님 나라에 관한 가르침으로 요약하고(4:43; 8:1; 9:11), 예수님은 동일한 메시지를 전파하도록 제자들을 파송하신다(9:1-2, 참고. 9:60). 그 나라는 예수님의 치유(9:11; 10:9)와 귀신 쫓기(11:20)를 통해 밝히 드러나는데, 이러한 사역은 다가오는 새로운 창조를 내다본다. 그 나라는 궁극적으로 예수라는 인물을 통해 온다(17:20-21). 그 나라는 겨자씨만큼 작고 누룩처럼 감추어 있어서 세상과 이스라엘의 종교계에는 존재하지 않는 듯 여겨진다(13:18-21). 그 나라의 왜소함과 숨겨진 성격에서 우리는 '이미-그러나-아직'(already-but-not-yet)의 차원을 본다. 그 나라가 예수님 안에서 도래하기는 했으나, 제자들은 "[주님의] 나라가 임하시오며"(11:2)라고 기도함으로써 그 나라의 완성을 위해 기도해야 마땅하다. 우리는 그 나라의 완성을, 우리를 기다리는 메시아의 잔치를 고대하고 있다(13:29; 14:15; 21:31; 22:16, 18, 29-30).

기독론

누가복음의 주요 주제 중 하나는 물론 예수라는 인물이다. 누가의 기독론은 그분에게 붙인 호칭들에 명백히 나타난다. 예수님은 하나의 선지자로 이해되었다(4:24; 7:16, 39; 13:33; 24:19). 변화산상에서 들렸던 예수님에 관한 하나님의 말씀, "그의 말을 들으라"(9:35)는 말씀은 분명히 신명기 18:15을 상기시키고, 이는 예수님이 모세를 계승하는 그 선지자, 즉 그 백성을 향한 하나님의 최후의 말씀임을 보여준다.

이 복음서의 주요 주제는 예수님이 다윗과 맺은 언약을 성취하는 그리스도, 곧 다윗의 자손이라는 것이고(삼하 7장; 대상 17장), 그것은 다윗의 왕조가 영원히 지속될 것이라는 언약을 말한다. 가브리엘은 예수님에게 다윗의 왕위가 주어진다고(눅 1:32) 말함으로써 그분이 다윗 혈통의 왕임을 가리킨다.

목자들은 베들레헴에서 태어난 아기가 "그리스도 주"(2:11)라는 말을 듣는다. 시므온은 그리스도를 보기 전에는 죽지 않을 것이다(2:26). 귀신들은 처음부터 예수님이 메시아임을 알아본다(4:41). 제자들은 이를 깨닫는 데 좀 더 느리지만, 이 복음서의 전환점에 해당하는 중요한 시점에 베드로가 예수님을 그리스도로 고백하고(9:20), 베드로의 인식은 제자들의 견해를 대변한다. 예수님의 사역이 끝날 때에 등장하는 맹인은 두 번이나 예수님이 "다윗의 자손"이라 외치고(18:38, 39), 그 고백은 그의 영적인 안목을 나타낸다. 예수님은 종교 지도자들에게 심문을 받을 때 자신이 그리스도라고 대놓고 밝히시지는 않지만, 그분의 답변은 스스로를 메시아로 믿고 있음을 보여주고(22:66-71), 그들은 그것을 근거로 예수님을 십자가에 처형한다(23:2). 그들은 자신도 모르는 사이에 예언을 성취하고 있고, 이는 그들에게 영적 분별력이 없다는 것을 보여준다. 누가는 그리스도의 고난과 부활과 영광이 성경에 예언되어 있었다고 강조한다(24:26, 46).

누가가 좋아하는 예수님의 호칭은 "인자"로, 스물다섯 번이나 사용된다. 이 호칭은 다니엘 7:13-14, 즉 "인자 같은 이"가 옛적부터 항상 계신 이에게 나아가 나라를 받는 장면으로 거슬러 올라간다. 학자들에 따르면, 인자 담론은 (1) 지상의, (2) 고난 받는, (3) 미래의 인자와 관련이 있는 세 범주로 나뉜다. 이 세 종류의 담론을 다함께 묶어주는 공동 주제는 인자의 권위인데, 이는 고난 담론에도 부활과 승리에 대한 약속이 담겨 있기 때문이다. 달리 말하면 세 범주로 나누는 것은 대략적으로 분류한 것이라서 너무 밀어붙이면 안 된다. 누가복음 5:24, 6:5, 7:34, 9:58, 19:10은 지상의 인자로서의 예수님에게 초점을 맞춘다. 이 가운데 첫째 구절(5:24)은 그분에게 죄를 용서하는 권세, 곧 신적 권세가 있음을 보여주기 때문에 인자로서의 예수님 권위를 드러낸다. 그리고 예수님이 "안식일의 주인"(6:5)이라는 것도 인자로서의 권위를 보여준다. 다른 담론들은 인자로서의 예수님이 먹고 마시며(7:34) 잠잘 곳을 찾는(9:58) 분으로 이 세상에서 살아가고 계심을 가리킨다. 그분이 인자로서 받은 사명은 "잃어버린 자를 찾아 구원하[려는]" 것이다(19:10).

고난 받는 인자의 담론 역시 상당히 흔한 편이다. 이는 누가복음 9:22, 44, 11:30, 18:31-33, 22:22, 48, 24:7에 나온다. 특히 예수님은 제자들에게 그분의 고난과 죽음과 부활에 대해 주기적으로 알려주신다. 물론 이런 담론들에 부활도 포함되기 때문에 '고난'이라는 딱지가 매우 적절하지는 않다! 인자의 고난이 성도의 고난에 포함되지 않는다면, 다니엘 7장은 인자의 고난을 명시하지 않는다(단 7:21, 25). 예수님은 다니엘 7:13-14의 "인자"를 이사야 52:13-53:12의 고난당하는 종과 합하시는 것 같다. 인자의 고난은 당연히 그분의 권위에 의문을 제기하게 만들지만, 부활이 그 권위를 확증하고 확인한다.

'미래의 인자' 담론은 예수님의 권위가 만인에게 밝히 드러날 때 빛날 그분의 영광을 예측한다. 인자가 영광과 권능 가운데 오고 있고, 장차 세상에 밝히 나타나실 것이다(눅 9:26; 12:40; 17:22, 24, 26, 30; 18:8; 21:27). 그분은 하나님 우편에 앉아서(22:69), 하나님께 속한 이들을 인정하실 것이다(12:8, 참고. 21:36).

예수님은 또한 주님으로 인정받으시는데, 이는 삼위일체 두 번째 위격으로서의 신성을 보여준다. 엘리사벳은 마리아를 "내 주의 어머니"(1:43)로 환영한다. 그리고 신약이 구약 텍스트를 인용하면서 '주의 길을 예비한다'고 할 때 그 주가 바로 예수님이다(1:76; 3:4). 우리가 이 복음서 전체를 고찰하면, "주여…나는 죄인이로소이다"(5:8)라는 베드로의 외침이 더 깊은 의미를 덧입게 된다. 이 모든 사건(5:1-11)이 구약에 나오는 하나님의 현현(참고. 사 6:1-7)과 비슷하기 때문이다. 어떤 경우에는 우리가 '주님'이라는 호칭의 뜻을 어떻게 이해할지 불분명하지만, 다음 본보기들의 대다수는 부활 이후에 더 완전한 뜻을 지니게 되고, 사람들은 그들이 아는 것보다 더 심오한 진리를 말했음을 시사한다. 그 본보기들은 누가복음 5:12, 7:6, 10:17, 40, 11:1, 12:41, 13:23, 17:5, 37, 18:41, 19:8, 31, 34, 22:33, 38, 49이다. 예수님은 "안식일의 주인"(6:5)이고, 심판 날에 "주여 주여"라고 불릴 것이다(46절, 참고. 13:25). 다른 사람들은 제자가 되어 예수님을 따를지 고려할 때 그분을 "주"라고 부른다(9:59, 61). 누가는 내레이터로서 예수님을 묘사하기 위해 "주"라는 단어를 사용하는데(7:13, 19; 10:1, 39, 41; 11:39; 12:42; 13:15; 17:6; 18:6; 22:61), 이는 '선생'이라는 뜻에 국한될 수 없다. 예수님은 '주님'이라는 용어를 이해하는 데 필요한 틀을 시편 110편을 풀어 설명하는 대목에서 알려주신다. 하나는 메시아가 다윗의 주님이기도 하다는 점(눅 20:42-44)을 분명히 하는 것이고, 다른 하나는 부활하신 예수님을 주님으로 기뻐하며 경배하는 것이다(24:3, 34).

"하나님의 아들"이라는 호칭은 여섯 번밖에 안 나오지만 그 용어가 사용되는 위치가 무척 의미심장하고, 예수님의 신성을 확증하기도 한다. 이 복음서의 첫 대목에서 마리아는 그녀의 아들이 "하나님의 아들"(1:35)일 것이라는 말을 듣는다. 누가는 또한 족보를 만들어서 예수님이 하나님의 아들이라는 신분임을 강조한다(3:38). 사탄(4:3, 9)과 귀신들(41절)은 예수님을 사랑하거나 예배하지 않으면서도 그분을 하나님의 아들로 부르는 등 인간보다 더 통찰력이 있다. 끝으로, 예수님은 죽음을 앞두고 종교 지도자들로부터 심문을 받을 때 스스로를 하나님의 아들로 밝히신다(22:70). 이 외에도 하나님의 아들이라는 신분이 특징적으로 드러나는 곳이 여럿 있다. 가브리엘이 마리아에게 예수님이 "지극히 높으신 이의 아들이라 일컬어질 것이요"(1:32)라고 말하고, 거라사의 귀신 들린 사람은 예수님이 "지극히 높으신 하나님의 아들"(8:28)이라고 말한다. 하나님의 음성은 세례 받는 예수님을 "내 사랑하는 아들"이라 인정하고(3:22), 변화산상에서 "나의 아들 곧 택함을 받은 자"(9:35)라고 밝힌다. 포도원과 악한 농부의 비유에서는 예수님이 "사랑하는 아들"(20:13)로 간주되는 것이 분명하다. 오직 하나님만 그 아들을 아시고, 마찬가지로 오직 아들만 아버지를 알기 때문에(10:22), 아버지와 아들은 서로 배타적인 관계를 맺고 있다.

성령

누가는 이 복음서에서 성령을 열일곱 번 언급한다. 사도행전에서도 쉰여섯 번이나 언급되는 것을 고려하면, 성령이 이 책에서 중요한 역할을 한다는 것을 알 수 있다. 성령은 예언을 하도록 영감을 준다. 따라서 세례 요한은 엘리사벳의 뱃속에서도 성령으로 충만했으며(1:15), 엘리사벳과 사가랴는 성령이 충만한 상태에서 하나님의 말씀을 전했다(41, 67절). 이와 비슷하게 성령이 시므온에게 그가 그리스도를 보기 전에는 죽지 않을 것이라고 알려주었다(2:25-27). 성령은 또한 마리아에게 내려와서 그녀가 성관계를 맺지 않고도 그리스도를 낳을 수 있게 했다(1:35). 누가복음의 초반부에는 성령이 메시아의 도래에 관해 증언하는 이들에게 영감을 주는데, 이는 성령이 아들의 영, 아들에게 주목하게 하는 영임을 보여준다.

세례 요한은 예수님의 사역을 내다보면서 그분이 제자들에게 성령으로 세례를 주실 것이라고 약속한다(3:16). 예수님은 세례를 받을 때 사역을 위해 성령으로 기름 부음을 받으셨고(3:22), 이후 "성령의 충만함을 입[은]" 자로서 성령에 의해 광야로 이끌리셨다. 그리고 거기서 이스라엘이 광야에서 겪은 경험을 재연하셨다(4:1). 예수님은 "성령의 능력으로"(4:14) 사역을 시작하고 성령으로 기름 부음을 받으신다(18절). 여기서 다시금 성령이 메시아인 예수님에게 초점을 맞추고 그분의 사역을 위해 구비시키는 것을 보게 된다.

예수님은 또한 성령 안에서 기뻐하시고(10:21), 성령을 모독하는 것에 대해 경고하신다(12:10). 예수님에게 능력을 주는 성령은 또한 장차 제자들에게도 임해서(11:13), 어려운 때에 그들을 가르칠 것이다(12:12). 사도행전이 이 이야기를 이어간다. 누가복음에서 성령을 받고 성령과 함께한 예수님이 사도행전에서 동일한 영을 주시기 때문이다.

구원

예수님은 "구주"(2:11)라 불리시는데, 이 책의 주요 주제 중 하나가 바로 구원이다. 그분은 "구원의 뿔"(1:69)로도 불리신다. 예수님은 성령의 기름 부음을 받은 메시아로서 가난한 자, 포로 된 자, 눈 먼 자 그리고 눌린 자에게 구원의 좋은 소식을 전파하신다(4:18-19). 19:10은 예수님이 "잃어버린 자를 찾아 구원하[러]" 오셨다고 전한다. 이 복음서는 모든 사람을 구원하고픈 하나님의 소원에 관한 아름다운 이야기들을 담고 있다. 이를테면 잃어버린 양(15:3-7), 잃어버린 동전(8-10절) 그리고 잃어버린 두 아들(11-32절)에 관한 이야기들이다. 이 이야기들은 모든 사람에게 손길을 뻗치는 하나님의 사랑을 크게 부각시킨다. 이런 구원에의 초대는 세리 및 죄인들과 식탁 교제를 나누시는 예수님의 모습에서도 볼 수 있다(5:27-32; 7:29, 34; 15:1; 18:9-14; 19:1-10). 하나님께서 예수 안에서 구원의 사랑을 베푸는 놀라운 이야기 중 하나는, 예수님이 바리새인인 시몬과 함께 식사하는 자리에서 죄 많은 여자를 용서하시는 장면이다(7:36-50). 예수님은 그분을 믿는 사람들의 죄를 사하신다(5:17-26). 구원이 "죄 사함"(1:77)을 받는 사람에게 허락된다. 의롭게 되는 것은 도덕적 미덕으로 하나님을 감동시키는 이들이 아니라 하나님께 자비를 구하는 사람들의 것이다(18:9-14). 그래서 예수님이 7:50에서 죄 많은 여자에게 "네 믿음이 너를 구원하였으니 평안히 가라"고 말씀하시는 것이다(참고. 8:12, 48; 17:19; 18:42). 구원의 손길 밖에 있는 사람은 한 명도 없다. 회개하고 예수님에게 자신을 기억해달라고 부탁한 죄수는 생애 마지막 순간에 낙원을 약속받았다(23:40-43).

누가복음은 구원의 근거를 충분히 설명하지는 않지만, 이 복음서를 신중하게 읽어보면 구원이 십자가와 부활로 추적될 수 있음을 알게 된다. 십자가에 달리신 예수님의 몸과 피가 새 언약을 세우고(렘 31:31-34) 용서를 보증한다(눅 22:19-20). 누가복음 22:37은 이사야 53:12을 인용함으로써 예수님이 그 백성의 죄를 담당하신다는 것을 암시한다. 예수님이 마시는 잔(22:42)은, 예수님이 그분을 믿는 사람들을 위해 하나님의 진노를 경험하신다는 것을 의미한다(참고. 시 75:8; 사 51:17, 22; 렘 25:15-17). 누가는 23장에서, 예수님이 무죄한 이로서 고난 받으신다는 것과 그분의 형벌은 전적으로 부당한 것임을 강조한다. 바라바의 이야기는 그가 반드시 신자가 된다는 뜻은 아니지만 무죄한 이가 죄인을 대신해 죽는다는 것을 의미한다. 이는 구원의 근거를 보여주는 대목이다(눅 23:18-25). 하지만 구원은 예수님의 죽음만이 아니라 그분의 죽음과 부활로부터 온다. 예수님은 부활하심으로써 그 백성에게 생명을 허락하시기 때문이다.

제자도

예수님의 제자는 그분을 믿고(5:20; 7:9, 50; 8:12, 13, 48, 50; 17:5-6, 19; 18:8; 22:32; 24:25) 자신의 죄로부터 돌아선다(10:13; 11:32; 13:3, 5; 15:7, 10; 16:30). 그들은 예수님을 주님으로 공개적으로 인정하고(12:8-9) 신실하게 섬긴다(12:35-48; 19:11-27). 그들은 자신이 구원받을 자격이 없다는 것을 안다(18:9-14). 누가복음은 예수님이 갈릴리에서 예루살렘으로 이동하는 여행 모티브를 그 특징으로 삼는데, 결국 고난을 받고 죽기 위해 예루살렘을 향해 길을 걸으시는 모습을 그린다. 아울러 제자들도 생명의 여정을 걸으시는 예수님을 좇으라는 부름을 받는다. 예수님이 부유한 관원에게 하신 말씀은 예수님의 제자가 된다는 것의 의미를 묘사한다(18:18-30). 한 사람이 천국에 들어가려면 모든 것을 포기하고 예수님을 좇아야 한다. 제자로서 예수님을 좇는 것은 결코 쉽지 않다. 예수님은 그분을 따르는 자들에게 집을 주겠다고 약속하지 않으신다(9:57-58). 오히려 그들은 예수님을 삶의 최고 자리에 모신 결과 자기 가족을 기꺼이 내버려두어야 한다(9:59-62; 14:26). 오직 끝까지 견디는 사람만 구원을 받게 될 것(21:19)은 참된 제자들은 마지막까지 믿음을 지키기 때문이다.

예수님의 제자들은 주님을 위해 기꺼이 죽을 수 있다(14:27). 자신의 삶에 대한 모든 권리를 포기했기 때문이다. 그들은 예수님을 따르는 데 필요한 비용을 계산하고(28-32절), 그분을 위해 모든 소유를 기꺼이 포기한다(33절). 재물의 위험이 종종 누가복음에서 표면에 떠오른다. 부자와 안락한 자에게는 화가 선포되지만 주님께 의존하는 가난한 자에게는 복이 주어진다(6:20-26, 참고. 1:53). 어떤 진술들은 마치 제자들이 그들의 모든 소유를 버리는 것처럼 들리지만(참고. 12:33), 다른 텍스트들에 따르면 제자는 기꺼이 자기의 돈을 내놓아야 하고 부유한 자들은 관대하게 베풀어야 한다는 것을 알게 된다. 선한 사마리아인은 모든 돈을 내놓는 것이 아니라 어려운 사람을 돕기 위해 그것을 사용한다(10:25-37, 참고. 14:12). 예수님의 사역을 재정적으로 후원하는 여자들은 가난하게 되는 것이 아니라 예수님과 제자들을 돕기 위해 자신의 자금을 사용한다(8:1-3). 삭개오는 구원을 받은 후 모든 재물을 포기하는 것이 아니라 자신의 잘못을 바로잡고 가난한 자들에게 관대하게 나누어 준다(19:1-10). 부유한 자가 정죄를 받는 것은 나사로가 그의 집 밖에서 고통을 받고 있는데도 나사로를 돕는 데 그의 돈을 쓰지 않았기 때문이다(16:19-31). 하나님 대신 재물을 보물로 삼는 자들은 그들이 진정 누구를 예배하고 사랑하는지 드러낸다(12:15-21, 참고. 8:14). 참된 제자는 재물이 아니라 그 나라를 구하고, 사랑하는 아버지가 그들에게 필요한 모든 것을 공급하실 것으로 믿는다(12:22-34). 또한 가난한 과부는 주님께 전적으로 의존하는 제자의 본보기 역할을 한다(21:1-4).

예수님의 제자는 예수님을 위해 목숨을 잃으면서 날마다 자기 십자가를 지고 그분을 따른다(9:23-24). 위대해지고 싶은 욕망이 마음속에 떠오르지만, 예수님은 청중에게 참된 제자도는 그분의 이름으로 어린이를, 세상의 눈에 하찮은 자들을 영접하는 것임을 상기시켜주신다(46-48절). 위대함은 남들에게 권세를 행사하는 것이 아니라 그들을 섬기는 모습으로 나타난다(22:24-27). 자신을 예수님에게 드리는 자는 스스로를 높이는 대신 낮춘다(14:7-11). 제자는 원수를 갚아달라고 빌지 않는다(9:54-55). 그들은 자신을 미워하는 자들을 위해 기도하고, 복수와 원한을 품기보다는 오히려 자비와 은혜를 베푼다(6:27-36).

만인을 위한 좋은 소식

이 복음서는 또한 예수님에 관한 좋은 소식이 모든 민족에게 전파되는 사도행전을 내다본다. 시므온은 예수님이 "이방을 비추는 빛"(2:32)이 될 것이라고 예언한다. 세례 요한에 관한 내러티브는 "모든 육체가 하나님의 구원하심을 보리라"(3:6)고 약속하는 이사야의 말을 인용한다. 예수님의 공적 사역에 관한 첫 이야기가 나사렛에서 펼쳐지는데, 그 이야기는 누가복음과 사도행전에서 일종의 '표제'(programmatic) 역할을 한다(4:16-30). 사람들이 처음에는 예수님의 "은혜로운 말"(4:22)로 인해 그분을 칭송하지만,

그리고 무오성을 믿는 독자들은 조화를 이루는 것이 가능하다고 믿는다. 그러나 이런 이야기들을 조화시킬 수 있다고 말한다고 해서 우리가 그동안 제시된 조화 방법에 대해 확신할 수 있다는 뜻은 아니고, 어떤 이야기들은 다른 이야기들보다 더 어렵기도 하다. 필자는 주석에서 두 족보 간의 차이를 조화시킬 수 있는 방식을 제안할 것이다. 누가를 마태 및/또는 마가와 조화시키기 어려운 다른 사례들이 있는데, 이 주석에는 모든 이슈에 관해 하나씩 해설할 만한 지면이 없다. 그래도 마태복음 8:5-13과 누가복음 7:1-10에 나오는 백부장 이야기와 관련된 난점은 다룰 예정이다.

누가의 비유들 중 일부를 이해하는 것도 난제 중 하나다. 첫눈에는 예수님이 하나님을 궁핍한 이웃과 떡을 나누기 싫어하는 이기적인 사람에 비유하시는 것처럼 보인다(11:5-8). 이와 비슷하게 과부와 악한 재판관의 비유는 하나님께서 우리의 기도를 듣기 꺼려하지만 우리가 거듭해서 빌면 응답하실 것(18:1-8)이라고 해석될 여지가 있다. 불의한 청지기의 비유에서는 예수님이 불의한 사람을 칭찬하시는 것이 무척 어색하게 들린다(16:1-9).

예수님의 비유와 가르침의 일부는, 사람이 행위로 의롭게 된다고 가르치는 것은 아닌가 하는 의문을 제기하게 한다. 어떤 이들은 선한 사마리아인의 비유(10:25-37), 부자와 나사로의 비유(16:19-31), 가난한 자들을 잔치로 초대하라는 예수님의 말씀(14:13-14) 그리고 예수님과 부유한 관원의 만남(18:19-22) 등으로부터 그런 교훈을 이끌어낼 수 있다. 성령을 모독하는 일에 관한 텍스트 역시 역사상 많은 이들에게 어려움을 안겨주었다(12:10). 이와 비슷하게 예수님이 신자들에게 그분의 제자가 되려면 모든 소유를 팔라고 명령하시는 듯하다(12:33-34). 이러한 의문들에 대해서는 주석에서 답할 것이다. 하지만 여기에서 이 정도는 말할 필요가 있겠다. 선행이 하나님 나라에 들어가는 데 필요하지만, 그런 선행은 영생의 근거가 아니고 그리스도 안에서 영위하는 새로운 삶의 열매와 증거에 해당된다.

누가의 종말론적 담론 역시 논란거리다(17:22-37; 21:5-36). 일부 학자는 예수님이 누가복음 17장과 21장에서 예언하신 일이 주후 70년에 완전히 성취되었다고 주장하는 반면, 다른 이들은 그 담론들이 주로 미래와 관계가 있다고 주장하고, 또 어떤 이들은 예수님이 틀렸다는 견해를 표명한다. 여기서나 주석에서 이러한 견해를 모두 논하지는 않겠으나, 필자 개인의 견해는 이야기할 것이다.

개요

I. 서문: 믿을 만한 구원 역사의 이야기(1:1-4)

II. 예수님의 사역을 위한 준비(1:5-4:13)
- A. 두 사람의 탄생을 예언하다(1:5-56)
  - 1. 세례 요한의 탄생(1:5-25)
  - 2. 그리스도의 탄생(1:26-56)
    - a. 가브리엘이 탄생을 알려주다(1:26-38)
    - b. 엘리사벳이 마리아를 축복하다(1:39-45)
    - c. 마리아가 하나님을 찬송하다(1:46-56)
- B. 두 아들의 탄생(1:57-2:52)
  - 1. 요한의 탄생(1:57-80)
    - a. 요한의 이름을 짓다(1:57-66)
    - b. 사가랴가 하나님을 찬송하다(1:67-80)
  - 2. 예수님의 탄생(2:1-52)
    - a. 베들레헴에서(2:1-7)
    - b. 그리스도가 목자들에게 계시되다(2:8-20)
    - c. 성전에서의 봉헌과 계시(2:21-40)
    - d. 아버지의 집에 있는 아들(2:41-52)

C. 세례 요한의 사역: 주님을 위한 준비(3:1-20)
1. 광야에서 외치는 소리(3:1-6)
2. 회개의 열매(3:7-14)
3. 다가오시는 분과 요한의 투옥(3:15-20)
D. 예수님이 사역을 위해 성령을 받으시다(3:21-4:13)
1. 예수님의 세례와 족보(3:21-38)
2. 예수님의 시험(4:1-13)

III. 예수님이 갈릴리에서 성령의 능력으로 구원을 전파하시다(4:14-9:50)
A. 갈릴리에서 좋은 소식을 전파하시다(4:14-5:16)
1. 성령의 기름 부음을 받은 자(4:14-30)
2. 권위 있는 메시지(4:31-44)
3. 시몬 베드로를 부르시다(5:1-11)
4. 나병 환자를 깨끗케 하시다(5:12-16)
B. 바리새인과 충돌하시다(5:17-6:11)
1. 중풍병자의 치유와 용서를 둘러싸고(5:17-26)
2. 세리와 죄인들을 불러 가까이하는 것을 둘러싸고(5:27-32)
3. 금식을 둘러싸고(5:33-39)
4. 안식일에 밀 이삭 자른 일을 둘러싸고(6:1-5)
5. 안식일에 치유하시는 것을 둘러싸고(6:6-11)
C. 가난한 자를 위한 좋은 소식(6:12-8:3)
1. 열둘을 부르시다(6:12-16)
2. 평지 설교(6:17-49)
a. 서론과 복과 화(6:17-26)
b. 네 원수를 사랑하라(6:27-38)

c. 진정한 시력(6:39-42)

d. 순종(6:43-49)

3. 낮은 자들이 예수님의 메시지를 받아들이다(7:1-8:3)

a. 백부장의 종을 치유하시다(7:1-10)

b. 과부의 아들을 되살리시다(7:11-17)

c. 세례 요한의 역할(7:18-35)

d. 죄 많은 여자를 용서하시다(7:36-50)

e. 여자들의 재정 후원(8:1-3)

D. 계시와 순종(8:4-21)

1. 네 종류 땅의 비유(8:4-15)

2. 등불의 비유(8:16-18)

3. 예수님의 어머니와 형제들(8:19-21)

E. 예수님의 정체와 운명이 드러나다(8:22-9:50)

1. 예수님의 비범한 기적(8:22-56)

a. 폭풍을 꾸짖으시다(8:22-25)

b. 많은 귀신을 쫓아내시다(8:26-39)

c. 죽은 자를 되살리고 병든 자를 치유하시다(8:40-56)

2. 예수님의 정체가 드러나다(9:1-20)

a. 열둘을 보내시다(9:1-9)

b. 5천 명을 먹이시다(9:10-17)

c. 그리스도라고 고백하다(9:18-20)

3. 예수님의 운명이 드러나다(9:21-50)

a. 죽음과 부활을 예언하고 제자가 되라고 부르시다(9:21-27)

b. 예수님의 변형(9:28-36)

c. 믿음이 없는 세대와 깨닫지 못하는 제자들(9:37-50)

IV. 갈릴리에서 예루살렘으로: 제자의 길(9:51-19:27)

A. 여행이 시작되다(9:51-13:21)

1. 제자들을 부르시다(9:51-10:24)

a. 사마리아인들이 배척하고 제자들이 오해하다(9:51-56)

b. 예수님을 따르는 대가(9:57-62)

c. 72인을 보내시다(10:1-24)

2. 제자로 살아가는 삶(10:25-11:13)

a. 선한 사마리아인의 비유(10:25-37)

b. 마리아가 주님의 말씀을 경청하다(10:38-42)

c. 기도에 관해 가르치시다(11:1-13)

3. 적대자들과 논쟁하시다(11:14-54)

a. 비난을 받으시다(11:14-26)

b. 하나님의 말씀을 듣고 행하는 자가 복이 있다(11:27-28)

c. 악한 자들이 표적을 요구하다(11:29-32)

d. 빛과 어둠의 비유(11:33-36)

e. 서기관과 바리새인들에게 화를 선포하시다(11:37-54)

4. 제자들에 대한 경고(12:1-34)

a. 위선에 대한 경고(12:1-12)

b. 재물에 대한 경고(12:13-34)

5. 위기의 순간(12:35-13:21)

a. 주인의 귀가를 준비하는 종들(12:35-48)

b. 집안의 분열(12:49-53)

c. 시대의 징조를 분별하고 반응하라(12:54-59)

d. 종말이 오기 전에 회개하라(13:1-9)

e. 안식일에 여자를 치유하시다(13:10-17)

f. 겨자씨의 비유와 누룩의 비유(13:18-21)

B. 여행이 계속되다(13:22-17:10)

1. 예루살렘으로 가는 길에서(13:22-35)

a. 구원받기 위해 힘쓰라(13:22-30)

b. 예루살렘에서 맞을 예수님의 운명(13:31-35)

2. 여행 중에 제자도를 가르치시다(14:1-35)

a. 안식일에 병을 치유하시다(14:1-6)

b. 식사와 겸손(14:7-14)

c. 큰 잔치의 비유(14:15-24)

d. 비용을 계산하라(14:25-35)

3. 예수님이 죄인들의 영접을 변호하시다(15:1-32)

a. 잃어버린 양의 비유와 잃어버린 동전의 비유(15:1-10)

b. 잃어버린 두 아들의 비유(15:11-32)

4. 돈보다 하나님을 신뢰하라(16:1-31)

a. 불의한 청지기의 비유(16:1-15)

b. 율법과 하나님 나라(16:16-18)

c. 부자와 나사로의 비유(16:19-31)

5. 제자도의 관한 말씀(17:1-10)

C. 여행의 마지막 구간(17:11-19:27)

1. 한 사마리아인이 감사하러 오다(17:11-19)

2. 하나님 나라의 도래(17:20-18:8)

a. 하나님 나라와 인자의 도래(17:20-37)

b. 불의한 재판관과 끈질긴 과부의 비유(18:1-8)

3. 하나님 나라에 들어가는 자(18:9-30)

a. 바리새인과 세리의 비유(18:9-14)

b. 어린아이처럼 그 나라를 받아들여라(18:15-17)

c. 부유한 관리와의 만남(18:18-30)

4. 죽음과 부활을 예언하시다(18:31-34)
5. 맹인을 치유하시다(18:35-43)
6. 삭개오를 구원하시다(19:1-10)
7. 열 므나의 비유(19:11-27)

V. 예루살렘에서의 죽음과 부활(19:28-24:53)
A. 예루살렘에 들어가시다(19:28-48)
B. 예수님과 지도자들 간의 논쟁(20:1-21:4)
1. 예수님의 권위와 세례 요한(20:1-8)
2. 악한 농부의 비유(20:9-19)
3. 가이사에게 세금을 바치는 문제(20:20-26)
4. 사두개인과 부활(20:27-38)
5. 종교 지도자들을 헷갈리게 하시다(20:39-44)
6. 서기관의 허세와 과부의 진정성(20:45-21:4)
C. 묵시적 담론(21:5-38)
1. 예언과 경고(21:5-19)
2. 예루살렘의 포위와 인자의 도래(21:20-28)
3. 무화과나무의 비유와 깨어 있으라는 요구(21:29-38)
D. 유월절 사건(22:1-38)
1. 유다의 배신(22:1-6)
2. 유월절(22:7-23)
3. 위대함을 둘러싼 논쟁과 다스림의 약속(22:24-30)
4. 베드로의 부인과 회복에 대한 예언(22:31-34)
5. 반대에 대한 준비(22:35-38)
E. 체포와 재판(22:39-23:25)
1. 체포(22:39-46)

a. 유혹에 빠지지 않도록 기도하라(22:39-46)

b. 체포되시다(22:47-53)

c. 베드로가 부인하다(22:54-62)

d. 군인들이 조롱하다(22:63-65)

2. 재판

a. 예수님이 자기 정체를 밝히시다(22:66-71)

b. 빌라도와 헤롯이 예수님이 무죄임을 알다(23:1-12)

c. 빌라도가 군중에 좌우되다(23:13-25)

F. 십자가 처형과 장사(23:26-56)

1. 십자가 처형(23:26-49)

2. 장사(23:50-56)

G. 부활: 성경이 이루어지다(24:1-24:53)

1. 부활 소식이 여자들에게 알려지고, 사도들이 믿지 않다(24:1-12)

2. 글로바와 그의 친구에게 나타나시다(24:13-35)

3. 제자들에게 사명을 위임하시다(24:36-53)

1 우리 중에 이루어진 사실에 대하여 2 처음부터 목격자와 말씀의 일
꾼 된 자들이 전하여준 그대로 내력을 저술하려고 붓을 든 사람이 많
은지라 3 그 모든 일을 근원부터 자세히 미루어 살핀 나도 데오빌로
각하에게 차례대로 써 보내는 것이 좋은 줄 알았노니 4 이는 각하가
알고 있는 바를 더 확실하게 하려 함이로라

1 Inasmuch as many have undertaken to compile a narrative of the
things that have been accomplished among us, 2 just as those who
from the beginning were eyewitnesses and ministers of the word have
delivered them to us, 3 it seemed good to me also, having followed all
things closely for some time past, to write an orderly account for you,
most excellent Theophilus, 4 that you may have certainty concerning
the things you have been taught.

단락 개관

이 편지의 서론은 고전적 양식으로 쓰였으며, 누가의 가르침과 그가 전하는 이야기의 역사적 목적을 보여준다. 다른 저자들도 그들의 저서를 이와 비슷한 방식으로 소개한다[예. 아리스테아스의 편지(*Letter of Aristeas*) 1-8]. 다른 이들 또한 누가에 앞서 그동안 일어난 구원 사건들에 대한 내러티브를 써왔다. 이런 이야기들은 목격자들이 전해주었다. 그럼에도 누가는 신중한 연구 조사를 한 뒤에 데오빌로를 위해 그동안 일어난 일에 대한 이야기를 쓰기로 결정했다. 그는 데오빌로가 기독교 신앙에 관해 배운 것들이 진실하고 믿어야 할 것임을 알게 되기 원한다.

단락 개요

I. 서문: 믿을 만한 구원 역사의 이야기(1:1-4)

주석

1:1 누가에 따르면, "많은" 사람이 예수님 당시에 일어난 사건들에 관한 이야기를 써왔다. 우리가 그런 자료들에 접근할 수 있다면 좋겠지만 도무지 알 길이 없다. 누가가 얼마나 많은 자료를 이용했는지 알 수 있다면 참으로 흥미로울 것이다. 대다수 학자는 누가가 마가복음을 사용했다는 것에 동의하고, 마태와 누가가 사용한 공통 자료의 원천을 종종 'Q'라고 부른다. 그리고 누가 특유의 특별한 자료를 'L.'이라고 부른다. 누가가 많은 자료를 사용한 것은 확실하지만 그 과정이 어떻게 이루어졌는지를 꼭 집

어서 말하기는 어렵고, 세부 사항을 모르는 것은 어쩔 수 없는 일이다. 하지만 누가는 이 복음서에 나오는 사건들에 참여했던 사람들 중 일부와 이야기했던 것이 거의 확실하고 어쩌면 인터뷰까지 했을 것이다.

누가는 다른 사람들이 쓴 것을 '내러티브'[디에게신(*diēgēsin*), ESV 참고]로 규정하고 그 자신도 내러티브를 쓰는데, 누가 내러티브의 성격은 복음서 자체에서 분명히 드러난다. "우리 중에 이루어진" 것은 그동안 '실현된'[페플레로포레메논(*peplērophorēmenōn*)] 것을 말한다. 즉, 이는 나사렛 예수를 중심으로 일어난 사건들로서 하나님께서 구약의 예언들을 성취하신 것을 보여준다.

1:2 누가에 앞선 많은 사람이 "처음부터" 예수님에 관한 전통을 전수했다. 전통을 대대로 전달하는 일은 신약에서 중요한 주제다(고전 11:2, 23; 15:3; 유 1:3). 그 전통의 최초 전수자들은 해당 사건들의 "목격자"였으므로 첫째 세대에 속한다. 그들은 "처음부터" 나사렛 예수의 삶과 사역에서 일어난 일을 알았고 또 물려주었다. 목격자의 증언은 초기 그리스도인이 그들이 전파한 메시지의 진실성과 역사적 사실성에 관심이 있었다는 것을 가리킨다(참고. 요 20:8, 24-29; 21:24; 요일 1:1-3). 그들은 독자들에게 유익을 주려고 경건한 신화를 쓰고 있는 게 아니라 그들이 전한 메시지가 정말로 일어난 일이라고 고백했다. 누가는 그 자신보다 앞선 목격자들을 비판하지 않는다. 그들은 자신에게 주어진 메시지에 대한 신실한 일꾼이었다.

1:3 누가는 이전 이야기들을 비판하지 않지만 무언가 더할 것이 있다고 생각하고, 정경에 속한 이 복음서의 보존은 그가 확실히 옳았다는 것을 보여준다! 누가는 이제 들려주려고 하는 이야기를 신중하게 또 처음부터 조사했다. "처음부터"[아노텐(*anōthen*)]로 번역된 단어는 아마 '시초부터' 또는 '근원부터'라는 뜻일 것이다. 누가가 염두에 두는 것은 세례 요한 및 예수님의 탄생과 함께 시작되는 사건들이다. 누가복음은 하나님의 영감을 받은 것인 동시에 누가가 복음서를 쓰기 위해 신중한 역사적 연구를 수행한 결과물이다. 하나님의 영감은 인간의 개성과 재능을 우회하지 않고 그것을

통해 일한다. 성경은 완전히 인간의 작품이자 완전히 하나님의 작품이다.

누가는 그의 저서를 '순서에 따라'(개역개정은 "차례대로") 집필했다. 여기서의 의도는 그 이야기가 대체로 연대기적이라는 것이지 모든 사건을 다 연대순으로 전해준다는 뜻은 아니다. 대신 이 복음서는 처음부터 끝까지 일관된 구조와 계획으로 기록되었고 '우리 중에 이루어진 사건들'("the events that have been fulfilled among us", CSB, 1:1)에 초점을 맞춘다. 누가복음과 사도행전 둘 다 "데오빌로 각하"에게 쓴 글이다(참고. 행 1:1). 데오빌로는 모종의 고위 관료였음에 틀림없다(행 23:26; 24:2; 26:25).[6] 물론 이 책은 데오빌로 이상의 독자들이 읽도록 집필된 것인 만큼 일부 학자는 그가 누가복음과 사도행전 집필의 후견인이었다고 생각한다. 데오빌로는 신자였는가, 아니면 비신자였는가? 확실히 알 수는 없지만, 누가복음 1:4에서 가르침을 강조하는 것을 감안하면 그는 추가 훈련을 받는 신자였던 것 같다.

1:4 누가는 목회적 목적으로 복음서를 쓰고 있다. 데오빌로와 모든 독자가 그들이 배운 것에 대해 확신을 품게 하기 위해서다. "확실하게"[아스팔레이안(*asphaleian*)]라는 단어는 데오빌로가 받은 가르침의 신빙성에 대해 확신을 품는 것을 강조한다. 여기서 다시금 누가가 역사적 진실성에 관심이 있다는 것을 알게 된다. 데오빌로가 만일 자신이 배운 것의 진실성을 의심하기 시작하면 그의 믿음이 자라지 못할 것임을 알기 때문이다.

6 참고. Garland, *Luke*, 56.

응답

기독교 신앙은 목격자의 증언에 기반을 두고 실제로 발생했던 역사적 사건들에 기초해 있다. 기독교는 단지 하나의 철학, 세계관 또는 생활방식에 불과한 것이 아니다. 이 모든 것이기도 하면서 엄연히 역사에 뿌리박고 있다. 많은 종교는 사실상 역사에 관심이 없다. 혹자는 과거에 일어난 사건과 상관없이 불교도나 힌두교도가 될 수 있고 공자의 가르침을 따를 수도 있다. 그러나 이것이 기독교 신앙에는 해당되지 않는다. 우리의 신앙은 역사적 사건들에 의존해 있다. 우리는 하늘과 땅을 창조하신 하나님, 아브라함을 갈대아 우르에서 가나안 땅으로 불러내신 하나님, 그 백성을 이집트의 노예 상태에서 해방시키신 하나님을 믿는다. 가장 중요한 점은, 예수 그리스도가 정말로 이 땅에서 살다가 죽었고, 이스라엘에서 사역을 펼쳤으며, 본디오 빌라도 아래서 십자가에 처형되었고, 3일 만에 죽은 자 가운데서 살아나셨음을 우리가 믿는다는 것이다. 바울은 만일 예수님이 죽은 자 가운데서 살아나지 않았다면 우리의 믿음이 헛되다는 것을 상기시켜준다(고전 15:12-19). 누가도 그런 생각을 공유하고, 그의 복음은 예수님에 관한 진실이 역사적 토대를 갖고 있다는 확신과 증거를 제공한다. 누가복음은 되는대로 자료를 긁어모은 책이 아니라 발생했던 사건의 진실성을 독자들에게 확실히 전달하려고 역사적 기록을 신중하게 조사해서 쓴 책이다. 어떤 사람이 에디스 쉐퍼(Edith Schaeffer, 프랜시스 쉐퍼의 부인)에게 왜 자신이 그리스도인이 되어야 하는지를 물은 적이 있다고 한다. 그녀는 “그것이 진실이기 때문입니다”라고 대답했다. 우리가 신자가 되는 근본적인 이유는 기독교가 심리적 문제를 풀어주거나 사회를 더 나은 곳으로 만들어주기 때문이 아니다. 물론 이런 것들도 사실이기는 하지만 말이다.

5 유대 왕 헤롯 때에 아비야 반열에 제사장 한 사람이 있었으니 이름
은 사가랴요 그의 아내는 아론의 자손이니 이름은 엘리사벳이라 6 이
두 사람이 하나님 앞에 의인이니 주의 모든 계명과 규례대로 흠이 없
이 행하더라 7 엘리사벳이 잉태를 못하므로 그들에게 자식이 없고 두
사람의 나이가 많더라
5 In the days of Herod, king of Judea, there was a priest named
Zechariah,[1] of the division of Abijah. And he had a wife from the
daughters of Aaron, and her name was Elizabeth. 6 And they were both
righteous before God, walking blamelessly in all the commandments
and statutes of the Lord. 7 But they had no child, because Elizabeth was
barren, and both were advanced in years.

8 마침 사가랴가 그 반열의 차례대로 하나님 앞에서 제사장의 직무를
행할새 9 제사장의 전례를 따라 제비를 뽑아 주의 성전에 들어가 분
향하고 10 모든 백성은 그 분향하는 시간에 밖에서 기도하더니 11 주
의 사자가 그에게 나타나 향단 우편에 선지라 12 사가랴가 보고 놀라
며 무서워하니 13 천사가 그에게 이르되 사가랴여 무서워하지 말라 너
의 간구함이 들린지라 네 아내 엘리사벳이 네게 아들을 낳아주리니

그 이름을 요한이라 하라 14 너도 기뻐하고 즐거워할 것이요 많은 사
람도 그의 태어남을 기뻐하리니 15 이는 그가 주 앞에 큰 자가 되며 포
도주나 독한 술을 마시지 아니하며 모태로부터 성령의 충만함을 받아
16 이스라엘 자손을 주 곧 그들의 하나님께로 많이 돌아오게 하겠음
이라 17 그가 또 엘리야의 심령과 능력으로 주 앞에 먼저 와서 아버지
의 마음을 자식에게, 거스르는 자를 의인의 슬기에 돌아오게 하고 주
를 위하여 세운 백성을 준비하리라

8 Now while he was serving as priest before God when his division was
on duty, 9 according to the custom of the priesthood, he was chosen by
lot to enter the temple of the Lord and burn incense. 10 And the whole
multitude of the people were praying outside at the hour of incense.
11 And there appeared to him an angel of the Lord standing on the right
side of the altar of incense. 12 And Zechariah was troubled when he
saw him, and fear fell upon him. 13 But the angel said to him, "Do not
be afraid, Zechariah, for your prayer has been heard, and your wife
Elizabeth will bear you a son, and you shall call his name John. 14 And
you will have joy and gladness, and many will rejoice at his birth, 15 for
he will be great before the Lord. And he must not drink wine or strong
drink, and he will be filled with the Holy Spirit, even from his mother's
womb. 16 And he will turn many of the children of Israel to the Lord
their God, 17 and he will go before him in the spirit and power of Elijah,
to turn the hearts of the fathers to the children, and the disobedient to
the wisdom of the just, to make ready for the Lord a people prepared."

18 사가랴가 천사에게 이르되 내가 이것을 어떻게 알리요 내가 늙고
아내도 나이가 많으니이다 19 천사가 대답하여 이르되 나는 하나님 앞
에 서 있는 가브리엘이라 이 좋은 소식을 전하여 네게 말하라고 보내

심을 받았노라 20 보라 이 일이 되는 날까지 네가 말 못하는 자가 되어
능히 말을 못하리니 이는 네가 내 말을 믿지 아니함이거니와 때가 이
르면 내 말이 이루어지리라 하더라 21 백성들이 사가랴를 기다리며 그
가 성전 안에서 지체함을 이상히 여기더라 22 그가 나와서 그들에게
말을 못하니 백성들이 그가 성전 안에서 환상을 본 줄 알았더라 그가
몸짓으로 뜻을 표시하며 그냥 말 못하는 대로 있더니 23 그 직무의 날
이 다 되매 집으로 돌아가니라

18 And Zechariah said to the angel, "How shall I know this? For I am an
old man, and my wife is advanced in years." 19 And the angel answered
him, "I am Gabriel. I stand in the presence of God, and I was sent to
speak to you and to bring you this good news. 20 And behold, you will
be silent and unable to speak until the day that these things take place,
because you did not believe my words, which will be fulfilled in their
time." 21 And the people were waiting for Zechariah, and they were
wondering at his delay in the temple. 22 And when he came out, he was
unable to speak to them, and they realized that he had seen a vision
in the temple. And he kept making signs to them and remained mute.
23 And when his time of service was ended, he went to his home.

24 이후에 그의 아내 엘리사벳이 잉태하고 다섯 달 동안 숨어 있으며
이르되 25 주께서 나를 돌보시는 날에 사람들 앞에서 내 부끄러움을
없게 하시려고 이렇게 행하심이라 하더라

24 After these days his wife Elizabeth conceived, and for five months
she kept herself hidden, saying, 25 "Thus the Lord has done for me
in the days when he looked on me, to take away my reproach among
people."

1 Greek *Zacharias*

단락 개관

이 단락에는 세례 요한이 사가랴 제사장에게서 태어난다는 소식과 더불어 그 아기가 엘리사벳의 뱃속에 잉태된다는 통보가 묘사되어 있다. 사가랴와 엘리사벳은 나이가 많은 경건한 부부고, 사가랴는 제사장으로 섬긴다. 그가 성전에서 분향하고 있을 때 가브리엘 천사가 제단에서 나타나 그에게 아들이 있을 것이라는 좋은 소식을 전한다. 이 아들은 성령으로 충만해서 구약에 예언된 엘리야 같은 역할을 수행할 것이고, 그 결과 이스라엘이 주님에게 돌아올 것이다. 하지만 사가랴는 이 약속의 말을 의심하고 그로 인해 말을 못하게 된다. 사가랴를 기다리던 사람들은 그가 말을 못하는 것을 보고 그가 환상을 보았다는 것을 알게 된다. 사가랴가 집으로 돌아온 후 엘리사벳이 요한을 임신한다.

단락 개요

II. 예수님의 사역을 위한 준비(1:5-4:13)
- A. 두 사람의 탄생을 예언하다(1:5-56)
  - 1. 세례 요한의 탄생(1:5-25)

주석

1:5 우리는 1:1-4에서 누가의 역사적 관심을 살펴보았다. 그는 이어지는 사건들이 헤롯 대왕이 유대의 왕이었을 동안 발생했다고 알려주며 당시의 배경을 설정함으로써 그 관심을 계속 이어간다. 대다수 학자는 헤롯이 주전 37년에서 34년까지 통치했다고 주장한다. 여기서 유대는 일반적 용어로서 "유대 본토, 갈릴리, 베레아의 상당 지역 그리고 시리아의 상당 지역"[7]을 포함한다. 헤롯은 성전의 개조를 비롯해 가이사랴의 항구, 마사다 요새, 안토니아 요새, 예루살렘에 있는 그의 궁전 등을 포함하는 대규모 건축 프로젝트를 실행한 인물로 알려져 있었다. 그는 잔인하고 복수심이 강해서 둘째 아내인 마리암네를 그녀의 두 아들인 알렉산더, 아리스토불루스와 함께 처형했다.

사가랴는 해마다 두 주간에 걸쳐 제사장으로 섬겼고, 아비야의 조(組)에 속해 있었다(대상 24:10).[8] 그의 아내 역시 아론의 딸로서 제사장 집안 출신이었다.

1:6-7 우리는 누가복음에서 예수님이 바리새인과 서기관들을 진정성 부족을 포함한 다른 죄들로 인해 고발하시는 장면을 보게 될 것이다(11:37-54). 그럼에도 여기서 모든 종교 지도자들이 다 위선적인 것은 아니었다는 사실을 발견할 수 있다. 사가랴와 엘리사벳이 그들의 조상 아브라함의 발걸음(창 17:1; 26:5)을 좇아 의롭고 경건한 삶을 영위하는 모습이 눈에 띈다. 주님에 대한 그들의 헌신은 율법의 명령과 규정을 지키는 것으로 나타난다. "흠이 없이"[아멤프토이(*amemptoi*)]라는 단어는 그들이 죄 없이 완전하다는 뜻이 아니다(참고. 빌 3:6). 그들은 대단히 신실하고 순종적이며, 지은 죄

7 Darrell L. Bock, *Luke 1:1-9:50*, BECNT (Grand Rapids, MI: Baker Academic, 1994), 75. 《BECNT 누가복음 1》(부흥과개혁사).

8 I. Howard Marshall, *The Gospel of Luke*, NIGTC (Grand Rapids, MI: Eerdmans, 1978), 52.

에 대해 제물을 드렸다. 그들의 동시대인 중 일부는 아마도 구약에 근거해 그들에게 자녀가 없는 것이 모종의 사적인 죄를 가리킨다고 생각했을 것이다(참고. 레 20:20-21; 신 7:14; 삼하 6:23).

그들이 불임을 겪다가 자녀를 낳는 것은 이삭을 낳은 아브라함, 사라 부부와 비슷하다(창 11:30; 18:11). 우리는 또한 이삭과 리브가에게서 태어난 에서와 야곱(창 25:21), 삼손을 낳은 마노아와 그의 아내(삿 13:2) 그리고 사무엘을 낳은 엘가나와 한나(삼상 1:2)에 대해 생각하게 된다. 갈런드(Garland)는 사가랴와 엘리사벳의 불임이 로마 치하에 있는 이스라엘의 영적 책망의 초상화라고 일러주는데, 아마 그의 견해가 옳을 것이다.[9] 이스라엘은 현재 한 민족으로서 바람직한 상태가 아니다.

1:8-10 사가랴는 1만8천 명의 제사장 중 하나고, 분향은 "제사장 직분의 최대 사역"[10]이었다. 제사장의 수를 감안하면 분향은 한 제사장의 생애에 겨우 한 번 주어질 테고, 따라서 이날은 사가랴의 인생에서 지극히 특별한 날이었다.[11] 어느 제사장이 번제물과 함께 분향할 것인지는 제비뽑기를 통해 정해졌다(미쉬나가 그 행습을 자세히 알려준다, 타미드 5:2-6:3). 번제물은 분향과 함께(출 30:1-9) 하루에 두 차례 바쳐졌다(29:38-42). 분향이 구약의 다른 곳에서는 기도와 연계되어 있다(시 141:2, 참고. 단 9:21). 여기서도 분향과 공동 기도가 함께 이루어지는 모습을 볼 수 있다. 이는 주님에 대한 헌신의 아름다운 그림이고, 우리는 다시금 일부 유대인이 주님을 따르면서 그분의 약속이 성취될 날을 기다리고 있다는 것을 상기하게 된다.

1:11-12 사가랴가 분향 제단에서 섬기고 있을 때 가브리엘 천사가 나타

9 Garland, *Luke*, 65.

10 Bock, *Luke 1:1-9:50*, 79.

11 Marshall, *Gospel of Luke*, 54.

난다. 천사의 출현은 주님이 곧 의미심장한 방식으로 행하실 것(삿 6:21)임을 가리키고, 천사를 보는 것은 결코 흔한 일이 아니다. 사가랴는 천사의 출현에 기뻐하기보다는 오히려 당황하고 불안해하며 두려움에 떤다. 인간이 초자연적 존재를 만날 때는 두려움에 사로잡히고 자신의 유한함, 왜소함, 피조물로서의 신분 그리고 명백한 죄악 등을 의식하게 된다(삿 6:22-23; 13:21-23; 사 6:5; 단 8:16-17; 10:5-12).

1:13 사가랴가 본능적으로 보인 두려움의 반응은 초자연적 만남에 대한 천사의 전형적인 말로 완화된다. "무서워하지 말라"(참고. 창 15:1; 26:24; 단 10:12; 눅 1:30; 2:10; 5:10; 계 1:17). 가브리엘은 사가랴에게 무서워하지 말아야 하는 이유를 말해준다. 그의 기도가 응답되어 엘리사벳이 아들을 낳을 것이다. 해석적 의문은 사가랴가 드린 기도의 성격을 중심으로 제기된다. 사가랴가 과거에 아들을 달라고 기도했던 것은 확실하지만, 그가 성전에서 분향하는 동안 아들을 위해 사적 기도를 드렸을 가능성은 희박하다. 우리가 나중에 마리아의 노래와 비교할 수 있는데, 거기서는 초점을 그녀의 개인적 삶이 아니라 이스라엘에게 주어졌던 언약에 두고 있다. 그래서 여기서 응답받은 기도가 아들을 위한 기도와 관련이 있을 가능성은 별로 없다. 이는 우리가 상상할 수 있는 것 이상으로 하나님께서 기도에 응답하시는 본보기(엡 3:20)라고 말할 수 있다. 즉 이스라엘을 향한 언약이 사가랴와 엘리사벳에게 약속된 아들에 의해 한 걸음 앞으로 나아갈 것이라는 뜻이다. "요한"이라는 이름은 '하나님의 은총'을 강조하며, 누가는 독자들이 이 함의를 간파하길 바랄 것이다.

1:14 이 구절에서 울려 퍼지는 주제는 요한의 출생에 수반되는 기쁨, 곧 사가랴와 많은 사람을 위한 기쁨이다. 이 구절에 나오는 '기쁨'에 3개의 단어가 사용되는데, 누가복음을 조사해보면 기쁨은 하나님께서 행하시는 종말론적 사역의 결과임을 알 수 있다. 기쁨은 그리스도가 출생할 때(1:44, 47; 2:10), 귀신들이 굴복할 때(10:17), 그리스도가 사역할 때(13:17; 19:37), 자

신의 이름이 생명책에 기록될 때(10:20), 죄인들이 회개할 때(15:5, 7, 10, 32), 그리스도가 부활하고 승천할 때(24:41, 52) 그리고 자신이 최종 상급을 받을 때(6:23) 생긴다. 누가의 다른 텍스트들은 이런 경우가 일반적인 기쁨을 의미하지 않고 하나님의 종말론적 사역, 곧 언약을 성취하는 사역으로 인한 기쁨을 의미한다는 것을 분명히 한다. "많은"[폴로이(*polloi*)]이라는 표현이 기쁨이 요한의 출생에 국한되지 않고 출생의 결과를 포함함을 보여주는 만큼, 그의 출생은 온 생애의 영향력을 가리킨다. 아울러 "많은"이라는 단어는 모든 사람이 요한의 사역을 기뻐한 것은 아님을 가리킨다. 우리는 다른 곳에서 바리새인들이 요한의 세례를 배척하는 모습(7:29-30; 20:4-6)을 본다. 심지어 일부는 그가 귀신이 들렸다고까지 말하는 한편(7:33), 헤롯 안디바는 그를 참수하고 말았다(9:9). 요한은 겸손하게 자기가 죄인이라고 시인하는 사람들에게 기쁨을 가져다준다(3:10-14; 7:29; 20:6).

1:15 요한이 그런 큰 기쁨을 가져올 이유가 설명되어 있다. 주님 앞에서의 위대함은 그의 선지자적 역할을 예측한다. 7:28은 요한이 그리스도가 오시기 전에 태어난 이들 중에 가장 큰 사람이라고 말한다. 이 위대함을 존재론적이 아니라 기능적인 의미로 이해해야 한다. 요한은 이스라엘에게 메시아를 소개하는 메신저가 되는 유일한 특권을 갖고 있기 때문이다. 선지자로서 요한의 독특한 역할은 완전한 금주를 그 증거로 삼는다. 회막에서 섬기는 제사장은 일체 술을 마시면 안 된다(레 10:9). 이와 비슷하게 누구든지 나실인의 서원을 하는 동안에는 음주가 완전히 금지되었다(민 6:3). 삼손은 평생 동안 나실인으로 남아 있었다(삿 13:7). 일부 학자는 세례 요한이 나실인의 서원을 한다고 생각하는 반면, 다른 이들은 요한이 머리를 깎지 않는 것에 대한 언급이 없으므로 과연 그런지에 의문을 제기한다. 여기서 누가가 전달하는 주안점은 요한이 특별히 사역에 바쳐진다는 것이다.

특히 세례 요한을 구별 짓는 것은 "모태로부터" 성령으로 충만하다는 점이다. 일부 학자는 이것을 요한이 태어날 때부터 성령으로 충만하다는 뜻으로 이해하지만, 요한이 엘리사벳의 "뱃속에서 뛰놀았[기]"(1:41, 새번역)

때문에 태어나기 전부터 성령으로 충만하다고 누가가 알려주는 듯하다(43절).[12] 성령은 특별한 사역을 위해(예. 출 31:3; 35:31) 그리고 선지자적 말씀 선포(미 3:8)를 위해 인간을 가득 채우는 분이다. 누가복음에서는 성령이 하나님의 말씀을 전하도록 사람들을 가득 채우는 모습을 볼 수 있다(1:41, 67; 행 2:4; 4:8, 31; 9:17). 요한이 구약 성도들 가운데 두드러지는 점은 그가 평생 동안 주님의 선지자로서, 주님의 말씀 곧 하나님 나라가 오고 있다는 좋은 소식을 선포하는 자로서 성령으로 충만하다는 것이다.

1:16-17 세례 요한은 예언의 영으로 충만하여 엘리야 같은 역할을 수행한다. 그의 사역을 통해 많은 이스라엘 사람이 주님께 돌아올 것이다. 여기서 "돌아오[다]"[에피스트레프세이(*epistrepsei*)]라는 단어는(17절도 참고하라) 죄로부터 하나님께로 돌이키는 회개를 의미한다(신 30:2, 8, 10; 대하 6:24, 37, 38; 느 1:9). 이 회복이 보편적 성격을 띠는 것은 아니다. 텍스트가 '모두'가 아니라 "많이"라고 말하기 때문이다. 사실 누가복음 전체에 비춰보면, "많이"가 '대다수'를 뜻하는 것으로 해석해도 안 된다. 주님께 돌아오는 사람의 수는 상당하지만 그래도 소수파에 속한다. "주 곧 그들의 하나님"은 아버지를 가리킬 수 있으나, 세례 요한이 예수님을 위해 길을 예비하고 있으므로 그분과 관련이 있을지도 모른다.

17절은 세례 요한이 말라기에 나오는 엘리야에 관한 예언을 성취하고 있음을 분명히 한다. "보라 여호와의 크고 두려운 날이 이르기 전에 내가 선지자 엘리야를 너희에게 보내리니 그가 아버지의 마음을 자녀에게로 돌이키게 하고 자녀들의 마음을 그들의 아버지에게로 돌이키게 하리라"(말 4:5-6, 참고. 집회서 48:10). 이로부터 우리는 엘리야의 도래에 관한 예언을 문자적으로 해석하면 안 된다는 것을 알게 된다. 요한은 "엘리야의 심령과 능력으로" 온다. 마태복음 11:14에서 예수님은 세례 요한이 성경에 예언

12 이 구절의 명백한 함의 중 하나는 태아도 인간이라는 것이다!

된 엘리야라고 말씀하신다. 따라서 구약에 나오는 예언들은 뜻밖의 방식으로 성취될 수 있는 듯하다. 이에 덧붙여 엘리야가 땅에서 사는 기간이 이미 끝났기 때문에 엘리야에 관한 예언이 문자적인 것이 아님이 분명했고, 구약의 저자들은 그의 문자적인 복귀를 예측하지 않았다.

아버지가 자녀들과 화해하고 자녀들이 아버지와 화해하는 것은 주님께 돌아오는 것을 의미한다. 불순종하는 자들이 악을 버리고 선을 받아들여 의로움으로 돌이킨 결과 삶의 변화가 확증된다. 사람들이 악을 외면한다면 세례 요한이 주님을 위해 그들을 준비시킬 것이다. 이는 말라기 3:1을 분명히 암시한다. "내가 내 사자를 보내리니 그가 내 앞에서 길을 준비할 것이요." 이 구절의 역사적 맥락에 비춰보면 그 메신저는 여호와를 위해 길을 준비하지만(참고. 말 4:5), 누가복음 3:4은 분명히 그 메신저가 예수님을 위해 길을 준비하는 것으로 본다(참고. 7:27).

1:18-20 가브리엘이 사가랴에게 전한 것은, 그와 엘리사벳에게 자녀가 태어날 것이고 그 자녀가 구원 역사에서 중요한 역할을 수행할 것이라는 놀라운 소식이었다. 이에 사가랴가 의심을 내비친다(참고. 창 15:8; 왕하 20:8). 이는 아브라함과 사라가 자녀의 약속을 받았을 때 그들 마음을 가득 채웠던 의심(창 17:16-19; 18:10-15)을 상기시킨다. 사가랴가 그 약속의 성취에 대해 회의적인 것은 자신이 이미 노인이고 아내 엘리사벳 역시 출산 연령을 훨씬 지났기 때문이다.

사가랴의 의심은 어느 의미에서는 이해할 수 있지만, 비난받을 만하고 죄악된 것이기도 하다. 그는 징표를 요구하는 바람에 처벌을 하나의 징표로 받게 된다.[13] 요한이 태어날 때까지 말을 못하게 된 것이다. 믿지 못하는 것은 죄이고(참고. 롬 14:23), 이는 복음에 저항한 탓에 즉시 보지 못하게 된 엘루마(행 13:11)를 상기시킨다. 하지만 엘루마와 사가랴는 중요한 차이점

13 참고. Garland, *Luke*, 68-69.

이 있다. 엘루마는 비신자인 데 비해 사가랴는 신실한 사람이다(눅 1:6). 어쨌든 사가랴의 죄로 인한 결과는 한시적이다. 나중에 요한이 태어날 때가 되면 다시 말할 수 있을 것이다.

사가랴는 제사장으로서 성경에 정통하기 때문에 천사의 말을 의심하지 말았어야 한다. 사라가 출산할 나이가 훨씬 지났음에도 어떻게 하나님의 능력으로 이삭을 낳았는지(참고. 창 17-21장) 그는 매우 잘 알고 있다. 사실 하나님께서 불임 부부에게 자녀를 허락하신 내러티브는 많은 편이다. 이삭과 리브가(창 25:21), 야곱과 라헬(창 30:22-23), 엘가나와 한나(삼상 1장) 그리고 마노아와 그의 아내(삿 13장) 등이다.

사가랴의 죄를 인정한다고 해서 누가복음 1:6에 나오는 사가랴와 엘리사벳의 의로움에 관한 긍정적 진술이 평가절하되는 것은 아니다. 그들은 의롭지만 완전하지는 않다. 천사가 사가랴를 책망하면서 왜 그 약속을 믿어야 하는지 알려준다. 하나님께서 그분의 특별한 메신저 중 하나로 하나님의 존전에 서 있는 천사 가브리엘을 보내서 이 좋은 소식을 전달하게 하신 것이다. 천사가 인간에게 와서 말하는 것은 일상적인 일이 아니기 때문에 사가랴는 그 약속을 믿어야 마땅하다! 그는 이 존엄한 일을 위해 성전에 있는 자신에게 찾아온 가브리엘의 말이 성취될 것을 확신했어야 한다.

이와 동시에 사가랴가 말을 못하게 된 것은 또 하나의 역할을 한다. 밖에서 기다리는 사람들에게 그가 환상을 보았다는 확신을 주는 것이다. 주님은 그분의 백성에게 주신 언약들을 지키기 위해 일하신다. 여기서 '이루다'로 번역된 헬라어 단어는 누가복음에서 중요한 역할을 한다(1:1; 4:21; 9:31; 21:24; 22:16; 24:44). 아울러 "때"[카이로스(*kairos*)]는 하나님의 목적이 실현되는 시기다(12:56; 19:44; 21:36). "좋은 소식"[유앙겔리사스타이(*euangelisasthai*)]이라는 단어는 단지 사가랴를 위한 사적이고 개인적인 좋은 소식에 그치지 않는다. 이는 이스라엘의 모든 백성을 위한 것이다. 이사야는 포로 상태에서 돌아오는 '좋은 소식'(사 40:9; 52:7)을 말하고, 가브리엘은 사가랴에게 포로 상태에서의 복귀는 주님의 도래를 준비하는 사람으로 마무리되고 있다고 전한다.

1:21-25 사가랴가 성전에서 가브리엘을 만나고 있는 동안, 바깥에 있던 사람들은 그에게 무슨 일이 생겼는지 의아해하기 시작한다. 그 시간은 사람들로 하여금 뜻밖의 사건을 접할 준비를 갖추게 한다. 사가랴가 말을 못하게 되자 사람들은 그가 환상을 보았다는 결론을 내린다. 사가랴가 사람들에게 손짓을 할뿐 말을 못하므로 그들은 무슨 일이 발생했는지 도무지 알 수 없다.[14] 사가랴는 제사장의 직무 기간이 끝난 후 집으로 돌아간다. 이 대목의 주안점은 말을 못하는 사가랴의 상태가 그가 환상을 보았음을 가리킨다는 것이다.

사가랴가 집으로 돌아간 후, 가브리엘이 전한 약속이 이루어져서 엘리사벳이 임신하게 된다. 엘리사벳은 다섯 달 동안 숨어서 지낸다. 주석가들은 그녀가 왜 그렇게 하는지에 대해 추측하지만 이 텍스트에서 분명한 답을 얻을 수는 없다. 아마 사람들이 이 임신에 대해 알기를 원치 않았을 것이다. 엘리사벳은 자신의 임신이 그동안 자녀가 없어서 견뎌왔던 부끄러움을 없애준다고 말하면서 이로 인해 주님을 찬송한다. 임신을 통해 부끄러움이 없어진다는 생각은 아브라함과 사라의 이야기에도 함축되어 있다. 사라가 종 하갈을 아브라함에게 주었지만, 하갈이 임신한 후 사라를 멸시했기 때문에 문제가 발생한다(창 16:1-4). 라헬과 레아의 다툼도 잘 알려져 있다. 라헬이 마침내 아들을 낳았을 때 그녀의 부끄러움이 씻어졌기 때문에 안도했다(창 30:22-23, 참고. 사 4:1). 신명기는 주님의 복을 받는 사람들은 자녀를 낳을 것(28:4)이지만, 주님의 저주를 받는 이들은 열매를 맺지 못할 것(28:18)이라고 약속한다. 하지만 누가복음 1:6이 증언하듯이, 누가는 엘리사벳이 그녀의 죄 때문에 자녀를 낳지 못했다고 생각하지 않는다.

14 Garland, *Luke*, 69.

응답

개인적 차원과 정치적 차원이 이 텍스트에서 하나로 수렴된다. 주님은 사가랴와 엘리사벳에게 자녀를 허락함으로써 자비를 베푸신다. 하지만 이로부터 모든 불임 부부에게 다 자녀가 약속된다는 결론을 내리면 안 된다. 하나님은 그분의 때에 그분의 방식으로 응답하신다. 그분은 은혜롭고 좋은 아버지라서 종종 우리의 기도에 응답하곤 하신다. 이와 동시에 사가랴와 엘리사벳에게 약속된 자녀가 구원 역사에서 독특한 역할을 수행할 것은 그가 주님을 위해, 메시아를 위해, 이스라엘의 왕을 위해 길을 준비할 것이기 때문이다. 이스라엘은 주님의 약속이 실현될 것을 오랫동안 기다려왔고, 어쩌면 주님이 그런 약속을 이행하지 않으실 것처럼 보일지 모른다. 그러나 하나님은 언제나 약속에 신실하신 분이다.

26 여섯째 달에 천사 가브리엘이 하나님의 보내심을 받아 갈릴리 나
사렛이란 동네에 가서 27 다윗의 자손 요셉이라 하는 사람과 약혼한
처녀에게 이르니 그 처녀의 이름은 마리아라 28 그에게 들어가 이르
되 은혜를 받은 자여 평안할지어다 주께서 너와 함께 하시도다 하니
29 처녀가 그 말을 듣고 놀라 이런 인사가 어찌함인가 생각하매 30 천
사가 이르되 마리아여 무서워하지 말라 네가 하나님께 은혜를 입었느
니라 31 보라 네가 잉태하여 아들을 낳으리니 그 이름을 예수라 하라
32 그가 큰 자가 되고 지극히 높으신 이의 아들이라 일컬어질 것이요
주 하나님께서 그 조상 다윗의 왕위를 그에게 주시리니 33 영원히 야
곱의 집을 왕으로 다스리실 것이며 그 나라가 무궁하리라

26 In the sixth month the angel Gabriel was sent from God to a city of
Galilee named Nazareth, 27 to a virgin betrothed[1] to a man whose name
was Joseph, of the house of David. And the virgin's name was Mary.
28 And he came to her and said, "Greetings, O favored one, the Lord is
with you!"[2] 29 But she was greatly troubled at the saying, and tried to
discern what sort of greeting this might be. 30 And the angel said to her,

"Do not be afraid, Mary, for you have found favor with God. 31 And
behold, you will conceive in your womb and bear a son, and you shall
call his name Jesus. 32 He will be great and will be called the Son of the
Most High. And the Lord God will give to him the throne of his father
David, 33 and he will reign over the house of Jacob forever, and of his
kingdom there will be no end."

34 마리아가 천사에게 말하되 나는 남자를 알지 못하니 어찌 이 일이
있으리이까
34 And Mary said to the angel, "How will this be, since I am a virgin?"[3]

35 천사가 대답하여 이르되 성령이 네게 임하시고 지극히 높으신 이
의 능력이 너를 덮으시리니 이러므로 나실바 거룩한 이는 하나님의
아들이라 일컬어지리라 36 보라 네 친족 엘리사벳도 늙어서 아들을 배
었느니라 본래 임신하지 못한다고 알려진 이가 이미 여섯 달이 되었
나니 37 대저 하나님의 모든 말씀은 능하지 못하심이 없느니라 38 마리
아가 이르되 주의 여종이오니 말씀대로 내게 이루어지이다 하매 천사
가 떠나가니라
35 And the angel answered her, "The Holy Spirit will come upon you,
and the power of the Most High will overshadow you; therefore the
child to be born[4] will be called holy—the Son of God. 36 And behold,
your relative Elizabeth in her old age has also conceived a son, and this
is the sixth month with her who was called barren. 37 For nothing will
be impossible with God." 38 And Mary said, "Behold, I am the servant[5]
of the Lord; let it be to me according to your word." And the angel
departed from her.

1 That is, legally pledged to be married *2* Some manuscripts add *Blessed are you among women!* *3* Greek *since I do not know a man* *4* Some manuscripts add *of you* *5* Greek *bondservant*; also verse 48

단락 개관

앞 단락에서는 가브리엘이 노부부인 사가랴와 엘리사벳에게 장차 주님을 위해 길을 준비할 아들을 낳을 것이라고 약속했다. 이 단락에서는 가브리엘이 마리아에게 그녀 역시 아들을 낳을 것인데, 이번에는 노부부가 아닌 처녀에게서 성령의 능력으로 태어날 것이라고 알려준다. 예수님 탄생의 유일무이한 성격은 그분이 세례 요한보다 더 위대한 인물임을 입증한다. 세례 요한은 주님을 위해 길을 준비하지만 예수님은 하나님의 아들, 곧 다윗에게 주신 언약의 성취고, 따라서 그분은 이스라엘의 메시아이자 온 세계의 왕이다. 마리아는 엘리사벳의 임신에 관한 소식을 듣게 되고, 하나님께서 자신을 위해 정하신 것을 겸손하게 받아들이며, 주님은 불가능한 일을 행하실 수 있다고 믿는다.

단락 개요

II. 예수님의 사역을 위한 준비(1:5-4:13)
  A. 두 사람의 탄생을 예언하다(1:5-56)
    2. 그리스도의 탄생(1:26-56)
      a. 가브리엘이 탄생을 알려주다(1:26-38)

주석

1:26-28 가브리엘은 성전에 있던 사가랴에게 보냄 받은 것처럼, "여섯째 달" 즉 엘리사벳이 임신한 지 여섯째 되는 달에 마리아에게로 보냄을 받는다. 첫 번째 출현은 성전에 있는 한 제사장에게 일어났다. 존경을 받던 한 사람에게, 공경을 받던 한 장소에서 그런 일이 일어난 것이다. 하지만 이 경우에는 가브리엘이 이스라엘에서 아무런 지위가 없는 젊은 유대 소녀에게 나타난다. 더구나 그녀는 존중받지 못하는 장소인 나사렛의 작은 마을, 유대가 아닌 갈릴리라는 북부 지방에 속한 곳에 살고 있다. "나사렛에서 무슨 선한 것이 날 수 있느냐"(요 1:46)는 나다나엘의 경구는 대다수 사람이 그 마을에 대해 갖고 있는 생각을 대변한다. 예수님이 나사렛에 뿌리를 두고 있다는 사실은 신약에서 자주 주목받곤 한다(마 2:23; 4:13; 21:11; 26:71; 막 1:9, 24; 10:47; 14:67; 16:6; 눅 2:39, 51; 4:16, 34; 18:37; 24:19; 요 1:45-46; 18:5, 7; 19:19; 행 2:22; 3:6; 4:10; 6:14, 10:38; 22:8; 26:9).

마리아는 요셉과 약혼한 처녀(참고. 마 1:23)로 묘사되어 있다. 마태복음 1:23은 이를 이사야 7:14과 연결시키지만 누가는 명시적으로 그런 관계를 형성하지 않는다. 출생 내러티브에서 누가의 전통은 마태와 독립되어 있는 듯해서 그의 이야기는 다른 관점에서 마태 이야기를 확증한다. 이 이야기의 출처는 아마 마리아 혹은 그녀의 자녀(들)일 것이다(막 6:3). 약혼은 유대교에서 중대한 일이었다. 신명기 22:23-24은 만일 한 남자가 다른 남자와 약혼한 여자와 합의에 의한 성관계를 맺으면 그 남자와 여자 둘 다 처형해야 한다고 규정한다. 약혼식은 증인들 앞에서 신부에 대한 값을 지불하면서 치러졌다. 혼인식은 보통 1년 뒤에 거행된다.[15] 약혼식 이후부터는 여자가 장래의 남편에게 속했다.

우리는 그 처녀의 이름이 마리아이고 그녀가 요셉과 약혼했다는 이야

15 Bock, *Luke 1:1-9:50*, 107.

기를 구체적으로 듣는다(마 1:16-25; 2:13-14, 19, 21; 눅 2:16; 3:23; 4:22; 요 1:45; 6:42). 요셉은 "다윗의 자손"이고, 따라서 예수님의 족보는 그 아버지를 통해 추적될 것이다. 장차 이스라엘의 왕이 될 사람은 다윗의 혈통에서 나올 것이고(예. 삼하 7:13, 16; 시 89:3-4, 28-37; 132:11-12; 사 9:1-7; 11:1-10; 55:3; 렘 23:5-6; 30:9; 33:15-17; 겔 34:23-24; 37:24-25; 호 3:5; 미 5:2-4; 슥 9:9), 누가는 예수님을 다윗에게 주어진 영원한 왕조에 대한 약속의 성취로 분명히 본다.

가브리엘이 마리아에게 나타나서 일상적인 인사를 전한다(참고. 마 26:49; 27:29; 막 15:18; 요 19:3). 이 단어는 "기뻐하여라"(새번역)로 번역될 수도 있으나 이 맥락에서는 가브리엘이 마리아에게 "안녕!"("hello!")이라고 말하는 것 같다. 가브리엘이 마리아에게 "은혜를 받은"[케카리토메네(*kecharitōmenē*)] 자라고 말하는데, 이는 하나님의 은혜가 그녀에게 주어졌다는 뜻이며, 마리아의 경건함을 부인하는 것은 아니다. 그럼에도 마리아의 경건함은 그녀의 삶에 부어진 하나님의 은혜 덕분이다. 주님은 특별한 방식으로 "마리아"와 함께하시는데, 이는 그분이 과거에 기드온 및 다른 이들과 함께하셨던 것과 같다(삿 6:12, 참고. 창 26:28; 삼하 7:3).

1:29-31 사가랴는 가브리엘이 나타났을 때 '당황했다'[에타라크테(*etarachthē*), 개역개정은 "놀라며 무서워하니", 1:12]. 마리아 역시 가브리엘이 나타나서 인사말을 전할 때 비슷하게 반응하지만, 이 동사는 심화된 형태라서 '몹시 당황했다'[디에타라크테(*dietarachthē*), 개역개정은 "놀라"]로 번역하는 것이 적절할 것이다. 마리아는 자신에게 일어나는 일의 의미가 궁금했지만, 사가랴의 경우와 같이 천사의 출현은 일단 두려움을 불러일으킨다.

가브리엘은 마리아를 무서워하지 말라면서 안심시키고(참고. 창 15:1; 26:24; 단 10:12; 눅 1:30; 2:10; 5:10; 계 1:17), 왜 두려워하지 않아도 되는지 그 이유를 설명한다. 그녀가 "하나님께 은혜를 입었[기]" 때문이다. 그런 은혜를 입은 사람들 가운데는 노아(창 6:8), 모세(출 33:12-13, 16, 17; 34:9), 기드온(삿 6:17) 그리고 다윗(행 7:45-46)이 포함된다. 이 구약 인물들은 하나같이 그들의 경건함과 순종 때문에 하나님의 은혜를 입었고, 마리아의 경우도 마찬가지다. 사가랴와 엘리사벳처럼(눅 1:6), 마리아 역시 이스라엘에 있는 경건한 남은 자 중 하나다. 하지만 마리아의 순종을 공로로 혼동하면 안 된다. 히브리서는 노아(히 11:7), 모세(11:24-28), 기드온(11:32) 그리고 다윗(11:32) 등의 믿음을 칭찬한다. 이와 마찬가지로 마리아의 순종과 은혜는 하나님에 대한 그녀의 믿음에서 온 것일 수 있다.

이어서 가브리엘은 마리아에게 하나님의 은혜를 입은 결과를 이야기한다. 성경에 나오는 다른 출생 소식과 같이(창 16:11; 17:19; 삿 13:3, 5; 사 7:14), 그녀는 곧 임신해서 아들을 낳게 될 것이라는 말을 듣는다. 이 소식의 독특한 점은 방금 언급한 구약 텍스트들처럼 그녀의 자녀가 특별한 역할을 하게 될 것이라는 데 있다. 동정녀 탄생(virgin birth)에 대한 이사야의 예언(사 7:14)이 누가의 내러티브를 형성한다는 암시는 없다. 자녀에게 지정된 이름은 "예수"고, 이는 '주님이 구원하신다'라는 뜻이다.

1:32-33 마리아가 낳을 자녀는 세계 역사상 다른 어느 자녀와도 다를 것이다. 세례 요한은 "주 앞에 큰 자"(1:15)가 되겠으나 예수는 더 큰 자, 곧 "지극히 높으신 이의 아들"이 될 것이다. 세례 요한은 주님을 위해 길을 준비하겠으나 예수가 하나님의 아들인 것은, "지극히 높으신 이"라는 말이 그분이 하늘로부터 오신다는 뜻이기 때문이다(예. 창 14:18-20; 신 32:8; 삼하 22:14, 참고. 눅 6:35; 8:28). 다윗 혈통의 왕은 이사야 9:6에서 하나님의 아들로 밝혀졌고 여러 신적 호칭을 받았다. "그의 이름은 기묘자라, 모사라, 전능하신 하나님이라, 영존하시는 아버지라, 평강의 왕이라." 여기에 예수가 하나님의 아들로서 하나님의 신원과 본성을 공유한다는 암시가 있다.[16] 비록 이때에 마리아는 예수가 하나님의 아들로 불린다는 말의 뜻을 알지 못하겠지만 말이다. 아마 그녀는 예수의 아들 신분을 그가 다윗의 왕위에서 다스릴 것이라는 약속(참고. 삼하 7:16; 시 2:7)과 동일시할 것이다. 다른 한편,

16 참고. Garland, *Luke*, 80.

마가복음 5:7에서는 귀신들이 예수를 "지극히 높으신 하나님의 아들"로 알아본다. 귀신들은 예수의 아들 신분이 하나님과의 특별하고 독특한 관계를 가리킨다는 것을 알고 있다. 누가는 이 복음서의 독자들이 그 호칭을 가장 깊은 의미로 이해하기를 기대하고, 따라서 예수는 여기서 다윗의 자손인 동시에 하나님의 아들로 불리는 것이다(참고. 1:42-43 주석).

마리아의 아들이 다윗의 왕위에 앉을 것이고, 그 아들은 다윗 혈통의 왕, 메시아, 다윗의 자손이 영원히 다스릴 것이라는 약속을 이행할 것이다(예. 삼하 7:13, 16; 시 89:3-4, 28-37; 132:11-12; 사 9:1-7; 11:1-10; 55:3; 렘 23:5-6; 30:9; 33:15-17; 겔 34:23-24; 37:24-25; 호 3:5; 미 5:2-4; 슥 9:9). 왕으로서 그는 이스라엘을 영원히 다스릴 것이고, 그 나라는 끝없이 지속될 것이다. 이로써 예수는 미가 4:7의 약속을 이행한다. "나 여호와가 시온산에서 이제부터 영원까지 그들을 다스리리라." 이와 비슷하게 인자는 모든 백성과 나라들을 다스릴 것이고 그 권세와 통치가 끝이 없을 것이라는 약속을 받는다(단 7:14).

1:34 마리아가 자신은 처녀인데 어떻게 다윗 혈통의 왕과 하나님 아들의 어머니가 되는 것이 가능한지 묻는다. 분명히 마리아는 그녀의 임신이 혼인 전에 이루어질 것이라는 뜻으로 이해한다. 마리아의 질문은, 그녀가 순진하지 않다는 것과 자녀는 성적 연합으로만 생긴다는 것을 알고 있음을 말해준다. 따라서 성교 없이 아들을 갖게 될 것이라는 약속을 그녀는 이해할 수 없다. 사가랴는 어떻게 자기와 엘리사벳이 출산할 나이가 지났는데 자녀를 낳을 수 있는지 물었을 때 가브리엘로부터 책망을 받았지만(1:18), 여기서 가브리엘은 마리아를 꾸짖지 않는다. 그 이유는 상황이 놀랄 만큼 다르기 때문이다. 1:18-20 주석에서 말했듯이, 사가랴는 성경에 정통한 제사장이고 하나님께서 과거에 노부부들에게 자녀를 허락하셨다는 것을 알고 있었다. 다른 한편, 동정녀 임태(virgin conception)에 대해서는 여태껏 들은 적이 없을 테고, 마리아가 이사야 7:14에 관해 생각하고 있다는 암시가 없다. 누가는 마리아를 불신의 인물로 비판하지 않는다. 자녀는 성적 관

계를 떠나서 생길 수 없으므로 그녀의 질문은 천사의 말이 무슨 뜻인지를 알고 싶은 솔직하고 겸손한 의지의 표현이기 때문이다.

1:35 만일 마리아가 동정녀 잉태에 관해 혼동했다면, 가브리엘은 이렇게 대답할 수 있었을 것이다. 그 임신은 즉시 일어날 것이 아니라 그녀가 약혼자인 요셉과 혼인한 후 그 사이에서 이루어질 것이라고 말이다. 그러나 가브리엘의 답변은 마리아가 옳다는 것을 가정하고 동정녀 잉태를 의미한 것으로 확인해준다. 그녀는 말로 표현할 수 없는 초자연적 방식으로 임신하게 될 것이다. 성령이 신비로운 방식으로 그녀에게 '임할 것이다'(참고. 행 1:8). 하나님의 "능력"[뒤나미스(*dynamis*)]이 그녀를 "덮으[실]"[에피스키아세이(*episkiasei*)] 것이라고 하는데, 이는 성령의 사역을 달리 말하는 방식이다(예. 눅 1:17; 4:14; 24:49; 행 1:8). 다른 곳에도 이와 비슷한 장면이 나온다. 구름이 회막을 덮는 것(출 40:34), 하나님께서 그분의 날개로 그 백성을 덮으시는 것(시 91:4), 예수님이 변형되는 동안 구름이 제자들을 덮는 것(마 17:5; 막 9:7; 눅 9:34) 그리고 주님이 전쟁 동안 그분의 백성을 덮으시는 것(시 140:7) 등이다. "지극히 높으신 이"는 인간에게는 불가능한 일을 행하시는 하나님의 초월적 능력을 가리킨다.

그 자녀는 하나님의 기적적인 능력으로 생기기 때문에 "거룩한" 자일 것이다. 즉, 하나님의 목적을 위해 독특하게 구별되는 자일 것이다. 그 자녀는 하나님 사역의 결과이기 때문에 "하나님의 아들"일 것이다. 1:32에서 살펴보았듯이, 그의 아들 신분은 다윗의 자손의 위상으로 국한될 수도 있었다. 말하자면 예수님이 메시아, 곧 다윗에게 주신 약속의 성취라는 점에서 하나님의 아들일 수 있었다는 뜻이다. 물론 메시아에 대한 예언의 성취도 포함되지만, 마리아의 임신은 신적 행위의 결과로서 처녀의 몸으로 이루어졌다는 점에서 이전의 모든 다윗 혈통 왕의 출생과 근본적으로 다르다. 때문에 예수의 아들 신분은 그분이 메시아라는 말을 뛰어넘는 것처럼 보인다.

동정녀 탄생(엄밀히 말하면, 동정녀 잉태)에 관한 누가 이야기는 마태의 이야기(마 1:18-25)에서 독립되어 있고 이사야 7:14을 인용하지 않는다. 그러므로 우리에게는 동정녀 잉태를 지지하는 보완적인 내러티브가 있는 셈이다. 성육신과 이 세상에 개입하시는 하나님을 믿는 사람들은 동정녀 잉태를 받아들이는 데 전혀 문제가 없어야 한다. 합리주의적이고, 근대주의적이며, 반(反)초자연주의적인 세계관은 성경이 분명하게 가르치는 것을 거부한다. 예수 탄생의 놀라운 정황은 그가 세례 요한보다 더 위대한 인물임을 보여줄 뿐 아니라 다윗의 자손으로서 그 나라가 왜 끝없이 지속될 것인지를 설명해준다. 그는 다윗의 자손일 뿐 아니라 하나님의 영원한 아들이기 때문이다.

1:36-38 이어서 가브리엘이 마리아에게 그녀의 친척 엘리사벳과 사가랴가 늙었음에도 임신했다는 것을 알려준다. 불임으로 인해 늘 아기를 기다렸던 사람이 이미 임신 6개월이나 되었다. 엘리사벳의 임신은 마리아에게 주신 약속만큼 놀라운 것은 아니었으나, 가브리엘은 엘리사벳의 임신 이야기를 꺼냄으로써 하나님께서 초자연적 방식으로 일하고 계심을 마리아에게 확인시키고 있다.

이어서 가브리엘은 엘리사벳이 어떻게 늙은 나이에도 임신을 했는지 또는 마리아가 어떻게 성교 없이도 임신할 것인지를 설명한다. 그들의 임신을 설명해주는 것은 하나님의 능력인데, 그분께는 불가능한 일이 없기 때문이다. 이 표현은 그 옛날 사라에게 주신 약속까지 거슬러 올라간다. 당시에 사라는 자기에게 아들이 있을 것이라는 약속을 듣고 비웃고 말았다(창 18:10-13). 그러자 천사가 "여호와께 능하지 못한 일이 있겠느냐"(창 18:14)라며 책망했다. 여기에 초자연적 출산의 근거가 있고, 이는 또한 마리아가 성관계 없이 아들을 갖게 될 것임을 믿을 수 있는 근거를 제공한다. 주님은 인간적으로 불가능한 일을 얼마든지 행하실 수 있다. 그래서 하나님은 전혀 불가능해 보일 때에도 이스라엘을 포로 상태에서 돌아오게 하실 수 있었다(렘 32:17, 27). 인간 스스로는 구원받고 싶은 마음을 품을 수 없지만 하나님께서 그들의 마음속에서 일하시면 구원받을 수 있다(막 10:27). 하나님께서 지정하고 계획하시는 일은 결코 좌절될 수 없는 법이다(욥 42:2). 동정녀 잉태를 의문시하는 사람들은 한 근본적인 진리, 곧 동정녀 잉태와 무관한 게 아니라 동정녀 잉태를 논의할 때 제기되는 진리를 잊어버린 것이다. 그 진리란, 하나님은 인간에게 불가능한 일을 얼마든지 행하실 수 있다는 것이다!

마리아는 자기가 주님의 종임을 고백하고 받아들임으로써 모범적인 제자의 반응을 보인다. 그녀의 몫은 명령하지 않고 순종하는 것, 처방하지 않고 받아들이는 것, 지시하지 않고 받는 것이다. 마리아는 자기에게 주어진 역할을 인정하고, 자신의 삶이 하나님의 말씀에 따라 펼쳐진다면 최선의 길이 될 것임을 안다. 마리아는 평범한 인간이지만 엘리사벳과 사가랴처럼 주님을 따르는 진영에 속해 있었다.

응답

우리는 이 단락을 통해 주님이 종종 우리가 예상치 않은 방식으로, 우리를 놀라게 하는 방식으로 약속을 이행하신다는 것을 알게 된다. 다윗 왕조가 끝없이 이어질 것이라는 약속은 오래 전에 주어졌고(참고. 사 9:2-7), 하나님은 결국 그 약속을 지키실 것이다. 그래서 우리는 인내하면서 계속 하나님께 소망을 두어야 한다. 우리 하나님은 신실한 분이기에 언제나 언약을 지키신다. 여기에 나온 놀라운 단언 중 하나는 하나님께는 불가능한 일이 없다는 것이다. 그분은 죽은 자를 살릴 수 있고, 성관계 없이도 모태에서 아기를 창조하실 수 있다. 하지만 하나님은 우리가 바라면 무엇이든 행하겠다고 약속하신 적이 없다. 궁극적으로 우리는 마리아와 비슷하다. 마리아처럼 겸손한 심령을 품도록 부름 받은 주님의 종들이다. 우리 역시 주님께 이렇게 고백해야 한다. 우리의 삶이 (우리가 아닌) 주님의 말씀과 계획에 따라 영위되게 하소서.

39 이때에 마리아가 일어나 빨리 산골로 가서 유대 한 동네에 이르러
40 사가랴의 집에 들어가 엘리사벳에게 문안하니 41 엘리사벳이 마리
아가 문안함을 들으매 아이가 복중에서 뛰노는지라 엘리사벳이 성령
의 충만함을 받아 42 큰 소리로 불러 이르되 여자 중에 네가 복이 있으
며 네 태중의 아이도 복이 있도다 43 내 주의 어머니가 내게 나아오니
이 어찌 된 일인가 44 보라 네 문안하는 소리가 내 귀에 들릴 때에 아
이가 내 복중에서 기쁨으로 뛰놀았도다 45 주께서 하신 말씀이 반드시
이루어지리라고 믿은 그 여자에게 복이 있도다

39 In those days Mary arose and went with haste into the hill country, to
a town in Judah, 40 and she entered the house of Zechariah and greeted
Elizabeth. 41 And when Elizabeth heard the greeting of Mary, the baby
leaped in her womb. And Elizabeth was filled with the Holy Spirit,
42 and she exclaimed with a loud cry, "Blessed are you among women,
and blessed is the fruit of your womb! 43 And why is this granted to me
that the mother of my Lord should come to me? 44 For behold, when
the sound of your greeting came to my ears, the baby in my womb

leaped for joy. 45 And blessed is she who believed that there would be[1] a fulfillment of what was spoken to her from the Lord."

1 Or *believed, for there will be*

단락 개관

마리아가 즉시 엘리사벳을 방문하러 떠난다. 사가랴의 집에 도착하자 엘리사벳이 성령으로 충만하여 마리아와 그녀의 아기가 주님의 특별한 복을 받았다고 큰 소리로 외친다. 엘리사벳은 하나님의 영으로 인해 마리아가 주님의 어머니임을 알아보고, 가브리엘이 마리아에게 한 말을 확증해준다. 세례 요한은 마리아의 뱃속에 있는 아기를 알아보고, 이미 뱃속에서 주님을 위해 길을 준비하는 역할을 하며 뛰놀기 시작한다. 마리아는 주님이 그 약속을 지키실 것이라 믿는 자로서 축복을 받는다.

단락 개요

II. 예수님의 사역을 위한 준비(1:5-4:13)
A. 두 사람의 탄생을 예언하다(1:5-56)
2. 그리스도의 탄생(1:26-56)
b. 엘리사벳이 마리아를 축복하다(1:39-45)

주석

1:39-41 마리아는 엘리사벳에 관한 소식을 듣고 즉시 그녀를 만나러 간다. 이 방문은 간단하지 않았다. 약 130-160킬로미터나 되는 장거리라 3-4일은 족히 걸리는 여행이었다.[17] 마리아가 엘리사벳을 문안하는 순간 엘리사벳의 뱃속에 있던 아기가 뛰놀고 엘리사벳은 성령으로 충만해진다. 아기가 뛰논다는 것은 의미심장한 출생이 곧 일어날 것임을 가리킨다(참고. 1:15). 이와 같은 현상은 리브가의 뱃속에서 에서와 야곱이 뛰놀 때에도 일어났는데, 당시 하나님은 두 자녀의 운명을 그녀에게 알려주셨다(창 25:22-23). 엘리사벳의 경우에는 아기가 종말의 도래를 가리키는 표시로 뛰노는 것이고(참고. 눅 6:23),[18] 주님이 그녀에게 마리아가 낳을 아기가 중요한 인물이 될 것임을 알려주신다. 성령 충만은 하나님의 말씀을 전하는 것과 연관이 있고(눅 1:67; 행 2:4; 4:8, 31; 9:17; 13:9), 엘리사벳은 즉시 마리아에 대한 주님의 말씀을 전한다. 그녀의 말이 너무나 중요해서 성경에 보존되어왔다.

1:42-43 엘리사벳이 성령으로 충만하여 마리아와 그 아들이 복을 받았다고 큰 소리로 외친다. '복을 받다'[율로게오(*eulogeō*)]라는 동사는 수동태로, 복은 하나님으로부터 온다(참고. 창 14:19; 27:29, 33; 민 22:12; 신 28:3). 마리아와 그 아들 예수가 복을 받은 것은 하나님의 은혜와 선하심 때문이다. 마리아가 그리스도를 낳는 영예를 얻었다는 점에서 여자들 중에 유일무이한 것은 사실이다. 그런 역할은 큰 특권이다. 이후 엘리사벳이 마리아를 "내 주의 어머니"라고 부름으로써 가브리엘이 마리아에게 말한 것을 확증해 준다. 예수는 여기서 "주"(Lord)로 불린다. 엘리사벳이 무슨 뜻으로 이 말을 했는지는 알기 어렵지만 성령으로 충만한 자로서 예언적인 말을 하고 있

17 Bock, *Luke 1:1-9:50*, 134.

18 Garland, *Luke*, 92.

고, 누가복음-사도행전의 틀에 비춰보면 예수의 주되심은 그가 진정 신적 존재임을 가리킨다.[19] 사도행전 10:36이 말하듯이(참고. 행 2:36) 그는 "만유의 주"다. 예수에 관한 엘리사벳의 말은 참으로 비범하다. 이를 통해 마리아는 자신의 아들이 참으로 메시아, 곧 하나님의 아들이라는 또 하나의 지표를 갖게 된 셈이다.

1:44-45 엘리사벳은 마리아의 문안으로 인해 자기 뱃속의 아기가 기뻐서 뛰노는 것을 설명한다. 앞에서 이 아기가 뛰노는 것이 리브가의 쌍둥이와 연관이 있다는 것을 살펴보았는데(참고. 1:39-41 주석), 1:15을 감안하면 그것은 요한이 모태에 있는 동안 성령으로 충만했다는 것을 시사하는 듯하다. 여기서 기쁨이 하나님의 종말론적 사역에 대한 반응으로 표출되고 있고(1:14 주석에 나오는 논의를 보라), 이는 하나님께서 언약을 이행하고 계심을 보여준다.

성취의 개념이 45절까지 이어진다. 엘리사벳은 주님의 약속이 성취될 것을 믿는 자에게 복을 선언한다. 여기에 나온 '복이 있다'는 단어는 1:42에 사용된 것과 다른 단어다. 1:42은 하나님의 은혜로운 사역을 가리키며 그분이 주시는 복을 강조한다. 반면에 45절에 나온 "복"이라는 단어는 행복과 안녕을 가리킨다. 여기서 마리아의 행복과 안녕과 번성은 그녀의 믿음과 결부되어 있다. 그녀는 가브리엘이 전해준 약속과 관련하여 하나님의 말씀을 믿어야 한다. 마리아는 주님이 예수의 탄생에 관해 말씀하신 바를 이루실 것을 믿으라는 요구를 받는다.

19 참고. C. Kavin Rowe, *Early Narrative Christology: The Lord in the Gospel of Luke*, BZNW 139 (Nerlin: de Gruyter, 2006).

응답

이 단락에 나오는 놀라운 기독론이 눈에 띈다. 예수가 바로 주님이라는 것이다! 마리아의 모태에 있는 아기가 모든 곳에 있는 모든 사람의 주님이다(행 10:36). 우리 개신교도들은 로마가톨릭의 마리아 개념과 의견을 달리하지만,[20] 그녀가 하나님의 복을 받았고 메시아이자 하나님의 아들인 예수를 낳는 놀라운 특권을 가졌음을 안다. 마리아는 자신에게 주신 약속을 믿는다는 점에서 모범적인 제자고, 우리 역시 제자로서 마리아처럼 되라는 요구를 받는다. 더불어 우리는 메시아이자 주님인 예수 그리스도를 통해 우리에게 주어진 약속을 믿어야 마땅하다.

20 참고. Thomas R. Schreiner, “Mary Did You Know? What the Catholic Church Teaches about the Mother of Jesus,” *Desiring God*, December 23, 2017, https://www.desiringgod.org/articles/mary-did-you-know/.

46 마리아가 이르되
내 영혼이 주를 찬양하며 47 내 마음이 하나님 내 구주를 기뻐하였
음은 48 그의 여종의 비천함을 돌보셨음이라 보라 이제 후로는 만
세에 나를 복이 있다 일컬으리로다 49 능하신 이가 큰일을 내게 행
하셨으니 그 이름이 거룩하시며 50 긍휼하심이 두려워하는 자에게
대대로 이르는도다 51 그의 팔로 힘을 보이사 마음의 생각이 교만
한 자들을 흩으셨고 52 권세 있는 자를 그 위에서 내리치셨으며 비
천한 자를 높이셨고 53 주리는 자를 좋은 것으로 배불리셨으며 부
자는 빈손으로 보내셨도다 54 그 종 이스라엘을 도우사 긍휼히 여
기시고 기억하시되 55 우리 조상에게 말씀하신 것과 같이 아브라
함과 그 자손에게 영원히 하시리로다
하니라 56 마리아가 석 달쯤 함께 있다가 집으로 돌아가니라

46 And Mary said,
"My soul magnifies the Lord,
47 and my spirit rejoices in God my Savior,
48 for he has looked on the humble estate of his servant.

For behold, from now on all generations will call me blessed;
49 for he who is mighty has done great things for me,
and holy is his name.
50 And his mercy is for those who fear him
from generation to generation.
51 He has shown strength with his arm;
he has scattered the proud in the thoughts of their hearts;
52 he has brought down the mighty from their thrones
and exalted those of humble estate;
53 he has filled the hungry with good things,
and the rich he has sent away empty.
54 He has helped his servant Israel,
in remembrance of his mercy,
55 as he spoke to our fathers,
to Abraham and to his offspring forever."
56 And Mary remained with her about three months and returned to her
home.

단락 개관

마리아는 주님이 자신을 위해 행하신 위대한 일과 하나님의 사역, 곧 교만한 자를 뒤엎고, 권세 있는 자를 쓰러뜨리고, 비천한 자를 높이시는 일로 인해 그분에 대한 찬송을 쏟아낸다. 이 찬송은 종종 '마리아 찬가'(Magnificat)로 불리는데, 이는 '확대하다'(magnifies)를 뜻하는 라틴어 단어다. 주님은 가난한 자를 위해 일하고 부자를 외면하신다. 주님은 이스라엘에게 자비를 베풀고 그 백성과 맺은 언약을 지키신다. 주님의 이런 사역은 이제 시작되어 그리스도의 재림과 함께 완수될 것이다.

단락 개요

II. 예수님의 사역을 위한 준비(1:5-4:13)
　A. 두 사람의 탄생을 예언하다(1:5-56)
　　2. 그리스도의 탄생(1:26-56)
　　　c. 마리아가 하나님을 찬송하다(1:46-56)

주석

1:46-47 주님의 어머니가 되리라고 한 가브리엘의 약속을 확증하는 엘리사벳의 말을 들은 후, 마리아가 찬송을 쏟아낸다. 찬양의 노래는 구약에 흔하고, 마리아의 노래는 많은 면에서 사무엘을 출생할 당시 한나의 찬송(삼상 2:1-10)을 모델로 삼는다. 하지만 이 찬송은 구약의 많은 구절을 암시하는 내용으로 가득하다. 46-47절은 동의평행법(synonymous parallelism)의

한 본보기로서 두 줄이 동일한 기본 진리를 전달하는 경우다. 따라서 "영혼"과 "마음"을 따로 분리시키면 안 되고, 이는 마리아가 자신의 존재 전체로 주님을 찬송한다고 말하는 두 가지 방식이다. 마리아의 찬송은 시편 34:3("나와 함께 여호와를 광대하시다 하며")을 상기시킨다. 그녀가 하나님을 자신의 "주"(Savior)로 기뻐하는 대목은 사무엘상 2:1("내가 주의 구원으로 말미암아 기뻐함이니이다")과 시편 35:9("내 영혼이 여호와를 즐거워함이여 그의 구원을 기뻐하리로다", 참고. 사 61:10; 합 3:18)을 가져온다. 여기서 동의평행법에서도 두 줄이 완전히 똑같지는 않다는 말을 더해야겠다. 둘째 줄에서는 하나님이 "구주"로 찬양받고 있어서 마리아가 구원으로 인해 그분을 찬송한다는 것을 보여주기 때문이다. 특히 이사야는 주님이 구주임을 강조하고(사 43:3, 11; 45:15, 21; 49:26; 60:16; 63:8), 그 구원의 말씀이 두 번째 출애굽(이스라엘을 바벨론에서 구출하는 것)에서 이루어진다. 누가에게는 두 번째 출애굽의 약속이 예수 안에서 이루어지는데, 예수가 언약을 따라 그 백성을 구출하기 때문이다.

1:48-50 마리아가 왜 자기가 주님을 찬송하는지를 설명한다. 주님이 그녀의 비천한 신분[타페이노신(*tapeinōsin*)]을 보살피고, 그리스도를 낳는 특권과 복을 허락함으로써 그녀를 높이셨기 때문이다. 마리아는 자기가 주님의 종이라는 말을 반복한다(참고. 1:38). 장래의 모든 세대는 마리아가 구원의 역사에서 어떻게 잊을 수 없고 반복될 수 없는 역할을 수행하는지 기억할 테고, 하나님은 마리아를 위해 행한 일을 비천한 모든 사람을 위해 행하실 것이다.[21] "이제부터는"(새번역)은 새로운 날이 그리스도의 오심과 함께 밝았다는 것을 시사한다(참고. 5:10; 12:52; 22:18, 69). '비천한 신분'(타페이노신, 개역개정은 "비천함")이라는 단어는 한나가 자녀가 없을 때 겪은 "고통"(삼상 1:11 칠십인역)에 사용된 것이다. 레아 역시 하나님께서 그녀의 "괴로움"(타페이노

21 Garland, *Luke*, 94.

신, 창 29:32 칠십인역)을 보살펴주신 것에 감사 드렸다. 주님은 과거에 이스라엘의 비참한 상태를 살폈던 것처럼(참고. 삼상 9:16 칠십인역), 마리아의 비천한 신분을 은혜롭게 '보살피신'[에페블레프센(*epeblepsen*)] 것이다.

마리아는 또한 주님이 행하신 놀라운 일로 인해 그분을 찬송한다. 이는 주님이 이스라엘을 이집트에서 구출함으로써 크고 두려운 일을 행하신 것을 크게 기뻐하는 신명기 10:21을 상기시킨다(참고. 시 71:19). 주님이 마리아를 위해 행하신 일은 그녀만을 위한 것이 아니라 이스라엘 전체를 위한 것이며, 이는 새로운 출애굽, 새로운 구속(절정에 해당하는 최후의 구속 행위)이 예수를 통해 일어나고 있다는 것을 시사한다. 그분의 백성을 위해 개입하시는 주님은 거룩한 분이다. 그분은 유일무이하기 때문에 그와 같은 이는 없다. 이는 다시금 다음과 같이 찬양한 한나를 생각나게 한다. "여호와와 같이 거룩하신 이가 없으시니 이는 주밖에 다른 이가 없고 우리 하나님 같은 반석도 없으심이니이다"(삼상 2:2). 시편 111:9 역시 하나님 이름의 거룩함과 위대함을 그 백성의 구속과 연결시킨다.

하나님의 구속은 자비[엘레오스(*eleos*)]와 은혜의 행위로, 그 자비는 주님을 두려워하는 사람들에게 베풀어진다. 하나님의 자비(긍휼)는 누가복음 1장에서 반복되는 주제다(1:54, 58, 72, 78, 참고. 10:37; 16:24; 17:13; 18:38-39). 마리아는 시편 103:17(참고. 시 100:5)도 가져온다. "여호와의 인자하심[칠십인역 엘레오스]은 자기를 경외하는 자에게 영원부터 영원까지 이르며." 마리아는 언약의 성취가 하나님의 은혜와 자비를 반영한다는 것과 이스라엘은 그들에게 주신 선물을 받을 자격이 없다는 것을 알고 있다.

1:51 이 시편은 그 강조점을 주님이 마리아를 위해 행하신 일로부터 이스라엘을 위해 행하신 일로 전환한다. 우리는 누가복음 1:51-54에 나오는 부정과거 동사들을 어떻게 해석해야 할까? 마리아는 단지 과거에 하나님께서 이스라엘을 위해 행하신 구속 사역만 언급하고 있는가? 혹은 그리스도의 탄생과 함께 (하나님께서 과거에 행하셨듯이) 나라들을 끌어내리셨다고 말하고 있는 것인가? 아니면 이 부정과거 동사들을 예언적 용어로 해석해

서, 마리아가 장차 주님을 대적하는 자들을 파멸시킬 것을 내다보고 있다고 봐야 할까? 물론 주님이 과거에 이스라엘을 위해 행하신 것은 확실하지만, 이 맥락에 비춰보면 마리아가 현재와 미래를 염두에 두고 있는 것 같다. 마리아와 엘리사벳과 사가랴는 1장에서 그분의 백성에게 주신 하나님의 약속이 완성될 때, 하나님의 언약이 성취될 때를 기대하고 있다. 이와 동시에 그들이 기쁨으로 충만한 것은, 그들에게 주신 계시와 두 자녀의 출생을 통해 주님이 지금 그분의 나라를 가져오고 계심을 보기 때문이다.

시편 89:10에 나오는 하나님의 "능력의 팔"은, 이스라엘이 바벨론의 손아귀에서 해방될 새로운 출애굽을 내다본다. 마리아 역시 주님이 "능력의 팔"로 "라합[이집트]을…깨뜨리시고…흩으셨[던]" 첫 번째 출애굽을 상기한다(시 89:10). 그 백성을 이집트에서 구원하신 하나님의 강한 팔은 종종 구약에 강조되어 있다(예. 출 6:1, 6; 신 7:19). 주님은 교만한 자를 흩으시고, 그들을 높은 자리에서 끌어내리신다(참고. 민 10:35; 시 68:1). 한나 역시 교만한 자와 오만한 자에게 주님이 그들의 행동을 달아 보신다고 경고한다(삼상 2:3). 하나님은 이제 그분의 백성을 구원하고 그분의 나라를 가져오기 위해 예수의 탄생을 통해 일하신다.

1:52-53 마리아는 막강한 자를 넘어뜨리고 비천한 자를 높이시는 주님을 찬송한다. 한나도 이렇게 말한다. "여호와는…낮추기도 하시고 높이기도 하시는도다 가난한 자를 진토에서 일으키시며 빈궁한 자를 거름더미에서 올리사 귀족들과 함께 앉게 하시며 영광의 자리를 차지하게 하시는도다"(삼상 2:7-8). 교만한 자를 넘어뜨리고 비천한 자를 높이는 것은 하나님의 특성이다(잠 3:34, 참고. 눅 14:11). 주님은 과거에 그런 방식으로 일하셨다. 특히 이스라엘을 이집트에서 해방시킬 때 그랬고, 이제는 예수님 안에서 일어나고 있는 결정적 사역이 그런 경우다.

누가가 좋아하는 주제 중 하나가 이곳에 나온다. 주님은 굶주리는 자와 가난한 자를 만족케 하고 부자에게 좌절감을 주신다(참고. 시 107:9). 누가가 부(副)의 위험을 강조한다는 것을 우리는 이미 살펴보았다.[22] 예수님도 가난한 자에게는 복을, 부자에게는 화를 약속하신다(눅 6:21, 24). 한나 역시 마찬가지다. "풍족하던 자들은 양식을 위하여 품을 팔고 주리던 자들은 다시 주리지 아니하도다"(삼상 2:5). 이는 오직 종말에 이르러서야 완전히 실현되는데, '풍족한'이라는 단어에는 악한 자가 한동안 부유하다는 개념이 내재되어 있다. 예수 안에서 하나님은 비천한 자, 가난한 자, 신실한 자에게 약속한 것을 성취하기 위해 행동하고 계신다. 그분의 언약은 이제 실현될 것이고, 경건한 자는 종말론적 부유함을 경험하게 될 것이다.

1:54-56 주님이 이루시는 구원 행위의 언약적 성격이 54-55절에서 전면에 나온다. 마리아가 이렇게 외친다. 주님이 그분의 백성에게 약속하신 언약적 자비를 기억하고 마침내 이스라엘을 위해 개입하셨다! 먼 옛날, 주님은 이스라엘을 구원하기 위해 모세를 보냈을 때 이스라엘에 주었던 그분의 언약을 기억하셨다(출 2:24-25, 참고. 출 6:5). 주님의 언약은 결코 취소될 수 없다. "그는, 맺으신 언약을 영원히 기억하신다. 그가 허락하신 약속이 자손 수천 대에 이루어지도록 기억하신다"(시 105:8, 새번역). 시편 105:42이 말하듯이, 그분은 "그의 종" 아브라함에게 한 약속을 기억하신다. 주님은 택한 종 이스라엘과 언약을 맺음으로써 그분의 자비를 보여주셨다(사 41:8-10). 특히 아브라함과 맺은 언약을 마음에 두시는데(창 12:1-3; 17:1-14, 참고. 시 105:9), 이는 누가복음 1:55에 분명히 나타난다.

그 약속은 아브라함에 국한되지 않고 "그 자손에게 영원히" 속하기도 한다(55절). 아브라함과 맺은 언약은 영원히 계속되고(창 17:7), 주님은 그 언약을 지키겠다고 약속하신다. 이 약속은 주님이 친히 둘로 쪼개진 짐승 조각들 사이로 지나가심으로써 확증되는데(참고. 렘 34:18-20), 이는 만일 언약이 실현되지 않는다면 주님이 그 짐승과 동일한 운명에 처할 것이라는 뜻이다(창 15:7-21). 미가 7:20은 아브라함과 맺은 언약의 불가침성을 잘 포

22 서론의 '신학' 중 '제자도'에 나오는 부와 가난에 관한 논의를 보라.

착한다. "주께서 옛적에 우리 조상들에게 맹세하신 대로 야곱에게 성실을 베푸시며 아브라함에게 인애[칠십인역 엘레온(*eleon*)]를 더하시리이다." 아브라함과 맺은 언약은 다윗의 언약을 지나 다윗의 자손을 통해 이루어진다(참고. 삼하 7장; 시 2편; 89편; 132편). 주님은 '다윗과 그의 자손에게 영원토록' 언약적 자비(엘레오스, 54절에 나온 것과 같은 단어)를 베풀겠다고 약속하신다(삼하 22:51 칠십인역). 마리아는 언약이 예수 안에서 이루어진다고 단언한다. 하나님께서 그리스도의 도래와 함께 그분의 백성에게 자비를 베푸신 것이다.

마리아는 찬양을 마친 후 엘리사벳과 석 달 동안 지내다가 엘리사벳이 출산하기 직전에 떠난다. 마리아가 왜 출산 때까지 머물지 않는지는 알 수 없다. 그러나 그녀가 떠난 이후 다음 이야기에서는 초점이 세례 요한의 출생에 맞춰진다. 마리아가 집으로 돌아갈 때는 아직 요셉과 혼인하지 않은 상태라서 동정녀 잉태가 더욱 확증된다.

응답

하나님께서 그분의 백성을 위해 일하실 때는 우리 마음속에 찬송과 감사가 넘친다. 부자가 번성하고 경건한 자를 학대할 때는 악이 승리를 거둘 것처럼 보일 수 있다. 마리아는 우리에게 주님은 언약을 지키시는 분이고, 아브라함에게 주어진 약속이 성취될 것임을 상기시켜준다. 사실 그 약속들은 먼저 메시아 예수 안에서 이루어진다. 그리고 궁극적으로는, 예수 그리스도가 재림하실 때 주님의 나라가 완전히 도래할 것이므로 그때 악한 자가 패배하고 의로운 자가 승리할 것이다. 결국 선이 승리할 테고, 악은 심판을 받을 것이며, 주님이 영원히 다스리실 것이다!

[57] 엘리사벳이 해산할 기한이 차서 아들을 낳으니 [58] 이웃과 친족이 주
께서 그를 크게 긍휼히 여기심을 듣고 함께 즐거워하더라 [59] 팔 일이
되매 아이를 할례하러 와서 그 아버지의 이름을 따라 사가랴라 하고
자 하더니 [60] 그 어머니가 대답하여 이르되 아니라 요한이라 할 것이
라 하매 [61] 그들이 이르되 네 친족 중에 이 이름으로 이름한 이가 없다
하고 [62] 그의 아버지께 몸짓하여 무엇으로 이름을 지으려 하는가 물으
니 [63] 그가 서판을 달라 하여 그 이름을 요한이라 쓰매 다 놀랍게 여기
더라 [64] 이에 그 입이 곧 열리고 혀가 풀리며 말을 하여 하나님을 찬송
하니 [65] 그 근처에 사는 자가 다 두려워하고 이 모든 말이 온 유대 산
골에 두루 퍼지매 [66] 듣는 사람이 다 이 말을 마음에 두며 이르되 이
아이가 장차 어찌 될까 하니 이는 주의 손이 그와 함께하심이러라
[57] Now the time came for Elizabeth to give birth, and she bore a son.
[58] And her neighbors and relatives heard that the Lord had shown great
mercy to her, and they rejoiced with her. [59] And on the eighth day
they came to circumcise the child. And they would have called him
Zechariah after his father, [60] but his mother answered, “No; he shall be

called John." 61 And they said to her, "None of your relatives is called by this name." 62 And they made signs to his father, inquiring what he wanted him to be called. 63 And he asked for a writing tablet and wrote, "His name is John." And they all wondered. 64 And immediately his mouth was opened and his tongue loosed, and he spoke, blessing God. 65 And fear came on all their neighbors. And all these things were talked about through all the hill country of Judea, 66 and all who heard them laid them up in their hearts, saying, "What then will this child be?" For the hand of the Lord was with him.

단락 개관

두 차례의 탄생, 곧 세례 요한의 탄생과 그리스도의 탄생을 포함하는 단락이 시작된다. 둘 다 놀랍고 기적적인 탄생이다. 요한은 출산 연령이 지난 노부부에게서 태어나 이웃과 친척을 놀라게 하는 이름을 받고, 사가랴는 요한이라는 이름을 확인하는 즉시 말할 수 있게 된다. 예수가 요한보다 더 위대한 것은 처녀에게서 태어나고 그의 이름이 '주님이 구원하신다'라는 뜻이기 때문이다. 목자들, 시므온, 안나가 예수 탄생의 중요성을 확증한다. 사가랴와 엘리사벳이 아들을 갖게 될 것이라는 약속이 이루어지고 이웃과 친구들이 모여서 기뻐한다. 그들은 아들의 이름이 사가랴가 아닌 요한이 될 것임을 알고는 깜짝 놀란다. 사가랴는 아들이 요한이라 불릴 것임을 확인하는 순간 입이 열리고 혀가 풀려 하나님을 찬송하기 시작한다. 두려움이 그곳의 모든 사람에게 엄습하고, 그들은 하나님께서 특별한 방식으로 그 자녀와 함께하시는 것을 알고 장차 그를 통해 무슨 일을 하실지 기대하게 된다.

단락 개요

II. 예수님의 사역을 위한 준비(1:5-4:13)
B. 두 아들의 탄생(1:57-2:52)
1. 요한의 탄생(1:57-80)
a. 요한의 이름을 짓다(1:57-66)

주석

1:57-58 엘리사벳이 약속된 아들을 낳는다. 이웃과 친척이 그녀와 함께 기뻐하고(참고. 시 126:2), 누가복음 1:14에 예언된 기쁨이 실현된다. 아들의 출생은 주님이 베푸신 "자비"(새번역, 개역개정은 "긍휼", 참고. 1:50, 54, 72, 78)로 인식된다. 이웃과 친척이 요한의 출생에 기쁨을 표현하는 것은 놀라운 사랑의 본보기다.

1:59-60 이스라엘에서 모든 남자 아이는 아브라함과 맺은 언약(창 17:9-14)에 따라 할례를 받았는데, 태어난 지 8일째에 받도록 되어 있었다(레 12:3, 참고. 빌 3:5). 사가랴와 엘리사벳은 하나님의 명령을 지키는 사람들이라서 율법의 규정을 따르는 모습은 놀랍지 않다. 친구와 이웃들은 태어난 아기가 아버지의 이름을 따라 사가랴로 불릴 것을 기대한다. 당시에는 아들의 이름을 지을 때 아버지나 할아버지의 이름을 따르는 것이 관습이었던 듯하다. 그런데 엘리사벳이 그의 이름이 요한이 될 것이라고 확고히 주장하자 모든 사람이 깜짝 놀란다. 이는 가브리엘이 사가랴에게 지시한 이름이다(1:13). 일부 사람은 엘리사벳이 그 이름을 어떻게 알게 되었는지 궁금해 하면서 기적적으로 그녀에게 계시되었을 것이라고 결론짓는다. 그러

나 사가랴가 거기에 있던 사람들에게 그 이름을 알리기 위해 서판을 사용할 수 있었다면, 추정컨대 자기에게 일어난 일을 엘리사벳에게 알리기 위해 동일한 도구를 사용했을 수 있다. 어쨌든 그녀에게 알릴 수 있던 기간이 아홉 달이나 되지 않았던가!

1:61-64 그 이름은 집안 이름이 아니라서 엘리사벳의 결정은 전례가 없는 것이었다. 그래서 친구와 친척들이 몸짓으로 사가랴에게 아이의 이름을 식별해달라고 부탁한다(참고. 1:22). 사라갸는 듣지도 말하지도 못하는 상태였다. 그가 소리를 들을 수 있었다면 그들이 굳이 몸짓으로 이야기할 필요가 없을 것이기 때문이다. 사가랴가 밀랍으로 만든 서편을 달라고 해서 그 이름을 요한이라고 쓴다. 그가 아이의 이름이 요한이 '될' 것이라 하지 않고 '이미' 요한이라고 한다는 것이 지적되곤 한다. 이는 사가랴가 천사의 지시에 순종하고 있음을 보여준다.[23] 갑자기 사가랴가 말을 못하던 상태에서 풀려나서(참고. 막 7:35) 하나님을 찬송하기 시작하는 것을 보면 그의 징계가 한시적이었음을 알 수 있다. 이는 사가랴가 말을 못하는 상태로 지내는 동안 원한을 품지 않았다는 것을 보여준다.

1:65-66 하나님께서 놀라운 방식으로 행하실 때는 거룩한 두려움이 인간들 사이에 퍼진다(참고. 5:26). 예컨대 예수님이 나인성 과부의 아들을 죽은 상태에서 살리실 때(7:16)와 거라사의 귀신 들린 자에게서 귀신들을 쫓아내실 때(8:37)가 그렇다. 주님이 애굽에서 이스라엘을 구원하실 때(출 14:31), 제자들이 변형된 그리스도를 목격할 때(마 17:7) 그리고 부활해서 승천한 그리스도가 요한에게 나타나셨을 때(계 1:17)에도 똑같은 반응이 일어난다. 여기에서도 마찬가지로, 하나님께서 일하고 계시다는 것을 알게 된 사람들이 두려움에 휩싸인다. 그러면서 요한의 출생을 둘러싼 이례적 사

23 참고. Bock, *Luke 1:1-9:50*, 168.

건들에 관한 소식이 그 지역에 두루 퍼진다. 사람들은 무슨 일이 발생한 것인지 곰곰이 생각하고 성찰한다(참고. 눅 2:19). 주님의 손이 그 아이 위에 있는 것이 분명하기 때문에 그들은 그 아이가 특별한 인물이 될 것을 안다(참고. 행 11:21). "주의 손"은 그분의 특별한 사역을 가리키는 것으로서, 이집트의 가축에 재앙이 임할 때(출 9:3) 또는 주님의 은혜가 엘리야(왕상 18:46), 에스라(스 7:6, 28), 에스겔(겔 1:3; 3:14, 22; 33:22; 37:1; 40:1, 참고. 느 2:8, 18)의 삶에 함께할 때 그런 일이 있었다. 주님의 손이 이런 선지자들 위에 임했듯이, 그분은 요한과도 함께하실 것이다.

응답

우리가 사가랴와 엘리사벳에게서 요한이 태어나는 이야기를 통해 보듯이, 주님은 약속을 꼭 지키신다. 그리고 분노를 영원히 품지 않으신다. 그분은 사가랴가 요한의 출생에 관한 말씀에 순종할 때 그를 용서하고 기쁨으로 충만케 하신다. 주님이 행하실 때, 사람들은 경외와 경이의 반응을 보이고 주님이 일하고 계심을 알게 된다. 오늘날에도 주님이 그렇게 계속 일하시기를 우리는 기도한다.

67 그 부친 사가랴가 성령의 충만함을 받아 예언하여 이르되
68 찬송하리로다 주 이스라엘의 하나님이여 그 백성을 돌보사 속
량하시며 69 우리를 위하여 구원의 뿔을 그 종 다윗의 집에 일으
키셨으니 70 이것은 주께서 예로부터 거룩한 선지자의 입으로 말
씀하신 바와 같이 71 우리 원수에게서와 우리를 미워하는 모든 자
의 손에서 구원하시는 일이라 72 우리 조상을 긍휼히 여기시며 그
거룩한 언약을 기억하셨으니 73 곧 우리 조상 아브라함에게 하신
맹세라 74 우리가 원수의 손에서 건지심을 받고 75 종신토록 주의
앞에서 성결과 의로 두려움이 없이 섬기게 하리라 하셨도다 76 이
아이여 네가 지극히 높으신 이의 선지자라 일컬음을 받고 주 앞
에 앞서 가서 그 길을 준비하여 77 주의 백성에게 그 죄 사함으로
말미암는 구원을 알게 하리니 78 이는 우리 하나님의 긍휼로 인함
이라 이로써 돋는 해가 위로부터 우리에게 임하여 79 어둠과 죽음
의 그늘에 앉은 자에게 비치고 우리 발을 평강의 길로 인도하시
리로다
하니라

67 And his father Zechariah was filled with the Holy Spirit and
prophesied, saying,
68 "Blessed be the Lord God of Israel,
for he has visited and redeemed his people
69 and has raised up a horn of salvation for us
in the house of his servant David,
70 as he spoke by the mouth of his holy prophets from of old,
71 that we should be saved from our enemies
and from the hand of all who hate us;
72 to show the mercy promised to our fathers
and to remember his holy covenant,
73 the oath that he swore to our father Abraham, to grant us
74 that we, being delivered from the hand of our enemies,
might serve him without fear,
75 in holiness and righteousness before him all our days.
76 And you, child, will be called the prophet of the Most High;
for you will go before the Lord to prepare his ways,
77 to give knowledge of salvation to his people
in the forgiveness of their sins,
78 because of the tender mercy of our God,
whereby the sunrise shall visit us[1] from on high
79 to give light to those who sit in darkness and in the shadow of death,
to guide our feet into the way of peace."

80 아이가 자라며 심령이 강하여지며 이스라엘에게 나타나는 날까지
빈 들에 있으니라
80 And the child grew and became strong in spirit, and he was in the

wilderness until the day of his public appearance to Israel.

1 Or *when the sunrise shall dawn upon us; some manuscripts since the sunrise has visited us*

단락 개관

아마 이 찬송은 누가복음 1:64에 나오는 사가랴의 말을 반영할 것이다. 찬미가(Benedictus)로 알려진 이 찬송은 라틴어로 첫째 단어가 '송축하다'(Blessed)라는 뜻이다. 이 찬송은 두 부분으로 나뉜다. (1) 사가랴가 언약을 기억하고 이스라엘에게 구원자를 보내주신 하나님을 찬송한다(68-75절). 그 구원자는 분명히 예수다. 약간 놀라운 점은 사가랴가 그의 아들을 언급하기 전에 예수(물론 이름을 언급하진 않지만)를 거론하는 것인데, 이는 누가가 1-2장에서 강조하는 것과 잘 어울린다. 예수가 세례 요한보다 더 위대하다는 것이다. 예수의 오심은 이스라엘 적으로부터의 구출과, 거룩함과 의로움으로 하나님을 섬길 자유를 의미한다. (2) 사가랴는 그의 아들인 세례 요한의 역할로 인해 하나님을 찬송한다(76-79절). 요한은 선지자로서 주님의 길을 준비할 것이고, 그 결과 사람들이 죄 사함을 통해 구원을 경험하게 될 것이다. 이 구원과 용서는 하나님의 자비 때문에 허락되는 것이고, 그분의 자비로 메시아가 하나님의 백성에게 해를 비추어 어둠 속에 있는 자들에게 빛과 평화를 주실 것이다. 이 단락은 요한의 성장으로 끝나고, 그가 이스라엘에게 그 모습을 나타낼 때까지 광야에 있다고 알려준다.

단락 개요

II. 예수님의 사역을 위한 준비(1:5-4:13)
B. 두 아들의 탄생(1:57-2:52)
1. 요한의 탄생(1:57-80)
b. 사가랴가 하나님을 찬송하다(1:67-80)

주석

1:67 누가복음 1:64에 언급된 사가랴의 찬송이 여기에 제시되어 있는 것 같다. 누가복음-사도행전에 나오는 성령 충만은 하나님의 말씀을 전하는 것과 관련이 있다. 세례 요한은 선지자로서 모태에서부터 성령으로 충만했다(1:15). 성령으로 충만한 엘리사벳이 예언적 신탁을 통해 마리아가 주님의 어머니라고 선언한다(1:41-43). 제자들이 오순절에 성령으로 충만할 때는 방언으로 말하고 예언을 한다(행 2:4, 참고. 2:18). 베드로가 성령으로 충만할 때는 종교 지도자들에게 담대하게 말한다(행 4:8). 제자들이 성령으로 충만할 때는 하나님의 말씀을 담대히 말한다(행 4:31). 바울은 성령으로 충만해서 예수가 그리스도라고 선포하고(행 9:17-22), 엘루마의 악을 폭로한다(행 13:9-11). 여기서도 사가랴가 성령으로 충만하여 하나님을 찬송한다.

1:68 사가랴는 하나님을 송축하는 것으로, 즉 하나님을 찬송하는 것으로 시작한다. '송축하다'라는 단어는 구약까지 거슬러 올라간다(예. 시 41:13; 72:18; 106:48). 하나님은 이스라엘의 하나님으로서, 그분이 선택한 언약 백성의 하나님으로서 찬송을 받으신다. 하나님은 그분의 백성을 방문해서 구속하기 때문에 찬송을 받으신다. '방문하다'라는 단어는 하나님께서 심

판하거나 구원하기 위해 가까이 오시는 것에 사용될 수 있으나 여기서는 분명히 구원하기 위한 하나님의 방문을 의미한다. 하나님께서 그 백성을 방문하시는 것이 사가랴의 감사를 시작하고 끝내므로 이는 수미상관 구조를 이룬다.[24] 이와 같은 구원을 위한 방문의 예는 하나님께서 그분의 백성을 방문하여 바로의 억압에서 구원하실 것이라는 말을 듣고 이스라엘이 머리 숙여 경배하는 경우다(출 4:31, 참고. 시 111:9; 130:7). 이 방문은 물리적인 것인가, 영적인 것인가? 이와 같은 이분법은 틀렸다. 우리가 살펴볼 것처럼, 이 찬송의 맥락이 둘 다를 염두에 두고 있음을 분명히 하기 때문이다.

1:69 이스라엘의 방문과 구속은 다윗의 자손 예수 그리스도를 통해 실현될 것이다. 다윗에 대한 언급은 주님이 다윗과 맺은 언약을 성취하기 위해 다윗 혈통의 왕을 통해 그 백성을 방문하고, 구속하고, 구원하실 것임을 시사한다(삼하 7장; 대상 17장; 시 2편; 89편; 132편; 사 9:2-7을 보라). 소들이 강력한 뿔로 공격 대상을 들이받듯이, 뿔은 힘을 상징한다(예. 출 21:28-29; 신 33:17). 그리고 예수님은 다윗 왕위의 상속자이자 강력한 왕으로서 구원을 가져오실 것이다(참고. 삿 3:9, 15; 시 132:17). 그분은 적을 정복하는 승리의 왕이다. 한나는 한 왕이 올 것이고, 주님이 "자기의 기름 부음을 받은 자의 뿔을 높이시리로다"라고 예언했다(삼상 2:10, 참고. 삼하 22:3). 사가랴는 이 왕이 가까이 왔다고 선언한다.

1:70-71 다윗 혈통의 왕을 통한 구속과 구원의 약속은 구약 시대부터 내려오는 선지자들의 메시지를 성취한다. 구약의 성취라는 주제는 예수님이 나사렛에서 선언하신 메시지(4:18-19)에 들어 있고 누가의 메시지의 기본을 이룬다(24:25, 참고. 행 3:21). 그 언약은 하나님께서 그분의 백성을 보호하실 것이고, 그들이 적으로부터의 구출과 구원을 경험할 것이라고 약속한

24 Garland, *Luke*, 106.

다. 이 약속은 정치적인 것인가, 영적인 것인가? 사가랴는 궁극적으로 정치적인 것과 영적인 것이 분리될 수 없음을 알 것이다. 그는 경건하고(1:6) 이스라엘의 역사를 잘 알기 때문이다. 이스라엘은 그 죄로 인해 로마인의 억압을 받고 있기 때문에 둘 다 필요하다. 사가랴는 영적 구출이 먼저 오고 정치적 구출은 종말에 따라올 것임을 미처 알지 못한다. 새로운 질서는 하나님 나라가 완전히 도래할 때에 비로소 실현될 것이다.

1:72-73 그 백성의 영적 및 물리적 구출은 조상들(아브라함, 이삭, 야곱)과 맺은 언약(창 12:1-3; 18:18-19; 22:17-18; 26:3-4; 28:14)을 성취한다. 그 언약은 이스라엘을 향한 하나님의 은혜와 '자비'(엘레오스)를 나타낸다. 미가에 따르면, 주님은 옛적에 조상들에게 맹세하신 언약을 지키실 것이고(참고. 창 22:16-18; 26:3) 그분의 "한결같은 사랑"(엘레오스, 현대인의성경)을 이스라엘에게서 거두지 않으실 것이다(미 7:20 칠십인역, 참고. 시 105:8-9).

1:74-75 조상들과 맺은 언약은 누가복음 1:71에서 살펴보았듯이 적으로부터의 구출을 약속하고, 그 결과 이스라엘은 평생 동안 "거룩하고 의롭게"(새번역, 참고. 엡 4:24) 살 것이다. 누가는 물리적 구원과 영적 구원 중 어느 것을 언급하는가? 어쩌면 여기에 스바냐 3:15에 대한 암시가 있을 수 있다. 이 구절이 앞의 질문에 답하도록 도와준다. "여호와가 네 형벌을 제거하였고 네 원수를 쫓아냈으며 이스라엘 왕 여호와가 네 가운데 계시니 네가 다시는 화를 당할까 두려워하지 아니할 것이라." 이스라엘이 그들의 적을 이기는 것은 주님이 형벌을 제거하실 때 가능하다. 이스라엘은 그 죄 때문에 대적들 앞에서 형벌을 받아왔다. 따라서 우리는 다시금 물리적인 것과 영적인 것이 서로 얽혀 있음을 알게 된다.

1:76-77 지금까지 사가랴는 그리스도의 오심을 통해 아브라함에게 하신 약속을 지키시는 주님을 찬송했다. 1:76-79에서 사가랴는 그의 아들인 요한의 역할로 눈을 돌린다. 요한은 "선지자"로 불리는데, 7:26-28은 요

한이 세상에 그리스도를 알리는 독특한 지위를 가진 만큼 구약의 선지자들 중 가장 큰 자라고 말한다(참고. 20:6). 사가랴는 말라기 3:1을 인용하면서 요한이 주님을 위해 길을 준비한다고 말한다. "내가 내 사자를 보내리니 그가 내 앞에서 길을 준비할 것이요." 아울러 광야에서 주님의 길을 예비하라는 이사야 40:3을 인용하기도 한다(참고. 눅 3:4-6). 일부 학자는 여기에 나오는 주님이 아버지 하나님이라고 생각하지만, 3:4-6에 나오는 병행구절과 1:68-75에 나오는 그리스도의 도래에 대한 강조를 감안하면 예수를 염두에 두고 있을 가능성이 크다.

요한이 주님보다 앞서 가서 "구원을 얻는 지식"(새번역)을 가르치는데, 이 지식은 죄 사함을 통해 얻을 수 있다. 나중에 요한은 사람들에게 죄 사함을 받게 하는 회개를 전파한다(3:3). 누가복음 전체에 비춰 보면, 죄 사함은 예수님의 이름을 통해 주어지고(24:47) 그분의 죽음을 통해 보증된다는 것(22:19-20)을 알 수 있다. 용서가 궁극적으로 예수님을 통해 주어진다는 것은 사가랴의 찬송(1:68-75)에 담긴 예수의 역할에 대한 강조와 잘 들어맞는다.

1:78-79 1:76-77과 78-79절 사이의 논리적 관계를 고려하면, 죄 사함이 궁극적으로 예수를 통해 주어진다는 것이 분명하다. '왜냐하면'(78절, 개역개정에는 없음)이라는 단어가 죄 사함을 통한 구원을 얻는 지식이 어째서 현실화될 것인지를 말해준다. 용서는 주님의 언약적 자비로부터, 그분의 은혜와 자비로부터 나온다. 그분의 자비 덕분에 "돋는 해가 위로부터 우리에게 임[할]"(78절) 것이다. 여기서 '임하다'(방문하다)라는 단어는 1:68에서처럼 긍정적 의미를 갖고 있다. "위로부터"라는 어구는 돋는 해가 하늘, 즉 초월적 영역으로부터 온다는 것을 시사한다. "돋는 해"[아나톨레(*anatolē*), 해돋이]라는 단어도 의미심장하다. 동일한 단어가 스가랴 3:8(칠십인역)에 나오는데, 이 단어는 메시아를 연상시킨다(렘 23:5; 33:15,[25] 참고. 슥 6:12). 아나톨

25 이는 마소라 본문에 대한 언급이고, 칠십인역은 슥 3:8; 6:12; 렘 23:5에 나오는 히브리어 단어 체마흐(*tsemakh*, 싹)를 아나톨레(*anatolē*, 해돋이)로 번역한다.

레[ESV는 "branch"(가지)로 번역함]가 올 때는 여호와께서 "이 땅의 죄악을 하루에 제거하리라"(슥 3:9). 스가랴서에서 그 가지가 왕인지 제사장인지가 항상 분명하지는 않지만, 어쨌든 제사장과 왕의 역할이 예수 그리스도 안에서 성취된다. 예레미야서에서는 "가지"라는 용어가 다윗 혈통의 왕에 대한 약속을 가리킨다(렘 23:5; 33:15). 어쩌면 이사야 60:1에 대한 암시도 있을지 모른다. 이 구절은 이스라엘의 "빛"이 왔고 "여호와의 영광이 네[그들] 위에 임했으므로[칠십인역 아나테탈켄(*anatetalken*)]" 이스라엘에게 "일어나" "빛을 발하라"고 명한다. 즉 죄 사함과 구원을 얻는 지식이 메시아인 예수로부터 오는데, 그는 신적 정체성을 지닌 인물이다.

돋는 해가 어둠 속에 있는 자들, "죽음의 그늘에" 살고 있는 자들에게 빛을 비춘다. 달리 말하면 그는 자신의 찬란한 빛을 경험하는 이들에게 평화를 준다. 누가복음 1:79은 분명히 이사야 9:2을 암시한다. "흑암에 행하던 백성이 큰 빛을 보고 사망의 그늘진 땅에 거주하던 자에게 빛이 비치도다." 여기에 나온 빛은 바로 그 가지, 그 돋는 해, 그 메시아다. 그 "아들"이고 "그의 이름은 기묘자라, 모사라, 전능하신 하나님이라, 영존하시는 아버지라, 평강의 왕이라 할 것임이라"(사 9:6). 사람들이 어둠 속에 있고 죽음 속에 있으며, 그들의 죄 때문에 평화가 없다. 그래서 돋는 해가 구원의 빛을 비추기 위해, 그리고 한때 죽음이 있던 곳에 생명과 자유를 가져오기 위해 도래한 것이다(참고. 사 42:7). 위로부터 임하는 해는 선재(先在)하는 인물이다. '방문하다'라는 단어가 신적 존재를 암시하기 때문이다(참고. 눅 1:68; 7:16). 그는 "위로부터 임하기" 때문에 그 기원이 하늘에 있고, 신과 천사 같은 인물로서 빛을 가져온다.[26]

1:80 누가는 요한이 성장하면서 몸과 심령이 굳세어졌다고 요약함으로써 세례 요한에 대한 언급을 마무리한다(참고. 삿 13:24). "자라며…강하여지

26 참고. Simon Gathercole, "The Heavenly ἀνατολή (Luke 1:78-79)," *JTS* 56/2 (October 2005): 471-488.

며"라는 말은 누가복음 2:40에 나오는 예수에 관한 표현과 비슷하다. 요한이 "심령[spirit]이 강하여지며"라는 진술을 성령에 대한 언급으로 볼 수도 있지만, 이는 요한의 인간적 영을 가리킬 가능성이 더 크다. 일부 학자는 요한이 광야에서 지냈다는 것은 쿰란 공동체에서 양육 받았음을 가리킨다고 주장하지만, 그가 쿰란 출신이라는 확고한 증거는 없다.[27] 요한의 사역은 광야를 중심으로 펼쳐졌고(참고. 3:2), 누가는 요한의 공적 사역이 시작될 때까지 그 이야기를 남겨 둔다.

응답

이스라엘의 역사는 우리에게 하나님께서 그분의 약속을 즉시 이행하지 않으실 수도 있다는 것을 상기시켜준다. 어려운 환경과 환난은 하나님이 신실하지 않으시고 그 약속은 믿을 만하지 않다는 생각으로 우리를 조롱할지 몰라도, 이스라엘의 역사는 우리에게 하나의 교훈이 된다. 모든 사람이 거짓말쟁이라도 하나님은 진실하시다는 것이다(롬 3:4). 우리는 물론 이런 약속이 성취된 사건의 건너편에 살고 있다. 예수 그리스도는 이미 오셨다. 그분은 아브라함의 자손이고, 다윗의 자손이며, 하나님의 모든 약속을 성취하시는 분이다. 용서를 받지 못한 것은 어둠과 그늘 속에 사는 것에 비유될 수 있다. 용서를 받지 못한 것은 날마다 본인의 삶 위에 드리운 낮은 구름을 경험하는 것과 비슷하다. 용서는 돋는 해의 빛과 아름다움과 영광을 즐기는 것과 비슷하다. 이는 기쁨을 선사하고, 누가복음 1:79이 말하듯이, 우리의 발걸음을 평화의 길로 인도한다.

27 참고. Garland, *Luke*, 109-110.

1 그때에 가이사 아구스도가 영을 내려 천하로 다 호적하라 하였으니
2 이 호적은 구레뇨가 수리아 총독이 되었을 때에 처음 한 것이라 3 모
든 사람이 호적하러 각각 고향으로 돌아가매 4 요셉도 다윗의 집 족속
이므로 갈릴리 나사렛 동네에서 유대를 향하여 베들레헴이라 하는 다
윗의 동네로 5 그 약혼한 마리아와 함께 호적하러 올라가니 마리아가
이미 잉태하였더라 6 거기 있을 그때에 해산할 날이 차서 7 첫아들을
낳아 강보로 싸서 구유에 뉘었으니 이는 여관에 있을 곳이 없음이러라
1 In those days a decree went out from Caesar Augustus that all the
world should be registered. 2 This was the first registration when[1]
Quirinius was governor of Syria. 3 And all went to be registered, each to
his own town. 4 And Joseph also went up from Galilee, from the town
of Nazareth, to Judea, to the city of David, which is called Bethlehem,
because he was of the house and lineage of David, 5 to be registered
with Mary, his betrothed,[2] who was with child. 6 And while they were
there, the time came for her to give birth. 7 And she gave birth to her
firstborn son and wrapped him in swaddling cloths and laid him in a
manger, because there was no place for them in the inn.[3]

1 Or *This was the registration before 2* That is, one legally pledged to be married *3* Or *guest room*

단락 개관

누가는 가브리엘이 요한의 탄생에 관해 사가랴에게 알려주는 장면과 예수의 탄생에 관해 마리아에게 알려주는 장면을 대조하면서, 예수가 요한보다 더 위대하다는 것을 보여준다. 요한은 너무 늙어서 출산할 수 없는 부모에게서 태어나는 데 비해 예수는 처녀에게서 태어나기 때문이다. 우리는 그들의 탄생 장면에서 똑같은 패턴을 보게 된다. 세례 요한이 태어날 때는 사가랴의 말하는 능력이 회복되고 사람들은 요한이 특별한 인물이 될 것을 알게 된다. 반면에 예수의 탄생은 로마 제국의 인구 조사를 그 배경으로 삼고, 그가 미가 5:2의 예언에 따라 베들레헴에서 태어남으로써 이스라엘의 왕이 될 것을, 실은 온 세계의 왕이 될 것을 보여준다. 예수 탄생의 위대함은 천사들이 목자들에게 알려주는 장면과, 시므온과 안나의 말을 통해서도 드러난다.

단락 개요

II. 예수님의 사역을 위한 준비(1:5-4:13)
- B. 두 아들의 탄생(1:57-2:52)
  - 2. 예수님의 탄생(2:1-52)
    - a. 베들레헴에서(2:1-7)

주석

2:1 가이사 아구스도(가이우스 옥타비우스, 주전 27년-주후 14년)는 아마 로마 황제 중 가장 유명할 것이다. 아구스도가 온 나라에 인구 조사 칙령을 내려 모든 사람이 호적 등록을 하게 되었다. 인구 조사는 군사적 징병이 아니라 과세 목적으로 계획된 것이다. "온 세계"(새번역, 개역개정은 "천하")가 호적 등록을 하게 되었다는 말은 누가의 과장법을 보여주는 것 같다. 우리는 한 인구 조사가 동시에 시행되는 모습을 그리면 안 된다. 여러 인구 조사들이 서로 다른 지역에서 시행되는 것이기 때문이다.[28] 이는 황제의 결정이 예언의 성취로 이어지게 하는 하나님의 은밀한 주권의 한 본보기다. 예수가 베들레헴에서 탄생하는 것(미 5:1-2)도 마찬가지다.

2:2 이 구절은 인구 조사와 호적 등록을 구레뇨의 통치 안에 둔다. 구레뇨에 대한 언급은 중요한 역사적 문제를 제기하지만, 이에 대한 분명한 해결책은 없다. 이 문제의 난점은 이 이야기가 용납될 수 없다는 뜻이 아니다. 우리의 역사적 자료는 부분적이고, 성경의 무오성을 믿는 사람들에게는 누가의 이야기와 로마의 자료가 조화를 이루도록 돕는 더 완전한 역사적 기록이 필요할 것이다. 그렇다고 이 난점을 풀 해결책이 없다는 말은 아니다.[29]

우리는 한 인구 조사가 주후 6년 구레뇨 치하에 시행되었다는 것을 알고 있다. 그 인구 조사는 여기서 누가가 언급하는 것이 아니다. 예수는 주전 4년에 죽은 헤롯 대왕의 통치 기간에 태어났기 때문이다. 그럼에도 이 역사적 문제들은 극복 가능하다. 아구스도는 인구 조사를 한 번만 아니라 상당 기간에 걸쳐 여러 차례 시행했고, 누가가 이것을 일반적인 말을 사용

28 참고. Bock, *Luke 1:1-9:50*, 202.

29 여기에 나온 필자의 논의는 Bock, *Luke 1:1-9:50*, 903-909에 빚을 졌다.

해 범세계적 인구 조사로 묘사했을 수 있다. 유대인이 호적 등록을 하려고 고향으로(예를 들어, 요셉이 베들레헴으로) 돌아가는 것은 놀랄 일이 아니다. 우리는 마리아가 왜 요셉과 함께 있는지 그 이유를 모른다. 아마 출산이 가까워서 요셉이 그녀와 함께 있기를 원했거나, 마리아가 요셉과 함께 있어야 하는 상황이었을 것이다. 가장 어려운 문제는 구레뇨와 인구 조사의 관계다. 서로 다른 해결책들이 제시되어 왔다. 아마 구레뇨가 그 지역을 두 차례 통치했을 것이고, "총독"이라는 용어를 엄밀하게 해석하지 말고 일반적인 행정권의 발휘를 포함하는 것으로 해석하는 게 좋을 듯하다. 대럴 복(Darrell Bock)은 인구 조사가 바루스(Varus)의 통치 아래 시작되었다가 구레뇨의 통치 아래 완수되었을 수 있다고 말한다.[30] 물론 우리가 이 제의를 검증할 수는 없지만, 이는 인구 조사에 상당한 기간이 필요하므로 타당성이 있다. 아울러 "처음"(첫 번째)이라는 단어가 구레뇨가 주후 6년에 총독이 되기 '전에' 시행되었던 한 인구 조사를 언급할 가능성도 있다.[31]

2:3-5 유대인이 인구 조사를 위해 조상의 고향에서 호적 등록을 했다는 다른 증거가 없기는 해도, 그런 일이 발생할 수 있다는 것이 놀랍지는 않다. 나사렛에서 베들레헴까지의 여행길은 약 160킬로미터다. 누가는 예수가 베들레헴에서 태어났고, 다윗 집안 출신이라는 것을 강조한다. 누가가 한 통치자가 베들레헴에서 나올 것이라는 예언(미 5:2)을 직접 인용하지는 않지만, 그것을 염두에 두고 있음이 거의 확실하다(참고. 눅 1:27; 2:11). 특히 독자들은 자연스레 다윗의 성읍을 예루살렘으로 생각할 것이라서 그렇다.[32] 아구스도가 모르는 사이에 그의 정치적 결정이 미가의 예언대로 베들레헴 성읍에서 온 세계의 참된 왕이 태어날 무대를 마련해준다. 다시 말하

30 Bock, *Luke 1:1-9:50*, 908.

31 Garland, *Luke*, 117-118.

32 참고. 같은 책, 120.

건대 우리는 왜 마리아가 요셉과 함께 여행하는지 모른다. 아마 이 특정한 시기에는 그런 여행이 필요했고 출산할 경우에 그들이 따로 떨어져 있기를 원치 않았을 것이다. 그렇다고 마리아가 요셉과 나란히 호적 등록을 한다고 누가가 진술하는 것은 아니다. 약혼에 대한 언급은 마리아가 예수를 임신했어도 아직 혼인하지 않았다는 점(마 1:25)을 강조하기 위해 포함되었을 것이다. 달리 말하면 이는 동정녀 잉태를 한층 더 확증한다.

2:6-7 마리아와 요셉이 베들레헴에 있는 동안 출산하는 것을 통해 하나님의 주권이 뚜렷이 나타난다. 아구스도의 칙령부터 마리아의 출산까지 주님이 그분의 계획을 실행하고 계심을 볼 수 있다. 예수는 "첫"아들로 묘사되어 있고, 이는 유산이 첫째인 그에게 속한다는 것을 의미한다. 그러나 누가복음의 첫 두 장에 나타나는 메시아적 성격은 시편 89:27을 암시하는 것 같다. 이는 주님이 다윗에 대해 "나도 그를 맏아들로 삼아서, 세상의 왕들 가운데서 가장 높은 왕으로 삼겠다"(새번역)고 말씀하시는 구절이다. 역사적 다윗에게 해당되었던 것이 더 심오한 방식으로 더 위대한 다윗인 예수 안에서 성취된다. 우리는 첫째 다윗과 예수 간의 유형론적 관계를 발견하고, 그런 관계는 다윗 왕조가 영원히 계속될 것이라는 다윗 언약과 잘 들어맞는다. 시편 89:27에 대한 언급은 예수가 (아구스도를 포함해) 모든 왕들보다 더 높은 왕임을 시사한다.

이와 동시에 예수는 남자 아기로 태어난 순전한 인간이고, 당시 아기들에게 사용되던 포대기에 싸여 있다. 마리아는 그를 짐승의 먹이를 담는 여물통인 "구유에" 눕혀 두었다.[33] 온 세계의 왕이 비천한 가난 가운데 태어나지만, 마리아는 이미 주님이 막강한 자를 끌어내리고 비천한 자를 높이신다고 말한 바 있다(눅 1:52). 예수가 실제로 "여관"[카탈뤼마(*katalyma*)]에서 태어났는지 정확히 모르지만, 누가는 10:34에서 '여관'에 대해 다른 단어

33 같은 책.

[판도케이온(*pandocheion*), 개역개정은 "주막"]를 사용한다. 그는 "집에 딸린 마구간"이나 굴을 염두에 두는 듯하고, 전자일 가능성이 크다.[34] 요점은 이스라엘의 왕, 우주의 왕이 비천한 환경에서 태어났다는 것이다.

응답

하나님은 반드시 그분의 약속을 이행하시고, 아무것도 그분의 뜻을 좌절시킬 수 없다. 하나님은 의도한 일이 성취되도록 상황을 만드신다. 마리아와 요셉은 베들레헴에 갈 계획도, 거기서 출산할 계획도 없었지만, 하나님은 예수가 베들레헴에서 태어나도록 계획을 세우셨다. 그 뜻을 어떻게 이루시는가? 한 제국을 움직여서 그렇게 하신다! 하나님은 로마 황제로 하여금 온 로마 세계를 대상으로 인구 조사를 할 마음을 품게 하신다. 아구스도는 자신이 인구 조사를 통해 하나님의 목적을 수행하고 있다고 생각하지 못한다. 단지 세금을 늘릴 방법으로 생각할 뿐이다. 그에게 인구 조사는 순전히 정치적인 결정이다. 여기서 우리는 잠언 21:1을 떠올릴 수 있다. "왕의 마음이 여호와의 손에 있음이 마치 봇물과 같아서 그가 임의로 인도하시느니라." 이 이야기에는 하나님의 은밀한 주권이 내재되어 있다. 예수가 태어날 때, 하나님은 그분의 도래 소식을 그리스-로마 세계에 알리지 않으신다. 이는 로마에 발표되지도 않고, 로마 타임즈에 뉴스 속보로 나오지도 않는다. 예수 탄생의 중요성을 보도하거나 논의하거나 토론하는 뉴스쇼도 없다. 메시아 예수가 이 땅에 왔다고 온 세계에 알리는 다큐멘터리도 없다. 물론 하나님은 예수 탄생이 온 세계에 방영되도록 그분을 TV 시대에 태어나게 하실 수도 있었지만, 그것은 그분의 목적이 아니었다.

34 같은 책, 121.

8 그 지역에 목자들이 밤에 밖에서 자기 양떼를 지키더니 9 주의 사자
가 곁에 서고 주의 영광이 그들을 두루 비추매 크게 무서워하는지라
10 천사가 이르되 무서워하지 말라 보라 내가 온 백성에게 미칠 큰 기
쁨의 좋은 소식을 너희에게 전하노라 11 오늘 다윗의 동네에 너희를
위하여 구주가 나셨으니 곧 그리스도 주시니라 12 너희가 가서 강보
에 싸여 구유에 뉘어 있는 아기를 보리니 이것이 너희에게 표적이니
라 하더니 13 홀연히 수많은 천군이 그 천사와 함께 하나님을 찬송하
여 이르되

> 14 지극히 높은 곳에서는 하나님께 영광이요 땅에서는 하나님이
> 기뻐하신 사람들 중에 평화로다

하니라

8 And in the same region there were shepherds out in the field, keeping
watch over their flock by night. 9 And an angel of the Lord appeared to
them, and the glory of the Lord shone around them, and they were filled
with great fear. 10 And the angel said to them, "Fear not, for behold, I
bring you good news of great joy that will be for all the people. 11 For
unto you is born this day in the city of David a Savior, who is Christ the

Lord. 12 And this will be a sign for you: you will find a baby wrapped
in swaddling cloths and lying in a manger." 13 And suddenly there
was with the angel a multitude of the heavenly host praising God and
saying,

14 "Glory to God in the highest,
and on earth peace among those with whom he is pleased!"[1]

15 천사들이 떠나 하늘로 올라가니 목자가 서로 말하되 이제 베들레
헴으로 가서 주께서 우리에게 알리신바 이 이루어진 일을 보자 하고
16 빨리 가서 마리아와 요셉과 구유에 누인 아기를 찾아서 17 보고 천
사가 자기들에게 이 아기에 대하여 말한 것을 전하니 18 듣는 자가 다
목자들이 그들에게 말한 것들을 놀랍게 여기되 19 마리아는 이 모든
말을 마음에 새기어 생각하니라 20 목자들은 자기들에게 이르던 바와
같이 듣고 본 그 모든 것으로 인하여 하나님께 영광을 돌리고 찬송하
며 돌아가니라

15 When the angels went away from them into heaven, the shepherds
said to one another, "Let us go over to Bethlehem and see this thing
that has happened, which the Lord has made known to us." 16 And they
went with haste and found Mary and Joseph, and the baby lying in a
manger. 17 And when they saw it, they made known the saying that had
been told them concerning this child. 18 And all who heard it wondered
at what the shepherds told them. 19 But Mary treasured up all these
things, pondering them in her heart. 20 And the shepherds returned,
glorifying and praising God for all they had heard and seen, as it had
been told them.

1 Some manuscripts *peace, good will among men*

단락 개관

천사가 사회적 지위가 낮은 목자들에게 나타나서 그리스도의 탄생에 대해 알려준다. 그런데 충격적이게도, 그리스도, 구세주, 주님이 포대기에 싸인 채 먹이용 여물통에 누워 있을 것이라고 말한다. 그 순간 갑자기 많은 하늘 군대가 나타나더니 메시아의 탄생으로 인해 하나님께 영광과 찬송을 돌림으로써 목자들이 천사로부터 들은 것을 확증해준다. 목자들이 발걸음을 재촉하여 아기(그리스도)에게 가서 그들이 보고 들은 것을 전한다. 일부 사람은 깜짝 놀라지만 마리아는 이 모든 것에 대해 곰곰이 생각하고 성찰한다. 이 이야기의 주요 주제 중 하나는 하나님과 맺은 평화의 언약이 그분의 은총이 임하는 사람들에게 주어진다는 것이다.

단락 개요

II. 예수님의 사역을 위한 준비(1:5-4:13)
  B. 두 아들의 탄생(1:57-2:52)
    2. 예수님의 탄생(2:1-52)
      b. 그리스도가 목자들에게 계시되다(2:8-20)

주석

2:8-10 흔히 유대 문화에서 목자들이 '멸시받았다'고 이야기하지만, 이를 지지하는 증거는 신약 이후의 것이라서 설득력이 없다. 대신 목자들에게 주어진 계시가 눈에 띄는 것은 그들이 이스라엘 사회에서 '보잘것없는'

자들로 간주되었기 때문이다. 한밤중에 한 천사가 목자들에게 나타나고(참고. 1:11; 24:4; 행 12:7), 주님의 영광과 광채가 그 밤을 밝힌다. 그분의 영광은 "이스라엘의 회복과 관련이 있다"(참고. 사 40:3-5).[35] 신약에서 인간이 신적 인물이나 천사 같은 존재와 만날 때에 흔히 그렇듯이(마 28:5; 막 6:49; 눅 1:12; 계 1:16, 참고. 단 10:19), 초자연적 존재의 출현은 목자들에게 커다란 두려움을 안겨준다. 그런 만남의 경우, 계시를 받는 이들은 위로와 함께 무서워하지 말라는 말을 듣는다(참고. 눅 1:13; 막 6:50; 계 1:17). 그들은 무서워하는 대신 기뻐해야 한다. 주님이 종말론적 약속을 이행하고 계시기 때문이다. 천사가 그들에게 "좋은 소식"을 전하는데, 이사야서에서는 좋은 소식이 포로 상태에서의 회복을 말한다(사 40:9; 52:7). 여기서의 좋은 소식은 "온 백성"을 위한 것이다. 일부 학자는 이 소식이 유대인에게 국한된다고 생각하지만, 이사야서에 나오는 좋은 소식은 이방인까지 포함한다(참고. 사 2:2-4; 11:10; 19:16-25; 42:6-7; 45:22; 49:6; 52:15; 55:4-5). 여기에는 복음이 땅끝까지 퍼져가는 사도행전(행 1:8)에 대한 기대가 들어 있다.

2:11-12 좋은 소식은 구세주가 태어났다는 것이고, 이 구세주는 바로 주님이자 그리스도다. "오늘"(또는 '이날')은 누가복음에서 중요한 단어로, 구원-역사적 성취를 반영한다. 예수님은 이사야서에 나온 큰 약속들이 "오늘" 그분의 사역을 통해 성취된다고 선포하신다(4:21). 예수님의 치유와 축귀 사역이 "오늘" 수행되고(13:32-33), 삭개오에게 "오늘" 그의 집에 머물러야 하는 것은 "오늘" 구원이 그에게 이르렀기 때문이라고 말씀하신다(19:5, 9). 이와 비슷하게, 십자가 위의 강도는 "오늘" 낙원에 예수님과 함께 있을 것이다(23:43).

이스라엘을 억압자들로부터 구출할 '구원자'(개역개정은 "구주")가 태어났는데(참고. 1:47; 행 5:31; 13:23), 이는 사사들이 이스라엘을 구출한 것과 같다

35 같은 책, 122.

(삿 1:1-21:25). 예수는 그 백성을 단번에 그들 최대의 적인 죄로부터 해방시킬 것이기 때문에 그의 구출이 더 위대하지만 말이다. 구원자가 될 이 아기는 또한 그리스도, 기름 부음을 받은 이스라엘의 왕, 다윗과 맺은 언약을 성취할 자이기도 하다(예. 사 9:2-7; 11:1-10; 55:3; 렘 23:5-6; 30:9; 33:15-30; 겔 34:23-24; 37:24-25; 호 3:5; 암 9:11). 그는 다윗의 성읍인 베들레헴에서 태어나기 때문에 메시아의 신분이 확증된다(참고. 삼상 17:12; 미 5:2). 그런데 예수는 메시아로 태어날 뿐 아니라 주님(Lord)으로 태어나기도 한다. 그는 죽은 자 가운데서 다시 살아날 때까지 주님과 그리스도로서 하나님의 오른편에 앉지 못하지만(행 2:36), 분명히 태어날 때부터 주님이자 그리스도다. 그의 주되심은 하나님과 똑같은 지위와 신원을 공유하는 그의 신성을 가리킨다(눅 1:43; 6:46; 10:17; 20:42-44). 여기에 놀랄 만한 병치(倂置, juxtaposition)가 있다. 목자들이 그리스도, 주님, 이스라엘의 구원자임을 발견한 표징이 바로 그가 포대기에 싸여 여물통에 누워 있는 모습이기 때문이다. 이스라엘의 군주와 왕이 놀랄 만큼 겸손한 모습으로 이 세상에 오시는 것이다.

2:13-14 목자들에게 전해진 놀라운 말이, 갑자기 나타나서 하나님을 찬송하는 하늘의 천사들, 수많은 하늘 군대에 의해 확증된다(참고. 왕상 22:19; 눅 2:20; 18:43; 19:37). 아기에 대한 지식이 땅에서는 작은 그룹에게 국한되어 있으나, 하늘의 막강한 군대들은 모두 그것에 관해 알고 있다. 천군이 하늘의 영역에서 하나님께 영광을 돌리고, 종말론적 평화, 곧 주님이 이스라엘과 약속하신 평화가 이제 실현되고 있다(겔 34:25; 37:26, 참고. 사 9:6; 미 5:4). 그러나 이 평화는 모든 곳의 모든 사람을 위한 것이 아니라 단지 하나님의 은혜로운 기쁨을 받는 자들(참고. 시 51:18; 89:17; 106:4; 마 11:25-26; 눅 3:22; 10:21; 12:32; 엡 1:5, 9; 빌 2:13), 하나님께 선택의 은총을 받는 사람들에게만 속해 있다.

2:15-17 천사들이 떠나자, 목자들은 주님이 그들에게 그리스도, 주님, 구세주의 탄생에 관한 놀라운 소식을 알게 하셨다는 것을 알고 베들레헴으

로 가기로 한다. 서둘러 떠난 그들은 곧 천사가 말한 곳에서 마리아, 요셉과 함께 구유에 누워 있는 예수(2:12)를 만난다. 이어서 요셉과 마리아와 다른 이들에게 천사들이 그 아이에 관해 이야기한 것을 전한다.

2:18-20 목자들의 이야기가 마리아와 요셉에게 국한된 것이 아님은, 18절에 다른 이들도 천사들이 나타나 전한 말에 관해 듣고 있다고 나오기 때문이다. 그들이 이런 것들에 대해 '놀랐다'[타우마조(*thaumazō*)]고 하는데, 이 용어가 누가복음-사도행전에서 반드시 믿음을 나타내지는 않는다. 사람들은 다음과 같은 경우에 놀라는 반응을 보인다. 사가랴가 성전 안에서 오래 지체할 때(1:21), 세례 요한에게 요한이라는 이름이 지어질 때(1:63), 예수님이 바람과 파도에게 명령하실 때(8:25), 예수님이 귀신을 쫓아내실 때(11:14), 예수님이 음식을 먹기 전에 손을 씻지 않으실 때(11:38), 예수님의 답변을 들을 때(20:26), 예수님의 수의를 보았을 때(24:12), 예수님이 부활하신 모습을 볼 때(24:41), 제자들이 다른 방언으로 말할 때(행 2:7), 베드로가 기적을 행할 때(행 3:12) 그리고 베드로와 요한이 율법 교육을 받지 않았는데도 담대한 모습을 보일 때(행 4:13) 등이다. 이런 예들을 통해 우리는 어떤 것을 듣고 놀랐다고 해서 반드시 그들이 믿었음을 시사하는 것은 아님을 알 수 있다. 하지만 어떤 경우에는 놀라는 반응이 믿을 수 있는 가능성을 만들기도 한다. 다른 한편, 마리아는 이 중대한 말을 잊지 않고 그 말에 대해 성찰하며 그 중요성을 숙고한다(참고. 창 37:11; 단 7:28; 눅 1:66; 2:51). 마리아가 직접 누가에게 자신의 반응에 대해 말했거나 혹은 마리아를 알았던 누군가가 그녀의 반응을 전했을 것이다. 한편 목자들은 그리스도에 관해 그들에게 주어진 계시로 인해 감사와 찬송이 충만한 상태로 일터로 돌아간다(참고. 1:64; 5:25; 19:37).

응답

이스라엘에서조차 예수의 탄생은 큰 뉴스가 아니다. 하나님은 온 나라에 예수가 메시아라고 드러내지 않으신다. 아무도 예수가 누군지 모르고, 그래서 그의 탄생은 지극히 평범한 일이다. 그럼에도 메시아의 탄생이 모든 사람에게 숨겨진 것은 아니다. 하나님은 그 자신을 비천한 목자들에게 드러내기로 선택하신다. 주님의 천사가 왜 목자들에게만 나타날까? 그분은 왜 스스로를 이스라엘의 많은 사람에게 드러내지 않으실까? 우리는 이 질문에 제대로 답할 수 없지만 적어도 "그것이 하나님의 뜻이었다. 그것이 그분이 기뻐하시는 일이었다"고 말할 수는 있다. 이렇게 표현할 수도 있겠다. "예수가 태어났을 때 소수의 목자와 수많은 천사들을 제외하면 아무도 무슨 일이 일어나고 있는지 몰랐다. 우리가 예수가 구세주이자 주님이며 그리스도임을 알고 있다면, 이 놀라운 특권으로 인해 감사할 수 있다."

21 할례할 팔 일이 되매 그 이름을 예수라 하니 곧 잉태하기 전에 천사
가 일컬은 바러라

21 And at the end of eight days, when he was circumcised, he was called
Jesus, the name given by the angel before he was conceived in the
womb.

22 모세의 법대로 정결예식의 날이 차매 아기를 데리고 예루살렘에
올라가니 23 이는 주의 율법에 쓴바 첫 태에 처음 난 남자마다 주의 거
룩한 자라 하리라 한 대로 아기를 주께 드리고 24 또 주의 율법에 말씀
하신 대로 산비둘기 한 쌍이나 혹은 어린 집비둘기 둘로 제사하려 함
이더라 25 예루살렘에 시므온이라 하는 사람이 있으니 이 사람은 의롭
고 경건하여 이스라엘의 위로를 기다리는 자라 성령이 그 위에 계시
더라 26 그가 주의 그리스도를 보기 전에는 죽지 아니하리라 하는 성
령의 지시를 받았더니 27 성령의 감동으로 성전에 들어가매 마침 부모
가 율법의 관례대로 행하고자 하여 그 아기 예수를 데리고 오는지라
28 시므온이 아기를 안고 하나님을 찬송하여 이르되

29 주재여 이제는 말씀하신 대로 종을 평안히 놓아주시는도다
30 내 눈이 주의 구원을 보았사오니 31 이는 만민 앞에 예비하신 것
이요 32 이방을 비추는 빛이요 주의 백성 이스라엘의 영광이니이다
하니

22 And when the time came for their purification according to the Law
of Moses, they brought him up to Jerusalem to present him to the Lord
23 (as it is written in the Law of the Lord, "Every male who first opens
the womb shall be called holy to the Lord") 24 and to offer a sacrifice
according to what is said in the Law of the Lord, "a pair of turtledoves,
or two young pigeons." 25 Now there was a man in Jerusalem, whose
name was Simeon, and this man was righteous and devout, waiting for
the consolation of Israel, and the Holy Spirit was upon him. 26 And it
had been revealed to him by the Holy Spirit that he would not see death
before he had seen the Lord's Christ. 27 And he came in the Spirit into
the temple, and when the parents brought in the child Jesus, to do for
him according to the custom of the Law, 28 he took him up in his arms
and blessed God and said,

29 "Lord, now you are letting your servant[1] depart in peace,
according to your word;
30 for my eyes have seen your salvation
31 that you have prepared in the presence of all peoples,
32 a light for revelation to the Gentiles,
and for glory to your people Israel."

33 그의 부모가 그에 대한 말들을 놀랍게 여기더라 34 시므온이 그들에
게 축복하고 그의 어머니 마리아에게 말하여 이르되 보라 이는 이스
라엘 중 많은 사람을 패하거나 흥하게 하며 비방을 받는 표적이 되기

위하여 세움을 받았고 35 또 칼이 네 마음을 찌르듯 하리니 이는 여러
사람의 마음의 생각을 드러내려 함이니라 하더라
33 And his father and his mother marveled at what was said about him.
34 And Simeon blessed them and said to Mary his mother, "Behold, this
child is appointed for the fall and rising of many in Israel, and for a sign
that is opposed 35 (and a sword will pierce through your own soul also),
so that thoughts from many hearts may be revealed."

36 또 아셀 지파 바누엘의 딸 안나라 하는 선지자가 있어 나이가 매우
많았더라 그가 결혼한 후 일곱 해 동안 남편과 함께 살다가 37 과부가
되고 팔십사 세가 되었더라 이 사람이 성전을 떠나지 아니하고 주야
로 금식하며 기도함으로 섬기더니 38 마침 이때에 나아와서 하나님께
감사하고 예루살렘의 속량을 바라는 모든 사람에게 그에 대하여 말하
니라
36 And there was a prophetess, Anna, the daughter of Phanuel, of
the tribe of Asher. She was advanced in years, having lived with her
husband seven years from when she was a virgin, 37 and then as a
widow until she was eighty-four.[2] She did not depart from the temple,
worshiping with fasting and prayer night and day. 38 And coming up at
that very hour she began to give thanks to God and to speak of him to
all who were waiting for the redemption of Jerusalem.

39 주의 율법을 따라 모든 일을 마치고 갈릴리로 돌아가 본 동네 나사
렛에 이르니라 40 아기가 자라며 강하여지고 지혜가 충만하며 하나님
의 은혜가 그의 위에 있더라
39 And when they had performed everything according to the Law of
the Lord, they returned into Galilee, to their own town of Nazareth.

40 And the child grew and became strong, filled with wisdom. And the favor of God was upon him.

1 Or *bondservant* *2* Or *as a widow for eighty-four years*

단락 개관

누가는 계속해서 예수가 세례 요한보다 더 위대하다는 것을 강조하고, 그의 위대함은 시므온과 안나의 반응을 통해 검증된다. 예수가 태어난 후 마리아와 요셉은 모세의 율법에 규정된 대로 행한다. 예수는 8일째에 율법이 명시하는 대로 수행되는 정결 예식에 따라 할례를 받는다. 그 가족이 성전 안에 있을 때 시므온을 만나는데, 그는 그리스도를 보기 전에는 죽지 않을 것이라는 성령의 계시를 받은 사람이다. 시므온은 바로 예수가 그가 들었던 것의 성취임을 알아보고, 예수가 이스라엘과 모든 백성들에게 구원을 가져올 것이라고 선언한다. 동시에 많은 사람이 예수를 반대할 것이고 마리아도 고난을 받을 것이라고 예언한다. 시므온은 누가복음과 사도행전에 나오는 예수님에 대한 상반된 반응을 미리 내다본다. 이와 더불어 늙은 여선지자인 안나는 예루살렘에 약속된 구속에 대해 주님을 찬송한다. 예수와 그의 부모가 율법이 규정하는 일을 이행한 후 집으로 돌아오고, 예수는 하나님의 은총을 받으며 강하게 성장한다.

단락 개요

주석

2:21-24 이 단락의 주제 중 하나는 마리아와 요셉이 율법에 순종하는 모습이다. 이는 율법이 규정하는 대로(창 17:11-12; 레 12:3) 8일째 되는 날에 예수에게 할례를 행하는 것으로 나타난다. 또한 마리아와 요셉은 천사가 지시한 대로(눅 1:31) 아기에게 예수라는 이름을 붙임으로써 그 말을 따른다.

22-24절에서는 율법이 요구하는 정결 예식과 봉헌이 수행된다. 율법에 따르면 단지 마리아만 정결케 될 필요가 있는데, 누가가 '그들의 정결예식'("their purification", ESV)에 관해 쓰는 것은 무척 의아하다. 레위기 12:1-8에 따르면, 여자는 아들을 낳은 후 7일 동안 불결하다. 이후 여자는 정결케 되는 기간이 끝날 때까지 33일을 더 기다려야 한다. 정결케 되는 기간이 끝나면, 그녀는 성전 내 여인의 뜰(the court of women)이라는 구역(sanctuary)에 들어가는 것이 허용된다. 여자가 번제(어린양 한 마리)와 속죄 제물(산비둘기나 집비둘기)을 바치기 전에는 정결케 되는 기간이 끝나지 않는다. 마리아와 요셉은 너무 가난해서 번제로 어린양을 바칠 수 없기 때문에 산비둘기 두 마리나 집비둘기 두 마리를 바쳤다. 단지 마리아만 정결케 될 필요가 있는데 왜 "그들의"라는 단어가 사용되었는지를 설명하기 위한 다양한 시도가 있었으나, 다양한 제안들을 평가하기에는 지면이 부족하다. 아마 누가는 여

기서 일반적인 표현을 쓰고 있을 것이다. 말하자면 마리아의 정결 예식과 예수의 봉헌을 한꺼번에 다루고 있다는 뜻이다. 그런 세부 사항에 신경을 쓰는 것은 그의 목적이 아니다.

예수의 봉헌은 한나가 사무엘을 주님께 드리는 장면(삼상 1:22, 24)을 상기시킨다. 마리아는 예수를 성전에 데려와서 드림으로써 그가 온전히 주님께 속해 있다는 것을 보여준다. 예수의 봉헌은 출애굽기 13:2이 요구한 헌신을 성취한다. "이스라엘 자손 중에서 사람이나 짐승을 막론하고 태에서 처음 난 모든 것은 다 거룩히 구별하여 내게 돌리라 이는 내 것이니라." 첫아들은 은 다섯 세겔의 값으로(민 18:15-16, 참고. 민 3:47) 속량되어야 한다(출 13:13; 34:20). 예수는 마리아의 첫아들이므로 특별히 주님께 구별되었으며, 이는 그가 궁극적으로 요셉과 마리아가 아니라 주님께 속한다는 것을 의미한다.

2:25-28 예수가 유일무이한 인물이라는 것은 그의 가족이 성전에서 시므온과 만나는 일로 확증되는데, 이 만남은 이방인의 뜰(the court of the Gentiles)이나 여인의 뜰에서 이루어진 것이 틀림없다. 시므온은 사가랴와 엘리사벳처럼(1:6) 경건한 남은 자의 일부고, 따라서 '의롭고 경건한 자'로 불린다. 희망을 하나님의 언약에 둔 그는 이스라엘의 "위로"를, 즉 구원이 실현될 때 생기는 위안과 기쁨을 기다리는 중이다(참고. 사 40:1; 49:13; 57:18; 61:2; 66:11; 렘 38:9 칠십인역). 여기서 성령이 시므온의 삶에서 행하시는 역할이 크게 드러난다. 성령이 "그 위에" 계시고, 그가 그리스도를 보기 전에 죽지 않을 것이라고 알려주신 이도 성령이다. 이는 우리가 이미 살펴본 것, 즉 누가복음에서 성령은 종종 예언의 영이라는 점과 잘 들어맞는다. 우리는 시므온이 늙었다는 말을 명시적으로 듣지는 않았지만, 하나님께서 그에게 그리스도를 보기 전에는 죽지 않을 것이라고 약속하신 만큼 그런 추론이 가능하다. 여기서 다시금 예수가 그리스도, 이스라엘의 메시아, 다윗과 맺은 언약을 이루는 분으로 불리는 것을 본다. 예수는 "주의 그리스도"이고, 여기서 "주"는 아버지 하나님을 가리키는 것이 거의 확실하다(참고.

행 4:26; 솔로몬의 시편 17:32; 18:5, 7).

누가는 시므온이 "성령의 감동으로 성전[여인의 뜰 또는 이방인의 뜰]에" 들어간다고 말하면서 성령의 역할을 계속 강조한다. 달리 말하면 예언의 영이 이 특별한 날에 그 위에 계시다는 뜻이다. 예수의 부모는 경건한 사람들이라서 그를 위해 율법에 규정된 것을 행하고 있다(2:22-23). 시므온은 성령의 지시를 받아 예수가 메시아임을 알아보고 팔로 안아주는데, 이는 요셉과 마리아에게 예수의 정체성을 확증해주는 놀라운 모습이다.

2:29-32 시므온은 이제 죽기 전에 그리스도를 보는 큰 특권을 누렸으므로, 말씀을 지키신 주님께 찬송을 드린다(참고. 10:23). 그는 주님이 그분의 언약을 이루실 테고 그분의 나라가 예수 안에서 올 것을 알기 때문에, 이제 평안하고 기쁘게 죽음을 맞을 수 있는 것에 만족한다. 시므온은 장차 일어날 일을 "구원"으로 묘사하는데, 이는 누가가 좋아하는 단어들 중 하나다. 예수는 "잃어버린 자를 찾아 구원하려[고]" 오셨기 때문에 사실상 구원은 그의 사명 전체를 묘사하는 하나의 방식이다(19:10, 참고. 5:32; 15:4-7, 9, 24, 또한 1:69, 77; 3:6; 행 4:12; 13:26, 47; 16:17; 28:28도 보라).

예수 안에서 오는 구원은 하나님께서 태초부터 준비하신 것이고, 따라서 영원한 과거부터 세우셨던 계획의 성취다(참고. 시 98:3; 사 52:10). 모든 백성이(이스라엘만이 아니라) 하나님의 구원을 보게 될 것이다. 여기에 이방인이 포함되는 것은 사도행전에 입증되어 있다. 시므온의 팔에 안긴 아기가 "이방 사람들에게는 계시하시는 빛"(32절, 새번역)이 될 것이고, 이 말은 다음과 같은 이사야의 말을 성취한다. 주님의 종이 "이방의 빛"(사 42:6)이 될 것이고, 구원이 "땅끝까지 이르게"(49:6, 참고. 행 1:8) 될 것이다. 이 구원은 이스라엘을 배제하는 것이 아니라 이스라엘을 위한 것이기도 하며(참고. 사 46:13), 따라서 다가오는 구원이 이스라엘에게 영광이 될 것이다.[36]

36 이 대목에서는 '빛'과 '영광'이 서로 병치되어 있다.

2:33-35 요셉과 마리아가 시므온의 말을 듣고 깜짝 놀란다. 우리는 앞에서 놀라는 반응(타우마조)이 반드시 믿음을 시사하는 것은 아님을 살펴보았다(참고. 2:18-20). 하지만 이 경우에는 예수의 부모가 믿음으로 놀란다. 시므온의 말이, 세례 요한과 예수의 탄생을 통해 하나님의 약속이 실현되는 것과 관련해 그들이 이미 듣고 목격한 놀라운 것들을 확증하기 때문이다.

시므온은 마리아와 요셉을 축복하되 뜻밖의 진실을 밝혀준다. 예수가 메시아인 것은 사실이지만, 그 삶이 쉽지 않을 것이다. 예수에게 속한 "많은" 사람이 일어서기 전에 넘어질 것이다. 아마 넘어지는 사람들과 일어서는 사람들이 동일한 집단일 것이다. 여기에 의인들이 일어서기 전에 넘어진다는 미가의 말에 대한 암시가 있기 때문이다. "내 원수야, 내가 당하는 고난을 보고서, 미리 흐뭇해하지 말아라. 나는 넘어져도 다시 일어난다. 지금은 어둠 속에 있지만, 주님께서 곧 나의 빛이 되신다"(미 7:8, 새번역). 달리 말하면 예수의 제자들에게 고난이 영광에 앞설 것이라는 뜻이다. 예수에게 속하는 사람들이 궁극적으로 의인으로 입증되겠지만 금방 그렇게 되지는 않을 것이다. 그와 동시에 모든 사람이 다 그리스도를 영접하지는 않을 것이다. 그는 반대를 받는 표적도 될 것이고(고전 1:23; 벧전 2:8), 사도행전에서 우리는 신자들이 직면한 반대를 보게 된다(행 28:22).

마리아도 고난을 모면할 수 없을 것이다. 칼이 그녀의 영혼을 찌를 것이다. 이는 예수가 죽음에 넘겨지는 일에서 절정에 이르는 그분에 대한 반대를 언급하는 것이 거의 확실하다(참고. 요 19:25). 누가복음에서 "생각"[디알로기스모이(*dialogismoi*)]은 언제나 부정적인 의미를 지닌다(참고. 5:22; 6:8; 9:46, 47; 24:38). 예수에 대한 상반된 반응은 많은 이들의 마음속에 있는 악을 드러낼 것이다. 시므온은 예수가 그리스도임을 확인하면서도 그와 더불어 고난이 오고 있다는 것, 해가 비치기 전에 어둔 구름이 지평선을 드리운다는 것을 예언한다.

2:36-38 안나는 마리아와 요셉에게 그 시대에 하나님께서 예수를 통해 행하실 독특한 사역에 대해 확인시켜준다. 안나는 사가랴와 엘리사벳(1:6)

및 시므온(2:25-35)과 마찬가지로 팔복의 가난한 자(6:20)를 대표한다. 또한 이스라엘에 있는 의로운 남은 자에 해당한다. 그녀는 그들의 죄로 인해 주전 722년에 포로로 잡혀간 열 지파의 하나인 아셀 지파 출신이기 때문이다. 안나는 자신의 지파에 대해 알 뿐만 아니라 이제까지 주님 앞에서 신실한 사람으로 살아왔다. 그녀의 남편은 결혼한 지 7년 만에 죽었고, 그 때부터 과부로 살아와서 이제 84세가 되었다.

초기 기독교 운동의 특징 중 하나는 과부를 돌보는 일이었다(행 6:1-6; 딤전 5:3-16; 약 1:27). 누가는 과부에 대한 특별한 관심을 보여주고(눅 4:25-26; 7:11-17; 18:1-8), 그들은 다른 곳에서 경건한 모습으로 인해 칭찬을 받는다(21:1-4). 하나님의 임재(왕상 8장; 눅 24:53을 보라)가 성전 안에서 독특하게 나타났고, 안나는 하나님과의 교제에 전념하고 있다. 그래서 성전을 떠나지 않은 채 스스로를 금식과 기도에 바치고 있는 것이다. 훗날 바울도 이와 비슷한 말로 과부들을 칭찬한다. "참 과부로서 의지할 데가 없는 이는, 하나님께 소망을 두고, 밤낮으로 끊임없이 간구와 기도를 드립니다"(딤전 5:5, 새번역, 참고. 행 26:7). 안나는 자기가 모든 것에 대해 하나님께 의존하는 존재임을 알고 있다.

안나는 시므온처럼 구체적으로 예수를 언급하지는 않지만 바로 이 시점에(참고. 7:21; 10:21; 12:12) 하나님께 감사와 찬송을 드리기 때문에 시므온과 나란히 두 번째 증인이 된다. 안나는 여선지자로서(참고. 행 2:17-18; 21:9; 고전 11:3-6) 주님의 말씀을 전하는데, 이는 구약에서 미리암, 드보라, 한나 그리고 훌다가 그랬던 것과 같다. 그녀가 나아와서 예루살렘의 구속을 갈망하는 사람들에게 주님에 대해 말한다. 구약에서는 이스라엘이 이집트에서 해방되었을 때 구속이 이루어졌고(시 111:9), 이스라엘은 바벨론에서 해방되는 두 번째 출애굽을 기대하고 있었다(사 63:4). 이스라엘은 주님이 예루살렘을 구속할 때 기쁨이 터져 나올 것인데(사 52:9), 예수님은 예루살렘뿐 아니라 온 이스라엘을 구속하러 오셨다(눅 24:21). 달리 말하면, 그분은 하나님 나라를 가져오기 위해 오신 것이다(23:51). 따라서 안나의 말은 구약의 요구조건(신 17:6; 19:15)에 따라 구원과 구속이라는 언약이 예수 안에서 성취될 것이라는 두 번째 증언을 구성한다.

2:39-40 이제까지의 이야기에서 뚜렷이 나타나는 마리아와 요셉의 경건한 모습이 여기에 요약되어 있다. 그들은 율법이 규정하는 모든 것을 행함으로써 하나님 약속의 실현을 기다리는 남은 자의 모습을 보여준다. 이후 그들은 갈릴리의 나사렛으로 돌아간다. 이 이야기에서 뜻밖의 요소가 하나 더 있다. 우리는 메시아가 예루살렘에서 성장할 것으로 예상할 법하지만 예수는 예루살렘에서 거주하지 않는다. 그는 갈릴리 벽지의 작은 마을에서 살면서 예상치 못한 방식으로 자신의 목적을 이룬다. 그러나 한편으로는 많은 측면에서 평범한 방식으로 성장한다. 요한처럼 그는 "자라며…강하여[졌다]"(1:80). 하지만 요한과 달리 지혜가 충만하고 하나님의 은혜가 그 위에 있었다(참고. 1:28, 30; 2:52).

응답

예수의 부모가 되는 것은 어땠을까? 누가는 우리에게 요셉과 마리아의 특징이 하나님의 명령에 날마다 순종하는 것에 있었다고 상기시켜준다. 그들은 예수의 탄생과 관련된 놀라운 사건들을 경험했는데, 그중에는 시므온과 안나의 말도 포함된다. 그러나 그들의 삶은 대체로 날마다 해마다 주님을 신뢰하고 순종하는 것으로 채워져 있었다. 주님은 우리가 살아가는 날들이 유별나지 않아도 우리 자신을 그분께 드리기 원하신다. 이와 동시에 하나님은 예수를 통해 언약, 즉 그분이 이스라엘과 맺은 구원의 약속을 이행하고 계셨다. 구원의 날이 예수를 통해 오고 있었으나, 시므온은 장차 예수의 제자들이 고난을 당할 것이라고 우리에게 상기시켜준다. 먼저 고난이 오고 그 뒤에 영광이 따라오는 법이다.

41 그의 부모가 해마다 유월절이 되면 예루살렘으로 가더니 42 예수
께서 열두 살 되었을 때에 그들이 이 절기의 관례를 따라 올라갔다가
43 그날들을 마치고 돌아갈 때에 아이 예수는 예루살렘에 머무셨더라
그 부모는 이를 알지 못하고 44 동행중에 있는 줄로 생각하고 하룻길
을 간 후 친족과 아는 자 중에서 찾되 45 만나지 못하매 찾으면서 예
루살렘에 돌아갔더니 46 사흘 후에 성전에서 만난즉 그가 선생들 중
에 앉으사 그들에게 듣기도 하시며 묻기도 하시니 47 듣는 자가 다 그
지혜와 대답을 놀랍게 여기더라 48 그의 부모가 보고 놀라며 그의 어
머니는 이르되 아이야 어찌하여 우리에게 이렇게 하였느냐 보라 네
아버지와 내가 근심하여 너를 찾았노라 49 예수께서 이르시되 어찌하
여 나를 찾으셨나이까 내가 [1]내 아버지 집에 있어야 될 줄을 알지 못
하셨나이까 하시니 50 그 부모가 그가 하신 말씀을 깨닫지 못하더라
51 예수께서 함께 내려가사 나사렛에 이르러 순종하여 받드시더라 그
어머니는 이 모든 [2]말을 마음에 두니라

41 Now his parents went to Jerusalem every year at the Feast of the
Passover. 42 And when he was twelve years old, they went up according

to custom. 43 And when the feast was ended, as they were returning, the
boy Jesus stayed behind in Jerusalem. His parents did not know it, 44 but
supposing him to be in the group they went a day's journey, but then
they began to search for him among their relatives and acquaintances,
45 and when they did not find him, they returned to Jerusalem, searching
for him. 46 After three days they found him in the temple, sitting among
the teachers, listening to them and asking them questions. 47 And all
who heard him were amazed at his understanding and his answers.
48 And when his parents[1] saw him, they were astonished. And his
mother said to him, "Son, why have you treated us so? Behold, your
father and I have been searching for you in great distress." 49 And he
said to them, "Why were you looking for me? Did you not know that
I must be in my Father's house?"[2] 50 And they did not understand the
saying that he spoke to them. 51 And he went down with them and came
to Nazareth and was submissive to them. And his mother treasured up
all these things in her heart.

52 예수는 지혜와 키가 자라가며 하나님과 사람에게 더욱 사랑스러워 가시더라

52 And Jesus increased in wisdom and in stature[3] and in favor with God and man.

1) 또는 내 아버지의 일에 관계하여야 2) 또는 일을

1 Greek *they* *2* Or *about my Father's business* *3* Or *years*

단락 개관

여기에 예수의 어린 시절에 관한 마지막 이야기가 기록되어 있다. 그 이야기는, 사가랴와 가브리엘의 첫 만남이 성전에서 있었듯이(1:5-23), 성전에서 펼쳐진다. 요셉과 마리아는 구약 관례에 따라 유월절이 되면 예루살렘으로 향했고, 예수가 열두 살이 되는 해에도 함께 그 길에 올랐다. 절기를 마치고 돌아올 때에 예수는 그 부모가 모르는 사이에 뒤에 남는다. 요셉과 마리아는 하루 종일 여행한 뒤에야 예수가 귀갓길의 행렬에 있지 않다는 것을 알게 된다. 예수를 찾기 위해 예루살렘으로 되돌아간 그들은 예수가 성전에서 선생들의 말을 듣고 질문하는 모습을 본다. 거기에 있던 사람들이 예수의 슬기에 깜짝 놀란다. 마리아가 예수에게 왜 그들에게 그런 곤경을 안겨주었느냐고 묻는다. 이 대목의 절정은 예수가 자신은 아버지의 집에 있어야 한다고 말하는 부분이다. 이는 예수의 일차적 관계가 부모와의 관계가 아니라 그의 아버지(Father)와의 관계임을 가리킨다. 하지만 마리아와 요셉은 그 말을 이해하지 못한다. 예수는 나사렛으로 돌아가 부모에게 순종하면서 지혜와 키가 자라고 점점 더 총애를 받는다.

단락 개요

II. 예수님의 사역을 위한 준비(1:5-4:13)
  B. 두 아들의 탄생(1:57-2:52)
    2. 예수님의 탄생(2:1-52)
      d. 아버지의 집에 있는 아들(2:41-52)

주석

2:41-42 구약이 모든 남자에게 제물을 바치는 곳으로 가라고 명하기 때문에(출 23:14-17; 신 16:1-8), 요셉과 마리아는 해마다 유월절을 지내기 위해 예루살렘으로 갔다. 나사렛에서 예루살렘까지의 길은 약 130킬로미터로 3, 4일 정도 걸린다. 마리아가 요셉과 나란히 그 길에 올랐다는 것은 주님께 대한 그들의 경건과 헌신을 보여준다. 이때가 예수가 부모와 함께 유월절에 참석한 첫 번째 경우인지는 모르지만, 열두 살이면 성인에 들어서는 나이인 만큼 그렇게 추론해도 무방하다. 요셉과 마리아가 율법의 명령을 따라 신중하게 행하는 모습을 통해 그들의 경건함과 신앙을 다시 확인할 수 있다.

2:43-45 이 명절을 마치려면 유월절과 무교절을 모두 지켜야 하는데, 이 둘이 자연스레 합쳐진 것은 후자가 전자와 동일한 때에 일어났기 때문이다(참고. 출 12:14-20). 요세푸스(Josephus)는 "우리가 유월절로 부르는 것을 무교절이라고" 말한다(*Antiquities* 18.2.2). 그래서 예수와 그 부모는 명절이 끝날 때까지 거기에 머무른다. 마리아와 요셉은 예수가 뒤에 남은 것을 모르는 채 귀갓길에 오른다. 예수가 집으로 돌아가는 행렬 속에 있다고 생각한 것이다. 그들은 하루가 끝날 때 친척과 친구들 가운데서 예수를 찾지만 만나지 못한다. 이는 요셉과 마리아가 몸담았던 공동체의 가족중심적인 특성을 잘 보여준다. 그들은 예수를 찾기 위해 예루살렘으로 되돌아간다.

2:46-47 요셉과 마리아는 사흘이 지난 후 성전에서 예수를 발견한다. 유대인은 종종 날을 포괄적으로 계산하기 때문에 사흘은 아마 첫날, 즉 예루살렘으로 돌아가는 그날을 포함할 것이다. 그래서 셋째 날에 그들이 성전에서 예수님을 발견한 셈이다. 이와 비슷한 셈법은 예수님이 셋째 날에 부활하신 것에도 적용된다. 예수님이 금요일에 죽으셨으므로 금요일부터 일요일까지 계산하면 사흘이 되는 것이다. 예수가 성전에 있는 것이 놀랍지

않은 것은, 주님이 성전 안에 거하시고 성전이 이스라엘 예배의 중심이기 때문이다. 성전이 누가복음-사도행전에서 중요한 역할을 한다는 것을 우리는 이미 살펴보았고(참고. 눅 19:47; 20:1), 이 복음서는 제자들이 성전에서 하나님을 예배하는 모습으로 끝난다. 예수는 선생들을 가르치지 않고 오히려 그들의 말을 경청하고 그들에게 질문을 던진다. 그들로부터 배우고 있는 것이 확실하고, 이와 동시에 자신의 슬기로 감명을 주어서 모두가 그 답변에 깜짝 놀란다(참고. 4:22).

2:48-49 요셉과 마리아는 성전에서 예수를 발견하는 순간 격한 감정에 휩싸인다. 마리아가 어머니로서의 당연한 염려의 마음으로 왜 그런 식으로 행동했는지 묻는다. 예수가 뒤에 남겠다는 어떤 말도 하지 않았기 때문이다. 요셉과 마리아가 아들을 찾느라 마음 고생했던 것을 생각하면 예수는 기본적인 배려조차 부족한 사람처럼 보인다. 칼이 마리아의 영혼을 찌를 것이라는 예언이 성취되기 시작하는 중이다(2:35).

예수의 답변은 그의 일차적이고 근본적인 관계가 부모가 아니라 그의 아버지(Father)와의 관계임을 드러낸다. 예수가 성인으로 향하는 시기에 부모와의 관계가 변하고 있다. 예수는 그들에게 왜 자기를 찾았는지 묻는다. 예수의 대답을 문자적으로 해석하면 '나는 내 아버지의 것 안에 있는 것이 필요하다'[엔 토이스 투 파트로스 무 데이 에이나이 메(*en tois tou patros mou dei einai me*)]이다. ESV가 그 의미를 잘 포착한다. '내가 내 아버지 집에 있어야 합니다'[37]("I must be in my Father's home", 49절, 개역개정도 참고). 이는 하나님께서 계시는 장소인 성전을 가리킨다. 예수의 궁극적인 목적은 부모가 아니라 하나님을 기쁘시게 하는 것이다. '…해야 한다'[데이(*dei*)]는 누가복음에서 하나님의 계획을 가리키는 핵심 단어다. 다른 곳에서는 이 단어가 다음과 같은 것을 보여주기 위해 사용된다. 예수님이 하나님 나라의 복음을 전해야

37 이 말의 뜻은 논쟁거리며, 이에 대한 논의는 Garland, *Luke*, 145을 참고하라.

한다는 것(4:43), 인자가 고난을 받고 죽임을 당한 후 살아나야 한다는 것(9:22; 17:25; 24:7, 26, 44), 안식일에 병 고치는 것이 필요하다는 것(13:16), 예수님이 그분의 사역을 완수하고 예루살렘에서 죽어야 한다는 것(13:33), 삭개오와 함께 시간을 보내는 일이 필요하다는 것(19:5) 그리고 예수님에 관한 성경이 이루어져야 한다는 것(22:37) 등이다. 그렇기 때문에 예수는 주님의 존전에 있어야 하는 것이다. 그는 또한 하나님을 "내 아버지"라고 부른다. 예수가 하나님과 친밀하고 독특한 관계를 맺고 있음이 분명하고, 이는 예수가 아버지 하나님의 아들임을 보여준다.

2:50-52 요셉과 마리아는 예수가 그들에게 한 말의 온전한 뜻을 파악할 수 없었다. 물론 그들이 예수의 생애 초기에 받은 계시들을 감안하면, 그 아이가 특별하다는 것은 알고 있다. 그래도 예수가 누군지를 완전히 깨닫는 것은 어렵다. 달리 말하면 그들은 예수가 하나님의 아들임을 이해하지 못한다.

51절은 예수가 무례하거나 불순종해서 이런저런 행동을 하는 것이 아님을 분명히 한다. 성전에서 취한 예수의 행동은 다가오는 일의 맛보기이자 인생을 건 사명의 전조다. 그럼에도 그는 집으로 돌아가 부모의 권위 아래에서 순종적으로 살아간다. 마리아는 예수가 한 말의 의미에 대해 성찰하고, 그 말들이 자신이 풀 수 있는 것보다 더 큰 의미를 갖고 있음을 알게 된다. 예수는 지혜와 키가 계속 자라고, 하나님과 사람들 앞에서 '총애'를 받는다(잠 3:4). 우리는 다시금 예수가 세례 요한보다 우월한 인물임을 보게 된다(눅 1:80, 참고. 2:40). 세례 요한도 위대한 인물이지만 예수는 더 위대하다.

응답

우리는 여기서 예수가 평범한 아들이 아니라는 것을 보게 된다. 다른 아들들이 흔히 행하는 일을 하지 않는 것을 통해 그의 독특함이 전달된다. 예수가 스스로를 아버지께 완전히 바침에 따라 마리아와 요셉이 그들의 아들을 풀어주는 데 필요한 힘겨운 교훈을 배우기 시작한다. 모든 부모가 자녀를 풀어주는 법을 배워야 하는데, 이는 어렵고 고통스러운 일이다. 예수는 그들의 아들일 뿐 아니라 하나님의 아들이기도 하기에 마리아와 요셉은 이것을 독특하게 배우는 중이다. 그럼에도 이 사건이 일어난 후 예수는 집으로 돌아가서 부모에게 순종한다. 그는 순종적인 자녀가 된다는 것을 알려주는 좋은 본보기지만, 결국에는 궁극적으로 (부모를 깊이 사랑하지만) 부모가 아니라 하나님께 순종해야 한다.

[1] 디베료 황제가 통치한 지 열다섯 해 곧 본디오 빌라도가 유대의 총
독으로, 헤롯이 갈릴리의 분봉왕으로, 그 동생 빌립이 이두래와 드라
고닛 지방의 분봉왕으로, 루사니아가 아빌레네의 분봉왕으로, [2] 안나
스와 가야바가 대제사장으로 있을 때에 하나님의 말씀이 빈 들에서
사가랴의 아들 요한에게 임한지라 [3] 요한이 요단강 부근 각처에 와서
죄 사함을 받게 하는 회개의 세례를 전파하니 [4] 선지자 이사야의 책에
쓴바

> 광야에서 외치는 자의 소리가 있어 이르되 너희는 주의 길을 준
> 비하라 그의 오실 길을 곧게 하라 [5] 모든 골짜기가 메워지고 모든
> 산과 작은 산이 낮아지고 굽은 것이 곧아지고 험한 길이 평탄하
> 여질 것이요 [6] 모든 육체가 하나님의 구원하심을 보리라

함과 같으니라

[1] In the fifteenth year of the reign of Tiberius Caesar, Pontius Pilate
being governor of Judea, and Herod being tetrarch of Galilee, and his
brother Philip tetrarch of the region of Ituraea and Trachonitis, and
Lysanias tetrarch of Abilene, [2] during the high priesthood of Annas
and Caiaphas, the word of God came to John the son of Zechariah in

the wilderness. 3 And he went into all the region around the Jordan,
proclaiming a baptism of repentance for the forgiveness of sins. 4 As it
is written in the book of the words of Isaiah the prophet,
"The voice of one crying in the wilderness:
'Prepare the way of the Lord,[1]
make his paths straight.
5 Every valley shall be filled,
and every mountain and hill shall be made low,
and the crooked shall become straight,
and the rough places shall become level ways,
6 and all flesh shall see the salvation of God.'"

1 Or *crying, Prepare in the wilderness the way of the Lord*

단락 개관

누가는 세례 요한 사역의 배경이 되는 당시의 정치적 및 종교적 권력자들을 언급함으로써 그의 역사적 관심을 나타낸다. 1-2장은 세례 요한과 예수님의 사역을 접하도록 우리를 준비시켰고, 이제 세례 요한의 사역이 광야에서 그에게 임하는 하나님의 말씀과 함께 시작된다. 요한은 요단강 건너편의 광야에 있는데, 이는 이스라엘이 약속의 땅에 들어가기 전에 광야에 있었던 것과 같다. 앞으로 약속들이 실현되려면 먼저 이스라엘이 그 죄를 깨끗이 씻고 새롭게 하나님께 돌아가야 했다. 요한은 그의 사역을 설명하기 위해 이사야 40:3-5을 가져온다. 그는 광야에서 외치는 소리로서 주님의 길을 준비하고 있다. 모든 사람이 그분 앞에서 스스로를 낮출 때 하나님의 구원을 보게 될 것이다.

단락 개요

II. 예수님의 사역을 위한 준비(1:5-4:13)
C. 세례 요한의 사역: 주님을 위한 준비(3:1-20)
1. 광야에서 외치는 소리(3:1-6)

주석

3:1 이 복음서의 초반(1:1-4)에 분명히 나타나는 누가의 역사적 관심이, 요한 설교의 시작을 당시의 역사적 배경에 비추어 구성함으로써 다시 나타난다. 요한은 티베리우스 카이사르(통치. 주후 14-37년)의 열다섯째 해에 말씀을 전파하기 시작한다. 본디오 빌라도는 주후 26년부터 36년까지 유대의 행정장관으로 일하면서 예수님의 재판에서 중요한 역할을 한다. 누가가 빌라도를 행정장관 대신 총독으로 부르는 것은 실수가 아니다. 누가는 이런 문제에 대해 전문적인 글을 쓰고 있는 것이 아니다. 헤롯 대왕(통치. 주전 37-4년)의 아들인 헤롯 안디바는 주전 4년부터 주후 39년까지 갈릴리와 베레아를 다스렸다. 헤롯 대왕의 다른 아들인 빌립은 주전 4년부터 주후 34년까지 요단 동편에서 이두래와 드라고닛을 통치했다. 우리는 아빌레네에서 통치한 루사니아에 관해서는 많이 알지 못한다(그리고 일부 학자는 누가가 여기서 실수를 한다고 주장하기까지 했다). 그의 통치에 대한 증거가 부분적이기는 해도 어느 정도는 있다.[38] 요한이 사역을 시작하는 시기는 아마 주후 26/27년일 것이다. 누가는 이런 통치자들을 열거함으로써 세례 요

38 참고. Bock, *Luke 1:1-9:50*, 283.

한의 사역(그리고 암묵적으로 예수님의 사역)이 온 세계에 영향을 미친다는 것을 시사한다.

3:2 요한의 사역은 안나스와 가야바가 대제사장으로 있는 동안 시작된다. 엄밀히 말하면 안나스는 주후 6년부터 15년까지 대제사장으로 섬기고, 가야바는 주후 18년부터 36년까지 섬긴다. 안나스가 상당 기간에 걸쳐 대제사장에게 큰 영향력을 행사하기 때문에 누가가 안나스와 가야바의 협력을 크게 다루는 듯하다. 예컨대 가야바는 안나스의 사위고, 그들의 협력이 요한복음 18:12-28에 나온다. 안나스의 아들들 중 5명이 또한 대제사장으로 섬긴다. 안나스와 가야바의 시대인 주후 26/27년에 주님의 말씀, 곧 예언의 말씀이 세례 요한에게 임한다. 하나님의 말씀은 말라기의 시대 이후 권위 있게 선포된 적이 없었다. 마카베오상이 다음과 같은 말로 이 사실을 확증해준다. "믿을 만한 선지자가 일어날 때까지 유대인과 제사장들은 시몬이 영원히 그들의 지도자요 대제사장이 되는 것을 기뻐했다"(마카베오상 14:41). 마카비 시대에는 영감을 받아 하나님의 말씀을 전한 선지자가 없었고, 그래서 그동안 시몬이 그들의 지도자요 대제사장이 되는 것으로 결정되었던 것이다. 이제 요한의 시대에 이르러 하나님의 말씀이 다시 선포되고 있다. 요한이 광야에서 사역하는 것은 그 민족이 포로 상태에 있다는 것과 언약이 아직 실현되지 않았다는 것을 상징한다.

3:3 요한은 요단강 근처의 광야에 자리 잡고 있다. 달리 말하면 그는 요단강의 건너편에 있고 그의 사역은 광야에서 펼쳐진다. 이스라엘은 자신의 역사를 알기 때문에 당연히 그 사역의 상징성을 포착했을 것이다. 그 민족은 40년 동안 광야에서 방황했을 때와, 70년 동안 바벨론에서 포로로 있었을 때와 똑같은 장소에 있다. 이사야가 종종 약속하는 새로운 출애굽이 여전히 완수되어야 한다(참고. 3:4 주석). 말하자면 그 민족은 다시 요단강을 건너야 하고, 따라서 그들은 죄로부터 깨끗케 되는 것을 상징하는 세례(침례)를 받아야 한다. 이사야가 약속한 새로운 출애굽이 죄 사함으로 이

끌어줄 것이다(참고. 사 40:2; 42:24; 43:24-25, 27; 44:22; 50:10; 53:10, 12; 58:1; 59:2, 12; 64:5). 그런 용서는 회개가 없으면 받을 수 없다. 이스라엘은 이기적인 모습에서 등을 돌리고 스스로를 하나님께 드려야 한다.

3:4-6 누가는 이사야 40:3-5을 인용함으로써, 세례 요한의 사역을 이사야서에 약속된 새로운 출애굽의 견지에서 이해하고 있음을 보여준다. 이사야서에서 광야는 바벨론과 이스라엘 사이에 있는 사막 지대, 곧 이스라엘이 집으로 돌아가려면 통과해야 할 길을 묘사한다. 세례 요한은 이스라엘에게 주님의 길을 준비하라고 외치는 소리다. 구약에서 준비되는 길의 주체는 주 여호와고, 여기에 나오는 주님은 예수님이다.

길을 곧게 하고, 골짜기를 메우고, 산과 언덕을 평평하게 하고, 굽은 것을 곧게 하고, 험한 길을 평탄하게 하는 이미지는 이스라엘이 바벨론에서 돌아올 때 통과할 지형을 가리킨다. 이와 동시에 그 이미지는 이스라엘에게 요구되는 새로운 삶의 견지에서 해석되어야 한다. 이스라엘의 삶이 바로잡혀야 하고, 그들은 교만과 죄를 버려야 한다. 이를 달리 말하면 이스라엘이 하나님의 구원을 보려면 회개해야 한다는 뜻이다. 이스라엘은 종말론적 구출을 경험하기 위해 주님께 되돌아와야 한다. 요한이 선포한 구원과 용서는 궁극적으로 예수님 안에서 찾을 수 있다(눅 2:30; 19:10). 누가는 분명히 "구원"이라는 단어를 더하는 칠십인역 이사야서를 인용하는 한편, 모든 사람에게 나타나는 "여호와의 영광"(사 40:5)은 생략한다. 아마 구원이 여호와의 영광을 말하는 또 다른 방식이기 때문일 것이다.

응답

우리의 신앙은 어디까지나 역사성을 띄고, 이 텍스트에서 우리는 구원의 위대한 사건들이 역사상 특정한 시기를 그 배경으로 하고 있음을 보게 된다. 기독교 신앙은 우리가 몸담고 있는 세계로부터 단절된 사유화되거나 실존적인 경험이 아니다. 요한의 메시지가 우리에게 강하게 경고하는 것이 있다. 우리가 분명하게 회개하지 않는다면 하나님의 구원 사역을 경험하지 못할 것이라는 경고다. 우리는 악에서 등을 돌리고 자신을 하나님께 드려야 한다.

[7] 요한이 [1)]세례 받으러 나아오는 무리에게 이르되 독사의 자식들아
누가 너희에게 일러 장차 올 진노를 피하라 하더냐 [8] 그러므로 회개에
합당한 열매를 맺고 속으로 아브라함이 우리 조상이라 말하지 말라
내가 너희에게 이르노니 하나님이 능히 이 돌들로도 아브라함의 자손
이 되게 하시리라 [9] 이미 도끼가 나무뿌리에 놓였으니 좋은 열매 맺지
아니하는 나무마다 찍혀 불에 던져지리라

[7] He said therefore to the crowds that came out to be baptized by him,
"You brood of vipers! Who warned you to flee from the wrath to
come? [8] Bear fruits in keeping with repentance. And do not begin to
say to yourselves, 'We have Abraham as our father.' For I tell you, God
is able from these stones to raise up children for Abraham. [9] Even now
the axe is laid to the root of the trees. Every tree therefore that does not
bear good fruit is cut down and thrown into the fire."

[10] 무리가 물어 이르되 그러면 우리가 무엇을 하리이까 [11] 대답하여 이
르되 옷 두 벌 있는 자는 옷 없는 자에게 나눠 줄 것이요 먹을 것이 있

는 자도 그렇게 할 것이니라 하고 12 세리들도 [1)]세례를 받고자 하여
와서 이르되 선생이여 우리는 무엇을 하리이까 하매 13 이르되 부과된
것 외에는 거두지 말라 하고 14 군인들도 물어 이르되 우리는 무엇을
하리이까 하매 이르되 사람에게서 강탈하지 말며 거짓으로 고발하지
말고 받는 급료를 족한 줄로 알라 하니라

10 And the crowds asked him, "What then shall we do?" 11 And he
answered them, "Whoever has two tunics[1] is to share with him who
has none, and whoever has food is to do likewise." 12 Tax collectors
also came to be baptized and said to him, "Teacher, what shall we do?"
13 And he said to them, "Collect no more than you are authorized to
do." 14 Soldiers also asked him, "And we, what shall we do?" And he
said to them, "Do not extort money from anyone by threats or by false
accusation, and be content with your wages."

1) 헬, 또는 침례

1 Greek *chiton*, a long garment worn under the cloak next to the skin

단락 개관

요한이 그에게 나아오는 군중을 향해 회개에 합당한 열매를 맺을 때에만 다가오는 진노를 피할 수 있을 것이라는 말로 경고한다. 그저 아브라함의 자손이라는 이유로 이스라엘이 다가오는 심판을 모면할 수는 없다. 군중이 요한에게 어떻게 반응해야 할지 묻자 그는 실제적인 충고를 한다. 주님께 돌아오는 사람들은 자신의 소유에 대해 관대해서 궁핍한 자들에게 양식과 옷을 나눈다. 이와 비슷하게 세리들은 돈을 부당하게 취득하거나 얼마의 돈을 빼돌려서는 안 되고 규정된 것만 거두어야 한다. 군인들 역시

강탈하기를 멈추고 자신이 받는 봉급으로 만족해야 한다.

단락 개요

II. 예수님의 사역을 위한 준비(1:5-4:13)
C. 세례 요한의 사역: 주님을 위한 준비(3:1-20)
2. 회개의 열매(3:7-14)

주석

3:7-9 군중이 세례를 받으려고 요한에게 몰려오지만 그는 광야에서 그들이 오는 것을 기뻐하지 않는다. 그는 그들을 "독사의 자식들"이라고 부른다(참고. 마 3:7; 12:34; 23:33, 참고. 창 3:15; 요 8:44도 보라). 요한이 그들에게 마지막 날(참고. 계 6:16-17), 곧 주님의 날에 쏟아질 진노에 대해 경고한다. 이는 구약에 흔히 나오는 주제다(사 13:9; 암 5:18-20; 습 1:14-15; 2:2; 말 4:1). 요한의 메시지는 그의 세례 자체가 (기계적 행동으로서) 그들을 임박한 심판으로부터 보호할 것이라는 생각을 반박한다. 그들은 회개와 일치하는 열매, 즉 그들의 회개가 실재임을 검증하는 열매를 맺어야 한다.

바울은 사도행전 26:20에서 이와 동일한 진술을 한다. "[그들에게] 회개하고 하나님께로 돌아와서 회개에 합당한 일을 하라 전하므로." 아브라함과의 혈통적 관계를 주장하는 것으로는 불충분하다. 누군가는 아브라함에게 속해 있지 않는데도 아브라함을 자기 조상이라 주장할 수 있다(눅 16:24; 요 8:33-40). 바울이 가르치듯이, 아브라함의 자손이 되려면 아브라함의 신앙을 공유해야 한다(롬 4:9-12; 갈 3:6-9). 아브라함의 혈통적 후예로는 불충분한 이유는, 주님이 원하면 돌들도 아브라함의 자손으로 만드실 수 있기 때문이다. 따라서 사람들이 단지 그 족장의 자손이 된 것으로 기뻐하면 안 된다.

이제 도끼가 열매 잃은 나무를 찍을 준비를 하고 있으므로 심판의 날이 가까이 왔다. 열매를 맺지 못하는 나무들이 찍혀서 불에 던져질 것이다. 이 이미지는 참으로 회개하지 않는 자들을 기다리는 최후의 심판을 보여준다(참고. 사 66:15-16, 24; 습 1:18; 3:8; 눅 9:54; 17:29; 요 15:6).

3:10-14 요한은 이제 진정한 회개가 어떤 모습인지 그 예들을 말한다. 10절에 나오는 군중은 그들이 3:7-9에 나오는 요한의 경고를 무시하지 않고, 그의 권고를 배척하지 않는다는 것을 보여준다. 그 대신 참으로 회개한다는 것을 입증하기 위해 무엇을 해야 할지를 물으면서 겸손하게 배우려는 자세로 반응한다. 이와 똑같은 모습을 사도행전 2:37에 나오는 베드로의 오순절 설교에 대한 반응에서 볼 수 있다. 요한은 군중에게 일반적 메시지를 전하면서 회개의 첫째 증거는 궁핍한 자들에 대한 관대함과 배려에 있음을 알려준다. 필요한 것 이상을 가진 사람들은 아무것도 없는 사람들과 나누어야 한다. 여분의 속옷을 가진 사람은 속옷이 없는 사람들에게 나누어 주어야 한다. "속옷"(tunic)은 피부에 걸치는 옷을 말한다(마 5:40; 눅 6:29). 이와 마찬가지로 양식을 가진 사람들은 굶주리는 사람들과 나누어야 한다. 야고보 역시 참된 신앙은 행위로, 즉 추운 자에게 옷을 입히고 가난한 자에게 먹을 것을 주는 행위로 나타난다고 말함으로써 이와 똑같은 취지를 드러낸다(약 2:15-17, 참고. 욥 31:16-20; 사 58:7; 겔 18:7).

이 복음서에 종종 언급되고(5:27, 29; 7:29, 34; 15:1; 18:10, 13; 19:2) 또 세례를 받으려고 요한에게 나아오는 세리들 역시 요한을 선생이라 부르면서 그들이 무엇을 해야 하는지 묻는다. 로마 세계의 세금 제도는 복잡했다. "세금을 걷는 자들의 지위가 다양했고 걷는 세금의 종류도 다양했다. 징수 제도는 세금 대납제(tax farming)로 알려져 있었다. 성읍 통치자들이 세금 징수 권한을 개인이나 집단에 임대했고, 후자는 이 권한을 위해 입찰했고 사전에 그 금액을 지불했다."[39] 다양한 세금이 부과되어 그 제도를 복잡하게 만들고 오용되기 쉽게 했다. 세리들은 필요한 세금을 징수하는 책임을 부여받고 자신들의 이익을 챙기기 위해 추가 요금을 더했다. 요한은 세리들에게 그 직업을 그만두고 광야에서 그에게 합류하라고 요구하지 않는다. 대신 그들은 뇌물을 거절하고, 추가로 자기 이익을 챙기지 말고, 정직하게 그들의 직무를 수행해야 한다.

군인들 역시 요한에게 다가와서 어떻게 반응해야 하는지 묻는다. 대다수 학자는 이 군인들이 유대인이라고 생각한다.[40] 먼저 요한이 군인들에게 무슨 말을 하지 않는지 주목할 필요가 있다. 어쩌면 군인으로서의 일을 그만두고 다른 직업을 가지라고 말할 것으로 예상할지 모른다. 그러나 요한은 사람들이 그의 생활방식을 본받아서 사회로부터 동떨어진 광야에서 살기를 기대하지 않는다. 아울러 군사적 소명을 배척하지도 않는다. 그 대신 군인들은 무력으로 사람들을 갈취하고 기만적인 수단으로 돈을 빼앗는 짓을 피해야 한다. 군인들은 힘을 이용해 남을 억압해서는 안 되고 그들이 받는 봉급에 만족해야 마땅하다.

39 Bock, *Luke 1:1-9:50*, 310.

40 Joseph A. Fitzmyer, *The Gospel According to Luke I-IX*, vol. 1, AB (Garden City, NY: Doubleday, 1981), 471. 《앵커바이블 누가복음 1》(CLC); Marshall, *Gospel of Luke*, 143.

응답

회개의 열매는 우리가 신자라는 영속적인 증거로서 삶 가운데 분명히 나타나야 한다. 물론 우리가 마지막 날에 구원을 받으려면 완벽하게 순종해야 한다고 누가가 말하는 것은 아니다. 그러나 하나님의 은혜로 구원받았다는 증거가 우리의 삶에 있어야 한다고 주장한다. 우리가 구원받았다는 것을 스스로 확신하기 위해 세례, 교회 출석 또는 결단하라는 외침에 반응해 강대상 앞으로 나가는 것 등 외적인 표징에 호소할 수는 없다. 아니다, 구원의 표지는 변화된 삶이다. 우리가 이 단락에서 배우는 바는 우리의 직무를 잘 수행하고 금전 거래를 정의롭게 해야 한다는 것이다. 요한은 청중에게 금욕적 생활 방식을 강요하거나, 세리나 군인으로서의 직업을 그만두라고 요구하지 않는다. 우리는 하나님의 영광을 위해 우리의 일을 수행하고 정직하게 살아야 한다. 또한 다른 사람들을 잘 대우하고 하나님의 영광을 위해 살면서 금전 거래를 깨끗하게 수행해야 한다.

15 백성들이 바라고 기다리므로 모든 사람들이 요한을 혹 그리스도신
가 심중에 생각하니 16 요한이 모든 사람에게 대답하여 이르되 나는
물로 너희에게 [1]세례를 베풀거니와 나보다 능력이 많으신 이가 오시
나니 나는 그의 신발 끈을 풀기도 감당하지 못하겠노라 그는 성령과
불로 너희에게 [1]세례를 베푸실 것이요 17 손에 키를 들고 자기의 타작
마당을 정하게 하사 알곡은 모아 곳간에 들이고 쭉정이는 꺼지지 않
는 불에 태우시리라

15 As the people were in expectation, and all were questioning in
their hearts concerning John, whether he might be the Christ, 16 John
answered them all, saying, "I baptize you with water, but he who is
mightier than I is coming, the strap of whose sandals I am not worthy
to untie. He will baptize you with the Holy Spirit and fire. 17 His
winnowing fork is in his hand, to clear his threshing floor and to gather
the wheat into his barn, but the chaff he will burn with unquenchable
fire."

18 또 그 밖에 여러 가지로 권하여 백성에게 좋은 소식을 전하였으나
19 분봉왕 헤롯은 그의 동생의 아내 헤로디아의 일과 또 자기가 행한
모든 악한 일로 말미암아 요한에게 책망을 받고 20 그 위에 한 가지 악
을 더하여 요한을 옥에 가두니라
18 So with many other exhortations he preached good news to the
people. 19 But Herod the tetrarch, who had been reproved by him for
Herodias, his brother's wife, and for all the evil things that Herod had
done, 20 added this to them all, that he locked up John in prison.

1) 헬, 또는 침례

단락 개관

요한의 사역은 그가 메시아인지 여부에 관한 의문을 제기하게 하지만, 요한은 그 자신을 위해 그런 영예를 요구하지 않았다. 오히려 자기는 오시는 분, 사람들에게 성령과 불로 세례를 주실 분의 신발 끈을 풀 자격도 없다고 주장한다. 심판의 날이 바깥에서 행해지는 타작에 비유된다. 알곡(선한 사람들)은 곡간에 모아들이고 쭉정이는 꺼지지 않는 불에 태워질 것이다. 이어서 누가는 우리에게 요한이 어떻게 이스라엘에게 좋은 소식을 전파하는지 들려준다. 그럼에도 세례 요한의 사역은 헤롯 안디바가 빌립의 아내인 헤로디아와 혼인한 것을 책망한 후 종말을 고하게 된다. 헤롯은 그의 행위를 비판한다는 이유로 요한을 감옥에 가둔다. 세례 요한이 무대에서 사라지자 예수님의 사역이 시작되려고 한다.

단락 개요

II. 예수님의 사역을 위한 준비(1:5-4:13)
C. 세례 요한의 사역: 주님을 위한 준비(3:1-20)
3. 다가오시는 분과 요한의 투옥(3:15-20)

주석

3:15-16 요한의 설교는 종말론적 기대를 불러일으키고, 사람들은 요한이 메시아가 아닐까 궁금해 하기 시작한다. "고대하고"[프로스도카오(*prosdokaō*), 새번역, 개역개정은 "바라고 기다리므로"]로 번역된 동사는 누가복음 7:19-20에 나오는데, 요한이 제자들을 예수님에게 보내 그분이 자신들이 고대하는 메시아인지 물어보게 하는 대목이다. 요한이 사람들에게 주님의 날이 다가오고 있으므로 회개하라고 촉구하기 때문에, 이스라엘 백성은 요한이 메시아의 역할을 수행하고 있는지에 대해 곰곰이 생각하는 중이다. 요한의 세례 역시 그가 하나님의 목적을 드러내는 독특한 역할을 수행하는 모습을 보여준다.

요한이 자기를 메시아로 생각하는 견해를 배격하고 그리스도로 인정되길 거부하는 모습은 요한복음에도 분명히 나온다. 요한은 자기 자신에 대해 "이 빛이 아니요 이 빛에 대하여 증언하러 온 자라"고 말한다(요 1:8). 그는 구체적으로 자기를 그리스도로 여기는 것을 거부하며(요 1:19-20; 3:28) 예수님이 그보다 앞서신 분임을 강조한다(요 1:15; 3:29-30). 여기서 요한은 그의 세례에 대해 성찰하면서 독특한 방식으로 자신의 역할이 더 작다는 것을 묘사한다. 요한 세례의 기원에 관해서는 상당한 논의가 있는 편이다. 일부 학자는 그 세례가 쿰란에서 나왔다고 주장하지만, 요한의 세례는 단

번의 사건인 데 비해 쿰란은 거듭되는 정화(淨化)에 대해 증언했다. 다른 이들은 요한의 세례 개념이 개종자 세례에서 유래한다고 생각하지만, 개종자 세례를 지지하는 자료는 후대에 속하고, 따라서 요한이 그 개념을 동료 유대인에게서 얻은 것인지 아니면 그들이 그 개념을 요한으로부터 얻은 것인지를 알기가 어렵다. 어쨌든 몸을 물에 씻는 세례는 길을 잃은 민족에게 필요한 정결케 되는 모습을 보여주는 적절한 그림이다.

요한이 백성에게 더 강한 분이 오고 있다고, 그분은 훨씬 더 위대해서 자기는 그분의 신발 끈을 풀 자격도 없다고 선언한다. 노예들조차 주인의 신발 끈을 풀어야 할 의무는 없었다.[41] 오고 있는 분, 더 강한 분은 물이 아니라 성령으로 세례를 주실 것이다(참고. 마 3:11; 막 1:7-8; 행 1:5). 사도행전 10:38이 말하듯이 "하나님이 나사렛 예수에게 성령과 능력을 기름 붓듯 하셨[다]". 요한은 여기서 구약 선지서들에 나오는 성령의 도래에 대한 약속을 끌어온다. 성령이 오실 때는 새로운 창조 세계가 시작될 것이다(사 32:15). 주님은 그 백성에게 성령을 부어줄 것이라 약속하신다(사 44:3). 그리고 이사야 40-66장에서 성령의 선물은 포로 상태에서 되돌아오는 것과 연관되어 있다. 주님은 그분의 백성을 물로 정결케 하고, 그들에게 새로운 마음을 주고, 그분의 영을 그들 속에 두어 그분의 길로 행하게 할 것이라고 말씀하신다(겔 36:25-27). 성령이 오실 때는 이스라엘이 포로 상태에서 회복되고 다시 그 땅에서 살게 될 것이다(겔 37:14). 요엘은 그 영이 모든 사람에게 부어질 날을 예언한다(욜 2:28-29). 요한 이후에 오는 메시아(예수님)는 그 백성에게 성령으로 세례를 주실 것이다. 이는 회복의 날이 도래했다는 것을 의미한다.

불은 구약에서 종종 심판을 의미하므로(예. 사 66:15-16; 렘 23:29; 나 1:6; 습 1:18; 3:8) 불로 세례를 주는 것은 심판을 가리킬 수도 있다. 만일 그렇다면 누가복음 3:17은 16절에 나오는 심판의 주제를 계속 이어가는 셈이다. 하

41 Garland, *Luke*, 159.

지만 선지자 이사야가 남은 자들이 예루살렘에 보존되어 있다고 말하는 대목인 이사야 4:2-5을 배경으로 하고 있을 가능성이 더 크다. 백성의 더러움이 "심판하는 영과 소멸하는 영으로…씻[길]" 것이다(사 4:4). 그러면 주님이 출애굽 동안 그 백성과 함께 거하셨던 것처럼 주님의 임재가 이스라엘에서 회복될 것이다(사 4:5). 만일 그렇다면 성령은 불로써 하나님의 백성을 정련시키고 정결케 하시는 셈이다(참고. 슥 13:9; 말 3:2).

3:17-18 여기에는 타작마당에 있는 알곡과 쭉정이 둘 다의 그림이 나온다. 마당을 깨끗하게 하려고 갈퀴나 가래를 가져와서 쭉정이는 없애는 한편 알곡은 곡간에 넣어둔다. 구약은 악인을 바람에 쉽게 흩날리는 쭉정이에 비유한다(시 1:4; 35:5; 83:13; 사 17:13; 호 13:3; 습 2:2). 알곡은 심판을 피하게 될 의인을 상징한다. 메시아는 그분에게 속한 사람들에게 성령으로 세례를 주시겠지만, 심판받는 이들은 "꺼지지 않는 불"(참고. 막 9:43)에 태워질 것이다. 꺼지지 않는 불은 영원한 심판을 말한다. 태울 것이 없다면 불이 영원히 지속된다는 것이 타당하지 않기 때문이다. 누가는 요한이 그들에게 회개를 촉구하고[파라칼론(*parakalōn*)] 좋은 소식을 전파한다[유앵겔리제토(*euēngelizeto*)]는 말로 요한의 메시지를 완결하고 요약한다. 요한은 다가오는 나라를 선포하고 사람들에게 심판을 피하기 위해 주님께 돌아와야 한다고 외친다.

3:19-20 여기에 거명된 통치자는 헤롯 안디바(통치. 주전 4년-주후 39년)로, 누가가 3:1에서 그에 대한 언급을 끌어온다. 또한 3:1에서 언급된 헤롯 빌립(통치. 주전 4년-주후 34년)이 여기에 이름은 나오지 않지만 포함되어 있다. 빌립은 헤로디아와 결혼한 상태였으나 헤로디아는 빌립과 이혼하고 헤롯 안디바와 결혼했다.[42] 세례 요한은 동생의 아내를 취한다며 헤롯을 책망한

42 요세푸스는 그 이야기를 길게 늘어놓는다(*Antiquities* 18.5.1-2, 18.5.4).

다(참고. 마 14:4; 막 6:18). 헤롯은 요한의 책망에 적절하게 반응하지 않고 요한을 투옥함으로써 또 다른 악행을 더하고 말았다. 헤롯이 다른 많은 죄를 범한 것이 분명한데도 누가는 여기서 그냥 넘어간다. 어쨌든 요한은 투옥되어 무대에서 사라지는데, 이는 그의 공적 사역이 끝났다는 것을 의미한다. 이제 예수님의 공적 사역이 시작되려고 하기에 요한은 자기가 의도한 바를 이룬 것이다. 누가는 큰 그림에 초점을 맞추기 때문에 세례 요한의 사역과 예수님의 사역 간의 중첩은 생략한다(참고. 요 1:19-51). 예수님이 드디어 요한의 사역을 계승하고 그보다 우월한 분임을 드러내신다.

응답

요한은 우리에게 심판의 날이 오고 있으며 시간이 있는 동안 우리가 하나님의 은혜로운 선물에 반응해야 한다는 것을 상기시켜준다. 아울러 그는 목숨을 걸고 공적인 도덕 문제를 다루다가 결국 목숨을 잃는다. 친구들이 요한에게 헤롯이 빌립에게서 헤로디아를 취한 것을 책망하지 말라면서 그래봐야 소용없을 것이라고 말리는 모습을 우리는 상상할 수 있다. 그럼에도 요한은 공개적으로 말한다. 우리는 공적이고 정치적인 현실의 이슈에 대해 언제 말해야 할지 주님으로부터 분별력을 얻을 필요가 있다. 세례 요한으로부터 우리는 침묵해서는 안 될 때가 있다는 것을 배우게 된다.

21 백성이 다 세례를 받을새 예수도 세례를 받으시고 기도하실 때에
하늘이 열리며 22 성령이 비둘기 같은 형체로 그의 위에 강림하시더니
하늘로부터 소리가 나기를 너는 내 사랑하는 아들이라 내가 너를 기
뻐하노라 하시니라

21 Now when all the people were baptized, and when Jesus also had
been baptized and was praying, the heavens were opened, 22 and the
Holy Spirit descended on him in bodily form, like a dove; and a voice
came from heaven, "You are my beloved Son;[1] with you I am well
pleased."[2]

23 예수께서 가르치심을 시작하실 때에 삼십 세쯤 되시니라 사람들이
아는 대로는 요셉의 아들이니 요셉의 위는 헬리요 24 그 위는 맛닷이
요 그 위는 레위요 그 위는 멜기요 그 위는 얀나요 그 위는 요셉이요
25 그 위는 맛다디아요 그 위는 아모스요 그 위는 나훔이요 그 위는 에
슬리요 그 위는 낙개요 26 그 위는 마앗이요 그 위는 맛다디아요 그 위
는 서머인이요 그 위는 요섹이요 그 위는 요다요 27 그 위는 요아난이

요 그 위는 레사요 그 위는 스룹바벨이요 그 위는 스알디엘이요 그 위
는 네리요 28 그 위는 멜기요 그 위는 앗디요 그 위는 고삼이요 그 위
는 엘마담이요 그 위는 에르요 29 그 위는 예수요 그 위는 엘리에서요
그 위는 요림이요 그 위는 맛닷이요 그 위는 레위요 30 그 위는 시므온
이요 그 위는 유다요 그 위는 요셉이요 그 위는 요남이요 그 위는 엘
리아김이요 31 그 위는 멜레아요 그 위는 멘나요 그 위는 맛다다요 그
위는 나단이요 그 위는 다윗이요 32 그 위는 이새요 그 위는 오벳이요
그 위는 보아스요 그 위는 살몬이요 그 위는 나손이요 33 그 위는 아미
나답이요 그 위는 아니요 그 위는 헤스론이요 그 위는 베레스요 그 위
는 유다요 34 그 위는 야곱이요 그 위는 이삭이요 그 위는 아브라함이
요 그 위는 데라요 그 위는 나홀이요 35 그 위는 스룩이요 그 위는 르
우요 그 위는 벨렉이요 그 위는 헤버요 그 위는 살라요 36 그 위는 가
이난이요 그 위는 아박삿이요 그 위는 셈이요 그 위는 노아요 그 위는
레멕이요 37 그 위는 므두셀라요 그 위는 에녹이요 그 위는 야렛이요
그 위는 마할랄렐이요 그 위는 가이난이요 38 그 위는 에노스요 그 위
는 셋이요 그 위는 아담이요 그 위는 하나님이시니라

23 Jesus, when he began his ministry, was about thirty years of age,
being the son (as was supposed) of Joseph, the son of Heli, 24 the son
of Matthat, the son of Levi, the son of Melchi, the son of Jannai, the
son of Joseph, 25 the son of Mattathias, the son of Amos, the son of
Nahum, the son of Esli, the son of Naggai, 26 the son of Maath, the son
of Mattathias, the son of Semein, the son of Josech, the son of Joda,
27 the son of Joanan, the son of Rhesa, the son of Zerubbabel, the son
of Shealtiel,[3] the son of Neri, 28 the son of Melchi, the son of Addi, the
son of Cosam, the son of Elmadam, the son of Er, 29 the son of Joshua,
the son of Eliezer, the son of Jorim, the son of Matthat, the son of Levi,
30 the son of Simeon, the son of Judah, the son of Joseph, the son of

Jonam, the son of Eliakim, 31 the son of Melea, the son of Menna, the
son of Mattatha, the son of Nathan, the son of David, 32 the son of Jesse,
the son of Obed, the son of Boaz, the son of Sala, the son of Nahshon,
33 the son of Amminadab, the son of Admin, the son of Arni, the son of
Hezron, the son of Perez, the son of Judah, 34 the son of Jacob, the son
of Isaac, the son of Abraham, the son of Terah, the son of Nahor, 35 the
son of Serug, the son of Reu, the son of Peleg, the son of Eber, the son
of Shelah, 36 the son of Cainan, the son of Arphaxad, the son of Shem,
the son of Noah, the son of Lamech, 37 the son of Methuselah, the son
of Enoch, the son of Jared, the son of Mahalaleel, the son of Cainan,
38 the son of Enos, the son of Seth, the son of Adam, the son of God.

1 Or *my Son, my* (or *the*) *Beloved 2* Some manuscripts *beloved Son*; *today I have begotten you* 3 Greek *Salathiel*

단락 개관

누가는 요한을 무대에서 내려놓고 이제 주의를 예수님에게 돌린다. 예수님의 공적 사역은 그분의 세례, 곧 사역을 위해 성령으로 기름 부음을 받으시는 것과 함께 시작된다. 하나님의 음성은 예수님을 사랑하는 아들로, 그리고 주님의 종으로 밝힌다. 이후 누가는 예수님의 족보로 눈을 돌려서 솔로몬 대신 나단을 거쳐 다윗에게로 거슬러 올라간다. 이는 예수님의 생물학적 족보임이 거의 확실하다. 마태는 예수님의 조상을 추적하면서 아브라함에게로 가지만, 누가는 아담까지 거슬러 올라간다. 아니, 예수님의 족보를 하나님께로 완전히 거슬러 올라감으로써 한 단계 더 올라가는 셈이다. 다시 말해 누가는 세례의 장면과 족보 둘 다를 통해 예수님이 하나님의 아들임을 밝히고 있다.

단락 개요

II. 예수님의 사역을 위한 준비(1:5-4:13)

D. 예수님이 사역을 위해 성령을 받으시다(3:21-4:13)

1. 예수님의 세례와 족보(3:21-38)

주석

3:21 예수님도 다른 모든 사람과 같이 세례를 받음으로써 이스라엘과 동일시되는 모습을 보여주신다. 요한의 세례는 죄 사함에 이르는 회개를 의미한다는 것(3:3)을 이미 살펴보았다. 요한이 예수님에게 세례를 주지만(참고. 마 3:13-15; 막 1:9), 누가는 이미 요한을 이 내러티브에서 제외시켰기 때문에 이 사실을 생략한다. 예수님은 회개할 필요가 없기에 그분의 세례는 회개 대신 동일시되는 행동임에 틀림없다. 그분은 무죄한 자로서, 형벌을 받으면 안 될 자로서, 거룩하고 의로운 자로서(눅 23:4, 14, 22; 행 3:14; 4:27; 7:52; 22:14) 죽음을 맞이한다. 우리는 누가복음 3:22에서 그분이 주님의 종이라는 증거를 보게 될 것이다. 이는 그분이 그 백성을 위해 죽는다는 것을 시사한다.

예수님은 세례를 받을 때 기도하셨다. 아마 앞으로의 사역을 위해 성령이 기름을 붓고 능력을 주시도록 기도하셨을 것이다. 이 복음서에서는 예수님이 기도하실 때 중요한 사건들이 일어난다. 그분은 사역하는 동안 주기적으로 기도하시고(5:16), 제자들을 선택하기 전에 밤새도록 기도하시고(6:12-16), 제자들에게 그분의 정체성에 관해 묻기 전에 기도하시고(9:18-20), 변형될 때 기도하시고(9:28-29), 제자들이 기도하는 법을 물을 때 기도하고 계셨다(11:1). 시몬의 믿음을 위해 기도하셨으며(22:32), 겟세마네에서도 기도하셨다(22:41, 44, 45).

이 경우에는 예수님이 기도하시는 동안 하늘이 열린다. 하늘이 열린다는 것은 하나님의 계시를 나타낸다. 에스겔과 사도 요한은 하늘이 열릴 때 환상을 본다(겔 1:1; 계 4:1). 예수님은 제자들에게, 하늘이 열릴 때 천사들이 그 위에 오르락내리락 하는 것을 보게 될 것이라고 약속하신다(요 1:51, 참고. 창 28:12). 하늘이 열리고, 베드로는 온갖 짐승이 담긴 보자기의 환상을 보게 되는데(행 10:11-12), 이는 구약 시대에 불결했던 음식이 이제는 허용된다는 것을 의미한다. 하늘이 열릴 때, 예수님이 백마를 타고 와서 적들을 무찌르실 것이다(계 19:11). 따라서 예수님이 세례를 받으실 때 하늘이 열린 것은 곧 하나님께서 강력한 목소리로 말씀하실 것임을 시사한다.

3:22 예수님이 세례를 받고 기도하고 하늘이 열릴 때, 성령이 그 위에 내려오신다. 성령은 비둘기처럼 상징적이고 가시적인 방식으로 오신다. 노아 시대에 홍수 이후 새로운 세계가 출범할 때 노아가 방주로부터 비둘기를 풀어준 것처럼(창 8:8-12), 이 이미지는 아마 새로운 창조의 출범을 나타낼 것이다. 이 그림은 또한 창세기 1:2, 곧 하나님께서 형태를 만들기 전에 하나님의 영이 새처럼 세계 위에 운행하시는 모습을 암시하기도 한다. 이사야는 주님의 영이 메시아 위에 머무를 것이라고 예언했고, 따라서 성령의 도래는 사역을 위해 예수님에게 기름을 붓고 능력을 부여하는 것을 의미한다(사 61:1). 하나님의 음성 또한 그 사건의 중요성을 보여준다(참고. 눅 9:35).

하늘의 음성은 예수님을 아들로 확인하는 아버지로부터 오는 것임이 분명하다. 이는 시편 2:7, 곧 메시아적 왕이 왕으로 세워질 때 하나님의 아들로 승인되는 장면을 분명히 암시한다(참고. 삼하 7:14). 하지만 예수님의 아들 신분은 다윗 혈통의 통치를 넘어서는데, 그분은 하나님의 유일한 아들, 하나님의 특별하고 사랑받는 아들이기도 하기 때문이다(눅 9:35; 20:13, 참고. 창 22:2). 그분은 사랑받는 아들이다(참고. 사 41:8; 44:2). 우리가 이사야의 종의 노래(41:8-9, 18-20; 44:1-2; 45:4; 49:5-6; 50:4-9; 52:13-53:12)에서 알 수 있듯이, 예수님은 주님의 아들일 뿐 아니라 종이기도 하다. 이사야서에 나오는 종은 이스라엘이지만 이스라엘을 초월하기도 한다. 그 종은 선지자 이사야지만 그 선지자를 초월하기도 한다. 끝으로 이사야 52:13-53:12이 보여주듯이, 그 종은 이스라엘의 죄를 짊어지고 그 죄를 위해 대속하는 자다. 여기서 누가는 이사야 42:1을 골라내는데, 이는 하나님께서 "기뻐하는" 종에 관해 말씀하면서 그에게 그분의 영을 주었다고 단언하시는 구절이다. 예수님은 성령을 받은 아들이자 종, 그 왕, 하나님과 독특한 관계가 있는 분이고, 종으로서 이스라엘의 죄를 대속하시는 분이다.

3:23-38 이 족보는 예수님의 혈통을 거슬러 올라간다. 누가는 예수님이 서른 살 즈음에 사역을 시작하신다고 일러주는데, 이는 다윗이 왕으로 다스리기 시작했던 나이다(삼하 5:4). 예수님을 "사람들이 아는 대로는" 요셉의 아들이라고 부르는 것은 동정녀 잉태를 긍정한다. 누가의 족보에서 뚜렷한 구조를 찾기는 어렵다. 이는 거명된 사람들이 14대씩 세 그룹으로 나뉘는 마태의 족보(마 1:1-17)와 대조를 이룬다. 마태는 다윗과 아브라함으로 시작해서 예수님으로 마치는데, 누가는 다른 방향으로 움직이며 예수님으로 시작해서 하나님으로 끝난다.

누가의 족보가 지닌 몇 가지 특징을 주목할 필요가 있다. 누가는 저 멀리 아담까지 거슬러 올라감으로써 예수님의 사명이 지닌 보편성을 강조한다. 예수님은 유대인과 이방인 모두를 위해 오셨기 때문이다. 이런 해석은 누가복음-사도행전의 나머지 부분이 증명해준다. 우리는 또한 예수님이 하나님의 아들로 선언되는 세례의 장면과 연관되어 있음을 보게 된다. 이 족보가 하나님으로 끝나면서 예수님이 하나님의 아들임을 시사하기 때문이다. 하지만 이 점을 지나치게 강조할 수 없는 것은 이 족보가 아담도 하나님의 아들로 밝히기 때문이다. 다른 한편 누가는 신학적 논점을 전개하고 있다. 이 내러티브 전체에서 예수님은 아담보다 더욱 심오한 방식으로 하나님의 아들임이 명백히 나타난다. 다음 이야기에서 사탄이 예수님에게 하나님의 아들인지 물으면서 유혹할 것인데, 거기서 우리는 예수님과 아담이 서로 비교되고 대조되는 장면을 다시 보게 된다. 누가의 족보에서는 예수님이 솔로몬 대신 나단을 거쳐 다윗과 연결되는데, 이는 아마 그분의 비천한 혈통을 나타낼 것이다.[43]

누가의 족보와 마태의 족보가 분명히 서로 다르기 때문에 이 둘을 어떻게 조화시킬까 하는 난감한 문제가 생긴다.[44] 일부 학자는 누가가 마리아 혈통의 족보를, 마태는 요셉 혈통의 족보를 제공한다고 주장하지만, 마리아는 누가의 족보에 언급조차 되지 않기 때문에 그럴 가능성은 희박하다.[45] 두 족보를 조화시키기 위해 다양한 시도들이 있어왔으나 그 모든 논의는 상당히 복잡하다.[46] 대다수 학자는 마태복음에는 왕의 족보가, 누가복음에는 혈통의 족보가 있다고 생각한다. 두 이야기는 종종 계대 결혼(참고. 신 25:5-6), 곧 한 형제가 죽은 형제를 위해 상속자를 이어주는 제도에 호소해서 조화가 이루어지곤 한다. 따라서 족보가 다른 것은 마태는 왕의 계보를 따르는 한편 누가는 생물학적 조상을 추적하기 때문일 수 있다. 확실하지는 않지만 이것이 최선의 해결책인 듯하다. 두 족보가 어떻게 들어맞을 수 있는지 정확하게 모르는 것을 시인한다고 해서 어느 하나 또는 둘 다 틀렸음을 의미하지는 않는다. 그렇게 시인하는 것은 단지 우리의 지식이 부분적이라는 것, 두 복음서의 목적이 이 문제를 해결하는 것이 아니라는 것 그리고 여러 다양한 시나리오들이 그 차이점을 설명할 수도 있음을 인정하는 것일 따름이다.

43 Garland, *Luke*, 171.

44 참고. Marshall, *Gospel of Luke*, 159.

45 그러나 다음 책을 참고하라. Craig L. Blomberg, *The Historical Reliability of the New Testament: Countering the Challenges to Evangelical Christian Beliefs* (Nashville: B&H Academic, 2016), 57-60.

46 참고. Bock, *Luke 1:1-9:50*, 918-923.

응답

여기서 우리는 예수님이 기도하는 동안 성령이 그 위에 내려오시는 장면을 보게 된다. 사도행전에서도 제자들이 성령의 능력을 위해 기도한다(행 4:23-31). 우리는 하나님께서 주신 일을 우리의 힘으로 수행할 수 없다는 것을 인식한다. 우리에게는 성령이 필요하고, 성령의 능력을 달라고 간구할 때 주님은 그 성령을 주신다(참고. 눅 11:13).

족보에 거명된 사람들의 대다수는 우리에게 미지의 인물들이고, 우리가 아는 것이라고는 그들의 이름뿐이다. 우리 대다수도 언젠가 완전히 잊힐 것이다. 몇 세대가 지나면 우리는 우리의 자손들에게조차 잊히고 말 것이다. 그러나 하나님은 우리를 잊지 않으신다. 우리는 그분께 중요한 존재고, 인간들은 비록 우리를 기억하지 않을지언정, 우리의 삶은 중요하고 변화를 만들어낸다.[47]

예수님은 아담으로부터 내려오신다. 그분은 인류의 일부다. 참 사람이며 참 하나님이다. 그리고 그분의 구원은 모든 곳의 모든 사람, 즉 모든 인종, 모든 부족, 모든 언어 집단을 위한 것이다.

47 참고. Garland, *Luke*, 173.

1 예수께서 성령의 충만함을 입어 요단강에서 돌아오사 광야에서 사
십 일 동안 성령에게 이끌리시며 2 마귀에게 시험을 받으시더라 이 모
든 날에 아무것도 잡수시지 아니하시니 날 수가 다하매 주리신지라
3 마귀가 이르되 네가 만일 하나님의 아들이어든 이 돌들에게 명하
여 떡이 되게 하라 4 예수께서 대답하시되 기록된바 사람이 떡으로만
살 것이 아니라 하였느니라 5 마귀가 또 예수를 이끌고 올라가서 순식
간에 천하만국을 보이며 6 이르되 이 모든 권위와 그 영광을 내가 네
게 주리라 이것은 내게 넘겨 준 것이므로 내가 원하는 자에게 주노라
7 그러므로 네가 만일 내게 절하면 다 네 것이 되리라 8 예수께서 대답
하여 이르시되 기록된바

주 너의 하나님께 경배하고 다만 그를 섬기라

하였느니라

9 또 이끌고 예루살렘으로 가서 성전 꼭대기에 세우고 이르되 네가 만
일 하나님의 아들이어든 여기서 뛰어내리라 10 기록되었으되

하나님이 너를 위하여 그 사자들을 명하사 너를 지키게 하시리라

하였고

11 또한 그들이 손으로 너를 받들어 네 발이 돌에 부딪치지 않게
하시리라

하였느니라 12 예수께서 대답하여 이르시되 주 너의 하나님을 시험하
지 말라 하였느니라 13 마귀가 모든 시험을 다 한 후에 얼마 동안 떠나
니라

1 And Jesus, full of the Holy Spirit, returned from the Jordan and was
led by the Spirit in the wilderness 2 for forty days, being tempted by
the devil. And he ate nothing during those days. And when they were
ended, he was hungry. 3 The devil said to him, "If you are the Son of
God, command this stone to become bread." 4 And Jesus answered him,
"It is written, 'Man shall not live by bread alone.'" 5 And the devil took
him up and showed him all the kingdoms of the world in a moment of
time, 6 and said to him, "To you I will give all this authority and their
glory, for it has been delivered to me, and I give it to whom I will. 7 If
you, then, will worship me, it will all be yours." 8 And Jesus answered
him, "It is written,

"'You shall worship the Lord your God,
and him only shall you serve.'"

9 And he took him to Jerusalem and set him on the pinnacle of the
temple and said to him, "If you are the Son of God, throw yourself
down from here, 10 for it is written,

"'He will command his angels concerning you,
to guard you,'

11 and

"'On their hands they will bear you up,
lest you strike your foot against a stone.'"

12 And Jesus answered him, "It is said, 'You shall not put the Lord your
God to the test.'" 13 And when the devil had ended every temptation, he
departed from him until an opportune time.

단락 개관

예수님은 사역을 위해 성령의 기름 부음과 능력을 받으셨고, 하나님의 아들로, 모든 인간을 위해 구원을 가져오는 분으로 확인되었다. 이스라엘이 광야에서 40년 동안 시험을 받았던 것처럼, 그분은 사역을 시작하기 전에 40일 동안 광야에서 시험을 받으신다. 예수님은 성령이 충만해서 마귀와 싸울 준비가 된 상태로 광야로 이끌리신다. 이 40일 동안 예수님은 양식 없이 지내시고, 마귀는 육체적 양식을 위해 그 자신에게 의존하도록, 하나님과 상관없이 권세와 통치권을 주장하도록 그리고 하나님이 신실하신지 확인하기 위해 시험하도록 그분을 유혹한다. 예수님은 모든 시험을 통과함으로써 사역할 준비가 되어 있음을 보여주신다.

단락 개요

II. 예수님의 사역을 위한 준비(1:5-4:13)
D. 예수님이 사역을 위해 성령을 받으시다(3:21-4:13)
2. 예수님의 시험(4:1-13)

주석

4:1-2 세례를 통해 사역을 위해 성령의 기름 부음을 받은 예수님은 "성령의 충만함을 입어" 요단강에서 돌아오신다. 성령이 그냥 그분에게 내려왔다 떠나시는 게 아닌 것은 예수님의 삶 전반에 걸쳐 성령의 임재가 두드러지기 때문이다. 그분의 삶은 성령의 지도를 받고 성령의 능력을 받는다. 예

수님은 그분을 따르는 자들에게 성령으로 세례를 줄 분(3:16)으로서 그 자신의 삶과 사역에서 성령의 옷을 입으신다. 이후 성령이 예수님을 광야로 인도하여 40일 동안 마귀의 시험을 받으시게 하는데(참고. 히 4:15), 이는 이스라엘이 40년 동안 광야에서 주님의 시험을 받은 것(신 8:2)에 비견된다. 광야는 무섭고 황량한 곳이다. 주님이 이스라엘을 "인도하여 그 광대하고 위험한 광야 곧 불뱀과 전갈이 있고 물이 없는 간조한 땅을 지나게 하셨[다]"(신 8:15).

우리는 마귀가 예수님을 시험하는 동기는 하나님께서 이스라엘을 시험하신 동기와 근본적으로 다르다고 말할 수 있다. 주님은 그분을 '신뢰할' 사람들을 찾으시는 반면, 마귀는 예수님이 하나님의 주되심에 '반역하기를' 원한다. 시험받는 동안 음식을 먹지 않았던 예수님은, 40일이 끝날 때쯤에는(참고. 출 34:28; 왕상 19:8) 무척 굶주린 상태가 되신다. 우리는 이스라엘이 하나님의 아들로서(출 4:22) 광야에서 실패한 모습을 생각하게 되지만, 이번에는 예수님이 하나님의 아들로서 그리고 참 인간으로서 어떻게 하나님을 줄곧 신뢰하고 그분께 완전하게 순종하시는지를 보게 될 것이다. 아담은 그에게 필요하고 그가 원하는 모든 것이 갖춰진 동산에서 불순종한 반면, 예수님은 40일 동안 금식한 후 혹독한 광야에서 순종하신다.

4:3-4 마귀의 첫째 시험은 예수님의 육체적 굶주림을 중심으로 한다. 굶주림을 채우는 일은 악행이 아니다. 마귀는 "하나님의 아들"로서의 예수님에게 호소한다. 이스라엘이 하나님의 아들(son of God)이었듯이 예수님도 하나님의 아들(God's Son)이다. 이는 예수님이 이스라엘이 실패한 곳을 이어받는 참된 이스라엘이라는 것을 시사한다. 마귀는 누구보다도 예수님의 정체를 잘 알기 때문에 사람으로서의 예수님을 시험하여 돌을 떡으로 바꾸도록 유혹한다. 달리 말하면 마귀는 예수님이 하나님께 양식을 달라고 간구해야 한다고 말하는 중이다. 어떤 면에서 보면 그 권고는 순수한 것처럼 보인다. 훗날 예수님이 떡과 생선을 취해 그것들을 증식시키시기 때문이다(9:10-17). 그러나 여기서 마귀는 예수님에게 하나님에 대한 신뢰와 순

종 없이 그 자신의 육체적 필요를 공급하도록, 그 자신의 욕구를 채우도록 요구하고 있다. 그는 지금 예수님에게 남들 앞에서 그분의 능력을 과시하도록 시험하는 것이 아니다. 광야에는 오로지 마귀와 예수님만 있기 때문이다.[48] 예수님은 신명기 8:3를 가져오며 응답하신다. 누가복음에는 마태복음 4:4과 달리 "하나님의 입으로부터 나오는 모든 말씀으로"라는 말씀이 생략되어 있지만 말이다. 예수님은 여기서 그 구절의 첫 부분("사람이 떡으로만 살 것이 아니니라")만 인용하신다. 참된 삶은 자기 필요를 채우기 위해 그 자신을 의존하는 대신 주님을 신뢰하는 데서 온다.

4:5-8 여기에 나온 둘째 시험과 셋째 시험은 마태복음 4:5-10에 나온 것과 순서가 바뀌었다. 본래 순서를 아는 것은 불가능할 뿐더러 이는 중요하지 않다. 누가와 마태 모두 엄밀한 연대기적 순서에 묶여 있지 않기 때문이다. 아울러 마귀가 예수님을 데리고 어떤 장소로 가서 그분에게 세계의 모든 나라를 보여준다는 것이 무슨 뜻인지를 알기도 어렵다. 누가는 "순식간에"라는 말을 덧붙인다. 그는 우리에게 이 일이 '어떻게' 일어나는지를 말해주는 데는 관심이 없다. 실제로 일어난다는 것을 말해주고 싶을 뿐이다. 여기서 마귀는 권력과 영향력과 영광을 통해 남들을 다스리는 통치자요 지도자라는 우쭐함으로 예수님을 시험한다. 마귀 자신이 이런 권세를 행사하는 것이 분명하다. 그렇지 않으면 이것이 어떻게 합법적인 시험이 될 수 있는지 알기 어렵기 때문이다.[49] 예컨대 요한계시록 13:2은 마귀가 정치적 권세를 짐승에게 주는 장면을 묘사한다(참고. 엡 2:2; 요일 5:19).

만일 예수님이 마귀 앞에서 경배의 절을 하면 마귀가 예수님에게 그 통치권을 줄 것이라고 한다. 마귀는 오직 하나님께만 속하는 찬송과 영광과 영예를 받고 싶어 한다. 우주의 중심이 되기를 갈망하는 것이다. 예수님은

48 Garland, *Luke*, 181.

49 그러나 Bock, *Luke 1:1-9:50*, 76에 나오는 주저하는 입장과 조건을 보라.

마귀에게 성경에 기록된 것에 대해 상기시키시는데, 이는 성경이 예수님에게 권위 있는 책이라는 것을 분명히 보여준다. 그리고 다시 한번 신명기를 인용하신다(신 6:13, 참고. 10:20). 예수님은 아담의 아들로서(눅 3:38) 오직 하나님만 경배하고 섬기기 때문에 결코 마귀에게 어떤 영예도 주지 않으실 것이다.

4:9-12 누가복음에 나오는 마지막 시험은 예루살렘의 성전에서 일어난다. 성전이 이 복음서에서 중요한 역할을 한다는 점은 이미 살펴보았다. 가브리엘이 성전에서 사가랴에게 나타나고(1:5-23), 시므온과 안나가 성전에서 예수님에 관해 놀라운 것을 말하고(2:25-38), 예수님은 부모에게 그분이 아버지의 집에 있어야 한다고 말씀하시고(2:49), 나중에 이 책은 제자들이 성전에서 하나님을 찬송하는 모습으로 끝날 것이다(24:52-53). 예수님이 성전 꼭대기로 이끌려 가시는데, 이는 요세푸스가 놀랄 만큼 높은 곳으로 묘사하는 바로 그 장소일 것이다(*Antiquities* 15.11.5).

이 시험은 모든 시험 중에 가장 교묘한 듯하다. 마귀가 예수님에게 하나님의 아들로서 하나님께서 보호하실 것을 믿고 뛰어내리라고 도전한다. 여기에 예수님이 구경꾼들에게 메시아임을 증명하신다는 암시는 없다. 다른 사람들에 대한 언급이 전혀 없기 때문이다.[50] 그 대신 마귀는 예수님에게 하나님의 약속을 시험하라고 말한다. 여기서 멈추지 않고 자신의 입장을 지지하기 위해 시편 91:11-12을 인용하기까지 한다. 천사들이 그 백성을 보호할 것이라고 주님이 약속하셨기 때문에 몸을 던지라고 부추기는 것이다. 마귀는 천사들이 보호하는 손으로 둘러싸고 있어서 예수님의 발이 돌에 부딪치지 않을 것이라고 말한다. 주님이 천사들로 그 백성을 지키게 하신다면, 그분은 분명히 아들을 지키실 것이다! 이에 예수님은 거듭 성경에 호소하며 다시 한번 신명기에 의지하신다(신 6:16).

50 Garland, *Luke*, 183; Bock, *Luke 1:1-9:50*, 379.

예수님은 아담의 아들로서, 새로운 이스라엘로서 그리고 이스라엘의 왕으로서 주님을 신뢰하도록 부름 받으셨다. 주님께 비범한 방식으로 신실하심을 보여달라고 요구함으로써 그분을 시험해서는 안 된다. 예수님은 광야에서 실패했던 이스라엘과 대조적으로 시험을 통과하신다. 예수님은 하나님의 신실하고 순종적인 아들이다. 마귀는 여러 가지 유혹으로 예수님을 걸려 넘어지게 하려고 했지만 단호하게 저항하시는 모습에 한동안 그분을 떠난다. 그러나 이 복음서가 나중에 보여주듯이, 장차 더 많은 유혹이 찾아올 것이다(4:33-37; 8:12; 9:38-42; 10:17-18; 11:14-22; 13:11-17).[51]

응답

우리는 이 이야기로부터 예수님이 아담과 이스라엘이 실패한 곳을 계승하시는 참된 인간임을 보게 된다. 그분은 마귀를 이기는 분으로서 하나님의 아들이자 왕이요 메시아다. 우리는 예수님을 마귀를 이기신 유일한 분으로서 신뢰하게 된다. 아울러 교만에 대한 최고의 해독제가 경배임을 배운다. 우리가 교만할 때는 우리 자신을 위대한 자로 높이지만, 경배할 때는 하나님을 위대한 분으로 높인다. 우리가 교만할 때는 "나를 보라!"고 말하지만, 경배할 때는 "하나님을 보라!"고 말한다. 우리가 교만할 때는 사람들이 우리를 섬기기 원하지만, 경배할 때는 사람들이 하나님을 섬기기 원한다. 우리는 때로 참으로 하나님을 따르고 있다면 무언가 파격적이고 모험적인 행동을 해야 한다고 생각하곤 한다. 이런 식으로 생각하기 쉽다는 말이다. '내가 그저 직장생활이나 하고 있다면 하나님의 뜻을 행한다고 말하기 어렵지….' '내가 그저 주부로 생활해서는 하나님을 기쁘시게 할 수 없어. 뭔가 놀랍고 특별한 일을 해서 내가 그분을 얼마나 신뢰하는지를 보여

51 Bock, *Luke 1:1-9:50*, 382.

주어야 해!' 그러나 우리는 일상에서 주님을 신뢰하도록 부름 받았다. 따라서 마치 우리의 직업을 바꾸면 주님을 더 기쁘시게 할 것처럼 생각해서는 안 된다는 바울의 충고를 기억해야 한다(고전 7:17-24).

14 예수께서 성령의 능력으로 갈릴리에 돌아가시니 그 소문이 사방에
퍼졌고 15 친히 그 여러 회당에서 가르치시매 뭇 사람에게 칭송을 받
으시더라

14 And Jesus returned in the power of the Spirit to Galilee, and a report
about him went out through all the surrounding country. 15 And he
taught in their synagogues, being glorified by all.

16 예수께서 그 자라나신 곳 나사렛에 이르사 안식일에 늘 하시던 대
로 회당에 들어가사 성경을 읽으려고 서시매 17 선지자 이사야의 글을
드리거늘 책을 펴서 이렇게 기록된 데를 찾으시니 곧

> 18 주의 성령이 내게 임하셨으니 이는 가난한 자에게 복음을 전하
> 게 하시려고 내게 기름을 부으시고 나를 보내사 포로 된 자에게
> 자유를, 눈 먼 자에게 다시 보게 함을 전파하며 눌린 자를 자유롭
> 게 하고 19 주의 은혜의 해를 전파하게 하려 하심이라

하였더라 20 책을 덮어 그 [1)]맡은 자에게 주시고 앉으시니 회당에 있는
자들이 다 주목하여 보더라 21 이에 예수께서 그들에게 말씀하시되 이

글이 오늘 너희 귀에 응하였느니라 하시니 22 그들이 다 그를 증언하
고 그 입으로 나오는바 은혜로운 말을 놀랍게 여겨 이르되 이 사람이
요셉의 아들이 아니냐 23 예수께서 그들에게 이르시되 너희가 반드시
의사야 너 자신을 고치라 하는 속담을 인용하여 내게 말하기를 우리
가 들은바 가버나움에서 행한 일을 네 고향 여기서도 행하라 하리라
24 또 이르시되 내가 진실로 너희에게 이르노니 선지자가 고향에서는
환영을 받는 자가 없느니라 25 내가 참으로 너희에게 이르노니 엘리야
시대에 하늘이 삼 년 육 개월간 닫히어 온 땅에 큰 흉년이 들었을 때
에 이스라엘에 많은 과부가 있었으되 26 엘리야가 그중 한 사람에게도
보내심을 받지 않고 오직 시돈 땅에 있는 사렙다의 한 과부에게 뿐이
었으며 27 또 선지자 엘리사 때에 이스라엘에 많은 나병 환자가 있었
으되 그중의 한 사람도 깨끗함을 얻지 못하고 오직 수리아 사람 나아
만뿐이었느니라 28 회당에 있는 자들이 이것을 듣고 다 크게 화가 나
서 29 일어나 동네 밖으로 쫓아내어 그 동네가 건설된 산 낭떠러지까
지 끌고 가서 밀쳐 떨어뜨리고자 하되 30 예수께서 그들 가운데로 지
나서 가시니라

16 And he came to Nazareth, where he had been brought up. And as was
his custom, he went to the synagogue on the Sabbath day, and he stood
up to read. 17 And the scroll of the prophet Isaiah was given to him. He
unrolled the scroll and found the place where it was written,

18 "The Spirit of the Lord is upon me,
because he has anointed me
to proclaim good news to the poor.
He has sent me to proclaim liberty to the captives
and recovering of sight to the blind,
to set at liberty those who are oppressed,
19 to proclaim the year of the Lord's favor."

20 And he rolled up the scroll and gave it back to the attendant and sat
down. And the eyes of all in the synagogue were fixed on him. 21 And
he began to say to them, "Today this Scripture has been fulfilled in your
hearing." 22 And all spoke well of him and marveled at the gracious
words that were coming from his mouth. And they said, "Is not this
Joseph's son?" 23 And he said to them, "Doubtless you will quote to
me this proverb, '"Physician, heal yourself." What we have heard you
did at Capernaum, do here in your hometown as well.'" 24 And he said,
"Truly, I say to you, no prophet is acceptable in his hometown. 25 But
in truth, I tell you, there were many widows in Israel in the days of
Elijah, when the heavens were shut up three years and six months, and
a great famine came over all the land, 26 and Elijah was sent to none
of them but only to Zarephath, in the land of Sidon, to a woman who
was a widow. 27 And there were many lepers[1] in Israel in the time of
the prophet Elisha, and none of them was cleansed, but only Naaman
the Syrian." 28 When they heard these things, all in the synagogue were
filled with wrath. 29 And they rose up and drove him out of the town
and brought him to the brow of the hill on which their town was built,
so that they could throw him down the cliff. 30 But passing through their
midst, he went away.

1) 헬, 사환에게

1 Leprosy was a term for several skin diseases; see Leviticus 13

단락 개관

예수님이 성령의 능력으로 광야에서 돌아온 후 갈릴리의 여러 회당에서 가르치시면서 그 명성이 널리 퍼져나간다. 이후 누가는 예수님이 고향 나사렛에 오시는 모습을 사역의 첫 번째 공적 보도로서 크게 다루고(16-30절), 이 내러티브는 누가복음과 사도행전에서 표제 역할을 한다. 예수님이 안식일에 회당 예배에 참석하고 성경을 읽도록 초대받으신다. 그분은 이사야 61장을 펴서 자신이 성령의 기름 부음을 받은 자, 이스라엘에게 좋은 소식을 가져오는 자, 이사야서에 나오는 새로운 출애굽의 약속을 성취할 자라고 주장하신다. 마치 카메라가 느린 동작에 맞춰진 것처럼 보인다. 모든 사람이 예수님을 응시하더니 그분의 은혜로운 말씀에 감명을 받는다.

그런데 이후 예수님이 요셉의 아들로 평민에 불과하다고 생각되는 순간, 그들의 칭찬이 의심으로 바뀐다. 사람들은 예수님의 사역이 그분이 다른 곳에서 행하신 일에 관한 소식들과 잘 들어맞지 않는다고 생각한다. 예수님은 선지자가 고향에서는 환영받지 못한다고 응수하면서 유대인이 아니라 이방인에게 보냄을 받았던 엘리야와 엘리사의 사역을 전례로 말씀하신다. 이는 앞으로 누가복음-사도행전에서 복음이 수많은 유대인에게 거부당하고 이방인에게로 향하게 될 것을 내다본다. 사실 사도행전은 바로 이 주제로 마무리된다(행 28:23-28). 나사렛 회당에 있던 사람들이 예수님의 말씀에 노발대발하면서 절벽에서 밀어 떨어뜨리려고 한다. 그러나 그분은 그들 한가운데를 지나서 떠나가신다.

단락 개요

III. 예수님이 갈릴리에서 성령의 능력으로 구원을 전파하시다 (4:14-9:50)
A. 갈릴리에서 좋은 소식을 전파하시다(4:14-5:16)
1. 성령의 기름 부음을 받은 자(4:14-30)

주석

4:14-15 예수님은 세례를 통해 성령으로 기름 부음을 받으셨다(3:22). 또한 성령으로 충만했고, 성령의 이끌림을 받아 광야에 가서 시험을 받으셨다(4:1). 그 후 갈릴리에 있는 집으로 돌아와서 "성령의 능력으로" 사역을 시작하신다. 그분의 능력은 성령과 연관되어 있고, 그런 능력이 예수님의 가르침과 기적에 분명히 나타난다(참고. 1:17; 24:39). 우리는 메시아의 사역이 종교적 권위와 권력의 중심인 예루살렘에서 시작될 것으로 예상할지 몰라도, 오히려 예수님의 사역은 영향력 있는 자들이 멸시했던 변방에서 시작된다(요 1:46; 7:52).

누가는 여기서 예수님이 말씀하신 내용과 행하신 일을 상세하게 전하기보다는 그분 사역의 범위와 효과를 요약할 뿐이다(참고. 5:15; 7:17; 마 9:26; 막 1:28). 예수님이 갈릴리에서 사역하시면서 그 명성이 빠르게 퍼져나간다. 그분은 유대인들이 예배하기 위해 안식일마다 모이는 회당을 정기적으로 방문하신다. 누가는 여러 회당에서 베푸신 예수님의 가르침에 초점을 두지만 그 가르침의 내용을 자세히 들려주지는 않는다(하지만 이 복음서의 나머지 부분이 더 상세히 전한다). 사람들은 예수님의 놀라운 사역에 큰 감명을 받고 그분을 칭찬한다.

4:16-17 앞의 구절들은 나사렛에서 베푸신 예수님의 가르침(4:16-30)을 위한 무대를 설정하는데, 이는 누가복음과 사도행전에서 표제 역할을 하는 이야기다. 우리는 이미 4:14-15에 근거해서 이것이 예수님 공적 사역의 시발점이 아니라는 것을 알고 있으나, 이는 누가가 들려주는 예수님 사역의 첫 번째 내러티브다. 흥미로운 점은, 누가가 예수님이 모두에게 칭송받으시는 사례를 선정하지 않는다는 것이다. 오히려 이 내러티브는 예수님의 고향 사람들이 그분을 죽이려고 하는 장면으로 끝난다. 누가는 예수님 사역 전체의 결과를 예고한다. 여기서 십자가의 그림자를 보게 되는 것이다.

이 사건은 예수님이 성장했고 사람들이 그분을 매우 잘 아는 나사렛에서 일어난다. 나사렛은 주민이 약 400명밖에 되지 않는 작은 마을이다(참고. 마 2:23; 21:11; 막 1:9, 24; 눅 1:26; 2:39, 51; 4:34). 나사렛은 "포장된 길, 공공 시설물과 비문 또는 훌륭한 도자기가 전혀 발굴되지 않은 꽤 가난한"[52] 마을이었던 것 같다. 나다나엘이 당시의 나사렛에 대한 견해를 요약해준다. "나사렛에서 무슨 선한 것이 날 수 있느냐"(요 1:46). 예수님이 어린 시절부터 실천했던 습관은 안식일에 회당 예배에 참석하는 것이었다(참고. 행 13:14; 15:21, Josephus, *Against Apion* 2.17). 우리가 회당 예배에 관해 알고 있는 바에 따르면 보통 율법서와 선지서들을 읽는데, 예수님은 성경을 읽고 설교하도록 초대받으신 것이 분명하다. 예수님은 이사야서의 두루마리를 받아서 61장을 펴신다. 낭독할 본문이 주어지는 것인지 예수님이 스스로 본문을 선택하신 것인지 모르지만, 후자일 가능성이 더 크다.

4:18-19 예수님은 성령의 기름 부음을 받고(3:22), 성령으로 충만하여 성령의 인도를 받으며(4:1), 성령의 능력을 지니고 계신다(4:14). 예수님은 이사야 61:1을 인용하면서 주님의 영이 그분에게 임하여(참고. 사 11:1-2) 기름

52 Garland, *Luke*, 195.

을 부었다고 주장하신다. 예수님은 지금 그분 자신이 이사야서에 나오는 주님의 종이고(사 42:1-4; 49:1-6; 52:13-53:12), 새로운 출애굽(이사야 40-66장의 대표 주제)이 그분을 통해 도래했다고(사 11:11-15; 40:3-11; 42:16; 43:2, 5-7, 16-19; 49:6-11; 51:10) 주장하시는 것이다. 예수님이 전파하시는 '좋은 소식'은 사실 새로운 출애굽(사 40:9; 52:7), 곧 이스라엘의 구속과 회복을 달리 표현하는 것이다. 가난한 자는 물질적으로 가난한 자들을 말하지만 물질적 가난이 유일한 뜻은 아니다. 이는 또한 주님께 의존하는 자들, 하나님의 도움이 필요하다는 것을 아는 자들을 가리키기도 한다(눅 1:52; 6:20; 9:48).[53]

예수님은 포로가 된 사람들에게 자유를 선포하도록 보내심을 받았다. 어떤 이유인지 "마음이 상한 자를 고치며"(사 61:1)라는 어구가 생략되었다. 이 어구가 잘 들어맞을 것처럼 보이는데 왜 생략되었는지 그 이유는 알기 어렵다. 어쨌든 갇힌 자들을 해방시킨다는 말을 문자적으로 해석하면 안 된다. 예수님이 사역하는 동안 죄수를 풀어주신 적이 없기 때문이다. '해방'[아페시스(*aphesis*)]이라는 단어가 레위기 25장(칠십인역)에 열다섯 번 사용되는데, 이는 모든 빚이 탕감되고 종들이 해방되고 사람들이 자기네 땅으로 돌아가는 희년을 묘사한다. 또한 이스라엘이 속박에서 풀려나 약속의 땅으로 인도받는 출애굽을 연상시킨다. 누가복음과 사도행전에서 이 단어가 사용되는 다른 모든 경우는 죄 사함을 가리킨다(눅 1:77; 3:3; 24:47; 행 2:38; 5:31; 10:43; 13:38; 26:18). 따라서 예수님은 특히 자기 죄에 포로가 된 자들과 자기 죄에 갇힌 자들에게 용서를 선포하러 오시는 것이고, 죄 사함에 대한 언급은 첫 줄에 나오는 "가난한 자"가 물질적으로 가난한 자에게 국한될 수 없다는 것을 보여준다.

예수님은 또한 성령의 기름 부음을 받은 자로서 맹인에게 시력을 주기도 하신다. 그분은 사역하는 동안 종종 맹인을 고쳐서 다시 볼 수 있게 하신다(눅 7:21-22; 18:35-42). 눈 먼 것이 죄의 탓으로 돌려질 수도 있기 때문

53 참고. 6:20 주석.

에(신 28:29), 예수님은 영적으로 눈먼 자들을 회복시키기도 하신다. 예수님에게 치유 받은 한 맹인이 그분의 제자가 되어 따르는 모습도 볼 수 있다(눅 18:35-43, 참고. 1:79; 10:23-24). 아울러 예수님은 이사야 58:6에 호소하면서 그분이 압제받는 사람을 자유롭게 하러 왔다고 말씀하신다. 예수님은 이사야 61장을 해설하면서 분명히 이사야 58:6도 끌어오시는데, 누가가 여기서 그것을 예수님 말씀의 일부에 섞어놓는 것 같다.[54] 어쩌면 이사야 58:6의 인용이 마음이 상한 자의 치유(앞에서 생략된 어구)에 대한 해석에 해당될 수도 있다. 여기에 언급된 자유는 다시금 레위기 25장의 희년을 상기시켜준다. 여기서 압제는 귀신, 대적, 죄에 의한 억압을 포함한다.

이사야 61:1-2에서 인용한 부분은 주님의 은혜의 해에 대한 언급으로 마무리된다. 다시금 이것은 희년에 대한 암시일 수 있다(레 25:10). 희년은 그분의 백성을 위한 주님의 은혜의 해, 구원, 죄수들을 위한 자유, 포로 상태에서 복귀하는 시기다(사 49:8-12). "희년의 이미지는 그러므로 한시적인 사회적 및 정치적 개혁보다는 종말론적 구속의 이미지를 상기시킨다."[55] 예수님은 "우리 하나님의 보복의 날"(사 61:2)을 언급하기 전에 멈추신다. 이는 예수님이 그런 보복이 오고 있다는 것을 믿지 않으시기 때문이 아니다. 누가복음 21:22에서 예수님이 "기록된 모든 것을 이루는 징벌의 날"을 언급하셔서 그렇다. 예수님이 이사야 61:1에서 또 다른 줄을 생략하시는 모습을 이미 살펴보았다. 그럼에도 여기에 보복에 대한 언급이 없다는 것은 의미심장하다. 먼저는 구원을 받을 기회고, 보복의 날은 나중에 온다. 이스라엘과 모든 백성은 심판이 오기 전에 회개할 수 있는 기회를 얻었다.

4:20-21 누가는 예수님이 행하시는 일을 하나씩 묘사함으로써 동작의 속도를 늦춘다. 예수님은 두루마리를 말고, 그것을 맡은 자에게 주고, 앉으

54 참고. Bock, *Luke 1:1-9:50*, 405.

55 Garland, *Luke*, 200, 참고. Bock, *Luke 1:1-9:50*, 400-401.

시는데, 이는 회당과 다른 곳에서 가르칠 때 취하는 일상적인 자세다(참고. 눅 5:3; 마 5:1; 23:2; 26:55). 모든 사람의 시선이 예수님에게 고정되고, 그분의 말에 세심한 주의를 기울인다(참고. 눅 22:56; 행 1:10; 3:4, 12; 6:15; 7:55; 10:4; 11:6; 13:9; 14:9; 23:1).[56] 누가는 예수님의 해설에 대해 설명하지 않고 이사야서에서 읽은 약속들이 "오늘" 이루어졌다는 그분의 주장을 상술한다. 우리는 앞에서 "오늘"이라는 단어가 누가복음에서 구원-역사적 성취를 알린다는 것을 살펴보았다(참고. 2:11-12; 5:26; 19:5, 9; 23:43).[57] 이스라엘에게 주어진 위대한 언약이 예수님 안에서 실현되고 있다(24:44).

4:22 예수님에 대한 첫 반응은 긍정적이다. 사람들이 청중에게 은혜를 베푸는 그분의 말씀에 깜짝 놀란다(참고. 2:47; 4:32, 36; 20:26). 그러나 요셉의 아들이라는 평범한 출신을 떠올린 순간, 분위기가 싸늘해진다. 일부 주석가들은 이것이 부정적 평가라고 생각하지 않지만,[58] 병행 구절인 마가복음 6:1-6a은 그들이 예수님을 배척한다는 것을 보여준다. 마가의 이야기에 따르면, 예수님은 그분의 말씀과 기적으로 인해 애초에 환영을 받으셨다. 그러나 고향 사람들은 그분의 가족을 생각하는 순간 등을 돌린다(참고. 마 13:53-58). 작은 마을에 사는 이들조차 그들 가운데서 잘되는 사람이 나올 때는 고상한 체하고 엘리트주의에 빠지며 질투심에 사로잡힐 수 있다.

4:23-24 예수님은 그들의 저항에 속담을 인용하는 것으로 반응하신다. "의사야 너 자신을 고치라." 이 속담이 무슨 뜻인지는 다음 줄에 명백히 나타난다. 예수님이 정말로 스스로 말씀하시는 그런 인물이라면, 사람들은 그들이 들은 대로 그분이 가버나움에서 행한 일을 여기서도 행하셔야 한

56 참고. Bock, *Luke 1:1-9:50*, 411-412.

57 참고. 2:11-12 주석.

58 예. Garland, *Luke*, 202.

다고 생각할 것이다(참고. 마 11:23; 막 1:21; 2:1; 9:33; 눅 4:31; 7:1; 10:15). 예수님이 가버나움에서 행한 기적들을 여기서 행하지 않으신다는 이유로 마음이 상한 것이다. 예수님은 나사렛에서 일어나는 일을 파악하신다. 선지자가 고향에서는 환영을 받지 못한다는 것이다(참고. 요 4:44). 그들은 예수님을 제대로 알고 있다고 생각한 나머지 주님이 그분 안에서 일하고 계심을 믿지 못한다.

4:25-27 예수님은 고향에서 환영받지 못하시는데, 이런 배척은 구약까지 거슬러 올라가는 패턴을 반복한다. 하나님의 백성이 그분의 메신저들을 영접하는 경우는 드물다. 이 표제 역할을 하는 텍스트는 누가복음-사도행전의 메시지를 예고한다. 이스라엘은 대체로(완전히는 아니라도) 좋은 소식을 배격하는 반면, 많은 이방인이 하나님의 백성 안으로 들어온다. 예수님은 여기서 하나는 엘리야의 삶에서, 다른 하나는 엘리사의 삶에서 나오는 두 본보기를 든다. 엘리야의 시대에 이스라엘이 3년 반 동안 가뭄을 겪었다(왕상 17-18장). 그 가뭄은 이스라엘의 죄 때문에 닥쳤고 언약의 저주들 중 하나에 해당했다(신 11:17; 28:23-24; 왕상 8:35). 주님은 뜻밖에도 엘리야를 이스라엘의 과부들 대신에 시돈 사람인 사렙다의 한 과부에게 보내셨다(왕상 17:8-24). 이와 비슷하게 이스라엘에 많은 나병 환자가 있었는데도 엘리사는 수리아 사람인 나아만을 치유했다(왕하 5장). 예수님의 요점은 명백하다. 가장 큰 특권을 가진 사람들이 종종 구원의 메시지에 반응하지 않는다는 것, 그리고 결코 반응하지 않을 것 같은 자들이 사실은 회개하고 믿을 수 있다는 것이다.

4:28-30 회당에서 예수님의 반응을 듣던 사람들이 노발대발했다. 이 젊은 신참이 감히 자신들을 바로잡고 책망하는 모습에 분개한 그들은 아마 예수님을 거짓 선지자로 배척했을 것이다(신 13:1-5).[59] 그들은 자신들이 이방인에 반해 특권을 갖고 있다고 확신하며, 누구든지 자신들의 독특한 지위에 도전하는 것은 터무니없다고 생각한다. 그리고 예수님을 마을 밖으

로, 밀쳐 떨어뜨릴 수 있는 낭떠러지까지 몰고 간다. 그들의 미친 분노는 선택받은 백성이 메시아를 십자가에 못 박는 예수님의 죽음을 예고한다(참고. 눅 20:15). 그들은 예수님을 죽이려고 하지만, 그분은 한가운데로 지나서 그곳을 떠나신다. 어떻게 이런 일이 일어났는지 정확히 알 수 없다. 아마 그들에게 예수님에 대한 두려움이 있었을 것이다. 그분을 무서워했기 때문에 아무도 감히 손대지 못했을 것이다(참고. 요 7:30, 45-46). 이런 견해는 그들이 예수님을 붙잡아서 절벽 꼭대기로 데려간 것이 아니라, 오히려 그들이 그분을 쫓아왔던 것처럼 예수님이 스스로 그들로부터 걸어 나오셨다고 생각한다. 어쨌든 우리가 그 이야기를 어떻게 상상하든지 간에 예수님은 다른 어느 곳이 아니라 예루살렘에서 죽으실 운명이다(눅 13:33).

59 참고. Garland, *Luke*, 205.

응답

당신은 죄에 갇히고 묶여 있는가? 성령의 기름 부음을 받은 메시아 주 예수님이 당신을 해방시키실 수 있다. 그분은 이제까지 패배밖에 없던 곳에 승리를 가져오실 수 있다. 그분은 죄에 속박된 당신의 노예 상태를 깨뜨리고 자유를 선사하실 수 있다. 어쩌면 당신이 영적인 어둠 속에 있다고 느낄지 모르겠다. 그런 당신에게 깜박거리는 불빛이 비치기 시작할 것이라고 믿을 수 있는가? 예수님은 어둠뿐인 곳에 빛을 가져오실 수 있다. 또는 당신의 삶이 무너지고 깨어졌다고 느낄지 모르겠다. 예수님이 당신에게 안도감을 주셔서 주님의 은혜를 경험할 수 있다. 그분은 가장 무거운 짐을 덜어주고 안식을 주실 수 있다.

사람들은 종종 "아, 내가 예수님과 함께 걷고 이야기할 수 있었다면 얼마나 좋았을까!"라고 말하곤 한다. 우리가 종종 이런 감상에 젖곤 하지만 사실상 예수님과 함께 걷고 이야기했던 사람들 중 대부분은 그분을 메시아로 믿지 않았다. 따라서 그랬다면 우리가 그분의 추종자가 되었을 것이라고 생각할 이유가 없다. 우리가 예수님과 함께 걷고 이야기했으면 그분을 배척했을 가능성이 오히려 크다. 오늘날 적용할 점이 또 하나 있다. 미국의 대학(colleges)과 대학교(universities) 중 수백 개가 기독교 학문기관으로 설립되었으나 다수가 기독교 신앙을 버리고 말았다. 오히려 그들이 기독교와 그리스도의 주장을 조롱하는 실정이다. 이와 비슷하게 기독교 가정에서 자랐으나 결국 복음을 배척하는 경우도 무척 흔하다. 제발 주 예수 그리스도께서 볼 수 있는 눈을 주셔서 우리 앞에 있는 진리에 눈이 멀지 않도록 다함께 기도하자.

31 갈릴리의 가버나움 동네에 내려오사 안식일에 가르치시매 32 그들
이 그 가르치심에 놀라니 이는 그 말씀이 권위가 있음이러라 33 회당
에 더러운 귀신 들린 사람이 있어 크게 소리 질러 이르되 34 아 나사렛
예수여 우리가 당신과 무슨 상관이 있나이까 우리를 멸하러 왔나이까
나는 당신이 누구인 줄 아노니 하나님의 거룩한 자니이다 35 예수께서
꾸짖어 이르시되 잠잠하고 그 사람에게서 나오라 하시니 귀신이 그
사람을 무리 중에 넘어뜨리고 나오되 그 사람은 상하지 아니한지라
36 다 놀라 서로 말하여 이르되 이 어떠한 말씀인고 권위와 능력으로
더러운 귀신을 명하매 나가는도다 하더라 37 이에 예수의 소문이 그
근처 사방에 퍼지니라

31 And he went down to Capernaum, a city of Galilee. And he was
teaching them on the Sabbath, 32 and they were astonished at his
teaching, for his word possessed authority. 33 And in the synagogue
there was a man who had the spirit of an unclean demon, and he cried
out with a loud voice, 34 "Ha![1] What have you to do with us, Jesus of
Nazareth? Have you come to destroy us? I know who you are—the

Holy One of God." 35 But Jesus rebuked him, saying, "Be silent and
come out of him!" And when the demon had thrown him down in
their midst, he came out of him, having done him no harm. 36 And
they were all amazed and said to one another, "What is this word? For
with authority and power he commands the unclean spirits, and they
come out!" 37 And reports about him went out into every place in the
surrounding region.

38 예수께서 일어나 회당에서 나가사 시몬의 집에 들어가시니 시몬의
장모가 중한 열병을 앓고 있는지라 사람들이 그를 위하여 예수께 구
하니 39 예수께서 가까이 서서 열병을 꾸짖으신대 병이 떠나고 여자가
곧 일어나 그들에게 수종드니라
38 And he arose and left the synagogue and entered Simon's house.
Now Simon's mother-in-law was ill with a high fever, and they
appealed to him on her behalf. 39 And he stood over her and rebuked
the fever, and it left her, and immediately she rose and began to serve
them.

40 해 질 무렵에 사람들이 온갖 병자들을 데리고 나아오매 예수께서
일일이 그 위에 손을 얹으사 고치시니 41 여러 사람에게서 귀신들이
나가며 소리 질러 이르되 당신은 하나님의 아들이니이다 예수께서 꾸
짖으사 그들이 말함을 허락하지 아니하시니 이는 자기를 그리스도인
줄 앎이러라
40 Now when the sun was setting, all those who had any who were
sick with various diseases brought them to him, and he laid his hands
on every one of them and healed them. 41 And demons also came out
of many, crying, "You are the Son of God!" But he rebuked them and

would not allow them to speak, because they knew that he was the Christ.

42 날이 밝으매 예수께서 나오사 한적한 곳에 가시니 무리가 찾다가
만나서 자기들에게서 떠나시지 못하게 만류하려 하매 43 예수께서 이
르시되 내가 다른 동네들에서도 하나님의 나라 복음을 전하여야 하리
니 나는 이 일을 위해 보내심을 받았노라 하시고 44 1)갈릴리 여러 회
당에서 전도하시더라

42 And when it was day, he departed and went into a desolate place.
And the people sought him and came to him, and would have kept him
from leaving them, 43 but he said to them, "I must preach the good news
of the kingdom of God to the other towns as well; for I was sent for this
purpose." 44 And he was preaching in the synagogues of Judea.[2]

1) 어떤 사본에는, 유대

1 Or *Leave us alone* *2* Some manuscripts *Galilee*

단락 개관

이 단락은 예수님이 사역하신 하루에 대한 스냅 사진을 보여주며, 그분이 전하시는 메시지의 권위가 어떻게 나타나는지를 묘사한다. 첫 번째 내러티브에서는 예수님이 회당에서 귀신을 쫓아내심으로써 가르침의 권위가 드러나고 예수님의 명성이 그 지역에 퍼져나간다(31-37절). 그 다음 내러티브에서는 예수님이 베드로의 장모에게 엄습한 열병을 꾸짖으시자 그녀가 해방되어 예수님을 섬기는 것에서 그분의 권위가 계속 나타난다(38-39절). 이어서 해가 질 때 예수님이 병든 자들을 치유하고 마귀를 쫓아내시는 장

면이 요약해서 진술된다(40-41절). 예수님이 한적한 곳에 가실 때에도 사람들이 그분을 찾아다닌다. 예수님은 사람들로부터 통제되는 것을 허락하지 않고, 그들에게 다른 곳에서도 좋은 소식을 전파해야 한다고 알려주며, 유대 전역을 두루 다니면서 회당에서 복음을 선포하신다(42-44절).

단락 개요

III. 예수님이 갈릴리에서 성령의 능력으로 구원을 전파하시다 (4:14-9:50)

A. 갈릴리에서 좋은 소식을 전파하시다(4:14-5:16)

2. 권위 있는 메시지(4:31-44)

주석

4:31-32 예수님이 가버나움에 도착하시는데(참고. 4:23; 7:1; 10:15), 그곳은 약 600-1,500명의 주민이 사는 "그 지역의 주요 어촌"[60]이다. 안식일에 그분은 나사렛에서 그랬듯이 사람들을 가르치신다(참고. 13:10). 누가는 다른 곳에서 가르침의 내용을 제공하므로 여기서는 굳이 그 내용을 말할 필요가 없다고 느낀다. 사람들을 놀라게 하는 것은 예수님의 가르침에 있는 권위다(참고. 2:48; 5:24; 9:1, 43; 10:19, 참고. 마 7:28-29). 그분은 청중의 마음과 생각을 사로잡는 확신, 참신함, 단순함 그리고 명쾌함으로 가르치신다.

60 Garland, *Luke*, 214.

4:33-34 예수님의 가르침이 회당에서 더러운 영, 곧 귀신 들린 사람에 의해 중단된다. "더러운"이라는 단어는 그 귀신이 악하다는 것을 의미한다.[61] 귀신들은 인간을 초월하되 하나님보다 낮은 존재들이다. 그들은 다양한 방식으로 인간을 괴롭히고 혼란을 초래한다(참고. 4:41; 8:28). 이 경우에는 귀신 들린 사람이 모임 중간에 크게 소리를 지르는 바람에 모든 사람의 주목을 끈다. 귀신은 "어이!"[62] 같은 소리를 지른 다음 귀신들과 예수님의 관계에 대해 묻는다(참고. 왕상 17:18; 요 2:4). 즉 그들은 공통분모가 없다는, 서로 아무런 관계가 없다는 뜻이다. 그럼에도 그는 예수님이 "하나님의 거룩한 자"(참고. 약 2:19; 요 6:69)인 것을 안다고 밝히며, 예수님이 그들 모두를 파멸시키러 왔다고 두려워한다. 귀신의 말이 옳다. 예수님이 그들을 파멸시키러 오신 것은 사실이다. 하지만 그분이 승리에 이르는 길은 귀신들이 이해할 수 없을 것이다.

4:35-37 귀신을 다스리시는 예수님의 권위가 금방 명백해진다. 그분은 귀신을 꾸짖으며 입을 다물고 그 사람에게서 떠나라고 명령하신다. 예수님의 말씀이 효과를 발휘하는데, 그분은 다른 퇴마사들과 달리 긴 주문을 외우지 않으신다. 귀신이 그 사람을 넘어뜨리지만 치명상은 입히지 않은 채 그에게서 떠난다(참고. 9:39, 42). 사람들은 상식적으로 설명할 수 없는 이 사건을 보고 경이감에 사로잡힌다(참고. 5:9). 그들은 요점을 파악한다. 귀신들이 명령 한마디로 쫓겨나는 것을 보니 권위 있고 강력한 가르침이 여기에 있다는 것이다. 예수님에 관한 소식이 그 지역에 들불처럼 퍼져나간다. 오늘날에도 고통을 받던 사람들이 그 괴로움에서 해방된다면 그와 똑같은 일이 일어날 것이다.

61 Bock, *Luke 1:1-9:50*, 430-431.

62 Garland, *Luke*, 215.

4:38-39 예수님이 회당을 떠나 가버나움에 있는 베드로의 집으로 간 후 그의 장모와 마주치신다. 베드로의 장모는 심한 열병에 걸려 있는데, 이는 레위기 26:16과 신명기 28:22에 따르면 죄에 대한 징벌에 해당한다. 여기서 그녀의 질병이 죄에서 기인한 것인지는 분명치 않다. 제자들이 예수님에게 그녀에 대해 말한다. 예수님이 방금 귀신을 꾸짖은 것처럼(눅 4:35) 그 질병을 꾸짖자 열병이 즉시 사라진다. 그녀는 너무도 완벽하게 치유되어 곧바로 일어나서 제자들을 섬긴다. 예수님에 의해 변화된 사람들은 자신의 삶을 섬기는 일에 바친다(참고. 8:3).

4:40-41 이 구절은 안식일이 끝날 무렵 예수님이 행하신 치유와 축귀 사역을 요약한다. 사람들이 안식일이 끝날 때를 기다려야 했으므로, 예수님의 사역은 해가 지는 무렵에 시작되어 토요일 밤 늦게 끝난다. 질병으로 고통당하는 모든 사람을 예수님에게 데려오는 모습이 보인다. 예수님은 각 사람에게 일일이 손을 얹어서 치유함으로써 연민과 사랑을 보여주신다(참고. 13:13). 여기서 우리는 장차 질병이 없을 새로운 창조 세계에 대한 기대를 품게 된다(참고. 계 21:4; 22:2). 그와 동시에 많은 귀신들이 예수님의 명령으로 쫓겨난다. 앞에서는 귀신들이 예수님을 "하나님의 거룩한 자"(눅 4:34)라고 불렀는데, 여기서는 "하나님의 아들"(41절)이라 부른다. 귀신들이 인간보다 우월한 지식으로 말할 때, 그들은 예수님이 하나님과 동일한 신원과 본성을 공유하신다고 고백하는 것이다(1:35; 3:38; 4:3, 9; 22:70). "하나님의 아들"이라는 호칭은 또한 예수님이 그리스도임을 의미한다(삼하 7:14; 시 2:7). 따라서 여기서는 예수님의 신성을 암시하지 않은 채 "하나님의 아들"과 "그리스도"가 동일한 뜻으로 사용된 것으로 읽을 수 있다. 그러나 우리가 누가복음 전체를 고려하면, 예수님이 하나님의 본성을 공유하신다는 사실을 분명히 볼 수 있기에 때문에, 신성을 그분의 아들 신분과 관련시켜서 읽어야 한다.

거기에 있던 사람들은 예수님이 참 인간이며 참 신이라는 사실을 애초에 파악할 수 없지만 귀신들의 말을 메시아 신분의 견지에서 이해할 수는 있을 것이다. 예수님은 귀신들이 그분을 그리스도로 고백하는 것을 허락하지 않으신다. 그들이 예수님을 하나님의 아들로 인정했기 때문에 이는 모순처럼 보일지 모른다. 그러나 요점은, 그들이 마치 계시의 권위 있는 출처인 것처럼 계속 말하는 것이 금지된다는 것이다.

4:42-44 새로운 날이 동트고 예수님의 인기가 점점 더 높아지는 가운데, 예수님은 (추정컨대 기도하려고) 한적한 곳에 가신다. 마가복음 1:35에는 기도에 대한 언급이 나오는데 누가는 기도를 강조하면서도 여기서는 그 말을 하지 않는 것이 뜻밖이다. 어쨌든 예수님은 군중의 기분이나 욕구에 좌우되지 않으신다. 그분을 가까이 붙들고 싶었던 사람들은 떠나시지 못하게 한다. 그러나 예수님의 사역은 하나님의 계획에 의해 정해지므로 그분은 다른 곳에서도 "하나님의 나라 복음"을 전파하셔야'만'(데이) 한다. 예수님은 그 나라를 전파하기 위해 하나님의 "보내심"을 받은 것이다.

누가복음 1:33 이후 여기에 "[그] 나라"(kingdom)라는 단어가 처음 사용되고, "하나님의 나라"라는 어구가 누가복음에서 처음 나온다. 하나님의 나라는 누가복음에서 32번 나오는 대표적인 주제다(예. 6:20; 7:28; 8:1, 10; 9:2, 11, 27, 60, 62; 10:9, 11; 11:20; 13:18, 20; 17:20; 18:16, 17, 24, 25, 29; 22:16, 18; 23:51). 누가는 또한 다른 여덟 번의 경우에 하나님의 나라 또는 예수님을 언급하기 위해 "[그] 나라"라는 단어를 사용한다(11:2; 12:31, 32; 19:12, 15; 22:29, 30; 23:42). 그 나라는 구체적인 장소들에서 그분의 백성을 다스리는 하나님의 통치와 관계가 있고, 궁극적으로는 온 우주를 다스리는 그리스도의 통치와 관련이 있다.[63] 구약의 저자들, 특히 선지자들은 다가오는 그 나라를 고대한다(예. 사 9:7; 32:1; 렘 23:5; 33:21; 단 2:44; 7:14, 18, 22, 27; 옵 1:21; 미 4:7; 습 3:15). 그 나라는 그 왕인 메시아의 도래와 함께 올 것이다. 우리는 주전 50년경에 쓰인 위경 솔로몬의 시편(특히 17-18장)에 근거해 이런 희망

63 참고. Patrick Schreiner, *The Kingdom of God and the Glory of the Cross* (Wheaton, IL: Crossway, 2018). 《하나님 나라 성경신학》(부흥과개혁사).

이 예수님 당시에 여전히 살아 있었다는 것을 알 수 있다.

그 나라는 하나님께서 그분의 백성과 맺으신 언약을 성취하며,[64] 이스라엘의 구원과 구속은 새로운 출애굽으로서 그 나라의 도래를 다르게 표현하는 방식이다. 사실 이사야서에 나오는 포로 상태에서의 복귀는 좋은 소식에 해당하고(사 40:9; 52:7), 그 복귀는 "네 하나님이 통치하신다"(52:7)는 것을 가리킨다. 우리는 이사야 40장에서도 하나님 통치의 개념을 본다. 좋은 소식에 대한 선포(사 40:9) 이후 "주 여호와께서 장차 강한 자로 임하실 것이요 친히 그의 팔로 다스리실 것이라"(40:10)고 말한다. 여기서도 예수님의 기적과 축귀가 그 나라의 임재를 나타낸다는 것을 알 수 있다(참고. 눅 11:20). 하나님의 나라가 예수라는 인물 안에서 왔다. 그분은 적의 공간에 침입해서 그들을 정복하는 중이며, 그 은혜로운 주되심 아래 인간들을 회복시키고 계신다.

사이먼 게더콜(Simon Gathercole)이 중요한 연구서에서 보여주었듯이, 예수님이 보냄을 받았다는 것은 그분의 선재(先在)성을 의미한다는 것도 주목할 필요가 있다. 하나님은 그저 지혜나 어떤 말씀이 아니라 그분의 아들을 보내신 것이다.[65] 예수님은 하나님의 사명을 받았으므로 유대의 여러 회당에서 복음을 선포하신다. 유대는 넓은 지역을 가리킬 수 있고, 누가가 이 용어를 일반적으로 사용하고 있다면 갈릴리도 포함할 수 있다.[66]

64 참고. Peter J. Gentry and Stephen J. Wellum, *Kingdom through Covenant: A Biblical-Theological Understanding of the Covenant*, 2nd ed. (Wheaton, IL: Crossway, 2018). 《언약과 하나님 나라》 (새물결플러스).

65 참고. Simon J. Gathercole, *The Preexistent Son: Recovering the Christologies of Matthew, Mark, and Luke* (Grand Rapids, MI: Eerdmans, 2006).

66 Bock, *Luke 1:1-9:50*, 441.

응답

말은 중요하지만 행동이 없는 말은 공허할 뿐이다. 예수님은 가르침의 권위를 보여줄뿐더러 귀신을 쫓아내고 질병을 치유함으로써 자비(kindness)도 베푸신다. 질병과 귀신 들린 상태는 이 세상에 있는 죄로 인한 것이지만, 반드시 개인적인 죄로 추적될 수 있는 것은 아니다. 달리 말하면 죄와 귀신 들림 내지는 질병 사이에 일대일의 상응 관계가 있는 것은 아니라는 뜻이다. "귀신 들림이 악한 것이기는 해도 죄악된 것으로 취급되지는 않는다. 예수님은 귀신 들린 것이 그들의 잘못인 것처럼 용서를 베풀지는 않으신다."[67] 예수님의 축귀는 새로운 창조를, 즉 그 나라가 오고 있음을 가리키고, 그 창조 세계는 더 이상 착란이나 질병이 없고 모두가 온전하고 완전한 곳이다. 귀신들은 예수님이 누군지 알고 그분을 하나님의 아들로 부르지만 그럼에도 구원받지 못하는 것은, 그분을 하나님의 아들로 기쁘게 영접하는 게 아니라 오히려 두려움과 공포감을 표현하기 때문이다. 구원에 이르는 믿음은 존 파이퍼(John Piper)가 종종 말하듯이 "하나님께서 예수 안에서 우리를 위하시는 분임에 만족하는 것"이다. 이 단락에서 밝게 빛나는 또 하나의 진리가 있다. 하나님 나라의 좋은 소식은 특정한 인종이나 사회 계급, 민족에 국한되지 않는다는 것이다. 그 소식은 모든 곳의 모든 사람을 위한 것이고, 예수님은 좋은 소식을 전파해야 할 신적 충동을 품고 계신다. 우리 역시 우리가 만나는 모든 사람에게 좋은 소식을 들려주고픈 절박함을 품어야 한다.

67 Garland, *Luke*, 220.

1 무리가 몰려와서 하나님의 말씀을 들을새 예수는 게네사렛 호숫가
에 서서 2 호숫가에 배 두 척이 있는 것을 보시니 어부들은 배에서 나
와서 그물을 씻는지라 3 예수께서 한 배에 오르시니 그 배는 시몬의
배라 육지에서 조금 떼기를 청하시고 앉으사 배에서 무리를 가르치시
더니 4 말씀을 마치시고 시몬에게 이르시되 깊은 데로 가서 그물을 내
려 고기를 잡으라 5 시몬이 대답하여 이르되 선생님 우리들이 밤이 새
도록 수고하였으되 잡은 것이 없지마는 말씀에 의지하여 내가 그물을
내리리이다 하고 6 그렇게 하니 고기를 잡은 것이 심히 많아 그물이
찢어지는지라 7 이에 다른 배에 있는 동무들에게 손짓하여 와서 도와
달라 하니 그들이 와서 두 배에 채우매 잠기게 되었더라 8 시몬 베드
로가 이를 보고 예수의 무릎 아래에 엎드려 이르되 주여 나를 떠나소
서 나는 죄인이로소이다 하니 9 이는 자기 및 자기와 함께 있는 모든
사람이 고기 잡힌 것으로 말미암아 놀라고 10 세베대의 아들로서 시몬
의 동업자인 야고보와 요한도 놀랐음이라 예수께서 시몬에게 이르시
되 무서워하지 말라 이제 후로는 네가 사람을 [1)]취하리라 하시니 11 그
들이 배들을 육지에 대고 모든 것을 버려두고 예수를 따르니라

1 On one occasion, while the crowd was pressing in on him to hear the
word of God, he was standing by the lake of Gennesaret, 2 and he saw
two boats by the lake, but the fishermen had gone out of them and were
washing their nets. 3 Getting into one of the boats, which was Simon's,
he asked him to put out a little from the land. And he sat down and
taught the people from the boat. 4 And when he had finished speaking,
he said to Simon, "Put out into the deep and let down your nets for a
catch." 5 And Simon answered, "Master, we toiled all night and took
nothing! But at your word I will let down the nets." 6 And when they
had done this, they enclosed a large number of fish, and their nets were
breaking. 7 They signaled to their partners in the other boat to come and
help them. And they came and filled both the boats, so that they began
to sink. 8 But when Simon Peter saw it, he fell down at Jesus' knees,
saying, "Depart from me, for I am a sinful man, O Lord." 9 For he and
all who were with him were astonished at the catch of fish that they had
taken, 10 and so also were James and John, sons of Zebedee, who were
partners with Simon. And Jesus said to Simon, "Do not be afraid; from
now on you will be catching men."[1] 11 And when they had brought their
boats to land, they left everything and followed him.

1) 헬, 사로잡으리라

1 The Greek word *anthropoi* refers here to both men and women

단락 개관

예수님이 공적 사역을 시작한 후 제자들을 부르시는 장면이 나온다. 예수님이 갈릴리에서 선포하기 시작한 메시지는 그분 홀로 전파하실 수 없는 것이다. 사람들이 게네사렛 호숫가(갈릴리바다, 폭 13킬로미터, 길이 23킬로미터)[68]에서 예수님의 메시지를 듣기 위해 몰려들고 있다. 예수님은 베드로의 배에 올라가서 사람들을 가르치신다. 가르침을 마친 후 베드로에게 더 깊은 곳으로 가서 그물을 내려 고기를 잡으라고 지시하신다. 베드로는 그 일행이 밤새도록(고기를 잡기에 더 나은 시간대) 일했으나 아무것도 잡지 못했다고 항변한다. 그러나 그는 예수님이 말씀하신 대로 행하기로 한다. 그 결과 잡은 고기가 어마어마하게 많아서 고기를 끌어올리려면 도움이 필요할 정도였다. 이에 반응하여 베드로는 (하나님께서 임재하실 때 그 앞에 엎드리듯이) 예수님 앞에 엎드려서 스스로 죄인임을 고백하며 자기를 떠나달라고 한다. 그러나 예수님은 베드로와 야고보와 요한에게 그들이 이제부터는 사람을 낚을 것이라 일러주시고, 그들은 모든 것을 버리고 그분을 따라간다.

단락 개요

III. 예수님이 갈릴리에서 성령의 능력으로 구원을 전파하시다 (4:14-9:50)

A. 갈릴리에서 좋은 소식을 전파하시다(4:14-5:16)

3. 시몬 베드로를 부르시다(5:1-11)

68 Bock, *Luke 1:1-9:50*, 454.

주석

5:1-3 예수님이 하나님의 말씀을 가르치시는 동안 군중이 몰려드는 것을 보면 그분의 인기를 실감할 수 있다(참고. 1:2; 8:11-15, 21; 11:28). 다시금 누가는 가르침의 내용을 알려주지 않는데, 다른 곳에서 들려줄 것이다. 이 경우에는 예수님이 종종 갈릴리바다로 불리는 게네사렛 호숫가에 서 계신다. 고기잡이 배 두 척이 호숫가에 있고, 어부들이 배를 내버려둔 채 그물을 씻고 있다. 군중이 너무 몰려오는 바람에 예수님이 시몬 베드로의 배에 올라가서 그에게 배를 호수 속으로 약간 이동시켜달라고 부탁하신다. 거기서 예수님은 배에 앉은 채 사람들을 가르치신다(참고. 막 4:1).

5:4-7 예수님은 가르침을 마치는 순간 시몬에게 놀랄 만한 요청을 하신다. 노를 저어 호수 가운데로 가서 물고기를 잡기 위해 그물을 내리라는 것이다(참고. 요 21:3-11). 시몬은 주저한다. 그와 동료들은 고기를 잡기에 낮보다 더 나은 밤 시간 내내 열심히 일했지만 한 마리도 잡지 못했다. 고기를 잡을 가능성은 거의 없었다. 적어도 이 영역에서는 베드로가 전문가고 예수님은 초심자다. 그럼에도 베드로는 예수님을 "선생님"(참고. 눅 8:24, 45; 9:33, 49; 17:13)으로 부르며 요청하신 대로 행함으로써 그분에 대한 신뢰를 드러낸다.

그런데 어획량이 깜짝 놀랄 만큼 엄청나다. 잡은 고기가 너무 많아서 그물이 찢어지기 시작한다. 베드로의 일행이 동업자들에게 도와달라고 손짓한다. 이는 베드로의 사업이 번창하고 있다는 것과 그가 비교적 성공적인 사업가임을 가리킨다. 동업자들이 도우러 왔고, 두 배가 너무도 많은 고기로 가득 차는 바람에 물에 잠기다시피 했다. 엄청나게 많은 고기를 잡은 것은 한편으로 다음 두 가지를 상징한다. 하나는, 장차 베드로와 그의 동료 제자들을 통해 하나님께 나아올 사람들이 많을 것이라는 점이다. 다른 하나는, 그들에게 믿음이 생기는 것은 자신의 지혜나 능력이 아니라 주님의 능력 때문이라는 점이다.

5:8-11 베드로는 거룩한 경외의 자세로 반응한다. 그는 예수님 앞에 무릎을 꿇은 채, 나는 죄인이기(참고. 5:32) 때문에 예수님 앞에 있을 자격이 없다고, 예수님이 나를 떠나셔야 한다고(참고. 8:37) 말한다. 예수님은 베드로에게 그분 자신이 종교적 영역뿐 아니라 삶의 모든 영역을 다스리는 주님이라는 것을 입증하신다. 그분은 고기잡이에 대해 베드로보다 훨씬 많이 아신다. 베드로의 말은 이사야가 주님을 만났을 때 외친 절규를 상기시켜 준다. "화로다 나여 망하게 되었도다 나는 입술이 부정한 사람이요 나는 입술이 부정한 백성 중에 거주하면서 만군의 여호와이신 왕을 뵈었음이로다"(사 6:5). 베드로는 자기가 신령한 분, 거룩한 분 앞에 있다는 것을 깨닫는데, 그의 경험은 구약에 나오는 하나님의 현현과 비슷하다(출 3:1-6; 삿 13:22). 예수님은 의인이 아니라 죄인을 부르러 오셨다(참고. 눅 5:32).

베드로와 그의 동료들은 엄청난 고기를 잡은 것이 평범한 경험이 아니라는 것을 깨닫고 경이감에 사로잡히고 만다. 이는 예수님이 귀신을 쫓아내셨을 때 군중을 휩쓸었던 것과 같은 경이감이다. 예수님이 행하신 일은 어부 형제인 야고보와 요한도 깜짝 놀라게 해서(마 4:21; 막 1:19-20), 그들 역시 예수님과 특별히 가까운 사이가 될 것이다(참고. 마 17:1; 막 3:17; 5:37; 9:2, 38; 10:35, 41; 13:3; 눅 8:51; 9:28, 54). 사람들이 거룩하고 초자연적 존재를 마주치면 공포에 사로잡히기 마련인데, 예수님은 그런 시몬에게 무서워하지 말라고 말씀하신다(참고. 계 1:17). 예수님은 시몬을 그분의 제자로 받아들이며, 그가 더 이상 고기를 잡지 않고 그 대신 사람을 낚을 것이라고 약속하신다. 베드로는 예수님에게 떠나달라고 요청하지만 예수님은 베드로를 외면하지 않고 그 자신과 더 가까워지게 하신다. 여기에 베드로의 죄가 용서받았다는 암시가 있다. '낚다'라는 단어에는 '사람들을 산 채로 낚다'는 개념이 있으며, 사람들은 파멸되지 않고 낚시질로 인해 구원을 받게 된다.[69] 이는 예레미야 16장을 암시한다. 거기서는 유다가 그 죄와 악행으로

69 Garland, *Luke*, 229-230.

인해 징벌을 받아 포로로 끌려가겠으나, 주님은 그 백성을 포로 상태에서 돌아오게 하고 그들에게 다시 자비를 베풀겠다고 약속하신다(렘 16:14-15). 주님이 어부와 포수들을 보내 포로로 잡혀간 사람들을 구출하실 것이다(렘 16:16).

누가복음 5:11은 이 소명이 베드로에 국한되지 않고 야고보와 요한까지 포함한다는 것을 분명히 한다. 그들 각자는 번창하는 사업을 버려둔 채 예수님의 제자가 되어 그분을 따른다. 나중에 부름을 받는 마태도 이와 똑같은 경험을 한다(5:28, 참고. 왕상 19:19-21; 눅 14:26, 33; 18:28).

응답

우리 인생을 영원히 결정짓는 순간이 닥칠 때가 있다. 베드로가 이 역사적인 날에 예수님을 만났듯이 우리도 그런 경험이 있을 것이다. 우리가 참으로 예수님을 만나는 순간 우리 자신의 사악함, 이기심 그리고 나르시시즘을 인식하게 된다. 우리는 그분 앞에 있을 자격이 없다는 것을 깨닫는다. 그럼에도 주님은 믿음으로 그분에게 나아오는 모든 사람을 용서하고 그분을 섬기도록 부르신다. 예수님은 우리의 죄와 이기심을 보여주되 거기에 내버려두지 않으신다. 그분은 우리를 깨끗케 하고 용서한 후, 남들을 섬기도록 우리를 부르시고 우리를 자유롭게 한 그 좋은 소식을 전파하라고 하신다.

12 예수께서 한 동네에 계실 때에 온몸에 나병 들린 사람이 있어 예수
를 보고 엎드려 구하여 이르되 주여 원하시면 나를 깨끗하게 하실 수
있나이다 하니 13 예수께서 손을 내밀어 그에게 대시며 이르시되 내가
원하노니 깨끗함을 받으라 하신대 나병이 곧 떠나니라 14 예수께서 그
를 경고하시되 아무에게도 이르지 말고 가서 제사장에게 네 몸을 보
이고 또 네가 깨끗하게 됨으로 인하여 모세가 명한 대로 예물을 드려
그들에게 입증하라 하셨더니 15 예수의 소문이 더욱 퍼지매 수많은 무
리가 말씀도 듣고 자기 병도 고침을 받고자 하여 모여 오되 16 예수는
물러가사 한적한 곳에서 기도하시니라

12 While he was in one of the cities, there came a man full of leprosy.[1]
And when he saw Jesus, he fell on his face and begged him, “Lord,
if you will, you can make me clean.” 13 And Jesus[2] stretched out his
hand and touched him, saying, “I will; be clean.” And immediately
the leprosy left him. 14 And he charged him to tell no one, but “go and
show yourself to the priest, and make an offering for your cleansing,
as Moses commanded, for a proof to them.” 15 But now even more

the report about him went abroad, and great crowds gathered to hear him and to be healed of their infirmities. 16 But he would withdraw to desolate places and pray.

1 Leprosy was a term for several skin diseases; see Leviticus 13 *2* Greek *he*

단락 개관

누가복음은 5:1은 "그때에"[새번역, 에게네토 데 엔 토(*egeneto de en tō*), '어느 때, …하는 동안']로 시작하는데, 이는 이 단락을 시작하는 말[카이 에게네토 엔 토(*kai egeneto en tō*), '…하는 동안']과 거의 똑같다. 예수님이 어떤 마을에서 사역하실 때, 피부병에 시달리는 한 사람이 다가와 자기를 깨끗케 해달라고 간청한다. 예수님은 그를 만져서 즉시 깨끗케 하심으로 사람을 낚는 본보기를 보여주신다. 치유 받은 사람은 아무에게도 말하지 말고 제사장에게 가서 율법에 규정된 것을 드리라는 지시를 받는다. 하지만 예수님에 관한 소식이 빠르게 퍼져나가서 많은 사람이 병 고침을 받기 위해 그분에게 나아온다. 너무나 바쁜 와중에도 예수님은 정기적으로 기도하기 위해 광야로 물러가신다. 예수님은 좋은 소식을 전파하게 하려고 다른 이들을 부르셨다. 우리는 이 이야기를 통해 예수님의 인기가 널리 퍼져나감에 따라 왜 다른 이들이 사역에 필요한지를 알게 된다.

단락 개요

III. 예수님이 갈릴리에서 성령의 능력으로 구원을 전파하시다 (4:14-9:50)

A. 갈릴리에서 좋은 소식을 전파하시다(4:14-5:16)

4. 나병 환자를 깨끗케 하시다(5:12-16)

주석

5:12 누가는 우리에게 예수님이 어느 마을에 계시는지를 알려주는 데는 관심이 없고, 그분의 사역에서 일어난 놀라운 사건을 주목하게 한다. 한 사람이 "온몸에 나병 들린" 상태로 예수님에게 나아온다. 대다수 학자는 그 질병이 엄밀히 말해 나병(한센병)이 아니라 레위기 13-14장에 묘사된 다양한 피부병 중 하나라는 것에 동의한다. 이 경우에는 그 질병이 특히 악성이다("온몸에"). 피부병이 있는 사람은 자기가 더럽다고 외치고 남들로부터 떨어져 있어야 한다(참고. 레 13:2-3, 45-46). 그들은 주님의 진영 속에 있는 것이 금지된다(민 5:2-4). 구약의 배경을 감안하면, 대다수는 그 사람이 자기 죄 때문에 피부병에 걸렸다고 생각했을 것이다(참고. 민 12:1-15; 신 24:8, 9; 28:22, 27; 삼하 3:29; 왕하 5:20-27; 대하 26:16-21).[70] 그럼에도 그 사람은 예수님 앞에 엎드리고(참고. 눅 8:41, 47; 17:16) 그분을 "주"라 부르면서 깨끗케 해 달라고 간청한다. 이는 '선생님'이라는 뜻에 불과한 호칭이 아니다. 피부병에 걸린 사람은 예수님에게 질병을 다스리는 권위가 있다는 것을 인정한다.

70 Garland, *Luke*, 239에 나오는 논의를 보라.

5:13 예수님은 한마디의 명령으로 귀신, 열병 그리고 죽음까지 도망가게 했듯이(4:35-36, 39; 7:14), 말씀만으로 그 남자를 깨끗케 하실 수 있었다. 그러나 이 경우에는 손을 내밀어 사회로부터 외면 받는 사람, 이스라엘의 진영 밖에서 살아야 하는 사람을 직접 만지신다(참고. 18:15; 22:51; 레 13:46). 누군가가 더러운 사람을 만지면 그 역시 더러워진다. 특히 그 사람이 피부병에 걸렸다면 더욱 그렇다. 예수님이 그를 만짐으로써 연민과 사랑을 베푸시자(막 1:41) 놀라운 일이 일어난다. 여호와께서 구원하기 위해 손을 내밀듯이(출 3:20; 6:8; 7:5; 15:12; 신 4:34; 느 9:15), 예수님도 구원하기 위해 손을 내미신다. 예수님의 청결함이 너무도 강력해서 더러워진 사람들을 깨끗케 한다. 마치 예수님의 능력이 뿜어져 나와서 그를 변화시키는 것 같다. 이 이야기 안에 있는 또 하나의 놀라운 특징은 예수님의 의지다(참고. 눅 5:12). 더러운 사람을 만져서 변화시키는 것은 예수님의 바람이며, 이는 그분의 연민과 사랑을 보여준다.

5:14 예수님이 그 사람에게 치유 받은 것에 대해 침묵을 지키라고 명하신다(4:41; 8:56; 9:21). 자칫하면 그릇된 열정을 불러일으켜서 사람들이 예수님 사역의 성격을 오해할 수 있음을 아셨던 것이다. 예수님은 그에게 율법의 가르침대로 행하고 토라에 규정된 제물을 드리라고 말씀하신다(레 13:19; 14:1-32). 제물은 제사장들에게 하나의 증언이 된다(참고. 눅 21:13). 그러면 제사장들에게 무언가 이례적인 일이 벌어지고 있다는 증거, 성령이 독특한 방식으로 예수님 위에 머물고 있다는 증거가 주어지는 것이다. 제사장들이 무슨 일이 발생했는지 조사하고 그들의 마음을 살핀다면, 예수님이 메시아인지 여부를 고려할 기회를 얻게 될 것이다. 이스라엘의 많은 종교 지도자들이 예수님을 배척하지만, 사도행전 6:7을 보면 다수의 제사장들이 예수님이 참으로 하나님께 선택받은 자라고 결론 내렸음을 알 수 있다.

5:15-16 누가는 치유 받은 사람이 그 소식을 퍼뜨린다고 명시적으로 말

하지 않지만 이런 생각이 암시되어 있다. 마가는 그 사람이 실제로 이 일을 많이 전파한다고 기록하고(막 1:45), 그래서 수많은 사람이 예수님의 가르침을 듣고 병 고침을 받기 위해 모인다(눅 8:2). 예수님은 인기가 높아짐에 따라 시선을 그분의 사명에 고정시키셔야 했다. 우리는 3:21(주석 참고)에서 누가복음이 기도를 중심으로 삼는다는 것을 살펴보았다. 예수님은 종종 군중으로부터 물러나서 한적한 곳에 가서 기도하신다. 예수님의 사역은 순간순간 하나님을 의존하는 가운데 수행된다. 그 사역은 인기에 의해 좌우되면 안 되고 하나님의 방식으로 그리고 하나님의 능력으로 진전되어야 한다. 군중의 지나친 찬사는 변덕스럽고 불안정하기 때문이다.

응답

우리는 여기서 하나님의 사랑이 예수 그리스도를 통해 나타나는 놀라운 사례를 접한다. 더러운 사람, 남들이 피하는 사람, 수치심이 가득한 사람을 예수 그리스도가 만져서 치유하신다. 너무 더럽거나 불결해서 예수님에게 나아올 수 없는 사람은 없다. 그분은 우리를 더럽히고 당혹스럽게 하는 모든 것을 깨끗케 하고 우리를 새롭게 하신다. 주님이 죄로 더러워진 우리를 받아주신다면, 우리 역시 똑같은 자비와 사랑을 모든 곳의 모든 사람에게 베풀어야 마땅하다. 우리 주님은 사회나 종교 공동체가 역겨워하는 사람들도 따뜻하게 영접해서 깨끗케 하신다. 예수님은 세리, 나병 환자, 죄인, 바리새인 등 모든 사람을 초대해서 구원에 이르게 하신다.

17 하루는 가르치실 때에 갈릴리의 각 마을과 유대와 예루살렘에서
온 바리새인과 율법교사들이 앉았는데 병을 고치는 주의 능력이 예수
와 함께하더라 18 한 중풍병자를 사람들이 침상에 메고 와서 예수 앞
에 들여놓고자 하였으나 19 무리 때문에 메고 들어갈 길을 얻지 못한
지라 지붕에 올라가 기와를 벗기고 병자를 침상째 무리 가운데로 예
수 앞에 달아 내리니 20 예수께서 그들의 믿음을 보시고 이르시되 이
사람아 네 죄 사함을 받았느니라 하시니 21 서기관과 바리새인들이 생
각하여 이르되 이 신성모독 하는 자가 누구냐 오직 하나님 외에 누가
능히 죄를 사하겠느냐 22 예수께서 그 생각을 아시고 대답하여 이르시
되 너희 마음에 무슨 생각을 하느냐 23 네 죄 사함을 받았느니라 하는
말과 일어나 걸어가라 하는 말이 어느 것이 쉽겠느냐 24 그러나 인자
가 땅에서 죄를 사하는 권세가 있는 줄을 너희로 알게 하리라 하시고
중풍병자에게 말씀하시되 내가 네게 이르노니 일어나 네 침상을 가
지고 집으로 가라 하시매 25 그 사람이 그들 앞에서 곧 일어나 그 누웠
던 것을 가지고 하나님께 영광을 돌리며 자기 집으로 돌아가니 26 모
든 사람이 놀라 하나님께 영광을 돌리며 심히 두려워하여 이르되 오

늘 우리가 놀라운 일을 보았다 하니라

17 On one of those days, as he was teaching, Pharisees and teachers
of the law were sitting there, who had come from every village of
Galilee and Judea and from Jerusalem. And the power of the Lord was
with him to heal.[1] 18 And behold, some men were bringing on a bed
a man who was paralyzed, and they were seeking to bring him in and
lay him before Jesus, 19 but finding no way to bring him in, because
of the crowd, they went up on the roof and let him down with his bed
through the tiles into the midst before Jesus. 20 And when he saw their
faith, he said, "Man, your sins are forgiven you." 21 And the scribes
and the Pharisees began to question, saying, "Who is this who speaks
blasphemies? Who can forgive sins but God alone?" 22 When Jesus
perceived their thoughts, he answered them, "Why do you question in
your hearts? 23 Which is easier, to say, 'Your sins are forgiven you,' or
to say, 'Rise and walk'? 24 But that you may know that the Son of Man
has authority on earth to forgive sins"—he said to the man who was
paralyzed—"I say to you, rise, pick up your bed and go home." 25 And
immediately he rose up before them and picked up what he had been
lying on and went home, glorifying God. 26 And amazement seized
them all, and they glorified God and were filled with awe, saying, "We
have seen extraordinary things today."

1 Some manuscripts *was present to heal them*

단락 개관

누가는 병을 고치고 귀신을 쫓아내는 예수님의 놀라운 사역을 스냅 사진으로 찍어 크게 부각시켰고, 이는 자연스레 사람들의 주목을 받게 된다. 이어서 예수님과 바리새인들 간에 생기는 갈등을 다섯 장면에 담았다. 이 내러티브들은 예수님의 사역 위에 십자가의 그림자를 드리운다. 이제까지는 예수님의 사역이 확장되고 그분의 인기가 높아졌지만(그러나 나사렛에서의 사역을 보라, 4:16-30), 이제 우리는 장차 그분의 죽음에서 절정에 도달할 예수님에 대한 반대를 목격하기 시작한다. 첫째 장면은 예수님이 가르치시는 동안 네 사람이 중풍병자를 들고 와서 지붕에서 그를 달아 내리는 모습이다. 예수님은 그의 죄가 용서받았다고 선언해서 바리새인들을 자극하시는데, 그런 주장이 그들의 눈에는 신성모독이기 때문이다. 그들의 생각을 아는 예수님이, 중풍병자를 치유함으로써 죄가 용서받았다는 그분의 주장이 근거 없는 것이 아니라는 증거를 제시하신다. 중풍병자가 치유되자 사람들이 놀라움으로 가득 차서 하나님께 영광을 돌린다. 예수님은 종교 지도자들에게 그 자신에 관한 주장에 근거가 있다는 구체적인 증거를 주신다. 그분은 언약을 이루실 분, 곧 이스라엘을 회복시키실 분이다.

단락 개요

III. 예수님이 갈릴리에서 성령의 능력으로 구원을 전파하시다 (4:14-9:50)
B. 바리새인과 충돌하시다(5:17-6:11)
1. 중풍병자의 치유와 용서를 둘러싸고(5:17-26)

주석

5:17 누가가 두 차례에 걸쳐 말했듯이(4:14; 5:15), 예수님의 사역이 폭넓은 주목을 받는다. 갈릴리와 유대와 예루살렘 전역에서 예수님에 관한 소문을 들은 바리새인과 서기관들이 그분의 메시지를 조사하려고 온다. 바리새파는 이스라엘에서 대중적인 평신도 운동이었고, 일부 제사장들도 바리새인이었다(참고. 5:30; 6:7; 7:30; 11:53; 14:3; 15:2). 바리새인들이 토라를 지키도록 요구한 것은 주님이 이스라엘을 위한 언약을 이루시게 하기 위해서였다. 그들은 평범한 이스라엘 사람이 순종에 보다 쉽게 접근하도록 만들려고 했다. 또한 모든 이스라엘 사람이 순결하고 주님께 헌신해야 한다고 가르쳤다. "율법교사들"도 바리새인들과 근본적으로 다르지 않았다. 이들은 율법 아래 사는 삶이 어떤 모습인지에 관한 규정을 주면서 주님을 기쁘시게 하는 것에 관해 가르쳤다. 누가는 그들이 그곳에 있는 동안 치유의 능력이 예수님과 함께했다고 말한다(참고. 6:19; 8:46).

5:18-19 예수님이 가르치시는 동안 매우 이례적인 사건이 발생한다. 네 사람이 중풍병자를 침상에 눕혀서 데리고 온다. 그들은 그 병자를 예수님에게 데려가서 치유 받게 하고 싶었지만 군중이 너무나 많아서 도무지 예수님 가까이 갈 수 없었다. 결국 지붕 위로 올라가서 기와를 옮기고 그 사람을 예수님의 발 앞에 내려놓는다.

5:20-21 예수님은 네 사람이 예상했던 방식이나 군중이 기대했던 방식으로 반응하지 않으신다. 그 사람을 치유하는 대신 그의 죄가 용서받았다고 선언하신다. 예수님은 병자를 데려온 네 사람의 믿음에 반응하여 그렇게 하신다. 중풍병자 역시 ("그들의"라는 대명사에 포함되어) 믿음을 행사했을 법하지만 누가가 이 점을 강조하지는 않는다. 예수님은 나중에 죄 많은 여인에게도 그녀가 용서받았다고 선언하실 것이다(7:48). 이 선언으로부터 우리는 죄의 용서가 인간에게 가장 필요한 것임을, 심지어 치유를 받는 것

보다 더 중요한 것임을 알게 된다.

서기관과 바리새인들이 즉시 예수님의 말씀에 반대한다. "서기관[들]"은 "율법교사들"(5:17)을 달리 표현하는 방식이다.[71] 그들은 예수님이 오직 하나님께만 속하는 것을 가로채는 신성모독의 죄를 범한다고 생각한다. 레위기 24:10-16, 23은 주님의 이름을 모독하는 자는 사형에 처하도록 규정한다. 특히 죄를 용서할 수 있다는 예수님의 주장은 신성모독에 해당한다고 믿는다(참고. 눅 7:49). 구약은 죄를 용서하는 것은 하나님의 특권이라고 강조한다(사 43:25; 44:22; 55:7). 어떤 사람에게 용서에 대한 주님의 약속에 기초해 용서받았다고 선언하는 것과, 본인이 죄를 용서하는 고유한 권한을 가졌다고 주장하는 것은 별개다. 그들은 예수님이 후자를 행하고 있다고 생각한다.

5:22-23 예수님은 바리새인이나 서기관의 생각에 관한 말을 들을 필요가 없다. 그분은 그들의 생각을 아신다. 생각에 사용된 단어[디알로기스무스(*dialogismous*)]는 누가복음에서 항상 악한 생각을 가리킨다(2:35; 6:8; 9:46, 47; 24:38). 그들이 무슨 생각을 하는지를 분별하는 예수님의 능력은 선지자적 지위를 가리킨다고 말할 수도 있지만, 그분의 신적 정체성을 가리키는 텍스트에서는 그 능력이 신적 위상을 가리킨다(참고. 6:8; 9:47; 11:17). 예수님은 바리새인과 서기관들에게 질문을 던짐으로써 그들의 동기와 의도에 대해 생각하도록 하신다. 이어서 그들로 더 깊은 성찰을 하게 하려고 또 하나의 질문을 던지신다. 한 사람의 죄가 용서받았다고 말하는 것과 "일어나서 걸어가라"(23절)고 말하는 것 중에 어느 것이 더 쉬운가? 물론 둘 다 '말하는' 것은 똑같이 쉽기 때문에 예수님은 둘 중 어느 것이 '행하기'에 더 쉬운지 물으시는 것이다. 정답은 둘 다 똑같이 행하기는 어렵다는 것이다. 둘 다 하나님의 활동이라서 그렇다. 시편 103:3은 주님이 "네 모든 죄악을 사

71 Garland, *Luke*, 242.

하시며" 또 "네 모든 병을 고치[신다]"고 말한다. 병의 치유와 죄의 용서는 오직 하나님의 특권이다. 하나님께서 그런 권한을 인간에게 위임할 수 있으나 궁극적으로는 하나님만이 치유하고 용서하신다.

5:24 예수님은 바리새인과 서기관들을 비판과 의심을 일삼도록 그냥 내보내지 않으신다. 예수님은 그분의 주장에 대한 증거를 제시하신다. 그분에게 죄를 용서하는 고유한 권한이 있음을 알려주기 원하신다. 어쩌면 예수님은 이때 바리새인과 서기관들이 오해하고 있다고, 회개하고 믿는 사람들은 죄를 용서받는다고 말하는 것일 뿐이라고 설명하실 수도 있었다. 어쨌든 사도들도 그리스도 안에서 하나님께로 돌이키는 사람은 죄 사함을 받았다고 선언하지 않는가(요 20:23; 행 2:38; 8:22; 10:43; 고후 2:10)? 그러나 이것이 사도들이나 다른 그리스도인에게 용서하는 고유한 권한이 있다는 뜻은 아니다. 용서를 선언할 때는 그리스도의 이름으로 그렇게 되는 것이다. 하지만 여기서 예수님이 주장하시는 바는 그분에게 인자로서 죄를 용서할 신적 권한이 있다는 것이다.

인자에 대한 언급은 다니엘 7:13-14로 돌아가는데, 이 대목은 "인자"가 옛적부터 항상 계신 이에게 "하늘 구름을 타고" 오고, 한 나라가 그에게 주어지며 그 나라는 결코 멸망하지 않을 것이라고 말한다. 이 구절은 이 복음서에서 예수님과 관련하여 "인자"라는 호칭이 처음 사용되는 곳이다. 이 호칭이 모두 스물다섯 번 나오는 만큼 예수님이 스스로에게 붙이기를 좋아하신 용어임에 틀림없다.[72] 여기서 인자가 "땅에서 죄를 사하는 권세"를 갖고 있으므로, 우리는 그분이 신적인 인물임을 알게 된다. 예수님은 중풍병자에게 침상을 들고 집으로 가라고 말씀함으로써 그분의 권세를 입증하신다. 앞에서 살펴보았듯이, 병의 치유와 죄의 용서는 똑같이 인간에게는 불가능한 하나님만의 활동이다. 따라서 중풍병자를 치유함으로써 예수님

72 인자에 관한 논의를 더 보려면 서론의 '신학' 중 '기독론'을 참고하라.

에게 병을 치유하고 죄를 용서하는 고유한 신적 권한이 있다는 것이 분명해진다(참고. 5:22-23 주석).

5:25-26 예수님의 말씀은 창조 때의 하나님 말씀처럼(참고. 창 1:3; 시 33:6) 즉시 효과를 발휘한다. 중풍병자가 일어나 침상을 들고 집으로 돌아가면서 하나님께 영광을 돌린다(참고. 눅 2:20; 13:13; 17:15; 18:43). 그 방이 온통 놀라는 소리로 와글거리고, 사람들이 하나님께 영광을 돌린다(참고. 7:16). 초자연적 현상과 관련된 두려움이 모든 사람에게 엄습한다(참고. 1:65). 그들은 지금 거룩한 분 앞에 있다는 것을 안다. 또한 평범한 사건을 목격한 게 아니라는 사실을 안다. 우리가 2:11-12을 논의할 때 "오늘"이 누가복음에서 중요한 용어임을 살펴보았듯이, 이 용어는 성취의 날이 도래했다는 것, 주님이 그분의 백성에게 주신 약속을 이루고 계신다는 것을 의미한다.

응답

죄를 용서한다는 예수님의 주장은 참으로 놀랍다. 이 점을 C. S. 루이스보다 더 잘 포착한 사람을 찾기 어렵다.

> 그런데 화자(話者)가 하나님이 아니라면, 이는 너무나 터무니가 없어서 코믹하기까지 하다. 우리 모두는 한 사람이 자기에게 범한 잘못을 어떻게 용서해주는지 이해할 수 있다. 당신이 내 발가락을 밟고 나는 당신을 용서하고, 당신이 내 돈을 훔치고 나는 당신을 용서한다. 그런데 스스로 도둑질을 당하지 않고 밟히지 않았으면서도, 당신이 다른 사람의 발가락을 밟고 다른 사람의 돈을 훔친 것에 대해 당신을 용서했다고 선언하는 사람을 우리가 어떻게 이해해야 할까? '터무니없는 어리석음'이 우리가 그의 행동에 대해 가장 친절하게 묘사할 수 있는 말이다. 하지만 이것이 예수님이 행하신 일이다.

> 그분은 사람들에게 그들의 죄가 용서받았다고 말씀하셨고, 그들의 죄가 틀림없이 상처를 준 다른 모든 사람과 의논하려고 결코 기다리지 않으셨다…이는 그분이 정말로 우리가 어긴 율법의 주인인 하나님일 경우에만 의미가 통한다.[73]

여기서 믿음에 관해서도 한마디 하는 게 좋겠다. 우리의 믿음이 성장하기 원한다면, 우리에게 얼마만큼의 믿음이 있는지에 초점을 맞추지 말고 그 대신 예수님에게 집중해야 한다. 로버트 머리 맥체인(Robert Murray M'Cheyne)은 "당신 자신을 한 번 바라볼 때마다 그리스도를 열 번 바라보라!"[74]고 충고했다. 우리가 믿음의 대상에 초점을 둘 때 믿음은 자라게 된다.

73 C. S. Lewis, *Mere Christianity* (New York, HarperOne, 2001), 51-2. 《순전한 기독교》 (홍성사).

74 Andrew A. Bonar, *Memoir and Remains of the Rev. Robert Murray M'Cheyne, Minister of St. Peter's Church, Dundee* (Edinburgh, UK: Oliphant, Anderson, & Ferrier, 1883), 239.

27 그 후에 예수께서 나가사 레위라 하는 세리가 세관에 앉아 있는 것
을 보시고 나를 따르라 하시니 28 그가 모든 것을 버리고 일어나 따르
니라
27 After this he went out and saw a tax collector named Levi, sitting
at the tax booth. And he said to him, "Follow me." 28 And leaving
everything, he rose and followed him.

29 레위가 예수를 위하여 자기 집에서 큰 잔치를 하니 세리와 다른 사
람이 많이 함께 [1)]앉아 있는지라 30 바리새인과 그들의 서기관들이 그
제자들을 비방하여 이르되 너희가 어찌하여 세리와 죄인과 함께 먹고
마시느냐 31 예수께서 대답하여 이르시되 건강한 자에게는 의사가 쓸
데 없고 병든 자에게라야 쓸 데 있나니 32 내가 의인을 부르러 온 것이
아니요 죄인을 불러 회개시키러 왔노라
29 And Levi made him a great feast in his house, and there was a large
company of tax collectors and others reclining at table with them.
30 And the Pharisees and their scribes grumbled at his disciples, saying,

"Why do you eat and drink with tax collectors and sinners?" 31 And Jesus answered them, "Those who are well have no need of a physician, but those who are sick. 32 I have not come to call the righteous but sinners to repentance."

1) 헬, 기대어 누워 있는지라(유대인이 음식 먹을 때에 가지는 자세)

5장

단락 개관

다음 논쟁은 예수님이 함께 어울리시는 사람들, 곧 세리와 죄인들을 중심으로 벌어진다. 예수님이 세리 레위를 그분의 제자로 부르신다. 당시에 세리들은 특히 멸시를 받았다. 레위는 그의 직업을 버려둔 채 예수님을 따르고, 이후 큰 잔치를 베풀어서 많은 세리와 그 밖의 사람들이 모인다. 이에 분개한 바리새인과 서기관들은 그런 죄 많은 사람들과 어울리는 예수님이 의심스럽다며 불평한다. 예수님은 죄인들과 어울리는 것을 부인하지 않으며, 자신은 의사고 그분이 어울리는 이들은 환자라고 주장하신다. 이 이야기는 권위 있는 선언으로 끝난다. 예수님이 의인(이미 하나님께 속한 자들)을 부르러 온 것이 아니라 죄인들을 회개시키러 오셨다는 것이다.

단락 개요

III. 예수님이 갈릴리에서 성령의 능력으로 구원을 전파하시다 (4:14-9:50)
B. 바리새인과 충돌하시다(5:17-6:11)
2. 세리와 죄인들을 불러 가까이하는 것을 둘러싸고(5:27-32)

주석

5:27-28 당시에 세리(참고. 3:10-14 주석)는 로마인의 협력자로서 윤리적으로 의심스러운 자들로 간주되었다. 그들은 종종 정당한 세금보다 더 많이 걷어서 나머지를 자기 주머니에 챙겼기 때문이다. 예수님은 세관에 앉아 있는 레위(마태)를 보고 그분의 제자가 되라고 부르신다(참고. 9:23, 59; 18:22). 레위는 "삭개오와 같은 세관장이 아니라 하찮은 공무원이다."[75] 예수님의 이러한 모습은 당시 랍비의 관행과 대조를 이룬다. 보통은 학생들이 랍비에게 찾아와 그의 제자가 될 수 있는지 묻고, 언젠가는 제자 신분의 기간이 끝나게 된다. 학생들은 영원히 랍비의 제자가 될 수 없다. 반면에 예수님이 사람들에게 그분을 따라와서 제자가 되라고 부르실 때는 그 기간이 결코 끝나지 않는다. 이는 예수님이 랍비에 불과한 분이 아니라는 것을 보여준다. 레위는 예수님께 부름 받는 순간 자신의 직업을 버리고 따라간다. "모든 것"을 버린다는 것은 예수님에 대한 전적인 헌신을 의미하지만 이를 지나치게 해석하면 안 된다. 다음 구절에서 레위가 예수님을 위

75 Garland, *Luke*, 249.

해 자기 집에서 잔치를 베풀기 때문이다.[76]

5:29 레위가 자기 집에서 큰 잔치를 열고, 상류 사회에서 존중받지 못하는 세리 및 다른 사람들을 초대한다. 다른 사람들과 음식을 먹는 것은 사회적 용납을 의미한다(참고. 갈 2:11-14). 당시 바리새인들은 죄인으로 간주되는 자들과 함께 음식을 먹지 않으려고 조심했다. 예수님이 세리 및 죄인들과 음식을 먹는 것은, 사랑과 은혜가 종교적 기득권층에게 배척당한 자들에게까지 미친다는 것을 강력하게 보여준다. 예수님이 다른 사람들과 함께 음식을 먹는 것은, 의롭게 되는 것은 오직 믿음으로 가능하고 용서는 모든 사람에게 열려 있음을 전달하는 행위다.

5:30 바리새인과 서기관들은 그런 상황을 탄식하며 예수님의 제자들에게 불평을 늘어놓는다. 그러면서 세리 및 죄인들과 함께 음식을 먹으면 스스로 오염되기 마련인데 어떻게 그럴 수 있느냐고 묻는다(참고. 7:34; 15:2; 19:7). 바리새인들은 언약이 실현되는 것을 보길 갈망하고, 이스라엘이 그 나라의 도래를 앞당기기 위해 스스로를 악에서 분리시켜야 한다고 믿는다. 그들은 예수님과 제자들이 이런 면에서 그릇된 길로 가고 있다고 확신한다.

5:31-32 이 사건은 예수님의 선언으로 끝나는데, 많은 학자는 이것을 예수님의 확정적 선언이 사태를 마무리하는 하나의 선언적 이야기로 간주한다. 여기서 예수님은 스스로를 의사에 비유하면서, 바리새인들이 왜 그 사태를 완전히 틀리게 이해했는지 설명하신다. 바리새인들은 그들을 전염시키고 오염시키는 모든 것에서 거리를 두려 하지만, 이것은 이스라엘을 변화시키는 방식이 아니다. 예수님은 의사로서 병든 자를 치유하고, 그들에

76 Garland, *Luke*, 250; Bock, *Luke 1:1-9:50*, 494.

게 구원을 베풀고, 죄인들을 용서하고, 하나님에게서 멀어진 사람들을 회복시키기 위해 오셨다. 이스라엘이 정말로 변화되려면 죄인들을 되찾아야 한다. 예수님은 의로운 자들, 즉 이미 하나님과 올바른 관계를 맺고 있는 자들을 부르기 위해 하나님으로부터 오신 것이 아니다. 또 하나의 가능성은 "의로운"이라는 단어가 아이러니하게 사용되고 있다는 것이다. 즉 예수님은 스스로 의롭다고 생각하지만 사실은 그렇지 않은 사람들을 다루고 계신다. 어쨌든 예수님은 죄에 빠진 사람들을 하나님께 돌이키려고 오셨다. 그분은 어떤 부류의 사람도 포기하지 않고 회개할 기회를 주신다. 아울러 예수님은 죄인들이 그들의 죄에 안주하도록 내버려두기 위해 그들과 어울리시는 것이 아니다. 회개하도록, 죄로부터 등을 돌리도록, 하나님의 은혜를 받아들이도록 그들을 부르시는 것이다.

응답

바리새인들의 유혹은 순결을 강조하는 바람에 그들 자신을 다른 이들로부터 분리시키는 길을 가려는 것이다. 이는 교회가 언제나 직면하는 위험이다. 순결을 유지하기 위해 우리는 다른 이들로부터 분리되고 세상의 영향을 받지 않는 우리만의 거룩한 집단을 만들고 싶은 유혹을 받는다. 반대편에 있는 위험은, 세상에 있는 자들과 어울리면서, 사랑은 변화를 요구하지 않고 있는 그대로 용납하는 것이라고 말한다. 우리는 예수 그리스도에게서 완전한 접근법을 발견한다. 그분은 세리 및 죄인들과 함께 음식을 먹는다. 그들을 사랑하고 그들에게 은혜를 베풀되 그와 동시에 그들을 불러 회개하게 하신다. 우리는 교회와 신자로서 은혜와 진리, 사랑과 정의, 자비와 의로움을 모두 가져야 한다.

33 그들이 예수께 말하되 요한의 제자는 자주 금식하며 기도하고 바
리새인의 제자들도 또한 그리하되 당신의 제자들은 먹고 마시나이다
34 예수께서 그들에게 이르시되 혼인 집 손님들이 신랑과 함께 있을
때에 너희가 그 손님으로 금식하게 할 수 있느냐 35 그러나 그날에 이
르러 그들이 신랑을 빼앗기리니 그날에는 금식할 것이니라 36 또 비유
하여 이르시되 새 옷에서 한 조각을 찢어 낡은 옷에 붙이는 자가 없나
니 만일 그렇게 하면 새 옷을 찢을 뿐이요 또 새 옷에서 찢은 조각이
낡은 것에 어울리지 아니하리라 37 새 포도주를 낡은 가죽 부대에 넣
는 자가 없나니 만일 그렇게 하면 새 포도주가 부대를 터뜨려 포도주
가 쏟아지고 부대도 못쓰게 되리라 38 새 포도주는 새 부대에 넣어야
할 것이니라 39 묵은 포도주를 마시고 새 것을 원하는 자가 없나니 이
는 묵은 것이 좋다 함이니라
33 And they said to him, “The disciples of John fast often and offer
prayers, and so do the disciples of the Pharisees, but yours eat and
drink.” 34 And Jesus said to them, “Can you make wedding guests fast
while the bridegroom is with them? 35 The days will come when the

bridegroom is taken away from them, and then they will fast in those days." 36 He also told them a parable: "No one tears a piece from a new garment and puts it on an old garment. If he does, he will tear the new, and the piece from the new will not match the old. 37 And no one puts new wine into old wineskins. If he does, the new wine will burst the skins and it will be spilled, and the skins will be destroyed. 38 But new wine must be put into fresh wineskins. 39 And no one after drinking old wine desires new, for he says, 'The old is good.'"[1]

1 Some manuscripts *better*

단락 개관

회개에 관한 예수님의 말씀(5:32)이 한 질문을 불러일으킨다. 세례 요한의 제자들은 바리새인의 제자들과 똑같이 금식하며 기도하기 때문에 회개하는 듯이 보인다. 그런데 예수님의 제자들은 금식하지 않고 오히려 먹고 마시기 때문에 유난히 눈에 띈다. 예수님은 메시아의 잔치, 메시아의 만찬이 시작되었다고 응답하신다. 그 잔치를 위해 신랑이신 예수님이 도착하셨으므로 금식은 완전히 부적절하다. 신랑이 없어질 때, 즉 예수님이 죽으실 때는 제자들이 비로소 금식하게 될 것이다. 36-39절에서 예수님은 그분의 취지를 설명하려고 한 비유를 들려주신다. 누구든 새 옷에서 한 조각을 찢어 헌 옷에 붙이는 일은 결코 없을 것이다. 그러면 새 조각이 헌 옷을 찢어버릴 뿐 아니라 양쪽이 서로 어울리지 않을 것이다. 이와 마찬가지로 예수님이 선포하신 새 포도주는 바리새파적인 종교의 옛 가죽 부대에 넣을 수 없다. 그러면 바리새인들의 옛 가죽 부대가 예수님이 가져오시는 새 포도주로 인해 터지고 말리라. 따라서 예수님의 새 포도주는 새 가죽 부대에 넣어야 한다. 그러나 많은 사람은 오래되고 전통적인 방식이 더 낫다고 생각한 나머지 새 포도주가 더 낫다는 것을 알지 못한 채 바리새인의 가르침을 선호할 것이다.

단락 개요

III. 예수님이 갈릴리에서 성령의 능력으로 구원을 전파하시다 (4:14-9:50)

B. 바리새인과 충돌하시다(5:17-6:11)

3. 금식을 둘러싸고(5:33-39)

주석

5:33 바리새인들은 회개의 필요성에 대해서는 예수님과 의견을 같이하지만, 예수님이 과연 회개를 제대로 이해하는지에 대해 의문을 제기한다. 세례 요한의 경우는 그의 제자들이 정기적으로 금식하고 기도하기 때문에 회개를 이해하는 듯 보였다.[77] 그런 면에서는 세례 요한의 제자들이 바리새인들의 관행과 어울리는 편이다. 구약에서는 속죄일(레 16:29)에 회개를 표현하려고(삼상 7:6; 왕상 21:27; 느 9:1; 사 58:3-6; 욜 1:14; 2:12-27; 슥 7:5; 8:19), 슬퍼하려고(삼하 1:12; 대상 10:12; 에 4:3) 그리고 주님께 특별한 부탁을 하려고(삼하 12:16, 21-23; 스 8:21-23; 에 4:16) 금식하곤 했다. 바리새인들이 세례 요

77 참고. Garland, *Luke*, 252.

한과 그의 제자들에게서는 경건한 모습을 발견하지만, 예수님의 제자들은 전혀 다른 삶을 영위한다. 그들은 먹고, 마시고, 기뻐하며, 잔치를 벌인다. 그런 기쁨과 유쾌함은 의에 대한 전통적인 개념과 일치하지 않는다. 누가복음 18:12에 나오는 바리새인의 자세에 따르면, 그들은 일주일에 두 번씩 금식하고 모든 소득의 십일조를 하나님께 바친다. 종교적인 삶은 자기부인과 희생을 그 특징으로 삼는다.

5:34 예수님의 대답은 그분의 제자들이 행하고 있는 것이 전적으로 적절하다고 인정한다. 결혼식 손님들은 신랑이 그들과 함께 있는 동안에는 결코 금식을 요구받지 않을 것이다. 혼인이 진행되는 동안의 금식은 신랑에게 일종의 모욕이고 참석한 모든 사람의 기쁨을 망치는 일이다. 신랑은 물론 예수님이다. 세례 요한도 다른 곳에서 이와 똑같은 예를 사용한 적이 있다(요 3:28-29). 예수님이 제자들과 함께 계신다는 것은 메시아의 잔치가 시작되었음을 가리킨다. 이사야는 "기름진 것과 오래 저장하였던 포도주로 연회를 베푸[실]"(사 25:6) 날을 고대했다. 그날에는 죽음을 영원히 이기고 더 이상의 눈물이 없을 것이다(사 25:8). 잔치가 시작되었지만, 다음 구절이 분명히 하듯이, 아직 완료되지는 않았다. 이스라엘은 장차 그 백성과 하나님의 관계가 회복될 날을 내다보았다. 주님은 신랑으로 이스라엘은 신부로 묘사되어 있고, 회복의 날이 오고 있다(사 54:5-6; 62:4-5; 호 2:14-23). 그럼에도 혼인식이 시작되었고 잔치도 개시되었으므로, 제자들은 먹고 마시면서 연회의 유쾌함을 즐기는 것이 옳다.

5:35 예수님이 사역하실 때는 기쁨과 향연의 때, 죄를 용서하고 병자를 고치며 귀신을 쫓아낼 때인 만큼 금식이 어울리지 않는다. 하나님 나라가 예수님의 사역을 통해 도래하고 있다(11:20). 언약이 실현되는 중이고 새로운 출애굽이 성취되고 있다. 그럼에도 신랑을 빼앗길 날이 오는 중인데, 이는 아마 예수님의 죽음을 가리킬 것이다.[78] 그때가 되면 예수님을 따르던 자들이 슬픔으로 가득 찰 것이기 때문에 금식이 어울린다. 그렇다면 이 말

씀은 예수님이 부활하신 후 부재하는 기간을 가리키는 것이 아니다. 또한 현 시대에 금식하는 것이 잘못이라는 뜻도 아니다(참고. 마 6:16; 행 13:2). 물론 금식이 적절한 때가 있으나 신약은 금식의 필요성이나 중요성을 강조하지 않는다. 초점은 하나님 나라의 기쁨에 있다.

5:36 이어서 예수님이 그분의 주장을 풀어 설명하는 수선/옷의 비유와 포도주/가죽 부대의 비유를 들려주신다. 사람들은 새 옷의 조각을 찢어서 낡은 옷에 붙이지 않는다. 그러면 새 조각이 낡은 옷을 찢어버릴 뿐더러 서로 어울리지도 않는다. 예수님은 그분의 메시지와 사역으로 새로운 것, 곧 세례 요한의 사역에도 존재하지 않았던 새로운 것이 도래했다고 가르치신다. 어쨌든 세례 요한은 그리스도의 오심을 고대했고 그분의 도래를 내다보지 않았던가? 그래서 예수님 안에서 새로운 것이 왔고, 이는 옛 것에 갖다 붙일 수 없는 것이다. 그 자체로 나쁜 것이 아닌 금식과 기도에 초점을 맞춘다는 것은, '인간들'이 그런 영적 훈련을 추구하는 중에 무엇을 행하는지를 강조한다. 반면에 예수님은 '하나님'께서 행한 일, 곧 복음을 통해 값없이 용서를 베푸는 모습에 초점을 두신다.

5:37-38 포도주와 가죽 부대의 예도 그와 똑같은 주장을 한다. 새 포도주를 낡은 가죽 부대에 넣으면 안 된다. 낡은 가죽 부대가 오그라들어서 발효하는 포도주를 담을 수 없기 때문이다. 예수님의 새로운 메시지를 세례 요한과 바리새인들의 영적 행습으로 담거나 요약할 수 없다. 새 포도주를 낡은 가죽 부대에 넣으면 가죽 부대가 터져서 망가지고 새 포도주 역시 낭비되고 말 것이다. 예수님이 신랑으로 오심에 따라 기쁨, 참신함, 혼인 같은 향연이 도래했다. 참신하고 새로운 포도주는 새로운 가죽 부대에 넣어야 한다. 예수님의 가르침과 사역은 바리새인들이 선포한 영성의 범주

78 참고. Robert H. Stein, *Luke: An Exegetical and Theological Exposition of Holy Scripture*, NAC 24 (Nashville: B&H, 1993), 185.

를 터뜨리고 세례 요한까지 초월한다. 성취의 날이 도래했기 때문이다. 예수님 안에서의 그 성취가 아직 완료되지는 않았지만, 영적 행습에 초점을 맞추는 것은 그분의 사역을 특징짓는 파격적인 은혜와 사랑과 기쁨을 포착하지 못한다. 그렇다고 해서 예수님과 세례 요한 사이에 연속성이 없다는 뜻은 아니다. 요한이 내다본 것을 예수님이 성취하신다는 사실은 분명하지만, 우리가 연속성에 지나치게 치중하면 예수님 안에서 도래한 새로운 국면을 놓칠 수 있다.[79]

5:39 예수님의 사역이 새 포도주를 담고 있고 은혜와 기쁨을 수반하므로 모두가 그것을 찾을 것으로 생각할지 몰라도, 삶은 그리 단순하지 않다. 사람들이 묵은 포도주를 마신 뒤에는 새 포도주에 흥미나 매력을 느끼지 못한다. 오히려 옛 것이 선호할 만하고 우월하게 보인다. 예수님은 문자적인 포도주(물론 묵은 포도주가 낫다!)에 관해 말씀하는 게 아니라 누가복음 5:37-38에 나온 비유를 계속 이어가신다. 거기서 새로운 것은 활기와 기쁨, 향연을 상징한다. 바리새인과 서기관들은 옛 것이 충분하고 우월하다고 생각한 나머지 예수님이 가져오시는 새 것의 필요성을 보지 못한다. 그들이 전파하는 순결과 훈련을 강조하면 예전의 약속들이 지켜질 것으로 생각하기 때문이다.

79 헤그너의 중요한 저서를 보라. Donald A. Hagner, *How New Is the New Testament? First-Century Judaism and the Emergence of Christianity* (Grand Rapids, MI: Baker Academic, 2018).

응답

예수님은 새 포도주와 함께 오셨고, 새 포도주는 낡은 가죽 부대에 어울리지 않는다. 중요한 것은 금식을 하는지 여부가 아니라 예수님으로부터 오는 생명을 갖고 있는지 여부다. 금식은 그리스도인의 삶에서 유익할 수 있으나, 초점이 예수님으로부터 금식이라는 종교적 행습으로 바뀌기가 너무 쉽다. 우리는 그리스도인의 삶을 어떤 규율들을 지키는 것으로 오해할 수 있다. 그런 규율들이 하나님의 뜻을 반영할지 몰라도, 초점은 언제나 규율이나 규정이 아니라 우리가 예수님 안에서 얻은 새로운 삶의 기쁨에 두어야 한다. 그렇게 하지 않으면 규율과 규정을 지키되 결국 내적인 것 대신 외적인 것에 초점을 두는 바리새인들처럼 될 수 있다. 외적으로 악행을 삼가면 하나님을 사랑하는 것으로 생각하는 한편, 정작 내면은 분노, 복수, 정욕, 질투 그리고 시기로 가득하도록 내버려두는 것이다. 우리는 규정된 영적 행습에 참여하면 하나님께서 그에 따라 응답하시고, 그 백성을 소생시키실 것으로 생각할지 모른다. 바리새인들이 바로 그렇게 믿었으나, 막상 약속이 성취되었을 때 그들은 좋은 기회를 놓치고 말았다.

1 안식일에 예수께서 밀밭 사이로 지나가실새 제자들이 이삭을 잘라
손으로 비비어 먹으니 2 어떤 바리새인들이 말하되 어찌하여 안식일
에 하지 못할 일을 하느냐 3 예수께서 대답하여 이르시되 다윗이 자기
및 자기와 함께 한 자들이 시장할 때에 한 일을 읽지 못하였느냐 4 그
가 하나님의 전에 들어가서 다만 제사장 외에는 먹어서는 안 되는 진
설병을 먹고 함께 한 자들에게도 주지 아니하였느냐 5 또 이르시되 인
자는 안식일의 주인이니라 하시더라

1 On a Sabbath,[1] while he was going through the grainfields, his
disciples plucked and ate some heads of grain, rubbing them in their
hands. 2 But some of the Pharisees said, "Why are you doing what is
not lawful to do on the Sabbath?" 3 And Jesus answered them, "Have
you not read what David did when he was hungry, he and those who
were with him: 4 how he entered the house of God and took and ate the
bread of the Presence, which is not lawful for any but the priests to eat,
and also gave it to those with him?" 5 And he said to them, "The Son of
Man is lord of the Sabbath."

1 Some manuscripts *On the second first Sabbath* (that is, on the second Sabbath after the first)

단락 개관

종교적 행습에 관한 강조가 안식일과 관련된 다음 두 논쟁으로 이어진다. 안식일은 유대인 생활의 중심적인 행습 중 하나였다. 예수님의 제자들이 들판을 지나가다 밀 이삭을 잘라 손으로 비벼서 먹는다. 바리새인들이 밀 이삭 수확하는 일을 행함으로 안식일을 위반한다며 그들을 비난한다. 이에 예수님이 다윗의 예, 즉 다윗이 사울로부터 도망할 때 진설병을 취해서 먹은 일을 말씀하신다. 이 이야기는 한 편의 선언으로 끝난다. 예수님이 인자로서 안식일의 주인이라는 것이다. 예수님은 어떤 일이 안식일을 어기는 것인지에 대한 논쟁에 빠져들지 않으신다. 그 대신 이 이야기는 기독론에 초점을 맞추며 예수님이 주인(Lord)임을 강조한다. 바리새인들이 만일 예수님이 안식일의 주인임을 알게 된다면, 그들은 비로소 안식일을 이해하게 될 것이다.

단락 개요

III. 예수님이 갈릴리에서 성령의 능력으로 구원을 전파하시다 (4:14-9:50)

B. 바리새인과 충돌하시다(5:17-6:11)

4. 안식일에 밀 이삭 자른 일을 둘러싸고(6:1-5)

주석

6:1-2 안식일은 예수님 시대에 유대인 삶의 중심이었다. 안식일이 하나님과 이스라엘 간 언약의 표징이고 매주 지키는 일이었기에 이는 너무나 자연스러웠다(출 31:12-17). 구약은 안식일에 일하는 것을 금하는데(출 20:8-11; 신 5:12-15), 예컨대 만나를 거두는 것(출 16:22-30), 밭을 갈고 수확하는 것(34:21), 불을 피우는 것(35:3), 나무하는 것(민 15:32) 그리고 물건을 사고파는 것(느 10:31; 13:16-22; 렘 17:21-27) 등이다. 아마 군사 작전은 예외에 해당했을 것이다(수 6:15; 왕상 20:29; 왕하 3:9, 참고. 마카베오상 2:32-41). 예배와 관련된 활동들은 안식일에 정기적으로 허용되었다. 봉헌제(왕상 8:65; 대하 7:8), 성전 경비대의 교대(왕하 11:5-9), 진설병의 개설(레 24:8; 대상 9:32), 제물 드리기(민 28:9-10; 대상 23:31; 대하 8:13-14; 겔 45:17; 46:12; 느 10:33), 제사장과 레위인의 직무(왕하 11:5-9; 대하 23:4, 8), 동문의 개방(겔 46:1-3) 그리고 할례(요 7:22-23) 등이다. 예수님 당시와 이후에도 유대인들은 계속해서 어떤 종류의 일이 안식일을 위반하는지에 대해 논의했다. 유대인은 안식일에 일하는 것에 대해 매우 엄격한 규율을 갖고 있었다. 미쉬나는 39가지 활동을 일로 분류하여 안식일에 금한다.

예수님과 제자들이 안식일에 밀밭을 지나갈 때, 제자들이 밀 이삭 몇 개를 자른 후 손으로 비벼서 먹는다. 바리새인들이 제자들의 행동에 대해 예수님에게 책임을 돌리면서 왜 율법을 위반하느냐고 묻는다. 예수님은 신명기 23:25에 호소하실 수도 있었다. 거기에는 "네 이웃의 곡식밭에 들어갈 때에는 네가 손으로 그 이삭을 따도 되느니라 그러나 네 이웃의 곡식밭에 낫을 대지는 말지니라"고 기록되어 있다. 바리새인들은 그런 행위까지 일로 간주하는 것이 분명하고, 그들의 판단은 논쟁의 여지가 있다. 그러나 예수님은 결의론적 율법에 초점을 맞추지 않으신다. 누군가에게 일했다는 혐의를 씌우는 것은 사소한 문제가 아니었다. 안식일에 일한 사람들에게는 사형 선고가 내려졌기 때문이다(민 15:32-36). 바리새인들은 그런 위반이 이스라엘에 하나님의 진노를 초래할 것이라 염려하고, 그래서 하나님의 명령에 대한 예수님의 입장이 지나치게 임시방편적이라고 보는 것이다.

6:3-4 예수님은 다윗의 삶에서 일어난 사건을 말씀하신다. 그 사건은 다윗이 사무엘상 21:1-6에서 사울로부터 도망하고 있을 때 일어났다. 다윗과 그의 부하들이 굶주렸고 가까이에 양식이 없었다. 다윗이 대제사장 아히멜렉을 찾아가서 양식을 부탁했다. 아히멜렉은 유일한 양식은 '진설병', 곧 안식일마다 주님 앞에 기념용으로 내어놓는 떡뿐이라고 말했다(레 24:5-8). 남은 떡은 제사장들만을 위한 것이라서 다윗과 그의 부하들에게 금지되어 있었다(레 24:9). 그럼에도 아히멜렉은 굶주린 다윗과 부하들에게 그 떡을 주었다. 바리새인들은 율법의 정신보다 율법의 조문을 고수하는 죄를 지었다. 만일 그들이 구약을 올바르게 읽었다면 보다 더 자비로웠을 것이다.

6:5 그런데도 이 이야기의 강조점은 자비를 베풀 필요성에 있지 않다. 가장 눈에 띄는 것은 예수님의 주권이다. 예수님은 다시금 그 자신을 다니엘 7:13-14에 나오는 인자라고 밝히시는데, 다니엘 7장은 인자가 나라를 받는 장면을 그린다. 여기서 예수님은 인자로서 그 자신이 "안식일의 주인[Lord]"이라고 선언하신다. 그분은 왕이고 새로운 다윗이다. 모든 율법은 그분을 가리키고 있었다. 다윗이 왕으로서 안식일 율법을 위반할 수 있다면, 예수님 역시 똑같은 권위가 있다. 안식일이 그분에게 종속되어 있으며 그분이 안식일에 종속되어 있지 않다. 바리새인들은 특정한 규율에 사로잡힌 나머지 그들 앞에 계시는 그들의 왕, 그들의 메시아 그리고 그들의 구원자를 미처 보지 못한다. 구약의 모든 내용은 예수님과 관련시켜 해석되어야 한다.

응답

우리는 규율과 규정의 준수에 초점을 맞추느라 규율의 목적을 잊어버릴 수 있다. 규율은 (적어도 좋은 규율은) 건강한 관계를 북돋고 지지하도록 되어 있다. 예수님은 더 심오한 주장을 하신다. 구약의 율법은 주권적 주님, 인자, 다윗보다 더 위대한 왕인 예수님을 가리킨다는 것이다. 안식일에 누리는 안식은 그리스도 안에 있는 우리의 안식, 그분의 주되심 아래 살아가는 기쁨을 가리킨다. 우리는 그저 올바른 행위에 사로잡힐 수 있으며, 그런 경우에는 서서히 우리 자신을 경배하기 시작하고 우리의 세심한 순종에 스스로 감명 받을 수 있다. 그렇게 되면 메시아인 예수님이 나타나셨을 때 우리 역시 바리새인들처럼 그분을 알아보지 못한다. 그분을 우리의 규정을 위협하는 존재로 여길 뿐이다.

6 또 다른 안식일에 예수께서 회당에 들어가사 가르치실새 거기 오른
손 마른 사람이 있는지라 7 서기관과 바리새인들이 예수를 고발할 증
거를 찾으려 하여 안식일에 병을 고치시는가 엿보니 8 예수께서 그들
의 생각을 아시고 손 마른 사람에게 이르시되 일어나 한가운데 서라
하시니 그가 일어나 서거늘 9 예수께서 그들에게 이르시되 내가 너희
에게 묻노니 안식일에 선을 행하는 것과 악을 행하는 것, 생명을 구하
는 것과 죽이는 것, 어느 것이 옳으냐 하시며 10 무리를 둘러보시고 그
사람에게 이르시되 네 손을 내밀라 하시니 그가 그리하매 그 손이 회
복된지라 11 그들은 노기가 가득하여 예수를 어떻게 할까 하고 서로
의논하니라

6 On another Sabbath, he entered the synagogue and was teaching,
and a man was there whose right hand was withered. 7 And the scribes
and the Pharisees watched him, to see whether he would heal on the
Sabbath, so that they might find a reason to accuse him. 8 But he knew
their thoughts, and he said to the man with the withered hand, "Come
and stand here." And he rose and stood there. 9 And Jesus said to them,

“I ask you, is it lawful on the Sabbath to do good or to do harm, to save life or to destroy it?” 10 And after looking around at them all he said to him, “Stretch out your hand.” And he did so, and his hand was restored. 11 But they were filled with fury and discussed with one another what they might do to Jesus.

단락 개관

이 사건은 예수님이 바리새인들과 충돌하시는 다섯 사건 중 마지막 사건이고, 이번에도 논쟁의 초점은 바로 안식일이다. 예수님이 손 마른 사람을 만나시는데, 서기관과 바리새인들은 그 사람을 하나의 시험 사례로 생각한다. 만일 예수님이 안식일에 이 사람을 치유하신다면 그들은 예수님을 고소할 준비가 되어 있다. 예수님은 그들의 의혹과 음모를 알고 그 사람에게 한복판에 서라고 명하신다. 그리고 질문을 던지신다. 안식일에 선한 일을 행하는 것이 율법에 부합하는가, 아니면 악한 일을 행해야 하는가? 정답은 자명하고, 예수님이 단 한마디로 그 사람을 치유하신다. 사실 그분은 아무 일도 하지 않으셨다. 단지 한마디 말씀만 하셨을 뿐이다. 그런데도 바리새인들은 노발대발하면서 예수님을 해칠 음모를 꾸민다. 예수님이 십자가에 달리실 운명이 빚어지는 중이고, 바리새인들은 자기도 모르는 사이에 하나님의 계획을 수행하고 있다.

단락 개요

III. 예수님이 갈릴리에서 성령의 능력으로 구원을 전파하시다 (4:14-9:50)

B. 바리새인과 충돌하시다(5:17-6:11)

5. 안식일에 치유하시는 것을 둘러싸고(6:6-11)

주석

6:6-7 이 구절은 바리새인들과 벌인 다섯 논쟁 중에 마지막 논쟁이다. 예수님이 흔히 그랬듯이 또 다른 안식일에 회당에서 가르치고 계신다(4:15). 그 회당에 있던 한 사람은 손이 마른 상태다. 열왕기상 13:4에서는 여로보암의 손이 그의 죄 때문에 말라버렸다. 서기관과 바리새인들은 그 사람을 하나의 시험 사례로 보는 것이 분명하다. 그들은 예수님이 과연 그 사람을 치유할지 의아해 하고, 만일 그렇게 한다면 예수님을 율법 위반자로 고소할 것이다. 누가복음 6:1-5에서 살펴보았듯이, 안식일과 관련된 율법을 위반하는 것은 사소한 죄가 아니었다. 안식일 율법을 위반한 자들은 율법에 따라 죽임을 당해야 마땅했다(민 15:32-36). 바리새인들은 마른 손으로 고통당하고 있는 사람에 대해서는 잊어버린 상태다. 그들은 올바른 행위 자체에 사로잡힌 나머지 그들 앞에 있는 한 사람과 그의 사정을 보지 못하고 있다. 아울러 그들은 예수님에게 열려 있지 않고, 고소할 만한 행동을 하도록 기다렸다가 덮치려고만 한다.

6:8-9 예수님은 그들의 악한 "생각"(5:22-23 주석에서 말했듯이, 디알로기스무스라는 단어는 누가복음에서 항상 악을 가리킨다)을 아신다. 예수님이 그들의 생각

을 아신다는 것은 그분이 선지자임을 나타낸다. 이와 동시에 인자에 관한 텍스트가 입증하듯이(참고. 5:17-26 주석), 그것은 그분의 신적 정체성을 가리킨다. 예수님은 조용하게 그 사람을 고치거나 다른 날까지 기다릴 수도 있었지만, 그 대신 그를 불러서 한복판에 서라고 말씀하신다. 안식일에 선하고 옳은 일을 행하는 것은 숨기면 안 되고 세상에 알려져야 한다. 예수님에게 안식일은 자유의 날, 악과 해(害)로부터 해방되는 날, 선한 일을 행하고 악의 세력에서 사람을 구출하는 날이다. 그분은 바리새인들이 스스로를 성찰하도록 자극하기 위해, 그날이 선을 행하는 날인지 악을 행하는 날인지 물으신다. 그들은 율법에 대한 열성에 사로잡힌 나머지 안식일의 목적을 잊어버리고 말았다(참고. 14:3). 그래서 예수님이 그들에게 율법의 본래 목적을 상기시키신다. 바로 인간에게 안식과 자유를 주는 것이다.

6:10-11 예수님이 각 사람을 돌아가며 쳐다보신다. 아마 그들 안에 약간의 자비나 사랑이라도 있는지, 그들 앞에 서 있는 사람이 단지 논쟁할 이슈밖에 되지 않는지 보시기 위해서일 것이다. 그리고 손 마른 사람에게 손을 내밀라고 명하신다. 그 사람은 거절할 수도 있었지만, 예수님의 말씀을 믿고 명령에 순종하자 병든 손이 순식간에 회복된다. 이번에도 예수님은 하나님과 똑같은 능력을 갖고 계시고, 그분의 말씀이 능력을 발휘한다. 서기관과 바리새인들은 예수님이 그들이 옳게 여기는 것을 위반했다고 믿으며 격노하고, 회의를 소집해서 그분을 어떻게 할지 의논하기 시작한다. 이는 십자가의 전조가 되고 장차 이스라엘의 종교 지도자들이 예수님을 죽이기 위해 음모를 꾸밀 것을 예시한다. 사실상 예수님은 육체적인 일을 전혀 하지 않으셨는데도 그들이 격노하는 것은 상당히 놀랍다. 예수님이 행하신 일은 한마디 말씀이 전부고, 그 사람이 행한 일은 손을 내미는 것뿐이다. 어떻게 규정하든지 간에 이런 행동은 전혀 일이 아니다. 그러나 이제는 지도자들이 올바른 관점을 잃어버렸다. 그들은 이미 예수님을 악한 자로 판정했고, 지금 발생하는 모든 것이 그들의 편견을 확증해줄 뿐이다.

응답

우리는 규율과 규정에 지나치게 사로잡힌 나머지 그 목적을 망각할 수 있다. 찬송가를 부를지 복음성가를 부를지에 대해 지나치게 논쟁하는 바람에 우리가 의도하는 것, 곧 하나님을 예배하려 한다는 것을 기억하지 못할 수 있다. 우리가 일을 올바르게 행하는 것에 너무나 초점을 맞춘 나머지 참으로 하나님을 사랑하는 마음을 품지 못할 수 있다. 누구든지 종교적인 사람은 되면서도 예수님을 미워할 수 있다. 우리는 하나님을 사랑한다고 주장하면서도 우리 앞에 있는 사람은 사랑하지 못할 수 있다.

12 이때에 예수께서 기도하시러 산으로 가사 밤이 새도록 하나님께
기도하시고 13 밝으매 그 제자들을 부르사 그중에서 열둘을 택하여 사
도라 칭하셨으니 14 곧 베드로라고도 이름을 주신 시몬과 그의 동생
안드레와 야고보와 요한과 빌립과 바돌로매와 15 마태와 도마와 알패
오의 아들 야고보와 [1]셀롯이라는 시몬과 16 야고보의 아들 유다와 예
수를 파는 자 될 가룟 유다라

12 In these days he went out to the mountain to pray, and all night
he continued in prayer to God. 13 And when day came, he called his
disciples and chose from them twelve, whom he named apostles:
14 Simon, whom he named Peter, and Andrew his brother, and James
and John, and Philip, and Bartholomew, 15 and Matthew, and Thomas,
and James the son of Alphaeus, and Simon who was called the Zealot,
16 and Judas the son of James, and Judas Iscariot, who became a traitor.

1) 열심당원

단락 개관

예수님은 열두 사도를 선택하기 전에 산에 올라가서 밤새도록 기도하신다. 열두 지파가 이스라엘을 구성했듯이, 열둘이라는 수는 새로운 하나님 백성의 핵심을 나타낸다. 예수님은 기도한 후 시몬 베드로부터 배신자인 유다까지 열두 사도를 선택하신다. 이들은 예수님의 추종자들, 그분의 메신저들, 그분의 사역 도우미들이다.

단락 개요

III. 예수님이 갈릴리에서 성령의 능력으로 구원을 전파하시다 (4:14-9:50)
C. 가난한 자를 위한 좋은 소식(6:12-8:3)
1. 열둘을 부르시다(6:12-16)

주석

6:12 누가가 바리새인들과의 논쟁에서 떠나 방향을 예수님의 추종자들에게로 돌린다. 보다 구체적으로 말하면, 그는 예수님의 메시지를 이스라엘과 세상에 전파할 사람들을 가리키고 있다. 예수님이 기도하려고 산 위로 올라가신다(참고. 4:42). 산의 이름은 밝히지 않지만, 산은 땅에서 가장 높은 곳으로 주님을 만나는 장소다(참고. 출 3:1, 12; 4:27; 19:3-23; 20:18; 24:12-18; 시 48:1; 99:9; 사 2:2-3; 25:6-7; 마 4:8; 5:1; 14:23; 17:1; 28:16; 눅 9:28). 예수님이 기도하러 산에 올라가서 밤새도록 기도하신다. 누가복음의 다른 곳에도

중요한 사건 이전에 예수님이 기도에 전념하시는 장면이 나온다(3:21-22; 5:16; 9:18-20, 28-29; 11:1; 22:32; 22:41, 44-45).[80] 여기서는 예수님이 열두 사도를 선택하기 전에 주님의 뜻을 구하시는데, 그들은 주님의 사명을 이어받을 사람들이기 때문이다.

6:13-14 날이 밝아오자 예수님이 제자들을 선택하여 열둘을 사도라고 부르신다. "사도"라는 단어는 '메신저' 내지는 '보냄을 받은 자'라는 뜻이고, 그들은 세상에 보내는 그분의 대리인과 대표로 임명된다. 다른 곳에서는 사도들이 요한의 세례로부터 예수님의 사역 전체를 거쳐 그분의 승천까지 예수님과 함께한 사람들 가운데 속해야 한다고 말한다(행 1:21-22). 바울은 물론 이 규칙의 예외에 해당한다(참고. 고전 15:8-10; 갈 1:1-21). 열둘이라는 수는 의도적으로 이스라엘의 열두 지파를 상기시키고, 열두 사도가 새로운 하나님 백성의 핵심이라는 것을 보여준다. 그들은 새로운 이스라엘 또는 회복된 이스라엘이다. 바울은 교회가 "사도들과 선지자들의 터 위에"(엡 2:20) 세워졌다고 말하며, 따라서 그들은 교회의 방향 전체를 빚어내는 근본적인 역할을 담당한다(참고. 계 21:14).

모든 목록에 거명된 첫째 사도는 베드로다(마 10:2-4; 막 3:16-19; 행 1:13). 그의 이름은 시몬인데 예수님이 그에게 베드로라는 이름을 지어주신다. 이는 요한복음 1:42(참고. 마 16:18)에 설명되어 있다. 베드로는 분명히 사도직에서 동료들 가운데 첫째고, 다른 어떤 사도보다 더 많이 언급되어 있다. 그 다음 사도는 베드로의 형제인 안드레며 요한복음의 여기저기에 등장한다(요 1:40, 44; 6:8; 12:22). 이어서 형제관계인 야고보와 요한이 나오는데, 이들은 베드로와 나란히 3명의 핵심층으로서 예수님이 함께 특별한 시간을 보내시는 수제자들이다(마 17:1; 막 1:29; 5:37; 9:32; 13:3; 14:33; 눅 8:51; 9:28). 야고보와 요한은 그들의 아버지와 함께 어업에 종사하고 있을 때 제

80 참고. 3:21-22 주석.

자로 부름 받았다(마 4:21; 막 1:19, 참고. 눅 5:10). 그들은 하나님 나라에서 예수님의 오른편과 왼편에 앉게 해달라고 부탁해서 동료 제자들의 분노를 불러일으킨다(막 10:35-45). 야고보와 요한은 또한 예수님에게 사마리아인들에게 하늘로부터 불을 내려달라고 요청하기도 한다(눅 9:54). 야고보는 주후 40년 초에 헤롯 아그립바 1세에게 처형당했기 때문에 오순절 이후의 사역이 생략되었다(행 12:2). 필자는 요한이 제4복음서, 요한일 · 이 · 삼서 그리고 요한계시록의 저자라는 전통을 받아들이는데, 전통에 따르면 그의 사역은 길었고 열매도 풍성했다. 만일 요한이 제4복음서를 썼다면(필자는 그렇게 생각한다), 그는 그 복음서에 나오는 "사랑하시는 제자"다(요 13:23; 19:26; 20:2; 21:7, 20).

빌립은 사도 목록 밖에서는 요한복음에만 나오며, 그가 가장 초기의 제자들 중 하나임을 알 수 있다(요 1:43-48). 그가 하나의 역할을 담당하는 대목은 오병이어의 기적(요 6:5-7), 헬라인들이 예수님을 보러 왔던 장면(12:20-22) 그리고 예수님에게 아버지를 보여달라고 요청하는 장면(14:8-9)이다. 사도행전에서 중요한 역할을 하는 빌립은 사도 빌립이 아니라 헬라파 과부들을 돌보기 위해 선택된 일곱 집사 중 한 사람이다(행 6:5). 바돌로매는 모든 사도가 포함된 목록들 이외에는 언급되지 않지만 바돌로매가 나다나엘과 동일한 사람이라고 생각할 만한 타당한 이유들이 있다.[81] 만일 그렇다면 그는 예수님의 초창기 제자고(요 1:45-51), 부활하신 주님을 보기도 한다(21:2).

6:15-16 마태 역시 모든 사도 목록에 나온다. 마태는 세리로 일하는 동안 예수님의 부르심을 받으며, 레위로도 불린다(막 2:14; 눅 5:27, 29). 도마 또한 모든 사도 목록에 포함되어 있다. 요한은 도마가 "쌍둥이"라고 불렸다고 말해준다(요 11:16; 21:2, 새번역). 도마는 약간 비관주의적 성격인 것처럼 보

81 참고. Bock, *Luke 1:1-9:50*, 544.

이나 결국에는 믿게 되고(요 11:16; 14:5; 20:24-28), 전통에 따르면 사도로서 인도로 갔다고 한다. 알패오의 아들 야고보는 모든 사도 목록에 거명되고, 우리는 그에 관해 다른 것은 전혀 아는 바가 없다.

시몬은 모든 목록에 열심당원으로 그려진다(마 10:4; 막 3:18; 눅 6:15). "열심당원"(Zealot)은 율법에 대한 열성을 가리킬 수도 있다(참고. 행 21:20; 22:3; 갈 1:14).[82] 그러나 누가가 복음서를 썼던 무렵에는 그 용어의 정치적 및 혁명적 의미가 잘 알려져 있었다. 예수님이 사역하실 당시에 시몬이 열심당이라 불리는 집단에 속해 있지는 않았으나, 누가는 그를 비전문적 의미로 열심당원이라 부른다.[83] 누가는 "야고보의 아들 유다"(16절; 행 1:13)를 기록한다. 그는 마태복음이나 마가복음에는 언급되지 않지만 다대오와 동일한 인물임이 거의 확실하다(마 10:3; 막 3:18). 야고보의 아들 유다는 요한복음에 등장하는데, 거기서 그는 예수님에게 왜 자신을 세상에 드러내려고 하지 않으시는지 묻는다(요 14:22). 배신으로 악명 높은 마지막 제자는 가룟으로 알려진 유다고, 가룟은 "성"(姓)을 말하는 것 같다.[84] 물론 유다는 모든 복음서에서 두드러진 역할을 하는데, 누가는 22장에서 그의 이야기를 끄집어낼 것이다.

82 Garland, *Luke*, 274.

83 Bock, *Luke1:1-9:50*, 545-546에 나오는 논의를 보라.

84 같은 책, 546-547.

응답

우리는 중요한 결정을 내릴 때 기도할 시간을 따로 떼어놓는가? 때로는 기도하는 것보다 열심히 노력하고 바쁘게 일해서 프로젝트를 완수하는 편이 더 쉽다. 우리가 기도할 때는 실제적인 것이 하나도 이루어지지 않는다고 느낄 수 있다. 그것은 전혀 사실이 아니다.

사도들을 부르시는 장면을 살펴보면 우리의 믿음이 사도들의 증언, 그들이 전수하는 전통, 예수님의 말씀과 행위에 대한 기록에 의존해 있다는 것을 새삼 알게 된다. 그들은 우리와 같은 평범한 사람들이지만, 주님이 그들을 놀라운 방식으로 쓰신다. 그와 동시에, 복음서 저자들이 그들의 결점을 숨기지 않기 때문에 그들이 우리와 비슷하다는 것이 분명히 드러난다. 아울러 로마 당국과 협력했던 마태와 로마 권력을 전복시키려 했던 열심당원 시몬이 사도가 된 것은 무척 교훈적이다. 예수님은 서로 너무나 다른 사람들을 함께 불러서 그분을 섬기게 하신다. 우리는 서로 근본적으로 다를지라도 십자가를 통해 평화를 이룰 수 있다(엡 2:14-18). 바울이 말하듯이, 우리는 "한 새 사람"이다(엡 2:15). 서로 다른 인종과 종족이 화해할 수 있는 희망은 오직 그리스도의 복음, 십자가의 메시지 안에 있다.

17 예수께서 그들과 함께 내려오사 평지에 서시니 그 제자의 많은 무
리와 [1)]예수의 말씀도 듣고 병 고침을 받으려고 유대 사방과 예루살렘
과 두로와 시돈의 해안으로부터 온 많은 백성도 있더라 18 더러운 귀
신에게 고난 받는 자들도 고침을 받은지라 19 온 무리가 예수를 만지
려고 힘쓰니 이는 능력이 예수께로부터 나와서 모든 사람을 낫게 함
이러라

17 And he came down with them and stood on a level place, with a great
crowd of his disciples and a great multitude of people from all Judea
and Jerusalem and the seacoast of Tyre and Sidon, 18 who came to hear
him and to be healed of their diseases. And those who were troubled
with unclean spirits were cured. 19 And all the crowd sought to touch
him, for power came out from him and healed them all.

20 예수께서 눈을 들어 제자들을 보시고 이르시되 너희 가난한 자는
복이 있나니 하나님의 나라가 너희 것임이요

20 And he lifted up his eyes on his disciples, and said:

"Blessed are you who are poor, for yours is the kingdom of God.

21 지금 주린 자는 복이 있나니 너희가 배부름을 얻을 것임이요 지금
우는 자는 복이 있나니 너희가 웃을 것임이요
21 "Blessed are you who are hungry now, for you shall be satisfied.
"Blessed are you who weep now, for you shall laugh.

22 인자로 말미암아 사람들이 너희를 미워하며 멀리하고 욕하고 너희
이름을 악하다 하여 버릴 때에는 너희에게 복이 있도다 23 그날에 기
뻐하고 뛰놀라 하늘에서 너희 상이 큼이라 그들의 조상들이 선지자들
에게 이와 같이 하였느니라
22 "Blessed are you when people hate you and when they exclude you
and revile you and spurn your name as evil, on account of the Son of
Man! 23 Rejoice in that day, and leap for joy, for behold, your reward is
great in heaven; for so their fathers did to the prophets.

24 그러나 화 있을진저 너희 부요한 자여 너희는 너희의 위로를 이미
받았도다
24 "But woe to you who are rich, for you have received your
consolation.

25 화 있을진저 너희 지금 배부른 자여 너희는 주리리로다 화 있을진
저 너희 지금 웃는 자여 너희가 애통하며 울리로다
25 "Woe to you who are full now, for you shall be hungry.
"Woe to you who laugh now, for you shall mourn and weep.

26 모든 사람이 너희를 칭찬하면 화가 있도다 그들의 조상들이 거짓

선지자들에게 이와 같이 하였느니라

26 "Woe to you, when all people speak well of you, for so their fathers did to the false prophets.

1) 사본에 따라 이 구절은 18절 상반절에 나타날 수도 있음

단락 개관

바리새인들은 예수님에게 등을 돌렸으나, 예수님은 사도들을 그분의 메신저로 임명해서 세상 속으로 나가게 하신다. 예수님은 여전히 군중에게 큰 인기를 얻고 있으며, 그분의 제자가 되는 것이 무슨 뜻인지 설명하신다. 예수님은 수많은 군중을 가르치시고, 병든 자를 치유하시고, 악한 영에 시달리는 이들을 고쳐주신다. 예수님이 주님의 능력으로 고통당하는 모든 사람을 치유하시므로 군중이 그분의 손길에 닿기를 갈망한다. 예수님은 또한 그분의 제자가 되는 것이 무슨 뜻인지를 가르치기 시작하신다. 이 가르침이 누가복음에서는 평지 설교인 반면 마태복음에서는 산상 설교다. 누가복음의 설교가 훨씬 더 짧고, 복음서들의 상호관계를 정리하는 일은 복잡다단한 작업이다. 예수님은 순회 선생으로서 가르치는 내용을 여러 번 반복하시는 것이 틀림없고, 이는 두 복음서에 나오는 설교들 간의 관계를 이해하는 데 어느 정도 도움이 된다.

단락 개요

III. 예수님이 갈릴리에서 성령의 능력으로 구원을 전파하시다 (4:14-9:50)

C. 가난한 자를 위한 좋은 소식(6:12-8:3)

2. 평지 설교(6:17-49)

a. 서론과 복과 화(6:17-26)

주석

6:17-19 예수님이 사도들을 부른 후 편평한 장소로 내려오시자 군중이 그분에게 몰려온다(참고. 9:37; 19:37). 일부는 제자들로 밝혀지지만 나머지는 수많은 사람들이라고 묘사된다. 예수님을 보려고 오는 사람들의 수가 놀랄 만큼 많다. 예수님에게 몰려드는 사람들은 예루살렘, 유대 그리고 저 멀리 두로와 시돈의 해안으로부터 온다. 예수님의 가르침과 병 고침 모두 사람들을 사방에서 끌어들인다. 그분의 말씀과 사역이 참으로 특별하기 때문이다. 사람들의 병이 치유되고, 더러운 영에 시달리던 이들 역시 속박에서 벗어난다(참고. 5:15). 주님의 능력이 예수님으로부터 흘러나오기 때문에(5:17), 사람들이 손끝이라도 그분에게 닿기를 갈망한다(참고. 5:13; 7:39; 8:44-47). 그저 그분이 만지기만 해도 낫기 때문이다. 바리새인들이 예수님의 반대편에 섰음에도 불구하고 사람들 가운데 그분의 인기는 높이 솟아오른다. 예수님은 그들에게 하나님의 사랑을 온통 퍼붓고 계신다.

6:20 20절부터 서로 뚜렷한 대조를 이루는 네 가지 복과 네 가지 화가 나온다. 여기서 예수님이 구체적으로 제자들에게 말씀하신다는 것을 주목

할 필요가 있고, 따라서 이 복들은 일반적으로 가난하고 굶주리고 슬퍼하고 박해받는 사람들이 아니라 예수님에게 속하는 그런 사람들을 위한 것이다. '복이 있다'[마카리오이(*makarioi*)]라는 단어는 번역하기가 매우 어렵다. '행복한'으로 번역할 수도 있으나 이는 영어의 의미상 환경에 묶여 있는 단어다. 페닝턴(Pennington)은 '번영하는'(flourishing)을 좋은 번역으로 제안했다.[85] 우리가 감상과 피상성의 개념을 제거한다면 '행복한'이라는 단어를 사용해도 좋다. 복이 있다는 것은 반드시 삶이 편할 것이라는 뜻은 아니다. 박해를 받는 이들은 '복이 있다'. 그리스도 안에서 행복하기 때문이다.

예수님은 서두에 가난한 자가 번영하며 행복한데, 이는 하나님의 나라가 그들의 것이기 때문이라고 말씀하신다. 그 나라가 완전한 모습으로 그들에게 속하는 것은 분명 아니다. 이 땅에는 아직도 죽음과 고난과 죄가 존재하기 때문이다. 예수님은 그 나라의 출범, 그분의 사역을 통해 그 나라가 오는 것을 가리키고 계신다. 하나님의 나라는 예수님이라는 인물 안에서(17:20-21), 귀신을 쫓아내는 사역 안에서(11:20) 그리고 병을 치유하는 사역 안에서 도래한 것이다. 그 나라의 능력은 가난한 자의 삶에서 분출되고, 예수님은 다가오는 나라의 좋은 소식을, 가난한 자가 포로 상태에서 복귀하는 것(4:18; 사 61:1, 참고. 눅 7:22; 14:13, 21; 16:20, 22; 18:22; 21:3)을 선포하기 위해 오셨다. 누가는 문자적인 가난과 굶주림(6:20-21)을 염두에 두고 있으나, 물질적으로 궁핍한 사람이 당연히 하나님을 신뢰한다고 가르치는 것은 아니다. 물론 가난하고 궁핍한 사람들이 이 시대의 부유한 자들보다 주님을 신뢰하는 경향이 더 많지만 말이다.

구약에서 가난한 자는 여호와를 신뢰하는, 경제적으로 궁핍한 사람들이다(삼상 2:8; 시 9:18; 10:2; 34:6; 40:17; 70:5; 72:12; 사 29:19). 예수님은 물질적으로 가난한 사람을 전부 포함시키지 않고, 그분을 위해 박해받는 제자들에게 복을 국한시키신다(눅 6:22-23). 마샬(Marshall)은 이렇게 말한다. "한 사람

85 Jonathan T. Pennington, *The Sermon on the Mount and Human Flourishing: A Theological Commentary* (Grand Rapid, MI: Baker Academic, 2017), 41-68. 《산상수훈 그리고 인간번영 신학적 주석서》(에스라).

이 구원받을 자격을 갖게 하는 것은 가난 그 자체가 아니다. 팔복은 제자들에게, 인자를 위해 박해받을 준비가 된 사람들에게 설파된 것이다."[86] 따라서 누가의 번역은 마태와 그리 다르지 않다. "심령이 가난한 자는 복이 있나니"(마 5:3). 또한 예수님의 제자가 되려면 모든 사람이 모든 것을 포기하고 가난하게 되어야 하는 것도 아니다. 삭개오는 모든 것을 팔지 않았고, 빚을 네 배로 되갚았으며, 소유의 절반을 가난한 자들에게 주었다(눅 19:8).

6:21 두 번째 복은 현 시대의 굶주린 자들을 위한 것이다. 그들은 종말론적으로 만족과 성취를 경험할 것이다. 하나님의 나라는 지금 가난한 자들을 위해 현존하지만, 여기서 미래의 만족이 약속되어 있기에 그 복이 종말론적이기도 하다는 것을 알게 된다. 우리가 처음 두 복을 함께 묶으면 복은 현존하는 동시에 아직 오지 않았다. 복은 이 시대에 속하면서도 다가올 시대에도 속하는 것이다. 이와 대조적으로 마태는 복이 "의에 주리고 목마른 자"(마 5:6)를 위한 것이라고 말한다. 따라서 누가복음에 나오는 것이 마태의 말과 일치하는 것을 알 수 있다. 복은 굶주림에 시달리는 사람들에게 백지 수표로 주어진 것이 아니다. 복은 물질적 궁핍함에 시달리지만 주님을 사랑하는 사람들에게 속해 있다. 마리아는 가난한 자에게 양식을 공급하고 부자를 좌절시키시는 주님을 찬송한다(눅 1:53, 참고. 6:25). 주님이 은총을 베푸시는 사람들은 궁극적으로 굶주리지 않을 것이다(사 49:10).

하나님의 복에 기인하는 번영은 현재 슬퍼하는 자들을 위한 것이다. 마지막 날에는 그들이 웃을 것이다. 다시 말하건대 복은 세상에서 우는 사람 전부를 위한 것이 아니다. 비신자들도 울기 때문이다. 우리는 비천하고 가난한 사람들을 생각하게 된다. 예컨대 아들의 죽음을 슬퍼하던 나인성의 과부(7:13), 또는 자기 죄를 놓고 울면서 예수님의 발에 눈물을 흘렸던 죄 많은 여인(7:38)이다. 사랑하는 신자들의 죽음을 슬퍼하는 사람들은 마지

86 Marshall, *Gospel of Luke*, 249.

막 날에 기뻐할 것이다(참고. 8:52). 예수님은 주님의 종으로서(참고. 4:18) "모든 슬픈 자를 위로하[기]"(사 61:2) 위해 오셨다. 이 슬픔은 죄의 결과, 즉 죄, 죽음, 질병, 재난 그리고 악마의 억압 등으로 인해 생긴다. 장차 신자들이 영원히 기쁨을 누리게 될 새로운 세계가 오고 있다(사 65:18).

6:22-23 이런 복들은 충격적이며 직관과 반대된다. 흔히 가난하게 되거나 굶주리거나 슬픔에 빠지는 것을 복으로 생각하지 않는다. 그러나 예수님은 그분의 제자들이 세상에 대해 생각하는 방식을 재교육하신다. 그래서 만일 사람들이 우리를 멸시한다면(참고. 6:27), 만일 그들이 권력의 중심에서 우리를 내쫓는다면 그리고 만일 그들이 악하고 위험하다면서 우리를 비판한다면, 우리는 참으로 복이 있다고 말씀하시는 것이다. 예수님의 제자들은 미움을 받을 것이다(21:17). 이것은 미움과 멸시를 받는 모든 사람을 위한 일반적인 복이 아니다. 이 점은 모든 복에 적용되는 진리다. 복이 있는 사람들은 '인자에 대한 헌신 때문에' 미움과 회피를 당하는 자들이다(참고. 요 15:18). 만일 우리가 예수님과 동일시되는 탓에 혐오를 받는다면, 기쁨과 환희로 반응해야 한다(행 5:41; 벧전 4:13). 이런 혐오야말로 우리가 하나님께 속해 있다는 표징이기 때문이다. 하나님의 이름으로 이스라엘에게 메시지를 전했던 선지자들(대하 36:16; 느 9:26; 렘 2:30)이 이와 똑같은 취급을 받았다. 나아가 예수님을 위해 배척과 미움을 받는 사람들에게는 큰 상급, 하늘의 상급, 영원한 상급이 약속되어 있다(참고. 벧전 4:14).

6:24 예수님은 네 가지 복을 선언한 후 이어서 그런 복들과 뚜렷한 대조를 이루는 네 가지 화를 선언하신다. 화의 말씀은 구약에 흔하고 이스라엘을 심판으로 위협한다(예. 사 3:9, 11; 5:8, 11; 렘 6:4; 22:13; 23:1; 겔 13:13; 16:23). 화를 불가피한 저주로 이해하면 안 된다. 그 말씀은 우리가 회개하고 하나님께 돌이키지 않는다면 일어날 일을 예측한다. 첫째 경우에는 화가 가난한 자와 대조를 이루는 부자에게 임한다(눅 6:20). 부자는 이생에서 그들의 기쁨과 안락함을 이미 받았기 때문이다. 마리아는 "부자"가 "빈손으로 보

내[질]"(1:53) 것이라고 말했다. 부에 대한 욕망이 그 나라의 말씀을 질식시킬 수 있다(8:14). 어리석은 부자는 자기 은퇴를 위해서는 풍부하게 대비했으나 하나님께 대하여 부요하지 못했다(12:15-21). 이와 비슷하게 사치와 환락의 삶을 영위했던 부자는 가난한 나사로를 무시했고, 심판에 대해 잊어버렸으며, 결국 고통을 받고 말았다(16:19-31). 부유한 관원은 예수님이 제자로 부르셨을 때 그의 소유를 내놓을 수 없었다(18:18-30). 부자들은 예수님을 위해 그들의 돈을 사용하고, 그들이 저지른 악행을 회개하고, 가난한 자에게 관대하게 베푼다면, 자동적으로 하나님 나라에서 배제되지 않는다. 모든 것을 버리고 예수님을 따랐던 레위(5:27-28)를 생각해보라. 모든 세리가 그 직업을 그만두어야 하는 것은 아니다. 일부는 그 직업에 그대로 남아 있으면서 책임 있게 또 윤리적으로 일할 수 있다(3:12-13; 19:1-10). 요한 마가의 어머니는 자기가 소유하는 큰 집, 틀림없이 값비싼 그 집을 제자들의 모임 장소로 사용한다(행 12:12-16).

6:25 복과 대조를 이루는 정반대의 경우가 계속 이어진다. 만일 굶주리는 사람들에게 복이 있다면(6:21), 배부른 자들은 조심해야 한다. 심판의 날이 오고 있기 때문이다. 이와 비슷한 생각이 이사야 65:13에 나온다. "보아라, 내 종들은 먹겠지만, 너희는 굶을 것이다. 보아라, 내 종들은 마시겠지만, 너희는 목이 마를 것이다. 보아라, 내 종들은 기뻐하겠지만, 너희는 수치를 당할 것이다"(새번역). 마지막 날은 이 세상에서 일어나는 일을 거꾸로 뒤집을 것이다(참고. 약 4:9). 이것을 배부른 사람은 아무도 하나님의 나라에 들어가지 못할 것이라는 뜻으로 읽으면 안 된다. 만일 배부른 자들이 잔치에 "가난한 자들과 몸 불편한 자들과 저는 자들과 맹인들"을 초대하면, 그들은 마지막 날, 부활의 날에 보상을 받을 것이다(눅 14:12-14).

화는 또한 현재 웃는 자들에게도 선포된다. 슬퍼하는 자들이 복이 있기 때문이다(6:21). 과거에 이스라엘이 심판을 받았을 때 그의 적들은 조롱하며 웃었다(애 3:14). 물론 경건한 자들 역시 현재 기뻐하는 것이 마땅하므로(눅 6:23) 여기서 말하는 것은 무정하고 이기적인 부자들의 웃음, 성공하고 행복하나 자기에게 몰두하고 나르시시즘에 빠진 사람들의 웃음이다.

6:26 예수님을 위해 미움과 멸시를 받는 사람들은 복이 있는 반면(6:22-23), 모든 사람의 칭찬과 환영을 받는 이들에게는 화가 닥친다. 거짓 선지자들은 인기가 무척 많았다. 400명의 바알 선지자가 아합의 승리를 예언했으나 미가야는 홀로 서서 재난을 경고했던 것(왕상 22장, 참고. 미 2:11)을 기억하는가? 사람들은 만사가 잘될 것이고 어려움이 없을 것이라는 말을 듣고 싶어 한다(사 30:10). 예레미야 5:31은 그 문제를 이렇게 지적한다. "선지자들은 거짓을 예언하며 제사장들은 자기 권력으로 다스리며 내 백성은 그것을 좋게 여기니 마지막에는 너희가 어찌하려느냐." 모두의 사랑을 받는 것이 복의 표징으로 보일지 몰라도 분별력이 필요한 이유는, 그런 사랑은 우리가 그릇된 쪽에 있다는 신호일 수 있기 때문이다.

응답

우리는 종종 우리의 삶이 의미가 있는지를 판독하기 위해 사회적 영향력과 위상을 가늠하곤 한다. 예수님은 우리의 가치관, 즉 돈, 권력, 명예, 오락 등을 귀중하게 여기는 모습이 우리가 하나님께 속하지 않았음을 가리키는 신호일지 모른다고 말씀하신다. 비록 사회의 주변부에 있고, 열악한 동네에 살고, 재정적 어려움을 겪고 있어도, 하나님께 속해 있다면 우리는 복이 있다. 예수님이 신자들은 가난해야 한다고 말씀하시는 것은 아니다. 우리가 무엇을 귀중하게 여기는지, 무엇을 예배하는지를 숙고하라고 도전하신다. 예수님은 우리가 자칫 놓치기 쉬운 장소들과 사람들 안에서 그분의 나라를 세우고 계신다. 주님은 우리를 겸손하게 만들기 원하시고, 우리에게 그분이 얼마나 필요한지 깨닫기를 바라신다. 우리가 인자이신 예수님에게 속해 있음을 세상을 향해 기꺼이 말하게 되길 기도한다.

27 그러나 너희 듣는 자에게 내가 이르노니 너희 원수를 사랑하며 너
희를 미워하는 자를 선대하며 28 너희를 저주하는 자를 위하여 축복하
며 너희를 모욕하는 자를 위하여 기도하라 29 너의 이 뺨을 치는 자에
게 저 뺨도 돌려 대며 네 겉옷을 빼앗는 자에게 속옷도 거절하지 말라
30 네게 구하는 자에게 주며 네 것을 가져가는 자에게 다시 달라 하지
말며 31 남에게 대접을 받고자 하는 대로 너희도 남을 대접하라

27 "But I say to you who hear, Love your enemies, do good to those
who hate you, 28 bless those who curse you, pray for those who abuse
you. 29 To one who strikes you on the cheek, offer the other also, and
from one who takes away your cloak do not withhold your tunic[1] either.
30 Give to everyone who begs from you, and from one who takes away
your goods do not demand them back. 31 And as you wish that others
would do to you, do so to them.

32 너희가 만일 너희를 사랑하는 자만을 사랑하면 칭찬 받을 것이 무
엇이냐 죄인들도 사랑하는 자는 사랑하느니라 33 너희가 만일 선대하

는 자만을 선대하면 칭찬 받을 것이 무엇이냐 죄인들도 이렇게 하느니라 34 너희가 받기를 바라고 사람들에게 꿔어주면 칭찬 받을 것이 무엇이냐 죄인들도 그만큼 받고자 하여 죄인에게 꿔어주느니라 35 오직 너희는 원수를 사랑하고 선대하며 [1]아무것도 바라지 말고 꿔어주라 그리하면 너희 상이 클 것이요 또 지극히 높으신 이의 아들이 되리니 그는 은혜를 모르는 자와 악한 자에게도 인자하시니라 36 너희 아버지의 자비로우심같이 너희도 자비로운 자가 되라

32 “If you love those who love you, what benefit is that to you? For even sinners love those who love them. 33 And if you do good to those who do good to you, what benefit is that to you? For even sinners do the same. 34 And if you lend to those from whom you expect to receive, what credit is that to you? Even sinners lend to sinners, to get back the same amount. 35 But love your enemies, and do good, and lend, expecting nothing in return, and your reward will be great, and you will be sons of the Most High, for he is kind to the ungrateful and the evil. 36 Be merciful, even as your Father is merciful.

37 비판하지 말라 그리하면 너희가 비판을 받지 않을 것이요 정죄하지 말라 그리하면 너희가 정죄를 받지 않을 것이요 용서하라 그리하면 너희가 용서를 받을 것이요 38 주라 그리하면 너희에게 줄 것이니 곧 후히 되어 누르고 흔들어 넘치도록 하여 너희에게 안겨 주리라 너희가 헤아리는 그 헤아림으로 너희도 헤아림을 도로 받을 것이니라

37 “Judge not, and you will not be judged; condemn not, and you will not be condemned; forgive, and you will be forgiven; 38 give, and it will be given to you. Good measure, pressed down, shaken together, running over, will be put into your lap. For with the measure you use it will be measured back to you.”

1) 어떤 사본에, 아무에게도 실망하지 말고

1 Greek *chiton*, a long garment worn under the cloak next to the skin

단락 개관

예수님이 신자들에게 원수를 사랑하고, 그들을 위해 기도하며, 그들에게 선을 행하라고 요구하심으로써, 그분의 가르침이 얼마나 새로운지 또 능력이 있는지가 확연하게 드러난다. 우리는 모욕을 받더라도 똑같이 반응하면 안 된다. 우리는 고소를 당하고 겉옷을 빼앗기더라도 용서하는 마음을 품어야 한다. 우리의 소유를 관대하게 나누어 주고 소유에 대해 자유로운 모습을 보여야 한다. 남들이 우리에게 해주기 바라는 그 일을 우리가 그들에게 해주어야 한다. 나아가 사랑으로 보답하지 않는 이들에게 사랑과 자비를 베풀어야 한다. 그런 사랑이야말로 예수님의 제자로서 구별되는 모습이기 때문이다. 우리는 원수를 사랑함으로써 우리가 하나님의 자녀임을 보여준다. 주님은 악한 자들에게도 선을 베푸시는 분이기 때문이다. 신자들은 주님이 자비로우신 것처럼 자비로워지도록 부름 받았다. 이는 남을 심판하거나 정죄하지 말라는 뜻이다. 남을 용서하는 이들은 용서를 받을 것이다.

단락 개요

III. 예수님이 갈릴리에서 성령의 능력으로 구원을 전파하시다 (4:14-9:50)

C. 가난한 자를 위한 좋은 소식(6:12-8:3)

2. 평지 설교(6:17-49)

b. 네 원수를 사랑하라(6:27-38)

주석

6:27-28 예수님의 제자들은 '원수를 사랑하라'는 가르침을 받는다. 사랑은 그저 느낌이 아니라 행동으로 표현된다. 사랑은 구체적이고 특정한 방식으로 나타나는 법이다. 그런 가르침은 구약에도 있다. 출애굽기 23:4에는 "너희는 원수의 소나 나귀가 길을 잃고 헤매는 것을 보거든, 반드시 그것을 임자에게 돌려주어야 한다"(새번역)고 기록되어 있다. 그리고 잠언 25:21에도 "네 원수가 배고파하거든 음식을 먹이고 목말라하거든 물을 마시게 하라"는 가르침이 있다. 그럼에도 원수 사랑에 대한 강조가 예수님의 가르침에서 두드러진다.[87] 이어서 원수를 사랑하는 것이 무슨 뜻인지가 설명되어 있다. 신자는 자신을 저주하는 자들을 축복해야 한다. 이는 하나님께 원수들을 저주해달라고 구하는 대신 하나님께서 그들에게 복 주시고 그들을 지키시도록, 그들에게 하나님의 얼굴을 비추고 은혜를 베푸시도록, 그들에게 은총을 베풀고 하나님의 평안을 허락하시도록 간구하는 것을 의

87 Bock, *Luke 1:1-9:50*, 589.

미한다(참고. 민 6:25-26; 롬 12:14; 벧전 3:9). 뿐만 아니라 신자를 학대하는 자들을 위해서도 기도해야 한다. 즉 예수님을 따르는 자들은 주님께 그들을 구원하고 그들을 향해 미소 짓기를 간구해야 한다. 이 복음서에서 그런 사랑을 가장 잘 보여주는 예는 예수님이 자신을 십자가에 못 박는 이들을 용서해달라고 하나님께 간구하시는 모습이다(눅 23:34). 스데반 역시 주님처럼, 자기를 돌로 치는 자들의 죄를 그들에게 돌리지 말라고 주님께 간구한다(행 7:60).

6:29 예수님의 제자들에게 기대되는 사랑의 속성이 계속 설명된다. 누군가가 뺨을 맞는다면 다른 뺨도 돌려 대야 한다. 예수님은 아마 누군가가 모욕을 당하는 상황을 다루고 계신 것 같다.[88] 이 점이 마태복음의 병행 구절에 더 분명하게 나오는데, 거기서는 오른편 뺨을 맞는 것(손등으로 맞는 것, 마 5:39)을 거론하기 때문이다. 그렇다고 이 명령을 우리가 부상이나 죽음의 위험에서 자신을 보호하기 위해 자기방어를 해서는 안 된다고 말하는 것으로 해석하면 안 된다. 또한 신자들이 문자 그대로 다른 뺨을 돌려 대야 하는 것도 아니다. 그런 행동은 지극히 인위적일 것이기 때문이다. 우리는 한 사람이 문자 그대로 다른 뺨을 돌려 대되 분노와 복수심으로 가득 찬 상황을 상상할 수 있다. 그런 외적인 순종은 예수님의 가르침을 놓치는 것이다. 이 충격적인 예를 문자적으로 강요하면 안 된다. 예수님은 우리를 움직이는 정신에 대해 다루신다(참고. 고전 6:7). 예수님과 바울은 얼굴을 맞을 때(요 18:22-23; 행 23:2-5) 스스로를 변호하며 그들이 이유도 없이 맞았다고 주장했는데, 그렇다고 그들이 이 명령을 위반하는 것은 아니다. 예수님은 주님의 종으로서 여기에 나온 명령을 이행하신다. "나를 때리는 자들에게 내 등을 맡기며 나의 수염을 뽑는 자들에게 나의 뺨을 맡기며 모욕과 침 뱉음을 당하여도 내 얼굴을 가리지 아니하였느니라"(사 50:6).

88 같은 책, 592.

본인의 겉옷을 취하는 사람에게 속옷도 주라는 명령도 이와 비슷하게 해석되어야 한다. 문자 그대로 속옷까지 다 벗어 겉옷을 빼앗는 사람에게 주라는 것이 아니다. 요점은 강도짓을 당하거나 학대를 받았을 때 분노와 복수심으로 가득 차면 안 된다는 것이다.

6:30 충격적인 명령이 계속 이어진다. 예수님의 제자들은 도움을 요청하는 사람들을 도와주어야 한다. 다시금 예수님은 그분을 따르는 자들의 마음을 차지해야 할 정신에 대해 말씀하신다. 신자들의 특징은 관대함과 주고 싶은 마음에 있어야 한다. 바울이 일하기 싫어하는 사람은 먹이지도 말라고 명령한다고 해서 이것이 예수님의 가르침과 상충되는 것은 아니다(살후 3:10). 예수님의 말씀을 분별력 없는 베풂을 지지하는 것으로 해석하면 안 된다. 그분은 다시금 마음을 찌르신다. 과연 우리는 모든 것이 하나님께 속한다는 것을 인정하고, 우리의 모든 소유를 기꺼이 포기할 마음이 있는가? 만일 그러고 싶다고 말하면서도 관대하지 못하다면, 우리의 주장은 텅 빈 소리가 되고 말 것이다. 마찬가지로 우리의 소유를 억지로 빼앗는 사람들로부터 그것을 강압적으로 되찾으려고 해서는 안 된다. 만일 우리의 소유를 폭력 없이 합법적으로 되찾는 길이 있다면 그것을 되찾아도 잘못은 아니지만 말이다. 이런 말씀을 지나치게 문자적으로 읽으면 예수님이 마음에 호소하신다는 것을 놓치기 쉽다. 만일 우리의 소유를 누군가에게 빼앗긴다면, 마음속이 끝없는 후회로 가득 차는가? 히브리서에 나오는 신자들이 여기서 예수님이 명령하시는 것을 경험했다. "너희가 갇힌 자를 동정하고 너희 소유를 빼앗기는 것도 기쁘게 당한 것은 더 낫고 영구한 소유가 있는 줄 앎이라"(히 10:34).

6:31 예수님이 이제까지 황금률로 불려온 것을 공표하신다. 다른 사람들도 이와 똑같은 원리를 표현했으나 부정적인 명령으로 만들었다. "당신이 싫어하는 것을 아무에게도 행하지 말라"(토비트 4:15).[89] 예수님의 가르침에 권위와 독특성이 있다고 해서 그분의 모든 말씀이 근본적으로 새롭다는

결론을 내릴 수는 없다. 예수님의 가르침은 그분 사역의 전반적인 맥락에 비추어 이해될 필요가 있다. 어쨌든 여기에 나온 명령들을 놀라운 말씀으로 기념하는 것은 옳다. 우리는 남들에게 그들이 우리를 위해 행하기 바라는 대로 행해야 한다. 우리가 이 권고를 따른다면 세상은 참으로 다른 곳이 될 것이고, 우리는 이 권고를(그리고 모든 권고들을) 실천하지 못하는 것에 대해 하나님께 용서받을 필요가 있다. 이와 동시에 우리는 예수님의 가르침대로 살 수 있는 힘을 달라고 기도해야 한다.

6:32-33 제자들 사이에 존재해야 할 사랑의 속성이 설명되어 있다. 우리가 사랑하는 이들을 사랑하는 것은 자연스럽고 그다지 어렵지 않다. 죄인도 대체로 자기 친구는 잘 대우한다. 그래서 친구들을 사랑하는 사람에게는 '혜택'(benefit, 개역개정은 "칭찬")이 없다(참고. 벧전 2:20). '혜택'[카리스(*charis*)]이라는 단어는 보통 '은혜'로 번역되지만, 마태복음 5:46에 나오는 병행 구절은 '상급'[미스톤(*misthon*), 개역개정은 "상"]이라는 단어를 사용한다. 따라서 '혜택'이라는 번역어가 적절하다. 예수님은 상급의 견지에서 혜택에 대해 말씀하신다. 이와 동시에 카리스라는 단어는, 계산하지 않고 무조건적으로 사랑하는 사람들이 하나님의 은혜를 받은 자들임을 의미한다. 누가복음 6:33도 동일한 주장을 한다. 사랑은 우리가 행하는 일, 우리의 행위, 우리가 남을 대하는 방식으로 나타나는 법이다. 비신자들도, 달리 말하면 죄인들도 그들의 친구는 잘 대우한다. 정작 신자들을 구별해주는 것은 그들이 친구가 아닌 사람들에게 행하는 모습이다.

6:34-35 고대 세계에서는 선물이 주고받는 것을 기반으로 삼았다. 한 사람이 다른 사람에게 무언가를 줄 때는 모종의 보답을 기대한다. 예수님이 어려운 자들에게 외상을 주는 예를 들어 설명하신다. 죄인들이 죄인들에

89 같은 책, 596-597에 나오는 유사한 명언들을 보라.

게 빌려주는 것은 그들이 어려울 때 똑같은 것을 받기를 기대하기 때문이다. 하지만 예수님은 제자들이 다르게 살기를 기대하신다. 사람들은 돌려받을 것을 기대하며 돈을 빌려주는 것을 칭찬하지 않는다. 그것은 고대 세계에서 전형적인 호혜의 원칙에 따라 사는 것이라서 그렇다. 그 대신 사람들이 돌려받을 것을 기대하지 않으면서 준다면 그들은 '상급'(6:33에서 '혜택'으로 번역된 카리스)을 받을 것이다.

원수를 사랑하는 것은 단지 정서적 느낌이 아니라 행동으로 옮겨진다. 우리의 마음이 가는 곳에 돈이 가는 것과 같다. 그런 사랑의 최고 본보기는 예수님이 우리를 위해 목숨을 바치신 희생적 죽음이다(참고. 갈 2:20; 엡 5:2; 요일 4:10). 여기서 예수님이 보상의 개념을 완전히 없애시는 것은 아님을 주목해야 한다. 신자는 무언가를 빌려줄 때 되갚음을 기대해서는 안 되지만 보답의 개념이 모두 버려진 것은 아니다. 왜냐하면 그들이 관대하게 베푼 것에 대해 하나님께 보상을 받을 것이기 때문이다. 우리가 관대하게 베푼다면, 우리는 "지극히 높으신 이"의 아들임을 입증하게 된다. 관대하게 베푸는 사람들은 하나님과 동일한 성품을 갖고 있는 것이고, 이는 그들이 진실로 그분의 자녀들임을 보여준다. 어쨌든 하나님은 선한 자들과 악한 자들 모두에게 친절하고 선하고 관대하신 분이므로, 제자들도 동일한 속성을 보여줌으로써 하나님을 닮아야 한다.

6:36 마태복음에 나오는 병행 구절은 "하늘에 계신 너희 아버지의 온전하심과 같이 온전하라"(마 5:48)고 말한다. 하지만 누가복음에는 하나님 아버지의 자비로움과 똑같은 종류의 자비를 베풀라는 명령으로 나온다. 제자들은 아버지의 성품을 반영하도록 부름 받았고(참고. 레 19:2), 이는 자비를 받을 자격이 없는 사람들에게 자비를 베푸는 것을 의미한다. 우리 역시 우리의 죄 때문에 하나님의 자비를 받을 자격이 없는 것과 마찬가지다(참고. 눅 15:1-32; 18:9-14). 남들에 대해 무정하고 냉담하고 용서하지 않는 마음은 우리가 모두에게 자비를 베푸시는 하늘에 계신 아버지와 다르다는 것을 보여준다.

6:37-38 자비는 제자들이 남을 판단하거나 정죄하거나 용서를 거부하지 않는 것을 의미한다. 이는 죄가 연루된 경우에 신자들이 평가하거나 징계하는 것을 거부해야 한다는 뜻은 분명히 아니다(참고. 마 18:15-20; 고전 5:1-13). 그럼에도 우리 마음의 기본적인 자세는 이해하고 용서하고 사랑하는 것이라야 한다. 이 문제는 매우 중요하다. 남을 판단하고 정죄하는 이들은 마지막 날에 하나님의 판단과 정죄를 받을 것이기 때문이다. 용서를 거부하는 사람은 하나님의 용서를 받지 못할 것이다. 이 두 구절에 나오는 수동태 동사들은 하나님이 주어임을 암묵적으로 가리킨다. 자기 마음을 완고하게 하고 남에게 용서를 베풀지 않는 자들은 하나님께 용서받은 적이 없다. 관대하게 베푸는 사람들은 보답으로 상급을 받을 것이다. 다시금 여기서 언급하는 것은 하나님의 선물이고, 38절의 나머지 부분은 그분의 선물이 마땅히 받을 것을 훨씬 능가한다는 것을 보여준다. 주님은 아끼지 않고 넉넉하게, 가득하게 주신다. 하나님께서 우리에게 주실 때는 꽉 눌러서 최대한 많이 주신다. 그 분량은 흔들어서 그 속에 빈 곳이 없게 하실 만큼 많다. 그리고 그것이 충분하지 않으면, 하나님은 선물 받는 사람의 옷 주름에 여분의 곡물을 퍼부어 주신다. 예수님은 하나님의 선물이 얼마나 풍부한지를 강조하며 그분의 특별한 자비를 부각시키신다. 하나님은 우리가 마땅히 받을 것이나 기대하는 것보다 훨씬 더 많이 주신다(엡 3:20).

응답

예수님은 그분의 제자인 우리가 자비로운 마음을 품도록 부르셨다. 우리가 하나님의 자비를 알았다면 우리도 자비로워질 것이다. 우리가 자비로운지 여부를 알기 위해서는 원수에 대해 어떻게 느끼고 행동하는지를 보면 된다. 예수님이 말씀하시듯이, 친구에게 사랑과 은혜를 베푸는 것은 죄인들도 행하는 일이다. 눈에 띄는 모습은 예수님의 제자들이 자기를 미워하는 사람들을 사랑하고, 자기를 저주하는 사람들을 위해 기도하며, 자기를 멸시하는 사람들에게 실제적이고 구체적인 관심을 보여주는 것이다. 종교적이고 정치적인 환경에서는 우리의 적대자들에게 조롱과 비웃음으로 반응하기가 쉽고, 우리는 이런 모습을 소셜 미디어에서 보게 된다. 사람들이 우리에 대한 증오 때문에 우리의 신념을 왜곡하고 잘못 전할 때에도, 그리스도인은 사랑으로 반응해야 한다. 여기에 나온 방식으로 살아가기 위해서는 하나님의 은혜와 성령의 능력이 필요하다. 우리가 남들에게 자비롭고 그들을 용서할 수 있는 것은 하나님께서 우리에게 베푸신 크나큰 자비와 사랑 때문이다.

39 또 비유로 말씀하시되 맹인이 맹인을 인도할 수 있느냐 둘이 다 구
덩이에 빠지지 아니하겠느냐 40 제자가 그 선생보다 높지 못하나 무릇
온전하게 된 자는 그 선생과 같으리라 41 어찌하여 형제의 눈 속에 있
는 티는 보고 네 눈 속에 있는 들보는 깨닫지 못하느냐 42 너는 네 눈
속에 있는 들보를 보지 못하면서 어찌하여 형제에게 말하기를 형제여
나로 네 눈 속에 있는 티를 빼게 하라 할 수 있느냐 외식하는 자여 먼
저 네 눈 속에서 들보를 빼라 그 후에야 네가 밝히 보고 형제의 눈 속
에 있는 티를 빼리라

39 He also told them a parable: "Can a blind man lead a blind man? Will
they not both fall into a pit? 40 A disciple is not above his teacher, but
everyone when he is fully trained will be like his teacher. 41 Why do
you see the speck that is in your brother's eye, but do not notice the log
that is in your own eye? 42 How can you say to your brother, 'Brother,
let me take out the speck that is in your eye,' when you yourself do not
see the log that is in your own eye? You hypocrite, first take the log out
of your own eye, and then you will see clearly to take out the speck that
is in your brother's eye.

단락 개관

"또 비유로 말씀하시되"(39절)라는 어구는 여기서 새로운 하부 단락이 시작됨을 가리킨다. 이 구절들을 다함께 묶어주는 주제는 사물을 올바르게 보는 것이다. 예수님이 39절에서 맹인의 예를 드신다. 한 맹인이 다른 맹인을 인도할 수 없는 것은 파탄을 초래할 것이기 때문이다. 둘 다 스스로 벗어날 수 없는 구덩이에 빠질 것이다. 결국에는 제자들이 그들의 선생과 비슷하게 될 것이다(40절). 우리가 눈 먼 선생을 따라간다면 우리도 눈이 멀게 될 것이다. 예수님이 계속해서 보는 것의 문제를 다루신다(41-42절). 우리는 다른 누군가의 삶에서 작은 잘못을 보면서도 우리 자신의 결점은 보지 못할 수 있다. 타인의 사소한 잘못에 집중하면서도 우리 자신의 큰 문제에는 눈이 멀지 않도록 조심해야 한다. 먼저 우리 자신을 돌아보면서 스스로의 결점을 보아야 한다. 그러면 타인의 결점에 도움을 줄 수 있을 것이다.

단락 개요

III. 예수님이 갈릴리에서 성령의 능력으로 구원을 전파하시다 (4:14-9:50)
  C. 가난한 자를 위한 좋은 소식(6:12-8:3)
    2. 평지 설교(6:17-49)
      c. 진정한 시력(6:39-42)

주석

6:39-40 새로운 하부 단락이 폭넓은 뜻을 지닌 단어인 "비유"로 시작된다. "비유"는 예화(例話), 확장된 알레고리 또는 짧고 간결한 속담을 말한다. 여기에 나오는 것은 후자로서 두 맹인에 관한 짧은 삽화다. 만일 한 맹인이 길에서 다른 맹인을 인도한다면, 파탄이 그들을 기다리고 있을 것이다. 결국 둘 다 스스로 벗어날 수 없는 구덩이에 빠지게 될 것이기 때문이다. 예수님은 아마 안내자와 지도자 역할을 하는 바리새인을 염두에 두고 계실 것이다(참고. 마 23:16). 제자들은 훈련을 마치면 선생과 비슷해지므로 누구를 선생으로 받아들이는지가 매우 중요하다. 만일 한 사람이 오도하는 선생을 선택한다면, 그는 탈선해서 스스로를 파멸시키고 말 것이다. 용서하는 마음을 품는다고 해서 제자들이 분별력이나 지혜를 발휘하지 않는다는 뜻은 아니다. 그런 분별력은 자기가 따를 선생을 선택하는 데 매우 중요하기 때문이다. 누가가 따를 선생은 물론 예수님이다.

6:41-42 선생을 선택할 때 분별력을 발휘하는 것은 필요하지만, 그와 동시에 제자들은 스스로 비판적 태도나 흠잡으려는 태도를 조심할 필요가 있다. 예수님이 41절에서 날카로운 질문을 던지신다. 왜 우리는 다른 사람의 삶에서 아주 작은 잘못, 미세한 반점은 보면서도 우리 자신의 거대한 잘못("들보")을 인지하지 못하는가? 정답은 우리 자신의 죄에 대해 눈이 멀 수 있다는 것이다. 우리는 우리가 진정 누군지 보지 못한다. 우리가 스스로의 단점에 대해 눈이 멀 때는 다른 이들의 잘못에 몰두하게 되고 그들의 결함에 초점을 두며 심지어 우리의 과업이 남들의 문제를 '고쳐주는' 것이라고 생각할 수 있다. 문제는 남들의 약점과 죄를 보는 데 있지 않다. 이는 도무지 피할 수 없기 때문이다. 문제는 남들의 잘못을 보면서도 우리의 삶에 스며든 거대한 잘못은 보지 못하는 것이다. 이럴 때 우리는 위선의 죄를 짓는다. 다른 사람들의 삶에 있는 반점을 보는 것은 잘못이 아니고 그들이 반점을 제거하도록 돕는 것도 마찬가지다. 따라서 모든 판단이나 평

가가 다 잘못이 아니라는 것은 분명하다. 우리가 판단을 내릴 때에만 반점을 볼 수 있기 때문이다. 그럼에도 가장 먼저 해야 할 일은 우리의 삶에 있는 악을 처리하는 것이다. 즉, 악을 보고 인정하고 다루는 일이다. 예수님이 여기서 가르치시는 것이 갈라디아서 6:1에 잘 요약되어 있다. "형제들아 사람이 만일 무슨 범죄한 일이 드러나거든 신령한 너희는 온유한 심령으로 그러한 자를 바로잡고 너 자신을 살펴보아 너도 시험을 받을까 두려워하라."

응답

우리는 "하나님께서 나에게 분별의 은사를 주셨어!"라거나 "나는 지도자로서 이런 문제를 지적할 필요가 있다!"는 말로 흠잡고 비판하는 태도를 변호할 수 있다. 누군가를 헐뜯으면 일시적으로 통쾌할 수는 있겠으나, 이 단락은 우리가 남들을 판단하는 기준으로 하나님께서 우리를 판단하실 것임을, 우리가 남들을 용서하지 않는다면 하나님께서 우리를 용서하지 않으실 것임을 상기시켜준다. 우리가 다른 사람의 삶에서 결점을 발견할 수 있고 그들의 단점을 도와줄 수 있지만, 먼저 거울로 우리 자신을 살펴보고 우리의 죄를 정직하게 처리할 때에만 그럴 수 있다. 아울러 우리가 훌륭한 선생과 역할 모델을 선택하는 것이 매우 중요한 이유는, 우리는 우리가 사랑하는 것을 닮기 때문이다.

43 못된 열매 맺는 좋은 나무가 없고 또 좋은 열매 맺는 못된 나무가
없느니라 44 나무는 각각 그 열매로 아나니 가시나무에서 무화과를,
또는 찔레에서 포도를 따지 못하느니라 45 선한 사람은 마음에 쌓은
선에서 선을 내고 악한 자는 그 쌓은 악에서 악을 내나니 이는 마음에
가득한 것을 입으로 말함이니라

43 "For no good tree bears bad fruit, nor again does a bad tree bear
good fruit, 44 for each tree is known by its own fruit. For figs are not
gathered from thornbushes, nor are grapes picked from a bramble bush.
45 The good person out of the good treasure of his heart produces good,
and the evil person out of his evil treasure produces evil, for out of the
abundance of the heart his mouth speaks.

46 너희는 나를 불러 주여 주여 하면서도 어찌하여 내가 말하는 것을
행하지 아니하느냐 47 내게 나아와 내 말을 듣고 행하는 자마다 누구
와 같은 것을 너희에게 보이리라 48 집을 짓되 깊이 파고 주추를 반석
위에 놓은 사람과 같으니 큰물이 나서 탁류가 그 집에 부딪치되 잘 지

었기 때문에 능히 요동하지 못하게 하였거니와 49 듣고 행하지 아니
하는 자는 주추 없이 흙 위에 집 지은 사람과 같으니 탁류가 부딪치매
집이 곧 무너져 파괴됨이 심하니라 하시니라

46 "Why do you call me 'Lord, Lord,' and not do what I tell you?
47 Everyone who comes to me and hears my words and does them, I
will show you what he is like: 48 he is like a man building a house, who
dug deep and laid the foundation on the rock. And when a flood arose,
the stream broke against that house and could not shake it, because it
had been well built.[1] 49 But the one who hears and does not do them is
like a man who built a house on the ground without a foundation. When
the stream broke against it, immediately it fell, and the ruin of that
house was great."

1 Some manuscripts *founded upon the rock*

단락 개관

이 설교는 순종에 대한 강조로 마무리된다. 열매가 좋지 못하다면 새로운 나무가 되어야 한다. 좋은 나무는 좋은 열매를 맺는 반면 썩은 나무는 고약한 열매를 맺기 때문이다. 예수님을 주님으로 부르면 그분에게 순종해야 마땅하고, 그분에게 순종하는 사람들은 삶의 폭풍에 흔들리지 않을 기초 위에 세워진다.

단락 개요

III. 예수님이 갈릴리에서 성령의 능력으로 구원을 전파하시다 (4:14-9:50)

C. 가난한 자를 위한 좋은 소식(6:12-8:3)

2. 평지 설교(6:17-49)

d. 순종(6:43-49)

주석

6:43-45 인간에게 중요한 문제는 우리가 진정 누구인가 하는 본성이다. 건강한 나무는 맛있는 열매를 맺지만, 병든 나무는 썩고 고약한 열매를 맺는다(참고. 마 7:15-17; 12:33-34). 우리에게 필요한 것은 회심, 새로운 존재, 새로운 성품이다. 44절은 좋은 열매(무화과와 포도)는 무가치한 나무 또는 덤불(가시나무, 참고. 약 3:12)에서 딸 수 없다고 강조한다. 우리는 나무의 본성을 그 열매의 품질로 알게 된다. 나무를 생각하지 않은 채 열매에 대해 한탄하는 것은 피상적이고, 따라서 필요한 것은 완전히 새로운 나무다. 이는 인간이 중생하고 거듭나야 한다는 것에 대한 다른 표현이다. 45절은 나무의 예를 적용한다. 선한 사람들, 곧 하나님의 은혜로 그 마음이 변화된 사람들은 선한 것을 생산한다. 이와 반대로 악한 사람들은 썩은 나무라서 그 마음으로부터 악이 나온다. 우리가 발설하는 말은 우리의 마음속에 있는 것을 드러내고 우리의 진정한 성품을 보여준다(참고. 8:15).

6:46-49 이 설교는 순종에 대한 강력한 권고로 마무리된다. 예수님은 왜 그분을 주님으로 부르면서도 그에 걸맞은 순종을 보이지 않느냐는 수사적

질문을 던지신다(참고, 마 7:21; 약 1:22). 순종의 실패는 예수님을 주님이라 주장하는 것과 상충된다. 다른 한편 예수님에게 나아와서 그분의 말씀을 듣고 그분에게 순종하는 사람들은 예수님이 참으로 그들의 주님임을 드러낸다(참고, 눅 8:21; 11:28). 그들은 든든한 기초 위에 집을 세우는 사람들에 비유된다. 그 집은 기초를 잘 지었기 때문에 홍수가 나도 크게 흔들리지 않는다. 이와 반대로 예수님의 말씀을 듣고도 순종하지 않는 사람들은 든든한 기초를 놓지 않은 채 집을 세우는 자들이라서 홍수가 날 때 그 집이 무너지고 만다(참고. 겔 13:10-15). 우리는 이 텍스트에 나오는 고기독론(high Christology)을 놓치면 안 된다. 예수님이 주님(Lord)으로 불린다는 것과 인생이 예수님의 말씀을 실천하는 것이 달려 있다는 것이다. 하나님께서 만유의 주님이기 때문에 여기서 예수님의 신성을 볼 수 있고, 하나님을 영접하는 사람들은 그분의 말씀을 실천한다. 누가에 따르면, 예수님은 하나님과 똑같은 정체성과 본성을 갖고 계신 것이 분명하다.

응답

우리가 예수님을 사랑한다고 말하면서도 그분에게 불순종한다면, 진실하게 사랑하지 않는 것이다. 우리의 행습이 우리의 주장과 모순되기 때문이다. 예수님이 참으로 우리의 주님이라는 표징은 우리 삶의 변화다. 필자는 수년 전 죄수들과 일했던 정신의학자인 시어도어 달림플(Theodore Dalrymple)의 인터뷰를 읽은 적이 있다. 그는 죄수들이 마음 깊은 곳에서는 자신들이 선하다고 믿었지만 그들의 행위가 그들이 진정 누군지를 반영하지 않는다고 말했다.[90]

좋은 열매를 맺는 비결은 좋은 나무가 되는 것이다. 예수님은 우리에게

90 Brian M. Carney, "Understanding the Mystery of Murderous Minds," *Wall Street Journal*, July 30, 2011, http//www.wsj.com/articles/SB1000142405311190488304576476052920894000/.

먼저 선한 일을 행하라고 요구하지 않으신다. 그분은 우리에게 먼저 좋은 나무가 되라고, 완전히 변화되라고 요구하신다. 필자는 시골에서 성장했는데 정원에 다양한 식물을 심곤 했던 기억이 있다. 우리가 옥수수를 심었을 때는 블루베리를 얻지 못했다고 속상해하지 않았다. 아무도 옥수수를 심고 블루베리를 기대하지 않는다. 당신이 블루베리를 원한다면 블루베리 관목을 심어야 한다. 예수님의 말씀은, 우리가 삶에서 좋은 열매를 맺기 원한다면 나무를 바꿔야 한다는 것이다. 여기서 예수님이 거론하시는 것은 회심, 곧 하나님께서 우리의 마음을 변화시키시도록 허용하는 것이다. 물론 우리가 회심한 이후에도 나무가 아직 완전한 것은 아니다. 우리는 죄를 짓고 싶은 성향이 전혀 없는 완전한 나무가 되기 위해 구속의 날을 기다리고 있다. 그러나 나무가 바뀌었다면 분명히 우리의 삶이 달라질 것이다. 우리가 살아가는 모습이 과연 우리가 좋은 나무인지 여부를 보여준다. 우리가 좋은 나무라면 예전과는 다르게 이야기하게 된다. 우리의 말은 은혜롭고 사랑이 가득하고 친절할 것이다. 만일 그렇지 않다면, 우리는 좋은 나무가 아닐지 모른다.

1 예수께서 모든 말씀을 백성에게 들려주시기를 마치신 후에 가버나
움으로 들어가시니라 2 어떤 백부장의 사랑하는 종이 병들어 죽게 되
었더니 3 예수의 소문을 듣고 유대인의 장로 몇 사람을 예수께 보내어
오셔서 그 종을 구해주시기를 청한지라 4 이에 그들이 예수께 나아와
간절히 구하여 이르되 이 일을 하시는 것이 이 사람에게는 합당하니
이다 5 그가 우리 민족을 사랑하고 또한 우리를 위하여 회당을 지었나
이다 하니 6 예수께서 함께 가실새 이에 그 집이 멀지 아니하여 백부
장이 벗들을 보내어 이르되 주여 수고하시지 마옵소서 내 집에 들어
오심을 나는 감당하지 못하겠나이다 7 그러므로 내가 주께 나아가기
도 감당하지 못할 줄을 알았나이다 말씀만 [1)]하사 내 하인을 낫게 하
소서 8 나도 남의 수하에 든 사람이요 내 아래에도 병사가 있으니 이
더러 가라 하면 가고 저더러 오라 하면 오고 내 종더러 이것을 하라
하면 하나이다 9 예수께서 들으시고 그를 놀랍게 여겨 돌이키사 따르
는 무리에게 이르시되 내가 너희에게 이르노니 이스라엘 중에서도 이
만한 믿음은 만나보지 못하였노라 하시더라 10 보내었던 사람들이 집
으로 돌아가 보매 종이 이미 나아 있었더라

1 After he had finished all his sayings in the hearing of the people, he
entered Capernaum. 2 Now a centurion had a servant[1] who was sick
and at the point of death, who was highly valued by him. 3 When the
centurion[2] heard about Jesus, he sent to him elders of the Jews, asking
him to come and heal his servant. 4 And when they came to Jesus, they
pleaded with him earnestly, saying, "He is worthy to have you do this
for him, 5 for he loves our nation, and he is the one who built us our
synagogue." 6 And Jesus went with them. When he was not far from
the house, the centurion sent friends, saying to him, "Lord, do not
trouble yourself, for I am not worthy to have you come under my roof.
7 Therefore I did not presume to come to you. But say the word, and
let my servant be healed. 8 For I too am a man set under authority, with
soldiers under me: and I say to one, 'Go,' and he goes; and to another,
'Come,' and he comes; and to my servant, 'Do this,' and he does it."
9 When Jesus heard these things, he marveled at him, and turning to
the crowd that followed him, said, "I tell you, not even in Israel have I
found such faith." 10 And when those who had been sent returned to the
house, they found the servant well.

1) 어떤 사본에, 하소서 그리하면 내 하인이 낫겠나이다

1 Or *bondservant*; also verses 3, 8, 10 *2* Greek *he*

단락 개관

가난한 자, 굶주린 자, 슬퍼하는 자 그리고 박해받는 자를 부각시키는 평지 설교 이후, 우리는 사태가 거꾸로 뒤집히는 또 다른 경우에 대해 읽게 된다. 예수님이 만나시는 가장 큰 믿음은 이스라엘이 아니라 이방인인 백부장에게서 나온다. 이 이야기는 예수님의 권위를 크게 부각시킨다. 그분은 멀리서도 한마디 말씀으로 병을 고치실 수 있다는 것이다. 마태 역시 동일한 이야기를 들려주되 세세한 부분을 생략한다(마 8:5-13). 누가의 이야기를 통해서만 백부장이 예수님에게 직접 말한 적이 없다는 것을 알게 된다. 그는 유대인 장로들을 예수님에게 중개자로 보내서 자신의 종을 치유해달라고 부탁하게 한다. 유대인 장로들이 백부장의 대의를 전달하며 그는 유대 민족을 사랑하고 회당을 위해 자금을 공급했으므로 자격이 있다고 말한다. 이와 대조적으로 백부장은 예수님에게 사람들을 보내 자신은 예수님을 집에 모실 자격이 없다며 방문에 반대한다. 그는 권위 있는 예수님이 그 집에 들어오지 않고도 한마디 말씀으로 종을 고치실 수 있다는 것을 안다. 예수님은 그의 믿음에 깜짝 놀라면서 그 믿음이 이스라엘에서 이제껏 만나본 것들을 능가한다고 말씀하신다. 그리고 백부장의 요청에 따라 그 종을 치유하신다.

단락 개요

III. 예수님이 갈릴리에서 성령의 능력으로 구원을 전파하시다 (4:14-9:50)
- C. 가난한 자를 위한 좋은 소식(6:12-8:3)
  - 3. 낮은 자들이 예수님의 메시지를 받아들이다(7:1-8:3)
    - a. 백부장의 종을 치유하시다(7:1-10)

주석

7:1-3 이 백부장은 예수님 말씀의 능력을 믿는 누군가를 대표하고, 우리는 다시금 하나님 나라가 거꾸로 뒤집힌 나라임을 보게 된다. 후보들 중에 가장 뜻밖의 후보가 제대로 믿는 것이다. 예수님이 설교를 마친 후(6:20-49) 가버나움으로 이동하신다. 백부장은 군대 장교로서 헤롯 안디바의 치하에 있는 듯하고 100명의 군사를 지휘한다. 누가는 그의 국적을 말하지 않지만 이 내러티브로부터 이방인이라는 것을 알 수 있다.[91] 그에게는 병들어서 죽을 지경에 있는 종이 있는데, 그 종은 그에게 소중한 사람이다. 아마 좋은 일꾼일 뿐만 아니라 백부장의 특별한 애정을 받는 사람일 것이다. 백부장은 그 공동체의 유대인 장로들과 관계를 맺고 있어서 예수님의 치유에 관한 소문을 들었다. 유대인 공동체에서 장로들의 정확한 역할을 꼭 집어서 말하기는 쉽지 않다. 아마 공동체에서의 위상으로 인해 리더십을 발휘하는 나이든 남자들일 것이다.[92]

7:4-5 장로들은 백부장의 부탁에 응하는 것이 더할 나위 없이 기쁘다. 그들은 예수님에게 나아와 백부장에게 가달라고 간청하면서 그는 그런 총애를 받을 만한 사람이라고 주장한다. 여기서 고대 세계에 존재하던 대인관계의 호혜적 성격을 보게 된다. 그 종의 치유가 보증되는 것은 백부장이 유대 민족을 사랑해서 회당을 지었기 때문이다. 백부장이 회당을 짓는 데 필요한 자금을 제공했던 것이 거의 확실하다. 유대인들은 자신들에게 유익을 준 사람을 도움으로써 은혜를 갚기 원한다.

7:6-8 예수님이 승낙하고 백부장의 집으로 이동하신다. 백부장이 자신의

91 참고. Bock, *Luke 1:1-9:50*, 635-636.

92 참고. 같은 책, 636.

집으로 오시는 예수님에게 친구들을 보내 자기는 더 이상 예수님을 귀찮게 하고 싶지 않다는(참고. 8:49) 메시지를 전달하게 한다. 유대인 장로들은 백부장을 예수님의 도움을 받을 '자격이 있는'[악시오스(*axios*), 7:4] 사람으로 생각하지만, 백부장은 그와 다르게 자기는 예수님을 자신의 집에 모실만한 '자격'[히카노스(*hikanos*), 6절]이 없다고 고백한다. 백부장은 자신의 위대함이나 관대함을 자랑하며 떠벌리지 않고 오히려 죄성을 인식하고 있다.

7절이 그 점을 확인하고 강화한다. 백부장은 6절에서 자기는 예수님을 집에 모실만한 '자격'이 없다고 말했고, 7절에 "그래서 내가 주님께로 나아올 엄두도 못냈습니다"(새번역)라는 말을 덧붙인다.[93] 백부장은 자기가 자격이 없다고 생각하기에 예수님이 그의 집에 들어오시면 안 된다고 말한다. 또한 예수님과 개인적으로 말할 자격도 없다고 느낀다. 그럼에도 그는 예수님의 능력을 믿은 나머지 예수님이 말씀만 하셔도 종이 치유를 받을 수 있다고 말한다. 예수님 말씀의 능력은 "그의 말씀을 보내어 그들을 고치시[는]"(시 107:20) 하나님을 상기시킨다.

백부장이 예수님의 권위를 알아보는 것은 그 역시 군인들에게 권위를 가진 사람이기 때문이다. 그가 군인들에게 명령하면 군인들은 그대로 실행한다. 이는 군인들이 그의 말에 권위가 있다는 것을 알기 때문이며, 그래서 그의 말이 효과를 발휘하는 것이다. 그러므로 백부장은 예수님의 말씀에 고유한 권위가 있다는 것과 예수님이 무슨 말씀을 하시든지 그것이 실현될 것임을 안다. 다시금 우리는 하나님의 권위를 상기하게 된다. 그분이 창세기 1장에서 말씀을 발하셔서 우주가 창조되었던 것이다.

7:9-10 이런 백부장의 말을 듣고 놀란 예수님은 그를 따르는 군중에게 백부장의 믿음이 특별하고 비범해서 지금까지 이스라엘에서 목격한 어떤 것도 능가한다고 말씀하신다. 어쨌든 그 사람은 이방인인데도 예수님의 말

93 ESV에 나오는 "presume"(주제넘다)은 누가복음 7:4에 나오는 "자격 있는"(worthy, 악시오스)과 어원이 같은 엑시오사(*ēxiōsa*, '나는 자격이 있다')를 번역한 것이다.

씀을 완전히 신뢰하고 있다. 더구나 그는 예수님이 멀리 계신 곳에서도 말씀으로 치유하실 수 있다는 것을 안다. 치유를 받기 위해 예수님이 반드시 현장에 계셔야 하는 것은 아니다. 이 이야기는 사도행전에 나오는 중요한 주제를 예고한다. 믿지 않는 이스라엘의 많은 사람들과 반대로, 이방인들이 하나님의 백성에 포함된다는 것이다. 여기에는 중풍병자의 이야기와 같이 믿음이 중심을 차지하는 장면이 나온다(눅 5:20). 이 내러티브는 그 종이 치유되었다는 소식과 예수님 말씀의 능력을 보여주는 것으로 마무리된다.

응답

유대인 장로들은 백부장을 예수님의 특별한 배려와 은혜를 받을 만한 자격이 있는 사람으로 말하지만, 백부장은 그들보다 훨씬 더 통찰력이 있고 영적으로 민감하다. 그는 예수님을 집에 모실 만한 자격이 없고 심지어 예수님에게 직접 말할 자격도 없음을 알고 있다. 만일 우리가 우리 자신을 안다면 그리고 우리가 우리의 죄를 안다면, 우리는 예수님 앞에 있을 자격이 없다는 것을 알게 된다. 이와 동시에 우리는 예수님을 믿게 되고, 그분의 말씀이 능력이 있어서 효과를 발휘하고 변화를 일으킨다는 것을 신뢰한다. 우리는 그리스도의 말씀을 전적으로 신뢰하고, 그분이 죽음이 있는 곳에 생명을 주시고 그분의 말씀이 새로운 실재를 창조할 수 있음을 믿어야 한다.

11 그 후에 예수께서 나인이란 성으로 가실새 제자와 많은 무리가 동
행하더니 12 성문에 가까이 이르실 때에 사람들이 한 죽은 자를 메고
나오니 이는 한 어머니의 독자요 그의 어머니는 과부라 그 성의 많은
사람도 그와 함께 나오거늘 13 주께서 과부를 보시고 불쌍히 여기사
울지 말라 하시고 14 가까이 가서 그 관에 손을 대시니 멘 자들이 서는
지라 예수께서 이르시되 청년아 내가 네게 말하노니 일어나라 하시
매 15 죽었던 자가 일어나 앉고 말도 하거늘 예수께서 그를 어머니에
게 주시니 16 모든 사람이 두려워하며 하나님께 영광을 돌려 이르되
큰 선지자가 우리 가운데 일어나셨다 하고 또 하나님께서 자기 백성
을 돌보셨다 하더라 17 예수께 대한 이 소문이 온 유대와 사방에 두루
퍼지니라

11 Soon afterward[1] he went to a town called Nain, and his disciples
and a great crowd went with him. 12 As he drew near to the gate of the
town, behold, a man who had died was being carried out, the only son
of his mother, and she was a widow, and a considerable crowd from the
town was with her. 13 And when the Lord saw her, he had compassion

on her and said to her, "Do not weep." 14 Then he came up and touched the bier, and the bearers stood still. And he said, "Young man, I say to you, arise." 15 And the dead man sat up and began to speak, and Jesus[2] gave him to his mother. 16 Fear seized them all, and they glorified God, saying, "A great prophet has arisen among us!" and "God has visited his people!" 17 And this report about him spread through the whole of Judea and all the surrounding country.

1 Some manuscripts *The next day* *2* Greek *he*

7장

단락 개관

7:1-10에서 예수님은 눈에 띄는 사람, 곧 영향력 있는 백부장의 종을 고쳐 주셨다. 그러나 이 이야기에서는 한 여인, 가난한 과부, 복이 있는 가난한 자를 대표하는 사람(6:20)의 외아들을 치유하신다. 여자들에 대한 누가의 관심, 여자들에 대한 예수님의 사랑을 반영하는 그 관심이 여기서 밝게 빛난다. 예수님이 많은 군중과 함께 나인이라는 작은 성읍을 방문할 때 장례 행렬을 마주하게 된다. 한 과부의 외아들이 장지로 옮겨지는 중이다. 예수님이 연민을 느끼며 그 여자에게 울지 말라고 하신다. 그리고 상여에 손을 대고 젊은이에게 일어나라고 말씀하신다. 그 아들이 일어나서 말도 하자, 예수님이 그를 어머니에게 돌려주신다. 이 이야기는 다시 예수님에게 초점을 맞춘다. 사람들이 그분을 선지자로 인정하고, 하나님께서 이스라엘을 도우러 오셨다는 것을 알게 된다. 이 기적에 관한 소식이 널리 퍼지는 것은 놀랄 일이 아니다.

단락 개요

III. 예수님이 갈릴리에서 성령의 능력으로 구원을 전파하시다 (4:14-9:50)
C. 가난한 자를 위한 좋은 소식(6:12-8:3)
3. 낮은 자들이 예수님의 메시지를 받아들이다(7:1-8:3)
b. 과부의 아들을 되살리시다(7:11-17)

주석

7:11-12 예수님의 여행이 계속되는 중에 나인이라는 작은 성읍을 방문하신다(참고. 8:1). 그곳은 "가버나움의 남쪽 약 40킬로미터와 나사렛의 남동쪽 약 96킬로미터"[94]에 위치한다. 대럴 복은 거기에 200명 정도가 살았다고 추산한다.[95] 예수님의 제자들이 함께 있고, 그분의 사역으로 인해 많은 군중도 같이 다니는 중이다(참고. 6:17; 9:37). 예수님이 그 성읍 가까이 이르렀을 때 장례 행렬을 마주치신다. 누가는 그 여인의 곤경에 초점을 맞춘다. 그녀의 유일한 아들이 죽어서(참고. 8:42; 9:38) 현재 매장될 장소로 운반되는 중이다. 그러나 이것이 전부가 아니다. 그녀는 또한 과부인지라 이제는 남편과 아들이 없어서 부양받을 길도 없다. 이날은 그녀의 인생에서 가장 고통스럽고 괴로운 날일 것이다(참고. 렘 6:26; 암 8:10; 슥 12:10). 성읍 주민들이 함께 장지로 가는 것을 보면 그녀와 같이 애도하고 있는 것이 분명하

94 Garland, *Luke*, 301.

95 Bock, *Luke 1:1-9:50*, 649.

다. 이 이야기는 사렙다 과부를 상기시키는데, 그녀의 아들도 죽은 뒤에 엘리야의 의해 다시 살아났다(왕상 17:17-24). 엘리사 역시 죽었던 아들을 되살리지만 그 경우에는 어머니가 과부가 아니었다(왕하 4:32-37).

7:13-15 예수님은 과부를 보고 연민을 느끼며(이는 그분의 사역에 종종 나온다, 참고. 10:33; 15:20) 울지 말라고 말씀하신다(참고. 6:21; 8:52). 여기서 누가가 예수님을 주님으로 여기고 그분의 권위를 보여준다는 것을 알 수 있다(참고. 1:43; 2:11; 6:5 등). 이는 앞에 나온 백부장의 이야기에도 분명히 나타났다. 예수님은 말만 하지 않고 행동도 하신다. 상여를 만지면 부정해지는데도(민 19:11, 16, 참고. 눅 5:13; 8:54) 예수님은 상여에 손을 대신다. 그러자 젊은이를 운반하던 사람들이 발걸음을 멈춘다. 그러나 예수님의 거룩함, 순결함, 능력이 줄어들지 않고 오히려 죽은 자에게 생명을 부여한다. 예수님은 (이미 죽은 상태에 있는) 젊은이에게 일어나라고 말씀하신다. 그분이 말씀하실 때 생명이 죽은 자에게 주어지기 때문에 여기서 예수님의 고유한 권위를 다시 보게 된다. 예수님이 치유하셔서 즉시 결과가 나타나는 모습은 앞에서 언급된 엘리야와 엘리사가 행한 소생 사건과 대조를 이룬다. 예수님은 또한 어머니를 위로하고 그녀에게 아들을 돌려줌으로써 연민을 보여주기도 하신다.

7:16-17 예수님의 기적으로 인해 거기에 있던 모든 사람이 경외심에 압도되어(참고. 1:65; 5:26; 8:37) 하나님께 영광을 돌린다(참고. 2:20; 5:25-26; 13:13; 17:15; 18:43; 23:47). 그들은 예수님이 "큰 선지자"임을 알아보는데, 이는 확실히 옳다(참고. 4:24; 7:39; 9:18-19; 13:33; 24:19; 행 3:22). 그들은 틀림없이 죽은 아들을 되살렸던 엘리사와 엘리야에 대해 생각하고 있다(왕상 17:17-24; 왕하 4:32-37). 그러나 예수님이 또한 선지자를 뛰어넘는 주님이요 하나님의 아들임은 알지 못한다. 이와 동시에 그들은 하나님께서 그분의 백성을 방문해서 그들을 위해 행하고 계심을 인식한다. 앞에서 사가랴는 하나님께서 이스라엘을 방문해서 그분의 언약을 이루고 계시다는 것을 알

았다(1:68-71, 78). 이 큰 기적의 결과로 예수님의 명성이 그 지역 전체와 유대에 두루 퍼졌다(4:14, 44).

응답

이 내러티브는 그 무엇보다도 예수님에 관한 것이다. 그분은 큰 선지자, 주님, 삶과 죽음을 다스리는 능력을 가지신 분이다. 또한 우리가 고통당할 때 연민을 느끼시는 분이다. 우리의 주님이자 구원자가 우리의 삶을 돌보신다는 것을 알면 힘을 얻는다. 이와 동시에 그분은 주권적인 하나님이라서 그분이 원할 때 치유하신다. 주님은 이생에서 뜻밖의 방식으로 우리에게 복을 베푸시지만, 이 이야기의 메시지는 하나님께서 이생에서 우리가 사랑하는 자들을 죽은 상태에서 다시 살리신다는 것이 아니다. 예수님이 나인성 과부를 위해 행하셨던 대로 하나님께서 현재 우리를 위해 똑같은 일을 행하실 것이라고 생각하길 누가는 원치 않는다. 아니다, 과부의 아들이 다시 살아난 것은 우리에게 마지막 날, 우리가 썩지 않고 죽지 않을 몸으로 다시 살아날 그날, 우리가 영원히 그리스도와 함께 있을 그날을 가리킨다.

18 요한의 제자들이 이 모든 일을 그에게 알리니 19 요한이 그 제자 중
둘을 불러 주께 보내어 이르되 오실 그이가 당신이오니이까 우리가
다른 이를 기다리오리이까 하라 하매 20 그들이 예수께 나아가 이르
되 [1]세례 요한이 우리를 보내어 당신께 여쭈어보라고 하기를 오실 그
이가 당신이오니이까 우리가 다른 이를 기다리오리이까 하더이다 하
니 21 마침 그때에 예수께서 질병과 고통과 및 악귀 들린 자를 많이 고
치시며 또 많은 맹인을 보게 하신지라 22 예수께서 대답하여 이르시되
너희가 가서 보고 들은 것을 요한에게 알리되 맹인이 보며 못 걷는 사
람이 걸으며 나병환자가 깨끗함을 받으며 귀먹은 사람이 들으며 죽은
자가 살아나며 가난한 자에게 복음이 전파된다 하라 23 누구든지 나로
말미암아 실족하지 아니하는 자는 복이 있도다 하시니라

18 The disciples of John reported all these things to him. And John,
19 calling two of his disciples to him, sent them to the Lord, saying,
"Are you the one who is to come, or shall we look for another?"
20 And when the men had come to him, they said, "John the Baptist has
sent us to you, saying, 'Are you the one who is to come, or shall we

look for another?'" 21 In that hour he healed many people of diseases
and plagues and evil spirits, and on many who were blind he bestowed
sight. 22 And he answered them, "Go and tell John what you have
seen and heard: the blind receive their sight, the lame walk, lepers[1] are
cleansed, and the deaf hear, the dead are raised up, the poor have good
news preached to them. 23 And blessed is the one who is not offended
by me."

24 요한이 보낸 자가 떠난 후에 예수께서 무리에게 요한에 대하여 말
씀하시되 너희가 무엇을 보려고 광야에 나갔더냐 바람에 흔들리는 갈
대냐 25 그러면 너희가 무엇을 보려고 나갔더냐 부드러운 옷 입은 사
람이냐 보라 화려한 옷을 입고 사치하게 지내는 자는 왕궁에 있느니
라 26 그러면 너희가 무엇을 보려고 나갔더냐 선지자냐 옳다 내가 너
희에게 이르노니 선지자보다도 훌륭한 자니라 27 기록된바

보라 내가 내 사자를 네 앞에 보내노니 그가 네 앞에서 네 길을 준
비하리라

한 것이 이 사람에 대한 말씀이라 28 내가 너희에게 말하노니 여자가
낳은 자 중에 요한보다 큰 자가 없도다 그러나 하나님의 나라에서는
극히 작은 자라도 그보다 크니라 하시니 29 모든 백성과 세리들은 이
미 요한의 1)세례를 받은지라 이 말씀을 듣고 하나님을 의롭다 하되
30 바리새인과 율법교사들은 그의 1)세례를 받지 아니함으로 그들 자
신을 위한 하나님의 뜻을 저버리니라

24 When John's messengers had gone, Jesus[2] began to speak to the
crowds concerning John: "What did you go out into the wilderness to
see? A reed shaken by the wind? 25 What then did you go out to see? A
man dressed in soft clothing? Behold, those who are dressed in splendid
clothing and live in luxury are in kings' courts. 26 What then did you go

out to see? A prophet? Yes, I tell you, and more than a prophet. 27 This
is he of whom it is written,

"'Behold, I send my messenger before your face,
who will prepare your way before you.'

28 I tell you, among those born of women none is greater than John. Yet
the one who is least in the kingdom of God is greater than he." 29 (When
all the people heard this, and the tax collectors too, they declared
God just,[3] having been baptized with the baptism of John, 30 but the
Pharisees and the lawyers rejected the purpose of God for themselves,
not having been baptized by him.)

7장

31 또 이르시되 이 세대의 사람을 무엇으로 비유할까 무엇과 같은가
32 비유하건대 아이들이 장터에 앉아 서로 불러 이르되

우리가 너희를 향하여 피리를 불어도 너희가 춤추지 않고 우리가
곡하여도 너희가 울지 아니하였다

함과 같도다 33 1) 세례 요한이 와서 떡도 먹지 아니하며 포도주도 마시
지 아니하매 너희 말이 귀신이 들렸다 하더니 34 인자는 와서 먹고 마
시매 너희 말이 보라 먹기를 탐하고 포도주를 즐기는 사람이요 세리
와 죄인의 친구로다 하니 35 지혜는 자기의 모든 자녀로 인하여 옳다
함을 얻느니라

31 "To what then shall I compare the people of this generation, and what
are they like? 32 They are like children sitting in the marketplace and
calling to one another,

"'We played the flute for you, and you did not dance;
we sang a dirge, and you did not weep.'

33 For John the Baptist has come eating no bread and drinking no wine,
and you say, 'He has a demon.' 34 The Son of Man has come eating

and drinking, and you say, 'Look at him! A glutton and a drunkard, a friend of tax collectors and sinners!' 35 Yet wisdom is justified by all her children."

1) 헬, 또는 침례

1 Leprosy was a term for several skin diseases; see Leviticus 13 *2* Greek *he 3* Greek *they justified God*

단락 개관

예수님은 그분 자신이 질병(7:1-10)과 죽음(11-17절)을 다스리는 주님임을 보여주셨다. 우리는 이 단락에서 그분이 세례 요한보다 더 위대할 뿐 아니라 요한이 전파한 모든 것을 성취하시는 인물임을 보게 된다. 이 단락에는 세 차례의 움직임이 나온다.

첫째, 세례 요한이 예수님에게 제자들을 보내 그분이 정말로 오실 분인지를 물어보게 한다(18-23절). 예수님은 하나님 나라의 도래를 묘사하는 구약의 텍스트들에 호소하는 말로 응답하시고, 그분의 치유와 축귀와 복음 전파가 성경의 약속을 성취한다는 것을 보여주신다.

둘째, 요한이 보낸 제자들이 떠난 후, 예수님은 구원 역사에서 요한의 독특한 역할에 관해 말씀하신다(24-30절). 사람들이 광야에 있는 요한을 보려고 몰려온 것은 그가 선지자였기 때문이지만, 그에게는 선지자로서 주님의 길을 준비하는 특별한 역할이 있었다. 따라서 구약의 어떤 선지자도 요한보다 더 위대하지 않다. 하지만 하나님 나라의 가장 작은 자라도 요한보다 더 위대하다. 요한의 세례를 받은 세리와 죄인들은 하나님이 옳다고 선언했으나 바리새인들은 요한의 세례를 거절함으로써 하나님의 뜻에 순종하길 거부했다.

셋째, 현 세대의 완고함을 크게 다루는데 이는 세례 요한과 예수님을 모두 배척하는 모습으로 표출된다(31-35절). 그들은 어떤 것으로도 행복해하지 않는 아이들과 같다. 그들은 요한의 금욕주의와 예수님의 유쾌함과 기쁨 모두 좋아하지 않는다. 달리 말하면 장송곡과 결혼 축하 노래 모두 좋아하지 않는 것이다. 그럼에도 지혜는 그 진정한 자녀들에 의해 정당화되는 법이다. 그 자녀들은 바로 요한과 예수님의 메시지를 영접하는 세리와 죄인들 그리고 모든 사람이다.

단락 개요

III. 예수님이 갈릴리에서 성령의 능력으로 구원을 전파하시다 (4:14-9:50)

C. 가난한 자를 위한 좋은 소식(6:12-8:3)

3. 낮은 자들이 예수의 메시지를 받아들이다(7:1-8:3)

c. 세례 요한의 역할(7:18-35)

주석

7:18-20 마태와 달리, 누가는 이 사건이 일어날 때 요한이 감옥에 있다는 것을 말해주지 않는다(마 11:2). 요한의 제자들은 예수님이 행하시는 모든 일(치유 사역과 죽은 자를 살리시는 것까지, 참고. 눅 4:40-41; 5:15; 6:17-19; 7:1-17)을 목격하고 그것을 요한에게 보고한다. 이후 요한이 두 제자를 보내 예수님에게 정말로 "오실 그분"(새번역)인지, 아니면 또 다른 사람이 그 역할을 담당할지를 묻게 한다. "오실 그분"이란 메시아, 이스라엘의 왕(3:16; 4:34; 5:32; 13:35; 19:38; 행 19:4)을 가리킨다. 다니엘 7:13-14에서는 인자가 "옛적

부터 항상 계신 이"에게 "나아가" 나라를 받는다. 이보다 말라기 3:1이 더 적절한데, 왜냐하면 메신저가 그의 길을 준비한 뒤에 주님이 "그의 성전에 임하[실]" 것이기 때문이다. 학자들은 요한이 이런 질문을 던질 때 과연 의심하고 있는지를 놓고 논쟁하는데, 요한이 감옥에 있다고 말하는 마태복음의 병행 구절들은 그가 의심하고 있음을 시사한다. 요한은 불의 심판을 선포했는데(눅 3:7-10, 17), 예수님의 사역을 통해서는 그런 심판이 일어나는 것 같지 않다. 그 나라가 세례 요한이 기대했던 방식으로 도래하고 있지 않는 것이다.

7:21-23 요한이 보낸 사람들이 도착할 때, 마침 예수님이 그분의 전형적인 사역을 수행하고 계신다. 병자와 괴로운 자를 고치시고, 귀신 들린 자를 해방시키시고, 맹인을 보게 하시는 사역이다(참고. 4:40; 5:15; 6:18-19). 예수님이 요한의 제자들에게 가서 그들이 보고 들은 것을 보고하라고 말씀하신다. 여기서 우리가 예수님이 말씀하신 것의 의미를 그들이 보고 들은 것에 국한시킨다면, 그 말씀의 의미를 잘못 해석하게 된다. 그에 덧붙여 예수님이 치유 사역의 '해석'까지 제공하시기 때문이다. 예수님이 세례 요한에게 그 사역의 의미를 알려주는 것은, 그 치유가 예수라는 인물에 대해 무엇을 전달하는지를 깨닫게 하시기 위해서다. 그 설명은 예수님의 사역이 시작될 때 선언되었던 주제들을 지목한다. 성령이 예수님에게 임하셔서 복음을 전파하고, 자유와 희년의 해를 선포하고, 맹인에게 시력을 주고, 주님의 은혜의 해를 반포하는 것이다(4:18-19). 따라서 여기서도 맹인의 치유는 이사야 29:18과 35:5을 성취한다. 이사야 29장은 예루살렘의 심판을 예견하지만 장래에 이루어질 하나님 백성의 구원으로 서서히 전환된다(사 29:17-24). 이사야 35장은 다가오는 새로운 창조와 이스라엘이 포로 상태에서 시온으로 돌아오는 모습에 대한 아름다운 묘사다. 예수님은 다리 저는 사람의 치유를 언급할 때에도 이사야 35장을 암시하신다(35:6). 나병 환자가 깨끗케 되는 것(참고. 눅 5:12-16; 17:11-19), 곧 불결한 자가 정결케 되는 것은 새로운 날이 이스라엘에 도래했다는 것, 죄로 인해 더러워진 백성

이 거룩하게 되고 있다는 것을 의미한다.

귀먹은 사람의 청력이 회복되는 것 역시 그 나라의 도래, 새로운 창조의 도래를 가리킨다. 주님의 종이 맹인의 눈을 열어주고(사 42:7) 이스라엘을 그들의 땅으로 복귀시킴으로써(42:16) 이스라엘에 자비를 베푸실 것이다. 귀먹은 사람들이 다시 듣게 될 것이다(사 42:18). 누가복음 4:18-19 같이, 눈멀고 귀먹은 사람은 신체적으로 눈이 멀고 귀가 먹은 자들에게 국한되지 않고 예수님에 관한 진리를 보거나 듣지 못하는 사람들도 포함한다. 죽은 자가 살아나는 것은 새로운 창조가 시작된다는 신호다. 구약에서 부활은 새 시대가 왔다는 것, 하나님의 나라가 도래했다는 것을 의미하기 때문이다(참고. 사 26:19; 겔 37:13-14; 단 12:2). 예수님은 가난한 자에게 그 나라의 복음을 전파하시는데(눅 6:20), 메시아가 올 때에는 가난한 자를 위해 행하실 것이라고 기록되어 있다(사 11:4; 61:1). 이사야서에 나오는 좋은 소식은 포로 생활에서의 복귀, 주님이 그분의 나라를 가져오시는 날이다(사 40:9-11). 이사야 52:7은 시온에게 선포된 좋은 소식은 "네 하나님이 통치하신다"는 것이라고 전한다.

세례 요한에게 주시는 예수님의 말씀은 예수님 때문에 넘어지지 않는 자를 위한 축복으로 끝난다. 왜 그런 말씀이 필요할까? 예수님이 행하신 치유와 여러 사역은 새로운 시대가 왔음을 가리키는데도 이제까지 적들을 심판하고 파멸시키는 일은 없었다. 새 창조가 도래했는데도 대다수의 사건은 여전히 옛 창조의 전형이다. 예수님이 요한에게 촉구하시는 바는, 옛 예언들이 뜻밖의 놀라운 방식으로 성취되는 현상을 보고 그 성취에 '이미-그러나-아직'의 성격이 있음을 알라는 것이다. 그래서 요한은 주님이 예수 안에서 행하고 계시는 일에 눈멀고 귀먹어서는 안 된다. 기분이 상해서 영적 맹인이 되어서는 안 되는 것이다.

7:24-25 요한의 제자들이 떠난 후, 누가복음 7:24-30에서 예수님은 요한의 역할을 분명히 밝혀서 사람들이 그가 누군지를 이해할 수 있게 하신다. 사람들은 요한을 보기 위해 왜 광야로 나갔던 것인가? 그는 여론에 흔

들리고, 남을 기쁘게 하고, 권력자에게 영합하는 광야의 갈대와 같은 인물이 아니었다. 요한은 강한 힘, 확신, 놀라운 윤리적 강직함을 갖고 있었다. 그는 비타협적인 말로 다가오는 심판에 대해 경고했고(3:7), 헤롯이 그 형제의 아내와 혼인했다며 그를 책망했다(3:19). 또한 사람들은 요한이 멋지고 부드러운 옷을 입었기 때문에 그를 보러 간 것도 아니었다. 그런 옷은 왕과 왕족에게 어울린다. 오히려 우리가 마가복음으로부터 아는 바는 요한이 "낙타털 옷을 입고 허리에 가죽 띠를 띠[었다]"(막 1:6)는 것이다.

7:26-28 요한은 연약하고 흔들리는 사람이 아니었고, 왕족이나 특권층에 속한 사람도 아니었다(참고. 1:15). 그럼에도 사람들이 그를 보기 위해 몰려들었다. 그는 주님의 선지자, 즉 구약의 선지자들처럼 주님의 말씀을 전하는 사람이었기 때문이다. 사가랴는 그의 아들에 대해 "이 아이여, 네가 지극히 높으신 이의 선지자라 일컬음을 받고"(1:76)라고 말했다. 그럼에도 요한이 '선지자보다 더 훌륭했던' 것은 구원의 역사에서 담당한 독특하고 반복될 수 없는 역할 때문이다. 예수님은 요한의 특별한 역할을 묘사하기 위해 말라기 3:1(참고. 출 23:20)을 인용하신다. 그는 '주님의 길'을 준비한 그 메신저("사자")였던 것이다. 구약에 나오는 이 말씀은 여호와를 가리키지만 예수님은 그 자신을 가리키시는 것이 거의 확실하다. 그 자신이 바로 예루살렘의 성전으로 오실 주님이기 때문이다. 요한이 다른 모든 선지자와 구별되는 것은 그가 메시아를 이스라엘에 소개하는 특권을 누렸기 때문이다. 요한은 메시아가 오기 전에 엘리야가 올 것이라는 예언(말 4:5-6)을 성취한 인물이다(눅 1:15-17; 3:4-6).

예수님은 요한이 이 시점까지 존재한 이들 중 가장 위대한 인물이라고 말씀하신다. 여기서 예수님이 본질이 아니라 역할에 관해 말씀하신다는 것을 알아야 한다. 요한은 본질상 이사야나 예레미야나 다른 어떤 인물보다 위대한 것이 아니라, 그가 그리스도를 이스라엘에 소개하는 특권을 가졌기 때문에 역할의 측면에서 가장 위대한 것이다(참고. 16:16). 다른 한편 그리스도의 성육신 다른 쪽에 사는 사람들, 즉 그리스도가 오신 이후에 사는 사람들은 가장 하찮은 사역을 할지라도 요한보다 더 위대하다. 이 위대함 역시 역할의 측면에서 설명해야 마땅하다. 하나님 나라의 시민들은 십자가와 부활의 다른 쪽에 살고 있으므로 세례 요한보다 더 명료하게 그리스도를 가리킬 수 있다. 더구나 요한은 물로만 세례를 줄 수 있었으나(3:16) 각 신자는 회개하고 믿는 자들에게 성령의 선물을 약속할 수 있다(행 2:38; 5:32; 15:8).

7:29-30 예수님은 놀라운 말씀으로 세례 요한의 위치를 밝힘으로써 평범한 사람들과 세리들의 반응을 촉구하신다. 우리가 살펴보았듯이, 세리들은 로마인과 협력하면서 종종 자기네 이익을 챙기려고 세금 평가에 근거를 둔 것보다 더 많이 부정직하게 걷었기 때문에 미움과 멸시를 받았다. 그런데 그들이 하나님의 정의를 옹호했다. 그들이 하나님을 의롭게 만들었다는 뜻이 아니라 하나님께서 의롭게 행하셨음을 인정했다는 뜻이다. 이를 달리 말하면 사람들과 세리들은 세례 요한이 하나님의 보내심을 받았다고 인정했다는 것이다. 그들의 반응은 단지 관념적인 것이 아니었다. 실제로 그들은 죄를 고백하고 요한의 세례를 받았다(3:12). 이와 대조적으로 바리새인들과 율법을 해석하던 자들은 주님이 요한을 통해 말씀하고 계시다는 것을 인정하지 않았고, 따라서 세례 받기를 거부했다. 달리 말하면 그들은 죄를 고백하지 않고 스스로 의롭다고 주장했으며(18:9-14), 따라서 그들을 향한 하나님의 의도와 뜻을 경멸했다. 맨 먼저 반응해야 마땅한 종교 지도자들은 교만과 독선으로 인해 요한의 메시지를 받아들이지 않았다.

7:31-32 7:31-35에서 예수님은 그분의 사역과 세례 요한의 사역에 대한 반응으로 다시 돌아가신다. 먼저 현 세대의 속성에 관해, 그리고 그들을 어떤 세대에 비유할 수 있을지 묻는 말씀으로 시작하신다. 9:41에서는 동시대인들을 "믿음이 없고 패역한 세대"(참고. 11:29-32)로 고발하신다. 아울러 "창세 이래로 흘린 모든 예언자들의 피의 대가를 이 세대에게 요구할 것"(11:50, 새번역)이라고 말씀하신다. 이스라엘은 암묵적으로 광야의 세대,

즉 "흠이 있고 삐뚤어진 세대"(신 32:5)와 "심히 패역한 세대"(32:20)에 비유된다. 예수님은 그 세대를 놀고 싶어서 시장에 모인 아이들에 비유하신다. 그들은 기쁨과 춤을 유도하려고 피리를 불지만 다른 아이들이 춤을 추길 원치 않는다. 곡조를 바꿔서 장송곡을 연주해도 울지 않는다. 그들은 변덕스러울 뿐더러 어떤 상황에서도 놀려고 하지 않고 만족하지 않는다.

7:33-35 누가복음 7:31-34의 구조는 다음과 같다.

(A) 피리를 불고 춤추고
  (B) 장송곡을 부르며 울고
  (B′) 금욕적인 요한
(A′) 즐기시는 예수님

우리는 연대기적 순서에 따라 요한의 사역이 먼저 다루어질 것으로 예상할지 몰라도, 누가는 예수님의 우월한 사역을 부각하기 위해 이런 식으로 텍스트의 구조를 정한다. 예수님은 세례 요한의 사역의 성격을 이렇게 생각하신다. 그는 스스로를 일반 사회로부터 고립시키고 대다수 사람이 즐기는 포도주나 맛있는 음식을 삼가는 금욕주의자로 살았다. 그는 일체 알코올을 마시지 않았다는 의미에서 나실인처럼 살았다(1:15). 마가가 우리에게 들려주듯이, 요한은 "낙타털 옷을 입고 허리에 가죽 띠를 띠[었다]"(막 1:6). 누구나 세례 요한의 금욕적이고 헌신적인 생활 방식을 보고 그가 하나님께 헌신했다고 생각할 수 있었는데도, 일부 사람은 그가 귀신 들렸다며 배척했다. 아마 귀신들이 광야에 거주한다고 생각했을 것이다. 그래서 그들은 요한이 하나님으로부터 왔다는 것을 인정하는 대신 오히려 악한 사람 취급하면서 거부하고 말았다.

예수님과 세례 요한 둘 다 하나님으로부터 왔으나 그들의 사역과 겉모습은 확연히 다르다. 예수님은 인자로서 음식을 삼가지 않고 먹고 마시며 다른 이들과 함께하는 것을 즐기신다. 그래서 '먹보이자 술고래'(ESV 참고)

로 배척받으시는데, 이는 그분의 행위를 정확하게 묘사하지 않는 터무니없는 과장임이 분명하다. 그럼에도 그분이 그런 비난을 받은 것은 세리 및 죄인들과 어울리고 식사하셨기 때문이다(참고. 5:27-32 주석). 예수님에 대한 혐의는 가벼운 것이 아니다. 그 혐의에 대한 처벌은 반역자로 여기고 돌로 치는 것이기 때문이다(신 21:20-21, 참고. 잠 23:20-21). 그러나 사실 유죄 판결을 받아야 할 쪽은 요한과 예수님을 배척하는 사람들이다. 그들이 금욕주의와 기쁜 축제를 모두 배척하는 것은 그들 마음의 참된 속성을 노출시키기 때문이다. 그들은 주님의 뜻을 행하려고 하지 않는다.

35절은 해석하기가 어렵다. 마태는 "지혜는 그 행한 일로 인하여 옳다 함을 얻느니라"(마 11:19)고 말한다. 이는 지혜가 그 수행한 일에 의해 옳음이 입증된다는 뜻이다. 누가의 말은, 지혜의 자녀들이 그것의 옳음을 입증한다는 뜻이다. 요한과 예수님의 좋은 소식을 받아들이는 세리와 죄인들 그리고 모든 사람은 양자의 메시지에 대한 반응으로, 그들의 회개와 제자도로 자신들이 지혜롭다는 것을 보여준다.

응답

우리는 세례 요한으로부터 경건한 사람도 하나님 말씀의 진리에 대한 의심으로 씨름할 수 있다는 것을 알게 된다. 그렇다고 의심을 삶의 방식으로 권유하는 것은 아니다. 하지만 어쩌다 의심이 생길 수 있음을 인정해야 하고, 예수님처럼 우리도 의심하는 사람을 돕고, 우리가 의심한다면 다른 사람의 도움을 받아야 한다. 우리는 또한 사람들이 믿지 않으려고 온갖 변명을 내세우는 모습을 보게 된다. 그리스도인이 사회에 참여하지 않으면, 그들은 우리가 세상을 부인한다는 식으로 말할지 모른다. 반대로 우리가 이 세상의 일에 적극적으로 참여한다면, 충분히 진지하지 않다고 비판할지도 모른다. 우리는 신자로서 여전히 불완전하고 갈 길이 멀다. 이와 동시에 사람들이 믿지 않으려고 내세우는 변명은 얄팍하다.

36 한 바리새인이 예수께 자기와 함께 잡수시기를 청하니 이에 바리
새인의 집에 들어가 1)앉으셨을 때에 37 그 동네에 죄를 지은 한 여자
가 있어 예수께서 바리새인의 집에 1)앉아 계심을 알고 향유 담은 옥
합을 가지고 와서 38 예수의 뒤로 그 발 곁에 서서 울며 눈물로 그 발
을 적시고 자기 머리털로 닦고 그 발에 입 맞추고 향유를 부으니 39 예
수를 청한 바리새인이 그것을 보고 마음에 이르되 이 사람이 만일 선
지자라면 자기를 만지는 이 여자가 누구며 어떠한 자 곧 죄인인 줄을
알았으리라 하거늘 40 예수께서 대답하여 이르시되 시몬아 내가 네게
이를 말이 있다 하시니 그가 이르되 선생님 말씀하소서

36 One of the Pharisees asked him to eat with him, and he went into
the Pharisee's house and reclined at table. 37 And behold, a woman of
the city, who was a sinner, when she learned that he was reclining at
table in the Pharisee's house, brought an alabaster flask of ointment,
38 and standing behind him at his feet, weeping, she began to wet his
feet with her tears and wiped them with the hair of her head and kissed
his feet and anointed them with the ointment. 39 Now when the Pharisee

who had invited him saw this, he said to himself, "If this man were a
prophet, he would have known who and what sort of woman this is
who is touching him, for she is a sinner." 40 And Jesus answering said
to him, "Simon, I have something to say to you." And he answered, "Say
it, Teacher."

41 이르시되 빚 주는 사람에게 빚진 자가 둘이 있어 하나는 오백 [2]데
나리온을 졌고 하나는 오십 [2]데나리온을 졌는데 42 갚을 것이 없으므
로 둘 다 탕감하여주었으니 둘 중에 누가 그를 더 사랑하겠느냐 43 시
몬이 대답하여 이르되 내 생각에는 많이 탕감함을 받은 자니이다 이
르시되 네 판단이 옳다 하시고 44 그 여자를 돌아보시며 시몬에게 이
르시되 이 여자를 보느냐 내가 네 집에 들어올 때 너는 내게 발 씻을
물도 주지 아니하였으되 이 여자는 눈물로 내 발을 적시고 그 머리
털로 닦았으며 45 너는 내게 입 맞추지 아니하였으되 그는 내가 들어
올 때로부터 내 발에 입 맞추기를 그치지 아니하였으며 46 너는 내 머
리에 감람유도 붓지 아니하였으되 그는 향유를 내 발에 부었느니라
47 이러므로 내가 네게 말하노니 그의 많은 죄가 사하여졌도다 이는
그의 사랑함이 많음이라 사함을 받은 일이 적은 자는 적게 사랑하
느니라 48 이에 여자에게 이르시되 네 죄 사함을 받았느니라 하시니
49 함께 [1]앉아 있는 자들이 속으로 말하되 이가 누구이기에 죄도 사하
는가 하더라 50 예수께서 여자에게 이르시되 네 믿음이 너를 구원하였
으니 평안히 가라 하시니라

41 "A certain moneylender had two debtors. One owed five hundred
denarii, and the other fifty. 42 When they could not pay, he cancelled
the debt of both. Now which of them will love him more?" 43 Simon
answered, "The one, I suppose, for whom he cancelled the larger
debt." And he said to him, "You have judged rightly." 44 Then turning

toward the woman he said to Simon, "Do you see this woman? I entered your house; you gave me no water for my feet, but she has wet my feet with her tears and wiped them with her hair. 45 You gave me no kiss, but from the time I came in she has not ceased to kiss my feet. 46 You did not anoint my head with oil, but she has anointed my feet with ointment. 47 Therefore I tell you, her sins, which are many, are forgiven—for she loved much. But he who is forgiven little, loves little." 48 And he said to her, "Your sins are forgiven." 49 Then those who were at table with him began to say among[1] themselves, "Who is this, who even forgives sins?" 50 And he said to the woman, "Your faith has saved you; go in peace."

1) 헬, 기대어 누워 있는지라(유대인이 음식 먹을 때에 가지는 자세) 2) 은전의 명칭

1 Or *to*

단락 개관

우리는 이 이야기에서 바리새인인 시몬이 하나님의 목적을 배척하는 모습을 보는 동시에, 죄 많은 여자가 예수님의 사랑과 용서를 받음으로써 지혜가 그 자녀들(즉, 죄 많은 여자)에 의해 옳다고 입증되는 장면을 본다. 배경은 시몬의 집에서 식사하는 자리다. 죄인으로 알려진 한 여자가 그 집에 들어가고 그녀의 눈물이 예수님의 발 위에 떨어진다. 이어서 그녀가 예수님의 발을 자신의 머리카락으로 닦고, 그분의 발에 입 맞추고, 그 발에 향유를 붓는다. 시몬이 발칵 분개하면서 예수님이 죄 많은 여자로 자신을 만지도록 허락한다면 그분은 선지자일 수 없다고 결론짓는다. 그러나 예수님은 두 채무자의 비유를 통해 그분 자신이 선지자임을 보여주신다. 이에 시몬

은 더 큰 빚을 탕감 받은 사람이 더 많이 사랑하게 된다고 옳게 해석한다. 이후 예수님이 그 여자를 향해 몸을 돌리고 그분에게 보여준 엄청난 환대에 대해 칭찬하신다. 이는 예수님을 제대로 환대하지 않았던 시몬과 뚜렷한 대조를 이룬다. 그래서 예수님은 그 여자의 죄가 용서를 받았다고 선언하신다. 이에 반해 용서받지 않은 사람들은 그런 사랑을 보여주지 않는다. 예수님은 주님이자 메시아며 하나님의 아들로서 여자를 향해 그녀의 죄가 용서받았다고 선언하신다. 사람들은 당연히 예수님의 정체성에 관해 의문을 제기한다. 그러나 예수님은 그 여자에게 그녀의 믿음으로 구원을 받았으니 평안하게 가도 좋다고 확신시키신다.

단락 개요

III. 예수님이 갈릴리에서 성령의 능력으로 구원을 전파하시다 (4:14-9:50)

C. 가난한 자를 위한 좋은 소식(6:12-8:3)

3. 낮은 자들이 예수님의 메시지를 받아들이다(7:1-8:3)

d. 죄 많은 여자를 용서하시다(7:36-50)

주석

7:36-38 예수님이 바리새인인 시몬의 집으로 식사 초대를 받으셨는데, 이는 그분이 바리새인과 함께 음식을 드시는 여러 경우 중 하나다(11:37; 14:1). 이는 정식 식사라서 그들은 머리를 식탁 쪽에 두고 발을 그들 뒤쪽에 두면서 식탁을 향해 비스듬히 기대는 자세를 취한다.[96] 이스라엘의 집은 서양의 집처럼 폐쇄되어 있지 않고 음식이 안마당에 차려져서 외부인이 접근할 수 있었다.[97] 어쨌든 그 성읍에서 악명 높은 여자가 식사하는 장소로 들어간다. 그녀의 죄는 언급되어 있지 않지만 아마 성적인 죄일 것이다. 고대 세계에서는 (오늘날처럼) 성적인 죄가 특히 소문이 났다. 성적인 죄에 초점을 맞추는 현상이 교만이나 오만과 같은 죄와는 달리 지나치게 부각되고는 했지만 말이다. 여자는 예수님에 관한 소문을 들었고, 추정컨대 예수님이 세리 및 죄인들에게 회개를 권유하고 용서를 베푸신다는 것을 알고 있었을 것이다(5:27-32; 7:29, 34; 15:1-2; 18:9-14). 그녀가 식사 중이신 예수님을 찾아내고 앨러배스터(alabaster) 향유병을 가져온다. 향유를 가져온 것은 이것이 우연한 만남이 아니라는 것을 보여준다. 그녀는 이미 예수님을 만나려고 계획했던 것이다.

언급했듯이, 예수님의 발은 뒤쪽으로 쭉 펴져 있었을 것이다. 여자가 슬픔과 기쁨이 섞인 눈물을 흘리기 시작하면서 그 눈물이 예수님의 발에 떨어진다. 이에 그녀가 머리카락으로 그 발을 닦는다. 머리카락을 풀어놓는 것을 고도의 성적 행위로 해석하면 안 되지만, 그 모습을 지켜보던 모든 사람은 틀림없이 깜짝 놀랐을 것이다.[98] 추정컨대 이런 일이 진행되는 동안 예수님은 계속 시몬과 대화를 나누고 계셨을 것이다! 이후 여자가 예수님

96 Bock, *Luke 1:1-9:50*, 694.

97 Garland, *Luke*, 324.

98 참고. 같은 책, 326.

의 발에 입맞춤을 아끼지 않는다. 이미 살펴보았듯이 당시의 종들은 주인의 신발 끈을 풀지도 않았기 때문에(3:16), 발에 입을 맞추는 행동은 놀랍도록 이상하게 간주되었을 것이다. 그런데 그녀는 예수님의 발에 입을 맞출 뿐 아니라 향유까지 붓는다.

7장

7:39 시몬은 예수님을 식사에 초대했지만 제자도 아니고 그분에게 호감을 느끼지도 않는다. 그는 예수님을 의심의 눈초리로 보고 있으며, 식사 자리에서 취한 여자의 행동이 그의 회의론을 더욱 부추긴다. 만일 예수님이 정말로 선지자라면 자신을 만지고 있는 여자가 죄가 많다는 것을 아실 것이라고 시몬은 생각한다. 유대 문화에서는 누구나 더러워지는 것을 피하기 위해 죄 많은 사람을 멀리하곤 했다. 여자가 자신을 만지도록 허락하는 것을 보니 그녀의 지저분한 과거에 대해 모르는 것이 틀림없고, 따라서 예수님이 선지자일 수 없다고 그는 생각한다. 그래서 시몬은 많은 사람이 예수님에 관해 말하는 바(7:16; 9:8, 19; 24:19, 참고. 13:33)와 의견을 달리하고, 그분은 하나님의 보내심을 받는 인물이 아니라는 결론에 이른다.

7:40-42 예수님은 그녀가 어떤 부류인지를 알 뿐 아니라 시몬이 무슨 생각을 하는지도 알고 있음을 보여줌으로써 선지자임을 입증하신다. 예수님이 그에게 할 말이 있다는 말씀으로 대화를 이어가신다. 시몬은 기꺼이 듣고 싶어 하고, 예수님이 어떤 대금업자의 두 채무자에 관한 비유를 들려주신다. 두 채무자 모두 빚을 되갚기에 충분한 자금이 없어서 빚진 것을 전부 탕감 받았다. 그 상황을 감안하면 둘 중 누가 그 대금업자를 더 사랑하겠느냐고 예수님이 물으신다.

7:43-46 바리새인이자 학자인 시몬은 함정을 예견하고 더 많이 탕감 받은 자가 더 많이 사랑할 것으로 생각한다고 조심스럽게 대답한다. 이에 예수님이 동의하며 시몬이 바른 대답을 했다고 확인하신다. 이제 이 이야기의 결정적 순간에 도달한다. 예수님이 그 비유를 시몬과 여자에게 적용하

신다. 처음으로 그 여자를 쳐다보며 시몬에게 그녀를 보았는지 물으신다. 우리는 시몬이 그 여자를 보았다는 것을 안다! 그는 확실히 그녀를 간과하지 않았다. 이어서 예수님이 시몬의 행위를 여자의 행위와 대조하신다. 이를 통해 시몬이 주인으로서 해야 할 일을 하지 못했고,[99] 예수님을 환대하는 것에 대해 회의적이고 조심스러웠다는 것을 알 수 있다. 시몬은 팔레스타인의 흙길을 샌들로 걸어서 더러워진 발을 씻도록 예수님을 위해 물을 내놓지 않았으나(참고. 창 18:4; 요 13:5; 딤전 5:10), 그 여자는 자신의 눈물로 예수님의 발을 씻었고 머리카락으로 발을 닦았다. 시몬은 예수님이 그의 집에 들어올 때 환영의 입맞춤을 하지 않았다(참고. 롬 16:16). 추정컨대 친구들에게 자신이 예수님에 대해 우호적이라는 신호를 주지 않기 위해서였을 것이다. 이와 대조적으로 그 여자는 예수님의 발에 거듭해서 입을 맞췄다. 또한 시몬은 예수님의 머리에 기름을 붓지 않았으나(시 23:5), 그녀는 그분의 발에 향유를 부어 엄청난 사랑과 헌신을 보여주었다.

7:47 이제 그 비유가 여자에게 적용되고 암암리에 시몬에게도 적용된다. 예수님은 그 여자의 많은 죄가 용서를 받았다고 극적인 선언을 하신다. 그 죄들은 그녀의 큰 사랑 때문에 용서받은 것이다. 이는 용서가 우리 사랑의 결과임을 가리킨다고 해석될 수도 있다. 그러나 그런 해석은 예수님이 들려주신 비유와 들어맞지 않는다. 이 비유에서는 많은 빚을 탕감 받은 자가 큰 사랑으로 반응하기 때문이다. 더구나 죄 많은 여자가 보여준 사랑의 표현은 그녀가 사랑과 죄 사함을 경험했다는 관념과 어울리기 때문에, 용서의 선언은 그녀가 이미 예수님과 관계를 맺었다는 사실을 다시 확증할 뿐이다. 나아가 이 이야기는 그녀의 믿음이 그녀를 구원했다는 예수님의 말씀으로 끝나는데, 이는 믿음이 사랑을 생산한다는 관념(갈 5:6)과 잘 어울린다. 다른 한편 적게 사랑하는 자(시몬과 같은 사람들)는 적게 용서받은 것이

99 같은 책, 328-329. 반론은 다음 책을 보라. Marshall, *Gospel of John*, 311-312; Bock, *Luke 1:1-9:50*, 701-702.

다. 우리는 이 말을 문자적으로 해석하면 안 된다. 마치 시몬 역시 용서받은 것처럼 생각하면 안 된다는 뜻이다. 사실 이 이야기의 요점은 시몬이 전혀 용서받지 못했다는 데에 있다. 시몬은 용서받을 필요성을 느끼지 못하기 때문에 (자명하게 나타나듯이) 예수님에 대한 사랑이 없다. 그는 예수님을 비판하는 자이지 그분의 은혜를 받아들이는 자가 아니다.

7:48-50 이후 예수님은 여자에게 그녀의 죄가 용서받았다고 선언하신다. 이는 예수님이 중풍병자에게도 하셨던 말씀이다(5:20). 예수님은 "잃어버린 자를 찾아 구원하려[고]"(19:10) 오셨기 때문에 병든 자를 치유하는 의사로서, 죄인들이 회개하도록 촉구하는 의사로서 사람들을 만나신다(5:31-32). 그래서 죄인이 한 명씩 회개할 때마다 하늘에는 기쁨이 있는 것이다(15:7). 예수님이 중풍병자를 치유하셨을 때 제기된 의문을 다시금 그분과 함께 식탁에 앉은 사람들이 제기한다. 죄를 용서하는 이 사람은 도대체 누구인가?(5:21, 참고. 4:36; 8:25). 예수님은 그분 자신의 권위로 치유하시는 것이 분명하다. 그분은 하나님께서 그녀를 용서할 것이라 주장하지 않고 그분 자신이 바로 용서하는 장본인이라고 주장하시는데, 이는 그분에게 하나님과 똑같은 권위가 있다는 뜻이다. 예수님이 친히 그 여자를 배려하면서 확언을 주심으로 이번 장이 마무리된다. 그녀는 믿음으로 구원받았으므로 "평안히" 떠나야 한다. 우리는 로마서 5:1, 즉 믿음으로 의롭게 된 자들은 하나님과 평화를 누린다는 말씀을 상기하게 된다. 평화는 하나님과의 바른 관계가 낳는 결과다. 여기서 말하는 구원은 명백히 영적인 것이다. 예수님이 그녀의 어떤 질병을 치유하시는 것이 아니라 믿음이 구원한다는 주제가 누가복음에서 하나의 후렴으로 나오기 때문이다(8:48; 17:19; 18:42).

응답

이 놀라운 이야기에 뚜렷이 나타나듯이, 누가는 좋은 소식에 대해 선명하게 이해하고 있다. 자신의 많은 죄를 예민하게 인식하고 예수님의 놀라운 용서를 받아들이는 사람들은 기쁨으로 충만해진다. 반면에 스스로 선하다고 생각하는 자들은 용서의 필요성을 거의 또는 전혀 느끼지 못한다. 그들은 시몬처럼 자기네 삶이 멋지다고 생각하기 때문에 은혜가 놀랍다고 생각하지 않는다. 다른 한편 죄 많은 여자를 용서하는 모습은 주님이 자기 죄를 고백하는 사람들을 환영하신다는 것을 상기시켜준다. 우리의 죄가 '주홍빛과 같다' 할지라도 '눈과 같이 희어질' 것이다(사 1:18). 또는 미가가 말하듯이, 하나님께서 "우리의 모든 죄를 깊은 바다에 던지[실]"(미 7:19) 것이다. 하나님께서 우리의 죄를 깊은 바다에 던지실 때는 '낚시 금지!'라는 표지판을 세우신다[코리 텐 붐(Corrie ten Boom)이 이렇게 말한 것을 읽은 기억이 있다]. 우리의 죄를 용서받으면 화평을 누리게 된다. 하나님께서 우리를 더럽히는 모든 것을 아시되 그것을 영원히 우리로부터 옮기셨다는 사실을 우리가 알기 때문이다.

1 그 후에 예수께서 각 성과 마을에 두루 다니시며 하나님의 나라를
선포하시며 그 복음을 전하실새 열두 제자가 함께하였고 2 또한 악귀
를 쫓아내심과 병 고침을 받은 어떤 여자들 곧 일곱 귀신이 나간 자
막달라인이라 하는 마리아와 3 헤롯의 청지기 구사의 아내 요안나와
수산나와 다른 여러 여자가 함께 하여 자기들의 소유로 그들을 섬기
더라

1 Soon afterward he went on through cities and villages, proclaiming
and bringing the good news of the kingdom of God. And the twelve
were with him, 2 and also some women who had been healed of evil
spirits and infirmities: Mary, called Magdalene, from whom seven
demons had gone out, 3 and Joanna, the wife of Chuza, Herod's
household manager, and Susanna, and many others, who provided for
them[1] out of their means.

1 Some manuscripts *him*

단락 개관

누가복음 8:1은 여러 성읍과 마을에서 하나님 나라의 좋은 소식을 선포하시는 예수님의 사역을 요약한다. 열두 제자가 그분과 동행한다는 것은 놀랍지 않다. 더 놀라운 것은 여자들도 예수님을 따라다니며 자신들의 재산으로 그분을 후원한다는 사실이다. 그들의 예수님에 대한 관대함과 헌신은 제자가 된다는 것이 무슨 뜻인지를 보여준다. 그들은 많은 죄를 용서받았기 때문에 많이 사랑하는 것이다.

단락 개요

III. 예수님이 갈릴리에서 성령의 능력으로 구원을 전파하시다 (4:14-9:50)
  C. 가난한 자를 위한 좋은 소식(6:12-8:3)
    3. 낮은 자들이 예수님의 메시지를 받아들이다(7:1-8:3)
      e. 여자들의 재정 후원(8:1-3)

주석

8:1 누가는 예수님이 여러 성읍과 마을을 두루 다니면서 사역하신 것을 요약한다(4:43-44; 13:22, 참고. 9:2). 예수님의 과업은 '하나님 나라의 좋은 소식'을 선포하는 것이다. 우리가 앞에서 살펴보았듯이, 바벨론으로부터의 복귀 관한 좋은 소식은 하나님 나라에 관한 예수님의 가르침으로 성취된다(사 40:9-10; 52:7). 하나님 나라에 관한 전파와 가르침은 치유와 축귀 및

죽은 자를 살리는 일까지 수반하는 것이 거의 확실하다. 예수님이 사역하시는 동안 물론 열두 제자가 동행한다.

8:2-3 누가는 여자들도 제자가 되어 예수님을 따라다닌다고 알려주는데(참고. 23:49, 55; 24:10; 행 1:14), 이는 다른 복음서 저자들이 말하지 않는 내용이다. 여기서 누가가 여자들에게 관심이 있다는 것을 확인할 수 있다. 예수님이 이 여자들을 악한 귀신과 질병에서 해방시키셨기 때문에, 이들은 많은 죄를 용서받아서 많이 사랑하는 본보기가 된다. 막달라 마리아는 그 속에 일곱 귀신이 살다가 예수님에게 쫓겨난 여자라서 특별히 주목할 만하다. 갈런드의 말처럼, 귀신 들린 사람들은 "도덕적 실패"의 죄를 지은 자들이 아니다.[100] 귀신 들린 사람들은 죄 많은 세상에서 영위하는 삶과 죄의 희생자들이며, 예수님은 그분의 큰 사랑으로 인해 능력으로 마리아를 자유롭게 하셨다. 또한 요한복음은 주님이 이른바 부활절 주일에 부활한 모습으로 맨 먼저 막달라 마리아에게 나타나신 경위를 들려준다(요 20:1-2, 11-18, 참고. 마 27:56, 61; 28:1; 막 15:40, 47; 16:1; 요 19:25).

또 다른 여자인 요안나는 헤롯 안디바를 위해 일하는 관리인 구사의 아내다. 그녀는 분명히 부유한 사람이라서 부자도 예수님의 제자가 될 수 있다는 것을 시사한다. 구사는 또한 "헤롯의 왕족 자산 중 하나의 관리인… 또는 헤롯 궁전에서 고위급 관리"[101]일 가능성도 있다. 보컴(Bauckham)은 요안나가 유니아(롬 16:7)와 동일한 여자라고 생각하지만,[102] 이는 막연한 추측일 뿐이다. 유니아는 안드로니고와 혼인했을 가능성이 크기 때문이다(롬 16:7). 거명된 마지막 여자는 수산나지만, 누가는 "다른 여러 여자[들]"(참고. 막 15:41)이 있었다고 덧붙인다. 이 모든 여자들이 상당한 재산을 갖고

100 Garland, *Luke*, 342; Bock, *Luke 1:1-9:50*, 713.

101 Garland, *Luke*, 342.

102 Richard Bacuckham, *Gospel Women: Studies of Named Women in the Gospels* (Grand Rapids, MI: Eerdmans, 2002), 165-202.

있었던 것이 분명하고, 그들은 그 재산을 예수님과 제자들의 사역을 후원하는 데, 즉 하나님 나라를 위해 사용하고 있다. 부유한 자들이 그들의 부를 하나님 나라를 위해 사용한다면 예수님은 부 자체를 반대하지 않으신다(참고. 눅 12:15, 33; 14:33; 19:8).

응답

예수님은 그분이 몸담고 있는 가부장적 세계에서도 남자와 여자를 모두 제자로 부르시고, 여자도 남자만큼 귀한 존재며 하나님 나라의 확장에 귀한 역할을 담당한다는 것을 분명히 하신다. 때로는 사람들이 기독교 신앙이 여자들을 평가 절하했다고 생각하지만, 다른 어느 종교도 여자의 인격성, 존엄성 그리고 중요성을 기독교보다 더 강조한 적이 없다. (물론 그리스도인들이 역사적으로 여성에게 죄를 짓고 그들을 학대한 죄를 범했던 것도 사실이다.) 이 내러티브는, 우리가 예수님의 제자로 살아가는 한 방식은 우리에게 있는 돈을 복음의 대의를 후원하는 데 내놓는 것임을 보여준다. 우리의 제자도를 나타내는 실제적인 지표는 우리의 재정을 관대하게 사용하는지 여부다.

4 각 동네 사람들이 예수께로 나아와 큰 무리를 이루니 예수께서 비유
로 말씀하시되 5 씨를 뿌리는 자가 그 씨를 뿌리러 나가서 뿌릴새 더
러는 길가에 떨어지매 밟히며 공중의 새들이 먹어버렸고 6 더러는 바
위 위에 떨어지매 싹이 났다가 습기가 없으므로 말랐고 7 더러는 가시
떨기 속에 떨어지매 가시가 함께 자라서 기운을 막았고 8 더러는 좋은
땅에 떨어지매 나서 백배의 결실을 하였느니라 이 말씀을 하시고 외
치시되 들을 귀 있는 자는 들을지어다

4 And when a great crowd was gathering and people from town after
town came to him, he said in a parable, 5 "A sower went out to sow
his seed. And as he sowed, some fell along the path and was trampled
underfoot, and the birds of the air devoured it. 6 And some fell on the
rock, and as it grew up, it withered away, because it had no moisture.
7 And some fell among thorns, and the thorns grew up with it and
choked it. 8 And some fell into good soil and grew and yielded a
hundredfold." As he said these things, he called out, "He who has ears
to hear, let him hear."

[9] 제자들이 이 비유의 뜻을 물으니 [10] 이르시되 하나님 나라의 비밀을
아는 것이 너희에게는 허락되었으나 다른 사람에게는 비유로 하나니
이는 그들로 보아도 보지 못하고 들어도 깨닫지 못하게 하려 함이라
[11] 이 비유는 이러하니라 씨는 하나님의 말씀이요 [12] 길가에 있다는 것
은 말씀을 들은 자니 이에 마귀가 가서 그들이 믿어 구원을 얻지 못하
게 하려고 말씀을 그 마음에서 빼앗는 것이요 [13] 바위 위에 있다는 것
은 말씀을 들을 때에 기쁨으로 받으나 뿌리가 없어 잠깐 믿다가 시련
을 당할 때에 배반하는 자요 [14] 가시떨기에 떨어졌다는 것은 말씀을
들은 자이나 지내는 중 이생의 염려와 재물과 향락에 기운이 막혀 온
전히 결실하지 못하는 자요 [15] 좋은 땅에 있다는 것은 착하고 좋은 마
음으로 말씀을 듣고 지키어 인내로 결실하는 자니라

[9] And when his disciples asked him what this parable meant, [10] he said,
"To you it has been given to know the secrets of the kingdom of God,
but for others they are in parables, so that 'seeing they may not see,
and hearing they may not understand.' [11] Now the parable is this: The
seed is the word of God. [12] The ones along the path are those who have
heard; then the devil comes and takes away the word from their hearts,
so that they may not believe and be saved. [13] And the ones on the rock
are those who, when they hear the word, receive it with joy. But these
have no root; they believe for a while, and in time of testing fall away.
[14] And as for what fell among the thorns, they are those who hear, but
as they go on their way they are choked by the cares and riches and
pleasures of life, and their fruit does not mature. [15] As for that in the
good soil, they are those who, hearing the word, hold it fast in an honest
and good heart, and bear fruit with patience.

단락 개관

예수님은 두루 여행하면서 하나님 나라의 좋은 소식을 선포하신다. 네 종류 땅의 비유는 예수님이 사역하면서 전하신 핵심 메시지 중 하나다. 이 비유는 예수님을 보려고 몰려오는 많은 군중에게 특히 적합한 메시지다. 예수님은 네 종류의 땅에 뿌려진 씨에 관한 비유를 들려주시는데, 그중에 마지막 땅만 열매를 맺는다. 예수님은 제자들에게만 그 비유를 설명해 주신다. 하나님께서 제자들은 하나님 나라의 비밀을 알도록 허락하셨지만, 바깥에 있는 자들은 보고 들어도 참으로 깨닫지 못할 것이다. 씨는 서로 다른 종류의 마음에 떨어지는 하나님의 말씀을 묘사한다. 처음 세 종류의 땅은 참으로 믿지 않는 마음을 묘사한다. 오직 마지막 땅만 그 말씀을 받아들이고 열매를 맺는다. 예수님은 하나님의 나라가 왔다고 해서 모든 사람이 다 믿게 되는 것이 아니라고 가르치신다. 놀라운 점은 다수가 믿지 않는다는 것과 이스라엘의 많은 사람이 그동안 기다리던 그 나라에 저항한다는 것이다!

단락 개요

III. 예수님이 갈릴리에서 성령의 능력으로 구원을 전파하시다 (4:14-9:50)

D. 계시와 순종(8:4-21)

1. 네 종류 땅의 비유(8:4-15)

주석

8:4 4절은 이 비유의 맥락을 만든다. 예수님의 인기가 많은 탓에 사람들이 여러 성읍에서 그분을 보려고 이동하고 있다. 앞에서 바리새인과 서기관의 반대가 점차 커지는 상황을 살펴보았는데, 이제는 군중 역시 심상치 않다는 것이 분명해진다. 다수가 예수님에게 매력을 느끼지만 비교적 소수만 제자가 된다. 예수님은 이런 상황을 설명하기 위해 네 종류 땅의 비유를 들려주신다. 모든 비유가 다 똑같지는 않지만 이 비유는 알레고리에 속해서 비유의 다양한 요소들을 예수님이 설명해주신다. 이는 이 비유의 모든 요소를 알레고리적으로 해석하며 읽어야 한다는 뜻은 아니다. 예수님의 해석은 우리가 이 비유를 해석할 때 제어 기능을 한다.

8:5-8 예수님은 일상에서 볼 수 있는 한 장면을 묘사하신다. 씨 뿌리는 자가 나가서 여러 장소에 씨를 뿌린다(참고. 에스드라2서 8:41; 9:31-33). 대다수는 여기에 묘사된 씨 뿌리는 자의 행동이 농부들이 이스라엘에서 실제로 행하는 일을 묘사한다는 데 동의한다. 일부는 길 위에 떨어져서 밟히고 새들이 그것을 먹어버린다. 다른 씨는 바위투성이의 땅에 떨어진다(참고. 집회서 40:15). 대럴 복은 "이것은 바위가 많은 들판이 아니라 흙 아래 바위가 있는 장소"[103]라고 한다. 싹이 올라오지만 습기가 없어서 시들다가 죽어버린다. 또 다른 씨는 가시떨기 사이에 떨어지고(참고. 렘 4:3), 식물이 가시와 나란히 자라지만 결국은 가시가 좋은 식물을 막아버리고 만다. 끝으로 일부 씨는 좋은 땅에 떨어져서 백배의 결실을 맺는다. 이것은 평범한 예지만, 예수님은 청중에게 그분의 가르침을 분별하도록, 영적인 통찰력을 갖고 듣도록 요구하신다.

103 Bock, *Luke 1:1-9:50*, 724.

8:9-10 제자들이 예수님에게 그 비유의 뜻에 대해 묻는다. 그들이 그 이야기를 듣는다고 해서 비유의 뜻을 알게 되는 것은 아니다. 그들은 하나님 나라의 "비밀" 곧 미스터리[뮈스테리아(*mysteria*)]가 그들에게는 '주어졌다'는 말씀을 듣는다. '주어졌다'[데도타이(*dedotai*), 개역개정은 "허락되었으나"]라는 수동태 동사는 하나님께서 하나님 나라의 미스터리를 제자들에게 드러내신 분임을 가리킨다. 제자들은 하나님의 주권적인 뜻, 그분의 은혜로운 결정 때문에 '하나님 나라의 비밀'을 알게 되는 것이다(참고. 10:23-24 주석). 미스터리는 지적으로 난해하거나 인간이 이해할 수 없는 문제를 지칭하는 것이 아니다. 예전에는 감추어 있다가 이제 드러난 어떤 것을 말한다. 네 종류의 땅 비유는 세상으로부터 감추어 있고 오직 예수님의 제자들에게만 드러난, 하나님 나라에 관한 진리를 전달한다. 외부인들에게는 그 비유의 뜻을 열어주는 설명이 주어지지 않았다. 누가는 이사야 6:9을 인용하는데, 주님이 이사야에게 "너희가 듣기는 들어도 깨닫지 못할 것이요 보기는 보아도 알지 못하리라"는 말씀을 전하라고 위임하시는 장면이다. 비유로 말씀하시는 것은 사람들이 눈으로 보는 것을 이해하지 못하고 귀로 듣는 것을 깨닫지 못하게 하시기 위해서다. 하나님은 예수님이 선포한 그 나라에 관한 진리에 저항해온 사람들을 법적으로 완고하게 하신다. 누가복음에 나오는 이 이야기의 위치가 의미심장하다. 완고하게 한다는 진술이 바리새인과 사람들이 예수님의 메시지를 여러 번 들은 뒤에 나오기 때문이다(참고. 11:52; 19:42).

8:11-12 이어서 예수님이 그 비유를 설명하신다. 과거에는 학자들이 한 비유에는 하나의 취지만 있다고 주장했으나, 그런 규칙은 너무 유연성이 없어서 비유들이 실제로 어떻게 작동하는지를 설명하지 못한다. 각 비유는 그 자체의 맥락에서 작동하고 그 자체의 뜻을 갖고 있다. 그리고 일부 사람이 주장했듯이, 그 어떤 비유도 알레고리적인 뜻을 지니지 못한다고 말할 수도 없다. 이 비유에 나오는 씨가 하나님의 말씀으로 판명되기 때문에 처음부터 알레고리적인 뜻이 있다는 것을 알게 된다(참고. 벧전 1:23). 씨

는 예수님이 선포하신 그 나라의 메시지에 해당한다. 씨의 일부는 길 위에 떨어지는데, 길은 말씀을 듣는 사람들을 묘사한다. 그러나 그 말씀이 땅 속에 자리 잡고 자라지 못한다. 그 대신 마귀가 와서 순식간에 청중의 삶에서 말씀을 제거하고 만다. 그들이 메시지에 주의를 기울이지 않고 곧바로 버리는 것이다(참고. 고전 1:21). 그들이 마지막 날에 구원을 받지 못할 것은 그들이 믿는 데 실패했기 때문이다. 여기서 우리는 바로 믿음이 구원한다는 것(참고. 눅 7:50), 하나님 나라의 메시지를 믿는 사람들이 하나님의 진노로부터 구원받는다는 것을 알게 된다.

8:13-14 바위투성이의 땅에 떨어지는 씨는 메시지에 열정과 흥분으로 반응하는 사람들에 비유된다. 그들은 메시지를 즉시 배척하지는 않고 일단 받아들이고 기뻐한다. 그러나 그들의 믿음이 삶에 뿌리 내리지 못한 채 한시적이고 얄팍한 수준에 머문다. 시험과 난관이 생길 때, 어려운 시기가 닥쳐올 때는 떨어져나간다. 그들이 한때 기쁨으로 영접했던 메시지를 이제는 버리고 마는 것이다(참고. 딤전 4:1). 그런 사람들이 마지막 날에 구원을 받지 못하는 것은 믿음이 최종 구원을 얻기 위해서는 끝까지 인내하고 견뎌야 하기 때문이다.[104]

가시떨기 사이에 떨어지는 씨는 그 말씀을 듣고 반응해서 삶에 성장이 있는 사람들에 비유된다. 그러나 가시 역시 동시에 자라고 있는데, 이는 이 세상의 염려와 재물과 쾌락을 상징한다(참고. 눅 6:24; 12:22; 21:34). 삶이 진행될수록 그런 문제들에 대한 관심이 우세해진 나머지 서서히 그러나 확실히 좋은 식물이 밀려나서 질식되고 만다. 결국 좋은 작물이 자라날 여지가 남지 않고, 어떤 열매도 맺히지 않는다. 이 역시 열매를 맺지 못하는 사람들이 구원을 받지 못한다는 것을 보여준다.

104 이는 대럴 복의 견해, 즉 둘째와 셋째 땅에 묘사된 사람들의 위상이 애매모호하다고 생각하는 견해(*Luke 1:1-9:50*, 733-735)와 상반된다.

8:15 좋은 땅에 뿌려진 씨는 좋고 진실한 마음을 품은 사람들을 묘사한다. 그들은 하나님 나라의 말씀을 듣고 그것을 꼭 붙잡은 채 절대 놓지 않는다(참고. 행 11:23; 13:43; 14:22). 그들은 끝까지 인내하고 열매를 맺는다. 그들의 인내와 그로 인한 열매가 보여주듯이, 그들의 믿음은 진실하다.

그러면 이 비유는 우리에게 하나님 나라에 관해 무엇을 가르쳐주는가? 미스터리는 무엇인가? 우리는 이스라엘의 많은 사람이 그 나라의 메시지를 배척하는 모습을 본다. 네 종류의 땅으로부터 긍정적으로 반응하는 사람의 수를 지나치게 정확하게 계산해서는 안 되지만, 세 종류의 땅에서 나오는 부정적 반응은 대다수가 그 나라의 말씀을 받아들이지 않을 것임을 시사한다. 하나님 나라는 이스라엘이 기대했던 대로 오지 않고, 그 나라는 대체로 환영받지 못한다는 뜻이다. 달리 말하면 현대의 악한 시대에는 선과 악이 나란히 공존한다는 뜻이다. 그 나라를 배척하는 자들이 즉시 파멸되지 않고, 그 나라에 반응하는 자들이 곧바로 의롭게 인정되는 것도 아니다. 이스라엘의 많은 사람은 하나님의 나라가 묵시적 권능으로 와서 적들을 파멸시킬 것으로 기대했다. 그 나라의 '이미-그러나-아직' 특성은 구약을 읽을 때 예견하지 못했던 하나의 미스터리였다.

응답

우리 문화에 몸담은 사람들 가운데 길바닥의 흙에 해당되는 이들이 얼마나 많은지 모른다. 그들은 하나님과 관련된 것에 전혀 관심이 없다. 복음은 그들에게 따분한 소리에 불과하다. 또한 그들이 장래에 파멸될 것을 사탄이 기뻐하고 있다는 사실도 모른다. 우리는 하나님께 어둠이 지배하는 곳에 빛을 침투시켜 환하게 비추게 해달라고 기도한다(고후 4:4-6). 하나님의 복음을 듣고 처음에 흥분한다고 해서 우리가 구원받았다고 할 수 없고, 회개 기도를 하거나 그리스도를 영접하겠다고 강단으로 나가거나 세례를 받았다고 해서 반드시 구원을 받은 것도 아니다. 구원의 증거는 끝까지 인내하며 우리의 믿음을 지키는 것이다. 끝까지 믿음을 지킨다면 우리의 믿음은 진실한 것이다. 도중에 떨어져나가지 않는다면 우리의 회심은 진실한 것이다. 진정한 신자의 표지는 단지 경주를 시작하는 게 아니라 경주를 끝내는 것이다.

16 누구든지 등불을 켜서 그릇으로 덮거나 평상 아래에 두지 아니하
고 등경 위에 두나니 이는 들어가는 자들로 그 빛을 보게 하려 함이라
17 숨은 것이 장차 드러나지 아니할 것이 없고 감추인 것이 장차 알려
지고 나타나지 않을 것이 없느니라 18 그러므로 너희가 어떻게 들을까
스스로 삼가라 누구든지 있는 자는 받겠고 없는 자는 그 있는 줄로 아
는 것까지도 빼앗기리라 하시니라

16 "No one after lighting a lamp covers it with a jar or puts it under a
bed, but puts it on a stand, so that those who enter may see the light.
17 For nothing is hidden that will not be made manifest, nor is anything
secret that will not be known and come to light. 18 Take care then how
you hear, for to the one who has, more will be given, and from the one
who has not, even what he thinks that he has will be taken away."

단락 개관

이 단락에서 등불을 켜는 것은 아마 하나님 나라의 말씀을 받아들이는 것을 의미할 것이다(참고. 8:4-15). 우리는 그 메시지를 덮어두거나 감추지 말고 오히려 순종해서 모든 사람이 그 메시지가 우리 삶에 미치는 영향을 보게 해야 한다. 궁극적으로 사람들이 살아가는 모습은 모두에게 드러날 것이다. 18절이 이 단락의 주안점이자 이를 해석하는 열쇠다. 계시에 순종하는 이들은 더 많은 진리를 얻는 반면, 진리를 배척하는 이들은 진리로부터 더 멀어져서 방황할 것이다.

단락 개요

III. 예수님이 갈릴리에서 성령의 능력으로 구원을 전파하시다 (4:14-9:50)
D. 계시와 순종(8:4-21)
2. 등불의 비유(8:16-18)

주석

8:16 8:16-17에 나오는 비유의 말씀은 해석하기가 어렵다. 일부 학자는 예수님이 스스로를 등불 켜는 사람으로 지칭하신다고 생각한다. 다른 학자들은 (마태복음 5:16에 나오듯이) 강조점이 교회의 선교적 역할에 있다고 생각한다. 필자는 누가복음 8:16-18이 4-15절과 같은 주제를 다루되 다른 각도에서 조명한다고 생각한다. 예수님은 하나님 나라의 말씀에 올바르게 반응하는 것이 중요하다고 강조하신다. 그렇다면 등불은 그 말씀, 곧 우리의 삶을 조명하고 우리에게 하나님의 뜻과 길에 대한 통찰을 제공하는 하나님의 계시를 가리킨다. 등불을 그릇으로 덮거나 침대 아래 두는 것은 우리가 그 말씀의 조명을 거부하는 경우에 해당한다. 반면에 등불을 등경 위와 같은 장소, 즉 그것이 속한 곳에 둔다면 빛을 비추게 된다. 제자들이 삶을 통해 빛이 발산되도록 한다면 그 빛이 다른 이들의 삶을 비춘다. 따라서 선교적 역할이라는 주제가 16절에서 표면화되기는 하지만(참고. 11:33), 8:17-18이 보여주듯 이 단락의 주안점은 아니다. 그럼에도 그 주제는 중요한 부수적 포인트다.

8:17-18 17절은 그 말씀에 대한 반응이 감추어지지 않을 것이라고 설명한다. 빛의 기능(빛이 행하는 일)이 이제 설명되어 있다. 빛은 어둠 속에 있는 것을 노출시키고, 따라서 우리가 진정 누군지를 드러낸다. 마지막 날에는 은밀하고 숨겨진 모든 것이 노출되어 모두가 볼 수 있게 되리라(참고. 12:2). 어떤 비밀도 영원히 지속되지 못할 것이다. 따라서 종말에 모든 것이 드러날 것이므로 우리는 지금 하나님 나라의 말씀을 경청해야 한다. 경청하는 사람들과 현재 순종하는 사람들은 더 많은 것을 얻게 될 터이다(참고. 19:26; 잠 1:5; 9:9). 제자들은 순종을 통해 지식과 깨달음이 많아진다. 반면에 올바로 듣지 않는 사람들, 계시를 배척하는 사람들은 이미 가진 것조차 빼앗길 것이다. 그리고 진리와 실재에 대한 깨달음이 점차 희미해질 것이다.

응답

우리가 빛에 반응을 보인다면 더 많은 빛을 얻을 것이다. 만일 우리가 빛을 배척한다면 어둠의 길로 내려가고 있는 것이다. 우리는 중립적일 수 없기 때문에 오늘과 내일 내리는 결정이 무척 중요하다. 우리는 하나님 나라의 말씀을 지켜서 하나님을 아는 지식에 자라거나, 아니면 그 말씀에 등을 돌리고 서서히 더 깊은 어둠 속으로 가라앉게 되어 있다.

19 예수의 어머니와 그 1)동생들이 왔으나 무리로 인하여 가까이 하지
못하니 20 어떤 이가 알리되 당신의 어머니와 1)동생들이 당신을 보려
고 밖에 서 있나이다 21 예수께서 대답하여 이르시되 내 어머니와 내
1)동생들은 곧 하나님의 말씀을 듣고 행하는 이 사람들이라 하시니라
19 Then his mother and his brothers[1] came to him, but they could not
reach him because of the crowd. 20 And he was told, "Your mother
and your brothers are standing outside, desiring to see you." 21 But he
answered them, "My mother and my brothers are those who hear the
word of God and do it."

1) 또는 형제들

1 Or *brothers and sisters*. In New Testament usage, depending on the context, the plural Greek word *adelphoi* (translated "brothers") may refer either to *brothers* or to *brothers and sisters*; also verses 20, 21

단락 개관

이번 장의 주제는 하나님 말씀에 순종의 반응을 보이는 것이고, 이 주제가 이 구절들에도 계속 이어진다. 예수님의 어머니와 형제들이 그분을 만나려고 하지만 군중 때문에 가까이 갈 수 없다. 예수님은 그들이 자신을 만나려고 한다는 말을 듣지만, 하나님의 말씀을 듣고 행하는 이들이 그분의 가족이라고 반응하신다.

단락 개요

III. 예수님이 갈릴리에서 성령의 능력으로 구원을 전파하시다 (4:14-9:50)
  D. 계시와 순종(8:4-21)
    3. 예수님의 어머니와 형제들(8:19-21)

주석

8:19-21 예수님의 어머니와 형제들이 그분을 만나려고 도착하지만 군중 때문에 만날 수가 없다. 누가복음에서는 (막 3:20, 31-35과는 반대로) 정말 그들이 예수님에게 반대하기 때문에 그분을 만나러 오는지가 불분명하다. 그때 예수님이 어머니와 형제들이 그분에게 오려고 한다는 말을 들으신다. 예수님이 어머니와 형제들에게 적대적이지는 않지만, 이 사건은 누가복음 2:41-52에 나오는 성전에서의 모습을 상기시켜준다. 자신의 가족을 기쁘게 하는 것은 예수님의 주관심사가 아니며, 그래서 하나님의 말씀을

듣고 행하는 모든 사람이 그분 가족의 일부임을 강조하신다. 바로 '그들'이 그분의 어머니고 그분의 형제들이다(참고. 6:47, 49).

응답

가족은 중요하다. 예수님은 부모를 공경하라는 명령을 재천명하신다(참고. 18:20). 그러나 일부 사람은 가족을 최우선에 두는데, 예수님은 가족, 부족 또는 국가를 하나님의 말씀에 대한 순종보다 우선시하는 사람들을 비판하신다. 가족은 또한 우리가 예수님의 제자가 되는 것을 방해할 수 있다(참고. 9:59-62). 우리는 그분이 가라고 하시는 곳이면 어디든지 기꺼이 가야 한다.

22 하루는 제자들과 함께 배에 오르사 그들에게 이르시되 호수 저편
으로 건너가자 하시매 이에 떠나 23 행선할 때에 예수께서 잠이 드셨
더니 마침 광풍이 호수로 내리치매 배에 물이 가득하게 되어 위태한
지라 24 제자들이 나아와 깨워 이르되 주여 주여 우리가 죽겠나이다
한대 예수께서 잠을 깨사 바람과 물결을 꾸짖으시니 이에 그쳐 잔잔
하여지더라 25 제자들에게 이르시되 너희 믿음이 어디 있느냐 하시니
그들이 두려워하고 놀랍게 여겨 서로 말하되 그가 누구이기에 바람과
물을 명하매 순종하는가 하더라

22 One day he got into a boat with his disciples, and he said to them,
"Let us go across to the other side of the lake." So they set out, 23 and as
they sailed he fell asleep. And a windstorm came down on the lake, and
they were filling with water and were in danger. 24 And they went and
woke him, saying, "Master, Master, we are perishing!" And he awoke
and rebuked the wind and the raging waves, and they ceased, and there
was a calm. 25 He said to them, "Where is your faith?" And they were
afraid, and they marveled, saying to one another, "Who then is this, that
he commands even winds and water, and they obey him?"

단락 개관

앞의 대목(8:4-21)에서 예수님은 제자들에게 진리를 드러내며 순종을 요구하셨다. 이 복음서의 다음 큰 단락(8:22-9:50)은 예수님의 정체(그분이 누구인지)와 그분의 운명(그분이 무엇을 행하러 오셨는지)에 초점을 맞춘다. 8:22부터 9:20까지는 그분의 정체에 초점을 맞추는데, 폭풍을 잠재우시는 것, 군대 귀신을 쫓아내시는 것, 병자를 고치시는 것 그리고 죽은 자를 살리시는 것을 통해 예수라는 인물의 베일이 벗겨진다(8:22-56). 첫째 이야기에서는 예수님이 폭풍을 꾸짖고 잠재우신다(22-25절). 예수님이 제자들에게 갈릴리 바다에서 배를 타고 호수의 건너편으로 가자고 말씀하신다. 항해하는 동안 그분은 잠이 들고 갑자기 폭풍이 호수로 휘몰아친다. 제자들 모두 익사할 위험에 빠진다. 예수님이 바람과 파도를 꾸짖으시자 바다가 다시 잠잠해진다. 이후 제자들은 믿음이 부족한 것에 대해 질문을 받는다. 그들은 폭풍을 잠재우신 것에 대해 두려움과 경외로 반응하면서 이 이야기의 핵심 질문을 던진다. 이 사람은 도대체 누구인가? 아니, 바람과 물에게 명령해서 그 자연을 자신의 권위에 순종하게 할 수 있는 사람은 누구인가?

8장

단락 개요

III. 예수님이 갈릴리에서 성령의 능력으로 구원을 전파하시다 (4:14-9:50)
- E. 예수님의 정체와 운명이 드러나다(8:22-9:50)
  - 1. 예수님의 비범한 기적(8:22-56)
    - a. 폭풍을 꾸짖으시다(8:22-25)

주석

8:22-23 누가가 들려주는 이야기는 예수님과 제자들이 갈릴리바다 근처에 있고, 예수님이 제자들에게 배를 타고 호수 건너편으로 가라고 지시하시는 장면을 담고 있다. 제자들이 예수님의 지시에 따른다. 여기서 예수님의 인성이 분명히 드러난다. 그분은 틀림없이 계속되는 사역으로 인해 지쳐서 항해하는 동안 잠이 들었을 것이다. 그러나 그분의 잠은 "그의 사랑하시는 자에게 잠을 주시는"(시 127:2) 하나님에 대한 신뢰를 보여주기도 한다(시 3:5; 4:8).[105] 갈릴리바다는 전조 없이 닥치는 갑작스러운 폭풍으로 유명하다. 배가 물에 잠기게 되는 바람에 제자들이 물을 퍼내려고 정신없이 애쓰고 있다. 제자들이 죽을 위험에 처했다. 우리는 구약을 통해 하나님께서 바다에 내려오는 폭풍을 다스리시는 분임을 알고 있다(욘 1:4).

8:24-25 참으로 절박한 상황이다. 하지만 예수님은 맹렬한 폭풍 속에서도 계속 주무신다. 마침내 제자들이 그분을 깨워서 공포에 떨며 "주여, 주여, 우리가 죽겠나이다"하고 소리친다. 누가만 '주인'[Master, 에피스타타(*epistata*), 5:5; 8:45; 9:33, 49; 17:13]이라는 용어를 사용한다. 이와 동일한 맥락에서 마태는 '주님'(Lord, 마 8:25)이라는 용어를, 마가는 '선생'(Teacher, 막 4:38)이라는 용어를 선호한다. 두 용어 모두 예수님의 권위를 강조한다. 예수님은 악마의 세력(눅 4:35, 41; 9:42)과 질병(4:39)을 꾸짖었던 것과 같이 바람과 물을 꾸짖으신다. 그분의 명령에 바람과 파도가 멈추고, 마침내 평화롭고 잠잠한 분위기가 호수 위에 임한다. 이 이야기는 시편 107:23-30의 장면, 즉 선원들이 바다에서 일하고 있을 때 주님이 폭풍이 내려오도록 명령하시자 그들이 죽음의 공포로 인해 절망에 빠지는 장면을 상기시켜준다. 그러나 고통 속에서 구해달라고 부르짖자 주님은 그들의 기도에 응답

105 Garland, *Luke*, 356.

하신다. "광풍을 고요하게 하사 물결도 잔잔하게 하시는도다"(시 107:29). 이 시편은 물론 여호와의 권능을 묘사하고 있지만, 누가복음에서는 예수님이 바람과 파도에 대해 주님과 똑같은 권세와 명령을 발휘함으로써 그분이 다름 아닌 하나님의 정체성과 본성을 공유하고 계심을 보여준다. 이에 반해 안티오쿠스(Antiochus, 안티오쿠스 4세 에피파네스)는 "그가 바다의 파도에 명령할 수 있다"고 생각한다는 이유로 책망을 받는데(마카베오하 9:8), 오직 하나님만 그런 위업을 수행하실 수 있기 때문이다.

8장

예수님은 폭풍을 잠재운 후 제자들에게 몸을 돌려 위태롭게 되었을 때 왜 믿지 않았느냐고 물으신다(참고. 눅 17:5; 18:8; 22:32). 우리 역시 믿음이 작기 때문에 그들의 두려움을 이해할 수 있다. 그러나 예수님이 그들에게 건너편에 도달할 것이라고 하셨을 때는 진심으로 그 말씀을 하신 것이다.[106] 예수님이 폭풍을 다스리시는 모습을 보고 제자들이 두려움과 놀라움에 빠져서(참고. 8:35) 중요한 의문을 제기하는데, 이는 누가가 독자들도 제기하기 바라는 의문이다. 바람과 파도를 다스리는 권능을 가진 이분의 정체는 과연 무엇인가(참고. 7:49)? 우리는 시편 107:29을 암시하는 장면과 이 복음서의 나머지 부분으로부터 그분이 바로 하나님의 아들, 메시아, 왕 그리고 "만유의 주"(행 10:36)라는 것을 알고 있다.

106 같은 책, 357.

응답

인생은 우리를 두렵게 하는 것들로 가득하다. 필자가 여덟 살이었던 1962년, 그해의 콜럼버스의 날에 폭풍이 오리건 주를 휩쓸었다. 오리건 주에서 폭풍이 몰아치는 것은 매우 이례적인데, 시속 130-160킬로미터의 강풍이 그 땅을 강타할 때 부모님이 무척 당황하며 걱정하시던 모습을 아직도 기억한다. 나무들이 쓰러지고 물건들이 공중의 소용돌이에 휘날리는 모습을 보면서, '이러다가 우리가 곧 죽지 않을까' 하는 생각이 들었다. 맹렬한 폭풍은 무섭기도 하고 매혹적이기도 하다. 그런 상황에 빠지면 우리는 자연스레 두려워하기 시작한다. 우리가 연약하고 무력하다는 것을 인정하게 된다. 제자들처럼 우리도 두려움 속에서 주님께 구해달라고 소리치면서 믿음을 달라고 간구하게 된다. 폭풍 속에서 예수님이 제자들에게 던지신 질문은 이것이다. "너희 믿음이 어디 있느냐?" 우리는 바람과 파도를 통제하시는 분에게 믿음을 두어야 한다. 그리고 시편 46:1-3의 말씀을 고백할 수 있다. "하나님은 우리의 피난처시요 힘이시니 환난 중에 만날 큰 도움이시라 그러므로 땅이 변하든지 산이 흔들려 바다 가운데에 빠지든지 바닷물이 솟아나고 뛰놀든지 그것이 넘침으로 산이 흔들릴지라도 우리는 두려워하지 아니하리로다."

26 그들이 갈릴리 맞은편 거라사인의 땅에 이르러 27 예수께서 육지에
내리시매 그 도시 사람으로서 귀신 들린 자 하나가 예수를 만나니 그
사람은 오래 옷을 입지 아니하며 집에 거하지도 아니하고 무덤 사이
에 거하는 자라 28 예수를 보고 부르짖으며 그 앞에 엎드려 큰 소리로
불러 이르되 지극히 높으신 하나님의 아들 예수여 당신이 나와 무슨
상관이 있나이까 당신께 구하노니 나를 괴롭게 하지 마옵소서 하니
29 이는 예수께서 이미 더러운 귀신을 명하사 그 사람에게서 나오라
하셨음이라 (귀신이 가끔 그 사람을 붙잡으므로 그를 쇠사슬과 고랑
에 매어 지켰으되 그 맨 것을 끊고 귀신에게 몰려 광야로 나갔더라)
30 예수께서 네 이름이 무엇이냐 물으신즉 이르되 [1)]군대라 하니 이는
많은 귀신이 들렸음이라 31 무저갱으로 들어가라 하지 마시기를 간
구하더니 32 마침 그곳에 많은 돼지 떼가 산에서 먹고 있는지라 귀신
들이 그 돼지에게로 들어가게 허락하심을 간구하니 이에 허락하시니
33 귀신들이 그 사람에게서 나와 돼지에게로 들어가니 그 떼가 비탈
로 내리달아 호수에 들어가 몰사하거늘
26 Then they sailed to the country of the Gerasenes,[1] which is opposite

Galilee. 27 When Jesus[2] had stepped out on land, there met him a man
from the city who had demons. For a long time he had worn no clothes,
and he had not lived in a house but among the tombs. 28 When he saw
Jesus, he cried out and fell down before him and said with a loud voice,
"What have you to do with me, Jesus, Son of the Most High God? I beg
you, do not torment me." 29 For he had commanded the unclean spirit to
come out of the man. (For many a time it had seized him. He was kept
under guard and bound with chains and shackles, but he would break
the bonds and be driven by the demon into the desert.) 30 Jesus then
asked him, "What is your name?" And he said, "Legion," for many
demons had entered him. 31 And they begged him not to command
them to depart into the abyss. 32 Now a large herd of pigs was feeding
there on the hillside, and they begged him to let them enter these. So
he gave them permission. 33 Then the demons came out of the man and
entered the pigs, and the herd rushed down the steep bank into the lake
and drowned.

34 치던 자들이 그 이루어진 일을 보고 도망하여 성내와 마을에 알리
니 35 사람들이 그 이루어진 일을 보러 나와서 예수께 이르러 귀신 나
간 사람이 옷을 입고 정신이 온전하여 예수의 발치에 앉아 있는 것을
보고 두려워하거늘 36 귀신 들렸던 자가 어떻게 구원받았는지를 본 자
들이 그들에게 이르매 37 거라사인의 땅 근방 모든 백성이 크게 두려
워하여 예수께 떠나가시기를 구하더라 예수께서 배에 올라 돌아가실
새 38 귀신 나간 사람이 함께 있기를 구하였으나 예수께서 그를 보내
시며 이르시되 39 집으로 돌아가 하나님이 네게 어떻게 큰일을 행하
셨는지를 말하라 하시니 그가 가서 예수께서 자기에게 어떻게 큰일을
행하셨는지를 온 성내에 전파하니라

34 When the herdsmen saw what had happened, they fled and told it in
the city and in the country. 35 Then people went out to see what had
happened, and they came to Jesus and found the man from whom the
demons had gone, sitting at the feet of Jesus, clothed and in his right
mind, and they were afraid. 36 And those who had seen it told them
how the demon-possessed[3] man had been healed. 37 Then all the people
of the surrounding country of the Gerasenes asked him to depart from
them, for they were seized with great fear. So he got into the boat and
returned. 38 The man from whom the demons had gone begged that he
might be with him, but Jesus sent him away, saying, 39 "Return to your
home, and declare how much God has done for you." And he went
away, proclaiming throughout the whole city how much Jesus had done
for him.

1) 헬, 레기온. 로마 군대의 여단 규모

1 Some manuscripts *Gadarenes*; others *Gergesenes*; also verse 37 *2* Greek *he*; also verses 38, 42 *3* Greek *daimonizomai* (demonized); elsewhere rendered *oppressed by demons*

단락 개관

예수님은 바람과 파도를 다스리는 권능을 행사한 후, 이제 귀신의 군대를 다스리는 권능을 보여주신다. 갈릴리바다 근처 이방 영토에 이른 예수님은 거기서 귀신 들린 사람, 곧 벌거벗은 채로 돌아다니고 무덤과 광야에서 살며 초인적인 힘을 가진 사람을 마주치신다. 그 사람은 즉시 자기가 예수님의 상대가 안 된다는 것을 알아채고 엎드린다. 예수님이 이미 귀신에게 그 사람을 떠나라고 명령하셨으므로, 귀신은 자비를 베풀어달라고 빈다. 하지만 대화를 통해 그 사람에게 많은 귀신이 거하고 있다는 것이 분명해지고, 귀신들은 예수님에게 자기네를 무저갱으로 보내지 말아달라고 간청한다. 예수님이 승낙하시고 귀신들이 돼지 떼에게 들어가자 돼지 떼가 비탈로 급히 내려가 호수에 빠져 몰사하고 만다. 이는 많은 귀신이 그 사람 속에 살고 있었다는 것을 증명한다. 마을 사람들이 귀신 들렸던 사람이 온전해지고 일반 사회로 돌아갔다는 것을 알지만, 예수님을 환영하는 대신 자신들에게서 떠나달라고 요청한다. 예수님이 그들의 삶을 혼란스럽게 하길 원치 않은 것이다. 예수님으로 인해 해방된 사람은 그분과 함께 다니기를 원하지만, 하나님께서 그에게 행하신 일에 관한 소식을 널리 전하라는 지시를 받는다. 이어서 그는 예수님의 사역을 전파하러 다닌다. 이 이야기는 앞의 이야기와 같은 의문을 제기한다. 귀신들을 다스리는 권세를 가진 이 사람은 도대체 누구인가? 우리는 누가복음의 앞부분에 근거해 그분이 하나님의 아들이라는 것을 알고 있다(1:35; 3:38; 4:3, 9, 41; 22:70).

단락 개요

III. 예수님이 갈릴리에서 성령의 능력으로 구원을 전파하시다 (4:14-9:50)

E. 예수님의 정체와 운명이 드러나다(8:22-9:50)

1. 예수님의 비범한 기적(8:22-56)

b. 많은 귀신을 쫓아내시다(8:26-39)

8장

주석

8:26-27 예수님이 목적지를 정하고 제자들과 함께 거라사인 지역으로 항해하신 것이 틀림없다. "거라사인의 땅"은 그 위치를 파악하기가 어려운데, 그곳은 바다에서 53킬로미터나 떨어진 곳이라 돼지 떼가 달리기에는 너무 먼 거리라서 그렇다. 이 본문의 역사는 상당히 복잡하다.[107] 누가는 일반적인 용어로 그 지역을 언급하는 듯하다. 어쨌든 예수님은 갈릴리바다의 동쪽에 계시는데 그곳은 물 근처에 있는 이방 지역인 듯하다. 예수님이 배에서 내리자마자 귀신 들린 사람을 마주치신다. 귀신들이 한동안 그 사람을 괴롭혀왔고, 그는 일반 사회에 거주할 수 없어서 옷을 벗은 채 이리저리 뛰어다니며 집이 아닌 무덤 사이에 살고 있다. 누가복음 본문이 귀신 들림을 그 사람의 죄로 인한 결과로 돌리지 않는다는 것을 기억할 필요가 있다. 우리가 죄 많은 세상, 손상되고 황폐해지고 왜곡된 세상에 살기 때문에 일부 사람이 극단적인 곤경에 처하는 것이다.

107 참고. Garland, *Luke*, 357; Bock, *Luke 1:1-9:50*, 782-784.

8:28 귀신 들린 사람은 예수님을 보는 순간 공포에 사로잡혀 부르짖으면서 그분 앞에 엎드린다. 그는 "당신이 나와 무슨 상관이 있나이까"하고 묻는다. 이 표현을 풀어 쓴다면, 두 편이 서로 아무 관계가 없다는 것과 양편이 공동의 이해관계나 목표를 갖고 있지 않다는 것을 의미한다(삿 11:2; 왕상 17:18; 왕하 3:13; 대하 35:21; 막 5:7; 요 2:4). 귀신은 또한 예수님을 알아보고 "지극히 높으신 하나님의 아들"이라고 고백한다. 귀신의 기독론은 정확하지만(참고. 눅 1:32, 35; 3:22; 9:35; 20:13), 동시에 그들이 동맹이 아니라는 것도 알아챈다. 사실 귀신 들린 사람은 두려움으로 가득 차 있고, 예수님에게 그를 괴롭힐 능력이 있음을 알고는 자비를 베풀어달라고 외친다.

8:29 귀신 들린 사람이 제발 괴로움을 면하게 해달라고 요청하는 이유가 이제 설명된다. 예수님이 "더러운 귀신"에게 그 사람에게서 떠나라고 명하셨기에 귀신들은 자기네가 곤경에 처한 것을 알고 있다. 쫓겨나야 할 필요성도 설명되어 있다. 귀신이 정기적으로 그 사람을 통제했기 때문이다. 사회가 그를 쇠사슬과 쇠고랑으로 묶어서 파괴적 성향을 제어하려고 애썼지만 그는 초인적인 힘으로 그 모든 것을 끊고 광야로 뛰쳐나가곤 했다. 다른 곳에서 광야는 귀신들(계 18:2)과 외롭고 더러운 피조물들(사 13:21; 34:11, 14)의 소굴로 묘사되어 있다.

8:30-31 귀신들이 격렬하게 저항하자 예수님이 그의 이름을 물으신다. 하지만 실제 이름을 말하지 않는다. 사실 귀신에게 능력을 발휘하려면 그 이름을 불러야 한다는 증거도 없다. 귀신들은 자기 이름을 말하지 않는 대신 "군대"라고 응답하는데, 이는 "아우구스투스의 시대에 6천 명의 군인들을 [포함했다]"[108]고 한다. 우리는 그 수를 너무 중요시하면 안 된다. 여기서의 요점은 그 사람 속에 수천 귀신이 있어서 심하게 귀신 들린 상태라는

108 BDAG, s.v. λεγιών.

것이다. 귀신들은 자기네가 예수님과 필적할 수 없다는 것을 알고는 제발 무저갱(abyss)으로 보내지 말라고 간청한다. 무저갱은 천 년에 걸쳐 죽은 자들(롬 10:7), 귀신들(계 9:1-2, 참고. 바룩2서 59:5; 에녹1서 54:5; 88:1; 90:24-27; 희년서 5:6) 그리고 사탄을 위한 장소다(계 20:3). 무저갱 천사들의 지배자는 아마 사탄일 것이다(계 9:11). 계시록의 짐승 역시 무저갱에서 오는데, 이는 그가 악이 지배하는 곳에서 온다는 뜻이다(계 11:7; 17:8). 귀신들이 무저갱에 가는 것을 두려워하는 이유는 그렇게 되면 땅에서 그들이 하는 활동이 단축될 것이기 때문이다.

8장

8:32-33 많은 돼지 떼가 언덕 근처에서 풀을 뜯어 먹고 있다. 돼지는 불결한 동물이기 때문에(레 11:7; 신 14:8; 사 65:4; 66:3, 17; 마 7:6; 눅 15:15-16; 벧후 2:22) 그곳이 이방 영토임이 확실하다. 우리 같은 독자는 돼지들의 운명에 대해 염려할지 몰라도 유대인은 돼지를 불결한 동물로 생각했기 때문에 다르게 느낀다. 무저갱에 보내지는 것을 원치 않는 귀신들이 대신 돼지 속으로 들어가게 해달라고 예수님에게 간청한다. 귀신들이 돼지 속으로 들어가자 돼지 떼가 미쳐서 무모하게 갈릴리바다를 향해 돌진해서 익사하고 만다. 바다는 종종 무저갱으로 간주되기 때문에 어쩌면 귀신들이 결국 무저갱으로 들어갔다고 볼 수도 있다(참고. 창 7:11; 8:2; 욥 28:14; 38:16; 시 36:6; 107:26; 148:7; 잠 3:20; 욘 2:5).[109] 결국에는 예수님이 아니라 귀신들이 돼지 떼를 호수로 돌진하게 한 것이다.[110] 많은 돼지의 파멸은 그 사람 속에 수천 귀신들이 거주했다는 구체적인 증거를 드러낸다. 그들이 쫓겨나자 돼지 떼 속에 들어가서 모두 파멸시켰기 때문이다.

8:34-35 돼지를 치던 사람들이 현장에서 도망하여 성읍과 마을로 가서

109 참고. Bock, *Luke 1:1-9:50*, 775.

110 같은 책, 177.

돼지 떼에게 일어난 사건을 알려준다. 사람들이 직접 예수님에게 와서 발생한 사건을 조사한다. 귀신 들렸던 사람이 이제 조용히 앉아서 변화된 모습을 보여준다. 그는 더 이상 난폭하고 미친 상태로 난동을 부리지 않고 예수님의 발 앞에 조용히 앉아 있다. 그런 모습은 그가 이제 예수님을 따르는 자라는 표시다(참고. 10:39). 그는 이제 옷을 제대로 입었고 정신도 온전하다. 참된 인간성이 회복되었고, 인간 사회의 정상적인 구성원이 될 수 있다. 사람들이 이런 모습을 보고는 두려움에 사로잡혔다(참고. 8:25). 그들은 초자연적 권능의 놀라운 증거를 보고 두려워졌을 것이다.

8:36-37 목격자들이 귀신 들린 사람이 어떻게 구원받았는지를 자세히 이야기하자 사람들은 무슨 일이 벌어졌는지 정확히 알게 된다. 놀랍게도 그 마을 사람들이 예수님에게 그 지역에서 떠나달라고 요청하고, 예수님은 그들의 요청에 주의를 기울이신다. 그들이 왜 예수님이 떠나시길 원하는지는 알기 어렵다. 그들이 심한 두려움에 사로잡혔다고 기록되어 있을 뿐이다. 수천 마리의 돼지가 익사하는 바람에 재정적으로 상당한 손해를 봤기 때문일 수도 있다. 그러나 두려움에 대한 언급이 경제적 동기와 부합하는 것 같지는 않다. 어쩌면 그들은 예전과 같은 방식으로 살고 싶었을지도 모른다. 예수님이 사회를 변혁시킬 것을 우려했을 수 있다. 만일 예수님이 계속 함께 계시면 그들의 삶이 너무 급격히 바뀔까봐 염려한 것이다. 예전에 베드로가 예수님에게 순종해서 엄청난 고기를 잡았을 때, 자기를 떠나달라고 요청했던 것이 생각난다(5:8). 이 마을 사람들도 그들이 거룩하고 초자연적인 인물 앞에 있다는 것을 의식했던 것 같다.

8:38-39 귀신 들렸던 사람이 계속해서 예수님과 함께 있기를 원하며 그분을 따라가고 싶다고 부탁한 것은 이해할 만하다. 그러나 예수님은 이 사람에 대해 다른 계획을 갖고 계신다. 그래서 집으로 돌아가 모든 사람에게 하나님께서 그를 위해 행하신 일을 이야기하라고 명하신다. 그런데 그 사람은 성읍으로 돌아가서 "예수께서 자기에게 어떻게 큰일을 행하셨는

지를" 전파했다. 여기에 어떤 모순이 있는 것은 아니다. 하나님께서 예수님 안에서 그리고 그분을 통해 일하고 계시다는 것을 누가가 우리에게 보여주고 있어서다. 사실 우리는 누가복음에서 예수님이 하나님의 정체성과 본성을 공유하신다는 것을 살펴보았다. 달리 말해 예수님의 사역이 곧 하나님의 사역이라는 뜻이다.

응답

그 어떤 대적도 예수님보다 강하지 않다. 수많은 귀신조차 예수님께 맞설 수 없다. 예수님이 우리 삶에서 일하실 때는 우리가 온전하고 이성적인 존재가 된다. 우리 인생에서 처음으로 올바른 인생관을 갖게 된다. 하지만 자신을 악에게 넘겨주는 이들은 광기에 이르는 길을 걷고 있다. 물론 광기의 정도는 다양하지만 모든 악은 광기고, 지옥은 다름 아닌 하나의 큰 정신병원이라고 볼 수 있다. 물론 필자는 여기서 임상적인 말을 하고 있는 것이 아니다!

예수님이 우리를 구원하셨다면, 그분이 우리를 새롭게 하셨다면, 그분이 우리를 변화시키셨다면, 우리 역시 남들에게 예수님이 우리에게 행하신 일을 이야기하고 싶을 것이다.

40 예수께서 돌아오시매 무리가 환영하니 이는 다 기다렸음이러라
41 이에 회당장인 야이로라 하는 사람이 와서 예수의 발 아래에 엎드
려 자기 집에 오시기를 간구하니 42 이는 자기에게 열두 살 된 외딸이
있어 죽어감이러라

40 Now when Jesus returned, the crowd welcomed him, for they were
all waiting for him. 41 And there came a man named Jairus, who was a
ruler of the synagogue. And falling at Jesus' feet, he implored him to
come to his house, 42 for he had an only daughter, about twelve years of
age, and she was dying.

예수께서 가실 때에 무리가 밀려들더라 43 이에 열두 해를 혈루증으로
앓는 중에 [1)]아무에게도 고침을 받지 못하던 여자가 44 예수의 뒤로 와
서 그의 옷가에 손을 대니 혈루증이 즉시 그쳤더라 45 예수께서 이르
시되 내게 손을 댄 자가 누구냐 하시니 다 아니라 할 때에 [2)]베드로가
이르되 주여 무리가 밀려들어 미나이다 46 예수께서 이르시되 내게 손
을 댄 자가 있도다 이는 내게서 능력이 나간 줄 앎이로다 하신대 47 여

자가 스스로 숨기지 못할 줄 알고 떨며 나아와 엎드리어 그 손 댄 이
유와 곧 나은 것을 모든 사람 앞에서 말하니 48 예수께서 이르시되 딸
아 네 믿음이 너를 구원하였으니 평안히 가라 하시더라
As Jesus went, the people pressed around him. 43 And there was a
woman who had had a discharge of blood for twelve years, and though
she had spent all her living on physicians,[1] she could not be healed
by anyone. 44 She came up behind him and touched the fringe of his
garment, and immediately her discharge of blood ceased. 45 And Jesus
said, "Who was it that touched me?" When all denied it, Peter[2] said,
"Master, the crowds surround you and are pressing in on you!" 46 But
Jesus said, "Someone touched me, for I perceive that power has gone
out from me." 47 And when the woman saw that she was not hidden,
she came trembling, and falling down before him declared in the
presence of all the people why she had touched him, and how she had
been immediately healed. 48 And he said to her, "Daughter, your faith
has made you well; go in peace."

49 아직 말씀하실 때에 회당장의 집에서 사람이 와서 말하되 당신의
딸이 죽었나이다 선생님을 더 괴롭게 하지 마소서 하거늘 50 예수께서
들으시고 이르시되 두려워하지 말고 믿기만 하라 그리하면 딸이 구원
을 얻으리라 하시고 51 그 집에 이르러 베드로와 요한과 야고보와 아
이의 부모 외에는 함께 들어가기를 허락하지 아니하시니라 52 모든 사
람이 아이를 위하여 울며 통곡하매 예수께서 이르시되 울지 말라 죽
은 것이 아니라 잔다 하시니 53 그들이 그 죽은 것을 아는 고로 비웃더
라 54 예수께서 아이의 손을 잡고 불러 이르시되 아이야 일어나라 하
시니 55 그 영이 돌아와 아이가 곧 일어나거늘 예수께서 먹을 것을 주
라 명하시니 56 그 부모가 놀라는지라 예수께서 경고하사 이 일을 아

무에게도 말하지 말라 하시니라
49 While he was still speaking, someone from the ruler's house came
and said, "Your daughter is dead; do not trouble the Teacher any more."
50 But Jesus on hearing this answered him, "Do not fear; only believe,
and she will be well." 51 And when he came to the house, he allowed
no one to enter with him, except Peter and John and James, and the
father and mother of the child. 52 And all were weeping and mourning
for her, but he said, "Do not weep, for she is not dead but sleeping."
53 And they laughed at him, knowing that she was dead. 54 But taking
her by the hand he called, saying, "Child, arise." 55 And her spirit
returned, and she got up at once. And he directed that something should
be given her to eat. 56 And her parents were amazed, but he charged
them to tell no one what had happened.

1) 어떤 사본에는, 의사들에게 그 가산을 다 허비하였으되 아무에게도 2) 어떤 사본에는, 베드로와 및 함께 있는 자들이

1 Some manuscripts omit *and though she had spent all her living on physicians* *2* Some manuscripts add *and those who were with him*

단락 개관

여호와께서 폭풍을 잠재우듯이, 예수님은 폭풍을 잠재움으로써 자연을 다스리는 그분의 주되심을 입증하셨다. 우리는 또한 예수님이 한 남자에게서 단지 한 귀신이 아니라 수많은 귀신을 쫓아내시는 장면을 살펴보았다. 이번 텍스트에서는 예수님이 난치병을 고치고 죽은 자를 살리신다. 그분은 사회의 주변부에 속한 가난한 여자를 치유하시고, 종교적 기득권층에 속한 부유한 사람의 딸을 다시 살리신다. 회당장 야이로가 예수님에게 열두 살 된 죽어가는 딸을 위해 자신의 집으로 와달라고 간청한다. 예수님이 그곳으로 가시는 길에 대규모 군중이 그분에게 밀어닥치고, 12년 동안 혈루증으로 고생하던 여자가 예수님에게 다가와서 그분의 옷을 만진다. 그녀의 병이 순식간에 나았고, 예수님은 치유 능력이 자신에게서 빠져나간 것을 알고는 누가 자신을 만졌는지 물으신다. 베드로는 수많은 군중 가운데 누가 그분을 만졌는지 아는 것이 불가능하다고 생각하지만, 한 여자가 나와서 자기가 그렇게 했다고 고백한다. 예수님의 능력은 마술적인 또는 독단적인 힘이 아니다. 절정에 해당하는 장면은, 예수님이 그녀의 믿음이 그녀를 구원했다고 단언하며 치유 이상의 일이 일어났음을 보여주시는 대목이다.

혈루증을 앓던 여자를 치유하시는 이야기는 야이로의 딸에 관한 이야기의 중간에 삽입된 에피소드다. "이 삽화는 그 내러티브에서 시간을 메우고 극적인 긴장과 기적의 중요성을 고조시키는 역할을 한다."[111] 그 사이 야이로의 딸이 죽었다는 것이 밝혀지고, 그래서 사람들은 더 이상 예수님을 귀찮게 할 필요가 없다고 말한다. 그러나 예수님은 이 내러티브의 핵심에 해당하는 말씀을 하신다. "두려워하지 말고, 믿기만 하여라. 딸이 나을 것이다"(50절, 새번역). 베드로와 야고보와 요한이 예수님과 함께 그녀의 아버지

111 Garland, *Luke*, 365.

와 어머니를 따라서 집에 들어간다. 예수님이 소녀가 죽은 것이 아니라 잔다고 말씀하시자 사람들이 비웃고 조롱한다. 이어서 예수님이 소녀의 손을 잡고 일어나라고 말씀하신다. 소녀가 일어나 먹을 것을 받고, 예수님이 그들에게 이 치유를 비밀로 하라고 경고하신다.

단락 개요

III. 예수님이 갈릴리에서 성령의 능력으로 구원을 전파하시다 (4:14-9:50)

E. 예수님의 정체와 운명이 드러나다(8:22-9:50)

1. 예수님의 비범한 기적(8:22-56)

c. 죽은 자를 살리고 병든 자를 치유하시다(8:40-56)

주석

8:40-42a 예수님의 인기가 계속 이어져서, 갈릴리로 돌아오실 때 군중이 그분을 기다리고 있다. 예수님이 돌아오시자마자 명망 있는 사람이 그분을 찾아온다. "회당장"인 야이로다. 그의 열두 살 된 외동딸이 죽어가고 있어서 예수님 앞에 엎드려 자기 집으로 오시기를 간청한다. 여기서 종교적 기득권층의 일부가 예수님에게 매력을 느끼고 그분을 찾는 모습을 보게 되는데, 특히 어려움에 빠졌을 때 그렇다.

8:42b-44 혈루증을 앓는 여자의 이야기는 야이로의 딸 이야기 중간에 삽입되어 있다. 누가는 우리에게 두 이야기를 함께 읽도록 권한다. 누가

는 또한 발생한 사건을 역사적으로 기록하고 있으나, 여기서 문학적 특징과 역사적 특징이 서로 겨루게 하면 안 된다. 예수님이 야이로의 집으로 이동하시는 동안 군중이 주변에 밀어닥쳐서 많은 사람이 그분에게 부딪친다. 열두 살 된 소녀를 치유하러 가시는 예수님에게 12년 동안 "혈루증"으로 고생하던 여자가 접근한다. 그런 질병을 앓는 여자는 불결한 사람이고, 그녀가 만진 모든 것과 그녀를 만진 모든 사람 역시 불결하다(레 15:25-27). 그동안 시도했던 모든 치료법이 소용없었다. 하지만 그 여자는 예수님이 자신을 고치실 수 있다고, 심지어 접촉만으로도 그럴 수 있다고 믿고(참고. 눅 6:19; 막 6:56), 다가와서 그분 겉옷의 술을 만진다(참고. 민 15:38; 신 22:12). 예수님을 공개적으로 만지기를 원치 않는 것은, 방금 언급했듯이, 그녀의 접촉이 예수님을 불결하게 만들 것이기 때문이다. 예수님을 만지는 순간 하혈이 멈춘다. 그 여자가 예수님을 만져서 그분을 더럽게 만드는 대신, 예수님의 능력이 곧바로 그녀를 깨끗하게 만들었다.

8:45-48 예수님의 치유는 마술적인 것이 아니라 그분의 인격과 의지에 묶여 있고, 그분은 누군가가 접촉했을 때 치유의 능력이 흘러나간 것을 아신다. 예수님이 누가 그분을 만졌는지 물으시자 모두가 부인한다. 군중이 그분을 에워싸서 밀치고 있기 때문에 그것은 알기란 불가능하다는 베드로의 말은 모두를 대변하는 응답이다. 하지만 예수님이 누군가가 그분을 만졌다고 계속 주장하는 것은 치유의 능력이 그분으로부터 빠져나간 것을 아시기 때문이다. 이로부터 예수님이 질문을 던지는 것은 정보를 얻기 위해서가 아니라 수사적 이유로 그러신다는 것을 알게 된다. 그분은 이미 그 여자가 자신을 만졌다는 것을 아신다.[112] 여자는 은밀한 접촉이 예수님의 주목을 피하지 못했다는 것을 알게 되자 앞으로 나와서 자신이 예수님을 만져서 즉시 치유 받은 경위를 설명한다.

112 Bock, *Luke 1:1-9:50*, 795.

이 이야기는 예수님의 결정적인 말씀으로 마무리된다. 그분은 그녀를 "딸"이라는 말로 부드럽게 부르고 "네 믿음이 너를 구원하였[다]"고 선언하신다. 여기에 나온 헬라어는 '구원하였다'[세소켄(*sesōken*)]이다. 이는 예수님이 누가복음 7:50에서 죄 많은 여자에게 말씀하신 것과 일치한다. "네 믿음이 너를 구원하였으니 평안히 가라." 따라서 우리는 이 내러티브를 두 차원에서 읽어야 한다. 그 여자는 신체적으로뿐 아니라 영적으로도 구원받은 것이다. 그녀의 믿음이 그녀를 질병과 죄로부터 구원했다. 예수님이 그녀가 모든 사람 앞에 나오기를 원한 것은 그분이 신체적인 병을 치유할 뿐 아니라 온전한 사람으로 회복시키기 위해 오셨기 때문이다. 구원받은 사람들은 그로 인해 평화를 누린다.

8:49-50 그동안 누군가가 야이로의 집에서 오는데, 이는 우리에게 회당장[아르키쉬나고구(*archisynagōgou*)]으로서 야이로의 위상을 상기시켜준다. 그 사람이 야이로에게 딸이 죽었다고 알려준다. 모든 희망이 사라진 이상 이제는 예수님이 굳이 그 집에 오실 필요가 없다고(참고. 7:6) 그가 조언한다. 예수님은 방금 유대 사회의 최하층에 속해 불결하다고 간주되는 가난한 여자를 치유하셨다. 이와 동시에 예수님은 부유한 자 또는 특권층에 속하는 사람을 차별하지 않으신다. 그분은 도움과 구원을 얻기 위해 찾아오는 모든 사람에게 열려 있다. 예수님은 "두려워하지 말고 믿기만 하라"는 잊지 못할 말씀으로 희망을 주신다. 이어서 그 딸이 나을 것이고 만사가 잘될 것이라고 약속하신다. 그분은 혈루증을 앓던 여자와 야이로 둘 다에게 믿기만 하라고 말씀하신다.

8:51-56 예수님은 이 기적이 군중에게 공개되길 원치 않으신다. 그래서 그 집에 도착하자 가장 가까운 세 제자(베드로, 야고보, 요한)와 소녀의 아버지와 어머니만 집에 들어가도록 허락하신다. 그 집에 이미 있던 사람들은 통곡하지만, 예수님은 소녀가 죽은 것이 아니라 자고 있다고 말씀하신다. 이는 그녀가 죽지 않았다는 뜻이 아니라, 그녀의 죽음이 영구적인 실재가 아

니라는 뜻이고(참고. 요 11:11-13), 이제 그분이 죽음의 저주를 역전시키려 하신다는 뜻이다. 다시 말하건대 그분은 표적과 기사에 초점을 맞춰서 그분의 사역에 대한 극적인 흥미를 불러일으키기를 원치 않으신다.

예수님이 그 아이가 죽은 것이 아니라고 말씀하실 때, 거기에 있던 사람들은 소녀가 죽은 것을 알기에 비웃는다. 그들이 웃는 것은 무슨 일이 일어나는지를 알고 있다고 믿기 때문이지만, 그들의 비웃음은 사실상 그들이 무슨 일이 일어나는지를 이해하지 못하고 있음을 보여준다. 이후 예수님이 열두 살 된 소녀의 손을 잡고 "아이야 일어나라"고 말씀하신다. 누구나 죽은 자를 만지면 불결해지지만(민 19:11), 이처럼 죽음으로 불결해진 자가 생명을 되찾게 된 경우에는 그렇지 않다. 깨끗한 분(예수님)이 더러운 자를 깨끗케 하신다. 우리는 예수님의 말씀이 능력을 발휘하는 장면을 거듭해서 살펴보았다. 그분의 말씀은 생명을 주고, 치유하고, 귀신을 쫓아내고, 엄청난 물고기를 잡게 하고, 폭풍을 잠재우고, 죄를 용서한다(눅 4:32, 36; 5:4-6, 13, 23-25; 7:7-10, 14-15, 50; 8:24-25). 소녀의 영이 돌아오고 일어선다. [죽었을 때 영이나 영혼이 몸에서 분리되었다가(참고. 23:56; 행 7:59; 20:10) 이제 되돌아온다.][113] 예수님이 소녀에게 먹을 것을 주라고 말씀하신다. 그리고 놀라움에 정신을 차리지 못하고 있는 부모에게 이 소식을 퍼뜨리지 말라고 말씀하신다. 오직 기적에만 초점을 맞춘 믿음은 오래 지속되지 않을 것임을 아시기 때문이다.

113 같은 책, 804.

응답

우리가 죽음을 두려워하지 않는 것은 예수님의 말씀이 능력을 발휘하기 때문이다. 그분이 바람과 파도에게 말씀하시자 소용돌이와 물보라가 그친다. 그분이 귀신들에게 나오라고 명하시자 그들이 쫓겨난다. 그 어떤 적도 예수님보다 강하지 않다. 그분은 바람과 파도, 귀신, 질병 그리고 죽음을 다스리신다. 그분은 참으로 하나님의 아들, 세상의 구원자 그리고 구원에 이르는 유일한 길이다. 그분이 "아이야 일어나라"고 말씀하시자 소녀가 일어난다. 이를 통해 우리에게 주시는 약속은 사랑하는 자녀와 사람들이 죽어도 이생에서 다시 살아날 것이라는 게 아니다. 야이로 딸의 소생은 부활의 날, 곧 예수님이 믿는 모든 사람에게 "아이야 일어나라"고 말씀하실 그날을 내다본다!

이 단락이 우리의 일상에 주는 교훈은 무엇인가? 우리는 무서운 폭풍, 치명적인 질병, 두려운 귀신 또는 다가온 죽음을 직면할 때 어떻게 반응하는가? 우리는 자신이 연약하고 무력하다는 것을 인정한다. 제자들처럼 우리도 주님께 구해달라고 부르짖는다. 두려움의 한가운데에서도 주님께 우리가 믿을 수 있도록 도와달라고 간구한다. 야이로의 딸이 죽자 그의 친구들은 포기하라고 말한다. 이제는 너무 늦었다고 한다. 그러나 예수님은 "두려워하지 말고 믿기만 하라"고 말씀하신다. 오늘 우리 삶에 무슨 일이 일어나든지 간에 이것이 우리에게 주시는 주님의 말씀이다. 우리는 두려워하지 말고 오직 믿기만 하면 된다. 우리가 어떤 폭풍을 직면하든지 간에 두려워하지 말고 믿기만 해야 한다. 우리를 두렵게 하는 것이 생각나면, 우리 하나님께서 얼마나 큰 분인지를 기억하고 우리 영혼을 향해 "두려워하지 말고 믿기만 하라"고 말해줄 필요가 있다. 우리는 또한 예수님이 혈루증을 앓던 여자에게 하신 말씀을 기억한다. "딸아 네 믿음이 너를 구원하였으니 평안히 가라."

9장

1 예수께서 열두 제자를 불러 모으사 모든 귀신을 제어하며 병을 고치
는 능력과 권위를 주시고 2 하나님의 나라를 전파하며 앓는 자를 고치
게 하려고 내보내시며 3 이르시되 여행을 위하여 아무것도 가지지 말
라 지팡이나 배낭이나 양식이나 돈이나 두 벌 옷을 가지지 말며 4 어
느 집에 들어가든지 거기서 머물다가 거기서 떠나라 5 누구든지 너희
를 영접하지 아니하거든 그 성에서 떠날 때에 너희 발에서 먼지를 떨
어 버려 그들에게 증거를 삼으라 하시니 6 제자들이 나가 각 마을에
두루 다니며 곳곳에 복음을 전하며 병을 고치더라

1 And he called the twelve together and gave them power and authority
over all demons and to cure diseases, 2 and he sent them out to proclaim
the kingdom of God and to heal. 3 And he said to them, “Take nothing
for your journey, no staff, nor bag, nor bread, nor money; and do not
have two tunics.[1] 4 And whatever house you enter, stay there, and
from there depart. 5 And wherever they do not receive you, when you
leave that town shake off the dust from your feet as a testimony against
them.” 6 And they departed and went through the villages, preaching
the gospel and healing everywhere.

[7] 분봉왕 헤롯이 이 모든 일을 듣고 심히 당황하니 이는 어떤 사람은
요한이 죽은 자 가운데서 살아났다고도 하며 [8] 어떤 사람은 엘리야가
나타났다고도 하며 어떤 사람은 옛 선지자 한 사람이 다시 살아났다
고도 함이라 [9] 헤롯이 이르되 요한은 내가 목을 베었거늘 이제 이런
일이 들리니 이 사람이 누군가 하며 그를 보고자 하더라

[7] Now Herod the tetrarch heard about all that was happening, and he
was perplexed, because it was said by some that John had been raised
from the dead, [8] by some that Elijah had appeared, and by others that
one of the prophets of old had risen. [9] Herod said, "John I beheaded,
but who is this about whom I hear such things?" And he sought to see
him.

1 Greek *chiton*, a long garment worn under the cloak next to the skin

단락 개관

예수님은 이스라엘과 제자들에게 그분 자신을 드러내되 가르침, 병자의 치유, 귀신을 쫓아내는 것, 자연을 다스리는 권능을 보여주는 것 그리고 죽은 자를 살리는 것을 통해 그렇게 하신다. 그분은 사역을 통해 하나님 나라가 도래한 것을 선포하신다. 이번 단락에서 예수님은 그 나라의 메시지를 더 널리 전파하기 위해 제자들을 보내신다. 하나님 나라의 임재는 병자를 치유하고 귀신을 쫓아내는 일로 검증될 것이다. 그분은 제자들에게 양식을 가져가지 말고 그들을 지지하는 사람들의 집에 머물라고 지시하신다. 만일 그 메시지가 거부된다면, 그들은 그 증거로 발에서 먼지를 털어야 한다. 제자들이 나가서 복음을 전파하고 병을 치유할 때, 헤롯 안디바가 그들 사역의 영향에 대해 듣고 자기가 처형한 세례 요한이 죽은 자들 가운데

서 살아난 것이 아닌가 하며 염려한다. 어떤 이들은 예수님의 정체에 대해 엘리야인지, 다른 구약 선지자들 중 하나인지를 놓고 추측한다. 어쨌든 어디에서나 사람들이 예수님에 관해 이야기하기 때문에 헤롯은 그분을 보고 싶어 한다.

단락 개요

III. 예수님이 갈릴리에서 성령의 능력으로 구원을 전파하시다 (4:14-9:50)

E. 예수님의 정체와 운명이 드러나다(8:22-9:50)

2. 예수님의 정체가 드러나다(9:1-20)

a. 열둘을 보내시다(9:1-9)

주석

9:1-2 예수님은 그분의 메시지가 더 널리 전파되길 원하신다. 그래서 그분이 임명한 열두 제자를 불러서 귀신을 쫓아내고 병자를 고치는 권위와 능력을 주신다. 우리는 여기서 예수님이 열두 제자에게 이런 영역들에서 특별한 권위와 능력을 주시는 장면을 본다. 따라서 오늘날 신유와 축귀의 사역을 보게 되더라도 그것들이 사도 시대의 사역과 똑같은 수준에 도달하는 것은 아님을 알 필요가 있다. 사도들은 하나님 나라를 선포하도록 부름 받았고, 그 나라의 선포는 치유와 축귀를 수반한다. 사실 치유와 축귀는 그 나라의 임재를 보여주는 표징이고 새로운 창조가 도래했다는 것을 입증한다. 그런 사역은 질병과 귀신의 억압이 없는 새로운 세계를 예고한다.

9:3-4 열두 제자는 가볍게 여행하라는 지시, 선교를 위해 스스로 양식을 가져가지 말라는 지시를 받는다. 그래서 그들은 여정을 위해 여행자의 지팡이와 돈을 담는 "배낭"(또는 거지가 통행인에게 돈을 구걸하듯 사람들에게 돈을 간청할 때 쓰는 가방을 말할 것이다, 참고. 10:4)을 가져가지 못한다. 이와 마찬가지로 양식이나 돈 또는 겉옷 두 벌(즉, 여분의 옷)을 가져가서도 안 된다. 그런 제한을 두는 이유는, 그런 것들은 그들이 여러 성읍에서 거주할 집에서 공급될 것이기 때문이다. 그들의 메시지를 받아들이는 사람들이 그들을 지원하고 그들의 필요를 제공할 것이다. 그들은 또한 지원을 받는 집에 머물러야 하며 집집마다 돌아다녀서는 안 된다(참고. 10:7). 한 집을 떠나 다른 집으로 가면 더 융숭한 대접을 받으려고 옮기는 것으로 보여서 재정적 이익을 위해 선교에 참여하는 것으로 여겨질 수 있다. 갈런드가 말하듯이 "그들은 집집마다 돌아다니는 거지가 되어서도, 이익을 챙기려고 복음을 전하는 행상인이 되어서도 안 된다."[114]

9:5-6 만일 어떤 성읍이 그 메시지를 환영하지 않는다면 떠날 때 발의 먼지를 털어버려야 한다(참고. 10:10-11; 행 13:51). 이는 열두 제자가 그들의 책임을 다했다는 것을 의미하거나 혹은 그 성읍의 토대가 하나님의 심판 아래 놓인다는 것을 상징할 것이다. 이 두 가지 의미는 그리 다르지 않다. 그 성읍이 하나님 나라의 메시지에 등을 돌리기 때문에 사도들이 그들에게 닥칠 위험을 증언하는 것이다. 열두 제자가 여행하면서 하나님 나라의 도래에 관한 좋은 소식(사 40:9-10; 52:7)을 선포함으로써 예수님에게 받은 사명을 수행한다. 그들은 말과 행동으로 동포들에게, 언약이 성취되는 중이고 그 나라가 오고 있으며 사람들이 회개하고 믿어야 한다는 것을 전한다.

9:7-9 헤롯 안디바가 현재 일어나고 있는 모든 일에 대해 듣는다. 그는

114 Garland, *Luke*, 377.

여기서 "분봉왕"으로 불리는데, 이는 로마의 권력 아래서 예속 왕(client king)으로 다스린다는 뜻이다(참고. 3:1). 헤롯은 병자를 고치는 것과 귀신을 쫓아내는 것 등 예수님이 행하시는 모든 일과 열두 제자의 사역에 관해 듣는다. 열두 제자는 하나님 나라가 예수님 안에서 왔다고 선포한 것이 틀림없다. 헤롯이 열두 제자의 정체가 아니라 예수님의 정체에 대해 의문을 제기하기 때문이다. 헤롯이 무척 당황하고 염려하는 것은, 일부 사람이 그가 처형했던 세례 요한이 죽은 자들 가운데서 살아났다고 말하기 때문이다(참고. 9:19). 만일 세례 요한이 다시 살아났다면 헤롯의 심판이 멀지 않았기 때문에 그런 불안이 헤롯을 괴롭히는 것이다.

또 다른 이들은 예수님이 엘리야라고 주장하는 등 예수님의 정체에 관해 격렬하게 논쟁한다. 그들이 예수님을 엘리야로 보는 이유는, 구약의 예언들에 따르면 엘리야가 여호와의 날이 도래하기 전에 올 것이기 때문이다(말 4:5-6, 참고. 집회서 48:1-10). 더구나 예수님이 엘리야의 사역에서 두드러졌던 표적과 기적을 행할 뿐 아니라 그보다 더 큰 일을 수행하고 계신다. 또 다른 이들은 예수님이 다른 옛 선지자들 중 하나라고 추측한다. 그러나 예수님이 엘리야나 어느 한 선지자라는 생각은 변화산상의 변형으로 인해 배제된다. 갈런드는 이렇게 쓴다. "예수님이 엘리야나 예전의 한 선지자가 아니라는 것은 엘리야와 모세가 등장하는 변형 장면(9:28-36)에 의해 확증된다."[115]

예수님에 관한 추측이 그 땅에 널리 퍼지고, 사람들은 어디서나 그분 사역의 중요성과 의미에 대해 논의한다. 세례 요한은 참수되었기 때문에 예수가 세례 요한일 수는 없다고 헤롯은 스스로 확신하려 하지만, 이는 예수님의 정체에 관한 또 다른 의문을 낳는다. 헤롯은 예수가 누군지 알기 위해 그분을 보기 원하지만 예수님은 헤롯을 만나는 데 관심이 없다(참고. 13:31). 이 둘은 장차 예수님이 재판을 받으시는 날까지 만나지 못할 것이다(23:8).

115 같은 책, 378.

응답

우리는 열두 사도가 아니지만, 우리 역시 예수 그리스도의 교회로서 하나님 나라의 메시지를 전파하도록 부름 받았다. 우리는 사도들에게 주어진 치유의 능력은 없어도(하나님께서 때로는 우리 시대에도 치유하기를 기뻐하시지만), 죄 사함의 메시지를 들을 필요가 있는 사람들에게 십자가에서 죽고 살아나신 예수님에 관한 좋은 소식을 전한다. 하지만 사람들에게 믿음을 갖도록 위협하지 않는다. 대신 우리가 복음을 전파하고 다른 이들의 인격을 존중하는 것은 그들이 예수님을 그들의 왕으로 영접할지 여부를 결정하기 때문이다. 그럼에도 그 메시지에 등을 돌리며 거부하는 이들은 오로지 그들 자신을 탓해야 한다.

9장

10 사도들이 돌아와 자기들이 행한 모든 것을 예수께 여쭈니 데리시
고 따로 벳새다라는 고을로 떠나 가셨으나 11 무리가 알고 따라왔거늘
예수께서 그들을 영접하사 하나님 나라의 일을 이야기하시며 병 고칠
자들은 고치시더라 12 날이 저물어 가매 열두 사도가 나아와 여짜오
되 무리를 보내어 두루 마을과 촌으로 가서 유하며 먹을 것을 얻게 하
소서 우리가 있는 여기는 빈 들이니이다 13 예수께서 이르시되 너희가
먹을 것을 주라 하시니 여짜오되 우리에게 떡 다섯 개와 물고기 두 마
리밖에 없으니 이 모든 사람을 위하여 먹을 것을 사지 아니하고서는
할 수 없사옵나이다 하니 14 이는 남자가 한 오천 명 됨이러라 제자들
에게 이르시되 떼를 지어 한 오십 명씩 앉히라 하시니 15 제자들이 이
렇게 하여 다 앉힌 후 16 예수께서 떡 다섯 개와 물고기 두 마리를 가
지사 하늘을 우러러 축사하시고 떼어 제자들에게 주어 무리에게 나누
어 주게 하시니 17 먹고 다 배불렀더라 그 남은 조각을 열두 바구니에
거두니라

10 On their return the apostles told him all that they had done. And he
took them and withdrew apart to a town called Bethsaida. 11 When

the crowds learned it, they followed him, and he welcomed them and spoke to them of the kingdom of God and cured those who had need of healing. 12 Now the day began to wear away, and the twelve came and said to him, "Send the crowd away to go into the surrounding villages and countryside to find lodging and get provisions, for we are here in a desolate place." 13 But he said to them, "You give them something to eat." They said, "We have no more than five loaves and two fish—unless we are to go and buy food for all these people." 14 For there were about five thousand men. And he said to his disciples, "Have them sit down in groups of about fifty each." 15 And they did so, and had them all sit down. 16 And taking the five loaves and the two fish, he looked up to heaven and said a blessing over them. Then he broke the loaves and gave them to the disciples to set before the crowd. 17 And they all ate and were satisfied. And what was left over was picked up, twelve baskets of broken pieces.

단락 개관

이 단락은 5천 명을 먹이시는 장면을 크게 다루며 예수님이 모세보다 더 위대한 분임을 보여준다. 제자들이 예수님에게 돌아와서 그들의 선교에 관해 보고한다. 그들이 벳새다로 물러나지만 군중이 따라오자 예수님은 그들을 영접하고 아픈 사람들을 고치신다. 저녁이 될 무렵, 제자들이 예수님에게 군중을 해산시켜서 숙소와 양식을 찾게 하자고 제안한다. 예수님은 제자들을 향해 그들에게 양식을 주라고 말씀하시지만, 충분한 양식이 없기 때문에 그분의 제안은 너무도 비현실적이라고 제자들은 생각한다. 이후 예수님은 사람들을 앉게 한 후, 친히 떡 다섯 개와 물고기 두 마리를 가지고 5천 명에게 충분한 양식을 공급하신다. 모두가 배부르게 먹고도 열두 바구니가 남는다.

단락 개요

III. 예수님이 갈릴리에서 성령의 능력으로 구원을 전파하시다 (4:14-9:50)

E. 예수님의 정체와 운명이 드러나다(8:22-9:50)

2. 예수님의 정체가 드러나다(9:1-20)

b. 5천 명을 먹이시다(9:10-17)

주석

9:10-11 열두 제자의 사역은 강도가 높고 만만치 않은 일이었다. 그들이 예수님에게 돌아와서 그동안 수행한 일을 보고한다. 예수님은 그들에게 휴식을 주려고 갈릴리 바닷가의 고을인 벳새다로 물러가시는데, 그곳은 빌립과 안드레와 베드로가 부름을 받았던 곳이다(요 1:44; 12:21). 그런데 많은 사람이 예수님이 계시는 곳을 알게 되어 그분을 따라온다. 연민을 느낀 예수님은 그들을 배척하지 않고 오히려 영접한 후 하나님 나라에 대해 가르치고 병자들을 고쳐주신다. 앞에서 우리는 그 나라에 대한 가르침과 병자의 치유가 별개의 주제가 아니라는 것을 살펴보았다. 병자의 치유는 그 나라의 도래를 나타내는 사역이다(참고. 눅 4:38-44; 6:17-19; 7:22; 9:2; 10:9).

9:12-14a 저녁이 가까워지고 열두 제자가 사람들의 숙소와 양식에 대해

염려하기 시작하는 것을 볼 때 그들이 오랫동안 머물러 있었던 것이 분명하다. 그들은 예수님에게 군중을 해산시켜 가까운 마을과 촌락으로 가서 그날 밤 묵을 곳과 양식을 찾게 할 필요가 있다고 알려준다. 예수님은 군중에게 직접 양식을 주라는 말씀으로 그들을 깜짝 놀라게 하신다. 이는 엘리사를 상기시키는데, 그는 충분한 양식이 없을 때 종에게 100명을 먹이라고 지시해서 모두 충분히 먹고도 양식이 남게 했던 선지자다(왕하 4:42-44). 열두 제자는 떡 다섯 개와 물고기 두 마리밖에 없어서 당황하는데, 그 양은 여자 및 어린아이들과 더불어 5천 명의 남자를 먹이기에는 턱없이 부족했기 때문이다. 뿐만 아니라 사방으로 흩어져서 거기에 모인 모든 사람을 위해 양식을 구하는 일도 지극히 비현실적으로 보인다.

9:14b-17 예수님이 제자들에게 군중을 약 50명씩 무리로 만들어 땅에 앉게 하라고 지시하신다. 그리고 떡 다섯 개와 물고기 두 마리를 들고 하나님께서 주신 선물로 인해 하늘(하나님)에 감사를 드린다. 이어서 떡을 떼어(참고. 22:19) 제자들에게 주시고, 그들이 군중에게 양식을 나누어 준다. 거기에 있던 모든 사람이 충분히 먹고도 남은 양식이 열두 바구니나 되었다. 우리는 예수님을 필요한 경우에 떡을 공급했던 모세나 엘리사 같은 선지자로 생각할 수도 있다. 하지만 예수님은 모세와 엘리사보다 더 위대하신 분이다. 이 기적에는 예수님과 하나님의 특별한 관계를 증언하는 직접성이 있기 때문이다. 열두 바구니는 열두 지파, 이스라엘, 약속의 백성에게 주어진 양식을 가리킨다. 사람들은 이 표징으로부터, 예수님이 모세와 같은 선지자(신 18:15)일 뿐 아니라 모세보다 더 위대하신 분이며, 율법과 선지자들이 내다보았던 것의 성취임을 알아야 한다.

응답

예수님이 군중에게 양식을 주라고 말씀하시자 제자들은 그럴 능력이 없다고 이의를 제기한다. 하지만 예수님이 그들에게 필요한 것을 공급하셔서 결국 그들이 군중에게 양식을 제공하게 된다. 하나님께서 우리에게 그분을 위해 무언가를 행하라고 하실 때, 그분은 우리에게 필요한 것, 우리 자신이 갖고 있지 않은 것을 공급해서 우리가 그분의 뜻을 수행할 수 있게 하신다. 우리 자신의 힘이 아니라 그분의 힘으로 그렇게 하시는 것이다. 이 기적 역시 예수님이 모세와 엘리사보다 더 위대한 분임을 가르쳐준다. 그분은 이스라엘에게 있는 모든 희망의 성취다. 그리고 이는 베드로가 예수님을 그리스도로 고백하는 다음 단락으로 이어진다.

18 예수께서 따로 기도하실 때에 제자들이 주와 함께 있더니 물어 이
르시되 무리가 나를 누구라고 하느냐 19 대답하여 이르되 [1]세례 요한
이라 하고 더러는 엘리야라, 더러는 옛 선지자 중의 한 사람이 살아났
다 하나이다 20 예수께서 이르시되 너희는 나를 누구라 하느냐 베드로
가 대답하여 이르되 하나님의 그리스도시니이다 하니

18 Now it happened that as he was praying alone, the disciples were
with him. And he asked them, "Who do the crowds say that I am?"
19 And they answered, "John the Baptist. But others say, Elijah, and
others, that one of the prophets of old has risen." 20 Then he said to
them, "But who do you say that I am?" And Peter answered, "The
Christ of God."

1) 헬, 또는 침례

단락 개관

이 지점에 이르는 모든 내러티브는 이 이야기에서 제기되는 결정적인 질문을 향하고 있다. 예수님은 과연 누구인가? 중요한 점은, 예수님이 제자들과 함께 있는 곳에서 기도하는 동안에 군중이 그분을 누구라고 말하는지 물어보신다는 것이다. 제자들은 세례 요한, 엘리야 또는 다른 옛 선지자들 중의 한 사람 등 군중이 내놓은 다양한 견해들을 하나씩 나열한다. 그러나 예수님은 대화를 다른 이들의 생각에 국한시키지 않으신다. 그 질문을 제자들에게 던지며 그들은 그분의 정체성에 대해 어떻게 생각하는지 물어보신다. 베드로가 다른 제자들을 대변하여 예수님은 메시아이며 왕이라고 고백한다.

단락 개요

III. 예수님이 갈릴리에서 성령의 능력으로 구원을 전파하시다 (4:14-9:50)

E. 예수님의 정체와 운명이 드러나다(8:22-9:50)

2. 예수님의 정체가 드러나다(9:1-20)

c. 그리스도라고 고백하다(9:18-20)

주석

9:18-20 예수님이 홀로 기도하신다는 말은 군중으로부터 떨어져 계신다는 뜻이거나 제자들이 그분과 함께 기도하고 있지 않다는 뜻일 것이다. 어쨌든 예수님은 이 복음서에서 중요한 때마다 기도하신다. 세례를 받을 때(3:21), 그분의 사역을 위해(5:16), 제자들을 선택할 때(6:12), 변형될 때(9:28-29), 제자들이 그분에게 기도하는 법을 물을 때(11:1), 시몬의 믿음을 위해(22:32) 그리고 겟세마네에서(22:41, 44, 45) 각각 기도하신다. 여기서는 제자들에게 그분의 정체성에 관해 물어보기 전에 기도하신다. 그들이 예수님의 제자이자 선교의 핵심이 되고 싶다면 그 질문에 바르게 대답해야 한다. 그래서 예수님은 그분이 누구인지를 제자들이 참으로 이해하게 해달라고 기도하셨을 것이 분명하다. 예수님의 정체성에 관한 의문은 이 내러티브에서 줄곧 중심을 차지해왔다(5:21; 7:49; 8:25; 9:9, 참고. 4:36). 먼저 예수님은 제자들에게 군중이 그분에 대해 무슨 말을 하는지 물으신다. 여기에 새로운 것은 전혀 없다. 앞에서 살펴보았듯이, 일부 사람은 그분을 세례 요한 또는 엘리야 또는 예전의 구약 선지자들 중 한 명이 살아난 것으로 생각한다(참고. 9:7-9 주석).

하지만 결정적인 질문은 군중의 견해에 관한 것이 아니라 제자들의 믿음에 관한 것이다. 예수님이 제자들을 향해 너희는 나를 누구라고 생각하는지 물으신다. 동료들 중 으뜸이자 사도들의 대변자인 베드로가 예수님은 "하나님의 그리스도"라고 대답한다. 마태복음에 나오는 대답이 더 길지만(마 16:16) 누가는 요점을 포착한다. 예수님은 메시아, 다윗의 자손, 조상들이 받은 언약들을 성취하는 인물로서 유대인들이 기다리는 왕이라는 것이다. 예수님의 기도가 응답을 받았다. 제자들은 예수님을 포괄적으로 이해하지는 못해도 그분이 그리스도라는 것은 분명히 이해하고 있다!

응답

우리 대부분이 예수님을 우리의 형상으로 만들기 때문에, 오늘날의 시장에는 많은 예수님이 있다. 때로는 예수님이 중산층 사업가나 진보적 사회주의자로 묘사된다. 어떤 이들은 예수님을 온건한 평화주의자나 혁명가로 본다. 또 다른 이들은 자녀들이 아프거나 가난해지는 것을 절대 허락하지 않을 이른바 '건강과 부'의 예수님을 믿는다. 우리는 오늘날의 시장에서 〈지저스 크라이스트 슈퍼스타〉(*Jesus Christ Superstar*)의 예수님과 〈갓스펠〉(*Godspell*)의 예수님을 보게 되는데, 이 둘은 모두 거짓된 그리스도다. 어떤 사람들은 예수님을 한갓 사람으로만 이해하고 그분이 또한 하나님의 아들이라는 것을 깨닫지 못한다. 복음주의자들은 예수님을 참 하나님으로 보지만 그분이 또한 참 인간임을 잊어버리는 경향이 있다. 제자들은 이제 이 내러티브의 중요한 시점에 도달한다. 비로소 예수님이 그리스도, 메시아, 다윗 혈통의 왕, 구약의 모든 약속을 성취하실 분임을 깨닫고 있기 때문이다.

21 경고하사 이 말을 아무에게도 이르지 말라 명하시고 22 이르시되 인
자가 많은 고난을 받고 장로들과 대제사장들과 서기관들에게 버린 바
되어 죽임을 당하고 제삼일에 살아나야 하리라 하시고
21 And he strictly charged and commanded them to tell this to no one,
22 saying, "The Son of Man must suffer many things and be rejected by
the elders and chief priests and scribes, and be killed, and on the third
day be raised."

23 또 무리에게 이르시되 아무든지 나를 따라오려거든 자기를 부인하
고 날마다 제 십자가를 지고 나를 따를 것이니라 24 누구든지 제 목숨
을 구원하고자 하면 잃을 것이요 누구든지 나를 위하여 제 목숨을 잃
으면 구원하리라 25 사람이 만일 온 천하를 얻고도 자기를 잃든지 빼
앗기든지 하면 무엇이 유익하리요 26 누구든지 나와 내 말을 부끄러워
하면 인자도 자기와 아버지와 거룩한 천사들의 영광으로 올 때에 그
사람을 부끄러워하리라 27 내가 참으로 너희에게 이르노니 여기 서 있
는 사람 중에 죽기 전에 하나님의 나라를 볼 자들도 있느니라

23 And he said to all, "If anyone would come after me, let him deny
himself and take up his cross daily and follow me. 24 For whoever
would save his life will lose it, but whoever loses his life for my sake
will save it. 25 For what does it profit a man if he gains the whole world
and loses or forfeits himself? 26 For whoever is ashamed of me and of
my words, of him will the Son of Man be ashamed when he comes in
his glory and the glory of the Father and of the holy angels. 27 But I tell
you truly, there are some standing here who will not taste death until
they see the kingdom of God."

단락 개관

예수님은 제자들이 그분이 메시아라는 소문을 퍼트리길 원치 않으신다. 사람들이 이를 정치적인 말로 이해할 것이 분명하기 때문이다. 하지만 그분은 즉시 자신이 고난 받는 메시아라는 것, 하나님의 계획에 따라 죽었다가 다시 살아날 운명이라는 것을 가르치기 시작하신다. 제자들 역시 자신을 부인하고 예수님을 위해 자기 십자가를 지도록 부름 받은 것이다. 그럼에도 제자로 부름 받은 것은 충분한 가치가 있다. 예수님의 제자가 되기를 거절하는 자들은 영원히 자기 목숨을 잃을 것인 데 반해, 예수님의 제자가 된 이들에게는 큰 상급이 약속되어 있기 때문이다. 종말이 오기 전에도 제자들 중 일부는 종말을 예고하는 방식으로 하나님 나라의 능력을 보게 될 것이다.

단락 개요

III. 예수님이 갈릴리에서 성령의 능력으로 구원을 전파하시다(4:14-9:50)
E. 예수님의 정체와 운명이 드러나다(8:22-9:50)
3. 예수님의 운명이 드러나다(9:21-50)
a. 죽음과 부활을 예언하고 제자가 되라고 부르시다(9:21-27)

주석

9:21-22 누가는 마가복음 8:31-33과 마태복음 16:21-23에 나오는 베드로와의 상호작용을 생략한다. 그는 예수님이 제자들에게 그분의 정체성에 대해 남들과 이야기하지 말라고 명하신다고 전한다(참고. 눅 4:41; 5:14; 8:56; 9:36). 추정컨대 침묵하라는 명령은, 만일 예수님이 이스라엘의 왕이라고 주장한다는 소문이 퍼진다면, 그것이 사람들의 정치적 열망을 부추길 소지가 있기 때문일 것이다(참고. 솔로몬의 시편 17-18장). 앞에 언급된 마가와 마태의 텍스트는 제자들조차 예수님의 메시아 신분의 성격을 제대로 파악하지 못하고 있음을 보여준다. 앞으로 누가복음에서도 이 점이 나타날 것이다. 예수님이 메시아임을 아는 제자들조차 그분에 대한 이해가 왜곡되어 있다면, 다른 사람들은 예수님이 유대인의 왕이라는 것의 의미를 더더욱 오해할 것이 틀림없다.

이후 예수님은 제자들에게 그분에게 있는 왕권의 성격에 대해 가르치기 시작하신다. 그분은 '반드시'(데이) 일어나야 할 일에 관해 말씀하시는데, 이는 하나님의 계획, 그분의 목적과 의향을 말한다(참고 눅 22:22, 37; 24:7, 26, 44). 하나님의 계획에 대한 언급이 중요한 이유는 제자들이 예수님이 말씀하시는 것을 하나님의 계획으로 이해하지 못하기 때문이다. 그들은 그분의 고난을 모종의 실수로 보게 될 것이다. 예수님은 인자로서 고난을 받고, 종교 지도자들에게 버림을 받고, 놀랍게도 죽임을 당할 운명이라고 말씀하신다(참고. 9:31, 44; 13:33; 17:25; 18:32-33; 행 17:3). 그럼에도 그분의 죽음이 끝이 아닌 것은, 3일 만에 죽은 자들 가운데서 살아나실 것이기 때문이다(참고. 호 6:2). 다니엘 7:13-14에는 인자가 고난을 당할 것임이 분명히 나오지 않는다. 같은 장에 나오는 성도들의 고난 안에서 인자의 고난을 보지 않는다면 그렇다는 것이다(단 7:21, 25). 이와 더불어 여기서 인자는 이사야 53장의 고난 받는 종과 합쳐지는 듯하다.

9:23 예수님의 운명은 그분이 의인으로 입증되기 전에 고난당하는 것을 포함하는 것으로서 제자들을 위한 하나의 패턴이 된다. 제자로서 예수님을 따라가고 싶은 사람들은 그 자신을 부인해야 하는데, 이는 그들의 삶에 대한 나름의 계획과 목적을 포기해야 한다는 뜻이다. 그들은 "날마다"(누가만 이 단어를 포함한다) 자신의 십자가를 져야 한다. 예수님은 그분의 십자가를 처형 장소까지 가져가신다(요 19:17). 이와 마찬가지로 예수님의 제자들 역시 죽음에 이르기까지, 말하자면 날마다 예수님을 따라가야 한다(참고. 눅 14:27). 로마인들은 "정죄 받은 사람들이 처형 장소까지 그들의 가로대를 나르도록"[116] 만들었다. 이것은 그 자체를 위해 금욕주의로 초대하는 것이 아니다. 제자들은 다름 아닌 '예수님'을 따라가도록 부름 받았기 때문이다(참고. 5:27; 9:59; 18:22).

9:24 예수님이 그분을 따르는 데 필요한 동기를 제공하신다. 자기 목숨을 보존하고 구원하기 원하는 사람들은 결국 그 목숨을 잃어버릴 것이다. '구원하다'[소조(*sōzō*)]와 '잃다'[아폴뤼미(*apollymi*)]의 대립관계는 영원한 파멸이

116 같은 책, 390.

걸려 있다는 것을 시사하는데, 후자가 종종 최후의 심판에서 일어날 멸망을 언급하기 위해 사용되기 때문이다(참고. 4:34; 13:3, 5; 17:33; 20:16; 요 3:16; 10:28; 롬 2:12; 살후 2:10; 벧후 3:9). 만일 자기 목숨을 짧은 시간 동안 보존하다가 영원히 잃어버린다면, 그것은 위로를 주지 못할 것이다. 다른 한편 예수님을 위해 자기 목숨을 포기하는 사람들은 그것을 영원히 구원할 것이다. 제자도로의 부르심은 긴장을 일으키지만 그 상급을 생각하면 충분히 그 길을 걸을 만하다(참고. 눅 17:33; 요 12:25).

9:25 예수님의 철저한 제자가 되고자 하는 동기가 계속 다루어진다. 그분은 온 세계를 얻고도 결국 자기 목숨을 잃어버린다면 그것이 무슨 유익이 있는지 물어보신다. 그런 교환은 아무런 의미가 없다. 어리석은 부자의 이야기(12:15-21)가 예수님의 가르침을 잘 예증한다. 그 부자는 부유하고 편안한 은퇴생활을 기대하고 있다는 점에서 온 세계를 얻었던 사람이다. 그러나 갑작스러운 죽음은 그 기쁨이 한순간에 사라졌다는 것을 의미한다. 그는 하나님을 향해 부유하지 않았기 때문에 그의 유일한 전망은 심판밖에 없다.

9:26 우리는 여기서 사람들이 마지막 날에 자기 목숨을 잃는다는 것이 무슨 뜻인지를 알 수 있다. 예수님과 그분의 말씀을 부끄러워하는 이들은 심판을 직면할 것이다. 인자는 그 자신이나 그분의 말을 존중하지 않는 이들을 배척하실 것이다. 예수님이 찬란한 영광으로, 아버지와 천사들의 영광으로 올 때 그들을 부끄러워하실 것이다(참고. 12:8-9; 마 10:33; 딤후 2:12). 예수님이 여기서 인자가 올 때의 종말론적 부끄러움, 종말론적 배척, 최후의 심판에 대해 말씀하시는 것이 분명하다(참고. 눅 17:24, 26, 30; 18:8; 21:27, 36). 스데반은 예수님을 부끄러워하지 않고 오히려 공개적으로 고백했던 인물이다(행 7장). 여기서 제자도로의 부르심은 선택 사항이 아니라는 것을 알게 된다. 예수님의 제자가 아닌 사람들은 그들의 목숨을 잃어버릴 것이고, 예수님이 마지막 날에 그들을 부끄러워하실 것이기 때문이다.

9:27 예수님은 제자들 중 일부는 하나님 나라를 보기 전에 죽지 않을 것이라고 약속하신다. 이 말씀의 뜻을 놓고 격렬한 논쟁이 벌어진다. 일부 학자는 예수님이 틀렸다고 주장한다. 우리는 예수님이 하나님으로서 오류를 범할 수 없다(시 19:7)는 근거로 이 견해를 배격할 수 있고, 또한 이 해석을 비타협적인 것으로 제쳐놓아야 마땅하다. 복음서들은 후대에 집필되었고, 만일 그 예언이 아직도 성취되지 않았다면 왜 그것이 주후 60년대나 그 이후까지 보존되었는지를 이해하기 어렵다. 다른 학자들은 이 예언이 예수님의 부활과 오순절에 있을 제자들의 경험과 관련이 있다고 주장한다. 이 해석이 정확할 수도 있겠지만, 누가복음에는 그런 사건을 명백히 언급하는 곳이 없다. 게다가 오순절에 대한 언급은 마태복음 16:28과 마가복음 9:1에 나오는 동일한 텍스트에 문제를 제기하게 하는데, 두 본문도 오순절을 언급하지 않기 때문이다. 그래서 최선의 답변은 이것이 변형 사건을 언급한다고 보는 것이다. 그 사건이 마태복음과 마가복음에서는 곧바로 따라오고(마 17:1-8; 막 9:2-10), 누가복음에서도 다음 장면에 나오기 때문이다. '일부' 제자들에게만 국한시키는 것은 베드로와 야고보와 요한만 그곳에 예수님과 함께 있을 것이기 때문이다. 이 말씀이 예수님의 사역을 통한 그 나라의 출범을 가리킬 수 없는 것은 모든 사도들이 예수님과 그분의 놀라운 사역을 통해 그 나라를 경험하기 때문이다. 이 말씀은 그 나라에 대한 놀라운 경험에 제한되어야 마땅하고, 이는 변형 사건과 잘 들어맞는다. 베드로는 그의 둘째 편지에서 예수님이 너무도 영광스럽게 변형되셨기 때문에 그 변형이 예기적으로(proleptically) 재림을 내다보았다고 말한다(벧후 1:16-18).

응답

예수님은 우리에게 철저한 제자가 되라고 요구하신다. 여기서 본회퍼(Bonhoeffer)의 유명한 책《나를 따르라》(*The Cost of Discipleship*, 복있는사람)가 생각난다. 본회퍼는 히틀러와 그의 악한 제국에 저항한 대가로 나치 독일에 의해 사형을 당했다.《나를 따르라》에서 그는 우리에게 값싼 은혜에 대해 경고한다. 그리스도 안에 있는 하나님의 은혜는 값없는 것이지만 결코 값싼 것이 아니다. 은혜가 값비싼 이유는 하나님께서 우리의 죄를 위해 그 아들을 포기하셨기 때문이다. 그리스도를 따르는 사람들은 값비싼 제자도의 삶으로 부름 받았다. 값싼 은혜는 우리가 그리스도를 구원자로 영접하되 그분을 주님으로 따르지 않아도 된다고 말한다. 값싼 은혜는 우리가 죄 사함의 유익을 얻을 수 있으나 예수님의 말씀을 행하지 않아도 된다고 말한다. 값싼 은혜는 하나님께서 우리를 번영케 하겠다고 약속하셨기에 우리는 그리스도인으로서 결코 고난을 받지 않을 것이라고 말한다.

철저한 제자도란 우리가 우리의 충성을 우리의 구원자이자 주님인 예수 그리스도께 바친다고 증언하는 것을 의미한다. 우리는 그리스도를 따르고, 우리 자신을 부인하며, 날마다 갈보리에 이르는 길을 걷겠다고 스스로 서약한다. 우리 가운데 완벽한 제자의 삶을 영위하는 자는 하나도 없고 우리 모두가 많은 면에서 부족하지만, 우리는 죄를 짓고 넘어져도 다시 일어나서 죄를 고백하고 다시 제자의 길을 걷는다.

9장

28 이 말씀을 하신 후 팔 일쯤 되어 예수께서 베드로와 요한과 야고보
를 데리고 기도하시러 산에 올라가사 29 기도하실 때에 용모가 변화되
고 그 옷이 희어져 광채가 나더라 30 문득 두 사람이 예수와 함께 말하
니 이는 모세와 엘리야라 31 영광중에 나타나서 장차 예수께서 예루
살렘에서 별세하실 것을 말할새 32 베드로와 및 함께 있는 자들이 깊
이 졸다가 온전히 깨어나 예수의 영광과 및 함께 선 두 사람을 보더니
33 두 사람이 떠날 때에 베드로가 예수께 여짜오되 주여 우리가 여기
있는 것이 좋사오니 우리가 초막 셋을 짓되 하나는 주를 위하여, 하나
는 모세를 위하여, 하나는 엘리야를 위하여 하사이다 하되 자기가 하
는 말을 자기도 알지 못하더라 34 이 말할 즈음에 구름이 와서 그들을
덮는지라 구름 속으로 들어갈 때에 그들이 무서워하더니 35 구름 속
에서 소리가 나서 이르되 이는 나의 아들 곧 택함을 받은 자니 너희
는 그의 말을 들으라 하고 36 소리가 그치매 오직 예수만 보이더라 제
자들이 잠잠하여 그 본 것을 무엇이든지 그때에는 아무에게도 이르지
아니하니라

28 Now about eight days after these sayings he took with him Peter

and John and James and went up on the mountain to pray. 29 And as he
was praying, the appearance of his face was altered, and his clothing
became dazzling white. 30 And behold, two men were talking with him,
Moses and Elijah, 31 who appeared in glory and spoke of his departure,[1]
which he was about to accomplish at Jerusalem. 32 Now Peter and those
who were with him were heavy with sleep, but when they became
fully awake they saw his glory and the two men who stood with him.
33 And as the men were parting from him, Peter said to Jesus, "Master,
it is good that we are here. Let us make three tents, one for you and
one for Moses and one for Elijah"—not knowing what he said. 34 As
he was saying these things, a cloud came and overshadowed them, and
they were afraid as they entered the cloud. 35 And a voice came out of
the cloud, saying, "This is my Son, my Chosen One;[2] listen to him!"
36 And when the voice had spoken, Jesus was found alone. And they
kept silent and told no one in those days anything of what they had
seen.

1 Greek *exodus* *2* Some manuscripts *my Beloved*

단락 개관

변형 내러티브가 놓인 위치가 교훈적이다. 베드로가 예수님을 메시아로 고백했지만, 그분은 제자들에게 자신이 고난 받는 메시아가 될 것이라고, 죽임을 당할 것이라고 알려주셨다. 우리는 이 이야기에서 그런 고난이 영광에 이르는 서곡임을 보게 된다. 그분은 영원히 고난을 받지 않고 장차 영광스러운 왕으로 되돌아와서 충만한 영광과 능력을 보여주실 것이다. 예수님이 그 장면을 목격하게 하려고 베드로와 야고보와 요한을 데리고 산 위에 올라가신다. 예수님이 기도하는 동안 그들 앞에서 변형되시고 그분의 충만한 영광이 밝히 드러난다. 율법과 선지자를 대표하는 모세와 엘리야가 나타나서 예수님과 함께 이야기하는데, 예루살렘에서 일어날 그분의 출애굽에 대해 말하면서 예수님의 죽음이 영광에 이르는 통로임을 보여준다. 베드로와 그의 동료들은 깊은 잠에 빠져 있었는데 깨어난 베드로가 무언가 유익한 것을 말하려다 예수님과 모세와 엘리야를 위해 초막 세 채를 짓겠다고 제안한다. 그는 요점을 완전히 놓치고 있다. 이후 신적 임재의 구름이 그들을 덮고, 하나님의 음성이 그 초점은 오직 예수님에게만 맞춰져야 한다고 지적한다. 그분은 하나님의 아들이요 "택함을 받은 자"이다! 그들은 신명기 18:15의 성취에 해당하는 그분의 말씀을 들어야 한다. 이제 그들은 오직 예수님과만 함께 있고 거기서 일어난 일을 아무에게도 말하지 않는다. 그렇지만 이 이야기의 요점은 고난 받을 운명인 예수님이 바로 하나님의 아들, 하나님의 택함을 받은 자라는 것 그리고 죽음이 그 이야기의 끝이 되지 않으리라는 것이다. 그분은 영광스런 모습으로 돌아오실 것이다.

단락 개요

III. 예수님이 갈릴리에서 성령의 능력으로 구원을 전파하시다 (4:14-9:50)
E. 예수님의 정체와 운명이 드러나다(8:22-9:50)
3. 예수님의 운명이 드러나다(9:21-50)
b. 예수님의 변형(9:28-36)

주석

9:28-29 누가는 변형 사건이 8일 뒤에 일어난다고 기록하는 데 비해 마태와 마가는 6일 뒤라고 말한다(마 17:1; 막 9:2). 이 차이는 아마 날들을 포괄적으로 계산하느냐 아니면 제한적으로 계산하느냐(포괄적으로는 8일, 제한적으로는 6일)에 달려 있을 것이다. 예수님은 기도하기 위해 가장 가까운 세 제자(베드로와 야고보와 요한)를 데리고 산에 올라가신다. 산은 종종 계시의 장소, 누군가가 하나님을 만난 장소로 여겨지곤 했다(참고. 창 22:2; 출 3:1, 12; 4:27; 19:12-23; 20:18; 24:4, 12-18; 신 32:50; 왕상 19:11; 왕하 6:17; 시 48:1; 68:15-16; 99:9; 사 2:2-3; 11:9; 25:6-7; 40:9; 욜 3:17; 옵 1:16; 습 3:11; 마 4:8; 5:1; 14:23; 눅 6:12; 요 6:3, 15; 히 12:20; 벧후 1:18; 계 21:10). 우리가 누가복음의 다른 곳에서 보았듯이, 기도에 대한 언급은 의미심장한 사건이 곧 발생하려 한다는 신호다.[117] 그래서 예수님이 기도하는 동안 제자들 앞에서 변형되신다는 사실이 놀랍지 않다. 그분이 무엇을 위해 기도하시는지는 우리가 모른다. 아마

117 참고. 9:18-20 주석.

도 제자들이 여기서 일어나는 일의 의미를 분별하도록, 그분의 부활 뒤에 성취될 사건의 뜻을 알도록 기도하실 것이다(참고. 벧후 1:16-18).

마태복음 17:2과 마가복음 9:3은 예수님 모습의 변화에 대해 누가복음보다 더 자세히 묘사한다. 마가는 예수님의 얼굴이 변화되고 그분의 옷이 놀랍도록 하얗게 된다고 말하는데, 이는 모세의 얼굴이 시내산에서 내려올 때 하나님의 영광으로 빛나는 모습을 보고 사람들이 그를 두려워했던 광경(출 34:29-30)을 상기시킨다. 희고 눈부신 옷은 하늘 메신저들의 전형적 모습이다(막 16:5; 눅 24:4; 행 1:10). 이 맥락과 누가의 모든 내러티브를 감안하면, 우리는 예수님이 천상의 존재이고 신적 속성을 지닌 분이라는 것을 알게 된다.

9:30-31 갑자기 모세와 엘리야가 합류한다. 그들은 율법과 선지자를 대표하는 듯하다. 그들 역시 영광스러운 모습으로 예수님과 함께 그분의 탈출[엑소돈(*exodon*)], 곧 그분의 '떠남'에 대해 이야기한다. 달리 말해 그들은 장차 예루살렘에서 성취될[플레룬(*plēroun*)] 예수님의 죽음과 부활과 승천에 관해 말하고 있다(참고. 9:22). 예수님의 영광은 예루살렘에서 겪으실 고난과 상충되지 않는다. 사실 예루살렘에서 겪으실 고난은 그분이 영화롭게 되는 '수단'이 될 것이다. 누가가 우리에게 율법과 선지자는 예수님 안에서 성취되고 있는 이런 문제들에 대해 쓴 것이라고 말해준다(1:1; 4:21; 18:31; 24:26-27, 44; 행 3:18; 17:3; 26:22-23). 나아가 우리는 여기서 장차 예루살렘, 곧 위대한 왕의 성읍에서 큰 사건들이 일어날 것임을 알게 된다(눅 9:51, 53; 13:22, 33; 17:11; 19:11, 28; 24:47, 52, 참고. 시 48:1).

9:32-33 베드로와 야고보와 요한은 피로에 지쳐서 잠이 든다(참고. 막 14:40). 그들이 깨어날 때 예수님의 "영광"을 보게 된다. 이는 변형에 대한 누가의 해석으로, 부활해서 승천하신 예수님의 모습(눅 9:26; 21:27; 24:26, 참고. 벧후 1:16)을 묘사하는 것이다. 그들은 또한 떠나기 시작한 엘리야와 모세도 본다. 이 시점에서 베드로가 거기서 일어난 일을 기념하고 싶어 한다.

그는 초막 세 채를 짓되 하나는 모세를, 하나는 엘리야를 그리고 하나는 예수님을 위해 짓겠다고 제안한다(참고. 레 23:42). 누가는 베드로가 자기가 하는 말의 의미를 이해하지 못하고 있다고 하는데, 이는 그의 말이 모세와 엘리야와 예수님이 똑같이 중요하다는 것을 시사하기 때문이다. 그는 현재 일어나고 있는 일의 의미를 완전히 놓치고 있는 셈이다. 그 의미란 하나님께서 예수님 안에서 그분의 백성과 함께 계시다는 것이다![118]

9:34 어떤 생각과 이해 없이 내뱉은, 불필요한 베드로의 말은 하나님의 영광스러운 임재를 묘사하는 구름이 그들을 뒤덮을 때 퇴색되고 만다(출 16:10; 24:15-18). 이는 출애굽기 40:35을 분명히 암시하는데, 그 구절은 회막이 세워진 후 "모세가 회막에 들어갈 수 없었으니 이는 구름이 회막 위에 덮이고 여호와의 영광이 성막에 충만함이었으며"라고 말한다. 이 구절의 칠십인역에 나오는 '앉았다'(settled)라는 단어는 여기서 '덮었다'[에페스키아젠(*epeskiazen*)]로 번역된 동사와 동일하다. 모세가 구름에 덮인 회막에 들어갈 수 없었기에, 베드로와 야고보와 요한이 왜 구름 속에 들어가는 것을 두려워했는지 우리는 알 수 있다(참고. 왕상 8:10-11; 대하 5:14; 7:2). 베드로의 무의미한 말에 이어 하나님의 놀랍고 두려운 영광이 나타난다.

9:35-36 하나님은 예수님이 세례를 받을 때처럼(3:22) 그분의 가시적 임재를 보여줄 뿐 아니라 구름으로부터 말씀하기도 하신다. 그때와 비슷한 말씀이다. 하나님은 예수님이 그분의 아들이라고 말씀하시는데, 이는 참된 이스라엘이요 하나님의 참 아들이라는 뜻이다(출 4:22-23). 이와 동시에 예수님은 참된 왕, 메시아, 기름 부음을 받은 자, 다윗의 자손이라는 뜻이기도 하다(삼하 7:14; 시 2:7; 사 9:6, 참고. 시 89:26-27). 그러나 우리는 거기서 멈출 수 없다. 예수님은 또한 하나님의 유일한 아들, 하나님의 정체성과 본성

118 참고. Garland, *Luke*, 395.

을 공유하시는 분이기 때문이다(눅 1:32, 35; 3:38). 마귀와 귀신들도 그분의 신분을 알아보고(4:3, 9, 41), 결국에는 예수님이 하나님의 아들로서 죽임을 당하게 된다(22:70). 예수님은 하나님의 아들일 뿐 아니라 "택함을 받은 자"이기도 하다. 여기서 누가는 이사야 42:1(칠십인역)을 골라내는데, 그 구절에서 택함을 받은 자는 하나님께서 그분의 영을 주신 주님의 종, 참된 이스라엘이다. 그리고 우리는 누가복음에서 예수님이 성령을 지니신 분임을 살펴보았다. 여기에 메시아의 의미도 들어 있다. 다윗의 왕권에 관한 시인 시편 89편에는 다윗 혈통의 왕이 택함을 받은 자로 지명되기 때문이다(시 88:20 칠십인역). 이와 똑같은 개념이 "그리스도"가 '택함을 받은 자'로 묘사되는 누가복음 23:35에도 나온다.

9장

끝으로, 이 구절의 마지막 세 단어는 "그의 말을 들으라"다. 이는 신명기 18:15을 분명히 암시한다. 거기서 모세는 주님이 "너희 가운데 네 형제 중에서 너를 위하여 나와 같은 선지자 하나를 일으키시리니"라고 약속하며 "너희는 그의 말을 들을지니라"고 전한다. 하나님께서 나타나서 말씀하신 것의 의미는 분명하다. 모세와 엘리야와 예수님이 똑같이 공경을 받아야 할 것처럼 초막 세 채를 지을 것이 아니다. 예수님이 최후의 참 선지자다(참고. 행 3:22). 그분이 참된 이스라엘, 메시아 그리고 하나님의 아들이다. 초점을 오직 예수님에게만 맞추어야 한다. 변형 사건은 그분이 하나님의 아들이며 하나님의 본성을 공유하시는 분임을 보여준다.

하나님의 음성이 그치고 구름이 떠나자 예수님만 홀로 남는다. 다시금 독자들에게 모든 영광을 받을 분이 예수님밖에 없음을 상기시켜준다. 누가는, 예수님이 베드로와 야고보와 요한에게 방금 목격한 것을 다른 이들에게 말하지 말라고 경고하시는 장면을 언급하지 않지만(참고. 막 9:9), 그 결과에 대해서는 알려준다. 그들은 본 것을 아무에게도 알리지 않는다.

응답

기독교 신앙은 그리스도에 관한 것이다. 우리는 우리의 삶을 성령의 능력으로 그리스도 안에서 하나님을 높이는 것으로 묘사할 수 있다. 그리스도인이 된다는 것의 의미는 예수님 중심이 된다는 것이다. 하나님의 모든 약속은 "그리스도 안에서 예가"(고후 1:20) 된다. "지혜와 지식의 모든 보화"가 그분 안에 "감추어져 있[다]"(골 2:3). 우리는 그리스도 안에서 "충만"해진다(골 2:10). 그리스도는 우리의 "생명"이고(골 3:4), "나에게는, 사는 것이 그리스도이시니, 죽는 것도 유익[하다]"(빌 1:21, 새번역). 변형 사건도 이와 똑같은 진리를 전달한다. 율법과 선지자가 그리스도를 가리킨다는 것이다. 예수님은 새롭고 더 나은 모세다. 참된 이스라엘이다. 새롭고 더 나은 다윗이다. 하나님의 친아들이요 하나님의 참된 계시다. 그러므로 우리는 그분의 말씀을 듣고, 그분에 관해 묵상하고, 그분 안에서 기뻐하고, 그분을 사랑해야 하는 것이다.

37 이튿날 산에서 내려오시니 큰 무리가 맞을새 38 무리 중의 한 사람
이 소리 질러 이르되 선생님 청컨대 내 아들을 돌보아주옵소서 이는
내 외아들이니이다 39 귀신이 그를 잡아 갑자기 부르짖게 하고 경련을
일으켜 거품을 흘리게 하며 몹시 상하게 하고야 겨우 떠나가나이다
40 당신의 제자들에게 내쫓아주기를 구하였으나 그들이 능히 못하더
이다 41 예수께서 대답하여 이르시되 믿음이 없고 패역한 세대여 내가
얼마나 너희와 함께 있으며 너희에게 참으리요 네 아들을 이리로 데
리고 오라 하시니 42 올 때에 귀신이 그를 거꾸러뜨리고 심한 경련을
일으키게 하는지라 예수께서 더러운 귀신을 꾸짖으시고 아이를 낫게
하사 그 아버지에게 도로 주시니 43 사람들이 다 하나님의 위엄에 놀
라니라

37 On the next day, when they had come down from the mountain, a
great crowd met him. 38 And behold, a man from the crowd cried out,
"Teacher, I beg you to look at my son, for he is my only child. 39 And
behold, a spirit seizes him, and he suddenly cries out. It convulses him
so that he foams at the mouth, and shatters him, and will hardly leave

him. 40 And I begged your disciples to cast it out, but they could not."
41 Jesus answered, "O faithless and twisted generation, how long am I
to be with you and bear with you? Bring your son here." 42 While he
was coming, the demon threw him to the ground and convulsed him.
But Jesus rebuked the unclean spirit and healed the boy, and gave him
back to his father. 43 And all were astonished at the majesty of God.

그들이 다 그 행하시는 모든 일을 놀랍게 여길새 예수께서 제자들에
게 이르시되 44 이 말을 너희 귀에 담아 두라 인자가 장차 사람들의 손
에 넘겨지리라 하시되 45 그들이 이 말씀을 알지 못하니 이는 그들로
깨닫지 못하게 숨긴 바 되었음이라 또 그들은 이 말씀을 묻기도 두려
워하더라
But while they were all marveling at everything he was doing, Jesus[1]
said to his disciples, 44 "Let these words sink into your ears: The Son
of Man is about to be delivered into the hands of men." 45 But they did
not understand this saying, and it was concealed from them, so that
they might not perceive it. And they were afraid to ask him about this
saying.

46 제자 중에서 누가 크냐 하는 변론이 일어나니 47 예수께서 그 마음
에 변론하는 것을 아시고 어린아이 하나를 데려다가 자기 곁에 세우
시고 48 그들에게 이르시되 누구든지 내 이름으로 이런 어린아이를 영
접하면 곧 나를 영접함이요 또 누구든지 나를 영접하면 곧 나를 보내
신 이를 영접함이라 너희 모든 사람 중에 가장 작은 그가 큰 자니라
46 An argument arose among them as to which of them was the greatest.
47 But Jesus, knowing the reasoning of their hearts, took a child and put
him by his side 48 and said to them, "Whoever receives this child in my

name receives me, and whoever receives me receives him who sent me. For he who is least among you all is the one who is great."

49 요한이 여짜오되 주여 어떤 사람이 주의 이름으로 귀신을 내쫓는
것을 우리가 보고 우리와 함께 따르지 아니하므로 금하였나이다 50 예
수께서 이르시되 금하지 말라 너희를 반대하지 않는 자는 너희를 위
하는 자니라 하시니라

49 John answered, "Master, we saw someone casting out demons in
your name, and we tried to stop him, because he does not follow with
us." 50 But Jesus said to him, "Do not stop him, for the one who is not
against you is for you."

1 Greek *he*

단락 개관

이 단락에는 여러 이슈들이 나온다. 예수님의 영광이 변형 사건에서 드러났으나, 땅에 있는 사람들은 그분이 누군지를 알지 못한 채 자신들이 "믿음이 없고 패역한 세대"(41절)임을 드러낸다. 하지만 예수님은 귀신을 쫓아내어 하나님의 위엄을 보여주신다(37-43a절). 예수님이 임박한 고난에 대해 말씀하시지만 제자들은 그 뜻을 깨닫지 못한다(43b-45절). 그들이 깨닫지 못하는 모습이 다음 두 이야기에서 드러난다. 첫째, 그들은 누가 가장 위대한지를 놓고 논쟁한다. 그때 예수님이 그들 가운데 한 어린아이를 세우고 가장 위대한 사람은 그분의 이름으로 어린아이들을 영접한다고 말씀하신다(46-48절). 둘째, 요한은 어떤 사람이 예수님의 이름으로 귀신을 쫓아내지만 예수님을 따르는 그들 가운데 속하지 않았다는 이유로 그 사역

을 금지시키려 했다고 예수님에게 말한다. 그러나 예수님은 요한의 관점을 배격하면서 그분을 반대하지 않는 자들은 그분을 위하는 것이라고 말씀하신다(49-50절).

단락 개요

III. 예수님이 갈릴리에서 성령의 능력으로 구원을 전파하시다 (4:14-9:50)

E. 예수님의 정체와 운명이 드러나다(8:22-9:50)

3. 예수님의 운명이 드러나다(9:21-50)

c. 믿음이 없는 세대와 깨닫지 못하는 제자들(9:37-50)

주석

9:37-40 누가는 귀신 들린 소년에 관한 마가의 긴 이야기(막 9:14-27)를 짧게 요약한다(눅 9:37-43a). 예수님이 산에서 내려올 때 그분을 기다리던 군중과 만나신다. 군중에서 한 사람이 나와서 예수님에게 자신의 외아들에게 호의를 베풀어달라고 간청한다. 유일한 자녀를 둔 사람들에 대한 예수님의 배려는 누가복음의 다른 곳에도 나오는데(7:12; 8:42), 이는 그분의 연민을 드러내는 장면들이다. 그 사람이 예수님에게 자기 아들을 '살펴주라'[에피블레프사이(*epiblepsai*)]고, 그에게 자비를 베풀어달라고 부탁한다. 마리아는 하나님께서 "그의 여종의 비천함을 돌보셨[기][에페블레프센(*epeblepsen*)]"(1:48) 때문에 그분을 찬송하고, 이 사람은 여기서 예수님이 자신을 위해 동일한 일을 해주시길 원한다. 그 아버지가 왜 예수님이 필요한

지를 설명한다. 귀신이 주기적으로 그의 아들을 붙잡아 그럴 때마다 아이가 비명을 지르고 경련을 일으키고 입에서 거품을 흘리곤 하는데, 이는 간질 발작을 말하는 듯하다(그렇다고 모든 간질이 귀신 때문이라는 말은 아니다). 귀신이 아이를 완전히 망가뜨리고 거의 떠나지 않는다(참고. 4:35; 8:29). 그 사람이 지금 예수님에게 도움을 청하는 것(38절)은, 제자들에게 귀신을 내쫓아 주길 '간청했으나' 그들이 그렇게 할 수 없었기 때문이다.

9:41-43a 예수님은 그 아버지를 지목해서 말씀하지 않고 제자들을 책망하지도 않으신다.[119] 그 대신 이스라엘 백성을 전반적으로 가리키며 "믿음이 없고 패역한 세대"라고 부르신다. 신명기 32:5에서 모세는 이스라엘에 대해 "그들이 여호와를 향하여 악을 행하니 하나님의 자녀가 아니요 흠이 있고 삐뚤어진 세대로다"라고 말한다. 모세에 따르면 이스라엘은 하나님께 속해 있지 않고, 예수님도 여기서 똑같은 주장을 하신다(참고. 눅 7:31). 이스라엘에 관한 똑같은 진실이 신명기 32:20에도 나온다. "그들은 심히 패역한 세대요 진실이 없는 자녀임이로다." 따라서 예수님은 지금 제자들에게 말씀하시는 것이 아니다. 그들은 비록 연약하기는 해도 불신자는 아니다. 도움을 청하는 그 사람에게 말씀하시는 것도 아니다. 오히려 그분은 한 민족으로서의 이스라엘 상태에 대해 말씀하신다. 예수님은 방금 산에서 변형된 모습을 보였지만, 장차 믿지 않는 민족에게 죽임을 당하실 것이다. 예수님이 얼마나 오랫동안 그들을 참아야 할지 모르지만, 그래도 그 아버지와 아들에게 자비를 베풀어주신다. 소년을 예수님에게 데리고 오는 동안, 귀신이 그를 거꾸러뜨리고 경련을 일으키게 한다. 하지만 예수님이 완전한 통제권을 쥐고 더러운 귀신을 꾸짖어 아이를 치유한 후 아버지에게 돌려주신다. 이와 같은 예수님의 사역을 지켜본 사람들은 하나님의 위대하심에 깜짝 놀란다(참고. 4:32).[120]

119 이에 대한 반론은 Garland, *Luke*, 403과 Bock, *Luke 1:1-9:50*, 883을 보라.

9:43b-45 예수님의 비범한 기적이 사람들의 찬송을 불러일으키지만, 우리는 앞 대목에서 이스라엘의 진정한 상태를 보았다. 예수님은 그분의 사역으로 인해 찬송을 받는 중에 제자들에게 말씀하신다. 그들은 세심한 주의를 기울이고 그 말씀이 그들의 "귀"에 '쏙 들어가게' 해야 한다. 예수님은 인자인 그분이 사람들의 손에 넘겨질 것이라고 말씀하신다(참고. 9:22; 24:6-7). 구약에서 다른 이들의 손에 넘겨지는 사람들은 그들의 죄로 인해 하나님의 심판 아래 놓이게 된다(참고. 신 28:7; 렘 21:10; 22:5; 32:4, 28; 겔 7:21; 11:9). 예수님의 말씀을 제자들이 왜 깨닫지 못하는지 우리는 이해할 수 있을 것 같다. 하나님을 기쁘시게 하고 완벽하게 순종하는 분이 심판에 넘겨진다는 것은 도무지 상상할 수 없기 때문이다. 그들이 예수님의 말씀을 깨닫지 못할 뿐 아니라 하나님도 그들로 그 의미를 이해하지 못하게 하신다. 더구나 그들은 예수님에게 그 말씀의 의미를 묻는 것조차 두려워한다. 누가는 왜 그들이 두려워하는지 설명하지 않는다. 어쩌면 너무 교만한 나머지 자신들의 영적 무능력을 시인하지 않아서 그럴 수도 있다.

9:46-48 다음 두 장면은 제자들이 영적 맹인이라는 것을 잘 보여준다. "믿음이 없고 패역한 세대"(9:41)에 속하지는 않아도 그들 역시 자만, 교만, 자아도취, 나르시시즘에 전염되어 있다. 이번에는 그들이 제자 중에서 누가 가장 위대한지를 놓고 논쟁하기 시작한다(참고. 22:24). 예수님이 그들 마음속의 악한 생각을 아신다고 기록된 것을 보면 그 논쟁은 예수님의 귀에 들리지 않는 곳에서 일어난 듯하다. 우리는 앞에서 '변론하다'[디알로기스몬(*dialogismon*)]로 번역된 이 단어가 누가복음에서 항상 부정적 뉘앙스를 지닌다는 것을 살펴보았다.[121] 그들의 생각을 아는 것은 오직 예수님에게만 있는 통찰력이다(참고. 5:22).

120 Garland, *Luke*, 403.

121 참고. 2:33-35 주석.

예수님은 그들 가운데 한 어린아이를 세우는 것으로 논쟁에 반응하신다. 만일 그들이 예수님의 이름으로 어린아이를 영접한다면 예수님을 영접하는 셈이고, 만일 그들이 예수님을 영접한다면 그들은 또한 그분을 보내신 아버지를 영접하는 셈이다(참고. 10:16; 요 13:20). 예수님이 어린이를 끌어들이시는 것은 그들이 천성적으로 선하거나 무죄하기 때문이 아니다. 고대 세계에서는 어린이들이 사회적 사다리의 최하위에 있었기 때문이다. 그들은 권리가 없었고 종종 귀찮은 존재로 여겨졌다. 참으로 위대한 사람은 이 세상에서 가장 보잘것없는 자로 간주되는 이들을 영접한다고 예수님이 가르치신다. 그런 사람은 영향력의 사다리를 올라가려고 애쓰는 사회가 무시하는 이들을 영접한다는 뜻이다(참고. 눅 22:26). 예수님은 가난한 자에게 복음을 전파하려고 오셨다(4:18). 우리가 가장 작은 자들과 기꺼이 함께한다면, 우리가 잊힌 자들을 사랑한다면, 우리가 이른바 하찮은 사람들을 사랑한다면, 진정한 위대함이 명백히 드러날 것이다.

9장

9:49-50 요한이 예수님에게 반응을 보이지만, 그는 제대로 듣고 있지 않다. 누가는 다시금 그 이야기를 약간 생략한다(참고. 막 9:38-40). 요한이 회상하는 사건은 이렇다. 어떤 사람이 예수님의 이름으로 귀신을 쫓아내고 있었는데, 그가 예수님을 따르는 집단의 일원이 아니라는 이유로 제자들이 그런 일을 못하게 막으려 했다는 것이다. 이는 그 옛날 엘닷과 메닷의 이야기, 즉 엘닷과 메닷이 진중에서 예언을 했는데 여호수아가 모세에게 그들을 말리도록 간청했던 이야기를 생각나게 한다. 하지만 모세는 하나님의 영이 모든 백성에게 내려와서 모두가 선지자가 되기를 원한다고 말했다(민 11:27-29, 참고. 빌 1:18). 요한과 그의 친구들은 여기서 그와 똑같은 배타적 정신으로 죄를 지었던 것이 분명하다. 이에 예수님은 "너희를 반대하지 않는 자는 너희를 위하는 자"이기 때문에 그를 방해하면 안 된다고 말씀하신다. 얼핏 보면 이는 "나와 함께 하지 아니하는 자는 나를 반대하는 자요"(눅 11:23)라는 예수님의 말씀과 모순되는 것 같다. 하지만 이 둘은 속담이라서 각각 그 합당한 맥락에서 옳다는 것을 우리가 알게 된다. 후자

의 경우, 스스로를 예수님으로부터 차갑게 거리를 두는 자들은 그들이 사실상 그분을 반대한다는 것을 보여준다. 반면에 이 경우는 예수님과 제자들을 반대하지 않으면서, 무슨 이유로든지 다른 장소에서 그리고 다른 시기에 사역하는 사람이다. 예수님은 제자들에게 편협한 정신을 품지 말라고 경고하신다. 그들은 섣불리 누군가를 적으로 간주해서는 안 된다.

응답

이 단락에서 제자들은 귀신을 쫓아내지 못하고, 예수님의 죽음에 대한 예언을 이해하지 못하며, 누가 가장 위대한지를 놓고 논쟁하고, 자기네가 포용해야 할 누군가를 배제시키려고 한다. 우리 역시 예수님의 제자로서 쉽게 탈선할 수 있다. 우리는 스스로 실제 모습보다 더 경건하다고 생각할지 모른다. 하지만 감당할 수 없는 상황에 직면하면 우리의 영적 빈곤이 분명히 드러난다. 또는 누군가를 적대자로 확신했는데, 우리가 선을 너무 엄격하게 긋는 바람에 나중에서야 우리 편임을 알게 되는 경우도 있다. 우리는 어쩌다 너무나 편파적이고, 너무나 파당적이고, 너무나 분열적인 사람들이 되고 말았다. 그것도 진리의 이름으로 말이다. 종종 우리가 누군가와 갈등 관계로 끝나는 것은 스스로 주목의 중심이 되고픈 우리의 자아(에고) 때문이다. 우리는 사람들의 이목을 끌고 칭송을 받기 원한다. 그러나 예수님의 제자다운 길을 걸어야 하고 날마다 우리의 정욕과 욕심을 십자가에 못 박아야 한다.

Luke 누가복음 9:51-56

51 예수께서 승천하실 기약이 차가매 예루살렘을 향하여 올라가기로
굳게 결심하시고 52 사자들을 앞서 보내시매 그들이 가서 예수를 위하
여 준비하려고 사마리아인의 한 마을에 들어갔더니 53 예수께서 예루
살렘을 향하여 가시기 때문에 그들이 받아들이지 아니하는지라 54 제
자 야고보와 요한이 이를 보고 이르되 주여 우리가 불을 명하여 하늘
로부터 내려 저들을 멸하라 하기를 원하시나이까 55 예수께서 돌아보
시며 꾸짖으시고[1)] 56 함께 다른 마을로 가시니라

51 When the days drew near for him to be taken up, he set his face to
go to Jerusalem. 52 And he sent messengers ahead of him, who went
and entered a village of the Samaritans, to make preparations for him.
53 But the people did not receive him, because his face was set toward
Jerusalem. 54 And when his disciples James and John saw it, they
said, "Lord, do you want us to tell fire to come down from heaven and
consume them?"[1] 55 But he turned and rebuked them.[2] 56 And they went
on to another village.

1) 어떤 고대 사본에는, 55절 끝에 다음 말이 있음. '이르시되 너희는 무슨 정신으로 말하는지 모르는구나 인자는 사람의 생명을 멸망시키러 온 것이 아니요 구원하러 왔노라 하시고'

1 Some manuscripts add *as Elijah did* *2* Some manuscripts add *And he said, "You do not know what manner of spirit you are of;* [56]*for the Son of Man came not to destroy people's lives but to save them"*

단락 개관

누가복음은 여기서 방향을 전환한다. 예수님은 예루살렘, 곧 장차 그분이 죽고 또 죽은 자들 가운데서 살아날 성읍으로 가기로 결심하신다. 여기서부터 19:27까지의 텍스트는 여행 내러티브다. 우리는 그 길을 가는 동안 많은 장면과 비유들을 접하기 때문에 이 사실을 놓치기 쉽고, 누가는 여기저기서 간접적으로 여행 내러티브를 언급할 뿐이다(참고. 13:22; 17:11; 18:31-32). 아울러 누가가 지리적으로 예루살렘을 향하는 직선 경로를 추적하는 것도 아니라서 종종 예수님이 어디에 계시는지 판단하기가 어렵다. 이 단락은 예루살렘으로 가는 여정이지만, 누가는 독자들에게 제자도에 관해, 예수님을 따른다는 것이 무슨 뜻인지에 관해 가르치기 위해 그것을 문학적 및 신학적 모티브로 사용한다.

9:51-56에서 예수님이 예루살렘으로 가기로 결심하고 사마리아를 통과하려 하시지만, 목적지를 안 사마리아인들이 그분을 환영하지 않는다. 야고보와 요한이 그때를 엘리야가 겪었던 것과 같은 순간으로 생각한 나머지, 그들이 하늘로부터 사마리아인들에게 불을 불러오기 원하시는지 예수님께 묻는다. 예수님은 그들의 복수심에 대해 책망한 후 그 대신 다른 마을로 가신다. 야고보와 요한은 예수님이 적들에게 복수하기 위해서가 아니라 고난을 받고 죽기 위해 예루살렘으로 가시는 중임을 깨닫지 못하고 있다.

단락 개요

IV. 갈릴리에서 예루살렘으로: 제자의 길(9:51-19:27)

A. 여행이 시작되다(9:51-13:21)

1. 제자들을 부르시다(9:51-10:24)

a. 사마리아인들이 배척하고 제자들이 오해하다(9:51-56)

9장

주석

9:51 성취의 때, 예수님이 "하늘에 올라가실"(새번역) 날이 가까워짐에 따라 이 내러티브가 갈릴리에서 예루살렘으로 향한다. '가까워지다'로 번역된 동사는 '성취되다'[쉼플레루스타이(*symplērousthai*)]로 번역될 수도 있고, 이는 성령이 퍼부어지는 오순절이 도래할 때 사용되는 그 동사다(행 2:1). 누가가 성경(예. 24:44, 46)과 하나님의 계획 및 목적(예. 2:49; 4:43; 9:22; 13:33; 17:25; 22:37; 24:7)의 성취를 강조하는 것을 보면, 이것이 하나님의 의도가 실현되는 일임을 알 수 있다. 이제 성취되어야 할 일은 예수님이 하늘로 올라가시는[아날렘프세오스(*analēmpseōs*)] 것이다. 하늘로 올라가는 일은 그분의 죽음과 부활과 승천을 포함한다(참고. 24:51; 행 1:2). 한마디로 예수님이 예루살렘에서 이루실 모든 일이다(참고. 눅 9:31). 여기에 예수님이 죽기 위해 예루살렘으로 가기로 결심하시는 장면이 나온다. 물론 그분은 하나님께서 자신을 의인으로 입증하실 것을 믿는다. 이는 놀랍게도 이사야 50:6-8에 나오는 주님의 종을 암시하는데, 그 종은 맞고 침 뱉음을 당하고 치욕을 당하는 데 그 자신을 넘겨주었기 때문이다. 그 종이 "[그의] 얼굴을 부싯돌 같이 굳게 하였[던]"(사 50:7) 것처럼 예수님은 고난을 받기 위해 예루살렘으로 가기로 굳게 결심하신다(참고. 겔 6:2; 13:17). 이사야서의 종은 고난을 받은

후 의인으로 입증될 것이다. 이제 구원 역사의 위대한 사건들이 예루살렘에서, 주님이 그 백성의 한복판에 있는 성전에 거주하셨던 그 장소에서 일어날 것이다. 이 시점부터는 예수님이 그분의 운명을 이루기 위해 예루살렘을 향해 나아가신다(참고. 눅 13:33; 17:11; 18:31; 19:28).

9:52-53 예수님은 예루살렘으로 가는 계획을 세우고 그 도중에 사마리아 성읍에 머물도록 준비시키기 위해 메신저("사자")들을 보내신다. 이곳이 이 복음서에서 사마리아인이 처음 언급되는 곳이고, 우리는 나중에 10:33 주석에서 유대인과 사마리아인 간의 오랜 반감에 대해 살펴볼 것이다. 사마리아인들은 예수님이 예루살렘을 향해 가신다는 것을 알자 그분을 맞아들이길 거절하고 길을 막아버린다. 어쩌면 예수님이 예루살렘의 성전으로 가는 중이라고 말씀하셨을 수도 있는데, 그랬다면 더더욱 사마리아인들을 화나게 했을 것이다. 예전에 하스몬 통치자였던 요한 힐카누스(John Hyrcanus)가 그리심산에 있던 사마리아의 성전을 불태웠기 때문이다(주전 112년경). 어쨌든 누가는 다시금 예수님의 목적지인 예루살렘과 그곳으로 가겠다는 예수님의 결심을 강조한다.

9:54-56 형제인 야고보와 요한이 격정적으로 반응하며 하늘로부터 불을 불러와서 그 적대자들을 몰살시켜도 되겠느냐고 예수님에게 묻는다. 아마 그들은 예수님을 영접하길 거부하는 자는 아버지를 영접하길 거부하는 셈이라는 진리를 생각하고 있을 것이다(9:48). 그들은 스스로 엘리야의 본보기, 즉 하늘로부터 불을 불러와서 대적들을 파멸시켰던 그 본보기(왕하 1:10, 12)를 따르고 있다고 생각하는 것이 분명하다. 그들은 큰 불로 심판받는 것이 미움을 받는 사마리아인들에게 적절한 종말론적 시나리오라고 생각하는 듯하다. 예수님이 어떤 말로 반응을 보이셨는지(참고. ESV 난외주)는 우리가 모르지만(후대의 일부 서기관들이 알아내려고 했어도), 그분이 그들을 책망하셨던 것은 분명하다. 이 복음서의 다른 곳에 근거해서 그분이 말씀하셨을 법한 것을 추론할 수는 있다. "너희 원수를 사랑하며 너희를 미워하는

자를 선대하[라]"(눅 6:27). 야고보와 요한은 "너희 아버지의 자비로우심같이"(6:36) 자비롭지 않다. 제자들은 적대자들을 불태워 없애는 대신 그들에게 용서를 베풀어야 한다(23:34). 이번에는 그들이 이름이 밝혀지지 않은 다른 마을을 선택해서 숙소를 정한다

응답

예수님의 목적은 하나님의 뜻을 행하는 것이다. 그분은 하나님의 계획에 따라 죽기 위해 예루살렘으로 가도록 부름 받았음을 아신다. 하지만 그분의 죽음이 이야기의 끝은 아니다. 그분은 살아나서 하나님의 오른편에 올라가실 것이기 때문이다. 예루살렘으로 가시려는 예수님의 결심은 아버지에 대한 사랑과 우리에 대한 사랑을 나타낸다. 우리는 그분의 제자로서 남들에게 똑같은 사랑을 품되 심지어 우리를 배척하거나 반대하는 이들에게도 그래야 한다. 야고보와 요한은 이 진리를 깨닫지 못했고, 우리도 종종 똑같은 함정에 빠지곤 한다. 우리는 우리의 적을 사랑하는 대신 오히려 그들이 어떻게 하나님의 심판을 받아 파멸되어야 할지에 대해 생각할 수 있다. 물론 최후의 심판이 다가오고 있다. 그날에는 하나님께서 모든 것을 바로잡고 악인을 심판하실 것이다. 그러나 지금 여기서 우리가 받은 소명은 원수를 사랑하고, 그들의 파멸을 갈망하는 대신 그들의 구원을 위해 기도하는 것이다.

57 길 가실 때에 어떤 사람이 여짜오되 어디로 가시든지 나는 따르리
이다 58 예수께서 이르시되 여우도 굴이 있고 공중의 새도 집이 있으
되 인자는 머리 둘 곳이 없도다 하시고 59 또 다른 사람에게 나를 따르
라 하시니 그가 이르되 나로 먼저 가서 내 아버지를 장사하게 허락하
옵소서 60 이르시되 죽은 자들로 자기의 죽은 자들을 장사하게 하고
너는 가서 하나님의 나라를 전파하라 하시고 61 또 다른 사람이 이르
되 주여 내가 주를 따르겠나이다마는 나로 먼저 내 가족을 작별하게
허락하소서 62 예수께서 이르시되 손에 쟁기를 잡고 뒤를 돌아보는 자
는 하나님의 나라에 합당하지 아니하니라 하시니라

57 As they were going along the road, someone said to him, "I will
follow you wherever you go." 58 And Jesus said to him, "Foxes have
holes, and birds of the air have nests, but the Son of Man has nowhere
to lay his head." 59 To another he said, "Follow me." But he said, "Lord,
let me first go and bury my father." 60 And Jesus[1] said to him, "Leave
the dead to bury their own dead. But as for you, go and proclaim the
kingdom of God." 61 Yet another said, "I will follow you, Lord, but let

me first say farewell to those at my home." 62 Jesus said to him, "No one who puts his hand to the plow and looks back is fit for the kingdom of God."

1 Greek *he*

단락 개관

이 단락의 주제는 제자도(discipleship)다. 방금 살펴본대로, 야고보와 요한(실제로 모든 제자들)은 제자도가 무엇을 수반하는지에 대한 타당한 개념을 가지지 못했다. 예수님이 고난을 받고 죽기 위해 예루살렘으로 향하신다는 것을 이해하지 못했기 때문이다. 이 단락에서는 예수님이 제자도의 대가에 대해 세 사람에게 도전하신다. 첫째 사람에게는, 그분의 제자는 정착된 장소, 진정한 집이 없다는 것을 상기시키신다. 둘째와 셋째 사람에게는, 예수님을 따르는 것이 가족보다 우선되어야 하는데, 심지어는 고대 세계에서 가족 구성원의 기본 책임으로 간주되던 것보다도 그래야 한다고 가르치신다.

단락 개요

IV. 갈릴리에서 예루살렘으로: 제자의 길(9:51-19:27)
- A. 여행이 시작되다(9:51-13:21)
  - 1. 제자들을 부르시다(9:51-10:24)
    - b. 예수님을 따르는 대가(9:57-62)

주석

9:57-58 예수님과 제자들이 예루살렘을 향해 가고 있으므로(9:51, 53) 여행 모티브가 계속 이어진다. 우리가 알다시피 이는 그분이 죽기 위해 가시는 길이다. 한 제자 지망생이 예수님에게 접근하여 어떤 목적지든 그분을 따라가겠다고 약속한다. 예수님은 그분을 따른다는 것의 의미를 이해시키려고 포유동물과 새의 세계에서 예시를 끌어오신다. 여우들은 거주할 구멍이 있고, 새들은 스스로와 새끼를 위해 둥지를 짓는다. 하지만 인자인 예수님은 어느 곳도 집이라고 부를 수 없다. 그분에게는 자신의 소유라고 부를 만한 영구 주택이나 고정된 거주지가 없다. 따라서 어디로든 예수님을 따르겠다고 주장하는 사람은 예수님을 좇으려면 기꺼이 자기 집을 포기해야 한다는 것을 알아야 한다. 예수님은 거주할 장소를 소유하는 데서 오는 안락함이나 안전함을 전혀 보장하지 않으신다.

9:59-60 예수님이 또 다른 사람을 마주치고 제자로서 그분을 따르라고 부르신다. 그 사람은 그렇게 하기 전에 먼저 아버지를 장사해야 한다고 말한다. 자기 부모를 장사하는 일은 당시 유대인 사회에서 신성한 의무로 간주되었다(창 46:4; 49:29-50:13; 토비트 6:15; 집회서 38:16). 그렇게 하지 않는 것은 그 사람이 무책임하거나 경건하지 않은 아들임을 의미한다(참고. 렘 16:5-7; 겔 24:15-24). 예수님은 동시대인들에게 충격을 주는 방식으로 응답하신다. 죽은 자가 죽은 자를 장사해야 한다는 말씀이다. 그 사람의 우선 사항은 하나님 나라를 선포하는 일이어야 한다. 예수님의 말씀은 아마 영적으로 죽은 자들이 육체적으로 죽은 자들을 장사해야 한다는 뜻일 것이다. 제자들에게는 그보다 더 중요한 소명과 책임, 곧 그 나라의 좋은 소식을 선포하는 일이 있다.

9:61-62 또 다른 사람이 예수님을 따르며 그분의 제자가 되겠다고 한다. 그러나 그렇게 하기 전에 먼저 가족의 의무를 다하고 가족에게 작별 인사

를 해야 한다고 느낀다. 그 요청은 이치에 맞는 듯이 보인다. 엘리야도 엘리사가 그의 집을 떠나기 전에 가족에게 작별 인사를 하도록 허락하지 않았던가(왕상 19:20). 그런데 충격적이게도, 예수님은 경작의 이미지를 사용해서 그의 제의를 거절하신다. 사실 엘리야가 부를 때 엘리사는 밭을 갈고 있었다(왕상 19:19-21). 밭을 갈기 시작하다 다른 일을 위해 뒤를 돌아보는 사람들은 하나님의 나라에 합당하지 않다. 밭을 갈 때는 앞을 똑바로 바라보아야 한다. 특히 바위투성이의 땅에서 뒤를 돌아본다면 쟁기질이 비뚤어질 것이다.[122] 뒤를 돌아본다는 것은 그저 "순간적인 시선"이 아니라 자기 가족에게 되돌아가는 것을 의미한다.[123] 롯의 아내가 뒤를 돌아봤고(창 19:26), 이스라엘 백성이 이집트를 떠난 후 그렇게 했다(출 16:3). 두 경우 모두 옛 생활을 갈망했던 것이다.[124] 여기서 제자도가 구원의 위쪽과 너머에 있는 것이 아님을 알게 된다. 예수님의 제자가 아닌 사람들은 그 나라에 속해 있지 않다. 그들은 또 다른 영역에 속한 시민들이다. 우리는 여기서 가족이 그 나라와 예수님의 부르심보다 하위에 있다는 것을 알게 된다.

122 Darrell L. Bock, *Luke 9:51-24:53*, BECNT (Grand Rapids, MI: Baker Academic, 1996), 983. 《BECNT 누가복음 2》(부흥과개혁사).

123 Garland, *Luke*, 416.

124 참고. Bock, *Luke 9:51-24:53*, 983.

응답

우리는 이 단락에서 예수님을 따르려면 비타협적인 헌신이 필요하다는 것을 알게 된다. 판사인 필자의 친구가 우리는 거품이 가득한 기독교, 즉 값비싼 제자도와 어울리지 않는 그런 기독교를 경계해야 한다고 말한 적이 있다. 우리는 양다리를 걸친 사람들에게 그들이 적어도 '모임 안에는' 있다고 말하는 경향이 있으나, 예수님은 우리에게 정말로 그분을 진지하게 따르고 있는지를 물으신다. 그분은 미지근한 추종자들을 배격하신다. 우리는 또한 가족보다 예수님이 먼저라는 것을 배운다. 어쩌면 하나님께서 우리 중 일부를 위험한 곳에서 복음을 전파하도록 부르실 수도 있다. 우리가 가족을 우상으로 삼아서 가족 관계를 하나님 나라보다 더 중요하게 생각하지 않도록 하자. 어떤 사람들은 날씨 때문에 또는 집에서 너무 멀기 때문에 특정한 장소는 가지 않을 것이라고 말하는데, 우리는 예수님의 제자로서 그런 말을 할 수 없고 또 해서도 안 된다. 예수님이 원하시는 곳이면 어디든지 또 언제든지 기꺼이 가야 한다. 하나님께 우리의 부모나 자녀와 얼마나 가까이 있어야 하는지를 조건으로 내세우면 안 된다. 물론 우리는 그분의 은혜를 떠나서 또는 마음 속 성령을 떠나서는 그분을 따를 수 없다. 그리고 그분을 따를 때는 이루 말할 수 없는 기쁨과 영광을 주실 것이다. 우리가 그분의 뜻을 따르다 후회하는 일은 결코 없을 것이다. 오히려 세상이 알지 못하는 기쁨으로 충만해질 것이다.

1 그 후에 주께서 따로 칠십 인을 세우사 친히 가시려는 각 동네와 각
지역으로 둘씩 앞서 보내시며 2 이르시되 추수할 것은 많되 일꾼이 적
으니 그러므로 추수하는 주인에게 청하여 추수할 일꾼들을 보내주소
서 하라 3 갈지어다 내가 너희를 보냄이 어린 양을 이리 가운데로 보
냄과 같도다 4 전대나 배낭이나 신발을 가지지 말며 길에서 아무에게
도 문안하지 말며 5 어느 집에 들어가든지 먼저 말하되 이 집이 평안
할지어다 하라 6 만일 [1]평안을 받을 사람이 거기 있으면 너희의 평안
이 그에게 머물 것이요 그렇지 않으면 너희에게로 돌아오리라 7 그 집
에 유하며 주는 것을 먹고 마시라 일꾼이 그 삯을 받는 것이 마땅하
니라 이 집에서 저 집으로 옮기지 말라 8 어느 동네에 들어가든지 너
희를 영접하거든 너희 앞에 차려놓는 것을 먹고 9 거기 있는 병자들
을 고치고 또 말하기를 하나님의 나라가 너희에게 가까이 왔다 하라
10 어느 동네에 들어가든지 너희를 영접하지 아니하거든 그 거리로
나와서 말하되 11 너희 동네에서 우리 발에 묻은 먼지도 너희에게 떨
어버리노라 그러나 하나님의 나라가 가까이 온 줄을 알라 하라 12 내
가 너희에게 말하노니 그날에 소돔이 그 동네보다 견디기 쉬우리라

1 After this the Lord appointed seventy-two[1] others and sent them on
ahead of him, two by two, into every town and place where he himself
was about to go. 2 And he said to them, "The harvest is plentiful, but the
laborers are few. Therefore pray earnestly to the Lord of the harvest to
send out laborers into his harvest. 3 Go your way; behold, I am sending
you out as lambs in the midst of wolves. 4 Carry no moneybag, no
knapsack, no sandals, and greet no one on the road. 5 Whatever house
you enter, first say, 'Peace be to this house!' 6 And if a son of peace is
there, your peace will rest upon him. But if not, it will return to you.
7 And remain in the same house, eating and drinking what they provide,
for the laborer deserves his wages. Do not go from house to house.
8 Whenever you enter a town and they receive you, eat what is set
before you. 9 Heal the sick in it and say to them, 'The kingdom of God
has come near to you.' 10 But whenever you enter a town and they do
not receive you, go into its streets and say, 11 'Even the dust of your
town that clings to our feet we wipe off against you. Nevertheless know
this, that the kingdom of God has come near.' 12 I tell you, it will be
more bearable on that day for Sodom than for that town.

13 화 있을진저 고라신아, 화 있을진저 벳새다야, 너희에게 행한 모든
권능을 두로와 시돈에서 행하였더라면 그들이 벌써 베옷을 입고 재에
앉아 회개하였으리라 14 심판 때에 두로와 시돈이 너희보다 견디기 쉬
우리라 15 가버나움아 네가 하늘에까지 높아지겠느냐 음부에까지 낮
아지리라

13 "Woe to you, Chorazin! Woe to you, Bethsaida! For if the mighty
works done in you had been done in Tyre and Sidon, they would have
repented long ago, sitting in sackcloth and ashes. 14 But it will be more

bearable in the judgment for Tyre and Sidon than for you. 15 And you,
Capernaum, will you be exalted to heaven? You shall be brought down
to Hades.

16 너희 말을 듣는 자는 곧 내 말을 듣는 것이요 너희를 저버리는 자는
곧 나를 저버리는 것이요 나를 저버리는 자는 나 보내신 이를 저버리
는 것이라 하시니라
16 "The one who hears you hears me, and the one who rejects you
rejects me, and the one who rejects me rejects him who sent me."

17 칠십 인이 기뻐하며 돌아와 이르되 주여 주의 이름이면 귀신들도
우리에게 항복하더이다 18 예수께서 이르시되 사탄이 하늘로부터 번
개 같이 떨어지는 것을 내가 보았노라 19 내가 너희에게 뱀과 전갈을
밟으며 원수의 모든 능력을 제어할 권능을 주었으니 너희를 해칠 자
가 결코 없으리라 20 그러나 귀신들이 너희에게 항복하는 것으로 기뻐
하지 말고 너희 이름이 하늘에 기록된 것으로 기뻐하라 하시니라
17 The seventy-two returned with joy, saying, "Lord, even the demons
are subject to us in your name!" 18 And he said to them, "I saw Satan
fall like lightning from heaven. 19 Behold, I have given you authority to
tread on serpents and scorpions, and over all the power of the enemy,
and nothing shall hurt you. 20 Nevertheless, do not rejoice in this, that
the spirits are subject to you, but rejoice that your names are written in
heaven."

21 그때에 예수께서 성령으로 기뻐하시며 이르시되 천지의 주재이신
아버지여 이것을 지혜롭고 슬기 있는 자들에게는 숨기시고 어린아이
들에게는 나타내심을 감사하나이다 옳소이다 이렇게 된 것이 아버지

10장

의 뜻이니이다 22 내 아버지께서 모든 것을 내게 주셨으니 아버지 외
에는 아들이 누구인지 아는 자가 없고 아들과 또 아들의 소원대로 계
시를 받는 자 외에는 아버지가 누구인지 아는 자가 없나이다 하시고
21 In that same hour he rejoiced in the Holy Spirit and said, "I thank
you, Father, Lord of heaven and earth, that you have hidden these
things from the wise and understanding and revealed them to little
children; yes, Father, for such was your gracious will.[2] 22 All things
have been handed over to me by my Father, and no one knows who
the Son is except the Father, or who the Father is except the Son and
anyone to whom the Son chooses to reveal him."

23 제자들을 돌아보시며 조용히 이르시되 너희가 보는 것을 보는 눈
은 복이 있도다 24 내가 너희에게 말하노니 많은 선지자와 임금이 너
희가 보는 바를 보고자 하였으되 보지 못하였으며 너희가 듣는 바를
듣고자 하였으되 듣지 못하였느니라
23 Then turning to the disciples he said privately, "Blessed are the eyes
that see what you see! 24 For I tell you that many prophets and kings
desired to see what you see, and did not see it, and to hear what you
hear, and did not hear it."

1) 헬, 평안의 아들이

1 Some manuscripts *seventy*; also verse 17 *2* Or *for so it pleased you well*

단락 개관

72인의 사명은 앞에서 묘사된 열두 제자의 사명과 상당히 비슷하다(9:1-6). 그들은 이스라엘의 모든 성읍과 마을에 하나님 나라의 메시지를 전하라는 사명을 받았다. 지시사항은 열두 제자에게 말씀하신 내용과 비슷하지만 여기에 더 상술되어 있다(10:1-12). 13-16절은 그 메시지를 배척하는 갈릴리의 여러 성읍들, 예수님이 보내신 이들로부터 등을 돌리는 자들에 대해 심판을 불러오는 만큼 응답을 기대하고 있다. 72인은 그들의 사역이 행한 능력으로 인해 크게 기뻐하며 돌아오는데, 특히 귀신들을 다스리는 그들의 권위 때문에 기뻐한다(17절). 하지만 그들은 자신들의 이름이 하늘에 기록된 것으로 인해 더 기뻐해야 마땅하다(20절). 72인이 하늘의 책에 포함된 것으로 인해, 예수님은 아버지께 지혜로운 자 대신에 어린아이들에게 그 자신을 나타내신 것을 찬송하며 감사드린다(21절). 어린아이들에게 나타내신 것은 아버지의 단독 결정이 아니다. 아버지와 아들은 배타적이고 상호적인 관계를 맺고 있기 때문이다(22절). 끝으로, 72인이 스스로를 복과 특권이 있는 어린아이들로 간주해야 하는 것은, 선지자와 왕들이 그토록 보기를 바랐던 것을 그들이 지금 보고 있기 때문이다(23-24절)

10장

단락 개요

IV. 갈릴리에서 예루살렘으로: 제자의 길(9:51-19:27)
　A. 여행이 시작되다(9:51-13:21)
　　1. 제자들을 부르시다(9:51-10:24)
　　　c. 72인을 보내시다(10:1-24)

주석

10:1-2 예수님이 하나님 나라를 선포하게 하려고 열두 제자를 보내셨듯이(9:1-6), 이제는 72인을 보내신다. 텍스트의 증거는 보냄을 받은 사람들이 70명인지, 72명인지를 둘러싸고 나뉘고, 둘 중 하나를 결정하는 일은 대단히 어렵다. 다행히도 어느 경우든지 수(數)는 상징적인 것이라서 성경 해석상으로는 그 차이가 중요하지 않다. 창세기 10:2-31은 나라별 표를 나열하는데, 마소라 본문은 70개의 나라를, 칠십인역은 72개의 나라를 포함한다.[125] 우리는 또한 시내산에서 70명의 장로들이 이스라엘을 대표하는 장면(출 24:1)과 70명이 모세와 나란히 성령을 받아서 모세가 백성을 지도하는 짐을 지도록 돕는 장면(민 11:16)을 볼 수 있다. 72인(12의 여섯 배)은 이스라엘의 지도자들을 대표하여 이스라엘 전역으로 나갈 것이다. 예수님이 그들을 둘씩 보내는 것은 그 메시지가 전파되는 곳마다 두 증인이 있게 하시려는 것이다(민 35:30; 신 17:6; 19:15).

예수님은 그분의 추수 밭에 72인을 보내지만, 현재의 상황 너머를 바라보며 주님이 더 많은 일꾼을 보내시도록, 그 나라를 전파하는 더 많은 사람을 보내시도록 기도하라고 말씀하신다. "유대 역사에서 누군가가 하나님의 통치에 관한 소식을 전파하는 사명을 주며 다른 이들을 보내는 유례는 없고, 이런 행동을 하는 권위는 예수님 자신 속에 있다."[126] 사람들이 추수가 필요한 수확물과 같다는 생각은 예수님의 다른 가르침에도 나오고(요 4:35, 참고. 사 27:12), 이는 요한계시록에서도 볼 수 있다(계 14:14-16, 어떤 이들은 이 대목이 구원이 아닌 심판을 가리킨다고 생각하지만). 이런 권고의 이유(신자들이 주님께 간구해야 할 이유)는 추수할 필요가 있는 사람은 많아도 거두어들이는 사람이 적기 때문이다. 그러므로 주님께 더 많은 사람을 보내달라고 기도

125 Garland, *Luke*, 425.

126 같은 책.

하는 일이 시급한 것이다.

10:3-4 72인은 장차 직면할 반대를 잘 대비하도록 떠나기 전에 경고를 받는다. 혹자는 사람들이 하나님 나라의 메시지를, 구원과 구출의 좋은 소식을 열렬히 받아들일 것으로 생각할지 모른다. 일부 사람은 그 메시지를 받아들일 테지만, 제자들은 이리 가운데 있는 어린 양과 같다. 여기서 박해와 미움을 받는 사람들에게 복이 있다고 선언하는 팔복(6:22)을 떠올리게 된다. 다른 곳에서는 예수님이 제자들 중 일부가 죽임을 당할 것이라고 예언하신다(11:49; 12:4). 사도행전에서는 이리가 진리에서 떠나 양떼에게 큰 손해를 입힐 거짓 선생들을 묘사한다(행 20:29-30, 참고. 겔 22:27; 습 3:3). 마태복음에서 예수님은 "거짓 선지자들"이 "노략질하는 이리"와 같다고 말씀하신다(마 7:15).

둘씩 떠날 때 양식을 챙기면 안 된다고 하시는데, 이 점은 누가복음 9:3(참고. 22:35)에 나오는 지시와 비슷하다. 그들은 돈을 넣는 가방, 양식을 담는 배낭 그리고 여분의 신발을 가져가면 안 된다. 이 마지막 지시사항은 아예 신발을 신지 말라는 것으로 해석될 수도 있으나,[127] 예수님이 제자들에게 맨발로 여행하도록 요구하셨을 가능성은 희박하다. 그 맥락을 감안하면, 예수님은 신발을 한 켤레 이상 가져가는 것을 염두에 두고 계실 것이다. 그들은 아무에게도 인사를 하면 안 된다. 그들이 불친절하기 때문이 아니라 그 사역이 시급하기 때문이다(참고. 왕하 4:29).

10:5-6 제자들은 여행하면서 스스로 어느 집에 들어갈지를 선택하면 안 된다. 그리고 어떤 집에 들어갈 때마다 그 집에 평안이 임하도록 간구해야 한다. 평안은 중동에서 전형적인 인사말이다(참고. 삼상 25:5-6). 하지만 여기서의 평안은 그저 인간적인 문안에 그치지 않는다. 메신저들이 예수님을

127 같은 책, 426, 이에 대한 반론은 Bock, *Luke 9:51-24:53*, 997을 보라.

대표하므로 그들이 함께 머물 사람들에게 하나님의 평안[살롬(*shalom*)]을 가져오는 것이다. '평안의 아들'("son of peace", 개역개정은 "평안을 받을 사람")은 평안의 사람, 평안이 넘치는 사람이다. 제자들이 가져온 평안은 평안의 남자와 여자들, 하나님과 올바른 관계를 맺은 사람들 위에 머물 것이다. 반면에 예수님의 평안은 평안의 사람이 아닌 자들 위에는 머물지 않는데, 그들이 평안의 메시지를 거부하기 때문이다. 평안이 돌아올 것이라는 말은, 마치 평안이 한 사람에서 다른 사람으로 옮겨지는 것처럼, 평안이 언젠가 그들을 떠났었다는 뜻이 아니다. 요점은 72인이 다른 사람들의 배척 때문에 지나치게 괴로움을 당해서는 안 된다는 것이다.

10:7-8 이 지시사항은 누가복음 9:4에 나오는 것과 비슷하다. 72인은 같은 집에 머물면서 대접받는 양식과 음료에 만족해야 한다. 여기서 왜 그들이 여행을 위해 양식을 가져가면 안 되는지를 알게 된다. 그들은 복음의 전파자로서 임금을 받을 자격이 있으므로 어떤 집에 머무는 동안 양식을 대접받는 게 마땅하다(참고. 고전 9:4, 14). 하지만 그들이 한 집에서 다른 집으로 이동한다면 더 융숭한 대접을 받을 집으로 옮기는 것처럼 보이거나 실제로 그럴 수 있다. 집에 대한 규칙이 성읍에도 적용된다. 제자들이 또 다른 성읍으로 갈 때는 그들의 임금에 만족하고 주어진 것이 무엇이든 간에 불평 없이 먹어야 한다.

10:9 예수님이 72인에게 지시하신 사역은 예전에 열두 제자가 수행해야 했던 사역(9:2, 6)과 일치한다. 병자를 치유하고 하나님 나라의 도래를 선포하는 것이다. 치유에 대한 언급은 72인이 수행한 모든 사역에 대한 약칭이라는 암시가 있다. 예컨대 그들이 돌아올 때 귀신을 다스리는 스스로의 권위에 놀랐다는 것(10:17)은 그들의 사역이 치유에만 국한되지 않았음을 보여준다. 치유와 축귀는 그 나라의 현현이고 새로운 창조의 실증이므로, 치유와 그 나라는 별개의 실재가 아니다. 하나님의 나라가 "가까이 왔다"고 말하는 것은 그 나라가 '도래했다'는 뜻이다. 이는 동일한 동사가 사

용되는 다른 경우를 통해 알 수 있다. 이를테면 마태복음 26:46(참고. 막 14:42)은 유다가 예수님을 배신하려고 '가까이' 왔다고 하는데, 유다는 바로 거기에 '있다.' 그 나라는 72인의 복음 전파, 치유 그리고 축귀를 통해 '완전한' 형태로 오지 않아도 그들의 사역 가운데 현존한다.

10:10-12 일부 마을과 성읍은 그들의 메시지를 배척할 것이라고 예수님이 예측하신다. 하나님 나라의 메시지는 그것이 가져오는 유익에도 불구하고 하나의 논란거리다. 만일 어떤 성읍이 그 선포에 등을 돌린다면, 72인은 그 성읍을 떠날 때 길거리로 나가서 하나님 나라가 그 성읍에 가까이 왔다고 경고하면서 그 주민들에 대해 발의 먼지를 털어야 한다(9:5; 행 13:51). 심판 날에 72인의 메시지를 거부하는 이스라엘의 성읍들보다 소돔이 더 나은 입장에 있을 것이기 때문에(창 19:4-9), 그것에 대한 배척은 심각한 문제임이 분명하다. 이로부터 우리는 지옥의 심판에 다양한 정도가 있다는 것을 알게 된다. 이스라엘의 성읍들은 치유와 축귀를 수반하는 그 나라의 메시지를 받아들이지 않는 만큼 더 가혹한 심판을 직면하게 될 것이다.

10:13-14 하나님 나라의 메시지를 배척하는 성읍들에 대한 전반적 정죄가 구체적인 성읍들에 대한 심판으로 바뀐다. 고라신과 벳새다와 가버나움은 모두 갈릴리 바닷가에 있다. 고라신과 벳새다에 화가 있을 것이라고 한다. 그런 화의 예언은 구약 선지서들에 흔하고 이스라엘을 심판으로 위협한다(예. 사 3:9, 11; 5:8, 11; 렘 6:4; 22:13; 23:1; 겔 13:3; 16:23). 여기서 화를 불가피한 저주로 이해하면 안 된다. 화가 있을 것이라는 예언은 당사자가 회개하고 하나님께로 돌이키지 않을 경우 무슨 일이 일어날지를 예측하는 것이다. 이 경우에는 예수님이 이 성읍들이 회개하고 돌이키지 않을 것임을 예언하고 계시지만 말이다. 그들이 비록 많은 기적을 목격했음에도 그 마음이 부드러워지지 않고 오히려 하나님의 것에 대해 완고해졌다. 이 성읍들이 두로와 시돈과 대조되는데, 두로와 시돈은 물질주의와 오만과 사악함으로 인해 구약의 선지자들에게 정죄를 받았던 성읍들이다(사 23:1-18;

렘 25:22; 47:4; 겔 26:1-28:23; 욜 3:4; 암 1:9-10; 슥 9:2-4). 그럼에도 만일 두로와 시돈이 고라신과 벳새다에서 일어난 기적들을 목격했더라면 그 성읍들이 회개했을 것이다. 이 구절은 만일 상황이 달랐다면 무슨 일이 일어났을 것인지를 주님이 아신다는 것을 보여준다. 예수님은 만일 두로와 시돈이 그분의 때에 일어난 기적들을 목격했다면 그 성읍들이 어떻게 했을지를 아신다. 이 성읍들이 죄로부터 자유롭다고 주장하시는 것이 아니다. 그러나 그들에 대한 심판은 고라신과 벳새다 같은 성읍들이 받을 심판보다 덜 가혹할 것이다. 고라신과 벳세다는 더 큰 계시를 받고 있기 때문이다.

10:15-16 가버나움은 이 복음서의 나머지 부분이 보여주듯이, 예수님이 특히 집중적으로 사역하셨던 곳이다(참고. 4:23, 31; 7:1; 마 4:13; 17:24; 막 1:21; 2:1; 9:33; 요 2:12; 4:46; 6:17, 24, 59). 그 성읍 주민은 자신들이 특히 복을 받았고 영적으로 성숙하다고 생각했음이 분명하다. 예수님은 이사야 14:13-15에 나오는 바벨론 왕에 대한 조롱을 암시하신다. 이 왕은 자기가 하늘로, 별들 위로 올라가서 지극히 높으신 분과 같아질 것이라고 생각했다. 그러나 사실은 그가 스올까지 떨어질 것이다. 이와 마찬가지로 가버나움 주민은 자신들이 "하늘까지 높아[질]" 것으로 생각하지만 바벨론처럼 "음부에까지 낮아[질]" 것이다. 즉, 죽은 자들의 영역까지 떨어질 것이다. 이 모든 성읍에 대한 심판의 이유가 16절에 설명되어 있다. 예수님이 보내신 72인의 말을 듣는 것은 곧 예수님의 말씀을 듣는 것이다. 반면에 그들의 말을 거부하고 그 말에 주의를 기울이지 않는 것은 곧 예수님에게 등을 돌리는 것이다. 그리고 예수님을 배척하는 것은 그분을 보내신 아버지를 배척하는 것이다. 그들이 회개하고 믿고 예수님 따르기를 거부하기 때문에, 그들에게 심판이 닥칠 것이다.

10:17-18 72인의 선교가 완수된 후, 그들은 예수님의 이름으로 귀신을 쫓아낼 수 있던 것으로 인해 기쁨이 충만해서 돌아온다(참고. 9:1, 10). 예수님의 이름으로 귀신을 쫓아내는 사역은 하나님 나라의 출범을 가리킨다

(11:20). 예수님은 귀신에 대한 권위와 사탄의 패배 간의 관계를 가리키는 말로 응답하며, 귀신들이 사탄과 동맹을 맺고 있음을 보여주신다(마 25:41; 계 12:7, 9). 예수님이 "제한된 귀신들의 패배를 하나님과 악한 세력 간의 우주적 충돌을 보여주는 더 넓은 화면에 투영하신다. 현재 일어나는 일은 단지 그들이 여행 중에 마주치는 귀신들을 임의로 쫓아내는 것이 아니라 사탄의 통치를 완전히 뒤집는 일의 시작이다."[128]

예수님이, 사탄이 하늘에서 떨어지는 광경을 보여주는 일종의 환상을 보시는 것 같다(참고. 사 14:12). 해석자들은 이 구절을 다양하게 해석해왔다. 이는 사탄의 맨 처음 타락으로 거슬러 올라갈 수 있지만, 여기서 원시적 타락을 보는 것은 이 맥락에 들어맞지 않는다. 이 타락은 72인의 사역과 관련되어 있기 때문이다. 또 하나의 가능성은 사탄이 하늘로부터 쫓겨나는 그리스도의 십자가(요 12:31; 계 12:7-12)에 대한 언급으로 해석하는 것이다. 이는 확실히 가능한 해석이다. 그럼에도 그 맥락에 비춰보면 72인의 사역을 통해 사탄이 하늘에서 떨어지는 모습으로 해석하는 것이 최선이다. 누가복음 10:17에 따르면 귀신들에 대한 승리가 예수님의 이름으로 쟁취되는 것이 분명하기 때문이다. 물론 사탄의 근본적인 패배는 십자가에서 일어나는데, 이는 십자가에서 이루어질 일을 내다보는 장면이다. 하나님 나라가 예수님의 사역을 통해 출범하지만 예수님의 십자가와 부활에서 결정적 순간에 도달하는 것처럼, 사탄의 패배 역시 그 결정적 순간에 이르기 전에 이미 시작되는 것이다.

10:19-20 예수님은 제자들의 기쁨을 배격하지는 않지만, 귀신에게 행사하는 권위는 그들에게 주어진 은사라는 것을 상기시키신다. 여기서 장차 예수님이 십자가에서 사탄과 귀신들을 무찌르고 승리하실 것을 내다볼 수 있다. "뱀과 전갈"을 밟는 것은 창세기 3:15에 약속된 뱀에 대한 승리, 즉

128 Garland, *Luke*, 429.

여자의 후손이 뱀과 그 후손을 짓밟을 것이라는 약속을 반영한다. 예수님이 여기서는 72인에게 말씀하시지만 그 약속은 모든 신자에게 확장된다. 이는 모든 신자가 72인과 똑같이 귀신을 쫓아내는 능력을 갖고 있다는 뜻이 아니다. 그것은 예수님이 사역하시는 동안에 그들에게 주신 특별한 권위기 때문이다. 그러나 사탄과 귀신들을 두려워할 이유가 없는 것은, 예수님이 그들을 정복하셨고(참고. 시 91:13) 사탄의 최후의 파멸이 확실하기 때문이다(롬 16:20). 그리스도가 만물의 통치자이기 때문에(엡 1:21), 귀신은 그리스도께 속한 신자들을 해칠 수 없다. 그럼에도 악한 영을 다스리는 권위와 능력보다 더 중요한 것은 예수님을 따르는 사람들의 이름이 하늘에 기록되어 있다는 사실이다. 이는 하늘의 책, 곧 하나님께 속한 사람들의 이름이 기록되어 있는 책의 그림이다(출 32:32-33; 사 4:3; 단 12:1; 빌 4:3; 히 12:23; 계 3:5; 13:8; 17:8; 20:12, 15).

10:21 72인이 돌아와서 그들 사역의 좋은 소식을 전하자, 예수님은 감사의 기도를 드리고 성령의 감동으로 기쁨이 충만해진다(참고. 4:1). 예수님은 선하고 옳고 아름다운 하나님의 계획을 기뻐하신다. 하나님이 "아버지"와 "하늘과 땅의 주님"(새번역)으로 불린다. 고대 세계에서 "아버지"는 사랑뿐만 아니라 통치와 권위를 가리켰기 때문에, 여기서 "아버지"라는 호칭은 하나님의 사랑과 권위를 나타낸다. 하늘과 땅의 주되심은 피조 세계 전체에 대한 하나님의 주권을 가리킨다(참고. 행 17:24). 예수님이 72인의 복귀에 감사드리시는 맥락은, 일부는 그 메시지를 받아들였으나 다수는 그것을 배척했던 상황이다. 예수님은, 아버지와 주님인 하나님께서 그분의 지혜로 하나님 나라의 메시지, 하나님의 언약이 성취되었다고 선포하는 메시지를 "지혜 있는 사람들과 똑똑한 사람들"(새번역)에게 숨기셨다고 기뻐하신다.

하나님께서 지혜로운 자들에게 진리를 숨기셨다고 해서 그들의 책임이 면제되는 것은 아니다(참고. 눅 19:42; 사 29:14; 44:25). 예수님의 화가 제거되거나 취소된 것이 아니다(눅 10:13-16). 하나님에게 진리를 숨기는 주권이 있다고 해서, 마치 인간의 선택에 진정성이 없는 것처럼 우리가 꼭두각시라는 뜻은 아니다. 하나님은 주권자고 인간은 책임을 지는 존재다. 이는 양립이 가능한 실재다. 또한 하나님은 그분의 은혜로운 지혜로 그 메시지의 진리를 "어린아이들"에게 드러내셨다(참고. 고전 2:7). 고린도전서 1:26-28이 이와 유사한 대목이다. 하나님은 보통 지혜로운 자, 강한 자 또는 엘리트를 선택하지 않고 어리석은 자, 약한 자, 이 세상의 보잘것없는 자를 선택하셨다. 하나님은 왜 그 자신을 일부 사람에게는 숨기고 다른 이들에게는 나타내셨는가? 그분은 하늘과 땅의 주님이자 전지하고 무한한 창조주며, 그렇게 하는 것이 그분의 뜻이기 때문이다(참고. 눅 2:14). 하나님은 그분의 지혜로 그분이 기뻐하는 일을 행하셨고, 하나님께서 행하시는 모든 일은 옳다.

10:22 이는 누가복음에서 가장 놀라운 구절들 중 하나다(참고. 마 11:27). 많은 학자는 이 구절이 마치 우리가 요한복음을 읽는 듯한 느낌을 준다고 지적했고, 이는 누가복음의 예수님과 요한복음의 예수님이 동일한 인물이라는 하나의 증거다. 이제까지는(눅 10:21) 예수님이 하나님의 아버지 되심, 주권 그리고 주되심을 강조하셨다. 그런데 갑자기 22절에서 아버지께서 모든 것을 그분에게 주셨다고 주장하신다. 모든 것을 말이다! 이는 아마도 다니엘 7:14을 암시할 것이다. 그 구절에는 옛적부터 항상 계신 이가 인자에게 권세와 영광과 나라를 주신다고 나온다(참고. 마 28:18; 요 3:35). 아버지의 주되심을 예수님이 공유하시는 것이다. 예수님 역시 만물의 주권자라는 뜻이다. 우리는 여기서 아버지와 아들 간의 상호적이고 배타적인 관계를 보게 된다. 아들의 정체성을 참으로 아는 유일한 존재는 아버지고, 오직 그분만이 무한히 지혜롭고 모든 것을 아는 하나님으로서 아들을 포괄적으로 아신다.

놀랍게도 예수님의 통찰력은 멈추지 않는다. 아버지를 참으로 아는 유일한 인물은 바로 아들이다. 아들과 아버지는 서로를 상호적으로, 배타적으로 그리고 철저히 아는 관계다(참고. 요 10:15). 아버지를 아는 존재는 아들밖에 없다. 이런 상호 관계는 아들이 아버지와 똑같은 무한하고 전지한 지혜를 갖고 있음을 분명히 밝혀준다. 아들은 모종의 하등한 신처럼 아버지 아래에 있지 않다. 아버지는 아들을 아시고, 아들 역시 아버지를 아신다. 우리는 하나님께서 스스로를 어린아이들에게 나타내고 지혜로운 자와 교만한 자에게는 숨기셨다는 것을 살펴보았다. 그러나 할 말이 더 있다. 아버지를 아는 지식과 구원의 수용은 아버지의 결정일 뿐 아니라 아들의 뜻을 반영하기도 한다. 아버지를 알게 되는 이들은 "아버지를 계시하여주려고 아들이 택한 사람"(새번역)에게 국한된다. 달리 말하면 아들은 완전한 주권을 아버지와 공유하신다.[129] 아버지와 아들 모두 주권자고, 그들이 함께 누가 구원받을 것인지를 선택하신다. 이 대목은 신약성경 전체에서 예수 그리스도의 신성과 관련된 가장 인상적인 텍스트 중 하나다.

10:23-24 예수님은 아버지와 아들 간의 배타적인 상호 지식과 더불어 양자의 주권을 강조한 후 제자들에게 말씀하신다. 그들은 "어린아이"(10:21)의 범주에 속하고, 아버지의 기쁜 뜻에 따라 예수님을 알게 된 이들은 아들의 뜻으로 인해 아버지를 아는 사람들이다. 따라서 그들은 놀라운 복을 받은 행복한 자들이다. 은혜 덕분에 그들은 진리를 보고 또 이해하고 있다(참고. 8:10). 사실 그들이 경험하고 있는 위대한 사건들(언약의 성취)은 예전의 선지자와 왕들이 보기를 갈망했던 것이다(벧전 1:10, 참고. 요 8:56). 그러나 그런 특권이 그들에게는 허락되지 않았다. 하나님은 그분의 지혜와 주권과 사랑으로 이런 선물을 예수님의 제자들에게 주셨고, 그 연장선상에서 십자가의 건너편에 사는 모든 선택받은 자들에게도 주어진다. 그리고 누가복음 10:22에 근거하면, 제자들이 이런 것들을 보게 되는 이유를 오직 아버지에게서만 찾을 수는 없다. 그들의 특권은 아들의 뜻으로 인한 것이기도 한다(참고. 엡 3:5; 골 1:26).

129 여기서 '삼위의 분리불가적인 작용에 대한 교리'(the doctrine of inseparable operations)의 기초 중 일부를 보게 된다.

응답

예수님은 우리에게 추수할 일꾼을 위해 기도하라고 하신다. 회개하고 믿을 사람들을 위해 더 많은 사람이 나가서 죄 사함의 좋은 소식을 전파할 필요가 있어서다. 어느 시대를 막론하고 언제나 더 많은 일꾼이 필요하기 때문에, 그런 기도가 우리 삶에서 끊이지 않아야 한다. 우리는 또한, 선교지에서의 삶이 쉽지 않다는 것을 알게 된다. 우리는 거짓 선생들을 직면할 터이고, 다수는 우리의 메시지를 배척할 것이다. 그럼에도 우리는 예수님의 이름으로 권위를 갖게 된다. 우리는 그분의 메시지, 그분의 뜻 그리고 그분의 길을 전한다. 우리는 또한, 하나님과 예수님의 주권을 보게 된다. 사람들이 그 메시지를 깨닫는 것은 아버지의 기쁜 뜻과 아들의 뜻 덕분이다. 우리가 좋은 소식을 믿는다 할지라도 그 믿음을 우리의 공로로 돌릴 수 없다. 그 대신 우리에게 허락된 놀라운 복으로 인해 하나님께 감사를 드려야 마땅하다.

우리가 하나님의 주권에 관한 모든 질문에 다 답할 수는 없어도, 우리에게 주신 하나님의 놀라운 은혜로 인해 그분께 감사와 찬송을 드려야 한다. 예수님은 먼저 우리의 이름이 하늘의 책에 기록된 것을 기뻐하도록 상기시켜주신다. 우리는 신자로서 능력과 권위 그리고 귀신의 세력을 다스리는 권세로 황홀해질 수 있다. 하지만 우리에게 주어진 최대의 선물은, 우리가 그리스도 안에서 누리는 새로운 삶이다. 이것을 잊어서는 안 된다.

끝으로, 우리는 예수님이 하나님과 똑같은 정체성과 본성을 갖고 계심을 알게 된다. 하나님께서 주권자이듯이 예수님도 주권자고, 아버지가 그를 아시듯이 그 역시 아버지를 아신다. 아버지와 아들 간의 상호 지식은 '배타적' 성격을 갖고 있다! 예수님은 참 하나님이며 참 인간이다. 우리 모두 아버지와 성령과 나란히 예수님을 경배하자! 우리의 위대한 삼위일체 하나님을 예배하자!

25 어떤 율법교사가 일어나 예수를 시험하여 이르되 선생님 내가 무
엇을 하여야 영생을 얻으리이까 26 예수께서 이르시되 율법에 무엇이
라 기록되었으며 네가 어떻게 읽느냐 27 대답하여 이르되 네 마음을
다하며 목숨을 다하며 힘을 다하며 뜻을 다하여 주 너의 하나님을 사
랑하고 또한 네 이웃을 네 자신같이 사랑하라 하였나이다 28 예수께서
이르시되 네 대답이 옳도다 이를 행하라 그러면 살리라 하시니
25 And behold, a lawyer stood up to put him to the test, saying, "Teacher,
what shall I do to inherit eternal life?" 26 He said to him, "What is
written in the Law? How do you read it?" 27 And he answered, "You
shall love the Lord your God with all your heart and with all your soul
and with all your strength and with all your mind, and your neighbor
as yourself." 28 And he said to him, "You have answered correctly; do
this, and you will live."

29 그 사람이 자기를 옳게 보이려고 예수께 여짜오되 그러면 내 이웃
이 누구니이까 30 예수께서 대답하여 이르시되 어떤 사람이 예루살렘

에서 여리고로 내려가다가 강도를 만나매 강도들이 그 옷을 벗기고
때려 거의 죽은 것을 버리고 갔더라 31 마침 한 제사장이 그 길로 내려
가다가 그를 보고 피하여 지나가고 32 또 이와 같이 한 레위인도 그곳
에 이르러 그를 보고 피하여 지나가되 33 어떤 사마리아 사람은 여행
하는 중 거기 이르러 그를 보고 불쌍히 여겨 34 가까이 가서 기름과 포
도주를 그 상처에 붓고 싸매고 자기 짐승에 태워 주막으로 데리고 가
서 돌보아주니라 35 그 이튿날 그가 주막 주인에게 [1]데나리온 둘을 내
어 주며 이르되 이 사람을 돌보아주라 비용이 더 들면 내가 돌아올 때
에 갚으리라 하였으니 36 네 생각에는 이 세 사람 중에 누가 강도 만난
자의 이웃이 되겠느냐 37 이르되 자비를 베푼 자니이다 예수께서 이르
시되 가서 너도 이와 같이 하라 하시니라

29 But he, desiring to justify himself, said to Jesus, "And who is my
neighbor?" 30 Jesus replied, "A man was going down from Jerusalem to
Jericho, and he fell among robbers, who stripped him and beat him and
departed, leaving him half dead. 31 Now by chance a priest was going
down that road, and when he saw him he passed by on the other side.
32 So likewise a Levite, when he came to the place and saw him, passed
by on the other side. 33 But a Samaritan, as he journeyed, came to where
he was, and when he saw him, he had compassion. 34 He went to him
and bound up his wounds, pouring on oil and wine. Then he set him on
his own animal and brought him to an inn and took care of him. 35 And
the next day he took out two denarii[1] and gave them to the innkeeper,
saying, 'Take care of him, and whatever more you spend, I will repay
you when I come back.' 36 Which of these three, do you think, proved
to be a neighbor to the man who fell among the robbers?" 37 He said,
"The one who showed him mercy." And Jesus said to him, "You go,
and do likewise."

1) 은전의 명칭
1 A *denarius* was a day's wage for a laborer

단락 개관

이웃을 사랑하는 것, 좋은 이웃이 되는 것의 중요성이 선교에 관한 텍스트에 따라오는 것은 의미심장하다. 우리는 좋은 소식을 땅끝까지 전하도록 부름 받았으나, 제자로서 그리스도를 따른다는 것은 모든 사람을 이웃으로 대우하는 것, 우리의 길에서 만나는 모든 사람을 사랑하는 것을 의미한다. 우리가 선교에 초점을 맞추면 우리 앞에 놓인 필요를 보지 못할 수 있다. 이 단락은 한 율법교사가 예수님에게 영생을 얻으려면 무엇이 필요한지를 묻는 도전으로 시작된다. 예수님은 질문에 질문으로 답변하며, 그는 율법을 어떻게 해석하는지 물어보신다. 율법교사가 신명기 6:5과 레위기 19:18을 인용한다. 자신의 모든 것을 다해 하나님을 사랑하고 이웃을 사랑하라는 것이다. 예수님이 그 답변에 동의하면서 만일 그 사람이 그렇게 행한다면 살게 될 것이라고 말씀하신다. 율법교사는 그의 이웃이 진정 누군지에 대한 질문을 던짐으로써 스스로를 정당화하려고 한다. 예수님은 이어서 흔히 '선한 사마리아인의 비유'라고 불리는 가장 유명한 비유를 들려주신다. 어떤 사람이 여리고로 내려가다가 강도들을 만나 옷까지 빼앗기고 구타를 당한다. 한 제사장과 레위인은 도와주는 대신 그냥 지나간다. 그런데 놀랍게도, 발걸음을 멈추어 그를 돌보고 상처를 치료하고 여인숙으로 데려가서 모든 비용을 지불하는 사람은 바로 미움을 받는 사마리아인이다. 이후 예수님이 율법교사에게 "세 사람 중에 누가…이웃이 되겠느냐"하고 물어보신다. 율법교사는 자비를 베푼 사람이었다고 대답하고, 예수님이 그 사람에게 가서 그와 같이 행하라고 권면하신다.

단락 개요

IV. 갈릴리에서 예루살렘으로: 제자의 길(9:51-19:27)

A. 여행이 시작되다(9:51-13:21)

2. 제자로 살아가는 삶(10:25-11:13)

a. 선한 사마리아인의 비유(10:25-37)

주석

10:25-27 한 율법교사가 예수님에게 영생을 얻으려면 무엇을 행해야 하는지를 물으며 도전한다. 그것이 뜻밖의 질문이 아닌 것은 흔히 유대 사회에서 토론하고 논쟁하는 주제였기 때문이다. 이 복음서의 뒤편에서 부유한 관원이 예수님께 똑같은 질문을 던지지만(18:18), 10장에 나오는 이 질문의 동기는 예수님을 시험하는 것이다. 예수님은 좋은 랍비의 방식에 따라 질문에 질문으로 응답하면서, 율법은 무엇이라고 말하는지 그의 의견을 물으신다. 예수님은 율법교사가 토라에 나타난 하나님의 계시에 비추어 그 문제를 어떻게 해석하는지 알아보려고 하신다. 율법교사는 신명기 6:5과 레위기 19:18을 인용함으로써 대답한다. 유대인은 그 앞 절인 신명기 6:4에서 쉐마(Shema)를 날마다 암송하므로, 그 다음 구절도 분명히 잘 알려져 있을 것이다. 영생을 얻으려면 자신에게 있는 모든 것을 다해 주님을 사랑해야 한다. 즉, 자기의 생각과 마음과 감정과 의지를 다해 주님을 사랑해야 하는 것이다. 하나님이 애정의 최고 대상이 되어야 하고, 그와 동시에 각 사람은 이웃을 자기 자신과 같이 사랑해야 한다(레 19:18). 그런 대답은 독특한 것이 아니고 다른 유대교 자료에도 반영되어 있다(잇사갈의 유언서 5:2, 참고. 베냐민의 유언서 3:3; 희년서 36:7-8, 또한 참고. 신 10:12; 수 22:5; 마

19:19; 롬 13:9). 예수님도 친히 마태복음 22:34-40과 마가복음 12:28-34에서 비슷한 대답을 하신다.

10:28 예수님은 그 사람이 옳게 대답했다고 인정하며, 그가 이런 것을 행한다면 살게 되리라고 말씀하신다. 예수님의 응답은 레위기 18:5, 즉 한 사람이 율법을 지킨다면 생명을 얻게 되리라고 약속하는 말씀을 반영한다. 레위기 18:5은 그 역사적 맥락에 비춰보면 약속의 땅에서의 삶을 가리키지만(신 4:1; 8:1), 이 구절이 당시의 유대교 자료와 바울의 저술(롬 10:5; 갈 3:12)에서는 영생에 적용되었다. 에스겔(겔 20:11, 21)과 느헤미야(느 9:29) 역시 그 레위기 텍스트가 율법을 지키지 못하는 이스라엘을 가리키는 것으로 이해한다. 영생은 다가올 부활의 생명(단 12:2), 결코 끝나지 않는 하나님과의 삶을 가리킨다.[130] 여기서 예수님의 대답이 갈라디아서 3:10-12과 로마서 10:5-8에 나오는 바울의 해석과 상충되는지 여부에 대한 의문이 제기되곤 한다. 바울은 의로움과 생명은 율법을 지켜서는 얻을 수 없고 예수 그리스도에 대한 믿음을 통해서 얻을 수 있다고 말하기 위해 레위기 18:5에 호소한다. 이 이야기가, 예수님이 율법교사에게 사마리아인이 행했던 대로 '행해야' 한다고 말씀하시는 것으로 끝나기 때문에(눅 10:37), 일부 학자는 마치 예수님이 율법을 지킴으로써 생명을 얻을 수 있다고 주장하시는 것처럼 해석한다.

이 긴장을 해소하는 하나의 방법은, 이 이야기가 율법교사(또는 누구든지)는 율법이 명하는 바를 행할 능력이 없음을 드러내는 것으로 읽는 것이다. 그런 의미에서 이 이야기는 독자로 하여금 하나님의 자비를 의지하게 한다. 누가는 종종 사람들에게 용서와 하나님의 자비로운 은혜가 필요하다고 가르친다(예. 5:17-32; 7:36-50). 이 복음서에는 믿음이 구원을 얻게 하는 경우가 여럿 나온다(7:50; 8:48; 17:19; 18:42). 나아가 사도행전에도 모든 사

130 Bock, *Luke 9:51-24:53*, 1023.

람에게는 죄 사함이 필요하다는 것(행 2:37-39; 3:19; 5:31)과 율법에 대한 순종이 구원을 가져오거나 의롭게 할 수 없다는 것(13:38-39; 15:7-11)이 나온다. 이런 식으로 외견상의 모순을 해결하는 것이 어느 의미에서는 정확하다. 율법교사가 스스로를 정당화하려고 한다는 것, 그리고 그가 이웃 사랑이 요구하는 바를 알게 되자 스스로 부족함을 느낀다는 것이 뚜렷이 나타나기 때문이다. 달리 말하면 율법교사 역시 죄 사함이 필요하다는 뜻이다.

하지만 예수님은 이웃 사랑이 영생에 꼭 필요하다고 분명히 가르치시기에 때문에, 이렇게만 말하는 것으로는 불충분하다. 이것이 바울의 말과 모순이 없는 것은 그 문제를 다른 각도와 관점에서 보기 때문이다. 만일 우리가 자비와 용서의 필요성을 포함하는 누가의 신학을 전반적으로 고려한다면, 이웃 사랑은 회개의 열매, 즉 그 사람이 참으로 회개하고 믿었다는 증거에 해당한다(눅 3:8; 행 26:20). 바울 역시 선행은 그 사람이 참으로 하나님께 속해 있음을 입증한다고 가르친다(참고. 롬 2:6-11, 26-29; 갈 5:21; 6:8; 고후 5:10; 11:15; 빌 3:19). 바울이 행위에 의한 의로움을 배제시킬 때는 아무도 자신의 순종으로 인해 하나님 앞에서 의롭게 될 수 없다고 주장하는데, 이는 예수님이 긍정하시는 것이다(눅 18:9-14). 우리는 모두 하나님의 자비가 필요하다. 이와 똑같은 가르침이 요한일서에도 나온다. 신자들은 그들을 향한 하나님의 사랑에 의해, 그들의 죄 사함을 보증한 그리스도의 죽음에 의해 구원받았다(요일 4:1-16). 하나님께서 먼저 우리를 사랑하셨기 때문에 하나님에 대한 우리의 사랑은 그 사랑을 반영하는 것이다. 다른 한편 형제와 자매를 사랑하지 않는 사람들은 참으로 하나님을 사랑하지 않고 그분께 속해 있지도 않다(요일 4:20). 하나님과 이웃을 참으로 사랑하는 사람들만이 영생을 누리게 될 것이다. 신자들에게 요구되는 새로운 삶은 완벽하지는 않아도 변화의 증거가 분명히 나타나야 한다.

10:29 율법교사는 자기가 궁지에 빠진 것을 알고 스스로를 정당화하려고 한다(참고. 16:15). 예수님이 그의 양심에 호소하셨고, 그는 자기가 요구사항에 못 미친다는 것을 안다. 만일 이웃을 만족스러운 방식으로 규정한

다면 양심의 가책을 피할 수 있었기에 그는 누가 그의 이웃이 될 자격이 있는지 묻는다. 그는 이웃을 동료 이스라엘 사람으로 규정하고 따라서 그 정의를 그의 진영에 속한 사람들로 국한시키는 듯하다. 유대교 자료에서 나온 몇몇 증거에 따르면, 일부는 이웃을 규정할 때에 사마리아인, 외국인, 배교자 또는 체류 외국인을 제외했다고 한다(시프라 20:10; 랍비 나단의 글 16장; 바빌로니안 탈무드; 산헤드린 57a장).[131]

10:30-32 예수님이 이어서 가장 유명한 비유를 말씀하신다. 예루살렘에서 여리고까지는 27킬로미터에 달하는 여행길이고 "바위투성이의 광야지대"[132]를 통과해서 1,100미터를 내려가야 한다. 강도들이 쉽게 누워서 여행객을 기다릴 수 있는 환경이었다. 이야기 속에서 강도들이 여행객의 옷을 벗기고 때려서 생사를 헤매게 한다. 한 제사장이 지나가지만 상처 입은 그를 피해 다른 쪽으로 이동한다. 우리로서는 제사장이 왜 그를 멀리하는지를 알 수 없다. 아마 죽었을지도 모르는 사람 때문에 부정해지는 것(민 19:11-19)을 두려워하거나, 강도들이 다음에는 자신을 덮치려고 기다리고 있다고 생각했을 것이다. 어쨌든 청중은 제사장으로서의 경건함과 주님께 대한 헌신으로 그를 존경해왔지만, 이 경우에 그는 강도당한 사람에게 도움을 주기 위해 손가락 하나 까딱하지 않는다. 이어서 청중으로부터 비슷한 존경을 받는 한 레위인이 그곳에 이르지만, 추정컨대 똑같은 이유로 제사장과 똑같은 방식으로 행동한다. 그는 쓰러져 있는 사람과 어떤 접촉도 피한 채 그 사람을 최대한 멀리한다.

10:33 제사장과 레위인은 그의 곤경을 무시하는 반면, 한 사마리아인은 고통 받는 사람을 보고 연민을 느낀다. 당시 사마리아인들은 미움을 받

131 이는 Garland, *Luke*, 440에서 빌려왔다.

132 같은 책.

던 적들이라서 사마리아인에 대한 언급이 청중에게 충격을 주었을 것이다(참고. Josephus, *Antiquities* 11.8.6; *Jewish Wars* 2.12.3-5, 참고. 집회서 50:25; 레위의 유언서 7:2).[133] 사마리아인들은 앗수르의 포로 생활이 낳은 혼혈인으로 간주되었고, 외국인들을 끌어들여 북이스라엘의 원주민과 섞이게 한 결과였다(왕하 17:24-41). 사마리아인들은 오직 모세오경에만 정경의 권위를 부여했고 시온산 대신에 그리심산이 성전을 세울 곳이라고 믿었다(요 4:20; Josephus, *Antiquities* 12.1.1, 13:3, 4). 사마리아인들은 주전 536년에 유대인이 예루살렘으로 돌아왔을 때 성전 건축을 도와주길 원했으나, 스룹바벨이 그들 간에 동반자 관계가 없다고 말하면서 그들의 협력을 거부했다. 또한 사마리아인들은 예루살렘 성벽 건축을 반대하기도 했다(느 4:1-2). 그 반대는 마카비 시대까지 이어졌으며(마카베오상 3:10), 요한 힐카누스가 이스라엘의 통치자였을 때 그리심산에 있던 사마리아의 성전을 불태워버렸다(Josephus, *Antiquities* 13.9.1; *Jewish Wars* 1.2.6).

마태에 따르면, 예수님이 열두 제자에게 그들의 선교 대상에서 사마리아인과 이방인을 제외하라는 지시를 주셨다고 하는데(마 10:5), 이는 유대인이 사실상 사마리아인을 이방인과 같은 범주에 두었음을 보여준다. 우리는 또한 사마리아인들이 예수님이 그들의 성읍을 통과해 예루살렘으로 가시는 것을 허락하지 않는다는 것을 보았다(눅 9:51-56). 두 백성이 보통은 사회적 관계를 맺지 않았기 때문에, 예수님이 한 사마리아 여자와 이야기를 나누실 때 그녀는 충격을 받았다(요 4:9, 참고. 8:48). 예수님과 그분을 따른 자들은 사마리아인과의 관계에서 새로운 문을 열었다(참고. 눅 17:11-19; 요 4:4-42; 행 1:8; 8:4-25; 9:31). 그럼에도 이런 역사적 배경에 비춰보면 이 이야기에 등장하는 착한 사람이 사마리아인이라는 말을 듣고 유대인이 얼마나 충격을 받았을지는 충분히 상상할 수 있다.

133 사마리아인에 관한 간단한 개관은 같은 책, 443-444를 참고하라.

10:34-35 사마리아인의 연민은 감정으로 끝나지 않고 행동으로 이어진다. 그는 강도의 공격이나 부정해지는 것을 두려워하지 않고 그 사람에게 다가간다. 그리고 상처에 기름과 포도주를 붓고 붕대를 감는다. "기름은 상처를 완화시키기 위해, 포도주는 상처를 소독하기 위해 사용되었다"(참고. 사 1:6; 대하 28:15; 막 6:13).[134] 사마리아인은 걸을 수 없는 그를 자신의 짐승 위에 태워 여인숙까지 데려다주고 계속해서 돌봐준다. 또한 자신의 사업을 위해 떠날 때 여인숙 주인에게 이틀 치 요금을 주면서 그 사람의 모든 필요를 채워주도록 부탁한다. 나아가 만일 추가 비용이 발생하면 되돌아올 때 갚아주겠다고 약속한다. 사마리아인은 상처 받은 사람의 모든 필요를 돌보아주었다.

10:36-37 예수님의 요점은 이렇다. 우리는 "누가 나의 이웃인가?"라고 물으면 안 되고 "우리는 이웃으로 입증되고 있는가?"라고 물어야 한다는 것이다. 누구를 우리의 이웃 목록에서 제거할 수 있을지를 묻지 말고, 우리가 만나는 사람을 이웃으로 대우하고 있는지에 대해 생각해야 한다. 그래서 예수님이 율법교사에게 세 사람 중 누가 이웃이었는지를 물으시는 것이다. 율법교사는 "사마리아인!"이라고 답하지 않는다. 그러나 그는 자비를 베푼 자가 이웃이라고 옳게 말하고 있으므로 그의 답변을 비판할 수는 없다. 여기서 우리는 이웃이 된다는 것의 심오한 의미를 발견하게 된다. 이웃이 된다는 것은, 사마리아인이 행했듯이 어려움에 처한 사람에게 자비를 베푸는 것이다(참고. 1:50; 6:31, 36).

134 같은 책, 444-445.

응답

우리는 사람들이 그들의 적에게 쉽게 폭발하는, 특히 소셜 미디어에서 그렇게 하는 일촉즉발의 환경에 몸담고 있다. 예수님은 우리에게 누구나 우리의 이웃이며, 인종, 피부색, 계급 또는 정치적 이데올로기와 상관없이 모든 사람을 사랑해야 한다는 것을 상기시켜주신다. 모두에게 사랑을 베푼다는 것은, 언제나 그들에게 동의한다거나 그들의 생활방식이 도덕적으로 옳다는 것을 의미하지 않는다. 또한 의견을 달리할 때 그들에게 침묵하는 것을 의미하지도 않는다. 예수님은 다른 사람들의 생활방식에 대해 의견을 달리할 때 그것을 분명히 밝히신다. 그럼에도 우리는 어려움에 처한 모든 사람에게 인간적인 관심과 연민을 베풀어야 한다. 우리가 다른 사람들의 삶을 참으로 돌볼 때, 곤경에 처한 그들에게 실제적인 사랑을 보여줄 때에야 우리가 하나님을 사랑한다는 것을 입증할 수 있다. 만일 우리가 신자로서 소셜 미디어에서 뱉어대는 욕설에 관여하지 않는다면, 사람들이 그들의 플랫폼을 이용해서 우리를 학대하고 불러낼 때 '그것을 참는다면', 우리는 분명히 눈에 띄는 존재가 될 것이다. 주님이 우리에게 진실과 사랑을 향한 뜨거운 열정을 주시기를 바란다.

38 그들이 길 갈 때에 예수께서 한 마을에 들어가시매 마르다라 이름
하는 한 여자가 자기 집으로 영접하더라 39 그에게 마리아라 하는 동
생이 있어 주의 발치에 앉아 그의 말씀을 듣더니 40 마르다는 [1)]준비하
는 일이 많아 마음이 분주한지라 예수께 나아가 이르되 주여 내 동생
이 나 혼자 일하게 두는 것을 생각하지 아니하시나이까 그를 명하사
나를 도와주라 하소서 41 주께서 대답하여 이르시되 마르다야 마르다
야 네가 많은 일로 염려하고 근심하나 42 [2)]몇 가지만 하든지 혹은 한
가지만이라도 족하니라 마리아는 이 좋은 편을 택하였으니 빼앗기지
아니하리라 하시니라

38 Now as they went on their way, Jesus[1] entered a village. And a
woman named Martha welcomed him into her house. 39 And she had
a sister called Mary, who sat at the Lord's feet and listened to his
teaching. 40 But Martha was distracted with much serving. And she
went up to him and said, "Lord, do you not care that my sister has left
me to serve alone? Tell her then to help me." 41 But the Lord answered
her, "Martha, Martha, you are anxious and troubled about many things,

42 but one thing is necessary.[2] Mary has chosen the good portion, which will not be taken away from her."

1) 헬, 봉사하는 2) 최근의 본문(GNT 4판)에는 '한 가지만으로도 족하니라'로 되었음
1 Greek *he* *2* Some manuscripts *few things are necessary, or only one*

단락 개관

예수님이 마리아와 마르다의 마을에 도착하신다. 누가는 그 마을의 이름을 말해주지 않는다. 아마 그 마을이 예루살렘 가까이에 있고, 여행 모티브의 일차적 목적이 지리적인 것이 아니기 때문일 것이다. 우리는 요한복음을 통해 마리아와 마르다가 예루살렘에서 3.2킬로미터 떨어진 베다니에 살고 있다는 것을 안다(요 11:1, 18). "누가는 의도적으로 그 마을의 이름('한 마을')에 대해 애매모호하게 말하는데, 그것이 연대기적으로 맞지 않다는 것을 그가 알기 때문이다."[135] 그런데 이 이야기를 왜 여기에 배치했느냐는 질문이 떠오른다. 누가는 아마 우리에게 제자도는 복잡한 실재임을 보여주고 싶을 것이다. 마르다가 예수님을 대접하고 있는 만큼, 마르다야말로 사마리아인이 행한 것처럼 이웃을 사랑하는 모범을 보여준다고 우리가 생각할 법하다. 그러나 참된 제자는 예수님의 발 곁에 앉아 배우고 있는 마리아라고 예수님이 가르치신다. 제자도는 배움, 경험 그리고 고요함과 섬김을 모두 포함한다. 이 경우에는 마리아가 제자도를 제대로 이해했고, 예수님은 그녀를 칭찬하는 한편 마르다는 올바른 관점을 잃고 있다고 경고하신다.

135 같은 책, 450.

단락 개요

IV. 갈릴리에서 예루살렘으로: 제자의 길(9:51-19:27)
　A. 여행이 시작되다(9:51-13:21)
　　2. 제자로 살아가는 삶(10:25-11:13)
　　　b. 마리아가 주님의 말씀을 경청하다(10:38-42)

주석

10:38-39 예수님이 여행을 계속 하심에 따라 제자도의 여정도 계속 이어진다. 누가는 그 장소를 모호하게 말하지만, 우리는 요한복음으로부터 그곳이 예루살렘에서 가까운 베다니라는 것을 안다(요 11:1, 18; 12:2). 마르다는 예수님을 그녀의 집으로 영접함으로써 선한 사마리아인의 비유를 통해 권유된 그 사랑과 섬김의 모습을 보여준다. 마르다는, 예수님이 사마리아 영토를 통과할 때 그분을 거부했던 사마리아인들(눅 9:53)과 뚜렷한 대조를 이룬다. 삭개오도 예수님을 영접함으로써 이와 똑같은 환대와 섬김의 모습을 보여준다(19:6). 예수님이 도착하실 때, 마리아는 그분의 발 곁에 앉아서 가르침을 경청한다. 보통은 제자들이 선생의 발 곁에 앉았기 때문에(참고. 행 22:3), 그녀는 자기가 예수님의 제자라는 것을 보여주는 셈이다. 이 이야기를 통해 예수님이 여자들에게 배우면서 그분의 제자가 되도록 격려하시는 모습을 보게 되는데, 이는 당시에 여자들은 배울 능력이 없다며 차별했던 선생들과 대조를 이룬다. 여자는 섬기는 일을 할 뿐 아니라 성경과 예수님의 길에 대해 배우고 교육받도록 부름을 받았다.

10:40-42 마르다는 음식을 준비하느라 바쁘다. 그런데 그녀의 자매는

음식 준비를 돕지 않고 앉아서 예수님의 말씀을 듣는 데 시간을 보내고 있다. 손님을 잘 대접하고픈 그녀의 마음이 흐트러지고 짜증으로 변한다. 마르다의 염려는 하나님의 말씀이 질식되는 결과를 낳을 수도 있었다(참고. 8:14).[136] 마르다는 그 모든 일에 예수님이 관련되어 있다고 느끼기 시작하자 짜증이 끓어오른다. 마르다가 느끼기에, 예수님은 그녀가 하고 있는 일에 대해 전혀 관심이 없으신 듯하다. 그래서 예수님이 마리아에게 가서 언니를 도와주라고 말씀하셔야 한다고 생각한다. 마리아를 향한 마르다의 태도는 탕자의 이야기(15:25-32)에 나오는 형을 "예시하고" 있다.[137] 우리는 예수님의 답변을 섬기는 일이 경청하거나 배우는 일보다 중요하지 않다는 의미로 오해하면 안 된다. 다름 아닌 선한 사마리아인의 비유(10:25-27)가 우리에게 남들에 대한 실제적인 사랑의 중요성을 일깨워준다. 마르다의 문제는 그녀가 '많은 일'(40절)에 사로잡혀 있다는 것이다. 그녀는 온통 음식에 대한 염려에 빠진 나머지 초점을 잃고 말았다. 섬김의 바른 자세를 잃어버린 것이다.

마리아는 "꼭 필요한 것은 한 가지뿐"(42절, 현대인의성경)이라는 것을 이해한다. 여기에 어려운 텍스트의 이슈가 있으나 ESV가 채택한 독법이 아마 정확할 것이다. 설령 다른 독법을 채택하더라도 그 뜻은 크게 바뀌지 않는다. 우리는 예수님의 응답을 관조적인 삶을 섬김의 삶보다 더 지지하는 것으로 해석하면 안 된다. 다시 말하건대 선한 사마리아인의 본보기가 남들을 섬기고 사랑하는 것의 중요함을 보여준다. 예수님은 우리 인생 전체를 조망할 때 가장 근본적인 것이 무엇인지를 드러내신다. 마리아는 주님의 말씀을 경청함으로써, 하나님과의 교제를 즐김으로써 삶에서 가장 중요한 것을 선택했다. "몫"(42절, 새번역)이라는 단어는 주님이 그 백성의 몫(분깃)이라고 하는 구약 텍스트(시 16:5; 73:26; 119:57)를 상기시킨다. 섬기

136 같은 책, 453.

137 같은 책, 454.

10장

는 일은 좋고 필요하지만, 마르다가 놓친 진리가 있다. 모든 섬김은 그 자신과 주님의 관계에서 흘러나와야 한다는 것, 모든 섬김은 우리의 보배이자 즐거움인 하나님을 아는 기쁨에 뿌리박아야 한다는 진리다. 선한 사마리아인의 이야기가 유일한 참 하나님과의 살아 있는 관계에서 분리된다면, 우리는 그것을 제대로 이해할 수 없다.

응답

아이러니하게도, 남을 섬기는 것이 우리의 이기적인 뜻을 실행하는 도구가 될 수 있다. 우리는 남들을 위해 행하는 많은 일 때문에 스스로의 존재를 인증하고 우리 자신에 대해 기분 좋게 느낄 수 있다. 달리 말하면 우리의 섬김으로 인해 "생수의 근원"(렘 2:13)이신 하나님과의 관계에서 영양분을 공급받는 것이 중단될 수 있다. 우리는 우리가 행하는 일로 너무나 산만해진 나머지, 우리가 누구인지를 잊어버리고 살아 계신 하나님과의 관계를 소홀히 할 수 있다!

우리는 또한 이 텍스트로부터 여자들 역시 성경을 배워야 한다는 것을 알게 된다. 신학교, 대학, 대학교 그리고 교회에서 성경을 공부하는 것은 남자들에게 국한되지 않는다. 우리는 여자들에게 성경을 공부하도록 격려하고 또 그런 모습을 기뻐해야 한다. 여자는 단지 남자를 섬기기 위해, 남자의 욕구와 변덕을 시중들기 위해 창조되지 않았다. 예수 그리스도 안에서 하나님과의 교제를 즐기기 위해 창조된 것이다.

11장

1 예수께서 한 곳에서 기도하시고 마치시매 제자 중 하나가 여짜오되
주여 요한이 자기 제자들에게 기도를 가르친 것과 같이 우리에게도
가르쳐주옵소서 2 예수께서 이르시되 너희는 기도할 때에 이렇게 하라
아버지여 이름이 거룩히 여김을 받으시오며 나라가 임하시오며
3 우리에게 날마다 일용할 양식을 주시옵고
4 우리가 우리에게 1)죄 지은 모든 사람을 용서하오니 우리 죄도 사하
여주시옵고 우리를 시험에 들게 하지 마시옵소서
하라

1 Now Jesus[1] was praying in a certain place, and when he finished, one
of his disciples said to him, "Lord, teach us to pray, as John taught his
disciples." 2 And he said to them, "When you pray, say:

"Father, hallowed be your name.
Your kingdom come.
3 Give us each day our daily bread,[2]
4 and forgive us our sins,
for we ourselves forgive everyone who is indebted to us.
And lead us not into temptation."

5 또 이르시되 너희 중에 누가 벗이 있는데 밤중에 그에게 가서 말하
기를 벗이여 떡 세 덩이를 내게 꿔어달라 6 내 벗이 여행 중에 내게 왔
으나 내가 먹일 것이 없노라 하면 7 그가 안에서 대답하여 이르되 나
를 괴롭게 하지 말라 문이 이미 닫혔고 아이들이 나와 함께 침실에 누
웠으니 일어나 네게 줄 수가 없노라 하겠느냐 8 내가 너희에게 말하노
니 비록 벗됨으로 인하여서는 일어나서 주지 아니할지라도 그 간청
함을 인하여 일어나 그 요구대로 주리라 9 내가 또 너희에게 이르노니
구하라 그러면 너희에게 주실 것이요 찾으라 그러면 찾아낼 것이요
문을 두드리라 그러면 너희에게 열릴 것이니 10 구하는 이마다 받을
것이요 찾는 이는 찾아낼 것이요 두드리는 이에게는 열릴 것이니라
11 너희 중에 아버지 된 자로서 누가 아들이 [2]생선을 달라 하는데 생
선 대신에 뱀을 주며 12 알을 달라 하는데 전갈을 주겠느냐 13 너희가
악할지라도 좋은 것을 자식에게 줄 줄 알거든 하물며 너희 하늘 아버
지께서 구하는 자에게 성령을 주시지 않겠느냐 하시니라

5 And he said to them, "Which of you who has a friend will go to him
at midnight and say to him, 'Friend, lend me three loaves, 6 for a friend
of mine has arrived on a journey, and I have nothing to set before him';
7 and he will answer from within, 'Do not bother me; the door is now
shut, and my children are with me in bed. I cannot get up and give you
anything'? 8 I tell you, though he will not get up and give him anything
because he is his friend, yet because of his impudence[3] he will rise and
give him whatever he needs. 9 And I tell you, ask, and it will be given
to you; seek, and you will find; knock, and it will be opened to you.
10 For everyone who asks receives, and the one who seeks finds, and to
the one who knocks it will be opened. 11 What father among you, if his
son asks for[4] a fish, will instead of a fish give him a serpent; 12 or if he
asks for an egg, will give him a scorpion? 13 If you then, who are evil,

know how to give good gifts to your children, how much more will the heavenly Father give the Holy Spirit to those who ask him!"

1) 헬, 빚진 모든 2) 어떤 사본에, 떡을 달라 하면 돌을 주며 생선을

1 Greek *he* *2* Or *our bread for tomorrow* *3* Or *persistence* *4* Some manuscripts insert *bread, will give him a stone; or if he asks for*

단락 개관

예수님의 제자들은 이웃을 사랑하고(10:25-37), 주님의 말씀을 경청하며(10:38-42), 기도한다(11:1-13). 이 단락에서는 예수님이 기도하시는 모습을 본 제자들이 기도를 가르쳐달라고 요청해서(1절), 예수님이 그들에게 간단한 기도 패턴을 알려주신다(2-4절). 이 패턴은 하나님 나라의 도래, 일용할 양식의 필요, 남을 용서하는 것의 중요성, 배교로부터의 보호에 초점을 맞춘다. 이어서 예수님이 한밤중에 찾아온 손님의 비유(5-8절)를 드는데, 아무리 비열한 주인이라도 친구가 와서 도움을 간청하며 물러가지 않으면 그를 도울 것이라고 말씀하신다. 이후 그 비유를 적용하신다. 신자들 역시 끈질기게 기도해야 하는 것은 하나님은 기꺼이 주시는 좋은 아버지이기 때문이다(13절)! 그리고 가장 놀라운 선물은 바로 성령이다(13절).

단락 개요

IV. 갈릴리에서 예루살렘으로: 제자의 길(9:51-19:27)

A. 여행이 시작되다(9:51-13:21)

2. 제자로 살아가는 삶(10:25-11:13)

c. 기도에 관해 가르치시다(11:1-13)

주석

11:1 앞에서 이웃을 사랑하고(10:25-37) 주님의 말씀을 경청하는(10:38-42) 제자들의 모습을 살펴보았다. 열두 제자가 예수님이 기도하시는 모습을 본다. 누가복음에서 예수님은 사역의 중요한 순간마다 기도하신다(3:21; 5:16; 6:12-16; 9:28-29; 22:32, 41, 44, 45). 제자들이 그분에게 기도를 가르쳐 달라고 요청하는 것을 보면, 기도가 그분 삶에서 두드러지는 부분임을 알 수 있다. 누가의 여행 내러티브가 흔히 그렇듯이 이 사건의 장소도 모호하다("어떤 곳", 새번역). 예수님이 기도하시는 모습을 관찰한 어떤 제자가 예수님에게, 세례 요한이 그의 제자들에게 기도를 가르쳤듯이, 자기들에게도 기도를 가르쳐달라고 부탁한다.

11:2 고대 세계에서는 기도를 신의 도움을 호소하는 정교하고 정제된 긴 주문 형태의 정해진 문구로 보았다. 이에 반해 예수님이 제자들에게 가르치시는 기도는 무척 단순하고 간결하다는 것이 눈에 띈다. 여기에 나오는 기도의 내용은 이보다 긴 마태의 것(마 6:9-13)과 일치하지 않는다. 하지만 예수님은 순회 전도자로서 여러 경우에 이 기도를 가르치셨을 가능성이 크다. 또는 누가가 예수님이 말씀하신 것을 요약했을 수도 있다. 어느 경우

든, 문제는 기도할 때마다 이 글귀를 똑같이 사용하는지 여부가 아니다. 이 기도는 하나의 모델과 패턴이지 모든 경우에 하나같이 따라야 할 규범이 아니기 때문이다.

이 기도는 "아버지"라는 단순한 말로 시작된다. 예수님이 하나님을 아버지로 고백하는 유일한 사람은 아니라도, '아버지'라는 호칭이 그분의 가르침에 자주 나오는 점이 독특하다. 우리는 보통 아버지다움을 사랑의 견지에서 생각하고, 이 단어는 실제로 자녀들을 향한 하나님의 사랑과 온유하심을 전달한다(갈 4:6, 참고. 사 63:16). 하지만 현대 문화에서 놓치기 쉬운 것은 '아버지'라는 단어가 하나님의 권위를 지칭하기도 한다는 점이다. 우리가 하나님을 사랑하는 주님으로 부를 때는 우리를 돌보는 분이자 동시에 다스리는 분으로 고백하는 것이다.

첫 번째 간구는 하나님의 이름이 존귀하게 여겨지는 것으로, 이 기도는 하나님 중심적 특징을 갖고 있다. 하나님의 이름은 그분의 본성과 성품, 곧 그분의 모든 훌륭하고 아름다운 면모를 상징한다(참고. 눅 1:49). 하나님의 이름이 중요하다는 것은 구약에 분명히 나오는데, 예컨대 주님은 그분의 이름을 오용하는 자는 누구나 징벌할 것이라고 하신다(출 20:7). 구약은 거듭해서 주님의 '거룩한 이름'을 더럽히는 죄에 대해 말한다(예. 레 20:3; 22:2; 겔 36:20). 신자는 하나님의 이름을 자랑한다(대상 16:10). "주의 거룩한 이름을 감사하[고]"(대상 16:35, 참고. 시 30:4), "그의 거룩한 이름을 송축하[며]"(103:1), "그의 성호[거룩한 이름]를 의지"(33:21)한다. 이스라엘은 또한 하나님의 "거룩한 이름"을 위해 구속받을 것이다(겔 20:41; 36:21-22; 39:25).

신자는 또한 그 나라의 도래를 위해 기도한다. 하나님의 나라는 이미 예수 그리스도 안에서 왔고(눅 17:20-21), 그분이 행하시는 복음 전파와 치유와 축귀를 통해 시작되었으며(4:18-21; 7:18-23; 11:20), 그 나라의 현존이 겨자씨의 비유와 누룩의 비유에서 뚜렷이 나타난다(13:18-21). 그 나라가 임하도록 기도하는 것은, 하나님 나라가 현재의 악한 세대가 이어지는 동안에도 계속해서 더 강하게 나아가도록 기도하는 것을 의미한다. 그리고 하나님의 나라가 앞으로 나아가는 곳에서는 그분의 이름이 거룩히 여김을 받는다. 이와 동시에 우리는 주님이 그분의 나라를 완성하시도록, 그 나라가 완전히 도래하도록, 하나님의 대적이 패배를 당하도록, 의가 다스리도록 기도한다. 그런 약속들은 결국 예수님이 다시 오실 때 실현될 것이다(17:22-37; 21:25-28). 이 구절에 나오는 기도의 두 가지 측면(하나님의 이름과 그 나라에 대한 강조)이 스가랴 14:9에 잘 포착되어 있다. "여호와께서 천하의 왕이 되시리니 그날에는 여호와께서 홀로 한 분이실 것이요 그의 이름이 홀로 하나이실 것이라."

11:3 다음 간구는 인간의 필요와 관련이 있다. 신자들은 하나님께 날마다 일용할 양식을 공급해달라고 요청해야 한다. "날마다"[에피우시온(*epiousion*)]로 번역된 용어가 논란거리다. 이 단어는 '날마다', '필요한' 또는 '내일의'로 번역될 수 있다. 일부 학자는 이 간구가 신자들에게 오늘이나 내일 필요한 '생명의 양식'을 언급하는 것으로 이해한다. 이런 해석을 선택하는 이들은 1세기 당시 팔레스타인의 현실, 즉 삶이 불안정하고 기근이 삶의 질에 큰 영향을 미칠 수 있는 실정을 잊고 있다.[138] 우리는 주님이 이스라엘에게 날마다 만나를 공급하셨던 것을 기억한다(출 16:4). 다른 곳에서는 주님이 제자들에게 필요한 것을 공급할 것이니 염려하지 말라고 가르치신다(눅 12:22-24). 신자가 주님께 날마다 삶에 필요한 것을 주시도록 기도할 필요가 있는 것은, 우리의 하루하루가 그분께 달려 있기 때문이다(행 17:25).

11:4 신자는 또한 하나님께 죄를 용서해달라고 구해야 한다. 우리는 물질적 공급과 영적인 삶 모두를 위해 주님이 꼭 필요한 존재다. 어거스틴(Augustine)은 펠라기우스(Pelagius)와 논쟁할 때 종종 이 구절에 호소하곤 했는데, 주님이 우리에게 용서를 간구하도록 가르치신 만큼 그리스도인은 이생에서 결코 완전함에 이르지 못할 것이라고 지적했다. 달리 말하면 어

138 참고. Bock, *Luke 9:51-24:53*, 1053-1054.

느 그리스도인도 더 이상 죄 사함을 간구할 필요가 없는 지점에 도달할 수 없다는 뜻이다. 이 땅에 존재하는 한, 우리는 여전히 수많은 모습으로 순종하는 데 실패할 것이다(약 3:2). 따라서 우리는 주님께 우리의 죄를 고백하면서 용서해달라고 간구해야 한다(요일 1:9). 주님이 우리의 죄를 용서하시는 만큼 우리도 우리에게 빚진 자들을 용서해야 마땅하다. 여기서 빚이라는 용어는 죄를 상징한다. 신자는 주님에게 용서받았기 때문에 그에 대한 보답으로 남을 용서해야 한다(눅 6:37; 집회서 28:2).

또한 신자는 주님이 그들을 유혹으로 인도하지 않으시도록 기도해야 한다. 이 간구가 이상하게 보이는 것은, 다른 곳에서는 하나님께서 아무도 유혹하지 않으신다고 말하기 때문이다(약 1:13). 우리는 여기서 담론의 두 가지 영역을 인식해야 한다. 야고보가 염두에 두는 것은 주님이 우리를 죄로 유인하신다는 개념, 즉 우리로 죄를 짓게 하려고 함정을 놓으신다는 개념이다. 야고보는 이런 일은 결코 일어나지 않을 것과, 모든 죄는 우리의 욕심과 성향에서 생긴다는 것을 분명히 한다(약 1:14-15). 여기서는 하나님이 주권적인 왕이므로, 죄를 지을 수 있는 상황에서 우리를 지켜달라고, 특히 우리가 배교를 범하지 않도록 보호해달라고, 우리가 그분으로부터 떨어져 나가지 않게 도와달라고(참고. 유 1:1-2, 24-25) 기도하도록 예수님이 권면하신다. 우리는 우리 자신의 치명적인 약점과 한계를 안다. 부정적이고 힘겨운 상황에 처하게 된다면, 어쩌면 우리는 주님을 부인할지도 모른다(마 10:33; 딤후 2:12).

11:5-6 예수님은 기도의 패턴을 알려준 후(11:2-4), 제자들이 적용할 수 있는(11:9-13) 한 비유를 말씀하신다(5-8절). 어떤 방문객이 여행하던 중에 강렬한 열기를 피하려고 한밤중에 찾아오는 시나리오다. 주인은 방문객에게 내줄 것이 전혀 없지만, 중동의 손님 접대 전통은 양식을 제공할 것을 요구한다. 이에 주인이 한 친구에게 가서 긴급한 상황이 생겼으니 떡 세 덩이를 빌려달라고 요청한다. 주인은 한밤중의 사태를 예견하지 못했기에 절박한 처지에 놓이게 된다.

11:7-8 그 집에 있는 사람이 자신은 그런 상황과 무관하다며 늦은 시간이라 신경을 쓸 수 없다고 말한다. 문이 닫히고 잠겼으며 자녀들이 자고 있다는 것이다. 우리는 한밤중에 방 한 칸짜리 집에서 소동이 일어나 어린 자녀들이 깨어나는 상황을 상상할 수 있는데, 이는 어느 부모라도 가장 피하고 싶은 일이다. 그래서 그 사람이 이 시간에는 도울 수 없다고 말하는 것이다. 그럼에도 이야기는 끝나지 않는다. 그 집에 있는 사람은 친구를 도우려 하지 않지만(너무 크게 옥신각신한다) '그의 뻔뻔스러움' 때문에 결국 필요한 양식을 줄 것이다. '뻔뻔스러움'[아나이데이아(*anaideia*)]으로 번역된 단어가 논란거리다. CSB는 그것을 그 집 밖에 있는 친구의 '뻔뻔스러운 배짱'으로 이해한다. HCSB[또한 NASB, NRSV는 "sheer persistence"(순전한 끈질김), NET는 "shameless persistence"(뻔뻔스러운 끈질김), NLT도 참고하라]는 그것을 '끈질김'으로 해석하는 오랜 전통을 반영한다. 다른 번역본들은 이 용어를 다양하게 번역한다. 이를 테면 "importunity"(끈덕짐, KJV, RSV, ASV) 또는 "shameless audacity"(뻔뻔스러운 무례함, NIV) 등이다. 해석자들은 그것이 집 밖에 있는 친구와 집 안에 있는 사람 중 누구를 언급하느냐를 놓고 논쟁한다. 만일 그 집 안에 있는 사람이라면, 그가 결국 요청을 허락하는 것은 친구를 돕지 않았다는 사실이 성읍에 알려지면 부끄러워지기 때문이다.[139] 대다수 학자는 현재 그 단어(아나이데이아)를 '끈질김'으로 번역하는 것이 최선이 아니라는 데 동의한다. 그럼에도 그 말은 집 밖에 있는 친구를 가리키는 것으로, 그의 뻔뻔스러움, 무례함 또는 몰염치함을 언급할 수 있다.[140]

두 가지 해석이 모두 가능하지만 전체 맥락은 집 밖에 있는 친구에 대한 언급이라는 견해를 지지한다. 예수님은 즉시 이 비유를 끈질기게 기도할 필요성에 적용하신다(11:9-10). 일부 학자는 그 단어(아나이데이아)가 '끈질김'을 뜻하지 않는다는 이유로, 우리가 원하는 것을 얻으려고 거듭해서 하

139 Garland, *Luke*, 467-469.

140 이 단어의 뜻에 대해서는 BDAG, s.v. ἀναίδεια를 참고하라.

나님께 빌 필요가 있다는 생각에 반론을 제기한다. 하지만 비록 그 단어가 끈질김을 뜻하지 않을지라도, 문맥상 그 사람의 뻔뻔스러움과 무례함과 몰염치함이 끈질김으로 명백히 나타난다(참고. 18:5). 그래서 우리는 그 비유 자체에서 끈질김의 개념을 보게 된다. 집 안에 있는 사람은 마침내 그 친구의 무례함과 뻔뻔스러움 때문에 그에게 필요한 것을 준다. 그 친구가 거절의 응답을 받아들이지 않기 때문이다. 그럼에도 하나님은 그 집 안에 있는 사람과 '대조되기' 때문에, 우리는 이 비유를 조심스럽게 해석할 필요가 있다. 주님은 그분의 자녀들에게 좋은 것을 주고 싶어 하신다(11:11-12).

우리가 11:9-12에서 보게 될 것처럼, 이 비유의 요점은 이것이다. 주님은 우리에게 좋은 것을 주기 원하시기 때문에 우리가 끈질기게 기도해야 한다는 것이다. 마치 주님이 주기를 꺼리시는 것처럼, 마치 주기 싫어하시는 것을 억지로 얻어내야 하는 것처럼, 우리가 끈질기게 빌어야 한다는 뜻이 아니다. 끈질긴 자세는 우리의 간절함을 드러내기 때문에 우리가 끈질기게 기도해야 하는 것이다.

11:9-10 예수님이 이 비유를 청중에게 적용하신다. 밖에 있는 친구가 한밤중에 뻔뻔스럽게 양식을 요청한 것처럼, 제자들도 구하고 찾고 두드려야 한다. 여기에 나온 약속이 참으로 놀랍다. 구하는 자는 받을 것이고, 찾는 자는 찾을 것이며, 두드리는 자에게 문이 열릴 것이라는 약속이다. 이처럼 구하고 찾고 두드리는 일은 단번에 일어나는 것이 아니라 규칙적인 활동이다. 여기에는 구하는 것에서 찾는 것으로, 찾는 것에서 두드리는 것으로 올라가는 상승 작용이 있다. 이런 말씀은 문맥 안에서 읽어야 한다. 우리는 우리에게 필요한 것을 구해야 하고, 하나님께서 무엇이 필요한지를 결정하신다. 예컨대 야고보서 1:5-8이 이 구절에 대한 성찰이다. 즉 신자는 시련 중에 지혜를 구해야 한다는 것이다. 달리 말하면 신자는 하나님의 뜻에 부합한 것, 곧 지혜를 위해 구하고 찾고 두드려야 한다! 이와 같이 누가복음에서는 신자가 성령을 구한다(11:13). 마가복음 10:35-40에서는 야고보와 요한이 예수님의 오른쪽과 왼쪽에 앉게 해달라고 요구하지만 예수

님이 이를 거부하신다. 우리가 구하는 모든 것이 다 하나님의 뜻에 부합한 것은 아니다. 만일 하나님의 말씀이 우리 안에 거한다면(요 15:7), 만일 우리가 그분의 뜻대로 구한다면(요일 5:14), 하나님은 우리가 구하고 찾는 것을 허락하신다. 끈질김의 목적은 하나님께 똑같은 것을 무턱대고 또는 미신적으로 거듭해서 빌거나 말하기 위함이 아니다(마 6:7). 진정한 끈질김은 의미 있고 사려 깊은 방식으로 계속 하나님께 구하는 것이고, 동시에 기도의 반복이 마법과 같다는 생각에 빠지지 않는 것이다.

11:11-13 누가복음 11:9-10은 끈질긴 기도를 격려하고, 11-13절은 그런 끈질김에 필요한 기반을 제공해준다. 우리가 계속해서 하나님께 구해야 하는 것은 그분이 좋은 아버지로서 우리에게 필요한 것을 주고 싶어 하시기 때문이다. 달리 말해 그분이 인색한 탓에 우리가 감언이설로 복을 얻어내기 위해 구해야 하는 것이 아니다. 오히려 정반대다. 우리가 끈질기게 기도하는 것은 하나님의 사랑이 참으로 크기 때문이다. 어떤 이들은 하나님이 좋은 아버지라면 굳이 기도할 필요가 없을 것이라고 생각할지 모른다. 하지만 기도는 우리의 마음속에 있는 것을 드러내고, 우리가 진심으로 하나님께 구하고 있는지 여부를 분명히 해준다.

하나님을 생선을 구하는 아들을 둔 아버지에 비유하면 우리를 향한 그분의 사랑을 알 수 있다. 정상적인 인간 아버지라면 아무도 자기 아들에게 뱀을 주지 않을 것이다. 아울러 아들이 알을 구하는데 사랑하는 아버지가 전갈을 줄 리도 결코 없다. 악한 인간도 아버지로서 자기 아들을 사랑한다면(실은 대다수가 그렇게 한다), 우리를 향한 하나님의 큰 사랑을 확신할 수 있다. 그분은 분명 우리에게 좋은 선물을 주기 원하신다! 인간 아버지들이 비록 악할지언정 자녀에게는 좋은 선물을 주기 원한다는 것이 일반 은총(common grace)을 증언하기도 한다. 모든 인간이 악할 수 있을 만큼 최대한으로 악한 것은 아니다. 그래서 죄 많은 부모라도 일반적으로 자기 자녀를 사랑하고 그들에게 좋은 것을 주고 싶어 한다. 우리에게 가장 필요한 것을 주시는 하나님은 인간 부모보다 훨씬 지혜로운 분이다. 하나님은 그분께 구하는 사람들에게 성령을 주어서(24:49; 행 1:8), 하나님이 기뻐하는 삶을 살도록 하신다.

응답

우리가 기도할 때는 하나님으로 시작해서 그분의 높으심에 초점을 맞추고 그분의 영광이 온 땅에 선포되기를 구한다. 우리는 하나님이 누구인지가 밝히 드러나도록, 무한히 지혜롭고 공의롭고 자애롭고 전능하신 면모가 나타나도록 기도한다. 인생에서 가장 중요한 것은 하나님의 영광이다(고전 10:31). 우리는 하나님의 나라가 나타나길 기도하되 우리가 스트레스에 반응하는 방식으로, 우리의 말로, 우리의 가정에서, 우리의 정부에서, 우리의 학교에서 그리고 공동 사회에서 나타나도록 기도한다. 우리가 아침에 출근할 때 또는 집안일을 위해 집에 머물 때 또는 자녀들과 함께 있을 때 이렇게 기도할 수 있다. "주님, 주님의 나라가 나를 통해 넓어지고, 주님의 뜻이 오늘 나의 삶에서 이루어지게 하소서."

매일 음식을 먹을 때마다 우리가 하나님이 필요한 존재임을 상기하게 된다. 하나님을 떠나서는 일상생활을 영위하지 못할 것이다. 우리가 식사하기 전에 감사를 드리는 것은 모든 양식이 하나님의 은혜로운 선물임을 인정하기 때문이다(참고. 신 8:18). 우리가 이 단락에서 배우는 바는, 기도는 종종 하나님께서 우리에게 필요한 것을 주시는 수단이라는 것이다. 하나님은 수단과 목적을 모두 주관하신다. 예컨대 하나님은 선택한 자를 구원하기로 정했으나 그분이 사용하시는 수단은 복음 전파다. 야고보가 말하듯이, 우리가 얻지 못함은 구하지 않기 때문이다! 기도가 우리에게 상기시켜주는 바는, 우리에게 필요한 모든 것이 하나님으로부터 온다는 것과 하나님은 우리를 사랑하시는 아버지라는 것이다. 우리가 하나님의 자녀로서 무언가를 얻고 싶다면 그분에게 구해야 한다.

하나님께 구한다는 것은 우리가 계속해서 찾고 두드린다는 뜻일 수 있다. 바울은 육체의 가시를 제거해달라고 세 번 간구했다(고후 12:7-10). 다시 말해 그 가시를 제거해달라고 한동안 기도했던 것이다. 물론 하나님은, 때때로 그러듯이, 거절하셨다. 그럼에도 우리는 구하고 찾고 두드리고 우리의 요청을 들고 그분께 가도록 부름 받았다. 물론 그런 간구는 성경과 하나님에 대한 우리의 지식에 의해 빚어져야 한다.

그런데 하나님께서 우리에게 필요한 것을 알고 우리를 사랑한다면, 왜 기도하고 찾고 두드리라고 권유하실까? 일부 사람은 우리의 모든 필요를 알고 우리를 한없이 사랑하시는 하나님에게 왜 굳이 기도해야 하는지 의아해한다. 우리의 끈질긴 기도는 우리가 진정으로 원하는 것을 나타낸다. 우리가 계속해서 기도로 하나님께 나아가는 것은 이 세상의 다른 무엇보다도 그분을 더 원한다는 것이다. 기도의 응답은 항상 우리가 원하는 형태로 오지 않는다. 그러나 하나님은 우리의 지혜로운 아버지다. 그분은 우리에게 필요한 것을 우리보다 더 잘 아신다. 우리에게 가장 필요한 것은 바로 하나님이다. 성령이다! 우리가 계속해서 구하고 찾고 두드리면, 결국 우리에게 가장 귀한 것은 바로 하나님임을 깨닫게 된다.

14 예수께서 한 말 못하게 하는 귀신을 쫓아내시니 귀신이 나가매 말
못하는 사람이 말하는지라 무리들이 놀랍게 여겼으나 15 그중에 더러
는 말하기를 그가 귀신의 왕 바알세불을 힘입어 귀신을 쫓아낸다 하
고 16 또 더러는 예수를 시험하여 하늘로부터 오는 1)표적을 구하니
17 예수께서 그들의 생각을 아시고 이르시되 스스로 분쟁하는 나라마
다 황폐하여지며 스스로 분쟁하는 집은 무너지느니라 18 너희 말이 내
가 바알세불을 힘입어 귀신을 쫓아낸다 하니 만일 사탄이 스스로 분
쟁하면 그의 나라가 어떻게 서겠느냐 19 내가 바알세불을 힘입어 귀신
을 쫓아내면 너희 아들들은 누구를 힘입어 쫓아내느냐 그러므로 그들
이 너희 재판관이 되리라 20 그러나 내가 만일 하나님의 2)손을 힘입
어 귀신을 쫓아낸다면 하나님의 나라가 이미 너희에게 임하였느니라
21 강한 자가 무장을 하고 자기 집을 지킬 때에는 그 소유가 안전하되
22 더 강한 자가 와서 그를 굴복시킬 때에는 그가 믿던 무장을 빼앗고
그의 3)재물을 나누느니라 23 나와 함께하지 아니하는 자는 나를 반대
하는 자요 나와 함께 모으지 아니하는 자는 헤치는 자니라

14 Now he was casting out a demon that was mute. When the demon
had gone out, the mute man spoke, and the people marveled. 15 But

some of them said, "He casts out demons by Beelzebul, the prince of
demons," 16 while others, to test him, kept seeking from him a sign
from heaven. 17 But he, knowing their thoughts, said to them, "Every
kingdom divided against itself is laid waste, and a divided household
falls. 18 And if Satan also is divided against himself, how will his
kingdom stand? For you say that I cast out demons by Beelzebul.
19 And if I cast out demons by Beelzebul, by whom do your sons cast
them out? Therefore they will be your judges. 20 But if it is by the
finger of God that I cast out demons, then the kingdom of God has
come upon you. 21 When a strong man, fully armed, guards his own
palace, his goods are safe; 22 but when one stronger than he attacks him
and overcomes him, he takes away his armor in which he trusted and
divides his spoil. 23 Whoever is not with me is against me, and whoever
does not gather with me scatters.

24 더러운 귀신이 사람에게서 나갔을 때에 물 없는 곳으로 다니며 쉬
기를 구하되 얻지 못하고 이에 이르되 내가 나온 내 집으로 돌아가리
라 하고 25 가서 보니 그 집이 청소되고 수리되었거늘 26 이에 가서 저
보다 더 악한 귀신 일곱을 데리고 들어가서 거하니 그 사람의 나중 형
편이 전보다 더 심하게 되느니라
24 "When the unclean spirit has gone out of a person, it passes through
waterless places seeking rest, and finding none it says, 'I will return to
my house from which I came.' 25 And when it comes, it finds the house
swept and put in order. 26 Then it goes and brings seven other spirits
more evil than itself, and they enter and dwell there. And the last state
of that person is worse than the first."

1) 또는 이적 2) 헬, 손가락을 3) 헬, 노략물을

단락 개관

주제가 제자도에서 예수님에 대한 반대로 이동하면서 그분의 처형을 예고한다. 예수님이 귀신을 쫓아내시는 모습을 보고 일부 사람은 그런 능력이 악마적인 것이라고 반응하는 한편, 또 다른 이들은 그분이 메시아임을 입증하는 하늘로부터 오는 결정적 표징을 요구한다. 예수님은 그분이 악마의 힘으로 활동한다는 견해에 대해 결정적인 반론을 제기하신다. (1) 만일 사탄이 귀신들을 쫓아낸다면, 그는 스스로를 무너뜨리고 있는 셈이다. (2) 이와 똑같은 논리가 다른 유대인 퇴마사들에게도 적용되어야 하는데, 예수님의 대적들은 그들이 바알세불의 힘으로 귀신을 좇아낸다고 말하지 않는다. (3) 사실 예수님이 귀신을 쫓아내시는 것은 하나님 나라가 그분의 사역을 통해 도래했다는 것을 입증한다. (4) 예수님이 귀신들을 이긴다는 것은 그분이 더 강하시다는 것을 보여준다. (5) 만일 그들이 예수님과 함께하지 않는다면, 그들은 그분을 반대하고 실제로 사탄의 편에 있는 자들이다. (6) 그들은 스스로 더욱 악해질 위험에 직면해 있다.

단락 개요

IV. 갈릴리에서 예루살렘으로: 제자의 길(9:51-19:27)
- A. 여행이 시작되다(9:51-13:21)
  - 3. 적대자들과 논쟁하시다(11:14-54)
    - a. 비난을 받으시다(11:14-26)

주석

11:14-16 예수님이 말 못하게 만든 귀신을 쫓아내신다. 귀신이 쫓겨나자 그 사람이 말할 수 있게 되었고, 이는 귀신이 제거되었다는 구체적인 증거다(참고. 7:22). 사람들은 이 놀라운 능력에 깜짝 놀랐으나 그것이 반드시 긍정적인 반응을 가리키지는 않는다(참고. 4:22).[141] 흥미롭게도 예수님에게 반대하는 자들은 그분의 기적이 가짜라고 주장하지 않는다. 그들은 기적들이 일어나고 있다는 것을 부인할 수 없다. 그 대신 귀신을 쫓아내는 것이 귀신들의 우두머리인 바알세불의 힘으로 된 것이라고 주장한다. "바알세불"은 아마 '파리 대왕'이라는 뜻일 테고 바알 숭배까지 거슬러 올라갈 수 있다. 여기서는 사탄의 다른 이름에 해당한다. 예수님의 적대자들은 이런 기적을 올바로 해석해야 한다고 주장한다. 아마 신명기 13:1-5에 호소하는 것 같다. 거기서 모세는, 다른 신들을 좇는 것을 지지하기 위해 이적과 기사를 행하는 선지자를 언급한다. 이적과 기사는 진정한 것이지만, 주님이 그것들을 이스라엘에게 허락하는 것은 그들이 참으로 주님께 헌신되어 있는지 여부를 시험하시기 위해서다. 그런 이적과 기사를 행하는 자는 반드시 죽여야 한다. 예수님의 대적들은 이런 논법을 좇아서 그분의 이적과 기사 자체를 반박하지는 않아도, 그것들을 악한 근원의 탓으로 돌린다. 그러면서 주님이 그들 가운데 거짓 선지자를 허락함으로써 이스라엘을 시험하고 계신다고 주장한다. 다른 이들은 예수님을 어떻게 이해해야 할지에 대해 확신이 없는 듯 보인다. 그래서 그분이 신임을 얻기 위해 하늘로부터 오는 반박할 수 없는 표징을 행하시기를 원한다(참고. 막 8:11; 요 6:30-31). 바울은 다른 곳에서 많은 유대인이 믿지 않는 이유 중 하나는 그들이 십자가에 못 박힌 그리스도를 믿는 대신에 표징(표적)을 구하기 때문이라고 지적한다(고전 1:21-22).

141 참고. Bock, *Luke 9:51-24:53*, 1073.

11:17-18 예수님은 그분 자신에 대한 반론을 듣지 않는 것 같지만, 우리가 다른 곳에서 살펴보았듯이 그들의 반론을 아신다(참고. 5:22; 6:8). 이어서 그분은 일련의 논리적이고 성경적인 주장으로 그들의 주장을 해체하신다. 그분의 주장은 이렇다. 사탄이 스스로를 공격하는 것이 이치에 맞지 않는 이유는 그런 행동은 본질적으로 자기 파괴적이기 때문이다. 사탄은 악하기 때문에 진리와 실재에 대해 옳게 생각하지는 않아도, 한 가지 일에는 헌신되어 있다. 바로 그의 세력을 키우는 일이다. 만일 사탄이 스스로에게 등을 돌린다면 그의 통치와 권세는 무너질 것이다. 따라서 예수님이 바알세불의 힘으로 귀신을 쫓아내신다는 그들의 주장은 근거가 없다.

11:19 예수님의 행동을 사탄의 탓으로 돌리는 것이 전혀 타당성이 없다는 논리가 계속 이어진다. 예수님은 그런 혐의가 내적 모순을 안고 있다고 주장하신다. 어쨌든 그들의 아들들 중 일부, 즉 그들의 제자들 역시 귀신을 쫓아내고 있지 않은가(참고. 9:49)?[142] 그들은 이런 경우에 대해서는 그 축귀가 사탄의 영감을 받은 것이라고 주장하지 않는다. 그들은 도대체 무슨 근거로 어떤 경우에는 축귀가 사탄적이라 말하고, 다른 경우에는 하나님으로부터 온다고 말하는 것일까? 바로 그들의 제자들이 그 논리가 편파적인 주장에 불과하다고 판결할 것이다.

11:20 사실 예수님은 귀신을 쫓아내는 일을 다르게 해석해야 한다고 주장하신다. 그분은 "하나님의 손"("the finger of God")으로 귀신을 쫓아내신다. 마태는 병행 구절에서 그분이 성령의 힘으로 귀신을 쫓아내신다고 말한다(마 12:28). 여기서 누가가 그 어구를 포함하지 않는 것이 흥미로운데, 그가 다른 곳에서 성령의 사역을 강조하기 때문이다. 그럼에도 "하나님의 손"이

142 "너희 아들들"이 예수님의 제자들을 가리킬 가능성은 별로 없다(이에 대한 반론은 Garland, *Luke*, 482; Bock, *Luke 9:51-24:53*, 1077-1078을 보라). 그 아들들의 "재판"에 대한 언급은 수사적이기에 모든 유대인 퇴마사들이 종말에 바른 편에 있다고 과장해서는 안 된다.

라는 어구를 포함시키는 데는 그만한 이유가 있다. 이는 출애굽기를 암시하는 듯한데, 바로의 마술사들이 "요술"로 일부 기적을 행하는 장면이다(출 7:11, 22; 8:7). 방금 우리는 신명기 13:1-5(참고. 11:14-16 주석)을 논의하면서, 종교 지도자들이 현재 예수님에 대해 그와 비슷한 말을 하면서 그분이 악하고 악마적인 근원으로부터 이적과 기사를 행하고 있다고 주장하는 것을 살펴보았다. 그러나 이집트의 마술사들은 모세와 아론의 이적과 기사를 따라잡을 수 없었고, 모세와 아론의 이적과 기사를 '하나님의 손'(출 8:19, "the finger of God", 개역개정은 "하나님의 권능")으로 인정했다. "하나님의 손"은 하나님의 명백한 사역을 의미한다(참고. 출 31:18; 신 9:10). 그래서 예수님은 대적들에게 귀신을 쫓아내는 극적인 사역이 그분이 사탄과 협력한다는 표징이 아니라고 말씀하시는 것이다. 대신 그것은 하나님 나라가 그분의 사역을 통해 임했다는 명확한 표징이다(참고. 눅 10:9; 17:21). 다른 사람들도 귀신을 쫓아내지만(참고. 9:49-50; 11:19), 예수님의 사역은 놀랍고 독특한 표징이 있어서 다른 모든 사람들로부터 그분을 구별시킨다. 그것은 그 백성에게 주신 하나님의 언약이 실현되고 있다는 신호다.

11:21-23 대적들로 하여금 현재 일어나는 일의 진실을 알게 하려고 예수님이 또 다른 예화를 말씀하신다. 완전무장을 한 강한 사람은 그의 집 또는 그의 궁전이 안전하다는 것을 안다. 그의 군사적인 힘 때문에 어떤 염려에도 시달리지 않는다(참고. 사 49:24). 그러나 더 강한 사람이 무대에 등장해서 그를 정복하면 그동안 의지했던 무기와 무장을 빼앗기고 재물마저 바쳐야 한다. 이 이야기의 요점은 자명하다. 강한 사람은 사탄이고, 예수님은 그보다 더 강한 분이다. 사탄은 그의 소유를 안전하게 지켰고, 아무도 그를 몰아낼 수 없었다. 그러나 예수님이 더 강한 사람으로서 사탄을 정복하고(참고. 골 2:15) 승리의 약탈품을 기념물로 삼으셨다. 약탈품에 대한 언급은 이사야 53:12, 곧 의인으로 입증된 종이 승리의 약탈품을 즐기는 모습을 암시할 수 있다. 그 승리의 한 지표는 사람들을 귀신으로부터 해방시키는 일이다. 앞의 9:50 주석에서 그 구절이 누가복음 11:23과 모순되는

것처럼 보인다고 했는데, 속담은 그 맥락에 비추어 해석해야 한다는 것을 상기하게 된다. 여기서는 예수님이 그분의 사역을 사탄의 탓으로 돌리는 사람들에게 말씀하시는 만큼, 그들은 분명히 예수님과 함께하는 자들이 아니다! 그들은 하나님의 백성을 모으고 보존하는 대신에 거짓 목자와 거짓 지도자처럼 그들을 흩어버린다(참고. 겔 34:5-6).

11:24-26 이 구절들의 정확한 의미는 이해하기 어렵다. 이 대목이 귀신으로부터 해방된 사람에게 적용될 가능성은 거의 없다. 예수님이 계속 대적들에게 말씀하고 계신다고 보는 편이 더 의미가 통하고, 마태복음에 나오는 병행 대목도 이런 이해와 잘 들어맞는다. 따라서 우리는 이 말씀을 문자적이 아니라 비유적으로 해석해야 한다. 더러운 영은 귀신을 말하며, 그들은 한 사람에게서 쫓겨나면 새로운 안식을 구한다. 앞에서 귀신들이 돼지 떼 속으로 보내달라고 애원했던 장면이 생각난다(8:32). 그들이 안식을 찾지 못하고 본래의 집으로 되돌아온다. 가서 보니 그 집이 깨끗하게 정돈되어 있자 다른 악한 귀신 일곱을 데려와서 그 사람 안에 거한다. 그로 인해 그 사람의 상태가 이전보다 더 악화된다. 히브리서 6:4-6에도 이와 비슷한 가르침이 나온다. 배교한 사람들은 도무지 회개하고 돌이킬 수 없다는 말이다. 베드로후서 2:20은 그리스도를 아는 지식에서 등을 돌리는 사람들은 "그 나중 형편이 처음보다 더 심하[게]" 된다고 말한다. 이 구절들을 이해하는 열쇠는 나중 형편이 더 나빠진다는 마지막 글귀다. 그리고 이 비유가 예수님의 대적들에게 적용된다는 점이다. 그들은 예수님의 이적과 기사를 목격했으므로 그분이 진정 누구인지를 알고 회개하고 하나님께로 돌이킬 수 있는 기회가 있다. 그런데도 회개하지 않는다면, 그것은 마치 악한 귀신 일곱이 그들 속에 들어가는 것과 같다. 그들은 심지어 예수님의 사역에 '사탄적'이라는 딱지를 붙이는 지경에까지 이르렀다. 그들을 되찾는 일은 이제 불가능할 것이다.

응답

우리는 이 내러티브를 통해 항상 우리의 인식에 맞춰서 사건을 해석할 수 있음을 알게 된다. 예수님의 대적들은 그분이 기적을 행하신다는 데는 동의하지만 이 기적들이 악마의 영감을 받은 것이라고 주장한다. 우리가 참으로 하나님을 알고 싶다면 먼저 겸손해지고, 우리가 틀렸다는 것을 기꺼이 시인하고, 우리 마음속에 거하는 큰 악을 보아야 한다. 우리가 매우 자명한 것을 보지 못하는 일이 없도록 우리 자신과 다른 사람들을 위해 기도해야 한다. 예수님은 메시아이자 하나님의 아들이다. 여기서 그분은 그 증거가 명백하다고, 우리가 열려 있다면 그분이 누구인지를 보고 이해하게 될 것이라고 주장하신다. 바울 또한 하나님의 계시가 그분이 만드신 세계에 분명히 나타나며(롬 1:18-20), 사람들이 진리를 보지 못하는 것은 그것을 억압했기 때문이라고 주장한다.

우리는 또한 그들의 나중 형편이 이전보다 더 나쁘다는 말이 무슨 뜻인지를 생각해야 한다. 사람들이 그리스도에게 노출된 이후 자기네가 배척하는 것이 무엇인지 안다고 확신한 나머지 그 진리를 배척했다면, 나중에 그들이 그리스도에게 돌아올 가능성은 희박하다. C. S. 루이스가 말하듯이, 그들은 인생의 단계를 다 거쳤기 때문에 확신을 품고 기독교를 배척한다. 우리 모두가 한때는 사탄의 집에 속해서 그의 통제 아래 살았기 때문에 이제는 하나님을 찬송할 만한 충분한 이유가 있다. 예수님은 사탄의 집에 침입하여 그를 무찌르고 우리를 해방시키셨다. 우리는 예수 그리스도의 죽음과 부활을 통해 사탄의 권세와 능력에서 해방된 사람들이다.

27 이 말씀을 하실 때에 무리 중에서 한 여자가 음성을 높여 이르되 당
신을 밴 태와 당신을 먹인 젖이 복이 있나이다 하니 28 예수께서 이르
시되 오히려 하나님의 말씀을 듣고 지키는 자가 복이 있느니라 하시
니라

27 As he said these things, a woman in the crowd raised her voice and
said to him, "Blessed is the womb that bore you, and the breasts at
which you nursed!" 28 But he said, "Blessed rather are those who hear
the word of God and keep it!"

단락 개관

한 여자와의 대화는 대적들과의 논쟁을 다루는 단락에서 부적절해 보인다. 그러나 그 대화는 사실 그 맥락에 잘 들어맞는다. 이 여자가 감상적으로 예수님을 낳고 양육한 어머니를 축복하지만, 복은 하나님의 말씀을 듣고 지키는 사람들에게 속해 있다. 이것은 예수님의 대적들과 모든 곳의 모든 사람에게 해당되는 결정적인 이슈다.

단락 개요

IV. 갈릴리에서 예루살렘으로: 제자의 길(9:51-19:27)
  A. 여행이 시작되다(9:51-13:21)
    3. 적대자들과 논쟁하시다(11:14-54)
      b. 하나님의 말씀을 듣고 행하는 자가 복이 있다(11:27-28)

주석

11:27-28 예수님이 대적들에게 영적 위험에 대해 경고하실 때, 군중 속에 있던 한 여자가 갑자기 예수님을 낳고 양육한 어머니는 복이 있다고 외친다. 물론 어느 의미에서는 그녀의 말이 전적으로 옳다(1:28, 42, 48). 그럼에도 그녀의 태도는 다소 감상적이고, 이에 대해 예수님은 현실적으로 대응하신다. 자녀를 양육하고 돌보는 일이 고상하기는 해도 그로부터 자동적으로 복이 오는 것은 아니다. 그 자녀가 메시아라도 마찬가지다. 복을 받아 번성하는 사람들은 하나님의 말씀을 듣고 지킨다(참고. 6:46; 8:15, 21). 그

들은 가르치는 내용을 듣고(10:39) 그것을 실천하는 참된 제자들이기 때문이다.

응답

감상적인 모습이 참된 순종과 혼동될 수 있다. 멋진 추억을 되살리는 따스한 가정생활, 휴일 전통 공유하기 그리고 교회 출석과 찬송 부르기조차 주님의 말씀을 듣고 순종하는 것과 동일하지 않다. 이 단락을 통해, 주님은 우리가 온전히 그분의 것이 되기 원하신다는 것을 다시 생각하게 된다.

29 무리가 모였을 때에 예수께서 말씀하시되 이 세대는 악한 세대라
[1]표적을 구하되 요나의 [1]표적밖에는 보일 [1]표적이 없나니 30 요나가
니느웨 사람들에게 [1]표적이 됨과 같이 인자도 이 세대에 그러하리라
31 심판 때에 남방 여왕이 일어나 이 세대 사람을 정죄하리니 이는 그
가 솔로몬의 지혜로운 말을 들으려고 땅끝에서 왔음이거니와 솔로몬
보다 더 큰 이가 여기 있으며 32 심판 때에 니느웨 사람들이 일어나 이
세대 사람을 정죄하리니 이는 그들이 요나의 전도를 듣고 회개하였음
이거니와 요나보다 더 큰 이가 여기 있느니라

29 When the crowds were increasing, he began to say, "This generation
is an evil generation. It seeks for a sign, but no sign will be given to it
except the sign of Jonah. 30 For as Jonah became a sign to the people of
Nineveh, so will the Son of Man be to this generation. 31 The queen of
the South will rise up at the judgment with the men of this generation
and condemn them, for she came from the ends of the earth to hear
the wisdom of Solomon, and behold, something greater than Solomon
is here. 32 The men of Nineveh will rise up at the judgment with this
generation and condemn it, for they repented at the preaching of Jonah,

and behold, something greater than Jonah is here.

1) 또는 이적

단락 개관

거짓 인기의 위험이 하나의 주제로서 계속 이어진다. 군중은 늘어나고 있으나 그들의 마음은 바른 곳에 있지 않다. 그들은 표징을 찾는 악한 세대고, 예수님은 요나의 표징 외에는 어떤 표징도 주어지지 않을 것이라고 말씀하신다. 그리고 사실상 모든 사람이 요나의 표징을 오해할 것이다. 이스라엘 밖에 있는 사람들이 현 세대를 정죄하기 위해 불려온다. 솔로몬을 방문했던 "남방 여왕"(31절)이 최후의 심판 때 이스라엘의 현 세대를 정죄할 것은, 그녀는 솔로몬의 말을 듣기 위해 먼 곳에서 왔으나 현재 이스라엘은 솔로몬보다 더 지혜로운 분의 말씀을 거부하기 때문이다. 마찬가지로 니느웨 사람들도 이스라엘의 현 세대를 정죄할 것은, 그들은 요나의 선포를 듣고 회개했으나 이스라엘에 요나보다 더 위대한 분이 오셨기 때문이다.

단락 개요

IV. 갈릴리에서 예루살렘으로: 제자의 길(9:51-19:27)
- A. 여행이 시작되다(9:51-13:21)
  - 3. 적대자들과 논쟁하시다(11:14-54)
    - c. 악한 자들이 표적을 요구하다(11:29-32)

주석

11:29-30 거짓 인기의 위험이 계속 이어진다. 군중은 늘어나지만 진정한 믿음과 회개가 없다. 이스라엘의 현 세대가 "악한" 것으로 묘사된다(참고. 7:31; 9:41; 11:50-51; 16:8; 17:25). 이 세대는 표징(표적)을 요구하기 때문에 악하다. 예수님의 주장을 뒷받침하는 결정적 증거를 요구하는 것이다(11:16). 그러나 사람들이 원하는 것에 들어맞는 표징은 없다. 유일한 표징은 요나의 표징이다. 요나의 표징이라는 말의 뜻은 논란거리다. 그 표징은 심판의 선포, 물고기로부터 구출 그리고 니느웨 사람들의 회개 중 어느 것인가? 우리는 이 셋 모두를 수용해야 할 것 같다. 니느웨 사람들의 회개는 죽음에서 살아남을 상징한다는 점에서 요나의 구출과 비슷하다. 요나가 죽음에서 구출된 큰 사건은 예수님에게 일어날 일을 예시하고 있으나, 악한 세대는 그분의 십자가 죽음에 너무나 분개한 나머지 그것을 보지 못할 것이다.

11:31-32 악한 세대는 그들에게 주어진 유일한 표징을 놓칠 것이고, 따라서 그 세대에 심판이 임할 것이다. 다가오는 심판을 강조할 목적으로 구약의 두 내러티브가 재현되어 있다. "남방 여왕"이 솔로몬의 지혜를 얻기 위해 "땅끝에서", 즉 멀리 떨어진 곳에서 왔으며 그녀는 솔로몬의 지혜에 완전히 놀라 황홀해졌다(왕상 10:1-10). 예수님은 매우 비범한 진술을 통해 그분이 솔로몬보다 더 지혜롭다고 단언하신다. 다른 사람이 이런 말을 하면 지극히 오만하게 들릴 것이다. 누가복음의 고기독론이 다시금 우리를 엿보고 있다. 솔로몬보다 더 지혜로운 이가 이스라엘에 왔는데도 그분의 지혜에 주목하길 거부하는 바람에, 남방 여왕이 마지막 날에 예수님의 말씀을 경청하지 않는 자들을 정죄할 것이다. 이와 비슷하게 요나는 니느웨에 다가오는 심판을 선포하는 사명을 받았고, 그 성읍이 요나의 선포를 듣고 회개했다(욘 3:1-10). 예수님이 요나보다 더 위대하심에도 이스라엘은 예수님의 말씀을 듣고도 회개하지 않는다(참고. 눅 10:13-16). 마지막 날에 니느웨 사람들이 일어나서 자기 죄에서 돌이키지 않는 이스라엘 사람들을

정죄할 것이다. 예수님의 사역을 목격한 이들은 니느웨에 살았던 자들보다 더 명백하고 큰 계시를 갖고 있기 때문이다.

응답

많은 사람이 좀 더 많은 증거만 있다면 믿겠다고 말한다. 그들은 그리스도인의 문제는 삶의 복잡다단함과 애매모호함을 이해하지 못하는 것이며, 자기네 수준이 너무 높아서 진리에 대한 그런 단순한 결정을 내릴 수 없다고 주장한다. 예수가 유일한 길이요 유일한 진리라는 것에 동의하려면 더 많은 증거가 필요하다고 그들은 말한다. 그러나 예수님은 우리가 요나의 표징을 통해 충분한 증거를 이미 받았다고 말씀하신다. 요나가 3일 뒤에 물고기의 몸에서 구출되었듯이, 예수님 역시 3일 뒤에 부활하여 죽음에서 구출되셨다. 믿을 수 있을 만큼 충분한 증거가 우리에게 있다. 그럼에도 불구하고 믿지 못한다면 우리는 요나의 표징을 거부한 사람들을 닮은 셈이다.

33 누구든지 등불을 켜서 움 속에나 말 아래에 두지 아니하고 등경 위
에 두나니 이는 들어가는 자로 그 빛을 보게 하려 함이라 34 네 몸의
등불은 눈이라 네 눈이 [1]성하면 온몸이 밝을 것이요 만일 나쁘면 네
몸도 어두우리라 35 그러므로 네 속에 있는 빛이 어둡지 아니한가 보
라 36 네 온몸이 밝아 조금도 어두운 데가 없으면 등불의 빛이 너를 비
출 때와 같이 온전히 밝으리라 하시니라

33 "No one after lighting a lamp puts it in a cellar or under a basket, but
on a stand, so that those who enter may see the light. 34 Your eye is the
lamp of your body. When your eye is healthy, your whole body is full
of light, but when it is bad, your body is full of darkness. 35 Therefore
be careful lest the light in you be darkness. 36 If then your whole body
is full of light, having no part dark, it will be wholly bright, as when a
lamp with its rays gives you light."

1) 헬, 순전하면

단락 개관

대적들은 확실한 표징을 원하지만, 예수님 안에 그들이 봐야 하는 모든 빛이 들어 있다. 문제는 그들이 충분한 빛을 갖고 있는지 여부가 아니라 그 빛을 받아들일지 여부다. 만일 그들이 어둠으로 눈을 돌린다면, 그들 안에 있는 빛은 결코 빛이 아닐 것이다. 그 빛을 받아들이는 이들은 다른 사람들을 위한 빛이 되고 모두가 볼 수 있도록 예수님의 사랑으로 빛나게 된다.

단락 개요

IV. 갈릴리에서 예루살렘으로: 제자의 길(9:51-19:27)
　A. 여행이 시작되다(9:51-13:21)
　　3. 적대자들과 논쟁하시다(11:14-54)
　　　d. 빛과 어둠의 비유(11:33-36)

주석

11:33-34 예수님이 8:16에 나오는 등불을 켜는 것에 관한 비유로 다시 돌아가신다. 등불을 켰으나 지하실이나 바구니 아래 같은 감추어진 장소에 두어서 아무도 그것을 볼 수 없게 하는 것은 이치에 맞지 않는다. 사람들은 등불을 켠 다음 등경 위에 두어서 들어가는 이들이 빛을 볼 수 있게 한다. 이런 말씀이 표징에 대한 요구(11:29-32) 뒤에 나오는 것이 흥미롭다. 요점은 빛이 예수님의 사역을 통해 분명히 비쳤다는 것이다. 예수님이 그분의 메시지를 감추지 않고 공개적으로 선언하셨기 때문에 표징을 요구한

자들은 불신에 대해 변명할 수 없다. 34절은 빛이 몸에 들어가게 하는 수단인 눈을 등불에 비유한다. 눈은 한 사람이 어떤 인물인지를, 그를 움직이고 나아가게 하는 것을 상징한다. 건강한 눈은, 한 사람이 예수님이 전하시는 하나님 나라의 메시지를 받아들일 때 그 속에서 그분의 빛이 비치는 눈이다. 그 사람 전체가 빛으로 가득하게 된다. 마찬가지로 신자들의 삶은 복음의 아름다움으로 가득 찬다. 반대로 만일 눈이 나쁘다면, 만일 예수님의 빛이 배척을 받는다면, 배척하는 사람은 어둠으로 가득 차게 된다. 진리에 등을 돌리기 때문에 어둠 속에 빠지게 되는 것이다.

11:35-36 35절의 뜻은 아리송하다. 한 사람 속에 있는 빛이 어떻게 어둠일 수 있을까? 예수님은 그분을 반대하는 사람들, 그분을 사기꾼으로 확신하는 사람들, 그분을 사탄과 동일시하는 사람들에게 말씀하시는 듯하다. 그들이 그들 속에 있는 빛과 진리로 생각하는 것이 사실은 어둠이다. 무엇보다도 두려운 일은 우리가 사실은 완전히 틀렸는데도 완전히 옳다고 생각하는 것이다. 어둠에 빠져 있으면서도 자기네가 빛 가운데 있다고 생각하는 사람들은 자기기만에 빠진 채 살고 있는 것이다. 다른 편에 있는 사람들은 빛에 흠뻑 젖은 채 살고 있다. 이들은 그리스도로부터 흘러오는 빛을 받아서 기만에서 자유로운 삶을 영위한다. 그래서 이들은 자신이 받은 빛을 다른 이들에게 반사할 수 있다. 달리 말하면 그리스도의 빛이 그들의 빛이 되고, 그들이 그 빛을 다른 이들에게 넘겨줄 수 있는 것이다.

응답

우리가 예수님이 진리라는 것을 깨달으면 온몸이 빛으로 가득해진다. 반면에 실재에 대한 관점에 결함이 있으면 우리는 온통 어둠 속에 가려진다. 예수님을 반대하는 자들의 문제는 그들 속에 있는 빛이 실은 어둠이라는 것이다. 달리 말하면 그들이 진리로 생각하는 것이 사실은 오류다. 인생에서 가장 중요한 것에 대해 틀리는 것보다 더 두려운 일은 없다. 바로 하나님이 누구인가 하는 것이다! 예수님의 대적들은 근본적으로 결함이 있는 세계관을 갖고 있다. 그들은 자기네 관점이 옳다고 확신하지만 사실은 가장 중요한 진리를 보지 못하고 있다. 그들은 자기네가 틀릴 것에 대해 우려하지 않지만 우려해야 마땅하다. 우리 속에 있는 빛이 어둠이 되지 않도록 기도하자. 주 예수님을 꼭 붙잡아서 오류의 어둠으로 가려지지 않고 그분으로부터 오는 진리의 빛을 흠뻑 받도록 하자. 우리가 빛으로 가득 차서 우리 속에 있는 예수님의 빛이 다른 이들에게 비칠 수 있도록 기도하자.

37 예수께서 말씀하실 때에 한 바리새인이 자기와 함께 점심 잡수시
기를 청하므로 들어가 [1]앉으셨더니 38 잡수시기 전에 손 씻지 아니하
심을 그 바리새인이 보고 이상히 여기는지라 39 주께서 이르시되 너희
바리새인은 지금 잔과 대접의 겉은 깨끗이 하나 너희 속에는 탐욕과
악독이 가득하도다 40 어리석은 자들아 겉을 만드신 이가 속도 만들지
아니하셨느냐 41 그러나 그 안에 있는 것으로 구제하라 그리하면 모든
것이 너희에게 깨끗하리라

37 While Jesus[1] was speaking, a Pharisee asked him to dine with him,
so he went in and reclined at table. 38 The Pharisee was astonished to
see that he did not first wash before dinner. 39 And the Lord said to him,
"Now you Pharisees cleanse the outside of the cup and of the dish, but
inside you are full of greed and wickedness. 40 You fools! Did not he
who made the outside make the inside also? 41 But give as alms those
things that are within, and behold, everything is clean for you.

42 화 있을진저 너희 바리새인이여 너희가 박하와 운향과 모든 채소

의 십일조는 드리되 공의와 하나님께 대한 사랑은 버리는도다 그러
나 이것도 행하고 저것도 버리지 말아야 할지니라 43 화 있을진저 너
희 바리새인이여 너희가 회당의 높은 자리와 시장에서 문안 받는 것
을 기뻐하는도다 44 화 있을진저 너희여 너희는 [2]평토장한 무덤 같아
서 그 위를 밟는 사람이 알지 못하느니라
42 "But woe to you Pharisees! For you tithe mint and rue and every
herb, and neglect justice and the love of God. These you ought to have
done, without neglecting the others. 43 Woe to you Pharisees! For you
love the best seat in the synagogues and greetings in the marketplaces.
44 Woe to you! For you are like unmarked graves, and people walk over
them without knowing it."

45 한 율법교사가 예수께 대답하여 이르되 선생님 이렇게 말씀하시니
우리까지 모욕하심이니이다 46 이르시되 화 있을진저 또 너희 율법교
사여 지기 어려운 짐을 사람에게 지우고 너희는 한 손가락도 이 짐에
대지 않는도다 47 화 있을진저 너희는 선지자들의 무덤을 만드는도다
그들을 죽인 자도 너희 조상들이로다 48 이와 같이 그들은 죽이고 너
희는 무덤을 만드니 너희가 너희 조상의 행한 일에 증인이 되어 옳게
여기는도다 49 그러므로 하나님의 지혜가 일렀으되 내가 선지자와 사
도들을 그들에게 보내리니 그중에서 더러는 죽이며 또 박해하리라 하
였느니라 50 창세 이후로 흘린 모든 선지자의 피를 이 세대가 담당하
되 51 곧 아벨의 피로부터 제단과 성전 사이에서 죽임을 당한 사가랴
의 피까지 하리라 내가 너희에게 이르노니 과연 이 세대가 담당하리
라 52 화 있을진저 너희 율법교사여 너희가 지식의 열쇠를 가져가서
너희도 들어가지 않고 또 들어가고자 하는 자도 막았느니라 하시니라
45 One of the lawyers answered him, "Teacher, in saying these things
you insult us also." 46 And he said, "Woe to you lawyers also! For

you load people with burdens hard to bear, and you yourselves do not
touch the burdens with one of your fingers. 47 Woe to you! For you
build the tombs of the prophets whom your fathers killed. 48 So you are
witnesses and you consent to the deeds of your fathers, for they killed
them, and you build their tombs. 49 Therefore also the Wisdom of God
said, 'I will send them prophets and apostles, some of whom they will
kill and persecute,' 50 so that the blood of all the prophets, shed from
the foundation of the world, may be charged against this generation,
51 from the blood of Abel to the blood of Zechariah, who perished
between the altar and the sanctuary. Yes, I tell you, it will be required
of this generation. 52 Woe to you lawyers! For you have taken away
the key of knowledge. You did not enter yourselves, and you hindered
those who were entering."

53 거기서 나오실 때에 서기관과 바리새인들이 거세게 달려들어 여러
가지 일을 따져 묻고 54 그 입에서 나오는 말을 책잡고자 하여 노리고
있더라

53 As he went away from there, the scribes and the Pharisees began to
press him hard and to provoke him to speak about many things, 54 lying
in wait for him, to catch him in something he might say.

1) 헬, 기대어 누워 있는지라(유대인이 음식 먹을 때에 가지는 자세) 2) 헬, 보이지 않는

1 Greek *he*

단락 개관

예수님이 한 바리새인에게 점심 초대를 받으신 이 이야기에서 예수님에 대한 반대가 구체적으로 드러난다. 이 텍스트를 네 부분으로 나눌 수 있다. 첫째 부분은 예수님이 식사 전에 손을 씻지 않으시는 모습에 바리새인이 놀라는, 예수님과 바리새인 사이에 이뤄진 최초의 상호 작용이다(37-38절). 둘째 부분은 예수님이 바리새인들을 정죄하시는 장면이다(39-44절). 정죄의 이유는 내적인 경건과 균형이 맞지 않은 그들의 외적 경건의 모습, 사소한 것을 중시하는 그들의 태도, 인간의 칭찬을 좋아하는 그들의 모습, 다른 이들을 더럽히는 그들의 행태 등이다. 셋째 부분은 예수님이 율법교사들을 정죄하시는 장면이다(45-52절). 정죄의 이유는 짐 진 사람들을 돕지 않고 선지자들을 죽인 조상들의 본보기를 따르는 것, 의인의 죽음에 대해 책임져야 하는 것, 다른 이들이 하나님 나라에 들어가는 것을 방해하는 것 등이다. 넷째 부분은 이에 반발하여 서기관과 바리새인들이 예수님의 말씀에서 트집을 잡으려는 모습이다(53-54절).

단락 개요

IV. 갈릴리에서 예루살렘으로: 제자의 길(9:51-19:27)
- A. 여행이 시작되다(9:51-13:21)
  - 3. 적대자들과 논쟁하시다(11:14-54)
    - e. 서기관과 바리새인들에게 화를 선포하시다(11:37-54)

주석

11:37-38 예수님의 사역이 진행되는 중에 어떤 바리새인이 예수님에게 식사 초대를 한다(참고. 7:36; 14:1). 그런데 음식을 먹기 전에 손을 씻지 않으시는 예수님의 모습에 바리새인이 충격을 받는다. 손을 씻는 것은 위생이 아니라 의식적 정결을 위해서였고, 바리새인들은 손을 씻지 않은 사람은 부정하다고 믿었다(막 7:2-5). 예수님이 이 관습을 따르지 않으시는 것은 그들의 상상을 뛰어넘는 일이다. "훗날의 랍비 전통은 미리 손을 씻지 않은 채 떡을 먹는 것을 창녀와 성교하는 것에 비유한다(바벨론 탈무드, 소타 4b)."[143] 바리새파는 유대인 진영의 대중적인 평신도 운동이었다. 그들은 백성에게 정결하게 살라고 격려했으며, 백성이 더욱 순종적이 되면 하나님께서 그분의 약속을 이루실 것이라고 믿었다.

11:39-41 우리로서는 바리새인이 예수님에게 말하는지, 아니면 예수님이 그들의 생각을 읽으시는지 알 수 없다(참고. 5:22; 6:8; 11:17). 어쨌든 예수님은 좋은 인상을 받지 못했고, 관습을 따르지 않은 것에 대해 사과하지도 않으셨다. 오히려 예수님은 바리새인들에게 "어리석은 자들"이라고 하시는데(40절), 이는 그들이 지적으로 부족하다는 뜻이 아니라 하나님이 없다고 말하는 자들처럼(시 14:1) 산다는 뜻이다.[144] 예수님은 바리새인들이 내적 경건이 아니라 외적 청결함에 초점을 맞추는 등 앞뒤를 바꾸었다고 주장하신다. 그들은 잔과 대접을 청결하게 유지하는 등 일을 똑바로 하는 데 주의를 기울인다. 문제는 마음으로 순종하지 않는다는 것이다. 마음속으로는 악을 붙잡고 불경건한 욕망으로 가득 차 있다. 예수님이 그들에게 겉을 만드신 하나님께서 속도 만드셨다고 상기시켜주신다.

143 Garland, *Luke*, 493.

144 참고. 같은 책, 494.

41절의 뜻은 파악하기가 어렵다. 학자들은 예수님의 말씀("그 안에 있는 것으로 구제하라")이 무슨 뜻인지에 대해 의견이 분분하다. 이것은 아마 유대인의 관심사와 관련하여 겉과 속의 대조적인 모습을 가리킬 것이다. 구제를 하는 것은 유대인의 사상에서 그 사람이 관대하고 경건하다는 것을 가리키는 지표였다. 토비트 12:9은 이렇게 말한다. "구제 행위는 죽음에서 구해주고 모든 죄를 씻어준다. 구제를 하는 사람들은 풍성한 삶을 누릴 것이다"(NRSV, 참고. 토비트 4:7, 16; 12:8; 집회서 7:10; 12:3; 35:4). 예수님은 구제 자체에 반대하는 게 아니라 구제가 자화자찬을 낳을 수 있다고 경고하신다(마 6:2-4). 달리 표현하면 구제가 외적인 의의 개념에 기여하는 한편 내적으로는 불의로 가득할 수 있다는 것이다. 즉 예수님의 요점은 참된 구제 행위는 마음에서, 즉 변화된 심성에서 시작된다는 것이다. 마음이 관대하고 자애롭다면 모든 것이 깨끗해진다. 우리는 외적으로 옳은 것을 따르는 데 몰두하다가 마음속에 거하는 악을 보지 못할 수 있다.

11:42 예수님이 이제 바리새인들을 향해 세 가지 화(禍)를 선포하시는데(참고. 6:24-26), 이는 이스라엘의 죄를 고발했던 선지자들의 패턴을 따르는 것이다(예. 사 3:9, 11; 5:8, 11; 렘 6:4; 22:13; 23:1; 겔 13:13; 16:23). "화는 현재의 행태가 계속될 경우에 어렴풋이 나타나는 재앙에 대해 경고하는 저주와 비슷하다."[145] 바리새인들은 일을 정확하게 처리하는 데 관심이 있어서 가장 작은 식물(박하, 운향, 온갖 채소)의 십일조까지 드린다(참고. 눅 18:12). 그들은 아마 레위기 27:30에 호소할 것이다. "그리고 그 땅의 십분의 일 곧 그 땅의 곡식이나 나무의 열매는 그 십분의 일은 여호와의 것이니 여호와의 성물이라"(참고. 신 14:22). 아마 그들은 자기네가 "온전한 십일조"(말 3:10)를 드리기 때문에 하나님의 복을 받을 수 있다고 강조할 것이다. 그런데 운향은 "미쉬나의 쉐비이트 9:1에 따르면 십일조에서 면제되고 '박하'는 랍비

145 같은 책.

문헌에 언급된 적이 없기"[146] 때문에 이는 아마 과장법일 것이다. 예수님은 그들에게 십일조를 무시하면 안 된다고 말씀하는 만큼 십일조 자체를 반대하시는 게 아니다. 그럼에도 바리새인들에게 화를 선포하시는 것은 그들이 공의와 하나님에 대한 사랑을 무시하기 때문이다(참고. 눅 10:27). 그들은 비교적 사소한 문제에 시선을 고정시킨 채 본인과 하나님의 관계를 결정하는 매우 중요한 부분을 놓치고 있다.

11:43-44 또 다른 화가 선포되는 것은 바리새인들이 그들의 경건한 모습으로 인해 받는 칭찬을 좋아하고, 회당의 영예로운 자리를 허락받고, 시장에서 인사 받는 것을 기뻐하기 때문이다(14:7; 20:46). 바리새인들은 하나님을 섬긴다고 주장하지만 사실은 동시대인들로부터 받는 갈채와 존경과 박수를 먹고 있다. 바리새인들에 대해 선포된 마지막 화는 그들을 "드러나지 않게 만든 무덤"(새번역)에 비유한다. 무덤을 만진 사람은 스스로를 7일 동안 부정하게 여긴다(민 19:16). 바리새인들은 자신이 정결하다고 주장하지만, 예수님은 그들이 스스로 주장하는 그런 존재가 아니라고 말씀하신다. 사람들은 바리새인의 지도를 받아 하나님께 더 가까이 가고 있다고 생각하지만, 사실상 바리새인의 영향을 받는 사람들은 그들에게 오염되고 있는 중이다. 바리새인의 영향을 받는 사람들은 바리새인이 그들에게 미치는 부정적 영향을 인식하지 못한다.

11:45-46 모세 율법의 전문가 중 한 명이 그 토론에 개입하여 예수님의 말씀이 율법교사까지 거슬리게 한다고 불평을 늘어놓는다. 그는 예수님이 사과하길 기대하는 것이 분명하지만, 예수님은 더 나아가서 율법교사에게도 화를 선포하신다. 첫 번째로 그들은 자신이 가르치는 사람들에게 무거운 짐을 지우면서도 그들을 도우려고 손가락 하나 까딱하지 않는다. 여기

146 같은 책.

서의 요점은 율법교사가 율법을 지키지 않는다는 것이 아니라 그들이 가르치는 사람들을 돕지 않는다는 것이다(참고. 마 11:28-30).[147]

11:47-48 두 번째 화는 얼핏 보면 칭찬처럼 들릴 수 있다. 서기관들이 선지자들의 무덤을 세운다. 추정컨대 그들 조상이 살해한 선지자들에게 경의를 표하려고 그들의 무덤을 장식하는 것 같다. 예수님은 그 행위를 아이러니하게 해석하신다. 그들은 선지자들의 무덤을 세우는 행동으로 선조들과 똑같은 행위에 관여하고 있다. 말하자면 부모가 선지자들을 죽이고, 자녀들이 그들을 매장하는 셈이다. 예수님의 요점은 율법교사들이 그분이 선포하시는 메시지를 받아들이지 않는다는 것이다. 보다 구체적으로 말하면, 그들은 예수님을 배척하고 하나님의 메신저를 배척함으로써 부모가 했던 일을 똑같이 행하고 있다.

11:49-51 이전의 요점을 분명히 해준다. 하나님의 지혜는 역사의 전 과정에 대해 말하는데, 그 과정 중에 구약의 선지자들(참고. 렘 7:25; 눅 13:34; 행 7:52)과 사도들이 이스라엘로 보냄을 받았다. 그러나 이스라엘은 이 메신저들에게 겸손하게 반응하지 않고 오히려 그들을 박해하고 죽인다(참고. 행 7:59). 하나님께서 보내신 사람들을 죽인 것에 대한 책임을 예수님을 배척하는 세대가 지게 될 것이다. 요점은 이전 세대들이 죄로부터 자유롭다는 것이 아니고, 예수님의 세대가 문자적으로 이전의 모든 세대의 죄에 대해 유죄 판결을 받는다는 것도 아니다. 그 대신 여기서는 하나님께서 보내신 모든 메신저들의 절정에 해당하는 예수님 자신의 처형을 내다보고 있다(참고. 눅 20:9-18). 그런 의미에서 예수님의 세대는 메시아에게 등을 돌림으로써 이스라엘의 이전 역사 전체를 완성한다는 점에서 독특한 책임을 지게 되는 것이다. 구약에 나오는 하나님 백성의 역사는 가인이 아벨을 죽

11장

147 Bock, *Luke 9:51-24:53*, 1118-1119.

인 것(창 4:1-8)으로 시작해서 요아스 왕의 친구들이 스가랴를 죽인 것(대하 24:20-22)에서 절정에 이른다. 히브리어 성경에서는 역대상하가 마지막 책이기 때문에 우리는 그 책의 처음에서 아벨의 살인을, 마지막에서 스가랴의 살인을 보게 된다. 이제 예수님이 몸담으신 세대는 장차 그리스도를 죽임으로써 이 역사를 끔찍한 절정에 이르게 할 것이다(참고. 살전 2:15).

11:52 율법교사들은 지식을, 특히 구원의 지식을 전파할 특별한 책임이 있다. 그들이 이 영역에서 실패한 것에 대해 예수님이 세 번째 화를 선포하신다. 그들이 "지식의 열쇠"를 다른 이들로부터 옮긴다고 하는데, 이는 진리를 가르치는 대신 오히려 잘못된 길로 이끈다는 뜻이다. 그 결과 그들은 생명을 구하는 사람들이 그것을 찾는 것을 방해하므로 그들 자신도 하나님 나라에 들어가지 못할 것이다. 그들은 사람들이 진리를 깨닫도록 돕지는 못할망정 그것을 방해하고 있다(참고. 마 23:13).

11:53-54 서기관과 바리새인들에 대한 예수님의 강직한 말씀이 그들을 자극해서 앙심을 품게 되는 것은 놀랍지 않다. 그들은 비판에 열려 있지 않고 오히려 깊은 상처를 받아 그분을 비난하면서 '그에게 맹렬하게 반대하기 시작한다'("begin to oppose him fiercely", CSB). 이 시점부터 그들은 예수님으로 하여금 말하도록 부추겨서 그분의 말씀에서 고발할 거리를 찾으려고 한다. 그런데 아이러니하게도 그들은 예수님이 경고하신 바로 그 행동을 하는 중이고, 그들 자신의 정죄를 인증하고 있다.

응답

해롤드 브라운(Harold O. J. Brown)은 한때 예수님의 이 말씀을 오늘날의 여러 교단들과 미국 정부에 적용한 적이 있다. 그 글은 수년 전에 쓰였지만 여전히 오늘 우리에게 말하는 바가 있다. 그는 성공회 교단 목회자들이 여자도 사제와 목사로 섬겨야 한다고 믿도록 강요받았다고 지적했다. 성공회 역사 전체를 통틀어 교단이 여자는 사제와 목사로 섬겨서는 안 된다고 믿었음에도 말이다. 그들은 사제로 섬기는 모든 사람은 여자의 사제 봉직에 대해 어떤 심중 유보를 품어서도 안 된다고 하면서도, 성공회 사제로 섬기면서 예수 그리스도의 부활은 부인할 수 있다고 주장했다. 이것이야말로 하나님의 법에 관한 중대한 사항을 빠뜨리는 실례가 아닐까?

우리는 모두 바리새인처럼 살 수 있는 위험을 직면한다. 우리가 바리새인처럼 되지 말라는 경고를 받는 것은 그들이 당시 최악의 사람들이라서가 아니라 '하나님 없이' 될 수 있는 최선의 사람들이기 때문이다. 우리는 바리새인처럼 살고 싶은 유혹을 받기 때문에 여기에 나온 예수님의 말씀에 주의할 필요가 있다. 우리는 교회에서 모든 일을 제대로 처리함으로써 다른 교인들에게 좋은 인상을 주는 데 관심이 있으면서도, 남들에 대한 뒷공론과 악담에 빠질 수 있다. 누군가가 기도 시간에 눈을 감지 않거나 교회에서 야구 모자를 쓰고 있는 것에 분개하면서도, 날마다 함께 살아가는 사람들에게 화를 폭발하는 것은 알아채지 못할 수 있다. 식사 전에 항상 하나님께 감사드리면서도, 정욕과 포르노가 우리의 마음을 채우도록 허용할 수 있다.

어쩌면 우리의 인생 목표가 사람들로 하여금 우리를 존경하고 우리에게 경의를 표하게 하는 것일지도 모른다. 우리도 모르는 사이에, 천천히, 우리의 신앙이 스스로의 교만과 의기양양함을 세우는 플랫폼이 될 수 있다. 우리가 교회생활을 하면서 가장 즐기는 것이 남들이 우리를 깍듯이 존경하는 모습일 수 있다. 이런 일이 벌어지기 시작하면 우리의 신앙은 사실상 우상숭배에 이르는 통로가 된 것이다. 이보다 더 두려운 것은 없다. 주님이 우리를 그런 우상숭배로부터 지켜주시도록 기도하자. 주님에게 은혜를 베풀어달라고, 우리를 긍휼히 여기고 우리에게 가까이 하셔서 우리가 바리새인처럼 살지 않게 해달라고 기도하자. 우리의 가장 큰 기쁨이 하나님을 기쁘시게 하고, 예수 그리스도를 알아가고, 성령으로 충만케 되는 것에 있도록 기도하자. 우리는 일평생 내내 그리고 날마다 자비가 필요한 존재다.

1 그동안에 무리 수만 명이 모여 서로 밟힐 만큼 되었더니 예수께서
먼저 제자들에게 말씀하여 이르시되 바리새인들의 누룩 곧 외식을 주
의하라 2 감추인 것이 드러나지 않을 것이 없고 숨긴 것이 알려지지
않을 것이 없나니 3 이러므로 너희가 어두운 데서 말한 모든 것이 광
명한 데서 들리고 너희가 골방에서 귀에 대고 말한 것이 지붕 위에서
전파되리라

1 In the meantime, when so many thousands of the people had gathered
together that they were trampling one another, he began to say to
his disciples first, "Beware of the leaven of the Pharisees, which is
hypocrisy. 2 Nothing is covered up that will not be revealed, or hidden
that will not be known. 3 Therefore whatever you have said in the dark
shall be heard in the light, and what you have whispered in private
rooms shall be proclaimed on the housetops.

4 내가 내 친구 너희에게 말하노니 몸을 죽이고 그 후에는 능히 더 못
하는 자들을 두려워하지 말라 5 마땅히 두려워할 자를 내가 너희에게

보이리니 곧 죽인 후에 또한 지옥에 던져 넣는 권세 있는 그를 두려워
하라 내가 참으로 너희에게 이르노니 그를 두려워하라 6 참새 다섯 마
리가 두 [1)]앗사리온에 팔리는 것이 아니냐 그러나 하나님 앞에는 그
하나도 잊어버리시는 바 되지 아니하는도다 7 너희에게는 심지어 머
리털까지도 다 세신 바 되었나니 두려워하지 말라 너희는 많은 참새
보다 더 귀하니라
4 "I tell you, my friends, do not fear those who kill the body, and after
that have nothing more that they can do. 5 But I will warn you whom to
fear: fear him who, after he has killed, has authority to cast into hell.[1]
Yes, I tell you, fear him! 6 Are not five sparrows sold for two pennies?[2]
And not one of them is forgotten before God. 7 Why, even the hairs of
your head are all numbered. Fear not; you are of more value than many
sparrows.

8 내가 또한 너희에게 말하노니 누구든지 사람 앞에서 나를 시인하면
인자도 하나님의 사자들 앞에서 그를 시인할 것이요 9 사람 앞에서 나
를 부인하는 자는 하나님의 사자들 앞에서 부인을 당하리라 10 누구든
지 말로 인자를 거역하면 사하심을 받으려니와 성령을 모독하는 자는
사하심을 받지 못하리라 11 사람이 너희를 회당이나 위정자나 권세 있
는 자 앞에 끌고 가거든 어떻게 무엇으로 대답하며 무엇으로 말할까
염려하지 말라 12 마땅히 할 말을 성령이 곧 그때에 너희에게 가르치
시리라 하시니라
8 "And I tell you, everyone who acknowledges me before men, the Son
of Man also will acknowledge before the angels of God, 9 but the one
who denies me before men will be denied before the angels of God.
10 And everyone who speaks a word against the Son of Man will be
forgiven, but the one who blasphemes against the Holy Spirit will not

be forgiven. [11] And when they bring you before the synagogues and the rulers and the authorities, do not be anxious about how you should defend yourself or what you should say, [12] for the Holy Spirit will teach you in that very hour what you ought to say."

1) 동전의 명칭

1 Greek *Gehenna* *2* Greek *two assaria*; an *assarion* was a Roman copper coin worth about 1/16 of a *denarius* (which was a day's wage for a laborer)

단락 개관

예수님이 바리새인과 율법교사에게 혹독한 화를 선포한 후 제자들에게 그들의 위선을 주의하도록 경고하시는 것은 놀랍지 않다. 위선을 피해야 하는 이유는 다음 여섯 가지다. (1) 현재 감추인 모든 것이 언젠가 드러날 것이다. (2) 우리는 기껏해야 이생에서 상처만 입힐 수 있는 인간이 아니라 우리를 지옥에까지 던지실 수 있는 하나님을 두려워해야 한다. (3) 하나님께서 우리를 지켜보시기 때문에 우리가 하나님을 신뢰할 수 있다. (4) 예수님을 시인하는 사람들은 장차 하나님에게 시인을 받을 테지만, 그분을 부인하는 사람들은 하나님에게 부인을 당할 것이다. (5) 성령을 모독하는 자는 용서받지 못할 것이다. (6) 신자들이 재판을 받을 때 성령이 필요한 말을 주실 것이다.

단락 개요

IV. 갈릴리에서 예루살렘으로: 제자의 길(9:51-19:27)
A. 여행이 시작되다(9:51-13:21)
4. 제자들에 대한 경고(12:1-34)
a. 위선에 대한 경고(12:1-12)

주석

12:1-3 예수님이 바리새인과 율법교사들을 책망하신 후 대규모 군중이 그분과 제자들에게 몰려와서 움직일 공간조차 없다. 예수님이 종교 지도자들과 논쟁을 벌이심에도 불구하고 그분의 인기는 수그러들지 않는다(참고. 5:1; 11:29). 그러나 예수님은 현실적으로 그 인기가 지속되지 않을 테고 어려운 날이 오고 있다고 제자들에게 경고하신다.[148] 제자들을 향한 권고는 앞의 단락, 곧 "바리새파 사람의 누룩, 곧 위선"(1절, 새번역)에 대해 경고하신 부분에서 논리적으로 따라온다. 가루 반죽에 누룩을 넣으면 온 덩어리에 퍼진다(마 13:33; 눅 13:21). 구약에서 이스라엘은 유월절 기간에 집에서 누룩을 제거해야 했다(출 12:14-20). 바리새인의 위선이 모르는 사이에 제자들의 삶에 퍼질 수 있다. 혹자는 가식적으로 하나님을 예배하는 체할 수 있고, 그렇다면 그는 스스로를 예배하는 셈이다. 위선을 피해야 하는 이유는, 거짓은 영원히 감출 수 없기 때문이다(롬 2:29; 고전 4:5). 덮인 것은 드러날 것이고 숨긴 것은 알려질 것이다. 예수님의 이 말씀은 물론 선함과 의

148 같은 책, 1133.

로움에도 해당된다. 선하고 참되고 거룩한 것 역시 마지막 날에 밝혀질 것이다(눅 8:17, 참고. 전 12:14). 어둠 속에서 은밀히 말한 것(좋든 나쁘든 간에)이 언젠가는 백일하에 드러날 것이고, 친구들 사이에 속삭였던 것도 밝혀질 것이다. 인간 사회는 그것이 무슨 말인지 모를지라도, 신자들은 언제나 코람데오(라틴어 coram Deo, '하나님 존전에')의 삶을 살고 있다는 것을 예수님이 상기시켜주신다.

12:4-5 우리는 바리새인들이 다른 사람들의 칭찬과 인정을 좋아한다는 것(11:37)을 살펴보았다. 갈채를 받고픈 욕망은 쉽게 위선을 초래할 수 있다. 그런 속임수의 뿌리는 인간에 대한 두려움이다. 따라서 예수님은 제자들에게 몸만 죽일 권력을 가진 자들을 두려워하지 말라고 경고하신다. 몸을 죽인 뒤에는 그들의 권력이 끝난다. 다른 누군가를 죽일 수 있는 권위는 상당히 포괄적인 것처럼 보인다. 죽이는 것은 총체적 행동이기에 처음에는 예수님의 주장이 설득력 없어 보일지 모른다. 그러나 이 논법은 작은 것에서 큰 것으로 움직인다. 대적들이 할 수 있는 것은 육체적 생명을 빼앗는 것뿐이기 때문에 그들을 두려워해서는 안 된다(참고. 사 8:12; 벧전 3:14; 계 2:10). 그러나 하나님은 두려워해야 한다(시 119:120; 히 10:31).

하나님을 두려워해야 한다는 것이 이 구절에 두 번이나 나온다. 죽은 뒤에도 삶이 있기 때문이다. 하나님에게는 사람이 죽은 후 그를 지옥에 던질 권위와 능력이 있다. "지옥"은 "예루살렘의 남쪽에 있는 협곡"인 "게헨나"(*geenna*)[149]를 번역한 것이다. 모든 사람은 육체적 죽음보다 영원한 죽음을 두려워해야 하는데, 전자는 한시적인 데 비해 후자는 영원하기 때문이다. 이 구절은 소멸설(annihilationism, 지옥에 떨어진 자들은 결국 존재하길 그친다는 견해)에 반대하는 역할도 한다. 만일 최후의 심판이 존재를 종료시킨다면, 그것은 육체적 죽음과 동일한 본질을 지닐 것이기 때문이다. 예수님이 제

149 BDAG, s.v. γέεννα.

자들에게 하나님 앞에서 진실하게 살도록 요구하시는 것은 영원한 삶과 영원한 죽음이 걸려 있기 때문이고, 지옥에서 영원한 죽음을 겪는 것보다는 인간에게 죽는 편이 훨씬 더 낫다.

12:6-7 누가복음 12:4-5에서 사람보다 하나님을 두려워하라는 권고가 주어진 것은 하나님께서 사람을 지옥에 던지실 수 있기 때문이다. 이제 6-7절에서는 하나님께서 제자들을 돌보고 지켜주시기 때문에 두려워하지 말아야 한다는 가르침이 주어진다. 이 논법 역시 작은 것에서 큰 것으로 움직인다. 참새는 한 시간의 임금밖에 안 되는 "두 앗사리온에 팔리[지만]" 하나님은 단 한 마리의 참새도 잊지 않으신다. 하나님은 지극히 작고 하찮은 참새조차 돌보고 지켜주신다. 하나님께서 참새를 지켜주신다면 그분 백성의 삶을 돌보시는 것은 확실하다. 제자들은 하나님을 두려워해야 하지만(12:5), 동시에 그분의 사랑을 받기 때문에 두려움에서 자유로워야 한다. 그분은 머리 위의 모든 털까지 계산하신다(참고. 21:18). 예수님은 지금 제자들이 죽임을 당하지 않을 것이라고 약속하시는 게 아니다(참고. 12:4; 21:16). 그분의 요점은 하나님께서 주권적으로 그들의 삶을 다스리신다는 것이다. 죽임을 당할지언정, 그분이 그 백성을 지키고 강하게 하신다.

12:8-9 인간보다 하나님을 두려워해야 할 또 다른 이유가 주어진다. 다른 사람들 앞에서 예수님을 고백하고 시인하는 사람은 심판의 날에 천사들 앞에서 인자의 시인과 고백을 받을 것이다. 사람이 마지막 날에 하나님 앞에서 시인을 받기 위해서는 '예수님'을 고백하고 시인해야 한다고 단언하시는 만큼, 이 구절의 기독론은 참으로 비범하다. 다니엘 7:13-14에 따르면, 옛적부터 항상 계신 이가 "인자"에게 나라와 권세를 주고, 인자에게 속한 사람들이 그 나라를 영원히 받는다(단 7:18, 22, 27). 달리 말하면 예수님을 인자로 고백하는 사람들이 그 나라를 물려받을 것이다. 이와 반대로 예수님을 인자로 고백하기를 거부하는 사람들, 예수님을 부인하는 사람들은 심판의 날에 천사들 앞에서 부인을 당할 것이다(참고. 눅 9:26; 딤후

2:12; 요일 2:22; 유 1:4). 여기서 예수님을 부인했다가 용서받은 베드로(참고. 눅 22:54-62)가 생각날지 모르겠다. 이와 대조적으로 죽음에 이르게 하는 부인은 완전하고 최종적인 부인이다. 사도행전이 증언하듯이, 베드로는 결국 그의 부인을 부인했고 그리스도를 위해 담대한 증인이 되었다.

12:10 다른 이들 앞에서 예수님을 고백하는 것이 여전히 큰 주제지만 여기서 구별을 짓는다. 인자를 헐뜯는 말은 용서받을 수 있다. 어쩌면 베드로의 부인을 이 범주에 넣을 수 있겠다. 혹은 일부 사람은, 베드로와 야고보와 요한이 변화산에서 경험한 것처럼(9:28-36), 예수님의 온전한 영광과 장엄함을 보지 못했기 때문에 그분을 거역한다는 것일 수도 있다. 그러나 성령을 모독하는 자들은 용서받지 못할 것이다. 이 죄가 무엇을 포함하는지는 그동안 많은 논의가 되어 왔고 때로는 큰 개인적 고뇌를 안겨주었다. 우리가 누가복음을 숙고하면, 바리새인들이 예수님의 축귀 사역을 사탄의 능력으로 돌림으로써 성령을 모독하는 듯 보인다(11:15). 이 문제를 정경적으로 숙고하면, 용서받을 수 없는 죄는 바로 배교다. 즉 예수님이 인자라는 것, 죽음을 통해 죄를 깨끗케 하신 분이라는 것에 대한 부인이다(요일 2:22-23; 히 6:4-6; 10:26-31). 그런 죄를 범하는 사람은 예수님에 대한 사랑이나 존경이 없다. 누가는, 주님에게 용서받기를 바라는 사람들이 아니라, 그분에게 등을 돌리고 그런 부인을 회개하지 않는 사람들에 대해 말하는 것이다.

12:11-12 이제는 두려움을 유발해서 그리스도를 부인하도록 유혹할 수 있는 구체적인 상황이 묘사된다. 예수님은 그분을 따르는 자들이 정밀 조사나 격렬한 논쟁에서 면제될 것이라고 약속하지 않으신다. 오히려 제자들은 회당으로 끌려가고 정부 당국과 대면할 것을 예상해야 한다. 열두 제자에 대해 법적 조치가 취해질 것이고, 그들의 목숨을 위협받고 때로는 빼앗길 수도 있다(21:16). 그럼에도 신자들은 법정에서 스스로를 어떻게 변호할지에 대해 염려해서는 안 된다. 신자들이 고발을 당할 때는 성령이 그들에게 변호할 말을 주실 것이다. 성령이 피고측 변호사로서 그들을 도우러

오실 것이다(참고. 21:14). 요점은 제자들이 무슨 말을 할지에 대해 준비하거나 생각하지 말아야 한다는 것이 아니다. 그 대신 법적 변호를 준비할 만한 시간이 없을 경우에 성령이 신자들에게 해야 할 말을 주실 것이라는 뜻이다. 다음과 같은 경우들이 생각난다. 베드로가 산헤드린 앞에 끌려갔을 때 자신의 입장을 담대하게 변호하고 그리스도를 증언했던 경우(행 4:9-12; 5:29-32), 스데반이 거짓 가르침의 혐의로 체포되었을 때 결국 그의 죽음을 초래한 강력한 발언을 서슴지 않았던 경우(행 7:1-8:2), 바울이 로마 장교들과 유대인 당국자들 그리고 유대의 왕들 앞에서 자기를 변호한 경우(행 22:1-21; 23:1-10; 24:10-21; 25:10-11; 26:1-29) 등이다.

응답

대중적인 운동의 일부가 되는 것, 수천 명의 사람들이 몰려오는 운동의 일부가 되는 것은 흥분을 불러일으킬 수 있다. 유진 피터슨(Eugene Peterson)은 이렇게 썼다. "고전적으로, 인간이 하나님과 상관없이 초월성(종교적인 의미로)을 발견하려고 하는 방법은 세 가지다. 마약, 오락적 섹스의 황홀경 그리고 군중의 황홀경이다. 교회 지도자들은 마약과 섹스에 대한 경고는 자주 받지만 (적어도 미국에서는) 군중에 대한 경고는 거의 받지 않는다."[150] 우리는 군중의 일부가 되어 소속감을 느끼기 위해 우리의 중심을 잃어버린 채 연극을 할 수 있다. C. S. 루이스가 말했듯이, 우리는 핵심층의 일부가 되길 원한다.[151]

우리는 이 대목에서 다른 유익한 교훈도 배운다. 때때로 사람들은 우리가 하나님도, 지옥에 가는 것도 두려워해서는 안 된다고 말한다. 우리는

150 Eugene H. Peterson, *The Pastor: A Memoir* (New York: HarperOne, 2011), 157. 《유진 피터슨》(IVP).

151 C. S. Lewis, "The Inner Ring," in *The Weight of Glory: And Other Addresses* (New York: HarperOne, 2001), 141-157. 《영광의 무게》(홍성사).

하나님의 사랑만 생각해야 하고, 지옥에 가는 것이 두려워서 하나님께 돌이키면 매우 영적이지 않다고 말한다. 지옥에 대한 두려움이 우리가 하나님께로 돌이키는 유일한 또는 일차적인 이유가 되면 안 된다는 데에는 동의한다. 그러나 여기서 예수님은 우리가 하나님을 두려워하고, 지옥에 가는 것도 두려워해야 한다고 가르치신다. 그렇다면 하나님이나 지옥을 두려워해서는 안 된다고 생각하는 사람들이 예수님보다 더 영적이라는 말인가? 필자로서는 예수님의 말씀을 따르겠다. 모든 두려움이 나쁜 것은 아니다. 하나님께서 마지막 날에 우리에게 행하실 수 있는 일을 두려워하는 것은 건강하고 바람직하다. 반면에 인간이 우리에게 행할 수 있는 일을 두려워하는 것이 위험한 이유는, 그것이 우리로 하나님께 불순종하게 하고 영원히 지옥에서 고통 받게 할 수 있기 때문이다. 예수님은 또한 하나님께서 우리를 사랑하고 지켜주시기 때문에 두려워할 필요가 없다고 가르치신다.

앞에서 필자는 베드로의 부인과 이후의 회개가, 예수님을 부인하는 것이 무슨 뜻인지 그리고 무슨 뜻이 아닌지를 이해하도록 돕는다고 했다. 유다는 예수님을 부인했고 용서받지 못한 것이 확실하다. 그는 후회했으나(마 27:3-5), 구원으로 이어지는 회개는 하지 않았다(고후 7:8-10). 이 스펙트럼의 다른 편에 베드로의 경우와 비슷한 성공회 개혁가인 토머스 크랜머(Thomas Cranmer, 1489-1556)의 경우가 있다. 로마가톨릭교회가 잉글랜드에서 권력을 되찾았을 때 그들은 크랜머의 목숨을 위협하면서 가르침을 철회하라고 명령했다. 크랜머는 두려운 나머지 철회 문서에 서명했다. 자기가 가르쳤던 복음을 부인한 것이다! 그런데 성령이 그의 죄를 깨닫게 해서 마음을 바꾸었다. 그의 철회를 철회한 것이다! 결국 그는 그 믿음 때문에 화형을 당했는데, 철회 문서에 서명했던 손을 뻗음으로써 예수님을 부인한 것에 대한 깊은 슬픔을 보여주기 위해 그 손이 먼저 불타게 했다.

13 무리 중에 한 사람이 이르되 선생님 내 [1)]형을 명하여 유산을 나와
나누게 하소서 하니 14 이르시되 이 사람아 누가 나를 너희의 재판장
이나 물건 나누는 자로 세웠느냐 하시고 15 그들에게 이르시되 삼가
모든 탐심을 물리치라 사람의 생명이 그 소유의 넉넉한 데 있지 아니
하니라 하시고 16 또 비유로 그들에게 말하여 이르시되 한 부자가 그
밭에 소출이 풍성하매 17 심중에 생각하여 이르되 내가 곡식 쌓아 둘
곳이 없으니 어찌할까 하고 18 또 이르되 내가 이렇게 하리라 내 곳간
을 헐고 더 크게 짓고 내 모든 곡식과 물건을 거기 쌓아 두리라 19 또
내가 내 영혼에게 이르되 영혼아 여러 해 쓸 물건을 많이 쌓아 두었으
니 평안히 쉬고 먹고 마시고 즐거워하자 하리라 하되 20 하나님은 이
르시되 어리석은 자여 오늘 밤에 네 영혼을 도로 찾으리니 그러면 네
준비한 것이 누구의 것이 되겠느냐 하셨으니 21 자기를 위하여 재물을
쌓아 두고 하나님께 대하여 부요하지 못한 자가 이와 같으니라

13 Someone in the crowd said to him, "Teacher, tell my brother to
divide the inheritance with me." 14 But he said to him, "Man, who
made me a judge or arbitrator over you?" 15 And he said to them, "Take

care, and be on your guard against all covetousness, for one's life does not consist in the abundance of his possessions." 16 And he told them a parable, saying, "The land of a rich man produced plentifully, 17 and he thought to himself, 'What shall I do, for I have nowhere to store my crops?' 18 And he said, 'I will do this: I will tear down my barns and build larger ones, and there I will store all my grain and my goods. 19 And I will say to my soul, "Soul, you have ample goods laid up for many years; relax, eat, drink, be merry."' 20 But God said to him, 'Fool! This night your soul is required of you, and the things you have prepared, whose will they be?' 21 So is the one who lays up treasure for himself and is not rich toward God."

1) 또는 동생

단락 개관

제자들은 인간보다 하나님을 두려워하고, 또한 재물을 탐내는 함정을 피해야 한다. 한 사람이 유산 문제에 개입해달라고 요청하는데 예수님은 이를 거절하면서 탐욕의 위험에 대해 경고하신다(13-15절). 이어서 그 농장이 번창하게 된 어떤 부자에 대한 비유(16-21절)를 들려주신다. 그 부자는 무엇을 할지 생각하다가 더 많은 농산물과 수익을 얻기 위해 사업에 재투자하기로 결정한다. 그는 여생을 편안하게 즐기는 행복한 은퇴자의 삶을 기대했다. 그러나 그는 하나님에 대해 그리고 죽음에 대해 잊어버렸기 때문에 사실은 어리석은 자였다. 이 비유는 하나님 대신 재물을 소중히 여기는 위험에 대해 잘 보여준다.

단락 개요

IV. 갈릴리에서 예루살렘으로: 제자의 길(9:51-19:27)

A. 여행이 시작되다(9:51-13:21)

4. 제자들에 대한 경고(12:1-34)

b. 재물에 대한 경고(12:13-34)

(1) 탐욕의 어리석음(12:13-21)

주석

12:13-15 토론의 주제가 위선과 사람에 대한 두려움에서 재물의 위험으로 바뀐다. 군중 가운데 한 사람이 예수님의 권위와 영향력을 인지하고, 형제와의 유산 분쟁에 개입해달라고 요청한다. 달리 말하면 예수님이 자기를 대신해 그의 형제에게 불리하게 이야기해서 그가 더 많은 돈을 받게 해 주길 원한 것이다. 예수님은 이 부탁을 거절하시는데, 예수님 응답의 강도와 감정이 "이 사람아"라는 단어에 나타난다. 이 구절은 이스라엘 백성이 모세를 배척하는 장면(출 2:14, 참고. 행 7:27, 35)에서 가져온 것이지만 그 맥락은 상당히 다르다. 예수님은 형제들 간의 경제적 분쟁을 해결하려고, 재산 분배에 대한 사적 이견을 판결하려고 오신 것이 아니다. 이는 그런 이슈들이 중요하지 않다는 말이 아니라 그런 이슈들이 예수님이 오신 목적이 아니라는 말이다. 가장 큰 위험은 그 사람이 유산의 공정한 몫을 받지 못하는 것이 아니다. 예수님은 더 깊이 들어가서 그 사람과 모두에게 탐욕을 경계하라고 경고하신다(참고. 엡 5:3; 딤전 6:9-10; 히 13:5). 탐욕은 행복을 얻기 위해 더 많은 것을 챙기는 것이고, 바울은 그것이 우상숭배라고 말한다(골 3:5). 우리가 가장 원하는 것이 무엇이든 그것이 우리의 신(神)이기 때

문이다. 여기서 알게 되듯이, 생명은 소유의 많고 적음에 있지 않다. 더 많은 것을 축적한다고 진정한 만족이나 행복을 얻는 것이 아니다. 오히려 원하는 것을 갖고도 아무런 차이가 없음을 깨닫고 나서는 공허감이 더 커질 수 있다.

12:16-19 이후 예수님이 그분의 비할 데 없는 비유들 중 하나를 들려주시는데, 이는 누가복음에만 나온다. 이 비유는 소유한 땅이 풍작을 내는 부유한 농부의 이야기다. 이 농부는 저장 공간이 감당할 수 없을 정도로 넘치는 수확물을 어떻게 처리할지 곰곰이 생각한다. 가난한 자에게 부조금을 줄 수도 있으나 그런 생각은 머릿속에 떠오르지 않는다. 대신 모든 수확을 그 자신을 위해 보존할 계획을 떠올린다. 그는 옛 곳간들을 헐고 더 크고 나은 곳간들을 지어서 "내 모든 곡식"과 좋은 물건들이 영영 자신의 소유가 되게 하려 한다(참고. 16:25). 학자들은 그 사람에게 자기집착증이 있다고 지적하곤 한다. 그는 '나'를 여섯 번 말하고 '내 소출', '내 곡식', '내 물건', '내 영혼'을 거론한다. 그의 삶에서 유일한 행위자는 그 자신뿐이다. 그는 하나님이나 타인들을 결코 생각하지 않는다. 19절에 그가 자기 영혼에게 말하는 독백이 나온다. 그는 여러 해 동안 자신의 모든 필요를 채울 만한 이른바 은행 계좌를 갖고 있어서 은퇴 후의 삶이 보장되어 있다(참고. 약 4:13; 집회서 11:18-19; 에녹1서 97:8-10). 따라서 여생을 편히 쉬고 먹고 마시며 즐겁게 보낼 수 있다. 이 부유한 농부는 참으로 이상적인 미래 시나리오를 구상한다.

12:20-21 그 사람은 인생에서 가장 중요한 것을 제외한 모든 것을 계획한다. 사실 그는 자신의 불운을 보장했음에도 미래를 보장했다고 생각한다. 그가 "어리석은 자"인 것은 하나님을 고려하지 않고 마치 하나님이 없는 것처럼 살기 때문이다(시 14:1, 참고. 렘 17:11). 그는 장래의 편안한 삶을 위해 모든 것을 준비했으나, 하나님은 그가 스스로를 위해 모아놓은 것을 즐기기도 전에 죽음을 맞도록 정하셨다. 이제 그가 보존한 모든 것이 다른

누군가에게 속하게 되리라. 이 부자의 운명은 우리에게 전도서 6:2을 상기시켜준다.

> 어떤 사람은 그의 영혼이 바라는 모든 소원에 부족함이 없어 재물과 부요와 존귀를 하나님께 받았으나 하나님께서 그가 그것을 누리도록 허락하지 아니하셨으므로 다른 사람이 누리나니 이것도 헛되어 악한 병이로다.

부자가 어리석은 자인 이유가 있다. 마치 하나님이 계시지 않은 것처럼, 그리고 마치 이생이 영원히 지속될 것처럼 살았기 때문이다. 그러나 지혜로운 사람은 날마다 죽을 준비를 한다. 시편 49:17-20도 똑같은 주제를 다룬다. 부자는 죽을 것이고, 그들의 영광은 잊힐 것이며, 그들은 결코 땅에서 살지 못하거나 다시는 햇빛을 보지 못할 것이다. 그래서 그들은 멸망하는 짐승과 비슷하다. 우리는 다시금 온 세상을 얻고도 자기를 잃어버리는 위험에 대해 생각하게 된다(눅 9:25).

그 자신을 위해 보물을 쌓아놓고 하나님을 소중히 여기지 않는 사람, 이 사람의 근본 문제는 마음속에 있다. 이 비유를 모든 투자나 계획을 금지하는 것으로 해석하면 안 된다. 여기서 중요한 것은 마음의 동기이기 때문에 그런 해석은 지나치게 문자주의적이다. 하나님께서 우리 마음의 기쁨이 되실 때에는 물질적인 것이 제자리를 찾는다(딤전 6:17-19).

응답

탐욕과 탐심은 미국 사회에서 핵심적인 역할을 한다. 미국 문화에 속한 다수가 사실은 하나님보다 돈을 더 신뢰함에도 미국 동전에 "In God we trust"(우리는 하나님을 신뢰한다)라는 글귀가 새겨져 있는 것은 아이러니다. 새로운 것에 대한 우리의 욕망은 〈캘빈과 홉스〉(Calvin and Hobbes)라는 연재만화에 잘 포착되어 있다. 한번은 캘빈이 "얻는 것이 가진 것보다 더 나아"라고 말한다. 이어서 이렇게 덧붙인다. "네가 무언가 얻을 때, 그것은 새롭고 신나는 일이야. 하지만 네가 무언가를 갖고 있을 때, 그것은 당연시되고 지루해지지." 홉스가 "그런데 네가 얻는 모든 것이 네가 가진 것으로 바뀌잖아"라고 답한다. 캘빈이 말한다. "그래서 너는 항상 새로운 것을 얻을 필요가 있는 거지." 이 장면은 많은 것을 구입하려는 미국의 문화와 성향을 잘 요약해준다. 우리는 사실 새로운 것이 필요하지 않다. 우리가 가진 옛것으로 충분한데도 삶의 지루함에 대응하려고 새로운 것을 구입한다. 삶이 피곤해지고 예측 가능해지기에 스스로의 기운을 북돋기 위해 새로운 것을 구입한다. 새로운 것은 금방 옛것이 되고, 우리는 처음부터 다시 그 과정을 시작한다.

은퇴는 미국 특유의 생활방식이다. 많은 사람이 은퇴를 고대하는 것은 편히 쉬고, 먹고, 마시고, 즐기는 시간을 갖기 위해서다. 그러나 이는 나이 든 사람에게만 해당되지 않는다. 많은 수의 십대도 똑같은 철학을 갖고 있다. 그들의 열망은 편히 쉬고 재미를 맛볼 수 있는 주말로 쏠려 있다. 예수님은 우리에게 그분을 기뻐하고 그분을 우리의 보물과 즐거움으로 삼으라고 요구하시는데, 그럴 때에만 참되고 깊고 영속적인 기쁨을 누릴 수 있기 때문이다.

22 또 제자들에게 이르시되 그러므로 내가 너희에게 이르노니 너희
목숨을 위하여 무엇을 먹을까 몸을 위하여 무엇을 입을까 염려하지
말라 23 목숨이 음식보다 중하고 몸이 의복보다 중하니라 24 까마귀를
생각하라 심지도 아니하고 거두지도 아니하며 골방도 없고 창고도 없
으되 하나님이 기르시나니 너희는 새보다 얼마나 더 귀하냐 25 또 너
희 중에 누가 염려함으로 그 [1]키를 한 자라도 더할 수 있느냐 26 그런
즉 가장 작은 일도 하지 못하면서 어찌 다른 일들을 염려하느냐 27 백
합화를 생각하여 보라 실도 만들지 않고 짜지도 아니하느니라 그러나
내가 너희에게 말하노니 솔로몬의 모든 영광으로도 입은 것이 이 꽃
하나만큼 훌륭하지 못하였느니라 28 오늘 있다가 내일 아궁이에 던져
지는 들풀도 하나님이 이렇게 입히시거든 하물며 너희일까보냐 믿음
이 작은 자들아 29 너희는 무엇을 먹을까 무엇을 마실까 하여 구하지
말며 근심하지도 말라 30 이 모든 것은 세상 백성들이 구하는 것이라
너희 아버지께서는 이런 것이 너희에게 있어야 할 것을 아시느니라
31 다만 너희는 그의 나라를 구하라 그리하면 이런 것들을 너희에게
더하시리라

22 And he said to his disciples, “Therefore I tell you, do not be anxious
about your life, what you will eat, nor about your body, what you will
put on. 23 For life is more than food, and the body more than clothing.
24 Consider the ravens: they neither sow nor reap, they have neither
storehouse nor barn, and yet God feeds them. Of how much more value
are you than the birds! 25 And which of you by being anxious can add
a single hour to his span of life?[1] 26 If then you are not able to do as
small a thing as that, why are you anxious about the rest? 27 Consider
the lilies, how they grow: they neither toil nor spin,[2] yet I tell you, even
Solomon in all his glory was not arrayed like one of these. 28 But if God
so clothes the grass, which is alive in the field today, and tomorrow
is thrown into the oven, how much more will he clothe you, O you of
little faith! 29 And do not seek what you are to eat and what you are to
drink, nor be worried. 30 For all the nations of the world seek after these
things, and your Father knows that you need them. 31 Instead, seek his[3]
kingdom, and these things will be added to you.

32 적은 무리여 무서워 말라 너희 아버지께서 그 나라를 너희에게 주
시기를 기뻐하시느니라 33 너희 소유를 팔아 구제하여 낡아지지 아니
하는 배낭을 만들라 곧 하늘에 둔바 다함이 없는 보물이니 거기는 도
둑도 가까이 하는 일이 없고 좀도 먹는 일이 없느니라 34 너희 보물 있
는 곳에는 너희 마음도 있으리라
32 “Fear not, little flock, for it is your Father’s good pleasure to give you
the kingdom. 33 Sell your possessions, and give to the needy. Provide
yourselves with moneybags that do not grow old, with a treasure in
the heavens that does not fail, where no thief approaches and no moth
destroys. 34 For where your treasure is, there will your heart be also.

1) 혹 목숨을 한 시간이라도 연장할 수 있느냐

1 Or *a single cubit to his stature*; a *cubit* was about 18 inches or 45 centimeters *2* Some manuscripts *Consider the lilies; they neither spin nor weave* *3* Some manuscripts *God's*

단락 개관

재물과 양식의 문제가 제자들의 관심사로 전환되고, 그들은 삶, 양식 또는 옷에 대해 염려하지 말라는 권고를 받는다. 그들이 염려하지 말아야 할 몇 가지 이유가 있다. (1) 인생은 양식이나 옷보다 더 가치가 있다. (2) 하나님께서 새들에게 먹이를 공급하시는데 인간은 새보다 더 고귀하다. (3) 염려가 수명에 단 한 순간도 더하지 못한다. (4) 하나님께서 백합과 풀에 옷을 입히시는 만큼 분명히 신자들에게도 옷을 입히실 것이다. 신자들이 하나님과 그분의 나라를 구해야 하는 것은 좋은 아버지께서 우리에게 필요한 모든 것을 공급하실 테고 그것이 그 나라의 선물로 완성될 것이기 때문이다. 따라서 신자들은 그들의 소유를 팔고 그들의 보물을 하늘에 두어야 한다. 우리의 보물이 있는 곳에 우리의 마음이 있기 때문이다. 제자들에게 주신 예수님의 말씀은 어리석은 부자의 비유와 똑같은 곳에서 끝난다. 문제는 한 사람의 참된 보물이 무엇인지에 있다.

단락 개요

IV. 갈릴리에서 예루살렘으로: 제자의 길(9:51-19:27)

A. 여행이 시작되다(9:51-13:21)

4. 제자들에 대한 경고(12:1-34)

b. 재물에 대한 경고(12:13-34)

(2) 삶의 필요에 대해 하나님을 신뢰하라(12:22-34)

12장

주석

12:22-23 22절은 "그러므로"라는 단어로 앞의 대목과 연결되고, 12:13-21 전체의 요점은 하나님께 대해 부유하지 못하는 위험이다. 제자들이 만일 육체적 삶에 대한 염려에 사로잡혀 있다면, 이는 하나님이 그들의 보물이 아니라는 것을 드러낸다. 이 연결성은 12:34로 확증되는데, 이 구절은 우리의 보물이 우리의 마음이 있는 곳이라고 강조함으로써 단락 전체를 마무리한다. 우리는 앞에서 하나님의 말씀이 재물에 대한 염려로 질식될 수 있다는 것을 살펴보았다(8:14, 참고. 빌 4:6; 벧전 5:7). 우리는 염려에 사로잡히기보다는 주님이 우리의 일용한 양식을 공급해주시도록 기도해야 한다(눅 11:3). 우리가 염려하지 말아야 할 이유는 인생이 음식이나 옷보다 더 가치가 있기 때문이다(12:23). 제자들이 그런 것에 시선을 고정시킨다면, 양식과 옷이 공급되는 것은 우리가 하나님 및 타인들과 관계를 맺으며 살 수 있게 하려는 것임을 잊어버리게 된다. 삶의 수단(양식과 옷)이 삶의 의미가 된다면 삶의 목적은 왜곡되고 만다.

12:24 염려가 제자들의 삶에 어울리지 않는 것은 하나님께서 그분의 백

성을 부양하시기 때문이다. 까마귀를 통해 이를 알 수 있다. 까마귀 같은 새들은 씨를 심거나 곡식을 거두는 것으로 장래의 양식을 위해 계획을 세우지 않는다. 아울러 양식을 창고에 저장하지도 않는다. 창고에 양식을 쌓아놓는 인간과 다른 점이다. 그럼에도 하나님께서 새들을 부양하신다. 구약의 두 구절이 생각난다. "들짐승과 우는 까마귀 새끼에게 먹을 것을 주시는도다"(시 147:9). "까마귀 새끼가 하나님을 향하여 부르짖으며 먹을 것이 없어서 허우적거릴 때에 그것을 위하여 먹이를 마련하는 이가 누구냐"(욥 38:41). 이 논법은 작은 것에서 큰 것으로 움직인다. 하나님께서 까마귀를 부양하신다면, 그분은 분명 그 백성을 돌보실 것이다. 우리는 예수님의 말씀을 씨를 뿌리거나 곡식을 거두거나 투자하는 것에 대한 금지로 해석하면 안 된다. 그분은 일하는 것을 반대하는 게 아니라 염려하는 것을 반대하신다.

12:25-26 염려와 관련된 또 다른 문제는 염려가 완전히 쓸데없다는 것이다. 염려는 우리 수명에 단 한 시간도 더하지 못한다. 오히려 염려와 스트레스가 수명을 단축시킬 수 있다는 것을 우리는 안다. 우리가 염려할 때는, 베드로가 말하듯이, 하나님께서 우리를 돌보신다는 것을 믿지 못하거나 잊어버린 것이다(벧전 5:6-7). 바울은 신자들에게 염려하지 말고 하나님께 기도하라고 권면한다(빌 4:6-7). 염려가 전혀 쓸모없는 것은, 그것이 조금의 도움도 안 되고 아무것도 이루지 못하기 때문이다.

12:27-28 예수님의 제자들은 까마귀를 생각해야 하고(12:24), 또한 백합을 생각해야 한다. 예수님은 아마 그분이 가르치는 시골에 펴져 있는 아름다운 백합을 가리키고 계실 것이다. 백합은 고된 노동을 하지 않고 그들의 천을 다함께 꿰매는 고된 작업도 하지 않는다. 그럼에도 불구하고 그 꽃들의 자연적인 아름다움은 솔로몬이 전성기에 누렸던 찬란한 영광(참고. 왕상 10:4-7)보다 더 크다. 예수님의 요점은 열심히 일하지 말라는 것이 아니다. 당장 옷감 짜는 일을 그만두어야 한다는 것도 아니다. 다시금, 염려하

지 말라는 것이다. 이 점을 28절이 더 분명히 한다. 잠시 동안 존재하다가 아궁이에 던져지는 들판의 풀조차 하나님께서 부양하신다(시 37:2; 90:5; 사 40:6). 이것 또한 작은 것에서 큰 것으로 움직이는 논법이다. 하나님은 들판의 풀보다 인간을, 예수님의 제자들을 더 많이 돌보신다는 것이다. 우리가 근심에 빠질 때는 우리에게 친절한 아버지가 계시다는 사실을 잊어버린 채 스스로 "믿음이 작은 자"임을 드러내는 것이다.

12:29-31 문제는 일하기, 노동하기, 투자하기 또는 계획하기가 아니라 제자들이 무엇을 구하고 있는가 하는 것이다. 그들이 먹을 것이나 마실 것을 열심히 추구하면 안 되는 것은 그런 모습이 염려와 근심을 드러내기 때문이다. 그런 추구는 이방인, 열방, 이교도, 즉 비신자의 특징이다. 반면에 신자에게는 아버지, 곧 자녀인 우리를 사랑하는 아버지가 계시기 때문에 다르게 살아야 한다. 그분은 우리에게 필요한 것을 알고 그것을 공급하신다. 신자는 양식과 음료가 아니라 하나님 나라를 구함으로써, 편안함이나 안전함이 아니라 그분의 나라가 궁극적인 우선 사항임을 보여주어야 한다.

12:32 신자들은 염려와 두려움에 대한 유혹을 받아도 두려워하지 말아야 하는 것은 그들을 돌보는 아버지가 계시기 때문이다. 제자들이 두려워할 때는 그들을 사랑하고 모든 필요를 채우시는 하나님을 신뢰하지 않는 것이다. 신자들이 두려워하는 한 가지 이유는 자신의 연약함과 보잘것없음을 인식하기 때문이다. 그러나 하나님은 우리가 '작은 양떼'임을 아신다. 이스라엘 역시 비록 "벌레" 같을지라도 두려워하지 말아야 할 것은, 여호와께서 그분의 백성을 도우시기 때문이다(사 41:14, 새번역). 우리가 비록 하찮은 존재임에도 불구하고, 아버지는 그분의 나라를 그분의 제자들에게 주는 것을 기뻐하신다(참고. 눅 2:14). 제자들은 그 나라를 구해야 하지만 결국에는 그 나라가 하나의 선물임을 알게 될 것이다(참고. 22:29; 단 7:18, 27).

12:33-34 제자들이 소유를 팔아서 가난한 자에게 자선을 베풀 때 염려

에서 자유로워진다. 이 권고를 예수님의 제자는 모든 소유를 팔아야 한다는 것으로 해석하면 안 된다. 그럼에도 부유한 관원은 그가 소유한 모든 것을 포기하고 예수님을 따르라는 요구를 받을 것이다(18:22, 참고. 행 2:45). 한편 삭개오는 예수님의 충실한 제자가 되지만 그의 소유를 다 팔지는 않는다. 그러나 놀랍게도 소유의 절반을 가난한 자들에게 주는 관대함을 보여준다(19:8, 참고. 토비트 4:8-10; 집회서 29:9-13). 요한 마가의 어머니인 마리아는 자기 집을 팔지 않고 교회의 모임을 위해 사용한다(행 12:12). 예수님을 따라다니는 여자들은 자기 자금을 그분의 사역을 위해 제공한다(눅 8:3). 아나니아는 그의 모든 돈을 교회에 기부하지 않아서가 아니라 기부한 돈에 대해 거짓말을 했기 때문에 고발당한 것이다(행 5:3-4). 돈은 하나님의 나라를 위해 사용하도록 되어 있다(눅 16:9). 진정한 부는 은행에 있는 돈이 아니라 하늘에 둔 보물로 이루어진다. 도둑이나 좀이 하늘의 보물을 건드릴 수 없으므로 이 보물은 영원히 지속된다. 그가 보물로 여기는 것에 그의 마음이 향하는 만큼, 제자들의 문제는 그들이 무엇을 보물로 여기는지에 있다.

응답

누가복음 12:25에서 예수님이 실용적 논리를 펼치신다. 염려가 우리의 수명에 단 한 순간도 더하지 못할 것이다. 오히려 우리의 수명을 단축시킬 수 있다. 우리가 무언가에 대해 염려하기 시작할 때는 그것이 어떤 유익도 주지 못한다는 것을 상기할 필요가 있다. 염려는 아무 도움이 안 되고 오히려 우리를 해롭게 할 뿐이다. 그러나 염려에 대한 최고의 해독제는 그것이 우리 자신에게 소용없다는 실용적 사실을 상기하는 것이 아니다. 염려에 대한 가장 좋은 해독제는 우리에게 우리를 사랑하는 아버지가 계시다는 것을 믿고 아는 것이다. 무서워하거나 염려할 필요가 없다. 우리는 연약하고 평범한, 작은 양떼다. 우리는 자신이 얼마나 부족한지 잘 알지만, 우리에게는 강하고 사랑하는 아버지가 계시다. 그분이 '우리의' 아버지기에 우리는 세상과 다르다. 그리고 그 아버지는 우리의 필요를 공급하기 원하신다. 우리 아버지는 우리에게 주는 것을 기뻐하시는 분이다.

존 웨슬리(John Wesley)의 말이 예수님의 가르침을 잘 포착한다. "가능한 모든 것을 만들라. 가능한 모든 것을 저축하라. 가능한 모든 것을 베풀라." 어떤 사람들은 이 세 가지 진술이 모순이라고 불평할지 모르겠다. 그러나 이 진술이 예수님의 가르침을 잘 포착하는 것은, 그분은 베풀어야 할 정확한 양을 명시하지 않으셨고, 우리가 얼마나 투자해야 옳은지도 말씀하지 않으셨기 때문이다. 물론 사람에 따라 답변이 다를 수 있다. 예수님은 우리에게 이보다 더 심오한 질문을 던지신다. "네 인생의 보물은 무엇인가? 너는 어디에서 기쁨을 발견하는가? 너의 마음은 어디에 있는가?" 우리는 인생을 우리의 아버지, 곧 작은 양떼인 우리를 지켜주시는 그분의 손에 맡겨야 한다. 하나님은 우리에게 그분의 나라를 주기 원하시기 때문에, 우리는 두려워하지 말고 그분을 우리의 보물로 삼아야 한다.

35 허리에 띠를 띠고 등불을 켜고 서 있으라 36 너희는 마치 그 주인이
혼인집에서 돌아와 문을 두드리면 곧 열어주려고 기다리는 사람과 같
이 되라 37 주인이 와서 깨어 있는 것을 보면 그 종들은 복이 있으리로
다 내가 진실로 너희에게 이르노니 주인이 띠를 띠고 그 종들을 자리
에 1)앉히고 나아와 수종들리라 38 주인이 혹 이경에나 혹 삼경에 이르
러서도 종들이 그같이 하고 있는 것을 보면 그 종들은 복이 있으리로
다 39 너희도 아는 바니 집 주인이 만일 도둑이 어느 때에 이를 줄 알
았더라면 그 집을 뚫지 못하게 하였으리 40 그러므로 너희도 준비하고
있으라 생각하지 않은 때에 인자가 오리라 하시니라

35 "Stay dressed for action[1] and keep your lamps burning, 36 and be like
men who are waiting for their master to come home from the wedding
feast, so that they may open the door to him at once when he comes and
knocks. 37 Blessed are those servants[2] whom the master finds awake
when he comes. Truly, I say to you, he will dress himself for service
and have them recline at table, and he will come and serve them. 38 If
he comes in the second watch, or in the third, and finds them awake,

blessed are those servants! 39 But know this, that if the master of the
house had known at what hour the thief was coming, he[3] would not
have left his house to be broken into. 40 You also must be ready, for the
Son of Man is coming at an hour you do not expect."

41 베드로가 여짜오되 주께서 이 비유를 우리에게 하심이니이까 모든
사람에게 하심이니이까 42 주께서 이르시되 지혜 있고 진실한 청지기
가 되어 주인에게 그 집 종들을 맡아 때를 따라 양식을 나누어 줄 자
가 누구냐 43 주인이 이를 때에 그 종이 그렇게 하는 것을 보면 그 종
은 복이 있으리로다 44 내가 참으로 너희에게 이르노니 주인이 그 모
든 소유를 그에게 맡기리라 45 만일 그 종이 마음에 생각하기를 주
인이 더디 오리라 하여 남녀종들을 때리며 먹고 마시고 취하게 되면
46 생각하지 않은 날 알지 못하는 시각에 그 종의 주인이 이르러 [2)]엄
히 때리고 신실하지 아니한 자의 받는 벌에 처하리니 47 주인의 뜻을
알고도 준비하지 아니하고 그 뜻대로 행하지 아니한 종은 많이 맞을
것이요 48 알지 못하고 맞을 일을 행한 종은 적게 맞으리라 무릇 많이
받은 자에게는 많이 요구할 것이요 많이 맡은 자에게는 많이 달라 할
것이니라
41 Peter said, "Lord, are you telling this parable for us or for all?"
42 And the Lord said, "Who then is the faithful and wise manager,
whom his master will set over his household, to give them their portion
of food at the proper time? 43 Blessed is that servant[4] whom his master
will find so doing when he comes. 44 Truly, I say to you, he will set
him over all his possessions. 45 But if that servant says to himself,
'My master is delayed in coming,' and begins to beat the male and
female servants, and to eat and drink and get drunk, 46 the master of
that servant will come on a day when he does not expect him and at

12장

an hour he does not know, and will cut him in pieces and put him with the unfaithful. 47 And that servant who knew his master's will but did not get ready or act according to his will, will receive a severe beating. 48 But the one who did not know, and did what deserved a beating, will receive a light beating. Everyone to whom much was given, of him much will be required, and from him to whom they entrusted much, they will demand the more.

1) 헬, 기대어 누워 있는지라(유대인이 음식 먹을 때에 가지는 자세) 2) 헬, 쪼개어 내고

1 Greek *Let your loins stay girded*; compare Exodus 12:11 *2* Or *bondservants 3* Some manuscripts add *would have stayed awake and 4* Or *bondservant*; also verses 45, 46, 47

단락 개관

예수님은 하나님을 우리의 보물로 삼는 것에서 종말을 준비하는 것으로 이동하면서, 그런 준비 태세를 주인이 혼인 잔치에서 귀가하는 것을 대비하는 모습으로 비유하신다. 놀랍게도 주인은 돌아와서 잘 준비한 종들을 존귀하게 여기고 그들을 섬길 것이다. 이 주제는 언제나 인자를 맞을 준비의 필요성으로 되돌아간다. 베드로는 이 가르침이 제자들에게 적용되는지, 아니면 모든 사람에게 적용되는지 궁금해 한다. 예수님은 잘 섬기는 사람들이 상급을 받을 것이라고 말씀하며 그것을 모든 사람에게 적용하신다. 반면에 주인이 오랫동안 오지 않을 것으로 여기고 동료 종들을 학대하는 자들은 벌을 받을 것이다. 주인의 요구 사항을 더 많이 아는 자들은 그것을 모르는 자들보다 더 가혹한 징벌을 받을 것이다.

단락 개요

IV. 갈릴리에서 예루살렘으로: 제자의 길(9:51-19:27)
A. 여행이 시작되다(9:51-13:21)
5. 위기의 순간(12:35-13:21)
a. 주인의 귀가를 준비하는 종들(12:35-48)

주석

12:35-37 이제는 주인의 귀가를 준비하라는 권고가 주어진다. 제자들은 이집트에서 해방될 때의 이스라엘 같아야 한다. 이스라엘 백성은 길게 늘어뜨린 겉옷을 허리띠로 묶어서 신속히 떠날 준비를 갖추었다(출 12:11, 참고. 왕상 8:46; 엡 6:14; 벧전 1:13). 또 다른 이미지는 주인이 언제든 돌아올 수 있으므로 항상 불을 밝혀야 하는 등불을 언급한다(마 25:1-13). 또한 그들은 주인이 혼인 잔치에서 돌아오는 것을 기다리는 자들과 비슷하다. 종들은 주인의 노크 소리를 듣고 문을 열어줄 준비가 되어 있어야 한다(참고. 눅 13:25; 계 3:20). 주인이 돌아올 때 깨어 있다면 그 종은 진정 복을 받을 것이다. 그 복이 믿기 어려울 만큼 놀라운 것은 마치 주인과 종의 역할이 뒤바뀐 것처럼 보이기 때문이다. 주인이 종들을 섬길 것이다. 이는 자신의 사람들을 섬기러 오신(참고. 요 13:4-5) 예수님의 사역을 가리킨다(눅 22:27). 종들은 (말하자면) 주인이 준비한 호화스러운 잔치를 즐길 것이다(그러나 17:8을 참고하라).

12:38-40 주인은 예상치 않은 시간에 돌아올 수 있다. 예수님은 밤을 사경으로 나눈 로마의 관습에 따라 이경과 삼경을 언급하신다. 이경은 한밤

중(자정) 이전의 세 시간이고 삼경은 한밤중 이후의 세 시간일 것이다. 그 시간대는 종들이 졸려서 잠들고 싶은 때다. 그래도 깨어 있는 자들은 특별히 복을 받을 것이다. 인자의 재림이 지체될 수도 있다. 누가복음은 예수님의 재림이 임박했다는 진술과 그 이전에 상당한 간격이 있다는 암시를 모두 포함한다. 그분의 재림은 사전에 계산되거나 해독될 수 없다. 예수님에 따르면, 만일 집 주인이 도둑이 오는 때를 알았다면 깨어서 도둑을 막았을 것이다(참고. 살전 5:2). 예수님이 영광스러운 인자로 오시는 것(참고. 단 7:13-14)은 확정된 시간표에 표시될 수 없고(참고. 눅 9:26; 막 13:33, 35), 따라서 제자들은 하나님의 뜻을 행함으로써 준비하고 있어야 한다.

12:41-44 베드로는 이 비유가 모든 사람을 위한 것인지, 아니면 제자들만을 위한 것인지를 묻는 것으로 반응한다. 예수님이 제자들이 특별한 방식으로 주인의 섬김을 받는 것(12:37)에 대해 말씀하셨기 때문에, 베드로는 후자로 생각할 수도 있다. 베드로가 그 자신과 다른 제자들이 섬김에 따른 특별한 보상을 받을 것을 상상하는 것은 놀랄 일이 아니다. 예수님은 베드로의 질문에 구체적으로 대답하지 않지만, 암묵적으로 그 비유가 모두에게 적용된다고 가르치신다. 달리 말하면 12:37의 복을 받는 이들은 '신실하고 지혜로운' 관리자들과 같다(고전 4:1-2). 그들에게는 집안사람들에게 적절한 양식을 공급할 의무가 주어질 것이다. 복은 주인이 올 때까지 주인이 지시한 것을 신실하게 행하는 종에게 있다. 달리 말하면 그들은 선행을 하되 지치지 않는다(참고. 고후 4:1, 16; 갈 6:9). 그런 종은 장차 주인의 모든 소유를 관리하면서 신실한 일꾼으로서 상당한 권위를 행사할 것이다(참고. 눅 19:17, 19).

12:45-46 이는 적어도 주님 아래서 섬기는 이들의 눈에는 주님의 오심이 지체될 수 있다는 또 다른 암시다. 이 가능한 지연은 신약의 다른 곳에도 나타난다(히 10:37; 벧후 3:5). 그분의 오심에 관한 예수님의 가르침은 그분이 돌아오실 날을 정하거나 계산하려는 모든 시도를 막는다. 종들의 눈

에는 마치 그가 결코 돌아오지 않을 것처럼 보일 수도 있다. 그 결과 어떤 종은 자기 아래 있는 남종과 여종들을 학대하고 오직 그 자신의 즐거움만 추구할 수 있다. 그래서 그저 먹고, 마시고, 술에 취하기까지 하는 것이다. 여기서 예수님은 악에 빠지는 종, 자기 주인이나 자기 아래 있는 자들을 전혀 고려하지 않는 종을 묘사하신다. 달리 말하면 그 종은 온 마음을 다해 하나님을 사랑하거나 이웃을 자신처럼 사랑하는 데 실패하는 사람이다(10:27). 그런데 주인이 전혀 예상하지 않은 때에 올 것이기에 그 종은 놀라운 반전을 직면한다. 그의 형벌은 단지 자신의 상급을 잃는 데 그치지 않는다. 그의 신실하지 못함은 그가 주인의 사람들에게 전혀 속하지 않는다는 것을 입증한다. 결국 주인이 그를 난도질하고, 그의 운명은 다른 비신자들과 같이 될 것이다.

12:47-48 여기에 감상적인 요소는 없다. 주인이 요구하는 것을 알고도 그의 지시사항을 행하지 않고(참고. 약 4:17) 준비하지 않는 종은 "많이 맞을 것이[다]". 47절에 비춰보면, 이 가혹한 매질은 이생에서 집행되는 처벌이 아니라 최후의 심판을 가리킨다.

최후의 심판이 지닌 공의는 48절에 더 설명되어 있다. 그 심판은 비례의 성격을 지닐 것이다. 요구 사항을 충분히 알지 못한 채 악을 행하는 사람은 상대적으로 가벼운 매질을 당할 것이다. 우리는 이것을 바울의 가르침과 연관시킬 수 있다. 율법을 통해 하나님의 뜻을 알지 못하는 사람들도 여전히 그들이 행하는 악에 대해 책임이 있다(롬 1:32; 2:12). 그들도 하나님의 명령을 알고 있으나, 지시받은 내용이 계시된 것만큼 분명하지 않기에 이들은 구체적 명령을 받은 자들만큼 가혹하게 처벌받지는 않을 것이다(롬 5:13-14). 예수님이 말씀하시듯이, 일부 사람에게 더 많은 것이 주어졌다면 그들이 더 무거운 책임을 지게 된다. 더 많은 것을 위탁받은 사람에게 기대치가 더 높은 법이다. 그렇다면 지옥에서 가해질 형벌의 등급이 다양할 것이 분명한 듯하다. 더 큰 계시를 받고도 그 진리를 배척한 사람들이 더 혹독한 고통을 받을 것이다. 이에 비해 더 작은 계시를 받은 사람들도 형벌을 받을 것이지만(그들 역시 무엇이 옳은지 알고 있다), 그 형벌은 그만큼 무겁지 않을 것이다.

응답

인자의 재림에 관한 가르침이 긴장을 늦추지 않게 한다. 우리는 정확한 날짜나 시간을 알지 못한다. 그분의 오심이 머나면 미래의 일로 느껴질 수 있다. 우리의 소명, 우리의 책임은 예수님이 재림하실 때까지 하나님의 뜻을 충실하게 행하면서 신실하게 섬기는 것이다. 하나님을 향한 사랑과 예수님에 대한 헌신은 우리가 주님께 속한 사람들을 어떻게 대우하는지, 즉 그들에게 보여주는 사랑에 의해 측정될 것이다. 이는 비신자들을 우리의 사랑에서 제외시켜야 한다는 말이 물론 아니다. 그리스도의 주되심에 대한 진정한 순종은 우리가 모든 사람을 섬기고 사랑하는 것을 뜻하기 때문이다. 만일 우리가 남을 학대한다면, 만일 우리의 리더십을 남을 학대하고 억압하는 데 이용한다면, 심판의 날이 다가오고 있음을 기억해야 한다. 만일 우리가 신실하다면, 주인이 마지막 날에 우리를 섬기실 것이다. 다함께 식탁에 비스듬히 앉아서 잔치를 즐길 것이다.

우리가 이 비유를 지나치게 해석해서 마치 예수님이 영원토록 우리를 섬기실 것처럼 생각하면 안 된다. 이 비유의 요점은 예수님이 문자 그대로 우리를 섬기실 것이라는 게 아니다. 사실 그분은 우리를 위해, 우리의 구원을 위해 죽으심으로써 이미 그렇게 행하셨다. 비유의 목적은 우리가 하나님에게서 마땅히 받을 것보다 훨씬 더 많은 상급을 받을 것임에 대한 강조다. 그분은 은혜롭고, 관대하고, 자비로워서 우리에게 마땅히 받을 것보다 더 많이 주시는 분이다. 하나님의 은혜와 자비는 우리의 계산을 뛰어넘는다. 뿐만 아니라 그분은 공의로우시다. 악을 행하는 자들은 형벌을 받을 것이다. 오늘날 다수가 부인하려고 하는 인과응보가 성경 이야기의 틀에 내장되어 있다. 하나님은 거룩하고 의로우신 분이라서 악을 행하고 회개하지 않는 자들은 심판을 받을 것인데, 그분의 심판은 저지른 악에 비례한다. 이 단락은 하나님께서 각 사람에게 그 행위에 따라 되갚아주실 것임을, 분배 법칙에 따라 심판하실 것임을 분명히 한다.

12장

49 내가 불을 땅에 던지러 왔노니 이 불이 이미 붙었으면 내가 무엇을
원하리요 50 나는 받을 1)세례가 있으니 그것이 이루어지기까지 나의
답답함이 어떠하겠느냐 51 내가 세상에 화평을 주려고 온 줄로 아느냐
내가 너희에게 이르노니 아니라 도리어 분쟁하게 하려 함이로라 52 이
후부터 한 집에 다섯 사람이 있어 분쟁하되 셋이 둘과, 둘이 셋과 하
리니 53 아버지가 아들과, 아들이 아버지와, 어머니가 딸과, 딸이 어머니
와, 시어머니가 며느리와, 며느리가 시어머니와 분쟁하리라 하시니라
49 "I came to cast fire on the earth, and would that it were already
kindled! 50 I have a baptism to be baptized with, and how great is my
distress until it is accomplished! 51 Do you think that I have come to
give peace on earth? No, I tell you, but rather division. 52 For from now
on in one house there will be five divided, three against two and two
against three. 53 They will be divided, father against son and son against
father, mother against daughter and daughter against mother, mother-in-law against her daughter-in-law and daughter-in-law against mother-in-law."

1) 헬, 또는 침례

단락 개관

제자들이 신실해야 할 필요성을 강조한 후, 예수님이 땅에 불을 지르고 세례를 받을 그분의 사명을 거론하신다. 이는 그분 사역의 결과로 실현될 구원과 심판을 모두 가리킨다. 예수님은 그분의 사역이 성취되는 모습을 보길 원하시는데, 그분이 오신 결과 가족들이 분열될 것이다. 이는 예수님의 사역에서 심판과 구원이 모두 이루어진다는 것에 대한 또 다른 표현이다.

단락 개요

IV. 갈릴리에서 예루살렘으로: 제자의 길(9:51-19:27)
- A. 여행이 시작되다(9:51-13:21)
  - 5. 위기의 순간(12:35-13:21)
    - b. 집안의 분열(12:49-53)

주석

12:49 제자들이 신실하고 순종해야 할 필요성(12:35-48)에 이어 예수님 사명의 목적이 나온다. 예수님이 땅에 불을 던지러 오셨고 그 불이 이제 붙었다는 말씀은 심판에 대한 언급임이 확실하다. 구약에서 불은 종종 심판을 가리킨다. 예컨대 예레미야의 말은 그 백성을 삼키는 불과 같다(렘 5:14; 23:29, 참고. 집회서 48:1). 아모스는 주님이 '불같이 일어나지' 않도록 주님을 찾으라고 경고한다(암 5:6). 다른 한편, 누가의 글에서는 불이 또한 성령의 변화시키는 사역으로 나타나고(행 2:3), 이사야 4:4에서는 성령이 불

로써 씻기고 청결케 하는 역할을 한다. 따라서 두 가지 개념이 모두 여기에 있는 것 같다. 다음 구절에 나오듯이, 예수님은 그분 사역의 완성에 해당하는 죽음과 부활을 내다보신다. 최후 심판의 날이 곧바로 오지는 않겠지만, 예수님의 지상 사역이 완료될 때 심판과 구원이 시작된다.

12:50 세례에 대한 언급은 십자가, 곧 예수님 사역의 위대한 구원과 심판의 사건을 내다본다. 이 맥락에서 그 이미지는 창세기 6-9장에 나오는 홍수 내러티브, 즉 온 세상이 악으로 인해 심판을 받는 이야기를 뒤돌아보는 듯하다. 예수님의 세례는 그분의 죽음을 가리키는데, 심판이 그분을 휩쓸어감으로써 하나님의 진노 아래 완전히 잠기시는 때를 말한다. 우리는 예루살렘을 향한 그분의 여정이 이 심판의 날을 예상하고 있다는 것을 살펴보았다. 예수님은 하나님의 백성을 위해 그분의 진노를 경험할 것이기에 괴로움을 겪으신다. 그분의 세례는 하나님의 구원 계획을 이룰 것이고(참고. 18:31), 따라서 예수님의 사역 전체가 이 위대한 사건에 달려 있다.

12:51-53 다가오는 불과 세례는 예수님뿐 아니라 온 인류에 영향을 줄 것이다. 그분은 평화를 주려고 오셨으나 평화가 그분이 오신 유일한 결과는 아니다. 평화와 분열, 조화와 갈등, 기쁨과 싸움이 그분의 불과 세례로 인해 발생할 것이다. 그분의 은총을 받아들인 사람들에게는 평화가 있을 것이다(2:14). 그러나 일부 사람은 메시아에 반대하며 그분과 대립할 것이다(2:34). 대다수 유대인은 메시아가 오면 대환영을 받을 것이라고 생각했으나 현실은 더 복잡하다. 집안이 심하게 분열될 터이고, 그 나라가 완전한 모습으로 금방 오지는 않을 것이다. 선별하고 시험하는 기간이 먼저 올 터이고, 그동안 사람들이 다른 길로 갈 것이다. 이런 분열이 가정에도 들어올 것이다. 보편적인 가족의 조화가 가능하지 않을 것은 아버지가 아들과, 딸이 어머니와, 며느리가 시어머니와 다툴 것이기 때문이다. 예수님이 여기서 미가 7:6의 말씀을 끌어오시는데, 미가 7장은 미가가 이스라엘이 구원받을 날을 기대하는 대목이다. 그럼에도 미가는 적들이 계속해서 하나님

의 백성을 괴롭힐 것이라고 말한다. 그 구원은 즉시 또는 순간적으로 일어나지 않을 것이다.

응답

우리는 예수님의 메시지를 지나치게 단순화하지 않도록 조심해야 한다. 다수는 예수님이 평화와 조화를 주려고 오셨다고 생각하지만(이는 분명히 사실이다), 그분은 또한 분열을 주려고 오셨다. 우리 가족이 만일 예수님 편에 서지 않는다면, 우리는 예수님과 가족 중 어느 편에 설지를 결정해야 한다. 분열은 한 집안의 구성원 사이에서도 일어날 수 있다. 아버지와 아들, 어머니와 딸 사이에서 말이다. 만일 가족 중 누군가가 하나님으로부터 등을 돌리거나 그분께로 돌이킨 적이 없는데 우리가 그들을 기쁘게 하려고 그들 편에 선다면, 우리는 예수님의 반대편에 서는 셈이다. 주님은 은혜를 베푸시는 분이다. 예수님을 아는 것보다 더 향기롭고 기쁜 일은 없다. 우리는 가족을 우상숭배의 대상으로 삼아서는 안 된다. 가족은 물론 멋진 공동체지만, 우리는 예수님을 마음속의 첫 자리에 둘 때에만 그분을 만날 준비를 갖추게 된다.

54 또 무리에게 이르시되 너희가 구름이 서쪽에서 이는 것을 보면 곧
말하기를 소나기가 오리라 하나니 과연 그러하고 55 남풍이 부는 것을
보면 말하기를 심히 더우리라 하나니 과연 그러하니라 56 외식하는 자
여 너희가 천지의 기상은 분간할 줄 알면서 어찌 이 시대는 분간하지
못하느냐

54 He also said to the crowds, “When you see a cloud rising in the west,
you say at once, ‘A shower is coming.’ And so it happens. 55 And when
you see the south wind blowing, you say, ‘There will be scorching
heat,’ and it happens. 56 You hypocrites! You know how to interpret the
appearance of earth and sky, but why do you not know how to interpret
the present time?

57 또 어찌하여 옳은 것을 스스로 판단하지 아니하느냐 58 네가 너를
고발하는 자와 함께 법관에게 갈 때에 길에서 화해하기를 힘쓰라 그
가 너를 재판장에게 끌어가고 재판장이 너를 옥졸에게 넘겨주어 옥졸
이 옥에 가둘까 염려하라 59 네게 이르노니 한 푼이라도 남김이 없이
갚지 아니하고서는 결코 거기서 나오지 못하리라 하시니라

57 "And why do you not judge for yourselves what is right? 58 As you go with your accuser before the magistrate, make an effort to settle with him on the way, lest he drag you to the judge, and the judge hand you over to the officer, and the officer put you in prison. 59 I tell you, you will never get out until you have paid the very last penny."[1]

1 Greek *lepton*, a Jewish bronze or copper coin worth about 1/128 of a *denarius* (which was a day's wage for a laborer)

단락 개관

하나님 나라의 도래는 보편적으로 받아들여지지 않고, 즉시 조화와 평화를 가져오는 것도 아니다(12:49-53). 그럼에도 온 이스라엘은 예수님 안에 그 나라가 현존하는 것을 목격해야 하는데, 그렇게 하지 않는 사람들은 위선자다. 하나님의 약속이 예수님 안에서 이행되고 있는 것은 날씨 패턴을 분별하는 것만큼 명백하다. 사람들은 언제 비가 올 것인지와 뜨거운 바람이 남쪽에서 일어나는 때를 말할 능력이 있기 때문이다. 일부 사람이 예수님의 사역에서 무엇이 일어나고 있는지를 해석할 수 없는 것은 그들의 악 때문이다. 예수님은 이어서 동일한 요점을 다른 방식으로 표현하신다. 그들은 무엇이 옳은지를 판단하고 분별할 능력이 있다. 따라서 하나님께서 예수님 안에서 그분의 백성을 방문하셨다는 것을 알아야 한다. 지금은 위기의 순간이고, 마치 이스라엘이 곧 치안관 앞에서 재판을 받을 것 같은 때다. 말하자면, 그들은 재판이 시작되기 전에 지금 그리스도 안에서 하나님과 바른 관계를 맺어야 한다. 지금 예수님에게 돌이키지 않는다면, 치안관이 그들을 재판관에게 넘겨주고, 재판관이 그들을 당국에게 넘겨주어 감옥에 가둘 것이다. 이 모든 것은 회개하지 않는 사람들이 영원히 형벌을 받을 것이라는 뜻이다.

단락 개요

IV. 갈릴리에서 예루살렘으로: 제자의 길(9:51-19:27)
A. 여행이 시작되다(9:51-13:21)
5. 위기의 순간(12:35-13:21)
c. 시대의 징조를 분별하고 반응하라(12:54-59)

주석

12:54-56 군중이 책망을 받는 이유는 주의를 기울이는 사람에게는 자명한 것을 보지 못하기 때문이다. 그것은 하나님 나라가 예수님의 사역을 통해 도래했다는 사실이다. 유대인은 기상 현상을 읽을 수 있었고, 그래서 예수님은 요점을 밝히기 위해 날씨와 관련된 두 가지 실례를 드신다. 그들은 서쪽에서 구름을 보면 이튿날에 폭풍우가 올 것임을 안다(참고. 왕상 18:44). 그리고 남풍이 불기 시작하면 폭염이 따라올 것이라고 말한다. 그들은 바람에 담긴 의미에 대해 혼동하지 않고 잘 이해한다. 예수님이 그들을 위선자로 부르시는 이유는, 그분의 사역으로부터 그분의 정체성과 관련해 그들이 날씨를 분별하는 것처럼 자명한 결론이 나와야 하기 때문이다. 예수님의 사역을 둘러싼 분열이 그분의 진정한 본성에 대해 아무도 속여서는 안 된다(12:43-49). 군중이 날씨는 읽을 수 있어도 시대[카리온(*karion*)]는 분별하지 못한다. 달리 말하면 그들은 바로 성취의 날이 도래했다는 것, 하나님 나라가 예수님의 사역을 통해 출범했다는 것, 언약이 실현되고 있다는 것을 분별하지 못한다(참고. 4:17-21; 7:22-23; 11:20; 19:44). 하지만 날씨를 읽는 것만큼이나, 성취의 때가 예수님 안에서 왔다는 것은 말하기 쉽다. 그들에게 모든 증거가 있는데도 불구하고 예수님이 누구인지 보지 못하는 것

은 그들이 보기를 원치 않기 때문이다.

12:57-59 예수님이 두 번째 예화를 들어서 동일한 요점(즉, 군중은 예수님 안에서 하나님 나라가 도래한 것을 분명히 볼 수 있어야 한다는 것)을 밝히신다. 사람들은 무엇이 옳은지를 분별할 능력이 있어서 그것을 잘 사용해야 하는데도 그렇게 하지 않고 있다. 이런 실패는 그들의 악한 성향을 반영한다. 그것은 마치 그들이 죄가 있어서 재판을 받으러 가는 것과 같다. 그들이 재판을 받기 위해 고소한 사람과 함께 가는 동안, 판결이 내려지기 전에 사태를 바로잡을 기회, 그 사람과 화해할 수 있는 기회가 있다. 그러나 사태를 바로잡지 않는다면, 재판관 앞에서 재판이 시작될 것이고, 판결이 내려질 것은 틀림없는 사실이다. 그들에게 분명히 죄가 있기 때문이다. 이후 재판관이 그들을 관리에게 넘겨줄 테고, 관리는 그들이 빚진 것을 다 갚을 때까지 감옥에 가둘 것이다. 이 비유에는 투옥된 사람들이 결국에는 다 갚을 수 있을 것이라는 암시가 없다! 여기서의 요점은 다 갚는 것이 불가능하리라는 것, 그러면 때가 너무 늦을 것이라는 것, 바로잡고 화해할 수 있는 날이 영원히 지나갔을 것이라는 사실이다. 예수님과의 관계도 마찬가지다. 사태를 바로잡고 회개할 수 있는 기회는 여전히 있지만, 그것이 영원히 지속되지는 않는다. 성취의 때가 도래했으므로 이제 이스라엘은 회개하고 그 왕을 알아보아야 한다.

응답

믿지 않는 많은 사람이 만일 증거가 더 분명하다면, 만일 예수가 메시아라고 분명하게 말할 수만 있다면 믿겠다고 한다. 그러나 예수님은 상당히 다른 것을 말씀하신다. 하나님 나라가 예수님 안에서 온 것이 분명하다고 말씀하신다. 예수님이 누구인지를 아는 데 필요한 증거가 많다고 하신다. 그것은 폭풍이나 열기가 오고 있음이 분명할 때 날씨의 징조를 읽는 것과 비슷하다. 그러나 분별할 시간과 변화될 시간이 영원히 지속되지는 않을 것이다. 심판의 날, 더 이상 회개를 선택할 수 없을 날이 오고 있다. 예수님은 오늘도 모든 사람을 부르며, 자비와 온유의 손짓을 보내고 계신다. 심판을 피하려면 그분을 따라가야 한다.

1 그때 마침 두어 사람이 와서 빌라도가 어떤 갈릴리 사람들의 피를
그들의 제물에 섞은 일로 예수께 아뢰니 2 대답하여 이르시되 너희는
이 갈릴리 사람들이 이같이 해 받으므로 다른 모든 갈릴리 사람보다
죄가 더 있는 줄 아느냐 3 너희에게 이르노니 아니라 너희도 만일 회
개하지 아니하면 다 이와 같이 망하리라 4 또 실로암에서 망대가 무
너져 치어 죽은 열여덟 사람이 예루살렘에 거한 다른 모든 사람보다
[1]죄가 더 있는 줄 아느냐 5 너희에게 이르노니 아니라 너희도 만일 회
개하지 아니하면 다 이와 같이 망하리라

1 There were some present at that very time who told him about the
Galileans whose blood Pilate had mingled with their sacrifices. 2 And
he answered them, "Do you think that these Galileans were worse
sinners than all the other Galileans, because they suffered in this way?
3 No, I tell you; but unless you repent, you will all likewise perish.
4 Or those eighteen on whom the tower in Siloam fell and killed them:
do you think that they were worse offenders than all the others who
lived in Jerusalem? 5 No, I tell you; but unless you repent, you will all
likewise perish."

[6] 이에 비유로 말씀하시되 한 사람이 포도원에 무화과나무를 심은 것
이 있더니 와서 그 열매를 구하였으나 얻지 못한지라 [7] 포도원지기에
게 이르되 내가 삼 년을 와서 이 무화과나무에서 열매를 구하되 얻지
못하니 찍어버리라 어찌 땅만 버리게 하겠느냐 [8] 대답하여 이르되 주
인이여 금년에도 그대로 두소서 내가 두루 파고 거름을 주리니 [9] 이후
에 만일 열매가 열면 좋거니와 그렇지 않으면 찍어버리소서 하였다
하시니라

[6] And he told this parable: "A man had a fig tree planted in his
vineyard, and he came seeking fruit on it and found none. [7] And he said
to the vinedresser, 'Look, for three years now I have come seeking fruit
on this fig tree, and I find none. Cut it down. Why should it use up the
ground?' [8] And he answered him, 'Sir, let it alone this year also, until I
dig around it and put on manure. [9] Then if it should bear fruit next year,
well and good; but if not, you can cut it down.'"

1) 헬, 빚진 것이

단락 개관

앞 단락은 예수님 안에서 하나님의 사역을 분별할 필요성과 너무 늦기 전에 그분께로 돌이켜서 그분을 믿어야 하는 필요성을 강조했다. 다음 단락도 동일한 주제를 다룬다. 이 텍스트는 두 부분으로 나뉜다. 1-5절과 6-9절이다. 1-5절에는 빌라도가 갈릴리 사람들의 피를 제물에 섞어 넣은 것에 관한 이야기가 나오고, 이어서 예수님이 실로암의 망대가 무너져서 죽은 열여덟 사람에 대해서도 언급하신다. 두 경우와 관련해, 이들이 남보다 더 악한 죄인이라서 그런 사건을 겪었다고 생각하는 것에 대해 예수님

이 반응하신다. 그분은 이런 생각을 완전히 배격하면서 그런 재난은 회개하지 않는 모든 사람에게 닥칠 더 큰 재난을 가리킨다고 말씀하신다. 6-9절에는 3년 동안 열매를 맺지 못하는 무화과나무를 가진 한 사람의 비유가 나온다. 요점은 많은 시간이 이미 경과했으므로 이스라엘이 이제는 열매를 맺어야 한다는 것이다. 주인이 그 나무를 찍어버리라고 말하지만, 정원사는 거름을 주고 각별히 보살피면 열매를 맺을 수도 있으니 한 번만 더 연기해달라고 부탁한다. 그럼에도, 결정적 순간이 이스라엘에 이르렀다. 서둘러 열매를 맺고 예수님을 믿지 않으면 심판을 받게 될 것이다.

단락 개요

IV. 갈릴리에서 예루살렘으로: 제자의 길(9:51-19:27)
A. 여행이 시작되다(9:51-13:21)
5. 위기의 순간(12:35-13:21)
d. 종말이 오기 전에 회개하라(13:1-9)

주석

13:1 앞의 여러 구절에서 시대를 분별하는 것과 적절히 반응하는 것에 관해 다루었다. 예수님은 몇몇 갈릴리 사람들이 빌라도에게 살해되었다는 소식을 들으신다. 우리가 이 이야기에 대해 다른 출처로부터 들은 것은 없지만, 빌라도가 일종의 보복 행위로 그 갈릴리 사람들의 피를 제물과 섞은 것이 분명한 듯하다. 그런 행위는 우리가 다른 곳을 통해 빌라도의 성품에 대해 알고 있는 것과 들어맞는다. 그는 형상들(가이사의 초상들)을 예루살렘

으로 가져왔다가 유대인이 죽음을 불사하는 모습을 보고 그것들을 철수시켜서 반발을 누그러뜨렸다(요세푸스, *Antiquities* 18.3.1; *Jewish Wars* 2:9.2-3). 또한 도수관을 통해 예루살렘으로 물을 끌어오는 프로젝트에 자금을 조달하려고 성전 세금을 이용했다. 이에 유대인이 반대하자 그는 단도와 무기로 많은 유대인을 살해했다(*Antiquities* 18.3.2; *Jewish Wars* 2:9.4). 뿐만 아니라 사마리아인들이 그리심산에 감춰진 신성한 그릇들을 보기 위해 무장한 채 그 산으로 왔는데, 빌라도는 그것을 정치적 위협으로 생각해서 그 가운데 일부를 죽이고 다수를 흩었다(*Antiquities* 18.4.1).

13:2-3 발생한 사건을 예수님에게 알려주는 사람들은 그 갈릴리 사람들이 그들의 죄 때문에 마땅한 운명을 맞았다는 것을 강조한다. 구약에서 불순종 때문에 저주가 임한다는 것을 감안하면(참고. 요 9:2; 레 26장; 신 27-28장), 이는 공통된 견해인 듯하다. 하지만 예수님은 그들의 생각을 바로잡으신다. 그들은 이 사건이 다른 사람들의 일이고 그들과는 무관한 것처럼 해석하면 안 된다. 재난이 닥칠 때는 하나님께서 모두에게 말씀하고 계신다. 재난은 우리가 회개하고 죄에서 돌이키지 않으면 모두가 망할 것이라는 경고다. 사실 그 형벌은 더 클 것인데, 그것은 한시적이 아니라 영원하기 때문이다.

13:4-5 예수님이 또 하나의 재난을 소개하시는데, 이는 누가복음에만 나온다. 실로암에 있는 망대가 무너져서 18명이 죽은 사고다. 다수가 내린 결론은 희생자들이 그런 운명을 맞은 것을 보면 중대한 죄를 지었음에 틀림없다는 것이다. 그러나 예수님은 한시적 형벌이 반드시 본인의 영원한 운명을 가리킨다는 생각을 배격하신다. 오히려 그런 형벌은 큰 재난이 오고 있다는 사실, 즉 이 세상에서 일어나는 비극보다 훨씬 큰 재난이 오고 있다는 사실을 가리킨다. 이 세상에서 발생하는 재난은 최후의 심판, 영원한 심판을 가리키고 있다. 따라서 이 세상에서 사람들이 재난으로 멸망하는 모습을 보는 자들은 이와 같은 결론, 즉 그들이 멸망한 사람들보다 낫

다는 결론, 그렇게 멸망하는 사람들이 특별히 더 악할 것이라는 결론을 내리면 안 된다. 그 대신 지금 회개하지 않으면, 그들 또한 훨씬 큰 운명, 즉 영원한 형벌을 맞을 것임을 알아야 한다.

13:6-7 예수님이 회개의 필요성을 강조한 후 무화과나무의 비유를 들려주신다. 여기서 나무는 이스라엘을 상징한다. 다수의 구약 본문도 이스라엘을 무화과나무로 묘사한다(렘 8:13; 24:1-10; 호 9:10; 미 7:1-4, 참고. 합 3:17). 또 다른 본문들은 이스라엘을 포도나무로 묘사한다(시 80:9-17; 사 5:1-7). 두 경우에 공통적으로 담긴 개념은 이스라엘이 열매를 맺어야 한다는 것이다. 그래서 무화과나무 비유의 요점은 이 단락의 주제와 잘 어울린다. 말하자면 심판의 때가 도래하기 전에 이스라엘이 회개하고 열매를 맺어야 한다는 것이다. 이 비유에서는 무화과나무를 심은 사람이 나무가 열매를 맺었는지 확인하러 오지만 아무 열매도 없다. 주인은 3년이나 지났는데도 아무 열매가 없자 그 나무를 찍어버리기로 결정한다. 그 땅이 무화과나무로 인해 버려지고 있다. 그래서 다른 식물이 그것을 대체해야 한다(참고. 눅 3:9-10). 이 비유의 요점은 명백하다. 하나님께서 수백 년 동안 이스라엘에서 열매를 찾으셨으나(3년은 상징적이다), 이 백성은 결코 신실하지 않았다. 믿음 없는 그들의 모습은 그들이 결정적으로 또 최종적으로 심판을 받아야 하는지에 대해 생각하게 한다.

13:8-9 무화과나무를 가꾸는 사람이 그 나무가 아직 열매를 맺을 가능성이 있다고 생각하며 주인에게 간청한다. 그는 그 나무가 장차 열매 맺기를 바라면서 나무 주변을 파고 거름으로 기름지게 하려고 한다. 여기서 우리는 주님이 그분의 백성에 대해 인내하면서 즉시 심판하지 않으신다는 것을 알게 된다(벧후 3:9, 15). 하지만 여전히 열매를 맺지 못하면, 결국 그 나무는 찍혀버릴 것이다. 지금은 이스라엘에게 위기의 순간이다. 심판이 임하기 전에, 아직 시간이 있는 동안, 회개해야 한다.

응답

예수님이 실로암에 있는 망대가 무너져서 열여덟 사람이 죽은 사건을 이야기하신다. 이 이야기는 2001년 9월 11일 테러리스트들의 비행기가 세계무역센터 쌍둥이 빌딩으로 돌진해 무너뜨린 사건을 상기시킨다. 예수님은 이런 사건들에 대해 뜻밖의 반응을 보이신다. 이런 비극을 당하는 사람들이 피해를 면하는 이들보다 더 악한 죄인이 아니라고 엄하게 경고하신다. 그 대신 회개하지 않으면 모든 사람이 그와 같이 멸망할 것이라고 말씀하신다. 예수님은, 비극을 경험하는 사람들이 하나님의 형벌을 받아 지옥에 가는 것이라고 말씀하지 않고 그들이 반드시 무죄하다고 말씀하지도 않으신다. 그분의 요점은 역사상 모든 재난은 마지막 날에 있을 지옥의 심판을 가리킨다는 것이다. 따라서 재난이 있을 때마다, 우리가 회개하지 않으면 그보다 더 나쁜 것(지옥에서의 심판)을 경험하게 될 것임을 상기해야 한다

아울러 우리가 비극에 대해 슬퍼하지 말아야 한다고 가르치시는 것도 아니다. 우리는 이 세상에 있는 악에 대해 신음한다. 바울이 말하듯이, 우리는 '우는 자들과 함께 운다'(롬 12:15). 동시에 타락한 세상에서 비극의 목적에 대해 통찰력을 가져야 한다. 죽음으로 끝나는 자동차 사고는 우리에게 지옥이 회개하지 않는 자들을 기다리고 있음을 상기시켜준다. 그리스도인은 자동차 사고로 죽지 않는다는 말이 아니다! 그들도 죽는다. 역사상의 재난들은 우리에게 회개의 필요성을 가르쳐준다. 회개란 우리의 인생을 하나님께 완전히 드리는 것을 의미한다.

우리 몸에 있는 주름 하나하나는 죄의 결과를 상기시키는 하나의 비유다. 그것은 우리가 죽어가고 있다는 것을 상기시켜준다. 모든 질병은 세상에 잘못된 것이 있다고 말해주는 기상나팔 소리다. 모든 고통과 통증은 우리가 죄를 범했음을 알려주는 신호다. 모든 사람이 그리스도의 십자가를 심판 날에 대한 유일한 희망으로 붙잡고 회개에 합당한 행동을 취해야 한다.

10 예수께서 안식일에 한 회당에서 가르치실 때에 11 열여덟 해 동안
이나 귀신 들려 앓으며 꼬부라져 조금도 펴지 못하는 한 여자가 있더
라 12 예수께서 보시고 불러 이르시되 여자여 네가 네 병에서 놓였다
하시고 13 안수하시니 여자가 곧 펴고 하나님께 영광을 돌리는지라
14 회당장이 예수께서 안식일에 병 고치시는 것을 분 내어 무리에게
이르되 일할 날이 엿새가 있으니 그동안에 와서 고침을 받을 것이요
안식일에는 하지 말 것이니라 하거늘 15 주께서 대답하여 이르시되 외
식하는 자들아 너희가 각각 안식일에 자기의 소나 나귀를 외양간에서
풀어내어 이끌고 가서 물을 먹이지 아니하느냐 16 그러면 열여덟 해
동안 사탄에게 매인 바 된 이 아브라함의 딸을 안식일에 이 매임에서
푸는 것이 합당하지 아니하냐 17 예수께서 이 말씀을 하시매 모든 반
대하는 자들은 부끄러워하고 온 무리는 그가 하시는 모든 영광스러운
일을 기뻐하니라

10 Now he was teaching in one of the synagogues on the Sabbath.
11 And behold, there was a woman who had had a disabling spirit for
eighteen years. She was bent over and could not fully straighten herself.

[12] When Jesus saw her, he called her over and said to her, "Woman, you are freed from your disability." [13] And he laid his hands on her, and immediately she was made straight, and she glorified God. [14] But the ruler of the synagogue, indignant because Jesus had healed on the Sabbath, said to the people, "There are six days in which work ought to be done. Come on those days and be healed, and not on the Sabbath day." [15] Then the Lord answered him, "You hypocrites! Does not each of you on the Sabbath untie his ox or his donkey from the manger and lead it away to water it? [16] And ought not this woman, a daughter of Abraham whom Satan bound for eighteen years, be loosed from this bond on the Sabbath day?" [17] As he said these things, all his adversaries were put to shame, and all the people rejoiced at all the glorious things that were done by him.

단락 개관

종교 지도자들에게는 종말론적 분별력이 없다는 것이 이 에피소드에서 표면에 드러난다. 그들은 자신이 몸담고 있는 시대를 분별하지 못할뿐더러 하나님의 언약이 예수님 안에서 성취되는 장면을 보지 못하고 있다. 예수님이 안식일에 한 회당에서 가르치던 중 18년 동안 허리가 구부러져 있는 여자를 보고 불러내 이제 병에서 풀려났다고 선언하신다. 예수님이 손으로 만지시자 능력이 나타나고, 그녀는 즉시 치유되어 하나님께 영광과 찬송을 드린다. 하지만 회당장은 영적으로 둔감한 모습을 보인다. 그는 기뻐하기는커녕 예수님이 안식일에 병을 고쳤다고 화를 낸다. 그러나 예수님은, 그들이 안식일에 짐승은 돌보고 기르면서도 동일한 기준을 인간에게 심지어 아브라함의 딸에게 적용하지 않는다며 회당장을 비롯한 그 부류의 위선을 밝히신다. 예수님의 말씀이 대적들을 부끄럽게 만드는 한편, 사람들은 무척 기뻐한다.

단락 개요

IV. 갈릴리에서 예루살렘으로: 제자의 길(9:51-19:27)
A. 여행이 시작되다(9:51-13:21)
5. 위기의 순간(12:35-13:21)
e. 안식일에 여자를 치유하시다(13:10-17)

주석

13:10-11 예수님은 회당(4:15, 31)과 다른 장소들(5:17-18; 19:47; 21:37)에서 자주 가르치는데, 이 경우에는 (다른 많은 경우가 그렇듯이) 안식일에 가르치신다. 한 여자가 예수님의 가르침을 듣고 있다. 그녀는 질병으로 장애가 심해서 18년 동안 허리를 구부린 채 똑바로 설 수 없었다(참고. 4:33). 여기서는 그 문제가 영적인 것이라고 하므로, 질병은 악령(개역개정은 "귀신")으로 인한 것이다. 하지만 그 여자가 죄를 지었다는 증거는 없다. 귀신은 죄 많은 세상에서 인간을 괴롭히는 존재다.

13:12-13 예수님이 그 여자를 보는 즉시 불러내신다. 그녀의 고통을 알아채고 돌보시는 모습에서 여자들을 향한 그분의 사랑과 연민을 다시 발견한다. 고대 세계에서는 많은 남자가 여자들을 무시하여 그들을 보지 못하거나 관계를 맺지 않았지만(오늘날에도 드물지 않다), 예수님은 따뜻한 연민

으로 여자들을 향한 깊은 사랑과 관심을 보이신다. 예수님이 이 여자에게 이제는 질병에서 풀려났다고 선언하신다. 그분은 먼저 그녀에게 믿는지 묻지 않고, 주권적이고 창조적인 말씀으로 치유하신다. 이 세계를 말씀으로 만드신 창조주 하나님으로서 동일한 능력을 보여주신다. 예수님은 치유의 말씀을 한 후 그녀에게 손을 얹으신다. 그분이 손을 대는 순간 치유가 일어나는데(참고. 4:40; 5:13; 6:19; 7:14; 8:44; 22:51), 이는 많은 사람이 기형적 모습 때문에 그녀를 기피하는 데에 대한 연민을 보여주시는 표시다. 예수님의 말씀과 접촉이 능력을 나타내고, 여자는 즉시 하나님께 찬송과 영광을 드린다(참고. 5:25).

13:14 회당장은 그 치유를 달가워하지 않는다. 그는 예수님을 정죄할 이유를 찾는 종교 지도자들을 대표한다(참고. 6:7). 그는 자기 앞에 있는 한 사람, 끔찍한 질병에서 해방된 사람을 보지 않고, 하나님의 명령이 위반되었다고 느낀 나머지 오히려 짜증을 내고 욕구불만에 빠진다. 안식일에 병을 치유하는 것을 일로 생각하는 그의 입장에서는 예수님이 제4계명(참고. 출 20:9; 신 5:13)을 어기신 셈이다. 회당장은 탕자 이야기에 나오는 형처럼 비열한 생각을 갖고 있어서, 하나님께서 예수님을 통해 행하신 일을 기뻐할 수 없다(참고. 눅 15:25-30). 그는 일주일에 엿새만 일하고 안식일에는 하지 말라고 지적한다. 예수님의 치유를 하나의 일로 간주하는 것이다.

13:15-16 예수님은 안식일에 대한 그런 해석을 묵인하지 않으신다. 예수님은 회당장이 안식일의 목적을 완전히 놓쳤음을 아시는데, 그가 안식일을 단지 지켜야 할 규율로, 그것도 꼼꼼하게 준수할 규율로만 보기 때문이다. 그는 자기 눈 속에 들보가 있으면서도 자신이 예수님 안에서 죄의 티끌을 보고 있다고 생각한다(참고. 6:42). 사실 그 사람은 위선자다. 그의 짐승을 돌볼 때는 똑같은 규율을 따르지 않기 때문이다(참고. 14:5). 안식일에 소나 나귀가 물을 마셔야 하면 여물통 앞에서 물이 있는 곳으로 데려갈 것이다. 그리고 그것은 정당하다! 그가 보지 못하는 것은 인간이 짐승보다

더 중요하다는 점이다.

예수님은 치유의 말 한 마디와 여자에게 한 안수는 일이라고 볼 수 없다고 주장하실 수도 있었다. 그러나 그분은 문제를 더 높은 차원으로 가져가신다. 모든 사람이 그들 앞에 있는 한 인간, 아브라함의 딸, 18년 동안 고통과 낙담과 우울증에 시달려온 귀한 사람(참고. 13:14)을 보기 원하신 것이다. 회당장은 예수님이 마땅히 하면 안 될 일('해야만 하다', 데이, 14절)을 행했다고 반대하나, 예수님은 그 여자가 안식일에 풀림을 받아'야만 한다'[에데이(*edei*)]고 반론을 제기하신다. 안식일이 치유하기에 가장 적당한 날인 이유는, 바로 그날이 기쁨과 자유와 해방의 날로서 과거에 주님이 그 백성을 이집트에서 해방시키신 사건을 가리키기 때문이다. 주님이 사탄에게 묶인 자들을 해방시키시기에 그보다 더 좋은 날이 없다(참고. 8:29).

13장

13:17 최종 결과는 예수님의 대적들이 부끄러움을 당하는 것이다. 이와 반대로 사람들이 예수님이 행하시는 놀라운 일을 기뻐하는 만큼, 그분이 옳은 편에 계시는 것으로 입증된다. 군중이 종교 지도자들보다 더 분별력 있다. 그들은 하나님의 사역을 알아보고 한 여자가 무서운 질병에서 건져진 것을 제대로 본다. 명예/수치의 문화에서 대적들이 부끄러움을 당하는 것이 사소한 일이 아닌 이유는 그들이 틀린 것으로 입증되기 때문이다. 여기에 나온 부끄러움은 최후의 심판 때 일어날 종말론적 부끄러움을 예고한다(참고. 롬 9:33; 10:11; 고전 1:27). 아마도 이 장면은 우상을 만드는 자들이 부끄러움을 당할 것이라는 이사야 45:16을 암시할 것이다. 종교 지도자들은 사실상 유일하신 참 하나님을 섬기고 있지 않다.

응답

우리는 이 단락을 통해 가장 큰 계명이 하나님과 이웃을 사랑하는 것임을 상기하게 된다(참고. 10:25-37). 우리는 단지 규율을 지키기만 하면 하나님을 사랑하는 것으로 생각하기 쉽다. 그렇다고 모든 계명이 불필요하다는 말은 아니다! 분명히 많은 계명이 하나님을 사랑한다는 것이 무슨 뜻인지 표현한다(참고. 롬 13:8-10). 그럼에도 우리는 일련의 규정을 따르면 하나님을 기쁘시게 하는 것이라고 생각하면서도, 바로 앞에 있는 한 사람, 그의 필요는 보지 못한 채 사소한 것에 중점을 둘 수 있다. 예수님은 우리를 귀신과 질병과 죄에서 해방시키려고 오셨다. 완전한 자유는 새로운 창조 세계에서만 우리의 것이 될 수 있겠지만, 예수님의 치유 및 해방 사역은 그 나라가 그분의 사역과 인격을 통해 도래했다는 것을 증언한다. 하나님은 그 백성을 위해 언약을 이행하고 계신다. 이와 함께 주님이 우리를 통해 상처받은 사람들에게 연민을 베푸심으로써, 우리가 그리스도 안에 있는 자유의 좋은 소식을 나눌 수 있기를 기도한다.

18 그러므로 예수께서 이르시되 하나님의 나라가 무엇과 같을까 내가
무엇으로 비교할까 19 마치 사람이 자기 채소밭에 갖다 심은 겨자씨
한 알 같으니 자라 나무가 되어 공중의 새들이 그 가지에 깃들였느니라
18 He said therefore, "What is the kingdom of God like? And to what
shall I compare it? 19 It is like a grain of mustard seed that a man took
and sowed in his garden, and it grew and became a tree, and the birds
of the air made nests in its branches."

20 또 이르시되 내가 하나님의 나라를 무엇으로 비교할까 21 마치 여자
가 가루 서 말 속에 갖다 넣어 전부 부풀게 한 누룩과 같으니라 하셨
더라
20 And again he said, "To what shall I compare the kingdom of God?
21 It is like leaven that a woman took and hid in three measures of flour,
until it was all leavened."

단락 개관

이제 심판이 다가오고 있으므로 위기의 순간, 결정을 내릴 때가 왔다. 사람들은 하나님의 나라가 예수님 안에서 왔다는 것을 인식해야 하고, 특히 이스라엘이 그것을 깨달아야 한다. 그럼에도 다수는 그 나라가 예수님의 사역 안에 현존하고 있음을 보지 못하고, 그분은 부분적으로 그런 실패를 설명하기 위해 두 가지 비유를 이야기하신다. 먼저 그 나라를 겨자씨와 밀가루 속 누룩에 비유하신다. 그 나라는 겨자씨 한 알처럼 예수라는 인물 안에서 도래했다. 유대인은 하나님의 나라가 묵시적 권능과 영광으로 임할 것을 기대하지만, 실은 작은 겨자씨로 오기 때문에 그 나라의 현존을 놓치기 쉽다. 그 나라가 왔다는 것을 놓치기 쉬운 또 다른 이유는 그 나라는 밀가루 속의 누룩과 같기 때문이다. 하지만 결국에는 그 나라가 묵시적 권능으로 올 것이다. 겨자씨는 나무로 자라날 것이고, 누룩이 밀가루 덩어리 전체를 발효시킬 것이다. 그 나라의 보편적 통치와 권능의 날이 바로 종말(eschaton)이다.

단락 개요

IV. 갈릴리에서 예루살렘으로: 제자의 길(9:51-19:27)
- A. 여행이 시작되다(9:51-13:21)
  - 5. 위기의 순간(12:35-13:21)
    - f. 겨자씨의 비유와 누룩의 비유(13:18-21)

주석

13:18-19 이 단락 전체(12:35-13:21)에서 예수님은 그분을 통해 온 하나님 나라에 올바로 반응하는 것이 중요하다고 강조하신다. 사람들은 시대의 징조를 분별하고 종말이 오기 전에 회개해야 한다. 여기서 예수님은 그 나라를 겨자씨와 밀가루 속 누룩에 비유하는 두 가지 이야기를 들려주신다. 첫째 이야기에서는 그 나라를 정원에 심긴 겨자씨 한 알, 장차 새들이 둥지를 짓는 나무가 될 겨자씨에 비유하신다. 누가는 겨자씨의 작음에 대해 아무 말도 하지 않는다. 하지만 그것은 굳이 설명하지 않아도 될 만큼 누구나 알고 있고, 또한 지극히 작은 겨자씨가 장차 한 그루의 나무가 되는 비교를 생각하면 이는 더 자명해진다. 이스라엘의 대다수가 그 나라가 예수님 안에서 왔다는 것을 보지 못하는 이유는, 그들은 그 나라가 묵시적 권능으로 와서 모든 적을 파멸시킬 것으로 기대하기 때문이다. 그러나 그 나라는 뜻밖의 방식으로 도래했다. 그리고 하나님의 적들이 아직 쫓겨나지 않았으므로 결단의 순간이 온 것처럼 보이지 않는다! 그럼에도 볼 눈이 있는 사람들에게는 그 나라가 예수님의 사역에 나타난 성령의 능력으로 이미 왔다(참고. 4:18-21; 7:22-23; 11:20).

겨자씨가 나무가 된다는 것은 그 나라의 느리고 꾸준한 성장을 보여준다. 교회가 예루살렘에서 땅끝까지 확장되고(행 1:8; 6:7; 12:24; 13:49; 19:20), 사람들이 그 가지에 보금자리를 마련한다(참고. 겔 17:23; 31:6). 하지만 그 나라가 지닌 겨자씨의 특성은 현 시대 내내 유지될 가능성이 더 크다. 그 나라가 아직 묵시적 권능으로 오지 않아서다. 그렇다. 그 나라의 말씀이 땅끝까지 갔으나 이 땅의 대다수 사람들은 여전히 믿지 않는다. 그 나라의 진리가 그들에게 감추어 있는 것이다. 세상은 그 나라의 메시지를 들어도 그 나라를 예수님 안에서 발견할 수 있다는 진리를 깨닫지 못하고 있다.

13:20-21 예수님은 그 나라를 설명하기 위해 또 하나의 비유를 사용하시는데, 이는 겨자씨의 비유와 매우 비슷하다. 겨자씨를 심는 일이 남자의

세계에서 온다면, 밀가루에 누룩을 넣는 일은 여자의 세계에서 온다. 누가는 종종 남자의 세계와 여자의 세계를 모두 포함하는 예수님의 비유들을 복음서에 포함시킨다. 누룩은 보통 성경에서 부패의 영향력을 묘사하기 위해 사용되지만(출 12:14-21; 레 2:11; 6:17; 신 16:4; 눅 12:1; 고전 5:6-8; 갈 5:9), 여기서는 문맥이 분명히 보여주듯이 긍정적인 뜻을 갖고 있다. 밀가루 서 말은 약 한 포대(36킬로그램 가량)로 아주 많은 양이다.[152] 그 나라는 밀가루 속의 누룩과 같다. 여기서 핵심 단어는 '감췄다'("hid")이다. 예수님의 동시대인들은 그 나라가 명백할 것으로 기대했으나 그 나라의 도래는 식별되지 않고 세상의 눈에 보이지 않는다. 그 나라는 현재 존재하고 있으나 아직 완성되지 않았다. 겨자씨와 관련된 질문이 여기에도 적용된다. 밀가루 속에 천천히 퍼지는 것은 이 세상에서 일어나는가, 아니면 역사의 종말에 있을 묵시적 행동을 말하는가? 물론 신약 시대 이래 하나님 나라가 놀랍게 성장한 것을 우리가 알고 있으나, 그 나라는 여전히 세상으로부터 감추어 있는 만큼 퍼져서 부풀게 하는 것을 묵시적 행동으로 이해하는 편이 나은 듯하다.

152 참고. BDAG, s.v. σάτον.

응답

하나님의 나라가 이미 왔고 교회 안에서 그리고 교회를 통해 일하고 있으나, 교회는 여전히 불완전하다. 그 나라는 아직 묵시적 권능으로 오지 않았으므로 여전히 작고 세상으로부터 감추어 있다. 대다수의 사람들이 비신자이기는 하지만 이 때문에 우리가 기독교 신앙의 진리를 의심하면 안 된다. 물론 교회가 세계 전역으로 퍼져나가서 큰 진보를 이룬 만큼 우리가 기뻐해야 마땅하다. 그와 동시에 다수가 아직도 믿지 않은 채 계속해서 좋은 소식을 거부하고 있다.

성령의 능력으로 교회는 영광스러운 일을 수행했으나, 육신의 정욕에 굴복해서 끔찍한 일도 저질렀다. 그리스도인도 마찬가지다. 우리는 성령으로 변화된 사람들이다. 그 나라의 능력이 마음속에 침범해서 우리가 변화되었다. 그러나 아직 완전하지는 않다. 우리는 여전히 죄를 짓고, 때로는 우리 같은 그리스도인조차 지독한 잘못을 저지른다. 그런 잘못에 대해 변명의 여지는 없다. 그러나 교회와 우리 자신이 연약하다고 해서 기독교 신앙이 틀린 것으로 증명되지는 않는다. 하나님의 나라가 겨자씨 한 알처럼, 밀가루 속에 넣은 약간의 누룩처럼 도래했기 때문이다.

그 나라가 이미 여기에 있으나 아직 완성된 것은 아니다. 그 나라가 완전한 모습을 드러내는 날, 모든 사람이 무릎을 꿇고 예수님을 주님으로 고백할 날이 오고 있다(빌 2:10-11). 일부는 기쁘게, 일부는 마지못해 고백할 것이다. 그 나라가 우리의 삶에 침범했으나 아직 완전한 승리를 거두지는 않았다.

22 예수께서 각 성 각 마을로 다니사 가르치시며 예루살렘으로 여행
하시더니 23 어떤 사람이 여짜오되 주여 구원을 받는 자가 적으니이
까 그들에게 이르시되 24 좁은 문으로 들어가기를 힘쓰라 내가 너희에
게 이르노니 들어가기를 구하여도 못하는 자가 많으리라 25 집 주인
이 일어나 문을 한번 닫은 후에 너희가 밖에 서서 문을 두드리며 주여
열어주소서 하면 그가 대답하여 이르되 나는 너희가 어디에서 온 자
인지 알지 못하노라 하리니 26 그때에 너희가 말하되 우리는 주 앞에
서 먹고 마셨으며 주는 또한 우리의 길거리에서 가르치셨나이다 하나
27 그가 너희에게 말하여 이르되 나는 너희가 어디에서 왔는지 알지
못하노라 행악하는 모든 자들아 나를 떠나가라 하리라 28 너희가 아브
라함과 이삭과 야곱과 모든 선지자는 하나님 나라에 있고 오직 너희
는 밖에 쫓겨난 것을 볼 때에 거기서 슬피 울며 이를 갈리라 29 사람들
이 동서남북으로부터 와서 하나님의 나라 잔치에 [1]참여하리니 30 보
라 나중 된 자로서 먼저 될 자도 있고 먼저 된 자로서 나중 될 자도 있
느니라 하시더라

22 He went on his way through towns and villages, teaching and
journeying toward Jerusalem. 23 And someone said to him, “Lord,
will those who are saved be few?” And he said to them, 24 “Strive to
enter through the narrow door. For many, I tell you, will seek to enter
and will not be able. 25 When once the master of the house has risen
and shut the door, and you begin to stand outside and to knock at the
door, saying, ‘Lord, open to us,’ then he will answer you, ‘I do not
know where you come from.’ 26 Then you will begin to say, ‘We ate
and drank in your presence, and you taught in our streets.’ 27 But he
will say, ‘I tell you, I do not know where you come from. Depart from
me, all you workers of evil!’ 28 In that place there will be weeping and
gnashing of teeth, when you see Abraham and Isaac and Jacob and all
the prophets in the kingdom of God but you yourselves cast out. 29 And
people will come from east and west, and from north and south, and
recline at table in the kingdom of God. 30 And behold, some are last
who will be first, and some are first who will be last.”

1) 헬, 기대어 누워 있는지라(유대인이 음식 먹을 때에 가지는 자세)

단락 개관

누가가 많은 지리적 표지들을 제공하지 않기 때문에 우리는 누가복음에서 여행 모티브를 놓칠 수 있으나, 이 여행은 문학적 및 신학적 역점을 지니고 있고 예수님이 죽음을 맞으러 예루살렘으로 가고 계시다는 것을 강조한다. 제자가 되는 것의 중요성이 계속 강조된다. 누군가가 소수만 구원을 받을지에 대해 질문을 제기한다. 예수님은 그 질문에 답하지 않으신다. 그 대신 누구나 구원받기 위해 힘써야 한다고 강조하면서, 너무 오래 지체하면 늦을 것이기 때문이라고 말씀하신다. 사람들은 예수님을 안다고, 그분과 함께 생활했었다고 항의할 테지만, 그들의 삶이 악으로 물들어 있어서 예수님은 그들이 자신의 존전으로 들어오는 것을 허락하지 않으실 것이다. 추방된 자들은 그 나라 안에 있는 족장과 선지자들을 보면서 후회와 고뇌로 가득 찬 채 바깥에 머물 것이다. 자신들 대신 이방인들이 그 안에 포함된 것을 볼 때는 후회하는 심정이 더더욱 클 것이다.

단락 개요

IV. 갈릴리에서 예루살렘으로: 제자의 길(9:51-19:27)
  B. 여행이 계속되다(13:22-17:10)
    1. 예루살렘으로 가는 길에서(13:22-35)
      a. 구원받기 위해 힘쓰라(13:22-30)

주석

13:22 예수님이 여러 성읍과 마을에서 가르치심으로써 순회 사역이 이어지고(참고. 4:43; 8:1), 하나님 나라의 도래에 관한 메시지가 선포된다. 예수님은 지금 예루살렘을 향해 가시는 중이다. 9:51에서 시작된 여행이 계속 이어지고 있다. 우리는 그 구절에서 예수님이 예루살렘으로 가기로 굳게 결심하신 장면을 보았다. 그분이 고난을 받고, 죽고, 죽은 자 가운데서 살아나기 위해 가시는 것이 분명하다(9:44-45; 18:31-33). 누가는 지리를 강조하지 않기 때문에 여행 모티브가 문학적 및 신학적 역점을 지니게 된다. 그래서 예루살렘에서 모든 것이 성취될 것과 예수님의 제자가 되도록 부르시는 모습이 강조된다.

13장

13:23 여행이 시작될 때 누군가가 예수님에게 오직 소수만 구원을 받을 것인지 묻는다. 마태복음 22:14은 "청함을 받은 자는 많되 택함을 입은 자는 적으니라"고 말한다. 위경인 에스드라2서도 동일하게 말한다. "창조된 자는 많되 구원을 받을 자는 적다"(에스드라2서 8:3). "그리고 다가올 세상은 소수에게 기쁨을 주지만 다수에게 고통을 줄 것임을 이제 내가 안다"(에스드라2서 7:47). 예수님이 오신 목적은 잃어버린 자를 구원하기 위해서이고(눅 19:10), 사도행전은 실제로 구원받은 사람이 많았다고 전한다(행 2:47; 4:4; 5:14; 6:7).

13:24-25 예수님은 가설적인 질문에 답변하는 데 관심이 없다. 그분은 모든 인간에게 영향을 주는 도덕적 의무를 강조하신다. 문제는 학문적인 것이 아니라 인생에서 가장 긴급한 것이다. 모든 사람이 좁은 문으로 들어가서 구원을 받기 위해 모든 노력을 기울여야 한다. 좁은 문에 대한 언급은 구원에 이르는 길이 오직 하나뿐임을 가리킨다. 우리가 누가복음의 다른 곳에서도 읽듯이, 구원은 오직 예수님의 이름에서만 찾을 수 있다(행 4:12, 참고. 눅 18:25). 요한복음에서는 예수님이 "내가 곧 길이요 진리요 생

명이니 나로 말미암지 않고는 아버지께로 올 자가 없느니라"(요 14:6)고 말씀하신다. 그 문은 좁고, 다수가 그 문으로 들어가려고 힘쓰지만 그렇게 할 수 없을 것이라는 게 예수님의 말씀이다.

"집 주인"이 예상치 않은 시간에 돌아올 것이기 때문에 행동할 시간은 지금이다. 그가 돌아올 때는 문이 닫힐 테고, 아무도 들어갈 수 없을 것이다. 우리는 이 비유를, 새로운 창조 세계에서 추방된 사람들이 들어가려고 한다는 말로 해석하면 안 된다. 이 비유의 요점은 기회를 놓쳤다는 것에 있다. 그래서 추방된 사람들이 문을 두드리며 들어가려고 하는 것이다. 하지만 집 주인은 그들이 누군지 모른다고 대답한다. 그에게는 그들을 허락할 이유가 없다.

13:26-27 추방된 자들이 집 주인에게 항의하기 시작할 것이다. 이후의 대화가 보여주듯이 집 주인은 분명히 예수님이다. 그들은 그분을 분명히 안다고 항의한다. 어쨌든 그들이 그분과 함께 먹고 마셨으니 교제를 나눈 것 아닌가(참고. 갈 2:11-14)? 뿐만 아니라 예수님이 그들의 길거리에서 가르치셨다고 말한다. 이는 그들이 친구임이 틀림없다는 뜻이다. 그러나 집 주인은 앞에서 말한 것을 되풀이한다. 그는 그들이 어디에서 "왔는지" 모른다. 그는 그들과 관계가 없고, 그들은 '악을 행하는 자들'이기에 떠나라고 명령한다. 이는 시편 6:8을 인용한 것이다. 거기서는 다윗이 적들로 인해 큰 고통을 당하지만, 그들은 자신들이 저지른 악 때문에 그로부터 떠날 것이라고 한다. 예수님은 시편 6편을 인용함으로써 추방된 자들이 그분의 적이라는 것을 암시하신다. 문을 닫는 것은 독단적인 행동이 아니다. 그들이 들어오도록 허용되지 않는 것은 그들의 삶을 지배하는 악 때문이고, 그들이 스스로를 이기적인 의지에 넘겨주었기 때문이다. 그들은 참으로 예수님을 알지 못했던 것이다.

13:28 이 비유는 이스라엘, 주님의 택함 받은 백성 그리고 예수님이 오신 그 세대(참고. 11:50)에게 하신 것이다. 그들 중 다수가 말할 수 없는 고통과

슬픔으로 인해 고뇌와 원통함으로 가득 찬 채 울며 이를 갈게 될 것이다. 그들은 하나님 나라에 있는 그들의 조상(아브라함, 이삭, 야곱)과 선지자들을 보게 될 것이다. 마음속으로 '저 사람들은 우리의 조상이고, 저 사람들은 우리의 선지자고, 저 사람들은 우리 백성이다!'라고 생각할 것이다. 그러나 그들은 구원을 받지 못할 것이다. 말하자면 집 밖으로 쫓겨날 것이다.

13:29-30 그동안 사람들이 세계 방방곡곡에서 와서 메시아의 잔치, 마지막 날에 열릴 하나님 나라의 잔치를 즐기게 될 것이다(사 25:6). 여기서는 이방인들, 곧 본래 선택받은 백성의 일부가 아니었던 사람들을 언급하는 것이 거의 확실하다(참고. 마 8:10-12). 그들이 아브라함의 자손으로(롬 4:9-12; 갈 3:6-9), 참으로 할례 받은 자들로(롬 2:26-29; 빌 3:3) 인정될 것이다. 그때에는 큰 역전이 일어나서 꼴찌(이방인)가 첫째가 되고, 첫째(전부는 아니라도 많은 유대인)가 꼴찌가 될 것이다. 여기서 꼴찌가 된다는 것은 메시아 잔치에서 제외되고 그 집에서 쫓겨나는 것을 의미한다.

응답

리처드 존 노이하우스(Richard John Neuhaus)는 우리는 모든 사람이 구원받기를 바랄 수 있다고 말한 적이 있다. 우리가 확실히 알지는 못해도, 여전히 마지막 한 사람까지 영생을 경험하기를 바랄 수 있다는 것이다. 노이하우스는 한스 우르스 폰 발타자르(Hans Urs von Balthasar)의 영향을 받았는데, 마이클 맥클리먼드(Michael McClymond)의 두 권짜리 저서는 그런 견해가 성경과 일치하지 않는다는 것을 보여준다.[153] 이 대목에서 예수님은 얼마나 많은 사람이 천국이나 지옥에 갈 것이라는 말씀은 하지 않지만 '많은 사람'이 지옥에 갈 것임은 분명히 가르치신다. 우리는 이 텍스트로부터 예수님이 소수만 구원을 받고 대다수는 저주를 받을 것으로 가르친다고 생각할지 모르지만, 사실 그분은 그 질문에 대답하지 않으신다. 우리 각자의 이슈는 "나는 과연 좁은 문을 통해 들어가고 있는가?"하는 것이다. 최종 숫자는 여기에 나오지 않는다. 유대인처럼 우리도 어린 시절부터 복음을 듣고 자라는 큰 특권을 갖고 있을지 몰라도, 정작 구원을 받지 못할 수도 있다. 이는 인생에서 중대한 사안이고, 일부 사람은 영원히 고통을 받게 될 것이다. 우리는 절박한 심정으로 좋은 소식을 전해야 하고, 동시에 우리 자신이 좁은 문으로 들어가지 못하는 일이 없도록 스스로를 확실히 살펴야 한다.

153 Michael J. McClymond, *The Devil's Redemption: A New History and Interpretation of Christain Universalism*, 2 vols. (Grand Rapids, MI: Baker, 2018).

31 곧 그때에 어떤 바리새인들이 나아와서 이르되 나가서 여기를 떠
나소서 헤롯이 당신을 죽이고자 하나이다 32 이르시되 너희는 가서 저
여우에게 이르되 오늘과 내일은 내가 귀신을 쫓아내며 병을 고치다가
제삼일에는 [1]완전하여지리라 하라 33 그러나 오늘과 내일과 모레는
내가 갈 길을 가야 하리니 선지자가 예루살렘 밖에서는 죽는 법이 없
느니라 34 예루살렘아 예루살렘아 선지자들을 죽이고 네게 파송된 자
들을 돌로 치는 자여 암탉이 제 새끼를 날개 아래에 모음같이 내가 너
희의 자녀를 모으려 한 일이 몇 번이냐 그러나 너희가 원하지 아니하
였도다 35 보라 너희 집이 황폐하여 버린 바 되리라 내가 너희에게 이
르노니 너희가 주의 이름으로 오시는 이를 찬송하리로다 할 때까지는
나를 보지 못하리라 하시니라

31 At that very hour some Pharisees came and said to him, “Get away
from here, for Herod wants to kill you.” 32 And he said to them, “Go
and tell that fox, ‘Behold, I cast out demons and perform cures today
and tomorrow, and the third day I finish my course. 33 Nevertheless,
I must go on my way today and tomorrow and the day following, for

it cannot be that a prophet should perish away from Jerusalem.' 34 O Jerusalem, Jerusalem, the city that kills the prophets and stones those who are sent to it! How often would I have gathered your children together as a hen gathers her brood under her wings, and you were not willing! 35 Behold, your house is forsaken. And I tell you, you will not see me until you say, 'Blessed is he who comes in the name of the Lord!'"

1) 또는 완전히 이루리라

단락 개관

예수님은 심판의 때와 위기 및 결단의 순간에 대해 경고해오셨다. 어떤 바리새인들이 헤롯 안디바가 예수님을 죽이려 하므로 그분이 심판받을 때가 가까워졌다고 경고한다. 하지만 예수님은 헤롯에 대해 전혀 아랑곳하지 않고, 자신은 예루살렘에서 선지자로 죽음을 맞을 운명인 만큼 그 사역을 완수할 것이라고 주장하신다. 이후 자신의 운명이 아니라 예루살렘의 운명에 대해 탄식하신다. 그 도시가 회개를 촉구하는 하나님의 메신저들을 거듭해서 죽이곤 했기 때문이다. 암탉이 제 새끼들을 모으는 것처럼 예수님이 예루살렘을 그분의 날개 아래 모으길 원하시기 때문에, 그런 혹독한 말은 성난 대꾸가 아니라 사랑의 마음에서 흘러나온다. 그러나 예루살렘이 그분을 영접하길 거부했고, 이제 성전이 파괴될 날이 오고 있다. 예루살렘 사람들은 예수님이 영광 중에 돌아오실 때까지 다시는 그 메시아를 보지 못할 것이다.

단락 개요

IV. 갈릴리에서 예루살렘으로: 제자의 길(9:51-19:27)
B. 여행이 계속되다(13:22-17:10)
1. 예루살렘으로 가는 길에서(13:22-35)
b. 예루살렘에서 맞을 예수님의 운명(13:31-35)

13장

주석

13:31 바리새인들이 예수님에게, 헤롯 안디바가 그분을 죽이려고 협박하기 때문에 목숨이 위태롭다고 경고한다. 안디바가 세례 요한을 처형한 적이 있기에(9:9) 이 위협은 가벼운 것이 아니다. 바리새인들은 예수님에게 목숨을 구하려면 도망하라고 충고한다. 그들이 어떤 동기로 충고하는지는 분명치 않기 때문에 우리가 그들의 말을 우호적인 경고로 해석할 수도 있다. 그러나 구약의 선례들은 다른 방향을 가리킨다. 제사장 아마샤는 아모스에게 베델을 떠나 유다에서 예언하라고 말하면서, 여로보암에게는 아모스가 그의 통치에 대해 역적모의를 하고 있다고 통보한다(암 7:10-13). 이와 비슷하게 스마야는 느헤미야에게 적들이 그를 죽이러 오기 때문에 성전에 숨으라고 충고했으나, 느헤미야는 그런 행동이 그가 두려워하는 모습으로 보여서 리더십을 무너뜨릴 것임을 깨달았다(느 6:10-14). 여기서도 바리새인들이 예수님의 적으로서 그분이 헤롯으로부터 도망하는 것을 지렛대로 이용하려는 듯하다. 도망하는 예수님의 모습을 통해 용기 없고 하나님의 메신저로서 존경받을 만한 자격이 없다는 것을 보여주려는 것이다.

13:32-33 예수님은 그들의 경고에도 전혀 흔들리지 않으신다. 헤롯을

"여우"라고 부르는 것은 칭찬이 아니다. 일부 학자는 예수님이 헤롯을 교활하고 약삭빠른 사람들 가운데 둔다고 생각한다. 하지만 "여우"는 다른 텍스트들에서 보듯이 하찮고 무게가 없는 동물을 가리킬 가능성이 더 크다(예. 느 4:3).[154] 예수님이 정치적 리더십에 영합하지 않는 것은, 그분이 헤롯에 대해 말씀하시는 것을 바리새인들이 헤롯에게 보고할 것이 거의 확실하고, 그런 말에 대한 소문이 나라 전역에 퍼질 것이기 때문이다. 그럼에도 예수님은 그분의 목숨이 하나님의 손에 있다는 것을 알기 때문에 정치 당국을 두려워하지 않으신다. 그분은 헤롯이 자신을 처형하지 않을 것임을 아신다. 헤롯의 관할권이 아니라 빌라도의 통치 아래 있는 예루살렘에서 죽을 운명임을 알고 계시기 때문이다. 따라서 예수님은 그분의 사역이 끝날 때까지 귀신을 쫓아내고 병자를 고치는 등 그 나라의 사역을 이어가실 것이다.

그분은 사흘째 되는 날에 그 사역을 '끝낼'[텔레이우마이(*teleioumai*)] 것이다. 이는 그분의 죽음과 부활을 의미한다. 예수님이 사흘째 되는 날에 다시 살아나시므로 특히 그분의 부활을 암시하는 듯하다(눅 9:22; 18:33; 24:7, 21, 46). 텔(*tel-*)로 시작되는 헬라어 단어들은 누가복음에서 종종 하나님의 계획과 목적의 성취를 가리킨다(1:45; 12:50). 다른 곳에서는 예수님이 예루살렘에서 있을 그분의 죽음을 거론하면서 "인자를 두고 예언자들이 기록한 모든 일이 이루어질[텔레스테세타이(*telesthēsetai*)] 것이다"(18:31, 새번역)라고 말씀하신다. "내가 너희에게 말한다. '그는 무법자들과 한 패로 몰렸다'고 하는 이 성경 말씀이, 내게서 반드시 이루어져야[텔레스테나이(*telesthēnai*)] 한다. 과연, 나에 관하여 기록한 일은 이루어지고[텔로스(*telos*)] 있다"(22:37, 새번역). 예수님은 그분의 삶을 향한 하나님의 계획을 믿기 때문에 헤롯을 두려워하지 않으시는 것이다. 그 계획은 이루어져야 하고, 장차 이루어질 것이다. 그래서 예수님이 "오늘"과 "내일"과 "모레"에 반드시 '해야 할'(데이) 일을

154 Garland, *Luke*, 559.

거론하신다. 모레는 다시금 예루살렘에서 맞을 그분의 운명을 가리킨다. 예수님은 스스로를 선지자로 밝히며 예루살렘에서 죽을 것을 예언하신다(참고. 9:51). 하나님의 계획은 좌절되지 않고 예수님의 사역을 통해 그 결말에 도달할 것이다. 그 어떤 정치 지도자와 통치 권력도 하나님의 목적을 방해할 수 없다. 헤롯의 협박은 예수님에게 하찮을 뿐이고 전혀 두려워할 것이 못된다.

13:34 "예루살렘"의 반복은 그 운명에 대한 예수님의 극심한 슬픔을 전달한다. 어쨌든 예루살렘은 하나님의 성읍, '위대한 왕의 성읍'(시 48:1), 주님이 성전에서 그분 백성과 함께 거주하시는 장소다. 그러나 그 성읍의 역사는 그 소명과 어울리지 않았는데, 선지자들과 메신저들이 그 성읍에서 살해되고 돌에 맞아 죽었고(참고. 눅 11:47-48, 50; 20:10-15; 행 7:52, 58; 살전 2:15), 이제 곧 가장 위대한 선지자, 메시아, 다윗 혈통에서 온 왕을 죽이는 궁극적 범죄를 저지를 것이기 때문이다. 그 메시아는 그들이 기다리던 바로 그분인데도 말이다. 예수님은 그 백성을 사랑하기 때문에 그 성읍에 임하는 심판을 기뻐하지 않고 마음 깊이 슬퍼하신다. 암탉이 그 새끼들을 날개 아래 모으는 것처럼, 그분은 그 성읍을 자신의 보호 아래 모아서 품길 원하신다. 구약에서는 여호와가 그분의 백성을 모으고 회복시키신다(시 106:47; 147:2; 사 52:12 칠십인역; 렘 31:8-10; 슥 2:10 칠십인역; 마카베오하 1:27; 2:18).[155] 여기서는 예수님이 이스라엘을 모으고 회복시켜서 그 나라와 맺은 언약들을 성취하기 원한다고 말씀하신다. 그 성읍을 보호하고 양육하고 보살피기 원하시는 것이다. 놀랍게도 예수님은 스스로를 여호와에 견주신다. 과거에 이스라엘이 "[여호와의] 날개 아래" 피신했고(룻 2:12; 시 91:4), 이제 예수님은 그들이 '그분의' 날개 아래 피난처를 찾아야 한다고 말씀하시기 때문이다. 이사야 31:5에는 주님이 예루살렘을 호위하고 보호하신다고

155 이 참고 구절들은 Garland, *Luke*, 561에서 빌려온 것이다.

되어 있는데 여기서는 그 메시지가 역전된다. 예루살렘이 보호받지 못하고 심판을 받을 것이기 때문이다. 그러나 잘못은 예루살렘에게 있다. 예수님이 그 성읍을 보호하고 양육하려고 손을 내미셨으나 사람들이 원치 않고 있다. 그들이 그분의 친절하고 관대한 제의를 거절하는 것이다(참고. 롬 10:21).

13:35 예수님의 세대가 이스라엘의 이전 세대들이 지은 죄를 되풀이한다. 성전이 주전 586년에 파괴된 것처럼 다시 파괴될 것이다(참고. 왕상 9:7-8; 렘 12:7; 토비트 14:4). 성전에 대한 예수님의 예언은 티투스 황제 아래 로마 군대가 성전을 불태우는 주후 70년에 성취된다. 이스라엘의 모든 기대가 무너지고, 이스라엘은 최후의 날, 예수님이 재림하시는 날까지 다시는 메시아를 보지 못할 것이다. 그날이 되면 이스라엘은 시편 118:26의 글을 인용하면서 주님의 이름으로 오는 자는 복이 있다고 고백할 것이다. 이 텍스트는 이스라엘의 마지막 세대가 예수님을 그들의 메시아이자 왕으로 고백할 것이라고 가르치는 듯하다(참고. 롬 11:26). 그 백성이 지금은 그분이 누구인지 알아보지 못하지만 장래에는 알게 되리라.[156]

156 참고. Bock, *Luke 9:51-24:53*, 1251. 그런 장래의 구원이 반드시 천년왕국을 가리키는 것은 아니다. 설령 지상에 천년의 통치가 존재할지라도, 우리가 그 안에서 이스라엘을 위한 특별한 장소를 찾으면 안 된다. 모든 신자가 동등하고 그리스도 안에서 연합될 것이다(엡 2:11-22; 3:5-6).

응답

예수님이 헤롯의 협박을 두려워하지 않는 것은 하나님의 계획과 주권을 완전히 신뢰하시기 때문이다. 그분은 하나님의 뜻이 좌절될 수 없다는 것을 아신다. 우리도 마찬가지다. 인생에 대한 하나님의 구체적인 계획을 모를지라도, 그분이 우리를 사랑하고 우리의 유익과 그분의 영광을 위해 그분 자신의 계획을 이루고 계시다는 것을 확신할 수 있다(롬 8:28). 때로는 우리를 위한 그분의 계획이 쉬운 길이 아니라도 마찬가지다. 우리는 또한 복음을 거부하는 사람들을 향한 하나님의 큰 사랑을 보게 된다. 예루살렘을 향한 그분의 마음은 냉담하지 않다. 오히려 예루살렘이 좋은 소식을 받아들이지 못하는 것을 슬퍼하신다. 그분은 자신의 사랑을 쏟아붓고 싶지만 그들이 원치 않을 뿐이다. 그렇다, 하나님은 만물을 주관하고 만물 안에 계시지만, 그와 동시에 복음을 거부하는 자들이 그 소식을 영접하고 믿어야 한다. 믿지 않는 것은 그들의 책임이고 그들의 결정이다. 삶에서 우리가 내리는 선택은 중요하고 진정한 것이지 가벼운 제스처가 아니다.

1 안식일에 예수께서 한 바리새인 지도자의 집에 떡 잡수시러 들어가
시니 그들이 엿보고 있더라 2 주의 앞에 수종병 든 한 사람이 있는지
라 3 예수께서 대답하여 율법교사들과 바리새인들에게 이르시되 안식
일에 병 고쳐주는 것이 합당하냐 아니하냐 4 그들이 잠잠하거늘 예수
께서 그 사람을 데려다가 고쳐 보내시고 5 또 그들에게 이르시되 너희
중에 누가 그 [1)]아들이나 소가 우물에 빠졌으면 안식일에라도 곧 끌어
내지 않겠느냐 하시니 6 그들이 이에 대하여 대답하지 못하니라

1 One Sabbath, when he went to dine at the house of a ruler of the
Pharisees, they were watching him carefully. 2 And behold, there was a
man before him who had dropsy. 3 And Jesus responded to the lawyers
and Pharisees, saying, "Is it lawful to heal on the Sabbath, or not?"
4 But they remained silent. Then he took him and healed him and sent
him away. 5 And he said to them, "Which of you, having a son[1] or an
ox that has fallen into a well on a Sabbath day, will not immediately
pull him out?" 6 And they could not reply to these things.

1) 어떤 사본에, 나귀나
1 Some manuscripts *a donkey*

단락 개관

이 단락은 이스라엘의 성전이 왜 황폐해질지 그 이유를 이해하도록 도와준다. 종교 지도자인 바리새인들은 예수님 안에 있는 하나님의 뜻을 파악하지도 수용하지도 못한다. 예수님이 어떤 바리새인의 집에 식사를 하러 들어가신다. 그들은 그분을 환영하지 않고 오히려 의심의 눈초리로 지켜본다. 그중에 수종병 환자가 있는데, 예수님은 그들에게 안식일에 그를 고쳐주는 것이 합당한지 물으신다. 바리새인들이 대답을 거절하면서 그들의 완고한 마음을 드러낸다. 예수님은 그 사람을 고친 후 안식일에 그들의 아들이나 소가 우물에 빠지면 당연히 구해줄 것임을 상기시키신다. 그들은 아무 반응도 보이지 않고 여전히 예수님을 반대함으로써 완고한 마음을 드러낸다.

단락 개요

IV. 갈릴리에서 예루살렘으로: 제자의 길(9:51-19:27)
  B. 여행이 계속되다(13:22-17:10)
    2. 여행 중에 제자도를 가르치시다(14:1-35)
      a. 안식일에 병을 치유하시다(14:1-6)

주석

14:1-2 예수님이 다시 한 바리새인의 집에 식사 초대를 받으시는데(참고. 7:36; 11:37), 이번에는 그날이 안식일이다. 율법교사들을 포함한 다른 사람들도 그 자리에 있고(14:3), 모두가 예수님이 무슨 일을 하실지 지켜보고 있다. 그들의 주목은 중립적이지 않다. 모두 트집을 잡기 위해 의심의 눈초리로 그분을 주시하는 중이다. 율법교사들이 반드시 바리새인은 아니지만, 바리새인들은 대다수의 경우에 율법교사들의 전문적 충고를 따랐을 것이다.[157] '지켜보다'[파라테레오(*paratēreō*)]라는 단어가 누가복음에서 두 번 더 나오는데 모두 적대자들이 예수님의 심각한 잘못을 포착하려고 주시하는 경우다(6:7; 20:20).

우리는 앞에서 이스라엘에서는 식사 자리가 외부인에게 개방되어 있었음을 살펴보았고(7:37), 이 경우도 마찬가지다. 수종병에 걸린 사람이 예수님을 찾다가 식사 자리에 함께하게 된다. 고대 세계에서 수종병은 탐식(gluttony) 때문에 생긴다고 여겼기 때문에, 일부 학자는 예수님이 바리새인들을 도덕적 수종병에 걸린 사람들로 본다고 생각한다.[158] 그럴 가능성이 있지만, 누가는 그것을 전혀 암시하지 않으므로 지나친 추측은 배격되어야 한다.

14:3-4 이 논의는 이전의 논쟁으로 돌아간다. 예수님이 율법에 따르면 안식일에 병을 고치는 것이 허용되는지 여부를 다시 물으신다(참고. 6:9). 바리새인과 율법교사들은 예수님에게 의문을 제기하려고 그 자리에 있는 것이지 질문을 받기 위해 있는 것이 아니다. 그래서 그들 자신이 신문받는 것을 원치 않는다. 그들은 스스로를 비판가와 재판관으로 여긴 나머지 배

157 참고. Garland, *Luke*, 566.

158 같은 책, 566-567.

우고 성장할 필요성을 느끼지 않는다. 예수님이 안식일을 병을 치료하기에 완벽한 날로 믿으시는 것은 그날이 다가오는 새로운 창조를 내다보기 때문이다(참고. 히 4:1-11). 안식일은 압제받는 날이 아니라 해방의 날이기 때문에 예수님은 그 사람을 고쳐서 보내신다.

14:5-6 바리새인과 율법교사들이 예수님을 완강히 반대함에도, 그분은 계속해서 그들에게 말을 걸면서 안식일의 치유 행위에 대한 그들의 반대가 일관성이 없다는 것을 보여주신다. 한 아들이나 짐승이 안식일에 우물에 빠진다면, 그들은 망설이지 않고 즉시 도우러 가서 그들을 구할 것이다(참고. 눅 13:15; 신 22:4). 그런데 놀랍게도, 쿰란 공동체는 안식일에 짐승을 구덩이에서 끌어내는 것조차 허용하지 않았다(CD XI, 13-14). 예수님은 인간의 필요가 규율에 대한 무분별한 헌신보다 더 중요하다고 선언하신다. 종교 지도자들은 대답할 말이 없는데도 그들의 견해를 겸손하게 재고하지 않는다. 오히려 예수님에 대한 그들의 태도가 완고해졌고, 그들은 자신의 선입관을 재평가하길 원치 않는다.

응답

갈런드는 다음과 같이 지적한다. "사람들은 규율을 타인에게 엄격하게 적용하는 점에서 상당히 율법주의적이 될 수 있다. 그런데 그들 자신이 비슷한 문제에 부딪힐 때는 금방 규율을 굽히고 만다. 그러면 그 상황이 허점이 발견될 수 있는 위기로 바뀐다."[159] 우리는 이 텍스트로부터 우리가 겸손해지고 진실에 열려 있어야 한다는 것을 알게 된다. 우리는 무언가에 대해 완전히 옳다고 생각한 나머지, 우리의 전제와 모순되는 어떤 증거에 대해서도 닫혀 있을 수 있다. 우리는 발생하는 모든 것을 선입관을 통해 읽으며, 이는 우리가 애초에 생각한 것을 확증해준다. 그러나 바리새인의 경우처럼 만일 우리의 출발점이 틀리다면, 이에 뒤따르는 모든 생각이 우리를 잘못된 방향으로 이끌 것이다. 바리새인들은 예수님이 잘못되었다고 확신했으므로 그분이 행하는 모든 것을 부정적으로 읽는다. 예수님은 그들이 일관성 없으며 그들 자신의 세계관과 모순된다는 것을 보여주려 하시지만, 그들은 그런 비판에 전혀 개의치 않는다. 예수님이 진정 누구인지 알기 위해서는 위로부터 오는 빛이 필요하다(고후 4:6). 하나님께서 온갖 편견을 깨셔서 사람들이 예수님의 모든 영광을 보게 되길 기도한다(고후 3:18).

159 같은 책, 570.

7 청함을 받은 사람들이 높은 자리 택함을 보시고 그들에게 비유로 말
씀하여 이르시되 8 네가 누구에게나 혼인 잔치에 청함을 받았을 때에
높은 자리에 [1)]앉지 말라 그렇지 않으면 너보다 더 높은 사람이 청함
을 받은 경우에 9 너와 그를 청한 자가 와서 너더러 이 사람에게 자리
를 내주라 하리니 그때에 네가 부끄러워 끝자리로 가게 되리라 10 청
함을 받았을 때에 차라리 가서 끝자리에 [1)]앉으라 그러면 너를 청한
자가 와서 너더러 벗이여 올라 [1)]앉으라 하리니 그때에야 함께 [1)]앉은
모든 사람 앞에서 영광이 있으리라 11 무릇 자기를 높이는 자는 낮아
지고 자기를 낮추는 자는 높아지리라

7 Now he told a parable to those who were invited, when he noticed
how they chose the places of honor, saying to them, 8 "When you are
invited by someone to a wedding feast, do not sit down in a place of
honor, lest someone more distinguished than you be invited by him,
9 and he who invited you both will come and say to you, 'Give your
place to this person,' and then you will begin with shame to take the
lowest place. 10 But when you are invited, go and sit in the lowest place,

so that when your host comes he may say to you, 'Friend, move up higher.' Then you will be honored in the presence of all who sit at table with you. 11 For everyone who exalts himself will be humbled, and he who humbles himself will be exalted."

12 또 자기를 청한 자에게 이르시되 네가 점심이나 저녁이나 베풀거든 벗이나 형제나 친척이나 부한 이웃을 청하지 말라 두렵건대 그 사람들이 너를 도로 청하여 네게 갚음이 될까 하노라 13 잔치를 베풀거든 차라리 가난한 자들과 몸 불편한 자들과 저는 자들과 맹인들을 청하라 14 그리하면 그들이 갚을 것이 없으므로 네게 복이 되리니 이는 의인들의 부활시에 네가 갚음을 받겠음이라 하시더라

12 He said also to the man who had invited him, "When you give a dinner or a banquet, do not invite your friends or your brothers[1] or your relatives or rich neighbors, lest they also invite you in return and you be repaid. 13 But when you give a feast, invite the poor, the crippled, the lame, the blind, 14 and you will be blessed, because they cannot repay you. For you will be repaid at the resurrection of the just."

1) 헬, 기대어 누워 있는지라(유대인이 음식 먹을 때에 가지는 자세)

1 Or *your brothers and sisters*

단락 개관

그 바리새인과의 만찬은 많은 손님과 함께 하는 풍성한 행사임이 분명하고(14:1-6), 예수님은 초대받은 사람들이 명예로운 자리에 앉으려는 모습에 관해 말씀하신다(7-11절). 여기서 다루어지는 주제는 명예/수치의 문화에서 명예를 얻으려는 치열한 노력이다. 사람들이 명예로운 자리를 취하면 안 되는 것은 그들이 낮은 자리로 강등되는 수치를 당할 수 있기 때문이다. 이 비유의 요점은 이렇다. 스스로를 높이는 사람은 낮아질 것이고, 스스로를 낮추는 사람은 높아질 것이다. 예수님은 이어서 그분을 초대한 바리새인에게 말씀하신다(12-14절). 만찬은 부자와 연줄이 좋은 사람과 친구와 친척을 초대하되 장차 초대를 받을 목적으로 그렇게 하는 경우가 될 수 있다. 그 대신 가난한 자들과 장애인들을 초대해야 마땅하다. 그런 사람들이 복을 받게 될 것은, 그들이 장차 초대받을 목적으로 초대한 것이 아니기 때문이다. 그들은 하나님의 은혜로운 사랑을 베풀기 위해 이들을 초대했기 때문에 장차 부활의 날에 되갚음을 받을 것이다.

단락 개요

IV. 갈릴리에서 예루살렘으로: 제자의 길(9:51-19:27)
- B. 여행이 계속되다(13:22-17:10)
  - 2. 여행 중에 제자도를 가르치시다(14:1-35)
    - b. 식사와 겸손(14:7-14)

주석

14:7-10 그 바리새인의 집에서 식사하는 기회는 하나의 비유를 들려주실 계기가 된다. 잔치에 초대받은 사람들이 가장 명예로운 자리를 선택하는 것을 예수님이 알아채시기 때문이다(참고. 11:43; 20:46). 명예/수치의 문화에서 잔치에서의 명예로운 자리는 그 사람의 사회적 지위와 영향력을 드러낸다. "만찬은 한 사람이 모임과 공동체에서 갖는 명망의 척도로 간주되었다."[160] 만찬은 사회적 자리 잡기와 자기 향상을 위한 장소가 된다. 예수님이 만찬석상에서 나타나는 모습을 혼인 잔치에 적용하면서 그들에게 잠언 25:6-7에서 끌어온 비유를 들려주신다. 혼인식에 초대받은 사람들은 가장 명예로운 첫째 자리를 선택하면 안 된다. 왜냐하면 더 '명망 있는' 손님도 초대를 받았을 경우, 주최 측이 당시의 명예/수치 관습에 따라서 스스로 최고의 자리를 선택한 사람을 옮겨야 할 것이기 때문이다. 만일 주최 측이 최고의 자리를 가장 명망 있는 손님에게 주지 않으면 치욕을 받을 것이다. 그래서 최고의 자리를 차지했던 사람은 그 자리에서 쫓겨나 맨 끝자리로 가는 부끄러움을 당할 것이다. 누구나 잔치에 초대를 받으면 가장 명예롭지 못한 자리에 앉아야 한다. 그러면 주최 측이 그에게 더 명예로운 자리를 권할 터이고, 잔치에 참석한 모든 사람이 맨 끝자리를 선택한 사람에게 주어진 명예를 보게 될 것이다.

14:11 이 비유의 메시지가 독자들에게 적용된다. 스스로를 높이는 자들은 낮아질 것인 반면, 스스로를 낮추는 자들은 높아질 것이다(참고. 눅 1:52; 18:14; 빌 2:5-11; 약 4:10). 마지막 말씀이 이 비유를 해석하는 데 도움을 준다. 이 비유의 의도를 생각할 때, 만찬석상에서 어느 자리를 차지할지 교활하게 계산해서 모든 사람 앞에서 주최 측의 권유를 받아 명예를 얻게 할

160 같은 책, 576.

수 있는 방책으로 삼으라는 뜻으로 해석하면 안 된다. 만일 이 비유를 보다 교묘하고 효과적인 방식으로 스스로를 높이는 방도로 읽는다면, 그 요점을 완전히 놓치게 된다. 달리 말하면 명예를 얻기를 바라면서 이 비유의 말을 노골적으로 따를 수도 있다. 하지만 예수님이 이 비유를 통해 말씀하시는 바는 그보다 훨씬 더 심오하다. 참된 겸손은 이 세상의 명예와 칭송을 추구하지 않는다. 우리는 하나님께서 주실 최후의 상급을 믿기 때문에 우리 자신을 높이고 싶은 간절한 욕구에 등을 돌린다. 달리 말하면 우리에게 필요한 것은 진정한 겸손, 주님을 신뢰하는 데서 오는 든든한 안정 그리고 욕심으로부터의 자유다. 그런 신자들은 미래를 하나님의 손에 완전히 맡겼기 때문에 그분이 마지막 날에 그들을 존귀하게 하실 것이다.

14:12-14 이후 예수님이 자신을 초대한 바리새인을 향해 대안적인 만찬 계획을 제시하신다. 다시금 주고받는 세상, 상호주의에 기초한 세상에 반대하는 제안이다. 바리새인이 잔치에 친구들, 친척 또는 부유한 이웃을 초대하길 삼가야 하는 것은 그 동기가 반대급부로 초대를 받는 데 있기 때문이다(참고. 6:24). 그 대신 가난한 자들, 장애인들, 맹인들을 초대해야 한다(참고. 14:21). 그럴 경우에는 동기가 장차 초대를 받는 데 있지 않다. 그렇게 하는 사람들은 복을 받고 번성할 것이다(참고. 6:20). 그들은 이생에서 보상을 받지 않고 마지막 날, 부활의 날, 의인이 상을 받는 날에 상급을 받을 것이다(참고. 6:38; 행 24:15).

이 비유의 요점은 친구들, 친척 또는 부자를 만찬에 초대하는 것 자체가 잘못이라는 뜻이 아니다. 아울러 하나님을 기쁘시게 하는 유일한 만찬 초대는 가난한 자들과 장애인들에 대한 것뿐이라는 뜻도 아니다. 물론 그런 사람들의 초대를 소홀히 하면 안 되지만 말이다(참고. 신 14:29)! 그럼에도 예수님은 사람들을 초대하는 동기에 초점을 맞추신다. 우리가 삶의 안락함을 위해 보상을 받으려고 그렇게 할 수 있어서다. 달리 말하면 우리는 진정한 사랑으로, 순수하게 섬기고 싶은 마음으로가 아니라 이기적 목적을 위해 초대할 수 있는 것이다. "이 가르침은 고대 세계 전역을 지배하던 후견인-수혜자 관계를 제거한다."[161] 궁극적 되갚음은 의인이 정당화될 때인 부활의 날, 종말에 이루어질 것이다(참고. 행 24:15).

응답

예수님의 말씀은 자기 홍보를 매우 중시하는 오늘날의 문화에 메시지를 준다. 소셜 미디어는 종종 사람들에게 우리 자신과 우리가 이룬 것을 가리키는 수단이 되곤 한다. 우리는 이런 식으로 말하는 듯하다. "잘난 척하고 싶지는 않지만…." 또는 좀 더 영적인 체하며 이렇게 말한다. "주님이 저를 지도자로 만들기 위해 정말로 제 삶에서 일하셨어요. 당연히 그분께만 영광을 돌립니다." 우리 문화는 우리가 자랑하도록 부추기고 그것을 건강한 자아상과 동일시한다. 그럼에도 이는 새로운 것이 아니다. 키케로(Cicero)는 이렇게 썼다. "자연이 우리로 하여금 명예를 열렬히 구하는 자들로 만들었고…일단 우리가 그 광채를 얼핏 보기만 하면 그것을 확보하기 위해 견디고 통과할 준비가 안 된 것이 하나도 없다"(*Tusculan Disputations* 1.2.4; 2.24.58).[162] 그러나 잠언 27:2은 이렇게 충고한다. "타인이 너를 칭찬하게 하고 네 입으로는 하지 말며 외인이 너를 칭찬하게 하고 네 입술로는 하지 말지니라." 물론 예수님은 우리가 손을 쥐어짜면서 위선적으로 "나는 아무것도 아니야. 나는 그저 무가치한 벌레야"라고 말하는 거짓 겸손에 대해 말씀하시는 게 아니다. 우리가 다른 사람으로부터 칭찬을 받을 때는 그들의 격려에 감사하고 하나님께서 우리를 사용하셨음을 인정할 수 있다.

그럼에도 예수님이 여기서 가르치시는 진리를 놓치지 말아야 한다. 하늘의 잔치를 즐기는 사람들은 그들 자신을 높이지 않고 오히려 스스로를

161 같은 책, 579.

162 같은 책, 580에서 인용한 것.

낮춘다. 리처드 십스(Richard Sibbes)는 그의 책에서 마음이 겸손한 자, 심령이 가난한 자 그리고 상한 갈대의 특징을 열거한다.[163] 첫째, 그들은 특히 자신의 죄를 의식한다. 둘째, 그들은 죄를 가장 큰 악으로, 하나님의 은총을 가장 큰 선으로 본다. 셋째, 그들은 나라보다 오히려 자비에 대해 듣기를 원한다. 넷째, 그들은 스스로를 하찮게 여기고 그들이 밟고 있는 땅을 차지할 자격이 없다고 생각한다. 다섯째, 그들은 남을 판단하지 않고 자비와 연민이 풍성하다. 여섯째, 그들은 하나님 영의 위로를 받으며 사는 사람들이 세상에서 가장 행복하다는 것을 안다.

우리가 이 본문에서 배우는 것이 또 있다. 우리가 신자라는 한 표징은 아파하는 사람들, 처음에는 매력을 느끼지 못하는 사람들을 섬기는 모습에서 드러난다. 18세기 성공회 교도이자 사상가였던 윌리엄 로(William Law)가 이 진리를 잘 적용한다.

> 오직 죄인들에게 지극한 연민을 품은 사람만이 그리스도의 영으로 난 사람이다. 아울러 당신이 스스로에게서 매우 연약하고 결함 있는 사람들을 향한 사랑과 연민을 품은 모습을 발견할 때보다 당신의 온전함을 보여주는 더 큰 표징은 없다. 그리고 다른 한편, 당신이 남의 행위에 노발대발하고 기분이 상하는 모습을 발견할 때보다 스스로에 대해 기뻐할 수 없는 더 못한 이유는 없다. 모든 죄는 그것이 있는 그 자리에서 분명하게 미워하고 혐오해야 하지만, 우리는 아프고 병든 자에게 연민을 베풂으로써 아픔과 질병에 반대하듯, 그러한 태도로 죄에 대해 반대해야 한다.[164]

14장

163 Richard Sibbes, *The Bruised Reed* (Edinburgh, UK: Banner of Truth, 1998), 10-11.《내가 어찌 너를 버리겠느냐》(규장). 십스는 필자가 여기서 생략한 두 가지 특징을 더 열거한다. 필자는 십스의 글을 풀어 썼으나 표현은 그의 것과 매우 비슷하다.

164 William Law, *A Serious Call to a Devout and Holy Life: Edited and Abridged for the Modern Reader*, ed. John W. Meister et al. (Louisville: Westminster John Knox, 1955), 132.

15 함께 1)먹는 사람 중의 하나가 이 말을 듣고 이르되 무릇 하나님의
나라에서 떡을 먹는 자는 복되도다 하니 16 이르시되 어떤 사람이 큰
잔치를 베풀고 많은 사람을 청하였더니 17 잔치할 시각에 그 청하였던
자들에게 종을 보내어 이르되 오소서 모든 것이 준비되었나이다 하매
18 다 일치하게 사양하여 한 사람은 이르되 나는 밭을 샀으매 아무래
도 나가 보아야 하겠으니 청컨대 나를 양해하도록 하라 하고 19 또 한
사람은 이르되 나는 소 다섯 겨리를 샀으매 시험하러 가니 청컨대 나
를 양해하도록 하라 하고 20 또 한 사람은 이르되 나는 장가 들었으니
그러므로 가지 못하겠노라 하는지라 21 종이 돌아와 주인에게 그대로
고하니 이에 집 주인이 노하여 그 종에게 이르되 빨리 시내의 거리와
골목으로 나가서 가난한 자들과 몸 불편한 자들과 맹인들과 저는 자
들을 데려오라 하니라 22 종이 이르되 주인이여 명하신 대로 하였으되
아직도 자리가 있나이다 23 주인이 종에게 이르되 길과 산울타리 가로
나가서 사람을 강권하여 데려다가 내 집을 채우라 24 내가 너희에게
말하노니 전에 청하였던 그 사람들은 하나도 내 잔치를 맛보지 못하
리라 하였다 하시니라

15 When one of those who reclined at table with him heard these things,
he said to him, "Blessed is everyone who will eat bread in the kingdom
of God!" 16 But he said to him, "A man once gave a great banquet and
invited many. 17 And at the time for the banquet he sent his servant[1]
to say to those who had been invited, 'Come, for everything is now
ready.' 18 But they all alike began to make excuses. The first said to
him, 'I have bought a field, and I must go out and see it. Please have
me excused.' 19 And another said, 'I have bought five yoke of oxen,
and I go to examine them. Please have me excused.' 20 And another
said, 'I have married a wife, and therefore I cannot come.' 21 So the
servant came and reported these things to his master. Then the master
of the house became angry and said to his servant, 'Go out quickly to
the streets and lanes of the city, and bring in the poor and crippled and
blind and lame.' 22 And the servant said, 'Sir, what you commanded has
been done, and still there is room.' 23 And the master said to the servant,
'Go out to the highways and hedges and compel people to come in, that
my house may be filled. 24 For I tell you,[2] none of those men who were
invited shall taste my banquet.'"

1) 헬, 기대어 누워 있는지라(유대인이 음식 먹을 때에 가지는 자세)

1 Or *bondservant*; also verses 21 (twice), 22, 23 *2* The Greek word for *you* here is plural

단락 개관

식사를 하던 손님들 중 한 사람이 하나님 나라의 메시아 잔치 자리에서 먹는 사람들에게 속할 복에 대해 큰 소리로 말하면서 만찬의 주제가 이어진다. 하지만 예수님은 많은 사람이 초대를 받는 큰 잔치에 관한 또 다른 비유를 들려주심으로써 그런 감상적 분위기를 깨뜨리신다. 모든 것이 준비된 후, 미리 초대받은 사람들이 잔치에 오라는 호출을 받는다. 그들은 잔치에 진정한 관심이 없기 때문에 갈 수 없는 변명을 늘어놓기 시작한다. 그들은 잔치보다 땅에, 가축에 그리고 가족에 더 관심이 있다. 주인은 그들이 잔치에 오지 않는다며 화를 내고 그 대신 가난한 자들과 장애인들을 초대한다. 아직도 자리가 남자 "큰길과 산울타리"(새번역)에 있던 사람들까지 잔치에 참여하게 되는 반면, 애초에 초대받은 자들은 결코 참여하지 못한다. 예수님은 하나님 나라의 잔치에 그토록 관심이 있다고 '말하는' 자들이 실제로는 그 나라를 '기뻐하지' 않는다고 설명하신다.

단락 개요

IV. 갈릴리에서 예루살렘으로: 제자의 길(9:51-19:27)
  B. 여행이 계속되다(13:22-17:10)
    2. 여행 중에 제자도를 가르치시다(14:1-35)
      c. 큰 잔치의 비유(14:15-24)

주석

14:15-17 만찬에 참석한 사람들 중 한 명이 식탁에서의 명예로운 자리에 관한 예수님의 말씀을 들은 후, 하나님 나라에서 열리는 메시아 잔치를 즐기는 특권을 받을 사람들이야말로 정말로 복을 받은 것이라고 큰 소리로 말한다. 이사야는 이 종말론적 잔치를 내다본다. "만군의 여호와께서 이 산에서 만민을 위하여 기름진 것과 오래 저장하였던 포도주로 연회를 베푸시리니 곧 골수가 가득한 기름진 것과 오래 저장하였던 맑은 포도주로 하실 것이며"(사 25:6, 참고. 눅 13:29). 그런 잔치에서 먹을 사람들은 복을 받은 것이라는 그 사람의 말은 분명히 옳다. 요한도 "어린양의 혼인 잔치에 청함을 받은 자들은 복이 있도다"(계 19:9)라고 말한다. 그러나 예수님은 겉모습에 속기 쉽다는 것과 이스라엘의 많은 사람이 실은 그 잔치에 초대받은 것을 축복으로 생각하지 않는다는 것을 보여주기 위해 한 비유를 들려주신다.

부유한 사람이 큰 잔치를 준비하고 많은 사람을 초대한다. 여기서 부유한 사람은 이스라엘을 종말론적 잔치에 초대하신 하나님을 상징한다. 잔치를 벌일 때가 이르자 초대받은 모든 사람이 호출을 받는다. "상류층에서는 손님을 접대할 때 이중적 초대가 관습이었고"(참고. 에 5:8; 6:14), "초대를 받아들인 손님들이 식사가 준비되었을 때 종의 통보를 받으면 참석하는 것에 명예가 걸려 있다"[165] 이것은 어쩌면 이스라엘을 잔치에 오도록 부르셨던 예수님 자신에 대한 언급일 수도 있다. 예수님이 세리 및 죄인들과 함께 음식을 드시는 것이 바로 하늘의 잔치를 내다보기 때문이다(참고. 눅 5:17-26).

14:18-20 잔치에 큰 관심이 있는 것 같았던 사람들이 참석을 피하기 위

165 Garland, *Luke*, 586.

14장

해 온갖 핑계를 찾는다. 일부 해석자들은 그들이 잔치에 오는 시간이 단지 늦을 뿐이라고 주장하지만, 사실은 그들이 단연코 가기를 거절한다.[166] 첫째 사람은 방금 구입한 밭에 더 관심이 있어서 그것이 잔치보다 우선한다고 말한다. 둘째 사람은 정말로 가고 싶지만 방금 산 "겨릿소 다섯 쌍"(새번역)을 테스트해야 하기 때문에 갈 수 없다고 한다. 셋째 사람 역시 방금 결혼했으니 양해를 구하는데, 결혼한 첫해에 군 복무를 면제해주는 율법(신 24:5)에 호소하는 듯하다. 그러나 예수님은 하나님 나라가 어떤 가족 관계보다 더 중요하다는 것을 강조하신다(눅 14:26; 18:29, 참고. 고전 7:33). 그리고 어쨌든 이것은 전쟁이 아니라 잔치가 아닌가![167] 이 사람들에게는 소유, 재정 그리고 가족이 잔치보다 더 중요하다. 이 말씀은 이스라엘에 적용되고, 특히 그 나라가 오는 것을 그토록 보고 싶다고 주장하는 종교 지도자들에게 적용되는 것 같다.

14:21-22 종을 통해 그런 반응들을 전해 들은 주인은, 잔치에 관심이 있다던 자들이 실제로는 참석하는 데 관심이 없는 것에 크게 화를 낸다. 그래서 시내의 거리와 골목으로 종을 보내 가난한 자들, 장애인들 그리고 맹인들을 데려오라고 한다. 이런 손님들은 누가복음에서 세리와 죄인들에 해당한다(3:12; 5:27-32; 7:29, 34; 18:9-14; 19:10). 앞에서 우리는 예수님이 가난한 자에게 복음을 선포하기 위해 오셨다는 것(4:18; 7:22; 16:22; 21:1-4), 가난한 자는 복이 있다는 것(6:20) 그리고 그분이 병자, 저는 자, 맹인을 고치신다는 것(4:18, 38-40; 5:17-26; 6:1-11, 17-19; 7:1-17, 21-22; 8:40-56)을 살펴보았다. 이스라엘에서 가난한 자, 죄인, 멸시받는 자를 집으로 데려왔는데도 아직 잔치에 자리가 더 남아 있다. 갈런드는 예수님이 여기서 쿰란 공동체에 의해 제외된 사람들(1QSa II, 5-22), 거룩한 전쟁에 참여할 수 없었

166 같은 책, 587.

167 Bock, *Luke 9:51-24:53*, 1275; Garland, *Luke*, 587.

던 자들(1QM VII, 4-6), 제단에서 하나님의 양식을 바칠 수 없었던 자들(레 21:17-23)을 포함한다고 지적한다.[168] 쿰란 텍스트 1QM VII, 4-6에 나오는 대조적인 모습이 눈에 띈다.

> 불구자, 맹인이나 저는 자, 피부에 영구적인 흠이 있는 남자 또는 자기 몸이 의식적으로 불결한 남자 등 이런 사람들은 아무도 전쟁에 나가지 못할 것이다. 영과 몸이 정결하고 보복의 날을 준비한 자들은 모두 전쟁에 자원할 수 있다. 전쟁의 날에 그의 생식기가 의식적으로 정결하지 못한 남자는 아무도 전쟁에 나가지 못할 것은, 거룩한 천사들이 그들의 군대와 함께 있기 때문이다.

14:23-24 주인이 연회장을 채우는 일이 아직 끝나지 않았다. 그는 종들에게 평판이 가장 나쁜 사람들, 큰길 주변과 울타리 근처에 서서 도움을 구걸하는 자들, 방랑자로 알려진 자들을 찾으라고 지시한다.[169] "도시 바깥 지역에는 버림받은 집단(인종 집단들, 무두장이, 상인, 거지, 창녀)이 거주했을 테고, 그들은 도시에 대한 접근권을 요구했으나 거기에 살도록 허락되지 않았다."[170] 주인은 종들에게 그들을 잔치에 오도록 강권하라고 명한다. 이는 그들이 '강력한 요구를 받았다'는 뜻이다. "그들에게 이것이 진정한 초대이며, 잔인한 장난이나 그들을 예속시키려는 속임이 아니라는 것을 설득해야 했다."[171] 다른 한편, 애초에 그 잔치에 초대받았던 사람들은 멋진 식사를 즐기지 못할 것이다. 이스라엘에서 하나님의 나라를 그토록 사랑한다고 주장하는 많은 사람들, 특히 종교 지도자들은 그 잔치에서 제외될 것이

168 Garland, *Luke*, 590.

169 BDAG, s.v. φραγμός.

170 Garland, *Luke*, 590-591.

171 같은 책, 591, 참고. Bock, *Luke 9:51-24:53*, 1276-1277.

다. 그렇다고 그 부류에 속한 모든 사람이 다 제외된다는 뜻은 아니다. 사도행전 6:7에는 많은 제사장이 그 믿음에 순종한다고 기록되어 있다. 그럼에도 이스라엘의 많은 사람이 잔치에 오기를 거절하고 그보다 다른 것들에 더 관심이 있다.

응답

이 말씀은 이스라엘뿐 아니라 오늘날의 그리스도인들에게도 메시지를 준다. 특히 기독교 가정에서 자란 사람들, 예수 그리스도와 그분이 이루신 위대한 구원에 대해 들으면서 성장한 사람들에게 그렇다. 우리는 하나님의 것을 사랑한다고 '말하면서도' 사실은 하나님이나 예수 그리스도를 아는 지식에 별로 관심이 없다. 우리의 주관심사는 자동차, 컴퓨터, 직업 또는 인간관계일 수 있다. 물론 이것들은 하나님께서 주신 좋은 선물이고 우리가 기뻐할 만한 것들이다. 그러나 그리스도 안에 계신 하나님이 삶의 중심, 우리 마음의 기쁨, 살아가는 이유가 되어야 마땅하다. 이것이 바로 "내게 사는 것이 그리스도니 죽는 것도 유익함이라"(빌 1:21)는 바울의 고백에 담긴 뜻이다.

25 수많은 무리가 함께 갈새 예수께서 돌이키사 이르시되 26 무릇 내
게 오는 자가 자기 부모와 처자와 형제와 자매와 더욱이 자기 목숨까
지 미워하지 아니하면 능히 내 제자가 되지 못하고 27 누구든지 자기
십자가를 지고 나를 따르지 않는 자도 능히 내 제자가 되지 못하리라
28 너희 중의 누가 망대를 세우고자 할진대 자기의 가진 것이 준공하
기까지에 족할는지 먼저 앉아 그 비용을 계산하지 아니하겠느냐 29 그
렇게 아니하여 그 기초만 쌓고 능히 이루지 못하면 보는 자가 다 비웃
어 30 이르되 이 사람이 공사를 시작하고 능히 이루지 못하였다 하리
라 31 또 어떤 임금이 다른 임금과 싸우러 갈 때에 먼저 앉아 일만 명
으로써 저 이만 명을 거느리고 오는 자를 대적할 수 있을까 헤아리지
아니하겠느냐 32 만일 못할 터이면 그가 아직 멀리 있을 때에 사신을
보내어 화친을 청할지니라 33 이와 같이 너희 중의 누구든지 자기의
모든 소유를 버리지 아니하면 능히 내 제자가 되지 못하리라

25 Now great crowds accompanied him, and he turned and said to them,
26 "If anyone comes to me and does not hate his own father and mother
and wife and children and brothers and sisters, yes, and even his own

life, he cannot be my disciple. 27 Whoever does not bear his own cross
and come after me cannot be my disciple. 28 For which of you, desiring
to build a tower, does not first sit down and count the cost, whether he
has enough to complete it? 29 Otherwise, when he has laid a foundation
and is not able to finish, all who see it begin to mock him, 30 saying,
'This man began to build and was not able to finish.' 31 Or what king,
going out to encounter another king in war, will not sit down first and
deliberate whether he is able with ten thousand to meet him who comes
against him with twenty thousand? 32 And if not, while the other is yet
a great way off, he sends a delegation and asks for terms of peace. 33 So
therefore, any one of you who does not renounce all that he has cannot
be my disciple.

34 소금이 좋은 것이나 소금도 만일 그 맛을 잃으면 무엇으로 짜게 하
리요 35 땅에도, 거름에도 쓸 데 없어 내버리느니라 들을 귀가 있는 자
는 들을지어다 하시니라
34 "Salt is good, but if salt has lost its taste, how shall its saltiness be
restored? 35 It is of no use either for the soil or for the manure pile. It is
thrown away. He who has ears to hear, let him hear."

단락 개관

큰 잔치의 비유는 일부 사람이 하나님 나라의 잔치를 사랑한다고 말하면서도 실제로는 그것을 전혀 귀하게 여기지 않는다는 것을 우리에게 가르쳐주었다. 이 단락에서는 예수님이 제자도의 비용을 강조하면서 그 나라를 사랑한다는 것이 무슨 뜻인지 설명하신다. 의미심장한 점은, 대규모 군

중이 예수님을 따르고 있을 때 제자도에 관한 이 말씀이 주어졌다는 것이다. 예수님에게 매력을 느끼는 것을 제자도와 혼동하면 안 되기 때문이다. 예수님은 총체적 헌신을 요구하신다. 제자가 되려면 예수님을 위해 가족에게 '아니오'라고 말하고 자기 목숨을 희생하겠다고 고백해야 한다. 두 가지 예화를 소개하는 것은 제자도의 본질을 이해하도록 돕기 위해서다. 첫째, 망대를 세울 때 아무도 사전에 프로젝트 전체에 대한 비용을 계산하지 않고는 공사를 시작하지 않는다. 그렇지 않으면 망대를 일부분만 세우게 되는 치욕적인 입장에 처할 수 있기 때문이다. 그런 망대는 눈에 거슬리고 조롱거리가 될 것이다. 둘째, 1만 명의 군대를 가진 왕은 누구나 자기가 승리할 수 있다는 타당한 이유들이 있지 않다면 2만 명의 군대와 싸우러 가지 않을 것이다. 만일 승리할 가능성이 없다면, 그는 전쟁이 벌어지기 전에 평화 조약을 제의할 것이다. 예수님은 사람들에게 모든 것을 버리고 그분의 제자가 되라고 요구하신다. 제자도가 소금에 비유된다. 만일 제자가 소금으로서의 맛을 잃어버린다면, 만일 그가 계속해서 예수님을 따르지 않는다면, 그는 맛없는 소금처럼 무가치하게 되고 결국 심판을 받을 것이다.

단락 개요

IV. 갈릴리에서 예루살렘으로: 제자의 길(9:51-19:27)
B. 여행이 계속되다(13:22-17:10)
2. 여행 중에 제자도를 가르치시다(14:1-35)
d. 비용을 계산하라(14:25-35)

주석

14:25-27 이전 단락에서 예수님은 하나님 나라의 잔치에서 먹고 싶다고 주장하는 많은 사람이 스스로를 속이고 있다고 주장하셨다. 이제 군중이 예수님을 따르고 있을 때, 그분은 그들에게 몸을 돌려 그분의 제자가 된다는 것이 무슨 뜻인지에 대해 도전하신다(참고. 5:11; 7:9; 9:59-60; 16:13; 18:29-30). 만일 그들이 아버지, 어머니, 아내(참고. 14:20), 자녀, 형제, 자매 등 가족 구성원을 미워하지 않는다면, 예수님의 제자가 될 수 없다(참고. 신 33:9). '미워하다'라는 단어는 놀랄 만한 과장법으로 우리의 주의를 끈다. 예수님을 따른다는 것은 하나님과 이웃을 모두 사랑하는 것(눅 10:25-27)을 포함하는 만큼 당연히 문자 그대로 가족을 미워해서는 안 된다. 그럼에도 예수님의 요점을 이해하는 것은 어렵지 않다. 그분은 우리의 삶에 대해 절대적 통치권과 주권을 가지셔야 하므로, 어떤 가족 관계도 예수님에 대한 헌신보다 우선시될 수 없다. 나아가 제자들은 자기 목숨까지 미워해야 한다. 이는 예수님이 다른 어떤 소원이나 고려 사항보다 최우선 순위가 되어야 한다는 뜻이다. 예수님의 말씀에 담긴 뜻이 27절에서 분명해진다. 십자가 처형으로 죽을 운명에 처한 사람들이 처형 장소까지 자기 십자가를 지고 갔듯이, 제자들은 기꺼이 죽을 각오를 해야 한다(참고. 9:23; 갈 6:14). 예수님은 사람들에게 죽기까지 그분을 따르라고 요구하신다. 여기에 나오는 암묵적인 기독론은 참으로 놀랍다. 예수님은 평범한 랍비가 아닌 것이 확실하다. 예수님을 따르는 제자의 길은 결코 끝나지 않는다. 우리가 예수님을 위해 목숨을 기꺼이 포기해야 하기에 그렇다! 이를 통해 예수님이 하나님과 동일한 위상과 정체성을 갖고 계신 것을 분명히 알 수 있다.

14:28-30 제자도의 본질에 관한 두 가지 예화 중 첫 번째를 소개하신다. 망대를 세우려면 먼저 그에 대한 열망을 깊이 생각하고 살펴야 한다. 약간의 상식이라도 있는 사업가는 어떤 일을 완수하는 데 필요한 자금이 있는지 확인하기 위해 먼저 비용을 계산한다. 만일 누군가가 서둘러 기초를 놓

은 후에야 그 작업을 완수할 자금이 부족하다는 것을 안다면, 사람들은 선견지명이 없다고 그를 조롱할 것이다. 건축에 필요한 지혜는 어떤 일을 시작할 때 멈추지 않고 완수하는 것을 포함해야 한다. 이와 마찬가지로 제자들은 예수님이 그들의 삶 전체를 요구하신다는 것을 신중하게 고려하지 않은 채 선뜻 열정에 사로잡혀 그분을 따르겠다고 나서서는 안 된다.

14:31-32 둘째 예화는 전쟁에 나가는 왕과 관련이 있다. 예수님은 1만 명의 부대를 가진 왕이 2만 명을 가진 왕과 맞설 준비를 하는 시나리오를 그리신다. 그런 상황에서 1만 부대의 왕은 자기가 그 싸움을 버틸 수 있을지 여부를 고려한다. 만일 버틸 수 없다면, 그는 전쟁 직전에 사절단을 보내 우호적인 평화 조약을 맺을 수 있다. 제자도에 대한 이 예화의 요점은 누구든지 제자가 되려고 하면 무엇이 요구되는지를 미리 고려해야 한다는 것이다.

14장

14:33 이제 예수님이 두 예화로부터 적용 사항을 끌어내신다. 여기서 요구되는 것은 (설명하는 내용은 다르지만) 누가복음 14:26-27에 나오는 것과 비슷하다. 다시금 예수님의 요구 사항이 얼마나 급진적인지가 눈에 띈다. 사람들은 예수님의 제자가 되려면 자기가 가진 모든 것을 포기해야 한다. 이 요구 사항을 문자적으로 강요하면 안 된다. 예수님의 제자였던 부유한 여자들은 그들의 모든 부를 포기하는 대신 그것을 예수님의 사역을 후원하는 데 사용했다(8:1-3). 세례 요한은 세리들에게 그들의 소유를 내놓으라고 요구하기보다는 윤리적으로 일하라고 요구했다(3:12-13). 삭개오는 자기의 모든 소유를 포기하지 않고 절반을 가난한 자들에게 주고 강탈한 것은 네 배로 되갚았다(19:1-10). 요한 마가의 어머니는 자신의 큰 집을 교회 집회를 위해 사용했다(행 12:12-16). 예수님이 요구하시는 것은 그분을 위해 모든 것을 기꺼이 희생하려는 마음이다. 궁극적으로 우리에게 속하는 것은 하나도 없다. 그래서 우리의 왕이 합당하게 여기시는 대로, 그분의 사역을 위해 모든 것을 내놓을 준비가 되어 있어야 한다.

14:34-35 소금에 관한 말씀은 약간 모호하고 첫눈에는 앞의 내용과 연결되지 않는 듯하다. 그럼에도 헬라어로 읽으면 밀접한 관계가 분명히 드러나는데, '그런즉' 또는 '그러므로'로 번역되곤 하는 단어[운(*oun*)]가 있기 때문이다(개역개정에는 없음). 이 말씀을 앞의 내용과 연결시키면 이를 단절된 말씀으로 보는 것보다 의미가 더 잘 통한다. 소금은 방부제이자 풍미증진제다. 여기서는 소금이 맛을 잃는 것에 대해 생각하는 만큼 후자를 염두에 두고 있다. 만일 소금이 맛을 잃는다면, 아무것도 그 맛을 회복시킬 수 없다.[172] 그것은 쓸모가 전혀 없다. 예수님이 그런 소금이 땅에나 거름에 소용이 없다고 말씀하시는 것이 이상해 보인다. 소금은 어쨌든 땅에나 거름에 사용되지 않기 때문이다. 이는 아마 그런 경우에 소금이 완전히 쓸데없는 것으로 버려진다고 말하는 다채로운 방식일 것이다. 독자들은 귀로 들으라는 요청을 받고 있다. 소금에 관해 하신 말씀의 뜻을 그들이 분별해야 한다. 제자들은 그들 자신을 예수님에게 온전히 드려야 한다. 그들이 만일 맛을 잃어버린다면, 만일 이기심과 죄에 굴복한다면, 쓸모없이 되고 최후의 심판을 직면할 것이다. 반면에 만일 그들이 가족이나 친구나 재정을 막론하고 다른 무엇보다 예수님을 더 높이 모신다면, 세상에서 그들의 차별성을 유지하게 될 것이다.

172 염화나트륨은 결코 그 짠 맛을 잃을 수 없으나, 여기서는 사해에서 가져온 소금, 즉 그 특유한 맛을 잃을 수 있는 다른 요소들과 섞여 있는 소금을 언급한다(참고. Garland, *Luke*, 603-604; Bock, *Luke 9:51-24:53*, 1290-1291).

응답

우리가 더 많은 사람이 예수님을 따르는 모습을 보고 싶어 하는 것은 좋은 일이다. 그러나 가끔씩 그런 바람으로 인해 예수님의 제자가 되는 것을 '더 쉽게' 만들곤 한다. "교회 지도자들은 교회 출석률을 유지하고 갈등을 줄이는 데 지나치게 관심이 많은 나머지 예수님의 급진적 요구를 희석시킬 수 있다."[173] 놀랍게도 예수님은 그런 방향으로 움직이지 않으신다. 그 대신 그분은 우리에게 급진적이고 총체적인 헌신을 요구하신다. 하지만 마치 우리가 이생에서 예수님을 완벽하게 따라야 하는 것처럼 그분의 요구를 완벽주의와 혼동하면 안 된다. 다른 한편, 예수님은 그 자신이 우리 사랑의 첫째 대상이 되기를, 우리가 그분을 어머니와 아버지, 형제와 자매, 친척과 친구보다 더 귀하게 여기기를 요구하신다. 건강, 맛있는 음식에 대한 욕구 또는 물질적 안정 등 지상의 안락함이 무엇이든지 간에 그런 것이 그리스도에 대한 우리의 헌신을 대체해서는 안 된다. 한 미국인 선교사가 남침례신학교에서 교수와 학생들에게 전하는 메시지를 들은 적이 있다. 그는 미국인 선교사들이 종종 안전함을 하나의 권리로 본다고 말했는데, 우리는 안전함이 예수님에 대한 우리의 헌신보다 우위를 차지하면 안 된다는 것을 알아야 한다. 그렇다고 해서 우리가 항상 가장 위험한 선택을 해야 한다는 뜻은 아니다. 사도행전에서 때로는 복음을 전파하는 사람들이 고난을 직면하기보다 그 현장에서 달아나는 모습을 보게 된다(행 12:17; 14:5-6, 19-20). 신약은 우리에게 예수님을 따른다는 것의 의미에 대해 단순한 공식을 주지 않는다. 그럼에도 안전이 우리의 최우선 순위는 아니다. 예수님을 따르는 것이 무엇보다도 우선이다.

173 Garland, *Luke*, 605.

[1] 모든 세리와 죄인들이 말씀을 들으러 가까이 나아오니 [2] 바리새인과
서기관들이 수군거려 이르되 이 사람이 죄인을 영접하고 음식을 같이
먹는다 하더라
[1] Now the tax collectors and sinners were all drawing near to hear
him. [2] And the Pharisees and the scribes grumbled, saying, "This man
receives sinners and eats with them."

[3] 예수께서 그들에게 이 비유로 이르시되 [4] 너희 중에 어떤 사람이 양
백 마리가 있는데 그중의 하나를 잃으면 아흔아홉 마리를 들에 두고
그 잃은 것을 찾아내기까지 찾아다니지 아니하겠느냐 [5] 또 찾아낸즉
즐거워 어깨에 메고 [6] 집에 와서 그 벗과 이웃을 불러 모으고 말하되
나와 함께 즐기자 나의 잃은 양을 찾아내었노라 하리라 [7] 내가 너희에
게 이르노니 이와 같이 죄인 한 사람이 회개하면 하늘에서는 회개할
것 없는 의인 아흔아홉으로 말미암아 기뻐하는 것보다 더하리라
[3] So he told them this parable: [4] "What man of you, having a hundred
sheep, if he has lost one of them, does not leave the ninety-nine in the

open country, and go after the one that is lost, until he finds it? 5 And
when he has found it, he lays it on his shoulders, rejoicing. 6 And when
he comes home, he calls together his friends and his neighbors, saying
to them, 'Rejoice with me, for I have found my sheep that was lost.'
7 Just so, I tell you, there will be more joy in heaven over one sinner
who repents than over ninety-nine righteous persons who need no
repentance.

8 어떤 여자가 열 [1)]드라크마가 있는데 하나를 잃으면 등불을 켜고 집
을 쓸며 찾아내기까지 부지런히 찾지 아니하겠느냐 9 또 찾아낸즉 벗
과 이웃을 불러 모으고 말하되 나와 함께 즐기자 잃은 [1)]드라크마를
찾아내었노라 하리라 10 내가 너희에게 이르노니 이와 같이 죄인 한
사람이 회개하면 하나님의 사자들 앞에 기쁨이 되느니라
8 "Or what woman, having ten silver coins,[1] if she loses one coin, does
not light a lamp and sweep the house and seek diligently until she
finds it? 9 And when she has found it, she calls together her friends and
neighbors, saying, 'Rejoice with me, for I have found the coin that I
had lost.' 10 Just so, I tell you, there is joy before the angels of God over
one sinner who repents."

15장

1) 은전의 명칭

1 Greek *ten drachmas*; a *drachma* was a Greek coin approximately equal in value to a Roman denarius, worth about a day's wage for a laborer

단락 개관

우리는 앞 장에서 예수님이 비타협적인 제자도를 요구하신다는 것을 살펴보았다. 누가복음에서 가장 유명한 장 중 하나인 15장은 진정한 제자는 우리가 기대할 만한 사람들이 아닐지 모른다는 것을 보여준다. 바리새인들은 이상적인 제자처럼 보이지만 이 복음서에서 줄곧 예수님에게 저항하는 모습을 보인다. 예수님에게 매력을 느끼는 사람들은 세리와 죄인들인데, 바리새인과 서기관들은 예수님이 그런 인물들을 환영하고 그들과 함께 식사하시는 것을 비판한다. 15장에 나오는 세 가지 비유는 모두 바리새인들의 비난에 대한 반응이다. 예수님은 잃어버린 양의 비유(3-7절), 잃어버린 동전의 비유(8-10절) 그리고 잃어버린 두 아들의 비유(11-32절)로 그분이 죄인들을 영접하는 모습을 변호하신다. 첫째 비유는 남자의 직업에서 나오고, 둘째는 여자의 세계에서 유래하며, 셋째는 비할 데 없는 것으로서 아마 예수님의 비유 중 가장 위대할 것이다. 따라서 이는 역사상 가장 위대한 비유라고 할 수 있다. 첫째 비유는 백 마리 양 중에 잃어버린 한 마리 양을 찾은 기쁨을 전해주는 한편, 둘째 비유는 잃어버린 동전 한 개를 찾는 여자의 기쁨을 보여준다. 이와 비슷하게 천사들은 한 사람이 회개하면 하늘에서 기뻐한다.

단락 개요

IV. 갈릴리에서 예루살렘으로: 제자의 길(9:51-19:27)
　B. 여행이 계속되다(13:22-17:10)
　　3. 예수님이 죄인들의 영접을 변호하시다(15:1-32)
　　　a. 잃어버린 양의 비유와 잃어버린 동전의 비유(15:1-10)

주석

15:1-2 예수님은 제자들에게 요구되는 총체적 헌신을 강조하셨다. 우리가 이 복음서에서 줄곧 보았듯이, 세리와 죄인들이 예수님에게 몰려오고 있다(3:12; 5:27-32; 7:29, 34; 18:9-14; 19:10). 예수님이 그들을 영접하시는 모습을 보고, 바리새인과 서기관들은 그분의 경건함과 율법에 대한 헌신에 심각한 의문을 제기한다(참고. 5:30). 예수님은 죄인들을 환영할 뿐 아니라 그들과 함께 음식도 드신다. 즉 그들을 영접하고 그들과 교제한다는 뜻이다(참고. 행 11:3; 갈 2:11-14). 하지만 다음 세 비유가 보여주듯이, 궁극적으로 죄인들과의 교제는 회개 없이는 실현되지 않는다. 세리 및 죄인들과 함께 음식을 먹는다는 것은 구원이 순종을 기반으로 오지 않고 하나님의 은혜와 자비를 통해 얻어진다는 것을 의미한다. 그래서 예수님이 세리 및 죄인들과 함께 드시는 것은, 비판자들이 보기에 율법의 위반에 해당하는 불결함의 죄를 짓는 것이다. 아마 그들은 예수님의 행위를 시편 1:1의 렌즈를 통해 볼 것이다. "복 있는 사람은 악인들의 꾀를 따르지 아니하며 죄인들의 길에 서지 아니하며 오만한 자들의 자리에 앉지 아니하고."[174] 바리새인과 서기관들은 자기들의 비판이 경건함에서 나온다고 확신했지만, "투덜거리며"(2절, 새번역)라는 단어는 이스라엘이 광야에서 불평했던 장면을 상기시킨다. 따라서 그들의 불평은 사실 그들 자신의 불의를 나타낸다. 그 옛날 이스라엘(출 16:1-10), 그리고 고라와 다단과 아비람(민 16:1-15)이 모세와 아론에게 투덜거렸듯이, 바리새인과 서기관들이 하나님께서 임명하신 지도자에게 투덜거리고 있다.

15:3-7 예수님은 바리새인과 서기관들의 관심사에 세 가지 비유로 반응하신다. 첫째 비유는 남자의 세계와, 자기 양들 중 한 마리를 잃어버린 목

174 같은 책, 612.

자와 관련이 있다. 목자가 백 마리 양 중에 한 마리를 잃어버리면, 그는 아흔아홉 마리(이 비유의 세계에서는 안전하다고 가정되는)[175]를 남겨두고 잃어버린 양을 끝까지 찾아다닌다. 여기서 이 복음서의 핵심 진술 중 하나가 떠오른다. 예수님은 인자로서 "잃어버린 자를 찾아 구원하려[고]"(19:10) 오셨다는 것이다. 목자가 잃어버린 양을 찾으면 그 양을 어깨에 메고 기뻐서 어쩔 줄 모른다. 이는 이사야 49:22을 암시한다. 이스라엘이 포로 생활에서 돌아올 때 그 아들들이 품에 안기고 그 딸들이 어깨에 메인 채 오는 장면이다. 집에 도착한 목자는 잃어버린 양을 찾았기에 친구와 이웃들을 불러서 다함께 잔치를 벌인다.

이 비유의 적용이 7절에 나온다. 하늘에서는, 회개할 필요가 없는 의인 아흔아홉보다 회개하는 죄인 한 사람을 두고 더 기뻐할 것이다(새번역). "의인"이라는 단어가 여기서 아이러니하게 사용되고 있다는 증거는 없다(참고. 5:31-32). 따라서 아흔아홉 명은 중요하지 않다는 뜻이 아니다. 요점은 아흔아홉 명은 이미 회개했다는 것이다. 아울러 회개가 불필요해지도록 예수님이 무조건적 사랑을 가르치시는 것도 아니다. 하나님의 사랑이 회개할 기회를 제공하기에, 바리새인과 서기관들은 하나님께 돌아오는 세리와 죄인들을 보고 투덜거리기보다는 기뻐해야 마땅하다. 기뻐하지 못하는 모습은 그들이 하늘의 천사들과 얼마나 다른지를 보여준다.

15:8-10 그 다음 예화는 앞의 비유와 똑같은 취지를 갖고 있으나 여자의 세계에서 나온다. 이 경우에는 한 여자가 '은화 열 개'를 갖고 있다. 이 금액으로는 양 한 마리 또는 소의 5분의 1을 살 수 있다. 우리는 지금 액수의 적음에 대해 이야기하는 것이 아니다.[176] 동전 중 하나를 잃어버리면 여자는 등불을 밝히고, 집안을 샅샅이 쓸면서, 그것을 발견할 때까지 열심히 찾

175 같은 책, 613.

176 BDAG, s.v. δραχμή.

는다. 그 양을 찾는 목자가 하나님을 상징하듯이, 동전을 찾는 여자도 마찬가지다. 주님은 세리와 죄인 같은 잃어버린 자를 찾고 계시고, 바리새인들의 투덜거림은 그들이 하나님의 관점을 공유하지 않고 있음을 드러낸다. 잃어버린 동전을 찾은 여자는 그것을 기념하려고 이웃을 초대해서 함께 기뻐하자고 요청한다. 이 예화의 적용은 7절의 주제를 반복하는 10절에 나온다. 이와 같이 회개하는 죄인 한 사람을 두고, 하나님의 천사들이 기뻐할 것이다(새번역). 다시 한번, 바리새인과 서기관들은 하늘의 입장을 반영하지 않는다. 그들은 기쁨으로 충만하기는커녕 죄인과 세리들의 영접에 대해 속상해 한다. 아이러니한 사실이 있다. 스스로 하나님께 가장 가깝다고 생각하는 자들이 그들의 마음 상태를 통해 자신들이 그분께 속해 있지 않다는 것을 보여준다는 사실이다.

응답

예수님은 잃어버린 양을 찾는 선한 목자다. 바리새인들이 분명히 알고 있을 에스겔 34장이 예수님이 행하시는 일을 설명해준다. 바리새인들은 에스겔 34장의 악한 목자에 해당한다. "너희가 그 연약한 자를 강하게 아니하며 병든 자를 고치지 아니하며 상한 자를 싸매주지 아니하며 쫓기는 자를 돌아오게 하지 아니하며 잃어버린 자를 찾지 아니하고"(겔 34:4). 그들은 잃어버린 자를 찾지 않을 뿐 아니라 죄인들이 예수님에게 나아오는 것을 기뻐하지도 않는다. 그러나 예수님은 에스겔 34장의 선한 목자다.

> 주 여호와께서 이같이 말씀하셨느니라 나 곧 내가 내 양을 찾고 찾되 목자가 양 가운데에 있는 날에 양이 흩어졌으면 그 떼를 찾는 것같이 내가 내 양을 찾아서 흐리고 캄캄한 날에 그 흩어진 모든 곳에서 그것들을 건져낼지라…그 잃어버린 자를 내가 찾으며 쫓기는 자를 내가 돌아오게 하며 상한 자를 내가 싸매주며 병든 자를 내가 강

하게 하려니와 살진 자와 강한 자는 내가 없애고 정의대로 그것들을 먹이리라. (겔 34:11-12, 16)

예수님은 단지 죄인들과 함께 음식을 먹고 그들을 영접하는 데 그치지 않으신다. 누구나 죄인들과 친구가 되고 그들이 행하는 일을 행할 수 있다. 예수님은 그들을 찾아내어 '그들이 회개하도록 촉구해서' 에스겔 34장의 약속이 성취되게 하신다.

예수님을 닮고 싶다면, 우리 역시 죄인들을 찾아내어 그들과 어울리고 그들의 친구가 되어야 한다. 하지만 죄인들과 친구가 될 뿐 아니라 그들이 회개하도록 촉구해야 한다. 우리는 예수님의 사역에서 사랑과 거룩함, 자비와 정의, 은혜와 진리를 모두 본다. 어쩌면 예수님이 사람들을 있는 그대로 받아들여야 한다고 가르치시는 것으로 오해할 수 있다. 그러나 죄인들이 회개할 때, 그들의 삶이 변화될 때, 그들이 삶을 하나님께 넘겨드릴 때에야 비로소 기쁨이 찾아온다. 우리 역시 죄인들을 향한 연민을 잃어버릴 수 있다. 죄인들을 우리의 적으로 생각해서 그들에게 복음이 절실히 필요하다는 것을 보지 못할 수 있다. 그들의 죄 때문에 짜증나고 분노할 수 있다. 그러나 예수님은 죄인들에게 놀라운 손길을 뻗치시고, 그들과 교제를 나누시고, 그들에게 회개를 촉구하신다.

15장

11 또 이르시되 어떤 사람에게 두 아들이 있는데 12 그 둘째가 아버지
에게 말하되 아버지여 재산 중에서 내게 돌아올 분깃을 내게 주소서
하는지라 아버지가 그 살림을 각각 나눠 주었더니 13 그 후 며칠이 안
되어 둘째 아들이 재물을 다 모아 가지고 먼 나라에 가 거기서 허랑방
탕하여 그 재산을 낭비하더니 14 다 없앤 후 그 나라에 크게 흉년이 들
어 그가 비로소 궁핍한지라 15 가서 그 나라 백성 중 한 사람에게 붙여
사니 그가 그를 들로 보내어 돼지를 치게 하였는데 16 그가 돼지 먹는
쥐엄 열매로 배를 채우고자 하되 주는 자가 없는지라

11 And he said, "There was a man who had two sons. 12 And the
younger of them said to his father, 'Father, give me the share of
property that is coming to me.' And he divided his property between
them. 13 Not many days later, the younger son gathered all he had and
took a journey into a far country, and there he squandered his property
in reckless living. 14 And when he had spent everything, a severe
famine arose in that country, and he began to be in need. 15 So he went
and hired himself out to[1] one of the citizens of that country, who sent

him into his fields to feed pigs. 16 And he was longing to be fed with the
pods that the pigs ate, and no one gave him anything.

17 이에 스스로 돌이켜 이르되 내 아버지에게는 양식이 풍족한 품꾼
이 얼마나 많은가 나는 여기서 주려 죽는구나 18 내가 일어나 아버
지께 가서 이르기를 아버지 내가 하늘과 아버지께 죄를 지었사오니
19 지금부터는 아버지의 아들이라 일컬음을 감당하지 못하겠나이다
나를 품꾼의 하나로 보소서 하리라 하고 20 이에 일어나서 아버지께로
돌아가니라 아직도 거리가 먼데 아버지가 그를 보고 측은히 여겨 달
려가 목을 안고 입을 맞추니 21 아들이 이르되 아버지 내가 하늘과 아
버지께 죄를 지었사오니 지금부터는 아버지의 아들이라 일컬음을 감
당하지 못하겠나이다 [1]하나 22 아버지는 종들에게 이르되 제일 좋은
옷을 내어다가 입히고 손에 가락지를 끼우고 발에 신을 신기라 23 그
리고 살진 송아지를 끌어다가 잡으라 우리가 먹고 즐기자 24 이 내 아
들은 죽었다가 다시 살아났으며 내가 잃었다가 다시 얻었노라 하니
그들이 즐거워하더라
17 "But when he came to himself, he said, 'How many of my father's
hired servants have more than enough bread, but I perish here with
hunger! 18 I will arise and go to my father, and I will say to him, "Father,
I have sinned against heaven and before you. 19 I am no longer worthy
to be called your son. Treat me as one of your hired servants."' 20 And
he arose and came to his father. But while he was still a long way off,
his father saw him and felt compassion, and ran and embraced him and
kissed him. 21 And the son said to him, 'Father, I have sinned against
heaven and before you. I am no longer worthy to be called your son.'[2]
22 But the father said to his servants,[3] 'Bring quickly the best robe, and
put it on him, and put a ring on his hand, and shoes on his feet. 23 And

bring the fattened calf and kill it, and let us eat and celebrate. 24 For this
my son was dead, and is alive again; he was lost, and is found.' And
they began to celebrate.

25 맏아들은 밭에 있다가 돌아와 집에 가까이 왔을 때에 풍악과 춤추
는 소리를 듣고 26 한 종을 불러 이 무슨 일인가 물은대 27 대답하되 당
신의 동생이 돌아왔으매 당신의 아버지가 건강한 그를 다시 맞아들이
게 됨으로 인하여 살진 송아지를 잡았나이다 하니 28 그가 노하여 들
어가고자 하지 아니하거늘 아버지가 나와서 권한대 29 아버지께 대답
하여 이르되 내가 여러 해 아버지를 섬겨 명을 어김이 없거늘 내게는
염소 새끼라도 주어 나와 내 벗으로 즐기게 하신 일이 없더니 30 아버
지의 살림을 창녀들과 함께 삼켜버린 이 아들이 돌아오매 이를 위하
여 살진 송아지를 잡으셨나이다 31 아버지가 이르되 얘 너는 항상 나
와 함께 있으니 내 것이 다 네 것이로되 32 이 네 동생은 죽었다가 살
아났으며 내가 잃었다가 얻었기로 우리가 즐거워하고 기뻐하는 것이
마땅하다 하니라
25 "Now his older son was in the field, and as he came and drew near
to the house, he heard music and dancing. 26 And he called one of the
servants and asked what these things meant. 27 And he said to him,
'Your brother has come, and your father has killed the fattened calf,
because he has received him back safe and sound.' 28 But he was angry
and refused to go in. His father came out and entreated him, 29 but he
answered his father, 'Look, these many years I have served you, and I
never disobeyed your command, yet you never gave me a young goat,
that I might celebrate with my friends. 30 But when this son of yours
came, who has devoured your property with prostitutes, you killed
the fattened calf for him!' 31 And he said to him, 'Son, you are always

with me, and all that is mine is yours. 32 It was fitting to celebrate and be glad, for this your brother was dead, and is alive; he was lost, and is found.'"

1) 어떤 사본에, '나를 품꾼의 하나로 보소서'가 있음

1 Greek *joined himself to* *2* Some manuscripts add *treat me as one of your hired servants* *3* Or *bondservants*

단락 개관

예수님은 가장 유명한 비유를 통해 바리새인과 서기관들의 비난에 대한 반응을 이어가신다. 이번 장의 처음 두 비유는 잃어버린 양과 잃어버린 동전에 관한 것이었다. 이번에는 잃어버린 두 아들의 비유다. 이 비유를 '탕자'의 비유라고 부르면 이 비유의 핵심 주제들 중 하나를 놓치게 된다. 큰아들은 바리새인과 서기관들에 해당한다. 그는 비록 아버지의 집에 살고 있어도 잃어버린 자이며 아버지로부터 분리된 자다.

이 이야기는 참으로 아름답고 우아하다. 아버지가 재산을 두 아들에게 나누어 준다. 작은아들이 집을 떠나 받은 유산을 탕진하고 만다. 비참한 지경에 빠진 그 아들이 아버지로부터 먼 땅에서 가난하게 살기보다는 아버지의 집에서 종으로 사는 편이 더 행복할 것임을 알게 된다. 그 아들이 아버지께 돌아와서 잘못을 인정하자, 아버지는 기뻐하며 그를 영접한다. 아버지가 방탕한 동생을 위해 잔치를 준비했다는 소식을 들은 큰아들은 분개한다. 아버지가 큰아들에게 잔치에 참여하도록 간청하지만, 이 이야기는 이런 의문과 함께 끝난다. 큰아들이 과연 그 잔치에 갈까? 아니면 아버지가 작은아들을 대우하는 모습을 보고 여전히 화를 삭이지 못해 속이 부글부글 끓을까? 세리와 죄인들이 회개하는 모습을 보고 서기관과 바리새인

들이 분노하고 분개하는 것은 큰아들의 태도와 비슷하다.

단락 개요

IV. 갈릴리에서 예루살렘으로: 제자의 길(9:51-19:27)
B. 여행이 계속되다(13:22-17:10)
3. 예수님이 죄인들의 영접을 변호하시다(15:1-32)
b. 잃어버린 두 아들의 비유(15:11-32)

주석

15:11-12 예수님이 세리 및 죄인들과 함께 식사하면서 그들을 영접하시는 모습을 본 바리새인과 서기관들이 불평하기 시작했고(15:1-2), 이에 대한 예수님의 반응이 이 비유로 이어진다. 예수님은 두 아들을 둔 아버지의 이야기를 들려주신다. 작은아들이 아버지에게 자기 몫의 유산을 달라고 요구한다. 이런 요구는 아버지가 죽기 바란다는 것을 가리킬 만큼 무척 이례적이다.[177] 아버지가 왜 그런 부탁을 들어주는지에 대한 설명은 없는데, 어쩌면 비유에 대해 그런 질문을 던지는 것이 잘못일지도 모른다.

15:13-16 이제 작은아들이 왜 유산 중에 그의 몫을 달라고 했는지 이유가 분명해진다. 그는 가능한 한 아버지로부터 멀리 떠나길 원한다. 결국 모

177 Garland, *Luke*, 624.

든 소유를 들고 멀리 떠난 그는 방탕한 생활을 하다가 모든 유산을 탕진하고 만다(참고. 엡 5:18; 딤 1:6). 여기서 잠언 29:3이 떠오른다. "창기와 사귀는 자는 재물을 잃느니라." 작은아들은 이제 빈털터리가 되었다. 거기에 그가 사는 지역에 기근이 닥치고 만다. 완전히 곤궁에 빠져버린 그는 절박하게 살아갈 길을 찾던 중 돼지 돌보는 일을 하게 된다. 여기서 우리는 돼지가 유대인에게 불결한 짐승이었음을 기억할 필요가 있다. 그는 거의 바닥을 친 것처럼 보인다. 상황은 점점 악화된다. 먹을 것이 없어서 돼지에게 먹이는 쥐엄 열매라도 먹고 싶지만 그마저도 마땅치 않다. 작은아들은 하나님의 규율을 버렸던 세리와 죄인들을 상징한다. 그들은 마음과 삶으로 주님에게서 멀리 떨어진 나라로 이주했다. 이 세상의 쾌락과 즐거움을 위해 살았으나 세월이 흐를수록 그것들이 참된 또는 영원한 기쁨을 주지 못한다는 것을 알게 된다. 그들은 사회에서 대접을 받지 못하고 앞으로 살아갈 날도 너무나 암담하다.

15:17-19 곤궁에 빠져서 죽을 위험에 처한 작은아들은 자신의 상황을 숙고하다가 정신을 차린다. 자기는 굶주려서 죽을 지경에 빠졌지만 아버지가 고용한 종들은 양식이 풍부하다는 것을 생각한다. 그는 최선의 방책이 다시 집으로 가는 것임을 깨닫는다. 그리고 아버지에게 할 말을 미리 연습한다. 자기가 위에 계신 하나님과 아버지에게 죄를 지었다는 것을 거리낌없이 인정할 것이라고 말이다. 자신의 행실에 대한 변명은 없다. 사실 유산을 탕진했으므로 아버지의 아들로 불릴 자격도 없는 셈이다. 그럼에도 그는 아버지의 종들 중 하나로 고용되고 싶어 한다. 일부 해석자는 이는 진정한 회개가 아니라고 주장하지만, 그런 해석은 설득력이 없다. 그의 말과 더불어 실제로 돌아가는 행동 역시 그가 참으로 회개했음을 나타낸다(참고. 사 55:7; 렘 3:12; 호 14:1-2).[178]

178 Garland, *Luke*, 627; Bock, *Luke 9:51-24:53*, 1314.

예수님은 여기서 세리와 죄인들의 회개를 시사하신다. 그들은 하나님 앞에서 자신의 비참한 상황을 깨닫고, 다시 집으로 가기로 결심하고, 그들이 버렸던 하나님께로 돌아가는 사람들이다. 그런 사람들은 자신이 하나님의 자비를 받을 자격이 없다는 것을 인정한다. 그들이 살아왔던 방식에 대해 변명할 여지가 없으나 그럼에도 가족에게 돌아가기를 원하는 것이다.

15:20 작은아들이 아버지께로 돌아간다. 저 멀리서 아버지가 그를 본다. 아버지는 그 아들을 정죄하는 대신 아들의 상태를 보는 순간 연민의 정으로 가득 찬다. 아들이 반항아인데다 폭식가요 술주정뱅이였기 때문에, 율법에 따르면 아버지는 그 아들을 죽일 수도 있었다(신 21:18-21).[179] 그러나 그는 정반대로 행한다. 나이 든 사람은 보통 품위가 없다는 이유로 좀처럼 달리지 않는데, 아버지는 너무나 기뻐서 작은아들을 향해 달려간다. 그가 아들을 끌어안는 모습은 야곱을 생각나게 한다. 야곱은 오래 전에 짐승에게 먹혀 죽었다고 생각한 요셉과 재회했을 때 "[요셉의] 목을 껴안[았다]"(창 46:29, 새번역). 이곳 20절에도 똑같은 표현("그의 목을 껴안고", 새번역)이 사용되었으나 '끌어안았다'("embraced")라고 번역된 것은 아들을 보는 순간 아버지를 압도한 강력한 감정을 전달하기 위해서다. 야곱은 요셉을 보았을 때 '울었는데'(창 46:29), 여기서 아버지는 아들과 입을 맞춘다.

이 비유에 나오는 아버지의 사랑은 돌아오는 죄인들을 향한 하나님의 사랑을 나타내고, 용서를 받으러 그분에게로 나아오는 사람들에게 연민을 베푸신다는 것을 시사한다. 시편 103:13은 이 비유의 핵심 진리 중 하나를 잘 표현한다. "아버지가 자식을 긍휼히 여김같이 여호와께서는 자기를 경외하는 자를 긍휼히 여기시나니." 바리새인과 서기관들은 하나님께 돌아오는 사람들에게 그와 같은 연민을 품었어야 했다.

15장

179 참고. Garland, *Luke*, 628.

15:21-22 아들은 아버지가 안아준다고 해서 자기가 자격 없는 존재라는 고백을 거두지 않는다. 그는 15:18-19에 나온 말을 반복하며, 자기가 하늘에 계신 하나님과 아버지께 죄를 지었기에 더 이상 아들로서의 자격이 없다는 것을 인정한다. 그는 자기를 하나의 종으로 대해달라는 말(19절)은 더 하지 않는다. 아들이 이 말을 생략하는 것은 더 이상 그렇게 믿지 않기 때문이 아니라 아버지에게 가로막혔기 때문이다. 아들이 말하는 내용은 사실이다. 그는 심각한 죄를 지었고, 아버지의 아들이 될 자격이 없고, 겨우 종에 불과한 존재다. 그러나 아버지의 사랑과 은혜는 참으로 놀랍다. 우리가 찬송가 "나 같은 죄인 살리신"(Amazing Grace)에서 고백하는 그대로다. 아버지는 아들에게 "제일 좋은 옷"을 입히고, 그의 손가락에 반지를 끼우고, 그의 발에 신발을 신긴다(참고. 창 41:42).

여기에 나온 옷을 우리에게 전가된 그리스도의 의로 해석하면 안 된다. 마치 이 비유가 우리에게 그리스도의 생경한 의에 관해 가르치는 것처럼 읽으면 안 된다는 뜻이다. 이 텍스트를 이런 식으로 읽는 것은 이 비유에 근거가 없는 범주를 부과하는 것이다. 동시에 일부 해석자는 이 비유를 회개 없이 하나님의 사랑을 받는 것으로 오해하기도 한다. 그러나 이 이야기는 작은아들의 회개를 강조하고, 누가는 회개가 용서를 받는 데 꼭 필요하다고 자주 가르친다(3:3, 8; 5:32; 10:13; 11:32; 13:3, 5; 15:7, 10; 16:30; 24:47). 아울러 이 비유가 마치 하나님의 사랑이 십자가와 상관없이 구원한다고 가르치는 것처럼 해석해서도 안 된다. 우리는 한 비유가 기독교 신학 전체를 가르칠 것으로 기대하면 안 되고, 한 비유로부터 그런 것을 요구하는 것은 불합리하다. 이 비유를 누가복음-사도행전의 줄거리 전체, 곧 속죄가 중요한 역할을 하는 그 줄거리(눅 22:19-20; 행 20:28)와 싸우게 만들면 안 된다. 전가된 의를 이 이야기에 대입해서 해석하는 사람들과, 이 비유가 용서는 십자가와 상관없이 얻을 수 있다고 가르친다고 주장하는 사람들은, 신학적으로 전혀 다른 출처를 갖고 있기는 해도 똑같은 해석학적 잘못을 범하는 것이다. 양자 모두 한 짧은 비유가 마치 기독교 신학 전체를 담고 있는 것처럼 이 비유에 너무 많은 것을 요구하고 있다.

15:23-24 아버지는 잔치까지 준비하라고 지시한다. 그의 아들이 돌아온 것을 충분히 축하할 만한 사건으로 여기는 것이다. 지금은 살진 송아지를 잡아서 맛있는 고기를 먹고 아들의 귀환을 기뻐할 때다. 아버지는 작은아들을 고용된 종으로 보지 않고 "내 아들"로 인정한다. 아들이 죽었다가(참고. 엡 2:1) 이제 살아났고, 아들을 "잃었다가" 이제 "다시 얻었[기]" 때문에 아버지의 기쁨은 한이 없다. 이 이야기로부터 우리는 세리와 죄인들을 향한 하나님의 사랑을 본다(15:1-2). 바리새인과 서기관들은 그런 사람들이 예수님의 모임에 포함되는 것에 대해 투덜대지만, 사실은 기뻐하며 축하해야 마땅하다.

15:25-27 이제 장면이 낮 동안 밭에서 일한 큰아들에게로 바뀐다. 그는 또 하루의 노동을 마치고 돌아오던 중 집 가까이에서 음악과 춤추는 소리를 듣게 된다. 그에게 미리 알려주지 않은 잔치가 벌어지고 있다. 큰아들은 한 종을 불러서 집에서 무슨 일이 일어나고 있는지 묻는다. 종은 집으로 돌아온 사람이 바로 "당신의 동생"이며, 그의 아버지가 작은아들이 안전하게 돌아온 것을 기뻐하며 살진 송아지를 잡았다고 말해준다.

15:28 큰아들은 기뻐하지 않는다. 오히려 속상해 하며 의로운 분노로 가득 차서 잔치에 가기를 거절한다. 아버지는 큰아들을 질책하지 않고 오히려 잔치에 합류하도록 간청한다. 바리새인과 서기관들은 큰아들을 상징한다. 그들은 세리와 죄인들의 회개에 대해 기뻐하기를 거절하기 때문이다. 그 대신 독선으로 가득 차서 스스로를 그런 죄 많은 사람들보다 훨씬 더 낫다고 생각한다. 그럼에도 예수님은 그들을 포기하지 않으신다. 그분은 그들을 함께 기뻐하는 자리로 초대하신다.

15:29-30 큰아들은 억울해 하면서 아버지에게 속았다고 생각한다. 그는 아버지의 명령에 항상 순종하고 아버지의 지시를 한번도 어긴 적이 없는 '착한 아들'이다. 그러나 아버지가 빚진 것을 자기에게 되갚아 주지 않았다

고 느낀다. 아버지는 그의 친구들과 잔치를 열도록 "염소 새끼"조차 준 적이 없다. 작은아들은 스스로 자격이 없다고 느끼는 반면, 큰아들은 자기에게 자격이 있고 아버지가 불공평하다고 확신한다. 그는 다시금 바리새인과 서기관들을 대표한다. 이들이야말로 자신의 의에 대해 확신하고(참고. 18:9-14), 자신들이 하나님을 위해 행한 일에 하나님이 감명 받으실 것으로 믿기 때문이다. 달리 말하면 그들은 스스로 회개할 필요가 있다고 느끼지 않는다.

큰아들의 독선이 30절에서 한눈에 드러난다. 그는 작은아들을 그의 형제로 부르기를 거부하고 "아버지의…이 아들"이라 부른다. 그는 작은아들이 형제라는 것을 인정하지 않고 그와의 모든 관계를 끊으려고 한다. 작은아들의 행태가 집에서 잘 알려져 있었기에 아버지의 사랑과 연민이 더욱 돋보인다. 그러나 큰아들은 동생을 멸시한다. 작은아들이 유산의 절반을 창녀들과 함께 삼켜버렸기 때문에 방금 일어난 일이 불공평하다고 그는 생각한다. 동생은 환영을 받을 것이 아니라 처벌을 받아야 마땅하다. 형이 갖고 있는 정의 개념은 지난 행동에 대한 용서를 포함하지 않는다. 자업자득의 원칙이다. 하지만 아버지가 살진 송아지를 잡아서 작은아들을 위해 잔치를 여는 것은 그가 더 이상 죽은 것이 아니라 살아 있고, 그를 더 이상 잃은 것이 아니라 찾았기 때문이다.

15:31-32 아버지가 계속해서 큰아들을 향한 사랑을 표현한다. 그는 큰아들에게 고언하면서 그들이 항상 함께 있었고, 그들의 상호관계가 위협을 받은 적이 없다는 것을 상기시킨다. 나아가 아버지가 소유한 모든 것이 큰아들에게 속해 있다. 달리 말하면 아버지는 큰아들도 깊이 사랑한다는 뜻이다. 아버지는 큰아들을 잊어버리거나 무시하지 않았다. 그럼에도 잔치는 계속 진행되어야(에데이) 한다. 작은아들의 복귀에 대해서는 오직 '축하'밖에 다른 반응이 있을 수 없다. 잃어버렸던 사람을 찾고 죽었던 사람이 살아날 때는 큰 기쁨이 생기는 법이기 때문이다. 이 비유는 이런 의문과 함께 끝난다. 큰아들이 과연 그 잔치에 오겠는가? 바리새인과 서기관들은

세리와 죄인들의 복귀에 대한 하나님과 천사들의 기쁨을 공유하겠는가? 이 초대는 열려 있다. 예수님은 하나님의 용서를 함께 즐거워하고 기뻐하자고 그들을 초대하신다. 이제 선택권은 그들에게 있다.

응답

진정한 회개란 우리가 용서받을 자격이 없다는 것을 철저히 자각한다는 뜻이다. 공동 기도서(The Book of Common Prayer, 성공회, 1662)는 이를 잘 포착해서 우리는 '비참한 범법자들'이라고 말한다. 존 뉴턴(John Newton)이 쓴 찬송가 "나 같은 죄인 살리신"도 하나님께서 '나와 같이 비참한 자'를 구원하신 것을 노래한다. 어떤 이들은 우리가 낙담할 자격조차 없다는 개념을 이야기하지만, 그런 사람들은 복음을 제대로 이해하지 못하고 있다. 우리가 스스로의 죄에 대해 깊이 자각하고, 동시에 하나님께서 우리를 사랑하신다는 것을 알 때 복음을 제대로 이해할 수 있다. 그리스도가 하나님의 진노를 받아들이고 우리의 죄를 위해 죽으셨다. 우리의 죄를 알되 이 지식이 우리를 그리스도 예수 안에 있는 하나님의 사랑으로 인도한다면, 그 지식은 궁극적으로 우리를 낙담시키지 않고 해방시킨다.

이 비유에서 아버지는 작은아들이 회개하는 것을 알기 때문에 그를 용서한다. 그 아들이 아버지의 종이 된다면 용서받을 자격이 없다. 용서는 그리스도의 죽음에 기반을 두기 때문에 값싼 것이 아니라 값없이 주어지는 것이다. 우리가 하나님에게서 얼마나 멀리 떠났든지 간에 그분께 되돌아갈 수 있다. 바리새인의 마음은 투덜거림과 불만과 분노로 가득 차 있다. 만일 우리가 하나님의 명령을 기쁜 마음이 아니라 의무감으로 지킨다면, 우리도 바리새인과 비슷한 셈이다. 큰아들이 생각할 수 있는 유일한 것은 아버지가 자신을 선하게 대하지 않은 모습뿐이다. 교회에 가고 미덕을 추구하면서도 타인에 대한 연민과 사랑이 없다면, 우리도 큰아들처럼 될 것이다. 하나님께서 우리가 기대하는 방식으로 보상하지 않으실 때 화를 낸다면, 아직 은혜를 깨닫지 못하는 것이다. 하나님은 우리에게 빚진 것이 없어도 우리에게 필요한 모든 것을 그리스도 예수 안에서 은혜롭게 주신다. 그분은 자녀들이 집에 돌아오기를 갈망하시는 사랑하는 아버지다. 우리가 작은아들과 비슷하든 큰아들과 비슷하든, 아버지는 우리에게 그분이 계신 집으로 돌아오라고 간청하신다.

1 또한 제자들에게 이르시되 어떤 부자에게 청지기가 있는데 그가 주
인의 소유를 낭비한다는 말이 그 주인에게 들린지라 2 주인이 그를 불
러 이르되 내가 네게 대하여 들은 이 말이 어찌 됨이냐 네가 보던 일
을 셈하라 청지기 직무를 계속하지 못하리라 하니 3 청지기가 속으로
이르되 주인이 내 직분을 빼앗으니 내가 무엇을 할까 땅을 파자니 힘
이 없고 빌어먹자니 부끄럽구나 4 내가 할 일을 알았도다 이렇게 하면
직분을 빼앗긴 후에 사람들이 나를 자기 집으로 영접하리라 하고 5 주
인에게 빚진 자를 일일이 불러다가 먼저 온 자에게 이르되 네가 내 주
인에게 얼마나 빚졌느냐 6 말하되 기름 백 말이니이다 이르되 여기 네
증서를 가지고 빨리 앉아 오십이라 쓰라 하고 7 또 다른 이에게 이르
되 너는 얼마나 빚졌느냐 이르되 밀 백 석이니이다 이르되 여기 네 증
서를 가지고 팔십이라 쓰라 하였는지라 8 주인이 이 옳지 않은 청지기
가 일을 지혜 있게 하였으므로 칭찬하였으니 이 세대의 아들들이 자
기 시대에 있어서는 빛의 아들들보다 더 지혜로움이니라 9 내가 너희
에게 말하노니 불의의 재물로 친구를 사귀라 그리하면 그 재물이 없
어질 때에 그들이 너희를 영주할 처소로 영접하리라

1 He also said to the disciples, “There was a rich man who had a
manager, and charges were brought to him that this man was wasting
his possessions. 2 And he called him and said to him, ‘What is this that
I hear about you? Turn in the account of your management, for you can
no longer be manager.’ 3 And the manager said to himself, ‘What shall
I do, since my master is taking the management away from me? I am
not strong enough to dig, and I am ashamed to beg. 4 I have decided
what to do, so that when I am removed from management, people may
receive me into their houses.’ 5 So, summoning his master’s debtors
one by one, he said to the first, ‘How much do you owe my master?’
6 He said, ‘A hundred measures[1] of oil.’ He said to him, ‘Take your
bill, and sit down quickly and write fifty.’ 7 Then he said to another,
‘And how much do you owe?’ He said, ‘A hundred measures[2] of
wheat.’ He said to him, ‘Take your bill, and write eighty.’ 8 The master
commended the dishonest manager for his shrewdness. For the sons of
this world[3] are more shrewd in dealing with their own generation than
the sons of light. 9 And I tell you, make friends for yourselves by means
of unrighteous wealth,[4] so that when it fails they may receive you into
the eternal dwellings.

10 지극히 작은 것에 충성된 자는 큰 것에도 충성되고 지극히 작은 것
에 불의한 자는 큰 것에도 불의하니라 11 너희가 만일 불의한 재물에
도 충성하지 아니하면 누가 참된 것으로 너희에게 맡기겠느냐 12 너희
가 만일 남의 것에 충성하지 아니하면 누가 너희의 것을 너희에게 주
겠느냐 13 집 하인이 두 주인을 섬길 수 없나니 혹 이를 미워하고 저를
사랑하거나 혹 이를 중히 여기고 저를 경히 여길 것임이니라 너희는
하나님과 재물을 겸하여 섬길 수 없느니라

10 “One who is faithful in a very little is also faithful in much, and one who is dishonest in a very little is also dishonest in much. 11 If then you have not been faithful in the unrighteous wealth, who will entrust to you the true riches? 12 And if you have not been faithful in that which is another’s, who will give you that which is your own? 13 No servant can serve two masters, for either he will hate the one and love the other, or he will be devoted to the one and despise the other. You cannot serve God and money.”

14 바리새인들은 돈을 좋아하는 자들이라 이 모든 것을 듣고 비웃거늘 15 예수께서 이르시되 너희는 사람 앞에서 스스로 옳다 하는 자들이나 너희 마음을 하나님께서 아시나니 사람 중에 높임을 받는 그것은 하나님 앞에 미움을 받는 것이니라

14 The Pharisees, who were lovers of money, heard all these things, and they ridiculed him. 15 And he said to them, “You are those who justify yourselves before men, but God knows your hearts. For what is exalted among men is an abomination in the sight of God.

1 About 875 gallons or 3,200 liters *2* Between 1,000 and 1,200 bushels or 37,000 to 45,000 liters *3* Greek *age* *4* Greek *mammon,* a Semitic word for money or possessions; also verse 11; rendered *money* in verse 13

단락 개관

그리스도 안에 있는 하나님의 은혜는 값없는 것이지만, 제자들에게 새로운 삶을 살도록 요구한다. 16장은 돈과 소유의 역할에 대해 다룬다. 예수님에게 속해 있는 사람들은 돈을 신뢰하지 않고 그들의 돈을 어려운 이들을 돕기 위해 관대하게 사용한다. 이번 장은 불의한 청지기의 비유로 시작하는데, 이는 해석하기 어려운 비유다. 한 청지기가 재정적 부정행위의 혐의를 받아 주인으로부터 해고를 통보받는다. 그 청지기는 육체노동을 하길 원치 않을뿐더러 재정적 도움을 구걸하고 싶지도 않다. 그래서 주인에게 빚진 사람들의 청구서를 가져다가 빚진 금액을 50퍼센트에서 20퍼센트까지 차감한다. 이제 그는 재정적 도움을 준 사람들로부터 부양을 받게 될 것이다. 주인이 그 교활함과 영리함으로 인해 청지기를 칭찬하는 것은 그가 자기의 최대 유익을 도모하는 방식으로 행동했기 때문이다. 필자는 이 비유가 7절 뒤에서 끝나는 것으로 본다. 그 다음은 예수님이 비유에 대해 논평하시는 내용이다. 재물을 미래를 보장하는 수단으로 이용하는 것은 이 세상 사람들의 특징이다. 예수님은 제자들에게 그들의 재물을 이용하되 지상의 진보를 이루기 위해서 뿐만 아니라 "영원한 처소"(새번역)에 거하기 위해 그렇게 하라고 권유하신다.

예수님이 사람들에게 불의한 청지기처럼 부정직하게 행하라고 권유하시는 것이 아니다. 대조적인 모습을 통해 그분의 주장을 펼치시기 때문이다. 제자들은 미래를 준비하는 점에서는 그 청지기처럼 되어야 하지만 그의 부정직함을 닮아서는 안 된다. 사람들은 자기 자금을 이용하는 방식에서는 신실해야 한다. 제자들이 만일 이생에서 돈을 올바로 사용하지 않는다면, 그들은 미래에 진정한 부를 위탁받지 못할 것이다. 하나님께서 이생에서 주신 돈을 잘 사용하지 않는다면, 우리는 미래에 더 많은 재물을 위탁받지 못할 것이다. 여기서 근본적인 이슈는 사람들이 무엇을 예배하는가 하는 것이다. 우리는 하나님이나 세상의 재물 중 하나를 섬길 수밖에 없다. 적당한 타협안이나 중간 입장은 존재하지 않는다. 바리새인들은 돈을 사랑하기 때문에 돈에 관한 예수님의 말씀을 비웃지만, 예수님은 그들이 사람들 앞에서 스스로를 정당화하기 때문에 그들을 책망하신다. 하나님은 그들의 마음을 아신다. 그들은 사람들 앞에서 스스로를 높이지만, 돈에 대한 그들의 사랑은 혐오스러운 것이다.

단락 개요

IV. 갈릴리에서 예루살렘으로: 제자의 길(9:51-19:27)

B. 여행이 계속되다(13:22-17:10)

4. 돈보다 하나님을 신뢰하라(16:1-31)

a. 불의한 청지기의 비유(16:1-15)

16장

주석

16:1-4 이는 예수님이 말씀하신 흥미로운 비유들 중 하나다. 한 부자에게 어떤 청지기가 있는데, 그 청지기는 주인의 소유를 낭비한다는 비난을 받고 있다. 주인이 그 청지기를 직무유기로 인해 해고하기로 결정함으로써, 비유의 세계에서 그 청지기가 주인의 장부를 관리하는 데 부정행위의 죄를 지었음을 보여준다. 중요한 점은 청지기가 어떤 변명도 하지 않음으로 암묵적으로 자기 죄를 인정한다는 것이다.[180] "낭비한다"[디아스코르피조

180 Garland, *Luke*, 643; Bock, *Luke 9:51-24:53*, 1327-1328.

(*diaskorpizō*)]라는 동사는 탕자에게 사용된 그 동사다(15:13).[181] 이제 청지기가 장부를 주인에게 제출하면 그의 일은 끝난다. 갈런드는 부자 역시 악한 사람인 듯 보인다고 주장하지만[182] 비유 자체에는 그런 암시가 없다.

청지기는 위기에 직면한다. 육체노동을 할 만큼 튼튼하지 않고 길거리에서 구걸을 하자니 너무 부끄럽다. 그는 재정적으로 미래를 보장하기 위해 약삭빠르게 계획을 꾸민다. 채무자들에게 자비를 베풀어서 그들로 나중에 자기를 영접하고 후원하게 하려는 것이다.

16:5-7 청지기가 주인에게 사업 장부를 제출하기 전에 채무자들을 불러서 일종의 거래를 하는데, 이는 그들이 너무나 기뻐할 만한 거래다. 첫째 채무자는 기름 백 말을 빚졌는데, 청지기가 청구서를 절반으로 줄여서 오십 말만 빚지게 된다. 둘째 채무자는 밀 백 석을 빚졌는데, 청지기가 20퍼센트 줄여서 팔십 석만 빚지게 된다.

일부 해석자들은 청지기가 빚을 줄여준 것이 의로운 행위라고 주장한다. 주인이 지나친 이자를 붙여서 본래의 채무액이 과다했기 때문이라는 것이다. 그러나 이 견해에는 타당성이 없다. 청지기는 불의하기 때문에 그의 직책에서 해고되었고(16:1-2), 뒤에서 "옳지 않은 청지기"(16:8)로 불린다는 것을 우리가 알기 때문이다. 아울러 본래의 채무액이 과다하다는 명백한 증거도 없다. 청지기가 그토록 오랫동안 사악하고 부정하게 섬긴 후 의로운 태도로 돌이켜서 칭찬을 받는 장면도 없다. 그는 16:8에서 여전히 부정직한 자로 간주되고, 사실상 그의 성품이 바뀌었기 때문이 아니라 그의 약삭빠름과 교활함 때문에 칭찬을 받고 있다. 따라서 그가 청구서를 조정하는 것을 미래를 보장하기 위한 이기적 책략으로 보는 편이 더 낫다. 16:4에서 그는 오직 자신에게만 초점을 맞춘다. 헬라어 본문에는 그 구절

181 Garland, *Luke*, 643.

182 같은 책, 640, 642.

에 "나"와 "내"가 네 번이나 나온다. 그리고 주인이 불미스러운 사업 관행에 참여했다고 비판할 만한 근거도 없다. 이 비유는 주인의 속임수가 아니라 청지기의 교활함에 관한 이야기다. 아울러 우리는 이 비유를 마치 청지기가 미래에 있을 주인의 관대함에 의지하는 것처럼 읽어서도 안 된다. 실제로 그는 미래의 주인에게 의지하지 않고 채무자들에게 의지할 계획을 세운다.

16:8 청지기를 칭찬하는 "주인"은 과연 누구인가? 이 문제는 논쟁거리가 되고 있으나 아마도 비유에 나오는 주인이 아니라 예수님일 것이다.[183] 그래서 8절에 나오는 주인은 "주"(Lord) 예수님일 것이다. 이와 비슷한 비유가 18:6에 나오는데, 거기서도 관사가 없는 "주"[퀴리오스(*kyrios*)]가 예수님을 가리킨다. 이 비유에서 주인이 청지기가 행한 일을 알고 있다는 증거가 없고,[184] 따라서 예수님이 그 이야기에 개입하여 청지기가 그의 미래를 위해 상황을 정리하는 (의로운 모습이 아니라) 영리한 모습을 칭찬하시는 것이다. 그를 "부정직한"("dishonest") 사람으로 부르는 만큼 그의 도덕성을 인정하시는 것은 아니다. 그럼에도 그분은 청지기가 그의 미래를 보존하기 위해 영리하고 지혜롭게 행동한 것을 인정하신다.

예수님은 또한 이 세상 사람들이 그들의 동시대인들과 더불어 신자들보다 더 지혜롭다고 말씀하신다. 청지기의 주인이 신자들과 비신자들의 관계에 대해 지적한다고 보는 것은 비유의 흐름상 어색하다. 이는 예수님이 8절에서 말씀하고 계심을 가리키는 또 다른 지표다. "이 세대의 아들들" 즉 "이 악한 세대"(갈 1:4, 참고. 마 12:32; 눅 18:30)에 속한 비신자들은 그들 세대를 다루는 면에서 "빛의 아들들" 곧 신자들보다 더 노련하고 약삭빠르다(참고. 요 12:36). 요점은 비신자들이 이 세상의 것들 및 그 치열한 거래와 관

16장

183 같은 책, 648. 대럴 복은 주인이 8a절에서 말하고, 예수님이 8b절에서 말씀하시는 것으로 생각한다(*Luke 9:51-24:53*, 1332, 1340-1343).

184 Garland, *Luke*, 649.

련해 신자들이 필적할 수 없는 지혜를 갖고 있다는 것이다.

16:9 우리가 16:8을 어떻게 해석하든 간에, 예수님이 9절에서 이 비유의 교훈을 적용하신다는 것에는 사실상 모두 동의한다. 불의한 청지기는 "불의한 재물"로 그 자신을 위해 친구를 만들고 있으므로, 신자들 역시 그들의 재물을 사용하는 방식으로 친구를 만들어야 한다. 이것은 부정직한 청지기와 신자들을 서로 대조하는 동시에 비교하는 것이다. 신자들이 돈을 이용해서 자기에게 유리한 방향으로 속임수를 쓰거나 상황을 조작하면 안 되는 것은 확실하다. 예수님이 그 청지기 행동의 모든 측면을 다 칭찬하시는 것은 아니다. 그러나 신자들이 그 청지기로부터 '무언가'를 배울 수는 있다. 신자들은 그들의 돈을 사용하는 방식으로 미래에 투자해야 마땅하다. 청지기는 땅 위에서 영위될 미래의 삶을 내다보았지만, 신자들은 "영원한 처소"에서 보낼 그들의 미래를 준비해야 한다.

"불의의 재물"에 대한 언급은 모든 재물이 본래 다 악하다는 뜻으로 해석될 수도 있다. "재물"이라는 단어가 때로는 '맘몬'[맘모나(*mamōna*), KJV, RSV]으로 번역되며 재산 내지는 부를 가리킨다. 이 어구가 돈과 재산은 본래 악하다는 것을 가르친다고 해석할 수도 있으나 그런 해석이 정경 전체와 잘 들어맞지 않는 것은 아브라함과 솔로몬 같은 경건한 인물들이 부유했기 때문이다. 여기서는 재물과 재산에 대한 세상적인 애착과 용법을 가리킬 가능성이 더 크다(참고. 11:13). '맘몬'은 자기 재물이나 재산을 우상으로 숭배하는 것을 가리키는 부정적인 단어다. 만일 재물이 애착의 대상이 된다면, 그것은 우리 삶에서 하나님의 통치를 대체하기에 불의해지는 것이다. 누가복음의 중요한 주제 중 하나는 재물이 야기하는 위험이다. 재물은 쉽게 우리 삶의 중심이 되기 때문이다. "돈은 그 매력으로 우리를 현혹하고 우리에게 섬김을 요구하는 악마적 권세와 비슷하다."[185] 여기에는 "옳

185 같은 책, 653.

지 않은 청지기"(16:8)가 칭찬을 받는 동시에 비판도 받는다는 것을 가리키는 또 다른 지표가 있다. 그 청지기가 '불의하고'[아디키아스(*adikias*), 16:8에 나오는 "dishonest"], 재물도 마찬가지로 '불의하다'(아디키아스)는 표현이다. 따라서 재물은 본래 악한 것이 아니라 악을 위한 도구가 될 수 있다는 것을 알게 된다. 재물과 재산이 우리의 마음을 차지하면 안 되는 것은 그것들이 결국 사라지기 때문이다. 재물은 영원히 지속되지 않는다.

이 구절의 또 다른 난해한 특징은 "그들이 너희를 영주할 처소로 영접하리라"는 절에 나오는 복수형 주어다. "그들"이라는 복수형은 4절과 일치한다. 청지기가 채무자들의 빚을 조정해준 것이 "사람들이 나를 자기 집으로 영접하리라"는 것을 보증한다는 구절이다. 그렇다면 우리는 "그들"이라는 단어를 너무 강조하지 말고 그것을 수사적으로 이해하는 게 좋겠다. 다른 해석자들은 이 말을 신자들을 그 보상으로 영접하는 천사들, 또는 가난한 자에 대한 언급, 또는 하나님에 대한 우회적인 표현으로 해석한다. 우리가 복수형 언급을 어떻게 이해하든지 간에, 자기 돈을 하나님 나라를 위해 사용하는 자들은 "영원한 처소"(참고. 계 7:15; 21:3)를 향유하게 될 것이다. 예수님은 사람들에게 그들의 돈을 이생에서의 안락함만을 위해 사용하는 대신 영원한 것을 위해 투자하라고 권유하신다. 그렇다면 예수님은 여기서 돈을 사용하는 방식으로 구원을 얻을 수 있다고 가르치시는 것일까? 우리는 방금 15장에서 심각한 죄를 지은 사람도 회개하면 죄를 용서받을 수 있음을 보았다. 또한 예수님의 제자들은 세상과 다른 방식으로 살아간다. 그들은 그들이 소중하게 여기는 것으로, 그들이 투자하는 방식으로 제자라는 것을 보여준다. 세상적인 재물에 애정을 두는 사람은 하나님이 자신의 보물이나 즐거움이 아니라는 것을 드러내는 반면, 하나님 나라를 위해 또 어려운 사람을 위해 베풀기 좋아하는 사람은 장차 완전한 모습으로 올 그 나라를 바라보고 있다는 것을 보여준다.

16:10-11 이 비유의 교훈이 계속 적용된다. 작은 일에 충성하고 신실한 사람은 큰일에도 신실할 것이다. 여기서 작은 일은 돈을 다루는 방식을 말

한다. 큰일은 영원한 처소에서 영위하는 삶, 다가오는 미래의 세계(참고. 19:17)를 가리킨다. 이와 반대로 작은 일에 부정직한 사람은 큰일에도 부정직할 것이다. 여기서 불의한 청지기, 즉 돈이나 재산을 정직하게 다루지 않은 청지기를 생각하게 된다. "불의의 재물"(참고. 16:9)을 충실하게 다루지 않은 자들은 미래 세계에서 재물을 위탁받지 못할 것이다. 16:9의 표현을 사용하자면, 그들은 영원한 처소로 영접을 받지 못할 것이다. 이 시대에서 우리가 재물을 다루는 방식은 우리가 장차 다가오는 시대에 참여할 것인지 여부를 나타낸다(참고. 12:42).

16:12-13 12절은 이 비유로 돌아가서 부정직한 청지기와 대조적으로 살도록 그 사례를 적용한다. 그는 주인의 자원을 부정직하게 이용했으므로 그에게 속하지 않는 것에 대해 신실하지 못했다. 이 시대에서 제자들에게 속한 소유, 재산 그리고 재물은 그들의 것이 아니다. 제자는 하나님께서 선물을 주시는 청지기, 책임 있게 그리고 하나님을 위해 사용하도록 선물을 주시는 청지기와 비슷하다. 하나님께서 그들에게 다가오는 시대에 더 큰 책임을 주실 것이다. 그러나 이 시대에서 자원들을 이기적으로 사용한다면, 제자들은 미래에 더 많은 책임을 받지 못할 것이다. 근본적인 이슈가 13절에 나온다. 무언가는 우리의 삶을 지배할 것이고, 우리는 마치 두 주인을 모두 섬길 수 있는 것처럼 우리 자신을 두 주인에게 줄 수 없다(참고. 14:26). 어느 편이든 확실히 선택해야 하고 타협은 불가능하다. 한 주인은 미움을 받고 다른 주인은 사랑을 받을 것이다. 일부 사람은 두 주인을 모두 사랑한다고 말할지 몰라도, 그들의 행동은 어느 쪽이 진짜 주인인지를 보여줄 것이다. 이제 이 이슈를 적용한다. 하나님이나 재물 중 하나가 각자의 삶을 지배할 것이다. 둘 사이의 충성심은 나뉠 수 없다. 돈이 우리의 신이라면, 우리는 돈을 섬기기 위해 모든 것을 행할 것이다. 따라서 제자들이 돈을 어떻게 다루는지는 근본적이고 중대한 문제다. 하나님이 그들의 왕이라면 그들은 "영주할 처소"(16:9)에 들어가기 위해 돈을 사용할 테지만, 돈이 주인이라면 제자들은 하나님보다 돈을 섬길 것이다.

16:14 바리새인들이 이 내러티브에 다시 등장한다. 이 비유와 적용이 그들과 무슨 관계가 있는지를 우리가 듣게 된다. 그들은 나름대로 선택을 내렸다. 그들은 돈을 사랑하기 때문에 재물과 재산을 그들의 보물과 주인으로 삼은 것이다(참고. 20:46-47). 내가 사랑하는 것이 나의 신이기에, 그들은 돈을 탐내는 만큼 제10계명을 어기고 있다(참고. 출 20:17; 골 3:5). 그와 동시에 돈이 그들의 신이므로 그들은 제1계명 또한 위반하고 있다(출 20:3). 그들은 하나님보다 돈을 섬기므로 우상숭배의 죄를 짓고 있다.[186] 바리새인들이 돈에 관한 예수님의 말씀을 듣고는 그분을 비웃는다. 그들은 양심의 가책을 피하고 싶고 또 예수님의 말씀을 조롱했다고 비난받는 것도 싫기 때문에, 그들의 비웃음은 자기방어의 수단이다. 양심의 목소리를 거절함으로써 죄의 자각을 피하는 것이고, 그 대신 빈정거리게 된다.

16장

16:15 예수님이 바리새인들의 죄를 폭로하신다. 그들의 조롱과 조소는 자기를 정당화하고픈 욕구에서 나온다. 그들이 예수님의 가르침을 배격하는 것은 스스로를 정당화하여 자신들이 하나님을 기쁘시게 하고 있다고 양심을 달래고 싶은 갈망에서 흘러나온다(참고. 마 23:28). 이처럼 자기를 정당화하려는 모습은 바리새인과 세리의 비유에도 나온다(눅 18:9-14). 그러나 스스로의 죄를 덮으려는 그들의 노력이 헛된 것은 하나님께서 그 진실을 알고 계시기 때문이다. 그분은 그들 마음의 진정한 상태와 그들이 참으로 무엇을 섬기고 사랑하는지를 아신다(참고. 왕상 8:49; 대상 28:9; 잠 24:12). 예수님은 왜 여기서 인간들 가운데 높아지는 것이 하나님 앞에서 혐오스러운 것이라고 말씀하실까? 그것은 놀랄 만큼 강한 말씀이다. 예수님이 강력한 주장을 펼치시는 것은 바리새인들이 하나님께 헌신하고 있다고 주장하기 때문이다. 그들의 죄가 터무니없는 것은 그들의 종교적 행습이 하나님께 혐오스러운데도 하나님이 그들의 주인이라고 주장하기 때문이다. 그

186 같은 책, 659.

들은 사실상 또 다른 신과 주인을 섬기고 있다. 이스라엘의 하나님이 아니라 물질적 안락함과 번영이 그들의 신이다.

응답

우리는 돈을 쓰는 방식을 통해 누구를 섬기고 있는지 보여준다. 돈을 사용하는 방식으로 누구를 사랑하고 누구를 미워하는지 보여준다. 우리가 돈을 벌기 위해 산다면 돈을 섬기는 것이다. 물질적인 것을 위해 산다면 돈을 섬기는 것이다. 돈이 가져다줄 수 있는 이 세상의 안락함에 대해 꿈꾼다면 돈을 섬기는 것이다. 반면에 우리가 하나님을 기쁘시게 하기 위해 돈을 쓴다면 하나님을 섬기는 것이다. 마음의 동기를 아는 하나님께서 마지막 날에 우리 모두를 심판하실 것이다. 이슈는 예수 그리스도가 과연 우리의 은행 계좌와 주식의 주님인지 여부다.

우리가 돈을 어떻게 쓰는지가 우리가 참된 그리스도인인지 여부를 보여준다. 그런데 이 진술이 탕자의 비유, 즉 그 은혜가 값없고, 구원은 선물이며, 우리가 언제나 하나님께 돌아올 수 있다고 강조하는 그 비유와 잘 들어맞는가? 여기에 모순은 없다. 우리가 돈을 쓰는 방식이 우리가 아버지께 돌아왔는지 여부를 보여주기 때문이다. 탕자가 아버지에게서 멀리 떨어져 있을 때는 돈을 방탕하게 썼다. 즐거운 시간을 보내며 유흥을 즐기는 데 돈을 사용했다. 그가 돈을 쓰는 방식이 그가 아버지로부터 멀리 있다는 것을 보여주었다.

우리가 아버지께로 돌아와서 회개하면 그분을 기쁘시게 하는 방식으로 돈을 쓰고 싶어진다. 그렇지 않다면 우리는 아내에게 이렇게 말하는 남편과 비슷하다. "나는 당신을 정말로 사랑해. 그런데 나는 결코 당신과 함께 시간을 보내고 싶지는 않아. 당신을 위해 선물을 사는 것을 즐거워한 적도 없어. 당신을 만찬의 자리로 데려가고 싶은 적도 없어. 하지만 내가 당신을 얼마나 사랑하는지 몰라!" 이에 반해 하나님을 아는 우리는 그분을 기쁘시게 하는 방식으로 돈을 쓰는데, 그것은 우리가 그분을 우리 아버지로 사랑하기 때문이다! 사람들은 자기가 얼마나 부유하고 성공한 사업가인지 자랑할 수 있다. 사실 사업에서 성공하는 것은 좋은 일이다. 그것은 업적이다. 그러나 그런 것이 너무도 쉽게 교만과 자랑으로 변질될 수 있다. 하나님은 그런 자랑을 미워하신다. 하나님의 얼굴을 구하고 하늘의 처소에 들어갈 목적으로 그분을 기쁘시게 하기 위해 돈을 쓰는 우리가 되길 기원한다.

16 율법과 선지자는 요한의 때까지요 그 후부터는 하나님 나라의 복
음이 전파되어 사람마다 그리로 침입하느니라 17 그러나 율법의 한 획
이 떨어짐보다 천지가 없어짐이 쉬우리라

16 "The Law and the Prophets were until John; since then the good
news of the kingdom of God is preached, and everyone forces his way
into it.[1] 17 But it is easier for heaven and earth to pass away than for one
dot of the Law to become void.

18 무릇 자기 아내를 버리고 다른 데 장가드는 자도 간음함이요 무릇 버림당한 여자에게 장가드는 자도 간음함이니라

18 "Everyone who divorces his wife and marries another commits adultery, and he who marries a woman divorced from her husband commits adultery.

1 Or *everyone is forcefully urged into it*

단락 개관

재물에 관한 두 텍스트(16:1-15, 19-31) 사이에 율법과 하나님 나라의 이슈와 이혼의 문제를 다루는 중간 대목(16-18절)이 나온다. 주된 주제에서 벗어난 듯한 이 구절이 왜 여기에 삽입되어 있는지는 알기 어렵다. 어쩌면 하나님 나라에 관한 예수님의 가르침이 구약에서 벗어나지 않고 구약의 증언과 일치한다고 말하기 위함일 수도 있다. 실제로 예수님이 율법과 하나님 나라에 관해, 그리고 그분의 제자가 될 필요성에 관해 가르치시는 모든 것은 구약과 일치하고 구약을 성취한다.

율법과 선지자의 시대는 세례 요한의 사역까지 지속되었고, 이제는 새로운 시대가 도래했다. 이 시대에는 하나님 나라가 선포되고 사람들이 그 나라를 위해 결정을 내려야 한다(16절). 그럼에도 그 나라의 도래는 구약의 율법을 무효로 만들지 않고 그 율법을 성취한다(17절). 18절이 16-17절과 어떤 관계에 있는지는 알기 어렵다. 아마도 그 요점은 이혼에 관한 예수님의 가르침이 구약의 율법을 제쳐놓는 게 아니라 그 참된 의도를 성취하는 것으로 해석해야 한다는 것일 테다. 기본적인 가르침은 이혼과 이혼 후 재혼이 간음에 해당한다는 것이다.

단락 개요

IV. 갈릴리에서 예루살렘으로: 제자의 길(9:51-19:27)
- B. 여행이 계속되다(13:22-17:10)
  - 4. 돈보다 하나님을 신뢰하라(16:1-31)
    - b. 율법과 하나님 나라(16:16-18)

주석

16:16 약속의 시대는 요한까지 지속되었고, 이제 예수님의 오심과 함께 하나님 나라가 선포되고 있다. 그래서 사람들은 그 나라에 들어가기 위해 온갖 노력을 다해야 한다. "율법과 선지자"는 구약 성경을 상징한다(참고. 눅 9:30; 16:31; 24:27, 44; 마 5:17; 7:12; 요 1:45; 행 26:22; 롬 3:21). 율법과 선지자는 세례 요한이 예언하기 시작했을 때까지 효력이 있었다. 여기서 말하는 내용을 언약적으로 이해할 필요가 있다. 구약 성경은 여전히 하나님의 계시고 그분의 말씀으로서 권위를 갖고 있지만, 새로운 시대에 속한 신자들은 더 이상 옛 언약 아래 살지 않고 새 언약 아래 산다. 구약 성경은 이스라엘이 그 아래 살았던 언약의 법을 담고 있고, 그 법들은 그리스도 예수에 대한 약속을 가리킨다. 구약의 선지자들이 "요한의 때까지"라면, 요한은 구약 시대에 포함되는가, 아니면 하나님 나라의 시대에 포함되는가? '…때까지'라는 단어는 어느 견해든 변호하는 것으로 해석될 수 있다. 누가는 요한을 명시적으로 어느 시대에도 속하지 않게 하려는 듯하다. 따라서 그를 과도기적 인물로 이해해야 할 것이다. 어느 의미에서는 그가 그리스도를 가리키고 있으므로 구약에 속해 있다. 그러나 다른 의미에서는 하나님 나라의 임박한 도래를 선포한다는 점에서 새로운 시대에 속해 있다.

그러나 이제 새로운 시대가 왔다. 특히 예수 그리스도가 오심으로 하나님 나라의 좋은 소식을 선포하는 일이 시작되었다. 이사야는 하나님 나라의 도래를 선포했다. 하나님께서 구원의 손길로 그분의 백성을 통치하실 것이라는 좋은 소식(참고. 습 3:14-20), 새로운 출애굽이 오고 있다는 좋은 소식(사 40:9; 52:7), 새로운 창조가 동트고 있다는 좋은 소식(65:17; 66:22)이었다. 이스라엘은 "왕을 그의 아름다운 가운데에서"(사 33:17) 볼 것이며, 예루살렘이 구원을 받을 것이다. 새로운 다윗이 일어나서 하나님의 백성을 구출할 것이다(사 9:2-7; 11:1-10; 55:3, 참고. 렘 23:5-6; 30:9; 33:15-30; 겔 34:23-24; 37:24-25; 호 3:5; 암 9:11). 예수님이 그분의 사역을 시작할 때 세례 요한에게 강조하고(눅 7:18-23) 선포하셨듯이(4:18-21), 그 나라에 대한 이런 약속들이 예수 그리스도 안에서 성취되기 시작했다.

그 나라가 온다는 것은 지금이 결단할 때라는 뜻이다. 하나님 나라에 들어가는 것은 자동적인 일이 아니다. 누구나 예수님을 따를지 여부를 선택해야 한다. 모두가 그 나라를 위해 급진적 결정을 내려야 한다. '침입하다'[비아제타이(*biazetai*)]로 번역된 단어는 논란거리다. 이 단어는 수동태로 번역될 수 있다. 그러면 그 나라가 외부인의 폭력으로 고통당한다는 뜻이 된다. 그런데 이 맥락에서는 사람들이 내려야 할 능동적인 결정에 강조점이 있으므로, 영어 번역본들은 다음과 같이 번역하고 있다. "Everyone is urgently invited to enter it"(CSB), "Every man presseth into it"(KJV), "Everyone is forcing his way into it"(NASB), "Everyone is urged to enter it"(NET), "Everyone is eager to get in"(NLT), "Everyone tries to enter it by force"(NRSV), "Every one enters it violently"(RSV)[한글 번역본은 다음과 같다. "사람마다 그리로 침입하느니라"(개역개정), "모두 거기에 억지로 밀고 들어간다"(새번역), "모든 사람이 그 나라에 들어가려고 힘쓰고 있다"(현대인의성경)-옮긴이 주]. 갈런드의 번역인 "Everyone is being pressed to enter it"(모든 사람이 거기에 들어가도록 압력을 받고 있다)도 기본적인 의미가 같다. 그것은 긴급하게 결정을 내려야 할 사안이다.[187] 누가가 거듭해서 강조했듯이, 하나님 나라의 도래는 모든 사람에게 위기의 순간이다. 이 점에서 앞의 본문, 즉 누구나 하나님이나 재물 중 하나를 섬겨야 한다는 재물에 관한 텍스트(16:13)와 관계가 있음을 볼 수 있다. 이어지는 16:19-31은 지금이 위기의 순간임을 알지 못했던 부자가 결국 고통스런 결말을 맞는 장면을 그린다. 예수님이 하나님 나라를 선포하고 계신다. 따라서 사람들은 급진적 결정을 내리고 그분의 제자가 되기로 선택해야 한다.

16:17 16절에서는 그 나라의 새로운 면이 강조되고 있으나, 여기서는 그

187 같은 책, 659, 661, 참고. Bock, *Luke 9:51-24:53*, 1351-1355.

새로운 면이 율법과 선지자를 상쇄시키지 않고 성취한다는 것을 알게 된다. 새로운 날, 새로운 시대가 왔다. 이는 누가가 다른 곳에서 증언하듯이, 과거와의 불연속성을 의미한다. 음식법이 더 이상 예수 그리스도 안에 있는 신자들에게 요구 사항이 아니다(행 10:1-11:18). 할례는 더 이상 하나님의 백성 안으로 들어가는 입회식이 아니다(행 15:1-29). 예수 그리스도의 오심은 신자들이 더 이상 옛 언약, 곧 이스라엘과 맺은 언약 아래 있지 않다는 것을 의미한다. 그 언약의 규정들은 더 이상 예수 그리스도 안에 있는 신자들에게 요구 사항이 아니다. 이를 오해하면 마치 구약이 그 나라의 도래와 아무 상관이 없다는 식의 그릇된 결론을 내릴 수 있다. 율법 전체는 여전히 하나님의 권위 있는 말씀이다. 여기서는 구약의 중요성을 과장법으로 강조한다. 철자들 위에 있는 일점, 일획까지도 여전히 유효하다는 것이다(참고. 마 5:18). 이것은 "뿔처럼 돌출한 부분에 대한 언급이고, 히브리어 철자를 어떤 비슷한 철자와 구별시켜주는 작은 획(serif)을 언급할 수 있다. 그것은 그 철자의 의도를 가리키는 중요한 표시이므로 무의미하게 휘갈긴 것이 아니다."[188] 율법이 무효화되기 전에 현재의 우주가 끝나야 할 것이다("천지"가 "없어[져야]" 할 것이다). 율법은 그 나라의 도래와 함께 그 나라가 출범하기 전과 똑같은 방식으로 적용되지는 않지만, 하나님 나라의 도래는 율법을 무효로 만들지 않고 그것을 성취한다. 율법이 줄곧 예수 그리스도를 가리켜왔다는 것을 알게 되면 사실상 율법의 온전한 의미를 이해할 수 있다.

16:18 이혼에 관한 가르침이 갑자기 나타나는데, 이 구절에 대한 해석은 논쟁거리다. 우리는 또한 이 가르침이 현재의 맥락에 어떻게 들어맞는지도 물어야 한다. 연결 고리는 이혼에 관한 예수님의 가르침이 구약과 모순되지 않고 구약이 가르치는 바를 성취한다는 점인 듯하다. 어째서 그런지

188 Garland, *Luke*, 661.

는 이 구절을 설명할 때 탐구할 예정이다. 이 구절의 핵심적인 뜻은 어렵지 않다. 만일 어떤 남편이 아내와 이혼하고 다른 여자와 결혼한다면, 그는 간음을 저지르는 것이다. 이와 마찬가지로 이혼한 여자와 결혼하는 남자 역시 간음을 범하는 것이다. 여기서 가르치는 내용이 다양한 방식으로 해석된다. 일부 해석자는 이혼은 성적 부도덕(마 5:31-32; 19:9) 또는 버림받은 경우(고전 7:12-16)에 정당화되나, 재혼은 항상 금지된다고 주장한다. 지면 관계상 이 문제를 충분히 탐구할 수 없지만, 일부는 재혼이 금지되는 것은 마태복음 5:32과 19:9에 나오는 예외가 단지 이혼에만 적용되고 재혼에는 적용되지 않기 때문이라고 주장한다.[189] 또 다른 해석은, 마태의 예외는 약혼 기간 동안의 성적인 죄와 관련이 있다는 것이다. 이를테면 천사가 요셉에게 아기가 성령으로 잉태되었다는 것을 알려주기 전에 요셉이 마리아와 파혼하려고 결심했던 경우다(마 1:18-25).[190]

첫눈에는 누가의 견해가 재혼에 대한 모든 근거를 없애는 듯하지만, 필자는 이렇게 제안하는 바다. 마태복음 5:31-32과 19:3-12 그리고 고린도전서 7:12-16을 가장 자연스럽게 읽으면, 성적 부도덕과 버림받음이 이혼과 재혼의 정당한 근거가 된다는 것을 가리킨다고 말이다. 약혼 기간 중의 성적인 죄에 대한 언급이 마태복음에는 명쾌하지 않다. 마태가 파혼할 만한 이유를 거론하고 싶었다면 좀 더 분명하게 말했을 것이다. 그리고 헬라어 본문에서도 마태복음에 나오는 예외 조항이 재혼이 아니라 이혼만을 가리킨다는 점은 명백히 드러나지 않는다. 그 본문을 가장 자연스럽게 읽는 방식은 이혼과 재혼 둘 다에 대한 언급으로 보는 것이고, 따라서 성적인 죄를 범했거나 버림당한 경우에는 재혼이 허용될 수 있다.[191] 그렇다면

189 Gordon Wenham, "Does the New Testament Approve Remarriage after Divorce?," *SBJT* 6/1 (2002): 30-45.

190 John Piper, "Divorce and Remarriage: A Position Paper," *Desiring God*, July 21, 1986, https://www.desiringgod.org/articles/divorce-and-remarriage-a-position-paper/.

191 참고. Craig L. Blomberg, "Marriage, Divorce, Remarriage, and Celibacy: An Exegesis of Matthew 19:3-12," *TJ* 11/2 (1990): 161-196.

누가복음 16:18은 예수님의 주된 가르침을 묘사한다. 이혼과 재혼이 간음에 해당한다는 것이다. 문제는 예외가 있는지 여부다. 여기서 누가의 목적은 그 문제를 판결하는 것이 아니다. 이혼과 재혼에 관한 예수님의 가르침은 하나님께서 그분의 형상으로 남자와 여자를 창조하셨고(창 1:26-27), 남자와 여자가 결혼을 통해 한 몸이 되도록 창조하셨다(2:24)는 것을 상기시킨다는 점에서 구약을 성취한다. 남자와 여자의 유대는 배타적이고 영구적이어야 한다. 이혼에 대한 규정이 있어도(신 24:1-4) 이혼은 결코 이상적이지 않다. 그럼에도 어떤 상황에서는 이혼이 허용될 수 있다. 그래서 우리가 이혼하고 재혼하는 남자는 간음의 죄를 짓는다는 어구를 읽을 때, 이는 이혼의 정당한 근거가 없다면 이혼과 재혼이 간음에 해당한다는 뜻으로 보아야 한다. 마찬가지로 어떤 여자가 성경적 근거 없이 이혼했다면, 그 이혼한 여자와 결혼하는 남자도 간음의 죄를 짓는 것이다. 반면에 남편이 외도를 했거나 그녀를 버렸기 때문에 어떤 여자가 이혼한다면, 그녀와 결혼하는 남자가 간음을 저지르는 것은 아니다.

응답

이 짧은 단락은 우리에게 2개의 논쟁적 이슈를 소개해준다. 구약은 신약과 어떤 관계에 있는가? 그리고 이혼과 재혼에 관한 성경적 견해는 무엇인가? 이 짧은 지면에 어느 이슈도 제대로 검토할 수 없으나, 우리 그리스도인은 구약을 폐기하지 않는다는 점을 기억하는 것이 중요하다. 우리는 구약 성경이 하나님의 권위 있고 무오한 말씀이라고 믿는다. 예수님 안에서 새로운 시대가 열렸다고 해서 구약이 불필요해진 것은 아니다. 구약이 오늘날 우리에게 어떻게 적용되는지를 알려면 성경의 언약들과 계시의 진보를 이해할 필요가 있다. 이 구절들은 구약이 예수 그리스도 안에서 성취되었고 그분과 그 나라의 도래를 가리킨다고 말한다. 구약은 그 지면에 성취되지 않은 약속들을 담고 있기 때문에 신약 없이는 완결되지 않는다. 구약이 약속한 바가 그리스도 안에서 성취되는 것이다. 그 성취가 세부적으로 어떤 모습인지는 신자들 사이에 논쟁이 있는 문제다. 그러나 구약이 예수 그리스도를 가리키고 그분 안에서 절정에 이른다는 것은 모두가 동의한다.

우리는 또한 그리스도인들이 이혼과 재혼에 대해 다른 입장들을 견지한다는 것을 알고 있다. 이혼은 결코 이상적이지 않지만, 성적인 죄와 버림당함의 경우에는 이혼의 근거가 있다. 그럼에도 우리가 의견을 달리하는 사람들을 존중해야 하는 것은, 이 문제와 관련해 성경을 해석하는 것이 쉽지 않고 성실한 신자들이 서로 다른 입장들을 취하기 때문이다. 그러나 예외를 둘러싼 논쟁이 있다 할지라도, 이 구절과 성경 전체의 주된 가르침을 잊어서는 안 된다. 일반적으로 말하자면 이혼과 재혼은 간음에 해당한다. 이혼의 유행병이 이 나라를 능욕하고 있고, 그런 유행병이 창궐하는 것은 우리 문화가 하나님의 말씀을 저버렸기 때문이다. 많은 교회가 이혼과 재혼에 관한 성경의 가르침을 선포하지 않는 것은 그런 견해가 하나님의 은혜와 모순된다고 생각하는 이들을 거슬리게 할까봐 우려하기 때문이다. 이와 더불어 이혼이 용서받지 못할 죄가 아니라는 것, 그리고 하나님과 함께하면 용서받을 수 있다는 것도 말할 필요가 있다. 우리 하나님은 연민이 많고 은혜로운 분이지만, 그렇다고 우리가 그분의 요구 사항을 전하지 않아도 된다는 뜻은 아니다.

하나님은 우리를 향해 배우자에게 신실하고 충실하라고 요구하신다. 결혼은 하나의 언약이고(잠 2:17; 말 2:14) 하나의 헌신이다. 결혼은 우리의 약속을 지켜야 할 관계다. 성경은 "당신이 행복을 느끼는 한 혼인관계를 유지하라"고 말하지 않는다. 성경은 "당신의 남편이나 아내가 당신의 욕구를 채워주는 한 혼인관계를 유지하라"고 말하지 않는다. 결혼한 사람들은 좋든 싫든, 부유하든 가난하든, 함께 지내기로 약속했다. 그리스도에 대한 헌신을 증명하는 한 가지 방법은 배우자에게 충실한 것이다.

16장

[19] 한 부자가 있어 자색 옷과 고운 베옷을 입고 날마다 호화롭게 즐기
더라 [20] 그런데 나사로라 이름하는 한 거지가 헌데 투성이로 그의 대
문 앞에 버려진 채 [21] 그 부자의 상에서 떨어지는 것으로 배불리려 하
매 심지어 개들이 와서 그 헌데를 핥더라 [22] 이에 그 거지가 죽어 천사
들에게 받들려 아브라함의 품에 들어가고 부자도 죽어 장사되매 [23] 그
가 음부에서 고통중에 눈을 들어 멀리 아브라함과 그의 품에 있는 나
사로를 보고 [24] 불러 이르되 아버지 아브라함이여 나를 긍휼히 여기사
나사로를 보내어 그 손가락 끝에 물을 찍어 내 혀를 서늘하게 하소서
내가 이 불꽃 가운데서 괴로워하나이다 [25] 아브라함이 이르되 얘 너는
살았을 때에 좋은 것을 받았고 나사로는 고난을 받았으니 이것을 기
억하라 이제 그는 여기서 위로를 받고 너는 괴로움을 받느니라 [26] 그
뿐 아니라 너희와 우리 사이에 큰 구렁텅이가 놓여 있어 여기서 너희
에게 건너가고자 하되 갈 수 없고 거기서 우리에게 건너올 수도 없게
하였느니라 [27] 이르되 그러면 아버지여 구하노니 나사로를 내 아버지
의 집에 보내소서 [28] 내 형제 다섯이 있으니 그들에게 증언하게 하여
그들로 이 고통 받는 곳에 오지 않게 하소서 [29] 아브라함이 이르되 그
들에게 모세와 선지자들이 있으니 그들에게 들을지니라 [30] 이르되 그

렇지 아니하니이다 아버지 아브라함이여 만일 죽은 자에게서 그들에
게 가는 자가 있으면 회개하리이다 31 이르되 모세와 선지자들에게 듣
지 아니하면 비록 죽은 자 가운데서 살아나는 자가 있을지라도 권함
을 받지 아니하리라 하였다 하시니라
19 “There was a rich man who was clothed in purple and fine linen and
who feasted sumptuously every day. 20 And at his gate was laid a poor
man named Lazarus, covered with sores, 21 who desired to be fed with
what fell from the rich man’s table. Moreover, even the dogs came and
licked his sores. 22 The poor man died and was carried by the angels
to Abraham’s side.[1] The rich man also died and was buried, 23 and in
Hades, being in torment, he lifted up his eyes and saw Abraham far off
and Lazarus at his side. 24 And he called out, ‘Father Abraham, have
mercy on me, and send Lazarus to dip the end of his finger in water
and cool my tongue, for I am in anguish in this flame.’ 25 But Abraham
said, ‘Child, remember that you in your lifetime received your good
things, and Lazarus in like manner bad things; but now he is comforted
here, and you are in anguish. 26 And besides all this, between us and
you a great chasm has been fixed, in order that those who would pass
from here to you may not be able, and none may cross from there to
us.’ 27 And he said, ‘Then I beg you, father, to send him to my father’s
house— 28 for I have five brothers—so that he may warn them, lest
they also come into this place of torment.’ 29 But Abraham said, ‘They
have Moses and the Prophets; let them hear them.’ 30 And he said, ‘No,
father Abraham, but if someone goes to them from the dead, they will
repent.’ 31 He said to him, ‘If they do not hear Moses and the Prophets,
neither will they be convinced if someone should rise from the dead.’”

1 Greek *bosom*; also verse 23

단락 개관

16장은 돈을 신실하게 쓰는 것에 관한 비유와 가르침(1-15절)으로 시작해서, 하나님의 나라가 구약 성경과 어떤 관계에 있는지에 관한 간략한 중간 대목(16-18절)으로 이어진다. 이제 우리는 부자와 나사로의 비유(19-31절)를 통해 성경이야말로 다음 진리, 즉 부자와 그의 가족에게 부활이나 다른 어떤 증거도 필요하지 않다는 진리에 대한 충분한 증언임을 알게 된다. 우리가 16:1-15에서 살펴보았듯이, 한 사람의 재물 사용 방식이 그의 영원한 운명에 영향을 미치고 그 사람의 진정한 애정이 어디에 있는지를 보여준다. 부자는 호화로운 생활을 하면서 날마다 자기 문 앞에 누워 있는 가련한 나사로를 무시했다. 죽은 후 부자는 하데스에서 고통을 당하는 반면, 가난한 자는 아브라함과의 교제를 즐긴다. 부자가 아브라함에게 가난한 자를 통해 물 한 방울로 자신의 혀를 시원하게 해달라고 부르짖는다. 그러나 아브라함은 부자에게 그는 마땅히 받을 것을 받고 있으며, 죽은 뒤에는 의인과 악인이 서로 접근할 수 없다고 일러준다. 이후 부자는 아브라함에게 가난한 자를 그의 다섯 형제에게 보내 그들로 회개하게 해달라고 간청한다. 아브라함이 거절하면서 그들에게는 구약 성경이 있으므로 그런 증언이 필요 없다고 말한다. 부자는 반론을 제기한다. 성경으로 충분하지 않으며, 죽었던 이가 그들에게 가서 말해주면 설득당할 것이라고 말이다. 그러나 아브라함은 이렇게 결론 내린다. 만일 그들이 성경을 믿지 않는다면, 누군가가 죽었다가 살아날지라도 믿지 않을 것이다.

단락 개요

IV. 갈릴리에서 예루살렘으로: 제자의 길(9:51-19:27)
B. 여행이 계속되다(13:22-17:10)
4. 돈보다 하나님을 신뢰하라(16:1-31)
c. 부자와 나사로의 비유(16:19-31)

주석

16장

16:19 누가복음에는 유명한 비유들이 가득한데, 부자와 나사로의 이야기 역시 그 목록에 포함된다. "부자는 깨끗하고, 부유하며, 그가 가진 관습적 지혜에 따르면 하나님의 은총을 받았다. 이와 반대로 나사로는 더럽고, 빈털터리며, 하나님의 냉대를 받은 것으로 여길 만했다."[192] 이 이야기는 부자와 함께 시작되는데, 그는 값비싸고 편안한 옷을 입고 날마다 기쁨과 안락함이 가득한 삶을 영위한다. 그가 입는 베옷은 "고대 세계에서 가장 섬세하고 값비싼 천으로 알려져 있었다."[193] 이는 이상적인 삶처럼 들리지만, 우리는 자기 재물을 신뢰했던 어리석은 부자(참고. 12:19)를 떠올리게 된다. 그러나 하나님 나라는 이 세상과 거꾸로 작동하고, 부자들은 이생에서 그들의 몫을 받기 때문에(약 5:5, 참고. 계 18:12) 그들의 운명에 화가 닥친다(눅 6:24).

192 Garland, *Luke*, 666.

193 같은 책, 669.

16:20-21 사치스러운 생활로 하루하루를 보내는 이 부자는, 자기 집 대문 앞에서 나사로라는 가난한 남자를 매일 본다. 그는 바로 앞에서 고통당하고 있는 비참한 사람을 날마다 무시하고 지나친다는 점에서 선한 사마리아인의 비유(10:31-32)에 나오는 제사장, 레위인과 비슷하다.[194] 비유에서 어떤 사람에게 이름을 붙이는 것은 이례적이다. 그래서 학자들은 '하나님은 나의 도움이시다'라는 뜻의 나사로가 실제 인물의 이름인지, 아니면 상징적인 이름인지에 대해 추측하곤 한다. 비유에 나오는 사람에게 이름을 붙이는 것은 이례적이기 때문에, 이 내러티브가 실제 인물을 다룰 가능성은 희박하므로 상징적인 독법이 선호될 만하다. 결국 하나님이 나사로의 도움이 되시고, 가난한 자의 복에 관한 가르침(6:20)이 바로 이 이야기에 나오는 나사로의 경험이다. 물론 여기에 나오는 복은 종말론적 성격을 지니지만 말이다. 이생을 영위하는 동안 나사로는 욥처럼(욥 2:7) 종기로 고생하며 비참하게 살아간다.

나사로가 부자의 집에서 살거나 그의 식탁에서 음식을 먹게 해달라고 부탁하는 것이 아니다. 그저 식탁에서 떨어지는 부스러기라도 먹길 원하지만 그마저 거부당한다. 그는 짐승보다 못한 취급을 받고, 돼지만큼이나 더러운 짐승으로 여겨지던 개들이(참고. 왕상 21:19; 시 59:6, 14; 잠 26:11; 사 66:3; 마 7:6; 15:26-27; 빌 3:2; 벧후 2:22; 계 22:15) 그의 몸에 난 종기를 핥고 있다. 여기서 돼지가 먹는 쥐엄 열매라도 먹고 싶었던 탕자(눅 15:16)가 생각난다.

16:22-23 부자는 땅에서 멋지고 호화로운 삶을 영위하지만 그런 생활이 영원히 지속되지 않는다. 그 역시 나사로처럼 결국 죽는다. 천사들로 인해 아브라함의 품으로 간 나사로는 거기서 그 족장과 교제를 즐긴다(참고. 아브라함의 유언서 20:10-15; 아셀의 유언서 6:4-5). 가난한 자에게 약속된 번영과 복

194 참고. Bock, *Luke 9:51-24:53*, 1387.

이 현실이 되었다(눅 6:20). 유대 전통의 다른 곳에도 아브라함의 칭찬을 받는다는 개념이 나온다. "우리가 그렇게 죽는다면, 아브라함과 이삭과 야곱이 우리를 영접할 터이고, 모든 아버지들이 우리를 칭송할 것이다"(마카베오4서 13:17).

한편 부자는 하데스에서 고통을 당하는데, 그와 동시에 저 멀리 아브라함의 품에 있는 나사로를 보게 된다. 하데스(Hades, 구약에 나오는 "스올"과 비슷한 곳)는 죽은 자들의 영역이다(예. 창 37:35; 42:38; 시 88:3; 행 2:27, 31). 일부 문맥에서는 이곳처럼 형벌의 장소로 나오기도 한다(참고. 신 32:22; 시 9:17; 49:14; 눅 10:15). 학자들은 이 비유가 실제로 장래의 삶을 묘사하는지 여부에 대해 의문을 제기한다. 물론 이 이야기의 모든 요소가 의인과 악인의 장래 모습을 그대로 묘사한다고 주장할 수는 없다. 그럼에도 의인이 누릴 복과 아브라함과의 교제는 다른 곳에서도 가르치고(마 8:11), 우리는 다른 텍스트들을 통해서도 장차 형벌을 받는 사람들의 고통과 괴로움을 알 수 있다(사 66:24; 마 8:12; 13:42, 50; 22:13; 24:51; 25:30; 막 9:47-48; 눅 13:28; 롬 2:9; 계 14:11). 따라서 이 비유는, 미래 세계를 의인에게는 안식과 기쁨의 장소로 악인에게는 고통의 장소로 언급한다는 점에서 다가오는 세계를 묘사하고 있다. 유대 전통도 미래에 악인은 고통의 삶을 살 것이라고 말한다. 예컨대 마카베오4서 13:15에는 이런 글이 나온다. "하나님의 계명을 위반하는 사람들 앞에 놓인 영혼의 싸움과 영원한 고통의 위험이 매우 크다"(참고. 에녹1서 103:3-5).

16:24 이 비유의 모든 요소가 미래 세계를 묘사하는 것은 아니다. 여기서 보듯이 의인과 악인 간의 대화가 있을 가능성은 희박하다. 아브라함과 부자 사이의 대화는 예수님이 이 비유에서 말씀하시려는 요점을 전달하는 강력한 방식이다. 부자가 아브라함을 불러서 자기에게 자비를 베풀어달라고 간청한다. 부자가 나사로를 그의 종으로 본다는 것, 마치 나사로의 인생 목적이 그를 섬기는 일이었던 것처럼 생각한다는 점이 종종 지적되곤 한다. 부자는 아브라함에게 나사로를 보내서 그의 혀에 물 한 방울을 묻혀서

고통을 덜게 해달라고 부탁한다. 여기서 고통의 장소는 불타는 장소로 묘사된다. 이 묘사를 문자적으로 받아들이면 안 된다. 다른 곳에는 미래의 형벌이 어둠의 장소로 묘사되어 있기 때문이다(마 8:12; 22:13; 25:30). 그리고 불과 어둠은 공존할 수 없다. 어쨌든 그곳은 고통과 괴로움의 장소인 만큼 이런 견해가 지옥의 고통을 줄이는 것은 아니다. 불과 어둠은 미래의 형벌을 묘사하는 은유에 해당한다.

16:25-26 아브라함이 부자의 부탁을 거절한다. 이는 운명의 역전이 일어났음을 보여준다. 부자가 이 시대에서는 삶의 좋은 것들을 즐겼으나 다가오는 세계에서는 고통을 겪게 된다. 이와 반대로 나사로는 이생에서는 고난을 받았으나 오는 시대에는 위로를 받는다. 이 주장을 지나치게 단순하게 읽으면 안 된다. 마치 땅에서 고난 당하는 모든 사람이 미래에 복을 누릴 것인 반면, 땅에서 번영하는 모든 사람이 장차 고통을 겪을 것처럼 말이다. 부자가 정죄를 받는 것은 그의 무정함, 관대함의 결여, 가난한 자를 돌보지 않은 것 때문이다. 아울러 가난한 자가 당연히 하나님 나라에 들어갈 자격이 있는 것도 아니다. 가난한 중에도 하나님과 올바른 관계에 있는 사람들은 주님을 신뢰하고 스스로를 그분의 주되심에 헌신한다.

나사로가 부자를 도우러 올 수 없는 또 다른 이유가 주어진다. 고통 중에 있는 사람들과 영원한 위로를 받는 사람들 사이에 "큰 구렁텅이"가 놓여 있기 때문이다. 이 비유의 이런 특징은 다가오는 세계의 속성을 정확하게 묘사하는 듯하다. 하늘에 있는 자들과 지옥에 있는 자들 사이에는 교제나 상호 작용이 없기 때문이다(참고. 에스드라2서 7:36; 에녹1서 22:9-13). 하나님과의 교제를 누리는 사람들은 하데스에서 고통당하는 사람들을 방문할 수 없고, 하데스에 있는 사람들은 의인의 기쁨이나 행복에 접근할 수 없다.

16:27-28 부자는 자기 운명이 결정되었고 더 이상 희망이 없다는 것을 알게 된다. 그는 이생을 사는 동안 자신의 행위를 회개하는 데 실패했고 이제는 기회가 없다. 이는 우리가 다른 곳에서 보는 내용과 일맥상통한다.

악인에게 두 번째 기회는 없다는 것이다. 히브리서 9:27은 “한번 죽는 것은 사람에게 정해진 것이요 그 후에는 심판이 있으리니”라고 말한다. 다른 한편, 고통을 받는 사람들이 사랑하는 이들의 미래에 대해 염려한다는 관념을 강조하면 안 된다. 부자의 염려는 죽기 전에 회개하는 것의 중요성을 강조하기 위해 더해진 것이다. 갈런드는 이와 다른 해석을 내놓는다. 그 사람이 타인이 아니라 자기 가족만 염려하기 때문에 형제들에 대한 염려는 그의 이기심을 묘사한다는 해석이다.[195] 어쨌든 부자는 아브라함에게 나사로를 그의 다섯 형제에게 보내서 회개하지 않으면 장차 겪게 될 고통에 대해 경고하게 해달라고 부탁한다. 이는 아직 시간이 있을 때 주님께 돌아오는 것이 중요하다는 역설이다.

16:29-31 아브라함은 나사로가 그 다섯 형제에게 경고하러 갈 필요가 있다는 생각을 배격한다. 그런 경고가 완전히 불필요하기 때문이다. 다섯 형제는 “모세와 선지자들”을 통해 그들에게 필요한 모든 경고를 받고 있다. 달리 말하면 그들은 그 자체로 사람들에게 회개하고 주님께 돌이키라고 부르는 구약 성경을 갖고 있는 것이다. 형제들은 이미 구약을 통해 회개하고 하나님께 돌이키라는 명령을 받고 있다. 이는 “율법과 선지자”와 “율법”에 대해 말하는 누가복음 16:16-17과 연결되는 고리다. 구약은 하나님의 권위 있는 말씀으로 계속 말하는 중이고, 사람들에게 주님과 바른 관계를 맺도록 촉구하고 있다.

부자는 율법과 선지자들로는 불충분하다고 생각한다. 그 형제들을 설득하려면 죽었다가 살아난 누군가, 즉 나사로 같은 누군가가 직접 가서 회개의 긴급성에 대해 말해야 할 것이라고 믿는다. 부자의 견해는 꽤 타당한 듯하다. 대다수 독자들도 죽었다가 살아난 사람이 직접 와서 경고하면 더 효과적일 것이라고 생각할 법하다. 그러나 아브라함은 이런 생각을 배격

195 Garland, *Luke*, 673.

한다. 만일 어떤 사람이 모세와 선지자들에게 주의를 기울이지 않는다면, 그는 죽었다가 살아난 사람에게도 설득되지 않을 것이다.

이 비유의 가르침은 참으로 놀랍다. 이는 예수님이 율법과 선지자를 폐기하지 않으셨다는 16:16-17에 근거해 진리를 확증해준다. 구약 성경은 사람들에게 하나님과 바른 관계를 맺기 위해 알아야 할 것을 말해준다. 성경은 사람들에게 회개하고 하나님께로 돌이키라고 거듭해서 강조한다. 죽은 자 가운데서 살아난 사람도 그와 다른 것을 말하지 않을 테고, 성경보다 더 설득하지 못할 것이다. 누가는 독자들이 예수님의 부활, 누가복음-사도행전의 대표 주제인 그 부활에 대해 생각하길 바라는 것이 확실하다. 하지만 우리가 사도행전에서 보듯이, 예수님의 부활이 반드시 대적들을 회개로 이끄는 것은 아니다. 사람들은 증거 때문에 믿는 게 아니라 그들이 사실이길 바라는 것 때문에, 즉 그들 마음의 성향 때문에 믿게 된다. 여기서 모세와 선지자들이 예수님을 가리키고 있다는 것도 명백하다. 요한이 말하듯이(요 5:39), 모세와 선지자들은 예수님을 '증언하고' 있다. 모세를 믿는 사람들은 예수님도 믿을 것이다(5:46).

응답

예수님이 여기서 들려주시는 비유는 상당히 교훈적이다. 일부 사람들이 말하는 것과 달리, 지상의 생활은 지옥과 다르다. 우리가 아무리 많은 고통을 겪고 있더라도 이 땅에서 지옥을 경험하지는 않는다. 하나님의 진노는 종말에 쏟아질 것이고 현재는 어느 누구의 몫도 아니다. 우리는 또한 지옥은 약간의 즐거움도 없는 장소라는 것을 배운다. 물 한 방울조차 지옥에서는 허락되지 않는다. 다른 사람의 미소는 지옥에서 아무도 받지 못할 선물이다. 이 땅에서의 삶이 지옥이라고 주장하는 사람들은 자기네가 무슨 말을 하는지 모른다. 그와 동시에 여기서 우리는 신자들을 위한 큰 위로의 말씀을 발견한다. 그리스도 안에서 죽은 사랑하는 이들이 이제 위로를 받으며 기뻐하고 있다. 우리는 그 사람의 고통과 슬픔이 끝났다는 것을 알고 안심할 수 있다.

우리는 또한 천국과 지옥 사이에 큰 구렁텅이가 있다는 것도 배운다. 사람들은 둘 사이를 왔다 갔다 할 수 없다. C. S. 루이스가 《천국과 지옥의 이혼》(*The Great Divorce*, 홍성사)에서 쓴 것이 문자 그대로 일어나지는 않는다. 물론 루이스가 옳게 이해했듯이, 지옥과 천국 간의 여행 가능성을 가르치려고 했던 것은 아니지만 말이다.

우리는 또한 예수 그리스도에 관한 좋은 소식 안에 믿기에 충분한 계시가 있다는 것도 알게 된다. 하나님께서 우리에게 더 많은 것을 주실 필요가 없다. 어떤 사람들은 "천사가 나타난다면 내가 믿겠다" 또는 "하늘로부터 오는 명백한 징표를 본다면 믿겠다" 또는 "하늘에서 '예수가 주님이다'라는 글자를 보면 믿겠다"라고 말할지 모른다. 그러나 예수님은 우리에게 하나의 근본 진리를 가르쳐주신다. 부인할 수 없는 증거, 즉 굉장한 증거를 목격하면 믿겠다고 말하는 사람들은 스스로를 속이고 있다는 것이다. 사람들이 믿는 데 필요한 모든 것은 성경에 나와 있다. 그것들로 충분하다. 성경을 믿지 않는 사람들은 죽은 자가 살아난 것을 볼지라도 믿지 않을 것이다. 우리는 누구든 신자가 되도록 설득할 수 있다는 환상을 품어서는 안 된다. 아무리 많은 증거라도, 아무리 많은 합리적 논증이라도 그리스도를 믿기 원치 않는 사람들을 설득하지 못할 것이다. 그렇다고 해서 우리가 사람들에게 믿을 만한 이유나 논증이나 증거를 제공하지 말아야 한다는 뜻은 물론 아니다. 오직 하나님의 은혜만이 맹인의 눈을 열어줄 수 있으나, 그렇게 할 때 주님은 종종 우리의 미약한 노력을 사용하신다. 우리의 눈을 열어 예수 그리스도의 아름다움, 우리의 죄를 위해 죽고 우리를 의롭게 하려고 살아난 그분의 아름다움을 보게 하신 하나님을 찬송하자.

16장

1 예수께서 제자들에게 이르시되 실족하게 하는 것이 없을 수는 없으
나 그렇게 하게 하는 자에게는 화로다 2 그가 이 작은 자 중의 하나를
실족하게 할진대 차라리 연자맷돌이 그 목에 매여 바다에 던져지는
것이 나으리라 3 너희는 스스로 조심하라 만일 네 형제가 죄를 범하거
든 경고하고 회개하거든 용서하라 4 만일 하루에 일곱 번이라도 네게
죄를 짓고 일곱 번 네게 돌아와 내가 회개하노라 하거든 너는 용서하
라 하시더라

1 And he said to his disciples, “Temptations to sin[1] are sure to come,
but woe to the one through whom they come! 2 It would be better for
him if a millstone were hung around his neck and he were cast into
the sea than that he should cause one of these little ones to sin.[2] 3 Pay
attention to yourselves! If your brother sins, rebuke him, and if he
repents, forgive him, 4 and if he sins against you seven times in the day,
and turns to you seven times, saying, ‘I repent,’ you must forgive him.”

5 사도들이 주께 여짜오되 우리에게 믿음을 더하소서 하니 6 주께서

이르시되 너희에게 겨자씨 한 알만한 믿음이 있었더라면 이 뽕나무더
러 뿌리가 뽑혀 바다에 심기어라 하였을 것이요 그것이 너희에게 순
종하였으리라
5 The apostles said to the Lord, "Increase our faith!" 6 And the Lord
said, "If you had faith like a grain of mustard seed, you could say to this
mulberry tree, 'Be uprooted and planted in the sea,' and it would obey
you.

7 너희 중 누구에게 밭을 갈거나 양을 치거나 하는 종이 있어 밭에서
돌아오면 그더러 곧 와 [1]앉아서 먹으라 말할 자가 있느냐 8 도리어 그
더러 내 먹을 것을 준비하고 띠를 띠고 내가 먹고 마시는 동안에 수종
들고 너는 그 후에 먹고 마시라 하지 않겠느냐 9 명한 대로 하였다고
종에게 감사하겠느냐 10 이와 같이 너희도 명령 받은 것을 다 행한 후
에 이르기를 우리는 무익한 종이라 우리가 하여야 할 일을 한 것뿐이
라 할지니라
7 "Will any one of you who has a servant[3] plowing or keeping sheep say
to him when he has come in from the field, 'Come at once and recline
at table'? 8 Will he not rather say to him, 'Prepare supper for me, and
dress properly,[4] and serve me while I eat and drink, and afterward you
will eat and drink'? 9 Does he thank the servant because he did what
was commanded? 10 So you also, when you have done all that you were
commanded, say, 'We are unworthy servants;[5] we have only done what
was our duty.'"

1) 헬, 기대어 누워 있는지라(유대인이 음식 먹을 때에 가지는 자세)

1 Greek *Stumbling blocks* *2* Greek *stumble* *3* Or *bondservant*; also verse 9 *4* Greek *gird yourself* *5* Or *bondservants*

단락 개관

예수님이 예루살렘으로 가시는 여정의 중간 중간에 제자들을 위한 가르침이 들어 있다. 16장에는 재물의 위험이 특히 강조되어 있고, 여기 17장에는 예수님 여정의 둘째 단계를 마감하게 될 제자도에 관한 다양한 말씀이 나온다. 예수님은 신자들을 걸려 넘어지게 하는 것들에 대해, 그리고 타인으로 죄를 짓게 하는 사람이 되는 것의 큰 위험과 결과에 대해 경고하신다. 신자들은 죄와 관련해 서로를 책망해야 하고, 남에게 상처를 받으면 빨리 용서해야 한다. 제자들이 용서에 관한 급진적 요구를 듣고 나서 믿음을 더해달라고 요청하는 것 같다. 그러나 예수님은 아주 작은 믿음만 있어도 충분하다는 것을 강조하신다. 끝으로 예수님이 농사를 짓거나 목축을 하는 종에 관한 짧은 비유를 들려주신다. 종이 바깥에서 그의 일을 완수할 때는 주인이 집에서 쉬도록 권유하지 않는다. 종은 주인을 위해 저녁 식사를 준비하고 그 후에야 비로소 자기 음식을 먹는다. 아울러 종은 그저 해야 하는 일을 행한 것뿐이므로 주인에게 감사의 말을 듣지 않는다. 이 비유의 요점은 결론 부분에 나온다. 제자들이 주님에게 순종하고 있다면 상급을 받을 자격이 있다고 생각하면 안 된다는 것이다. 그들은 어떤 칭찬도 받을 자격이 없다는 것을 항상 명심해야 한다.

단락 개요

IV. 갈릴리에서 예루살렘으로: 제자의 길(9:51-19:27)
　B. 여행이 계속되다(13:22-17:10)
　　5. 제자도에 관한 말씀(17:1-10)

주석

17:1-3a 예수님은 이제 제자들에게 직접 말씀하신다. 헬라어 스칸달라(*scandala*, '유혹들')는 '위법 행위'("offenses", CSB), "[사람들이] 걸려 넘어지게 하는 일"(새번역, ESV 난외주)을 의미한다. 예수님은 그분의 제자라고 말하는 사람들로 하여금 걸려 넘어지게 하고 신앙을 버리게 하는 것을 언급하신다. 이 용어는 종종 신약에서 이런 뜻을 지닌다(마 13:41; 18:7; 롬 9:33; 11:9; 14:13; 16:17; 고전 1:23; 갈 5:11; 벧전 2:8; 요일 2:10; 계 2:14). 그처럼 걸려 넘어지게 할 수 있는 것들은 죄 많고 타락한 세상에서 불가피하기 때문에 '분명히 발생한다'. 그런 일이 불가피한 만큼 신자들은 반드시 경계해야 한다. 흔히 말하듯, 유비무환이다.

위법 행위와 걸림돌은 분명히 생길 테지만, 그처럼 걸려 넘어지게 하는 사람들에게 화가 선언된다. 그런 일이 불가피하다고 해서 다른 사람을 넘어지게 만드는 사람의 책임이 면제되는 것은 아니다. 사실 누군가를 넘어지게 하는 사람은 다른 사람에게 미친 해로운 영향으로 인해 그 결과를 전부 감당하게 될 것이다. 여기에 다른 사람에게 걸림돌이 되는 것의 무서움이 강력하게 표현되어 있다. 그런 사람은 차라리 자기 목에 큰 맷돌을 매달고 바다에 빠지는 편이 나을 것이다(참고. 마 18:6; 막 9:42; 고전 8:9-13; 롬 14:13, 15, 21). 갈런드가 말하듯이, "이 작은 자[들]"은 바로 나사로, 탕자, 가난한 자, 저는 자, 맹인, 장애인 그리고 고난 당하는 자들을 말한다.[196] 누가복음 17:3의 첫 마디는 자연스럽게 앞의 내용과 이어진다. 제자들은 깨어 있을 필요가 있다. 그들은 신앙을 버리면 안 되고 하나님과의 관계를 잘 지켜서 다른 사람이 하나님께 등을 돌리게 해서는 안 된다.

17:3b-4 공동체 내의 인간관계라는 주제가 계속 이어진다. 우리는 한 사

196 같은 책, 680.

람이 다른 사람을 걸려 넘어지게 하는 상황과 함께 시작했다. 여기서는 교회 내의 관계를 특징짓는 대인 관계에 대해 다룬다. 만일 한 동료 신자가 죄에 빠진다면 그를 책망하는 것이 다른 교인들의 책임이다. 여기에 나온 "경고"는 레위기 19:17과 조화를 이룬다. "너는 네 형제를 마음으로 미워하지 말며 네 이웃을 반드시 견책하라 그러면 네가 그에 대하여 죄를 담당하지 아니하리라." 바울 역시 책망은 사랑에서 흘러나오며 온유하게 해야 한다는 것을 분명히 한다(갈 6:1). 목표는 형제와 자매를 하나님 및 공동체와의 교제로 회복시키는 것이다.

어떤 교인이 죄를 지었다가 회개하면 그는 용서받아야 마땅하다. 신자들은 관용의 잣대를 사용해야 한다. 그 회개가 진실하다고 여겨질 때 그렇다. 관용의 필요성은 특히 누군가가 다른 사람에게 "일곱 번" 거듭해서 죄를 짓는 상황, 즉 잦은 위반 행위가 일어날 때 뚜렷이 나타난다. 누군가가 반복해서 죄를 지을지라도, 그가 용서를 구한다면 용서받아야 마땅하다. 예수님은 일상생활에서 사람들 사이에 발생하는 작은 골칫거리를 언급하며, 그때 회개와 용서를 구하는 모습이 진실한 경우를 가정하시는 듯하다. 사람들이 서로 가까이 사는 경우에는 죄가 (변명의 여지는 없어도) 불가피하다. 예수님이 반복되는 도둑질이나 간음 같은 것을 생각하시는 것이 아님이 확실하다. 그런 노골적인 죄는 회개의 진정성에 의문을 갖게 하기 때문이다.

17:5-6 제자들이 믿음을 더해달라고 부탁하는 모습이 첫눈에는 주제에서 벗어나는 듯 보이지만, 문제를 더 깊이 생각하면 이해할 수 있다. 예수님은 방금 다른 사람을 걸려 넘어지게 하면 안 된다고 긴급히 경고하셨다. 이후 우리에게 거듭해서 죄를 짓는 사람들을 용서할 필요가 있다는 것으로 방향을 바꾸신다. 사도들이 그런 소명에 걸맞게 살 만한 신앙이 있는지 여부에 의문을 제기하는 것은 이해할 수 있다. 이 부탁은 또 다른 이유로 흥미롭다. 사도들이 '예수님'에게 믿음을 더해달라고 요청하기 때문이다. 사도들이 머릿속으로 그런 부탁의 의미를 정리했는지는 의심스럽지만, 그

부탁은 한 편의 기도에 해당하고 기도는 오직 '하나님'께 드리도록 되어 있다. 사도들은 예수님과 함께 시간을 보낸 덕분에 그분에게 초자연적 능력이 있다는 것, 그들의 부탁을 들어줄 능력이 있다는 것을 안다. 우리는 이 구절에 근거해서 예수님에게 기도하는 것은 정당하다는 것을, 또한 그분이 신적 위상과 지위를 갖고 계시다는 것을 알게 된다.

문제는 사도들이 얼마만큼의 신앙을 갖고 있는지가 아니라 그들에게 '어떤' 신앙이라도 있는지 여부다. (당시에 가장 작은 씨로 알려진) 겨자씨만한 믿음만 있어도 충분할 것이다. 말하자면 문제는 사도들에게 과연 신앙이 있는지 여부고, 그 신앙이 올바른 대상에 대한 것인지 여부다. 그들이 만일 자신의 신앙을 창조주 하나님과 예수 그리스도께 둔다면, 뽕나무에게 그 뿌리가 뽑혀서 바다가 심기라고 말하면 그렇게 될 것이다. 뽕나무는 뿌리가 깊어서 그 뿌리가 뽑히는 것이 사실상 불가능하다.[197] 그렇다면 진정한 믿음은 아무리 작을지라도 능력을 나타내므로, 사도들은 참된 믿음이 그들 속에서 싹트도록 기도해야 한다.

17:7-8 예수님은 이어서 제자들이 주인을 섬길 때 취할 올바른 태도에 관한 비유(17:7-10)를 드신다. 이 대목과 이전 구절들의 관계는 분명해 보이지 않는다. 각 경우에 예수님이 제자들의 마음에, 그들의 삶을 움직이고 인도하는 것에 호소하시지만 말이다. 여기서 그분은 주인을 위해 바쁘게 밭을 갈거나 양을 치는 종에 대해 생각하신다. 하루치 바깥 일이 끝난 후, 주인은 종에게 이제는 자기가 섬길 테니 쉬라고 권유하지 않는다. 오히려 자신을 위해 저녁 식사를 준비하고 음식을 먹는 동안 시중들라고 지시한다. 종들은 주인을 완전히 섬긴 후에야 비로소 그들의 음식을 먹도록 허락받는다.

197 Bock, *Luke 9:51-24:53*, 1391; Garland, *Luke*, 681.

17:9-10 종은 그저 의무를 다했고 지시대로 행했을 뿐이기 때문에, 주인은 종에게 특별히 감사하지 않는다. 이는 제자들에게 그대로 적용된다. 제자들이 명령받은 것을 모두 수행했을 때 어떤 공로도 얻을 수 없고 특별한 칭찬을 받을 이유도 없다. 그들은 마치 비범한 일을 행한 것처럼 스스로를 높이 평가할 수 없다. 당연한 일을 했을 뿐이다. 여기서 "하나님과 그분을 섬기는 이들 간의 관계가 후견인-수혜자의 관계와 비슷하지 않다는 것을 알게 되는데, 후자에서는 수혜자가 섬김과 지지에 대한 보답으로 후견인에게서 혜택을 받기 때문이다."[198] 제자들이 "무가치한" 존재는 아니지만, 명령받은 것을 수행한 것에 대해 특별한 보상을 받을 자격이 있는 것도 아니다.[199] 그런데 누가복음의 독자에게 충격을 주는 것은 예수님이 이전의 비유에서 주인이 종을 위해 음식을 준비한 것(12:37)을 말씀하셨기 때문이다! 물론 두 비유 사이에 모순은 없다. 두 비유는 진리의 다른 측면들을 전달하고 있다. 한편으로, 하나님은 은혜롭고 우리가 마땅히 받을 것 이상으로 상급을 주신다. 그분의 선물과 사랑은 우리가 구하거나 상상하는 것 이상이다(엡 3:20). 다른 한편, 우리는 마땅히 할 일을 했기 때문에 어떤 보상이나 특별한 칭찬을 받을 자격이 없다. 우리는 하나님께서 우리에게 무언가를 빚지고 계신다고 생각하면 안 된다. 오히려 우리가 받는 모든 것이 그분으로부터 온 선물임을 알아야 한다.

198 Garland, *Luke*, 682.

199 참고. Bock, *Luke 9:51-24:53*, 1393-1394.

응답

이 단락은 우리가 남들에게 경건한 영향을 미쳐야 한다는 것을 상기시켜 준다. 자기 자녀를 잘못된 방향으로 이끌거나 학대하는 부모에게 화가 있다. 우리 사회에서 젊은이로 성적인 죄를 짓도록 유혹하는 자들, 여자를 신체적으로 성적으로 또는 정서적으로 학대하는 자들에게 화가 있다. 속이고 훔치고 거짓말하는 자들과 남들이 그렇게 하도록 유혹하는 자들에게 화가 있다.

신자라는 말의 부분적인 뜻은 죄에 빠진 사람을 책망하는 것이다. 우리는 거만한 태도로 다른 사람을 야단쳐서는 안 된다. 다른 사람에게 소리지르고 고함쳐서는 안 된다. 우리는 주님께 나아가서, 남들에게 말할 때 오만하고 교만한 말투를 모두 버리게 해달라고 간구해야 한다. 그럼에도 우리가 남들의 죄를 목격할 때 그들에게 그 죄에 대해 말하는 것은 어렵다. 남들과 맞서려면 용기와 사랑이 필요하다. 차라리 아무것도 하지 않는 편이 더 쉽다. 중요한 규율은 누군가 죄를 짓는 모습을 본 사람이 그와 맞서야 한다는 것이다. 만일 당신이 다른 누군가의 죄에 대해 알고 있다면, 그것이 목사에게 알려야 할 범죄나 문제가 아니라면, 당신이 직접 그 사람에게 이야기하라. 그것이 당신의 영적 책임이다.

우리는 또한 재빨리 용서하는 마음을 품어야 한다. 우리에게 거듭 죄를 지은 사람들에게 원한을 품고, 우리의 마음을 완고하게 하고, 그들을 차갑게 대하는 것이 얼마나 쉬운지 모른다. 예수님은 우리가 용서의 마음을 품어야 한다는 것을 상기시켜주신다. 용서하는 최선의 길은 하나님께서 그리스도 안에게 우리를 용서하셨음을 기억하는 것이다.

주님은 또한 우리에게 지나치게 높은 자부심을 품는 것에 대해 일깨워주신다. 우리가 다음과 같이 말하기 시작한다면, 우리 마음속에 영적인 암이 자라고 있는 것이다. "나는 오랫동안 어떤 어려운 상황에서도 주님을 섬겨왔지. 나는 무슨 일이 닥칠지라도 늘 신실했어. 그분은 나에게 큰 감명을 받으셨을 거야." 설령 우리가 꾸준히 순종했더라도 우리는 마땅히 할 일을 했을 뿐이다. 우리 중에 아무도 위대한 사람은 없다. 우리는 모두 평범한 사람들이고, 하나님의 은혜가 절실하고 모든 면에서 그분께 의존해야 하는 존재다. 우리가 하나님을 기쁘시게 하는 방식으로 살고 남들 앞에 걸림돌을 놓지 않더라도, 결코 자화자찬하지 말라. 오히려 스스로에게 "나는 상급을 받을 자격이 없어. 나는 그분이 시키는 일을 하고 있을 뿐이야"라고 말하라. 우리에게 다른 사람을 책망할 용기가 있더라도, 스스로에게 "나는 담대하고 정직한 그리스도인이야"라고 말하지 말라. 오히려 "나는 쓸모없는 종이야. 나는 내 의무를 다하고 있을 뿐이야"라고 말하라. 우리가 다른 사람을 용서하더라도, "내가 얼마나 온유하고 연민이 많은 사람인지 하나님이 감명 받으셨을 거야"라고 생각하지 말라. 그 대신 "나는 그저 맡겨주신 일을 하고 있을 뿐이야"라고 말하라.

11 예수께서 예루살렘으로 가실 때에 사마리아와 갈릴리 사이로 지나
가시다가 12 한 마을에 들어가시니 나병 환자 열 명이 예수를 만나 멀
리 서서 13 소리를 높여 이르되 예수 선생님이여 우리를 불쌍히 여기
소서 하거늘 14 보시고 이르시되 가서 제사장들에게 너희 몸을 보이라
하셨더니 그들이 가다가 깨끗함을 받은지라 15 그중의 한 사람이 자기
가 나은 것을 보고 큰 소리로 하나님께 영광을 돌리며 돌아와 16 예수
의 발 아래에 엎드리어 감사하니 그는 사마리아 사람이라 17 예수께서
대답하여 이르시되 열 사람이 다 깨끗함을 받지 아니하였느냐 그 아
홉은 어디 있느냐 18 이 이방인 외에는 하나님께 영광을 돌리러 돌아
온 자가 없느냐 하시고 19 그에게 이르시되 일어나 가라 네 믿음이 너
를 구원하였느니라 하시더라

11 On the way to Jerusalem he was passing along between Samaria and
Galilee. 12 And as he entered a village, he was met by ten lepers,[1] who
stood at a distance 13 and lifted up their voices, saying, "Jesus, Master,
have mercy on us." 14 When he saw them he said to them, "Go and
show yourselves to the priests." And as they went they were cleansed.

15 Then one of them, when he saw that he was healed, turned back, praising God with a loud voice; 16 and he fell on his face at Jesus' feet, giving him thanks. Now he was a Samaritan. 17 Then Jesus answered, "Were not ten cleansed? Where are the nine? 18 Was no one found to return and give praise to God except this foreigner?" 19 And he said to him, "Rise and go your way; your faith has made you well."[2]

1 Leprosy was a term for several skin diseases; see Leviticus 13 *2* Or *has saved you*

단락 개관

혹 예수님이 예루살렘으로 발걸음을 옮기고 계시다는 것을 잊었을지도 모르는 독자들을 위해, 누가는 11절에서 그 여정을 상기시켜준다. 이것은 예루살렘으로 곧바로 올라가는 여정이 아니라 하나의 문학적이고 신학적인 모티브다. 물론 결국에는 예수님이 예루살렘에 도착하시지만 말이다. 예수님 사역의 마지막 날들, 그분의 죽음과 부활로 절정에 이르는 순간들이 다가오고 있다. 예수님이 계속해서 제자가 된다는 것의 의미를 설명하시는데, 누가는 하나님 나라의 도래를 강조한다. 이 본문에서 예수님은 "사마리아와 갈릴리 사이"(11절)로 지나갈 때 자비를 구하는 나병 환자 10명을 치유하신다. 그들은 깨끗해진 몸을 제사장들에게 보여주려고 가는 도중에 깨끗해진다. 그들 중에 사마리아 사람만 돌아와서 하나님을 찬송하고 예수님에게 감사를 드린다. 돌아와서 감사를 드리는 유일한 사람이 이스라엘에 속해 있지 않다는 사실에 예수님이 놀라시고, 이 장면은 사마리아인들이 하나님의 백성에 합류하는 사도행전(행 8:4-25)을 내다본다. 이 이야기는 그 사마리아인이 자신의 믿음으로 구원받았다는 선언으로 끝난다.

단락 개요

IV. 갈릴리에서 예루살렘으로: 제자의 길(9:51-19:27)
C. 여행의 마지막 구간(17:11-19:27)
1. 한 사마리아인이 감사하러 오다(17:11-19)

주석

17:11-12 누가는 예수님이 예루살렘으로 가기로 결단하신 시점인 9:51에서 시작된 여행 모티브를 끄집어낸다. 이 여행 모티브는 예수님이 가르침을 베풀면서 예루살렘으로 계속 이동하시는 13:22에서 재개된 적이 있다. 여기서는 예수님이 "예루살렘으로 가[신다]"고 하는데, 그분은 죽었다가 다시 살아나기 위해 예루살렘으로 가시는 중이다. 예수님이 예루살렘으로 이동하면서 "사마리아와 갈릴리 사이"를 지나고 계신다. 앞에서 유대인과 사마리아인 간의 심각한 적대관계를 살펴본 것처럼,[200] 반대 세력이 나타날 수도 있는 쉽지 않는 길이다. 예컨대 누가복음 9장에서는 사마리아인들이 그들의 지역을 지나가려는 예수님을 막기도 했다(9:52-54). 이번에는 예수님이 어떤 마을에서 나병 환자 10명을 마주치신다. 하지만 그들은 멀리 떨어져 있다. 구약에서는 나병 환자가 있으면 이스라엘의 진영을 더럽힌다고 해서 불결하다고 소리치고 진영 밖에서 홀로 살도록 규정하기 때문이다(레 13:45-46; 민 5:2-3). 전문적으로 말하면, 그들은 아마 나병이 아닌 다양한 피부병 중 하나에 걸렸을 것이다.

17장

200 참고. 10:33 주석.

17:13-14 나병 환자 10명은 그들의 신체적 곤경과 사회적 소외(이 둘은 또한 하나님으로부터의 소외를 나타낸다)를 깊이 의식한 채 예수님에게 제발 자비를 베풀어달라고 소리친다(참고. 18:38). 그들은 여기서 예수님을 "선생님"이라 부르고, 그 부탁은 앞의 이야기(17:5)와 같이 기도로 해석될 수 있다. 앞의 비유(17:7-10)와 관련된 점이 또 하나 있다. 그들이 스스로에 대해 치유를 받을 만한 '자격'이 없다고 생각한다는 점이다. 그들은 유일한 희망이 자비라는 것을 안다. 예수님은 치유를 선언하지 않고 그 대신 제사장들에게 가서 그들의 몸을 보이라고 지시하신다. 제사장들에 관한 지시는 레위기 13-14장(참고. 5:12-16 주석)과 잘 들어맞는다. 나병 환자의 병이 치유되면 제사장들이 그에 관해 최종 발표를 하도록 되어 있다. 10명이 제사장에게 가는 동안에 모두 깨끗해졌다. 이는 그들이 공동체로 복귀한다는 것을 상징한다. 나병 환자 10명의 순종은 구약에 나오는 나아만의 이야기를 상기시킨다. 그 옛날 나아만은 엘리사의 지시에 순종하여 물에 몸을 담그고 치유 받았던 인물이다(왕하 5:14).

17:15-16 치유 받은 사람들 중에 한 명(단 한 사람)이 예수님에게 돌아와서 그 자비의 사역으로 인해 하나님께 찬송과 감사를 드린다. 이 본문을 앞의 본문과 연결시키면, 주님이 왜 '우리'에게 감사하지 않으시는지를 알게 된다. 오히려 우리가 '그분'께 감사를 드린다.[201] 그 사람의 찬송은 그가 자비를 구했을 뿐 아니라 실제로 자비를 받았다고 '느끼고' 있음을 보여준다. 그는 하나님을 찬송할 뿐 아니라 예수님의 발 앞에 엎드려서 그분에게도 감사를 드린다. 여기서 다시 예수님의 신적 위상과 정체성을 보게 된다. 그 사람이 하나님을 찬양하고, 예수님께 감사를 드리면서 신을 경배하는 자세로 그분 앞에 엎드린다. 누가는 그 사람이 자기가 행하고 있는 일의 의미를 알고 있는지 여부를 언급하는 데는 관심이 없다. 누가는 치유 받은

201 Garland, *Luke*, 686.

사람의 자의식을 파헤치지 않는다. 여기서 눈에 띄는 것은 그가 말하고 행하는 것의 의미심장함이다. 누가는 돌아온 사람의 정체성에 대해서는 마지막에 언급한다. 그는 사마리아인, 곧 이스라엘에서 소외된 그룹의 일원이다. 누가복음-사도행전의 두드러진 주제 중 하나가 여기에 나타난다. 예수님에 관한 좋은 소식이 뜻밖의 장소로 퍼져나가고, 우리가 보기에 그 메시지를 결코 받지 못할 것 같은 사람들이 마음속으로 영접한다는 것이다. 누가복음 17:7-10에 나오는 종의 비유와 연결시킨다면, 사마리아인은 자기가 자격이 없다는 사실을 알기에 구원받은 것에 대해 찬송과 감사로 충만하다.

17:17-19 예수님은 세 가지 수사적 질문을 던짐으로써 현재 일어나는 일에 대해 말씀하신다. 세 질문은 청중과 독자로 하여금 방금 일어난 일의 의미를 숙고하게 하려는 것이다. 10명이 깨끗해졌으나 단 한 사람만 감사를 드리려고 돌아온다. 예수님이 다른 9명은 어디에 있는지 물으신다. 그들은 왜 찬송과 감사를 드리려고 돌아오지 않았는가? 어쩌면 그들은 치유 받은 것을 당연시하고 그것을 하나님의 선물로 인정하지 않을지 모른다. 오직 외부인, 외국인, 이스라엘 밖에 있는 사람만 하나님께 영광과 찬송을 돌린다(참고. 7:9). 사도행전에는 주님께 선택받은 백성인 유대인은 예수님에 관한 좋은 소식을 배척하는 반면, 이방인들이 그 소식을 받아들이는 모습(참고. 10:13)이 자주 나온다. 이 내러티브는 예수님의 마지막 한 마디로 끝나는데, 이번에는 감사를 드리려고 돌아온 사마리아인에게 하시는 말씀이다. 일어나서 갈 길을 가라고 하신 후(참고. 행 22:10), 다른 곳에서 말씀한 것을 반복하신다. "네 믿음이 너를 낫게 하였다"(현대인의성경, 참고. 눅 7:50; 8:48; 18:42). "너를 낫게 하였다"는 번역이 적절한 이유는 그가 치유를 받았기 때문이다. 그러나 이 말씀은 더 깊은 뜻을 갖고 있어서 "네 믿음이 너를 구원하였느니라[세소켄]"(개역개정, 참고. ESV 난외주)로 번역될 수도 있다. 두 번역 모두 정확하고, 이 이야기의 서로 다른 뉘앙스를 이끌어낸다. 어느 번역도 모든 것을 해낼 수는 없다. 이 말씀을 돌아온 사마리아인에게만

17장

하신 것이 의미심장하다. 모든 사람이 치유 받았으나 사마리아인 홀로 '구원받은' 것이다. 오직 그 사마리아인만 하나님과 올바른 관계를 맺고 있다. 그 이유는, 이 내러티브로부터 분명히 알 수 있듯이, 그가 하나님을 신뢰하기 때문이고 그의 믿음을 예수님에게 두었기 때문이다.

응답

오늘날에는 진정한 감사를 보기 힘든 것 같다. 우리가 자격이 없음에도 무언가를 받았을 때는 감사하지만, 어떤 혜택을 기대할 때는 불평하고 한탄하고 끙끙댄다. 그리고 이미 예상한 것을 받았다면 굳이 감사하지 않는다. 자비를 구했으나 감사하지 않은 9명은 예수님이 행하신 일에 대해 진심으로 고맙게 여기지 않는 모습을 보여준다. 그에 반해 사마리아인은 자기가 자비를 받았다고 느껴서 큰 소리로 찬송과 감사를 드린다.

자비는 뜻밖의 일에 감사하게 하고, 그 사마리아인은 뜻밖의 수혜자가 된다. 사마리아인이 감사하는 것은 예수님이 그를 위해 행하신 일을 예상하지 않았고 또 당연시하지 않기 때문이다. 이와 동시에 그가 구원받은 것은 그의 믿음 때문이다. 그가 구원과 구출을 받은 것은 오직 예수님을 신뢰하고 그 자신이나 다른 어떤 것도 믿음의 대상으로 삼지 않기 때문이다. 그에게는 겨자씨만한 믿음이 있었을 것이고(17:6), 그런 믿음은 그를 구원하기에 충분했다.

17장

20 바리새인들이 하나님의 나라가 어느 때에 임하나이까 묻거늘 예수
께서 대답하여 이르시되 하나님의 나라는 볼 수 있게 임하는 것이 아
니요 21 또 여기 있다 저기 있다고도 못하리니 하나님의 나라는 너희
안에 있느니라

20 Being asked by the Pharisees when the kingdom of God would come,
he answered them, "The kingdom of God is not coming in ways that
can be observed, 21 nor will they say, 'Look, here it is!' or 'There!' for
behold, the kingdom of God is in the midst of you."[1]

22 또 제자들에게 이르시되 때가 이르리니 너희가 인자의 날 하루를
보고자 하되 보지 못하리라 23 사람이 너희에게 말하되 보라 저기 있
다 보라 여기 있다 하리라 그러나 너희는 가지도 말고 따르지도 말라
24 번개가 하늘 아래 이쪽에서 번쩍이어 하늘 아래 저쪽까지 비침같
이 인자도 자기 날에 그러하리라 25 그러나 그가 먼저 많은 고난을 받
으며 이 세대에게 버린 바 되어야 할지니라 26 노아의 때에 된 것과 같
이 인자의 때에도 그러하리라 27 노아가 방주에 들어가던 날까지 사람

들이 먹고 마시고 장가들고 시집가더니 홍수가 나서 그들을 다 멸망
시켰으며 28 또 롯의 때와 같으리니 사람들이 먹고 마시고 사고팔고
심고 집을 짓더니 29 롯이 소돔에서 나가던 날에 하늘로부터 불과 유
황이 비 오듯 하여 그들을 멸망시켰느니라 30 인자가 나타나는 날에도
이러하리라 31 그날에 만일 사람이 지붕 위에 있고 그의 세간이 그 집
안에 있으면 그것을 가지러 내려가지 말 것이요 밭에 있는 자도 그와
같이 뒤로 돌이키지 말 것이니라 32 롯의 처를 기억하라 33 무릇 자기
목숨을 보전하고자 하는 자는 잃을 것이요 잃는 자는 살리리라 34 내
가 너희에게 이르노니 그 밤에 둘이 한 자리에 누워 있으매 하나는 데
려감을 얻고 하나는 버려둠을 당할 것이요 35 두 여자가 함께 맷돌을
갈고 있으매 하나는 데려감을 얻고 하나는 버려둠을 당할 것이니라
36 1)(없음) 37 그들이 대답하여 이르되 주여 어디오니이까 이르시되
주검 있는 곳에는 독수리가 모이느니라 하시니라

22 And he said to the disciples, "The days are coming when you will
desire to see one of the days of the Son of Man, and you will not see
it. 23 And they will say to you, 'Look, there!' or 'Look, here!' Do not
go out or follow them. 24 For as the lightning flashes and lights up the
sky from one side to the other, so will the Son of Man be in his day.[2]
25 But first he must suffer many things and be rejected by this generation.
26 Just as it was in the days of Noah, so will it be in the days of the Son
of Man. 27 They were eating and drinking and marrying and being given
in marriage, until the day when Noah entered the ark, and the flood
came and destroyed them all. 28 Likewise, just as it was in the days of
Lot—they were eating and drinking, buying and selling, planting and
building, 29 but on the day when Lot went out from Sodom, fire and
sulfur rained from heaven and destroyed them all— 30 so will it be on
the day when the Son of Man is revealed. 31 On that day, let the one

who is on the housetop, with his goods in the house, not come down
to take them away, and likewise let the one who is in the field not turn
back. 32 Remember Lot's wife. 33 Whoever seeks to preserve his life
will lose it, but whoever loses his life will keep it. 34 I tell you, in that
night there will be two in one bed. One will be taken and the other left.
35 There will be two women grinding together. One will be taken and
the other left."[3] 37 And they said to him, "Where, Lord?" He said to
them, "Where the corpse[4] is, there the vultures[5] will gather."

1) 어떤 고대 사본에, 36절 '두 사람이 밭에 있으매 하나는 데려감을 당하고 하나는 버려둠을 당할 것이요'가 있음

1 Or *within you,* or *within your grasp* *2* Some manuscripts omit *in his day* *3* Some manuscripts add verse 36: *Two men will be in the field; one will be taken and the other left* *4* Greek *body* *5* Or *eagles*

17장

단락 개관

주제가 하나님 나라의 도래로 바뀌고, 바리새인들이 예수님에게 그 나라가 언제 올 것인지에 대해 묻는다. 예수님은 그 나라가 오는 것을 관찰할 수 없다는 점을 강조하신다. 그 나라는 이미 예수 그리스도라는 인물 안에 존재하기 때문이다. 그로부터 장차 인자를 보기 원하는 제자들의 열망의 문제가 다루어지고, 제자들은 인자가 특정한 위치에 있다고 생각하는 자들을 따르지 말라는 경고를 받는다. 사실 인자의 오심은 스카이라인을 비추는 번개처럼 명백할 것이고, 장차 인자의 위치에 대해서도 의심할 바가 없을 것이다.

그럼에도 인자는 영광스럽게 오기 전에 먼저 고난을 받으셔야 한다. 인자의 재림은 명명백백한 징표로 표시되지 않을 것이다. 그분의 오심은 사

람들이 홍수가 오기 직전까지 일상적인 활동에 몰두했던 노아의 날과 비슷할 것이다. 또는 소돔이 멸망되기 전 롯의 날과 비슷할 것이다. 삶이 평소처럼 영위되다가 하늘로부터 불이 쏟아져서 그 성읍을 파괴시켰다. 제자들은 인자가 올 때를 대비해야 한다. 그들은 뒤를 돌아보다가 파멸된 롯의 아내와 같아서는 안 된다. 자기 목숨을 기꺼이 잃으려는 사람들만 목숨을 얻게 될 것이다. 예수님이 재림하실 때 일부 사람은 데려감을 당해 심판을 받을 것이고 다른 이들은 남겨질 것이므로 모두가 인자가 올 때를 준비해야 한다. 예수님의 오심은 시체에 내려오는 독수리처럼 명백할 것이라고 하는데, 이는 다가올 심판을 강조하는 듯하다.

단락 개요

IV. 갈릴리에서 예루살렘으로: 제자의 길(9:51-19:27)
C. 여행의 마지막 구간(17:11-19:27)
2. 하나님 나라의 도래(17:20-18:8)
a. 하나님 나라와 인자의 도래(17:20-37)

주석

17:20-21 주제가 하나님의 나라로 바뀐다. 하나님의 나라는 토라에 헌신한 모든 유대인이 이 땅에 실현될 것을 기도했던 실체다. 바리새인들이 예수님의 자격증에 대해 미묘한 의심을 표현하는 말투로 하나님의 나라가 언제 올 것인지 묻는다(참고. 19:11). 그들은 그 나라가 온다는 증거가 거의 확실하지 않다고 생각하는 듯하다. 예수님은 그 나라가 관찰할 수 있는 방

식으로 오지 않는다고 응답하신다. 일부 해석자들은 이것이 하늘(해, 달 또는 별)에 나타나는 징표를 가리킨다고 이해한다. 어쩌면 그 징표는 전쟁을 비롯한 우주적 사건들과 관련이 있을 것이다. 그러나 예수님이 그분의 사역을 승인할 징표를 언급하셨을 가능성이 더 크다.[202] 예수님은 그분의 사역을 비준하거나 그 나라의 도래를 증명할 징표를 수행하라는 요구를 물리치신다(11:16, 29-30). 사람들은 하나님의 나라가 세워졌음을 증명할 수 있는 어떤 것도 가리킬 수 없을 것이다. 말하자면 그들이 "그 나라가 여기에 있다"거나 "그 나라가 저기에 있다"는 식으로 말할 수 없을 것이다. "하나님의 통치는 그 존재를 명명백백하게 만드는 눈부시고, 의기양양하고, 묵시적인 현상으로 스스로를 천명하지 않았다."[203]

하나님의 나라는 "너희 가운데에 있다"(새번역)고 예수님이 선언하신다. "너희 가운데에"[엔토스(*entos*)]로 번역된 단어는 '안에'(within)로 번역될 수도 있어서, 일부 번역본은 그 진술을 "하나님의 나라는 너희 안에 있느니라"(개정개역, KJV, ASV)로 번역한다. 우리가 후자의 독법을 채택한다면, 인간들 안에 있는 그 나라의 내면성이 강조될 터이고, 이는 인간들이 왜 그 나라를 식별할 수 없는지를 설명해줄 것이다. 그럼에도 이 내러티브의 맥락은 이런 독법의 반대 반향을 가리킨다. 예수님은 현재 바리새인들에게 말씀하시는 중이고, 바리새인들은 그들 안에 그 나라를 갖고 있을 가능성이 희박하기 때문이다. 다른 해석자들은 이 말씀을, 만일 그들이 회개하면 그 나라가 그들의 손이 미치는 곳에 있다는 뜻으로 이해한다. 이 견해는 추천할 만한 요소가 많지만, 예수님은 여기서 인간의 반응을 강조하지 않으신다. 그 대신 그 나라가 그들 가운데에 있다고 말하는 편이 더 의미가 통한다. 달리 말하면 그 나라가 예수라는 인물 안에 존재한다는 뜻이다. 그분은 물론 하나님 나라의 징표이되 그 나라의 징표 '이상'의 존재다. 사실 그분

202 같은 책, 697.

203 같은 책, 696.

은 몸소 그 나라를 '구현하고' 계신다. 바리새인들은 그 나라를 보기 원하지만, 그 나라보다 더 중요한 것은 그들 바로 앞에 서 있는 왕이다. 한 사람이 왕의 존전에 있을 때는 그 나라도 함께 있는 것이다(참고. 11:20).

17:22-25 이제는 예수님이 장래, 즉 그분의 죽음과 부활 이후의 날들을 내다보심에 따라 대화가 바리새인들에서 제자들로 향하게 된다. 장차 예수님이 제자들의 눈에 보이지 않을 때가 올 것이다. 하나님의 나라는 그분 안에 있으나(17:21) 그분은 떠나실 터이고, 제자들이 땅에서 다시 그분을 보고 싶어 할 것이다. 그래도 그 갈망이 즉시 이루어지지 않을 것이다(참고. 5:35). "인자의 날"은 그분이 돌아와서 하나님의 나라를 완전히 세우시는 날을 언급한다.[204] 어떤 사람들은 특정한 때에 메시아가 왔고 특정한 장소에서 찾을 수 있다고 주장할 것이다. 그러나 제자들은 그런 주장들을 일체 무시해야 한다. 예수님은 남몰래 돌아오지 않으실 것이다. 예수님이 오시는 모습은 번개가 스카이라인 전체를 가득 채우는 것처럼 어디서나 분명히 볼 수 있을 것이다. 그분의 오심은 틀림없는 공공연한 사건이 될 것이라는 뜻이다. "번개처럼, 인자의 도래는 갑작스럽고, 눈길을 끌고, 영광스럽고, 두렵게 하는, 하늘의 사건이 될 것이다."[205]

25절은 먼저 일어나야 할 사건을 생각하도록 후진시킨다. 어쨌든 예수님은 지금 고난을 받고 죽음을 맞기 위해 예루살렘으로 가시는 중이다. 즉 지금 그분의 세대로부터 배척을 받고 있는 만큼, 되돌아오기 전에 먼저 죽임을 당하셔야 하는 것이다. 이것은 또 다른 누가 특유의 수난 예언(참고. 9:22, 44; 18:32, 참고. 13:33)이고, 종말론적 담론에 그런 내용을 포함시키는 것은 누가만의 특징이다.

204 참고. Bock, *Luke 9:51-24:53*, 1427-1428.

205 Garland, *Luke*, 699.

17:26-30 예수님이 노아와 롯의 때와 인자의 재림 사이에서 유비를 끌어내신다. 노아의 때(참고. 창 6:5-12)와 롯의 때(19장)에 일어난 인간들의 타락과 악행을 강조하지는 않으신다. 그 대신 초점을 평범한 삶에 맞추신다. 사람들이 먹고, 마시고, 혼인하고, 사고, 팔고, 심고, 짓는 그런 삶이다. 이런 모습은 이 세상에서의 일상적인 삶을 구성하기 때문에 어떤 비판도 받지 않는다. 문제는 사람들이 그런 삶이 지속될 것이고, 끝이 없을 것으로 생각하기 시작한다는 것이다. 암묵적으로는 그들이 회개하고 하나님께 돌이키지 않는 모습도 포함된다. 노아 시대의 홍수와 소돔의 멸망이 최후의 심판을 가리키기 때문이다. 여기서 베드로후서 3:4에 나오는 회의주의자들, 곧 만물이 창조 때부터 그러하였듯이 그냥 그대로라는 이유로 예수님이 돌아오지 않으실 것이라고 의심하는 자들이 생각난다(이곳에서는 예수님의 재림에 관한 의심의 문제를 다루지 않지만). 어쨌든 예수님의 오심을 예상하는 어떤 징표도 여기에 묘사되어 있지 않다. 모든 것이 평소처럼 흘러갈 뿐이다. 노아가 방주에 들어가고 홍수가 터져서 만물에 범람하는 동안 그가 구출되었을 때도 정상적인 생활이 이어졌다. 이와 비슷하게, 소돔이 멸망할 때 하늘에서 불과 유황이 떨어질 것이라는 경고는 없었다. 하지만 노아와 롯은 세상과 소돔을 삼켜버리는 심판으로부터 구출되었고, 제자들은 노아와 롯의 구출에서 용기를 얻을 수 있다.

17장

17:31-33 롯과 그의 가족이 소돔을 떠나라는 권고를 받았을 때 긴급하게 떠나야 한다는 것이 강조되었다. 천사는 "도망하여 생명을 보존하라 돌아보거나 들에 머물지 말고 산으로 도망하여 멸망함을 면하라"(창 19:17)고 경고했다. 이와 같은 긴급성은 종말과 관련이 있다. 누가복음 17:31에 나오는 권고는 문자적인 것은 아니라도 돌아서지 않는 것이 중요함을 지적한다. 그때가 오면 우리가 소유물을 구하려고 집안으로 되돌아가서는 안 된다. 만일 우리가 밭에서 일하고 있다면, 물건들을 챙기려고 집으로 돌아가서는 안 된다. 두 가지 예는 우리 애정의 대상을 가리키려고 든 것이다. 인자가 오는 날에 우리가 집으로 돌아간다면, 우리는 주님보다 소유물들

이 우리 삶의 중심을 차지한다는 것을 드러낸다. 이 점은 32절이 확증한다. 독자들은 롯의 아내, 곧 소돔을 돌아보다가 멸망한 그 아내(창 19:26)를 기억하라는 권고를 받고 있기 때문이다. 그녀가 되돌아본 것은 소돔에 대한 사랑을 나타낸다. 그녀는 자신의 진정한 집, 삶에서 가장 귀중하게 여긴 것을 되돌아본 것이다. 예수님이 돌아오실 때 만일 제자들이 집으로 달려간다면, 그들은 롯의 아내와 다르지 않다는 것을 보여준다. 문제는 인간들이 구하고 원하는 것과 관련이 있다. 만일 그들이 롯의 아내처럼 이 세상에서 목숨을 보존하고 싶어 한다면 종말에 목숨을 잃고 말 것이다. 반면에 예수님을 위해 자기 목숨을 잃는 사람들, 그분의 재림을 갈망하는 사람들, 예수님을 최고의 보배로 사랑하는 사람들은 그들의 목숨을 찾을 것이고(참고. 마 16:25; 막 8:35; 눅 9:24; 요 12:25), 노아와 롯처럼 구원을 받을 것이다.

17:34-37 이 구절들은 인자가 돌아오는 그날의 결과를 묘사한다. 삶은 정상적으로 흘러간다. 서로 다른 두 가지 상황이 그려진다. 첫째 상황에서는 두 사람이 함께 침대에 누워 있다가 한 사람은 데려감을 당하고 다른 한 사람은 남겨진다. 팔레스타인에서는 침대를 공유하는 일이 흔했기 때문에 여기서 묘사하고 있는 두 사람이 남편과 아내인지는 분명치 않다. (11:7에는 남자가 "아이들이 나와 함께 침실에 누웠으니"라고 말하는 장면이 나온다.) 그런 언급을 성적인 말로 읽으면 안 되고 오히려 서양 문화와 상당히 다른 문화를 묘사하는 것으로 이해해야 한다. 이와 비슷하게, 두 여자가 함께 곡물을 갈고 있다가 한 사람은 데려감을 당하고 다른 한 사람은 남겨질 것이다. 의인과 악인의 차이점이 반드시 분명한 것은 아니다. 겉으로 보면, 사람들이 여러 면에서 똑같아 보이기 때문이다. 그러나 일부는 인자에게 속하는 반면 다른 이들은 그렇지 않다. 여기서 "데려감"을 당하는 것이 심판을 받는 것인지 아니면 심판에서 구출되는 것인지는 알기 어렵다. 마찬가지로 "버려둠"을 당하는 것이 심판을 직면하도록 남겨진다는 뜻일 수 있고 심판을 모면한다는 뜻에서 남겨질 수도 있다. 다행히도 어느 쪽이든지 그 의미는 바뀌지 않는다. 어느 경우든, 일부는 구출되는 반면 다른 이들은 심판

을 받기 때문이다.

마지막 구절(37절)은 해석하기 어렵고 무척 모호하다. 이는 어떤 일이 '언제' 일어날 것인지가 아니라 '어디서' 일어날 것인지에 관한 질문임을 알아야 한다. 이는 인자가 얼마나 빨리 올 것인지에 대한 언급이 아니다.[206] 다른 해석자들은 이것이 선택받은 자가 데려감을 당할 장소, 즉 그들 몸의 부활이 일어날 장소를 가리키는 것으로 해석한다.[207] 예수님이 여기서 신자들의 목적지를 거론하시는지는 분명치 않고, 미래의 부활에 대한 언급도 없다. 대럴 복은 이것이 "가시적이고, 보편적이며, 영구적일"[208] 심판을 언급한다고 생각한다. 이것은 아마도 인자의 오심에 관한 언급일 것이다. 이 담론의 앞부분에서 인자가 어디서 나타날 것인지의 문제가 두드러졌기 때문이다(17:23-24). 그렇다면 예수님이 앞에서 번개와 인자의 오심에 관해 말씀하신 것과 같은 내용을 다루고 있는 것으로 필자는 이해한다. 독수리에 관한 진술은 이런 맥락에서 해석되어야 한다. 시체가 있는 곳에 독수리들이 모인다. 오늘날 우리가 '연기가 있는 곳에는 불이 있다'고 말하는 것과 같다. 달리 말하면, 인자의 오심은 모두에게 자명하고 분명할 것이라는 뜻이다. 그것은 틀림이 없고, 불확실성이 없고, 불분명함이 없을 것이다. 그러나 독수리는 시체를 뜯어먹는 소름끼치는 피조물인 만큼 강조점을 심판에 두고 있다는 대럴 복의 견해가 옳은 듯하다.

206 같은 책, 702.

207 같은 책.

208 Bock, *Luke 9:51-24:53*, 1440.

응답

당신이 만일 현실적이고 실제적이며 평범한 사람들에게 종말이 오고 있다고 말한다면, 그들은 그런 생각을 비웃을 것이다. "사람들이 얼마나 미친 생각을 갖고 있는지 몰라"라고 그들이 말할지도 모른다. 롯의 사위들이 이런 식으로 생각했던 것이 확실하다.

> 그 두 사람이 롯에게 말하였다. "식구들이 여기에 더 있습니까? 사위들이나, 아들들이나, 딸들이나, 딸린 가족들이 이 성 안에 더 있습니까? 그들을 다 성 바깥으로 데리고 나가십시오. 우리는 지금 이곳을 멸하려고 합니다. 이 성 안에 있는 사람들을 규탄하는 크나큰 울부짖음이 주님 앞에 이르렀으므로, 주님께서 소돔을 멸하시려고 우리를 보내셨습니다." 롯이 나가서, 자기 딸들과 약혼한 사윗감들에게 이 사실을 알렸다. 롯이 그들에게 말하였다. "서두르게. 이 성을 빠져나가야 하네. 주님께서 이 성을 곧 멸하실 걸세." 그러나 그의 사윗감들은 그가 농담을 한다고 생각하였다. (창 19:12-14, 새번역)

롯의 사위들은 그 모든 것이 농담이라고 생각했다. 소돔의 종말이 당연히 오지 않을 것이라고 생각한 것이다. 모든 것이 평소처럼 계속될 것이다! 그러나 그들이 틀렸다. 그 도시는 불로 파멸되었다. 이와 같이 예수님이 언젠가 다시 오실 것이다.

예언은 우리의 이해를 능가하는 방식으로 성취될 것이다. 성경의 어떤 구절들은 종말을 큰 고난과 심판의 때로, 하나님의 손에 맞아 세상이 휘청거리는 모습으로 그린다. 그러면 종말이 가까웠다는 것이 자명해 보일 것이다. 그러나 이 대목과 같은 다른 구절들은 그때가 되면 삶이 여러 면에서 정상적인 것처럼 보이고 사람들이 자신만만하게 미래를 예측할 것이라고 한다. 필자는 여기서 바울이 데살로니가전서 5:3에서 한 말을 떠올린다. 모두가 "평안하다, 안전하다"고 말할 바로 그때에 종말이 올 것이다.

우리는 정확히 언제 종말이 올 것인지를 계산할 수 있다고 생각하지 않도록 조심하자.

신자들을 위한 중요한 진리는 신자가 준비되어 있어야 한다는 것이다. 이는 하나님에 대한 사랑을 품는다는 의미에서의 영적 준비를 말한다. 우리는 우리의 집, 우리의 전자 기기에서 스트리밍하는 것들, 우리의 소셜 미디어와 영화를 하나님보다 더 사랑하지는 않는가? 예수님은 우리에게 하나의 영적 법칙을 상기시켜주신다. 우리가 오직 믿음으로 살고 우리의 기쁨과 행복을 주님 안에서 찾는다면, 그리스도 안에 있는 기쁨으로 인해 목숨을 얻을 것이라고 말이다. 우리는 궁극적으로 아무것도 잃지 않을 것이다. 우리는 모든 것을 얻을 것이다. 짐 엘리엇(Jim Elliot)이 말했듯이, "잃을 수 없는 것을 얻기 위해 지킬 수 없는 것을 주는 자는 결코 바보가 아니다."

1 예수께서 그들에게 항상 기도하고 낙심하지 말아야 할 것을 비유로
말씀하여 2 이르시되 어떤 도시에 하나님을 두려워하지 않고 사람을
무시하는 한 재판장이 있는데 3 그 도시에 한 과부가 있어 자주 그에
게 가서 내 원수에 대한 나의 원한을 풀어주소서 하되 4 그가 얼마 동
안 듣지 아니하다가 후에 속으로 생각하되 내가 하나님을 두려워하지
않고 사람을 무시하나 5 이 과부가 나를 번거롭게 하니 내가 그 원한
을 풀어주리라 그렇지 않으면 늘 와서 나를 괴롭게 하리라 하였느니
라 6 주께서 또 이르시되 불의한 재판장이 말한 것을 들으라 7 하물며
하나님께서 그 밤낮 부르짖는 택하신 자들의 원한을 풀어주지 아니하
시겠느냐 그들에게 오래 참으시겠느냐 8 내가 너희에게 이르노니 속
히 그 원한을 풀어주시리라 그러나 인자가 올 때에 세상에서 믿음을
보겠느냐 하시니라

1 And he told them a parable to the effect that they ought always to pray
and not lose heart. 2 He said, “In a certain city there was a judge who
neither feared God nor respected man. 3 And there was a widow in that
city who kept coming to him and saying, ‘Give me justice against my

adversary.' 4 For a while he refused, but afterward he said to himself, 'Though I neither fear God nor respect man, 5 yet because this widow keeps bothering me, I will give her justice, so that she will not beat me down by her continual coming.'" 6 And the Lord said, "Hear what the unrighteous judge says. 7 And will not God give justice to his elect, who cry to him day and night? Will he delay long over them? 8 I tell you, he will give justice to them speedily. Nevertheless, when the Son of Man comes, will he find faith on earth?"

단락 개관

이 멋진 비유는 계속해서 주님의 오심을 주제로 삼고 있으므로, 새로운 단락일 뿐 새로운 주제가 아니다. 독자들에게 제기하는 질문은 인자가 오실 때까지 믿음으로 인내할 것인지, 끝까지 믿음을 지킬 것인지 여부다. 이 단락의 구조는 명쾌하다. 우리가 비유를 읽기도 전에 누가가 이 비유의 뜻을 알려준다. 제자들은 기도하되 낙심하지 말아야 한다는 것이다. 불의한 재판관과 과부의 비유가 18:2-5에 나온다. 사악하고 자기 강박증에 빠진 재판관은 과부의 곤경에 관심이 없고 공의에 대한 그녀의 요청을 거듭 거절한다. 하지만 결국 그는 그녀의 끈질김 때문에 억울함을 풀어준다. 그렇게 하지 않으면 그녀가 자신을 내버려두지 않고 끊임없이 청원할 것이기 때문이다.

6-8절에서 예수님이 이 비유를 청중에게 적용하신다. 즉, 1절과 6-8절 모두 이 비유의 뜻을 설명한다. 불의한 재판관이 과부에게 정의를 베푼다면, (작은 것에서 큰 것으로 움직이는 논법에 따라) 우리는 하나님께서 그 택하신 자들에게도 정의를 베푸실 것이라고 확신할 수 있다. 그분은 분명 그 택하

신 자들의 억울함을 풀어주시겠지만, 문제는 제자들의 믿음이 끝까지 살아남을지 여부다. 이 비유에서 신속한 변호의 약속과 우리의 믿음이 끝까지 버틸지 여부의 문제 사이에 긴장이 있다. 그 변호는 하나님의 관점에서는 곧바로 이루어지지만 우리에게는 오래 걸리는 것으로 보일 수 있다.

단락 개요

IV. 갈릴리에서 예루살렘으로: 제자의 길(9:51-19:27)
C. 여행의 마지막 구간(17:11-19:27)
2. 하나님의 나라의 도래(17:20-18:8)
b. 불의한 재판관과 끈질긴 과부의 비유(18:1-8)

주석

18:1 누가는 우리가 이 비유를 듣기도 전에 그 뜻을 알려줌으로써 독자들에게 해석학적 이점에 해당하는 깜짝 시사평을 제공한다. 예수님은 방금 그분이 다시 와서 모든 것을 바로잡을 것이고, 제자들은 그날을 갈망해야 한다고 가르치셨다(17:22-37). 중간기에는 신자들이 항상 기도하고 낙심하지 말아야 한다. "항상" 기도한다는 것은 '매순간' 기도한다는 뜻이 아니라 "쉬지 말고 기도[할]"(살전 5:17) 필요성을 달리 표현하는 것이다. 즉, 기도가 우리 삶의 규칙적인 특징이 되어야 한다. 누가복음 21:36이 여기에 담긴 뜻을 잘 포착한다. "그러니 너희는 앞으로 일어날 이 모든 일을 능히 피하고, 또 인자 앞에 설 수 있도록, 기도하면서 늘 깨어 있어라"(새번역). 두 구절의 주제가 아주 비슷하다. 우리가 인내하면서 계속 기도해야 한다는

것이다. 낙심은 믿음을 포기하는 것으로 이어진다(참고. 고후 4:1, 16). 기도는 기본적으로 하나의 의무가 아니라 힘이 주님에게서 온다는 고백, 스스로의 힘으로 해낼 수 없다는 고백, 날마다 은혜가 필요하다는 고백이다.

18:2-3 18:2-5에 비유가 나온다. 예수님이 하나님을 두려워하지 않고 사람도 존중하지 않는 어떤 재판관에 관해 말씀하신다. 토라는 재판관에게 공의롭게 다스리도록 요구한다. "너희는 재판할 때에 불의를 행하지 말며 가난한 자의 편을 들지 말며 세력 있는 자라고 두둔하지 말고 공의로 사람을 재판할지며"(레 19:15). 더구나 모든 이스라엘 사람에게 해당되는 기본 요건은 주님을 두려워하는 것이다(신 6:13, 24; 10:12, 20; 삼상 12:24; 전 12:13; 욥 28:28; 잠 1:7). 하나님을 두려워하는 사람은 오직 그분만 예배하기 때문이다. 느헤미야는 하나님을 경외했기 때문에 백성을 재정적으로 억압하지 않았다(느 5:15). 반면에 귀먹은 자를 욕하거나 맹인을 학대하는 자들은 주님을 두려워하지 않기 때문에 그렇게 하는 것이다(레 19:14).

이 재판관은 하나님을 두려워하지 않기 때문에 사람들을, 특히 과부처럼 가난하고 불우한 사람들을 존중하지 않는다. 출애굽기 22:22은 "너는 과부나 고아를 해롭게 하지 말라"고 한다. 주님은 "고아와 과부를 위하여 정의를 행하[신다]"(신 10:18). 신명기 27:19은 고아나 과부의 송사를 억울하게 하는 자는 저주를 받을 것이라고 말한다(참고. 사 1:17, 23; 10:2; 렘 7:6; 22:3; 슥 7:10). 비유에 나오는 이 재판관은 하나님을 두려워하지 않고 사람들을 존중하지 않는다. 토라가 요구하는 것에 신경을 쓰지 않는 것이다. 하지만 과부는 지칠 줄 모르고 거듭해서 그에게 공의를 실행해달라고 간청한다.

18:4-5 재판관은 계속해서 그녀의 간청을 거절한다. 그는 앞의 2절에 묘사된 자신의 성품을 인정한다. 하나님을 두려워하지 않고 사람들을 존중하지 않는다는 것이다. 그는 과부의 권리 또는 그녀가 휘말린 사건의 공정성에 대해 신경 쓰지 않는다. 그럼에도 재판관이 그녀를 위해 사건을 정당

하게 판결한 것은, 과부가 자신을 내버려두지 않을 것이기 때문이다. 그가 공의를 베풀 때까지 과부는 계속 찾아와 귀찮게 할 것이다. 재판관은 왜 결국 그렇게 했을까(참고. 11:8)? 그녀가 계속 찾아와 '(그를) 쳐서 쓰러뜨릴' 것이기 때문이다. '쳐서 쓰러뜨리다'[휘포피아조(*hypōpiazō*)]로 번역된 동사는 '나를 기진맥진하게 만들다'(CSB, NASB, NET, NRSV, RSV, ASV), '나를 지치게 하다'(KJV), '나를 공격하다'(NIV) 등으로 다양하게 번역된다. 일부 번역본은 이 동사를 문자적으로 해석한다(ESV, NIV). 재판관은 과부가 그의 눈을 멍들게 할까봐, 그녀가 결국 그의 얼굴을 칠까봐 또는 다른 물리적 폭력을 사용할까봐 두려워한다는 것이다. 하지만 재판관이 과부의 물리적 폭행을 두려워할 가능성은 희박하다. 그렇다면 이 동사는 은유적으로 해석되어야 한다. 무엇에 대한 은유일까? 다른 해석자들은 재판관이 공동체가 보기에 '눈이 멍들게' 되는 것을, 즉 그의 행위로 인해 부끄러움을 당하는 것을 두려워한다고 말한다. 이 해석의 문제점은 그 재판관이 사람들을 존중하지 않는 인물임을 우리가 이미 들었다는 데 있다. 그들이 자신에 대해 어떻게 생각하든지 그는 신경 쓰지 않는다는 말이다. 따라서 최상의 선택은 대다수 번역본이 취한 대로, 재판관이 과부와 마주치는 것을 점점 더 지겨워한다는 것이다. 날이면 날마다 찾아오는 그녀의 끈질김이 그를 지치게 만들고, 그로서는 그녀를 계속 마주치기보다 차라리 그녀의 간청을 들어주는 편이 더 쉬웠다.[209] 그는 과부가 날마다 귀찮게 하는 것에 지쳐버렸다.

18:6-8 예수님은 이어서 이 비유를 청중들에게 적용하신다. 그분은 작은 것에서 큰 것으로 움직이는 논법을 사용하신다. 하나님을 경멸하고 사람들을 학대했던 불의한 재판관이 간청을 듣고 공의를 허락했다면, 하나님은 분명히 밤낮으로 고통을 호소하는 택하신 자들에게 공의를 베푸실 것이다(참고. 계 6:10). "밤낮"에 대한 언급은 18:1 및 과부의 행동과 잘 어울린

209 같은 책, 1449-1450; Garland, *Luke*, 710.

다. 이 언급이 1절과 잘 들어맞는 것은, 낙심하지 않는 사람들이 '밤낮으로' 계속 기도하기 때문이다. 그리고 그것이 과부와도 잘 들어맞는 것은, 재판관이 그녀의 간청을 들어주기를 꺼릴지라도 그녀가 결코 단념하지 않았기 때문이다

이 비유는, 하나님이 이 재판관과 비슷하기에 그분이 마침내 우리의 간청을 듣고 우리의 기도에 응답하실 때까지 쉬지 말고 호소해야 한다고 가르치는 것일까? 결코 그렇지 않다. 이 논법은 작은 것에서 큰 것으로 움직인다. 하나님은 그 재판관처럼 주기를 꺼려하시는 분이 아니다. 그분은 자녀들에게 주고 싶어 하신다. 그럼에도 이 비유는 신자들이 공의를 위해 '밤낮으로' 주님께 '부르짖어야' 한다고 분명히 가르친다. 신자들이 공의를 향한 열망을 계속 드러내야 하는 것은 하나님의 나라가 오고 있기 때문이다. 하나님께서 우리의 간청을 허락하길 꺼려하기 때문이 아니라 오히려 우리의 기도에 응답하기로 약속하셨기 때문이다.

하나님은 불의한 재판관과 같지 않다. 그분은 우리의 기도에 응답하는 일을 지체하지 않으실 것이다. '오래 지체하다'[마크로튀메이(*makrothymei*), 개역개정은 '오래 참다']라는 동사의 뜻은 뜨거운 논쟁거리다.[210] 여러 해석들은 하나님께서 인내하면서 간청을 듣고 계시다는 뜻으로 이해하는 편을 선택하나, 이런 해석이 타당하지 않은 것은 하나님께서 택하신 자들을 변호하신다는 맥락과 어울리지 않기 때문이다. 어떤 해석자들은 이 동사가 나오는 절(節)을 양보의 뜻으로 해석한다. 하나님께서 제자들에게 반응할 때 느리고 인내하는 듯 보일지라도 결국은 그들을 변호하실 것이라고 한다. 이런 해석은 의미가 통하고 가능한 해결책이기는 해도 다음 구절, 즉 정의가 곧 이루어질 것이라고 말하는 구절과 어울리지 않는다. 더구나 헬라어 문장에서 '그리고'[카이(*kai*), 개역개정은 "하물며"]가 양보의 절을 도입하는 경우는

210 여기에 나오는 여러 선택 사안과 해결책은 대럴 복의 논의(*Luke 9:51-24:53*, 1451-1454)에서 가져왔다. 필자가 거기에 나오는 모든 해석들(열두 가지)과 상호 작용을 하지는 않지만 말이다. 나아가 이 텍스트의 초점은 종말론에 있는데도 대럴 복은 현재의 구출을 과도하게 강조한다.

거의 없다.[211] 이 구절은 하나님께서 '곧' 정의를 허락하실 것이라고 가르치는가? 아니면 정의가 실행될 때는 그것이 재빨리 일어날 것이라는 의미에서 하나님께서 정의를 '신속히' 허락하실 것이라는 뜻인가? 정의가 실행될 때에 그것이 신속히 일어날 것이라는 생각은 이 비유와 어울리지 않고, 또한 고난을 받고 있는 사람들에게 큰 영향을 미치지 않는다.[212] 요점은, 인자가 올 때 하나님의 정의가 빠르게 이루질 것(마치 그분이 하늘로부터 고속으로 올 것처럼)이라는 게 아니라 그분은 그 백성을 위해 곧 개입하실 것이라는 뜻이다(참고. 바룩서 4:25). 주님은 결코 불의한 재판관과 같지 않다. 그분은 우리의 간청에 응답하기 전에 졸라야 할 분이 아니다.

그럼에도 이 본문에는 의도적인 긴장이 있다. 예수님은 그분이 인자로서 올 때에 과연 "세상에서 믿음을 보겠느냐"며 묻는 말로 마무리하신다. 앞의 본문은 미래에 있을 주님의 오심에 대해 다루었고, 이 본문은 인자의 오심에 대한 언급으로 마무리된다는 점을 고려하면, 신자들이 기도하는 정의가 예수님의 재림 때까지 그들의 것이 되지 않으리라고 추론하는 것이 공정한 듯하다. 우리는 '하나님의 나라가 임하도록'(11:2) 기도한다. 그러나 그분의 오심은 한동안 일어나지 않을 수도 있다! 이미 2천 년이라는 세월이 흘렀다. 그런데도 하나님께서 그 택하신 자들을 곧 변호하실 것이라는 말이 도대체 의미가 있는가? 그러나 이 본문 자체에 긴장이 주입되어 있다. 그 간청이 곧 응답된다면 기도할 때 낙심할 것을 우려할 필요가 없기 때문이다. 계속해서 기도하고 낙심하지 않는 것을 강조한다는 사실은, 그 응답이 우리가 바라는 만큼 속히 오지 않을 수 있음을 시사한다.

우리의 믿음이 끝까지 버틸지 여부에 관한 이야기를 마무리하는 부분 역시 똑같은 방향을 가리킨다. 만일 인자가 곧 돌아오신다면, 우리의 믿음

211 갈런드는 양보로 해석하는 입장을 취한다(*Luke*, 711-712). 똑같은 반론이 카이(*kai*)가 '…때문에'라는 뜻이라고 주장하는 이들에게도 적용된다. 이 단어는 '…때문에'를 의미하지 않기 때문이다. 아울러 하나님께서 현 시대에 신자들의 박해를 제한하고 계시는지도 분명치 않다. 여기에는 교회를 박해하는 자들에 대한 분명한 언급이 없다.

212 참고. Bock, *Luke 9:51-24:53*, 1454-1455.

이 인내할지에 대한 의문도 없을 것이다. 한편으로, 인자는 곧 돌아와서 그분의 백성을 변호하실 것이다. 다른 한편, 신자들은 인자가 오실 때까지 계속해서 기도하고, 낙심하지 않도록 주의하고, 믿음으로 인내해야 한다. 누가는 우리에게 이 긴장을 풀 열쇠를 주지 않고 독자들을 그런 긴장과 복합성 가운데 내버려둔다. 정경에 의거한 최상의 대답은 베드로후서에 나오는 듯하다. 주님께는 하루가 천 년 같기 때문에 주님의 관점에서 보면 그분이 곧 오시는 것이고, 우리 인간에게는 주님이 오시기 전의 시간이 끝없이 길게 느껴질 수 있다(벧후 3:8-9).

응답

사람들은 부모, 배우자, 자녀, 친구, 동료 또는 고용주에게 학대를 받을 수 있다. 그런 학대는 삶을 견딜 수 없을 만큼 힘들고 고통스럽게 만들곤 한다. 일부 신자들은 그들의 신앙 때문에 사회적 차별을 당할 수도 있다. 무슨 문제가 발생하든지 간에 우리는 낙심하고 절망하기 쉽다.

하지만 항상 기도하고 포기하지 말라는 권면을 받는다. 하나님께서 신실하시기 때문이다. 그분은 우리와 관련된 그분의 뜻과 목적을 이루실 것이다. 기도에 대한 응답이 항상 빨리 오는 것은 아니므로 우리는 낙심하기 쉽다. 그러나 앞에서 살펴보았듯이, 우리의 딜레마에 대한 최상의 해답은 하나님의 관점에서 보면 기도가 빨리 응답되는 것이라고 말하는 것이다. 천 년이 그분께는 단 하루 또는 밤의 한 경(更)에 불과하다. 반면에 우리의 관점에서 보면 기도에 대한 응답에 괴로울 정도로 긴 기간이 걸릴 수도 있다. 마치 하나님께서 결코 응답하지 않으실 것처럼 느껴질 수 있다.

하지만 한편으로, 우리는 주님이 우리의 기도에 응답하실 것으로 확신할 수 있다. 그분이 가까이 오셔서 정의를 실현하실 것이다. 때로 기도에 대한 응답이 너무도 멀리 있는 듯 보이기도 한다. 가끔은 포기하고 기도를 멈추고 싶은 마음이 든다. 그래서 누가가 우리에게 항상 기도하도록 격려하는 것이다. 우리는 하나님께 더 이상 소망을 두지 않는 실제적 무신론자가 되면 안 된다. 우리가 기도하길 멈춘다면, 그것은 하나님께서 신실하지 않다고 생각하거나, 우리에게 관심이 없다고 생각하거나, 진정 우리를 돕지 않으실 것으로 생각하기 때문이다. 그러나 진짜 이슈는 하나님께서 신실하신지 여부가 아니라 우리가 신실한지 여부다. 우리가 믿을 수 있는 것이 하나 있다. 하나님께서 궁극적으로 정의를 구하는 우리의 기도에 응답하실 것이라는 진리다. 우리가 그분의 응답을 기다리는 동안 낙심할지 모른다. 예수님은 여기서 그분이 돌아올 때 단 한 사람이라도 믿음이 있을지를 물으시는 것이 아니다. 그분은 누가 믿을지를 아시고, 지옥문이 교회를 이길 수 없다. 아니, 그분의 요점은 보다 개인적이다. 예수님이 돌아오실 때, 당신은 그분을 신뢰할 것인가? 끝까지 기도하고 결코 포기하지 않을 것인가?

9 또 자기를 의롭다고 믿고 다른 사람을 멸시하는 자들에게 이 비유로
말씀하시되 10 두 사람이 기도하러 성전에 올라가니 하나는 바리새인
이요 하나는 세리라 11 바리새인은 서서 따로 기도하여 이르되 하나님
이여 나는 다른 사람들 곧 토색, 불의, 간음을 하는 자들과 같지 아니
하고 이 세리와도 같지 아니함을 감사하나이다 12 나는 이레에 두 번
씩 금식하고 또 소득의 십일조를 드리나이다 하고 13 세리는 멀리 서
서 감히 눈을 들어 하늘을 쳐다보지도 못하고 다만 가슴을 치며 이
르되 하나님이여 불쌍히 여기소서 나는 죄인이로소이다 하였느니라
14 내가 너희에게 이르노니 이에 저 바리새인이 아니고 이 사람이 의
롭다 하심을 받고 그의 집으로 내려갔느니라 무릇 자기를 높이는 자
는 낮아지고 자기를 낮추는 자는 높아지리라 하시니라

9 He also told this parable to some who trusted in themselves that they
were righteous, and treated others with contempt: 10 "Two men went
up into the temple to pray, one a Pharisee and the other a tax collector.
11 The Pharisee, standing by himself, prayed[1] thus: 'God, I thank you
that I am not like other men, extortioners, unjust, adulterers, or even

like this tax collector. 12 I fast twice a week; I give tithes of all that I get.' 13 But the tax collector, standing far off, would not even lift up his eyes to heaven, but beat his breast, saying, 'God, be merciful to me, a sinner!' 14 I tell you, this man went down to his house justified, rather than the other. For everyone who exalts himself will be humbled, but the one who humbles himself will be exalted."

1 Or *standing, prayed to himself*

단락 개관

앞 단락이 최후의 변호에 대해 말했다면, 바리새인과 세리의 비유(이는 예수님의 가장 유명한 비유 중 하나가 될 만하다)는 우리에게 마지막 날에 놀랄 일이 기다리고 있다고, 의롭게 되는 자들이 인간적 개념과 들어맞지 않는다고 말해준다.[213] 우리는 누가복음에서 그런 역전을 자주 보았다. 비천한 처녀가 메시아를 잉태한다(1:32-35). 그분의 탄생이 목자들에게 알려진다(2:8-20). 부유한 자, 배부른 자, 행복한 자, 존경받는 자가 아니라 가난한 자, 굶주린 자, 우는 자, 미움 받는 자에게 복이 있다(6:20-26). 백부장이 이스라엘 사람들보다 더 큰 믿음을 갖고 있다(7:1-10). 죄 많은 여자가 바리새인 대신 용서를 받는다(7:36-50). 사마리아인이 제사장이나 레위인 대신 자비를 베푼다(10:25-37). 이생에서 부유한 사람이 내세에서는 보물을 갖지 못할 것이다(12:16-21). 탕자가 형 대신 하나님의 용서를 받는다는 것은 세리와 죄인들이 바리새인이나 서기관들 대신 환영받는다는 뜻이다(15:1-2, 11-32).

213 참고. Garland, *Luke*, 715.

나사로가 부자 대신 영원한 상급을 받는다(16:19-31). 한 사마리아인이 유대인들 대신 돌아와서 감사를 드린다(17:11-19).

이 이야기는 앞의 비유와 비슷하게 작동한다. 누가는 비유(18:2-5)를 기록하기 전에 먼저 설명(1절)으로 문을 열고 나중에 예수님의 설명(6-8절)을 더하기 때문이다. 이 본문도 상당히 비슷하다. 누가가 이 비유를 소개할 때, 이는 스스로 의롭다고 믿고 남을 멸시하는 사람들을 위한 것이라고 먼저 일러준다(9절). 비유 자체는 10-13절에 나온다. 한 바리새인과 세리가 기도하러 성전으로 간다. 바리새인은 자신의 도덕성과 종교적 헌신으로 인해 하나님께 찬송과 감사를 드린다. 그러나 세리는 자신의 죄를 부끄러워하고, 스스로를 죄인으로 여기며 하나님께 자비를 베풀어달라고 간구한다. 이후 예수님이 14절에서 이 비유에 대해 논평하신다. 세리가 바리새인 대신 하나님 앞에서 의롭다 하심을 받은 것은, 바리새인은 하나님 앞에서 자신을 높였으나 세리는 자신을 낮췄기 때문이다.

단락 개요

IV. 갈릴리에서 예루살렘으로: 제자의 길(9:51-19:27)

C. 여행의 마지막 구간(17:11-19:27)

3. 하나님 나라에 들어가는 자(18:9-30)

a. 바리새인과 세리의 비유(18:9-14)

주석

18:9 18:1-8에서 보았듯이, 누가는 여기서도 해석을 도와주는 논평으로 비유를 소개한다. 그는 독자들에게, 이 비유는 스스로를 신뢰하는 사람들, 자기가 의롭다고 확신하는 사람에게 말하는 것이라고 알려준다. 그들은 스스로를 신뢰할 뿐 아니라 그들이 의롭다고 생각하지 않는 자들을 멸시하기도 한다.

이 비유는 한 바리새인과 세리를 대조한다. 첫 마디가 교훈적이다. 바울에 대한 '새 관점'을 채택하는 이들은 '행위로 인한 의(義)'가 유대교 진영에 존재하지 않는다고 주장했으나, 누가는 이 비유가 스스로를 신뢰하는 자들, 자기가 의롭다고 생각하는 자들을 겨냥하고 있다고 분명히 말해주기 때문이다. 더구나 이 비유를 통해 그들이 자기네가 행하는 일 때문에 그들의 의로움을 신뢰한다는 것을 알게 된다. 그렇다고 모든 바리새인이 다 그들의 의를 믿었다는 말은 아니지만, 이 비유가 포함된 것은 그런 자기신뢰가 바리새인들이나 유대인에게 국한되지 않은, 흔한 인간 문제이기 때문이다! 바리새인들이 사람들 앞에서 스스로를 의롭다고 하는 것에 대해 예수님이 책망하셨던 장면이 생각난다(16:15). 에스겔 역시 스스로 선하다고 믿고 이후에 악을 행하는 자들을 책망한다(겔 33:13). 바울도 자기 의를 세우려는 유대인들을 질책했으며(롬 10:3), 그 자신의 삶에서도 자기 의가 충분하다는 생각을 버려야 했다(빌 3:7-9).

18:10 비유 자체는 18:10-13에 나온다. 두 사람이 기도하려고 성전에 올라간다. 한 바리새인과 한 세리다. 성전은 유대교의 중심에 해당하는 기둥이었고, 열왕기상 8장은 주님이 그분의 거처인 성전을 향해 드리는 기도에 대한 응답을 약속하셨다고 말한다. 성전에서의 기도는 하루에 두 차례, 번제물을 바치는 시간에 드려졌고(참고. 행 3:1), 따라서 기도는 하나의 공공연한 행사였다. 바리새파는 당시 이스라엘에서 대중적인 평신도 운동이었다(참고. 눅 5:30; 6:7; 7:30; 11:53; 14:3; 15:2). 그들은 모든 이스라엘이 토라를

지켜서 주님이 이스라엘에게 주신 언약을 성취해야 한다고 가르쳤고, 모든 이스라엘 사람이 다 순결하고 주님께 헌신해야 한다는 가르침을 설파했다. 우리가 살펴보았듯이 세리들은 이스라엘에서 악명이 높았는데, 로마인과 협력했을 뿐더러 그들 자신을 위해 과도한 세금을 걷는 등의 악행이 널리 알려져 있었기 때문이다.

18:11-12 바리새인은 그 자신에게 기도하지 않고 추정컨대 그를 더럽힐 죄인들로부터 거리를 두기 위해 홀로 서 있다. 몇몇 영어 번역본이 그가 '홀로 서 있다'고 서로 동일하게 번역한다["standing by himself"(ESV, NRSV), "stood by himself"(NLT)]. 또 하나의 가능성은, 다른 영어 번역본들에 나오듯이 그가 그 자신에게 기도하고 있다는 것이다["prayed thus with himself"(KJV, ASV), "was praying this to himself"(NASB)].[214] '홀로 서서'(개역개정은 "서서 따로")라는 번역이 더 나은 것은 그가 "멀리"(13절) 서 있는 세리와 대조되고 있기 때문이다. 바리새인은 자기만족에 빠진, 독선적인 모습으로 홀로 서서 그 자신은 너무 거룩하기에 남들에게 오염될 수 없다고 생각한다.

바리새인의 기도가 얼핏 보기에는 적절한 것처럼 보인다. 그가 이룬 모든 것으로 인해 하나님께 감사를 드리고 있기 때문이다. 우리는 이렇게까지 말할 수 있다. 그는 자기가 행한 선한 일들로 인해 모든 영광을 하나님께 돌리고 있다! 그러나 바리새인이 마치 진정으로 하나님을 찬송하는 것처럼, 그의 감사를 진실한 것으로 해석하면 안 될 가능성이 훨씬 더 크다. 예수님은 그가 자기를 높였다고 말씀하시고(14절), 스스로를 높이는 사람은 참으로 하나님께 감사드리지 않기 때문이다. 뿐만 아니라 바리새인의 기도에는 '나'라는 단어와 '그'가 행한 것들로 가득 차 있고, 이는 자기도취와 나르시시즘에 빠진 모습을 보여준다. 그가 말하는 감사는 입에 발린 소리일 뿐 사실은 무의미한 것이다. 이 감사는 오히려 마태복음 15:8에 나오

214 같은 책, 718.

18장

는 예수님의 책망과 어울린다. “이 백성이 입술로는 나를 공경하되 마음은 내게서 멀도다.”

감사에 관한 한, 바리새인은 자기가 다른 사람들과 같지 않다는 사실에 감명을 받는다. 그는 분명히 의롭고 남들과 다르다. 그는 도둑질이나 강도짓을 하지 않고 의롭게 살고 있다. 또한 간음을 저지른 적도 없다. 뒤에서 우리는 하나님의 계명을 다 지켰다고 자부하는 부자 관리(18:20-21)에 대해서도 살펴볼 것이다. 바리새인은 세리를 훑어본다. 그 사람과 너무도 다른 스스로의 모습을 칭찬하지 않을 수 없다! 사실 그의 순종은 의무의 수준을 훨씬 뛰어넘었다. 본래 금식은 속죄의 날에만 하도록 규정되어 있는데(레 16:29; 23:27; 민 29:7), 그는 일주일에 두 번이나 금식하고 있기 때문이다. 그는 또한 모든 소득의 십일조를 내고 있기에 규정된 것을 초과해서 헌금하고 있다(참고. 눅 11:42). 바리새인은 하나님께 감사하지만, 본질적으로는 주님께 자신을 그분의 팀에 데리고 있는 것에 기뻐하셔야 한다고 말하고 있는 셈이다.

18:13 다른 한편, 세리는 스스로를 완전히 무가치한 존재라고 여긴다. 그는 하나님의 존전에 가까이 갈 수 없다고 생각해서 홀로 서지 않고 저 멀리 서 있다. 어쨌든 시편 15편과 24편은 주님께 나아가는 사람에게는 의로움이 요구된다고 강조한다. 자신이 너무도 무가치하다고 느끼는 그는 수치심이 가득한 나머지 하늘을 향해 눈을 들지도 못한 채 슬픔에 쌓여 가슴을 치고 있다(참고. 23:48). 엄밀히 말하자면 그는 하나님께 자비를 베풀어달라고 간청하는 게 아니라 죄인인 자신을 위해 속죄를 허락해달라고 간구하고 있다.[215] 그의 간청은 시편 25:11과 잘 어울린다. “여호와여 나의 죄악이 크오니 주의 이름으로 말미암아 사하소서.” 시편 79:9도 똑같은 생각을 표현한다. “우리를 구원하여주시는 하나님, 주님의 영광스러운 이름

215 Bock, *Luke 9:51-24:53*, 1464; Garland, *Luke*, 719.

을 생각해서라도 우리를 도와주십시오. 주님의 명성을 생각해서라도 우리를 건져주시고, 우리의 죄를 용서하여주십시오"(새번역). 세리는 자기가 하나님을 위해 행한 일을 강조하지 않고 그 자신을 하나님의 자비에 던지면서 속죄해달라고 간구한다. 누가복음 전체를 읽어보면, 그런 속죄가 예수 그리스도의 십자가와 부활을 통해 주어진다는 것을 알 수 있다.

18:14 비유가 막을 내리고, 예수님이 놀라운 역전이 일어나는 이 비유의 뜻을 설명하신다. 바리새인이 아니라 세리가 의롭다 하심을 받고 옳은 편에 있는 것으로 선언된다. "의롭다 하심을 받고"에 사용된 헬라어 단어는 디카이오오(*dikaioō*)로, 바울이 의롭다고 선언된 사람들을 가리키기 위해 법정적 의미로 자주 사용하는 단어다(예. 롬 3:24, 26; 4:2, 5; 5:1; 8:30, 33; 고전 6:11; 갈 2:16; 3:8, 11, 24; 딛 3:7). 놀랍게도 갈런드는 이 뜻을 거부하기만 하고 그의 견해를 지지해주는 사전적 증거를 전혀 제공하지 않는다.[216] 실제로 이 용어는 구약에서도 자주 법정적인 뜻을 지닌다(창 38:26; 출 23:7; 신 25:1; 삼하 15:4; 왕상 8:32; 대하 6:23; 시 50:6, 143:2 칠십인역). 이는 불경건한 자가 의롭게 된다는 바울의 가르침을 내다보고, 또한 바울이 이런 가르침을 예수님에게서 얻었다는 것을 가리킨다. 바리새인이 의롭다 하심을 받지 못한 것은 그 자신을 '높였기' 때문이고, 세리가 의롭다 하심을 받은 것은 그 자신을 '낮추었기' 때문이다. 바리새인은 그 자신과 그의 업적을 경배한 반면, 세리는 그의 모든 희망을 하나님께서 허락하시는 용서에 두었다.

216 Garland, *Luke*, 720. 대럴 복도 똑같은 실수를 하는데(*Luke 9:51-24:53*, 1465), 이 용어가 법정적인 것임은 인정하면서도 "결정적 의미에서 그런 것은 아니라"라고 덧붙인다. 그러나 그는 그의 해석을 지지하는 구체적 논증을 제공하지 않는 만큼 이는 그 용어의 뜻에 상반되는 것으로 배격되어야 한다.

응답

필자가 언젠가 들은 이야기가 있다(그것이 실제 일어난 일인지는 모르겠지만). 한 주일학교 교사가 이 비유를 가르친 후 꼬마 조니에게 기도하도록 요청했다. 조니는 이렇게 기도했다. "주님, 우리가 그 바리새인과 같지 않아서 감사해요." 우리는 조니가 비유의 요점을 놓친 것에 대해 웃지만, 어쩌면 조니의 기도에 미소를 지으면서 은근히 조니보다 더 통찰력 있는 스스로를 칭찬하고 있지는 않는가? "주님, 제가 조니와 같지 않아서 감사합니다"라고 생각하지는 않는가? 우리가 바리새인을 끔찍한 사람으로 생각한다면 이 비유의 핵심을 놓치는 셈이다. '바리새인'이라는 말을 들을 때, 우리는 하나님보다 사람들로부터 칭송과 명예를 얻으려는 위선자와 종교적 자랑꾼을 떠올리곤 한다. 남들을 위해서는 상세한 규율을 만들면서도 정작 자신들은 지키지 않는 그런 사람들을 생각하곤 한다. 하지만 예수님이 처음 이 비유를 들려주셨을 때 청중은 다른 관점을 갖고 있었다. 1세기 당시 팔레스타인의 유대인들은 바리새인을 위선자나 종교적 자랑꾼으로 생각하지 않았다. 바리새파는 예수님 당시 가장 존경받는 종교 집단이었다.

예수님이 바리새인에 관해 말씀한 것은 사람들에게 충격을 주어 그들 자신의 삶을 돌아보게 하시기 위해서였다. 만일 예수님 당시의 가장 종교적이고 선한 사람들이 하나님을 기쁘시게 하지 않았다면, 실은 모든 사람이 곤경에 처해 있는 것이다. 달리 말하면, 그 이야기의 요점은 바리새인이 다름 아닌 우리와 비슷하다는 것이다.

바리새인이 9절에서 자기의 선함을 신뢰하는 것과 14절에서 그 자신을 높이는 것 사이의 상관관계도 주목할 필요가 있다. 그러한 모습은 그의 근본적인 죄를 드러내기 때문이다. 그것은 교만, 자기 예찬, 자기 방위로서 우상숭배를 달리 표현하는 말이다. C. S. 루이스는 《순전한 기독교》(*Mere Christianity*)에서 교만에 관한 장을 별도로 만들어서 "가장 큰 죄"[217]라는 제목을 붙였다. 바리새인의 삶에서 교만은 경쟁에서 나온다. 교만은 남들을 낮춰 보기 때문에 생긴다. 다른 누군가는 주목을 받고 우리는 무시당할 때 우리가 화를 내거나 상처를 받는 것은 바로 교만 때문이다.

종교적인 헌신은 어떤가? 경건의 시간을 갖고 도덕적으로 존경받을 만한 삶을 산다고 은근히 우리 자신을 칭찬하지는 않는가? 이 때문에 종교가 음흉하고 위험한 것이다. 우리의 신앙 자체가 자화자찬의 수단이 될 수 있다. 우리가 하나님께 헌신했기 때문에 하나님의 특별한 총애를 받고 엘리트 그룹의 일원이 되었다고 생각하지는 않는가?

래리 크랩(Larry Crabb)의 책에 나오는 한 이야기도 이와 비슷한 점을 지적한다. 어떤 그리스도인 남편이 부부관계에 갈등이 생겨서 상담을 받으러 왔다. 아내가 쉽게 부루퉁하고 화를 내곤 했으나, 그는 아내의 태도에도 불구하고 인내심을 발휘하려고 애쓰고 있었다. 달리 말하면, 그는 겉으로 올바른 것을 행하는 바리새인과 비슷했다. 그 사람이 크랩과 함께 앉아 이야기하는 동안, 아내가 지겹고 버릇없고 과체중이라서 사실은 그가 그녀에게 매우 화가 나 있다는 사실이 드러났다. 자기가 화를 내고 있다는 것이 분명해졌을 때 그는 바리새인처럼 행동했고, 이는 우리 모두의 속에 있는 것이다. 그는 이렇게 말하지 않았다. "하나님, 이 비참한 죄인에게 자비를 베푸소서. 저는 사랑하겠다고 약속한 바로 그 사람을 사랑하는 데 실패했기 때문입니다." 그 대신 그는 아내를 비난했는데, 아내가 예전에는 재미있고 매력적이었으나 지금은 지겹고 과체중이기 때문이다.[218]

세리와 관련해 중요한 점은, 그의 몸짓이 아니라 그가 마음속으로 느끼고 있는 것이다. 그는 자기가 죄인이라는 것을 알았기 때문에 하나님의 존전에 있을 만한 자격이 없다고 느꼈다. 우리가 하나님의 존전에 나아갈 때 우리의 죄, 비참함 그리고 수치를 '느낀다면' 참된 겸손이 있다고 할 수 있다. 찰스 웨슬리(Charles Wesley)의 찬송가 "비바람이 칠 때와"(Jesus, Lover of my Soul)의 3절에는 "나에게는 죄악이 가득하게 찼으니"(I am all unrighteousness)

217 Lewis, "The Great Sin," in *Mere Christianity*, 121-128.

218 Larry Crabb, *Men and Women: Enjoying the Difference* (Grand Rapids, MI: Zondervan, 1991), 60-61.

라는 고백이 있다. 하나님을 만나 구원을 받으면 우리는 자신의 죄를 깊이 인식하게 된다. 세리는 스스로를 '죄인'이라고 불렀다. 그런데 우리는 '적응하지 못하는', '역기능적인' 또는 '심리적 온전함이 결여된'과 같은 용어를 사용한다. 우리는 우리의 죄를 시인하기보다는 변명하고 싶어 한다. 하지만 하나님은 우리가 모든 변명을 내려놓고 우리 자신이 죄악에 사로잡혔다는 것을, 우리의 최우선 순위가 안락함과 기쁨에 있다는 것을 겸손하게 시인하기 원하신다. 우리에게는 심판을 모면할 만한 변명거리가 없다. 우리는 하나님의 분노와 진노를 받아야 마땅하다. 우리의 유일한 희망은 그분으로부터 자비와 은혜를 받는 것이다. 우리가 용서받을 희망은 그리스도의 십자가, 곧 하나님께서 죄에 대한 무서운 진노를 쏟아 부으신 바로 그 십자가로부터 온다.

복음과 이 비유의 좋은 소식은, 하나님은 자기가 죄인이라고 시인하는 사람들에게, 마음으로 깊이 회개하는 사람들에게 자비로운 분이라는 진리다. 우리는 의로운 사람인 체 할 필요가 없다. 우리는 몸부림치면서 우리 안에 죄가 있다는 것을 시인할 수 있다. 이것이 용서에 이르는 길이고, 역설적이게도 의에 이르는 길이다.

15 사람들이 예수께서 만져주심을 바라고 자기 어린 아기를 데리고
오매 제자들이 보고 꾸짖거늘 16 예수께서 그 어린아이들을 불러 가까
이하시고 이르시되 어린아이들이 내게 오는 것을 용납하고 금하지 말
라 하나님의 나라가 이런 자의 것이니라 17 내가 진실로 너희에게 이
르노니 누구든지 하나님의 나라를 어린아이와 같이 받아들이지 않는
자는 결단코 거기 들어가지 못하리라 하시니라

15 Now they were bringing even infants to him that he might touch
them. And when the disciples saw it, they rebuked them. 16 But Jesus
called them to him, saying, "Let the children come to me, and do not
hinder them, for to such belongs the kingdom of God. 17 Truly, I say to
you, whoever does not receive the kingdom of God like a child shall
not enter it."

단락 개관

역전이라는 주제가 계속 이어진다. 고대 세계에서 어린이들은 존중을 받지 못했으나, 예수님은 그들이 자신의 필요를 인정하기 때문에 영접하신다. 그런 의미에서 어린아이는 하나님의 용서에 완전히 의존했던 세리와 비슷하다. 제자들은 어린아이를 예수님께 데리고 오는 사람들을 책망한다. 이에 예수님이 제자들을 꾸짖으며 어린아이들이 그분에게 오는 것을 허락해야 한다고 말씀하신다. 하나님의 나라가 그런 자들에게 속하기 때문이다. 어린아이는 (세리처럼) 그 나라에 들어간다는 것이 무슨 뜻인지를 보여주는 패러다임이고, 그 나라를 어린아이처럼 받아들이지 않는 사람은 거기에 들어가지 못할 것이다.

단락 개요

IV. 갈릴리에서 예루살렘으로: 제자의 길(9:51-19:27)
- C. 여행의 마지막 구간(17:11-19:27)
  - 3. 하나님 나라에 들어가는 자(18:9-30)
    - b. 어린아이처럼 그 나라를 받아들여라(18:15-17)

주석

18:15-17 부모들은 예수님이 만지고 축복해 주시기를 바라는 마음에 아이들을 그분에게로 데리고 갔다. 하지만 고대 세계에서는 어린이들이 전면에 나서거나(참고. 18:39) 어른의 삶을 방해하는 것을 엄하게 금했기 때문

에, 제자들은 그런 부모들을 꾸짖는다. 공적 사역으로 인해 바쁘신 예수님을 위해 성가신 일을 막으려는 것이다. 그들은, 그분에게는 더 중요한 사역이 있다고 확신한다. 그러나 예수님은 그런 기대를 거꾸로 뒤집고, 어린아이들이 자신에게 오는 것을 용납해야 한다고 말씀하신다. 여기서 다시금 예수님이 사회적 사다리의 낮은 쪽에 있는 자들을 포용하시는 모습을 보게 된다. 어린이들을 방해하면 안 되는 것은 하나님의 나라가 그런 자들에게 속하기 때문이다(참고. 11:52).

> 예수님은 어린이들이 지닌 고유한 속성을 언급하시는 것이 아니다. 이를테면 그들의 수용성, 겸손, 진실함, 자의식의 결여, 투명함, 전도유망함, 미래에 대해 열린 모습, 단순함, 참신함, 활기참 또는 주석가들이 종종 자녀들에게 부여하는 어떤 이상적 속성을 가리키시는 것이 아니다. 이런 덕목 중 어느 것도 1세기 문화에서 어린이와 연관되지 않았다. 이런 것들은 어린이에 대한 오늘날의 감상적인 견해를 반영할 뿐이다.[219]

대신 하나님 나라의 능력을 경험하는 모든 사람은 그들이 모든 것을 하나님께 의존하고 있다는 것, 그분께 용서받을 자격을 얻기 위해 할 수 있는 일이 전혀 없다는 것을 인정함으로써 어린이같이 되어야 한다. 바리새인은 그 자신으로 충분하고 의롭다고 생각하면서 스스로를 신뢰했으나, 세리는 오직 하나님만 그의 죄를 속하실 수 있다는 것을 깨달았다. 어린이들은 혼자 힘으로 살아갈 수 없고 다른 사람이 자신들을 부양해야 한다는 것을 안다. 이처럼 절대적으로 의존하는 어린이들의 경험이 우리 모두의 경험이 되어야 한다. 하나님 나라의 구성원은 그 나라를 어린이처럼 받아들이는 사람, 자신의 영적 가난을 인정하는 사람이다(참고. 6:20).

219 Garland, *Luke*, 729.

응답

우리는 우리가 좋은 사람이고 삶의 통제권을 갖고 있다는 환상 속에서 살려고 한다. 우리는 스스로 법을 지키고 있다고 생각하도록 법을 슬쩍 속이기도 한다. J. 부지셰프스키(J. Budziszewski)가 말하듯이, “용서받는 것은 우리의 자존심을 상하게 하고, 통제권을 양도하는 것은 그 자존심에 위협을 가한다.”[220] 그리고 우리가 옳고 선한 일을 행했다고 주장할 수만 있다면 여전히 통제권을 갖고 있다고 느낀다. “빚을 탕감 받을 수 있다는 확신이 없다면…어느 인간도 감히 법을 똑바로 직면하지 못한다”[221]는 그의 말은 옳다. 우리는 우리가 법이 요구하는바에 부합했다고 스스로를 납득시키려고 한다. 우리가 실패했음을 시인하는 것은 심리적으로 너무 부담스럽기 때문이다. 예수 그리스도의 좋은 소식은 우리가 하나님의 표준에 미치지 못한 것을 정직하게 인정할 수 있다고 말한다. 복음에 따르면, 우리는 주 예수 그리스도의 죽음과 부활, 그분이 죄인들을 위해 이루신 구속을 근거로 하나님 보시기에 깨끗하고 의롭게 될 수 있다. 그러나 우리가 하나님의 나라에 들어가려면 자존심을 버려야 한다. 우리의 잘못을 시인해야 한다. 어린이처럼 의존적이어야 한다. 우리가 은혜와 상관없이 인생을 살아낼 수 있는 것처럼 생각하면 안 된다.

220 J. Budziszewski, *What We Can’t Not Know: A Guide* (Dallas: Spence, 2003), 67.

221 같은 책, 66.

18 어떤 관리가 물어 이르되 선한 선생님이여 내가 무엇을 하여야 영
생을 얻으리이까 19 예수께서 이르시되 네가 어찌하여 나를 선하다 일
컫느냐 하나님 한 분 외에는 선한 이가 없느니라 20 네가 계명을 아나
니 간음하지 말라, 살인하지 말라, 도둑질하지 말라, 거짓 증언 하지
말라, 네 부모를 공경하라 하였느니라 21 여짜오되 이것은 내가 어려
서부터 다 지키었나이다 22 예수께서 이 말을 들으시고 이르시되 네게
아직도 한 가지 부족한 것이 있으니 네게 있는 것을 다 팔아 가난한
자들에게 나눠 주라 그리하면 하늘에서 네게 보화가 있으리라 그리고
와서 나를 따르라 하시니 23 그 사람이 큰 부자이므로 이 말씀을 듣고
심히 근심하더라 24 예수께서 그를 보시고 이르시되 재물이 있는 자는
하나님의 나라에 들어가기가 얼마나 어려운지 25 낙타가 바늘귀로 들
어가는 것이 부자가 하나님의 나라에 들어가는 것보다 쉬우니라 하시
니 26 듣는 자들이 이르되 그런즉 누가 구원을 얻을 수 있나이까 27 이
르시되 무릇 사람이 할 수 없는 것을 하나님은 하실 수 있느니라 28 베
드로가 여짜오되 보옵소서 우리가 우리의 것을 다 버리고 주를 따랐
나이다 29 이르시되 내가 진실로 너희에게 이르노니 하나님의 나라를

위하여 집이나 아내나 형제나 부모나 자녀를 버린 자는 30 현세에 여
러 배를 받고 내세에 영생을 받지 못할 자가 없느니라 하시니라
18 And a ruler asked him, "Good Teacher, what must I do to inherit
eternal life?" 19 And Jesus said to him, "Why do you call me good? No
one is good except God alone. 20 You know the commandments: 'Do
not commit adultery, Do not murder, Do not steal, Do not bear false
witness, Honor your father and mother.'" 21 And he said, "All these I
have kept from my youth." 22 When Jesus heard this, he said to him,
"One thing you still lack. Sell all that you have and distribute to the
poor, and you will have treasure in heaven; and come, follow me."
23 But when he heard these things, he became very sad, for he was
extremely rich. 24 Jesus, seeing that he had become sad, said, "How
difficult it is for those who have wealth to enter the kingdom of God!
25 For it is easier for a camel to go through the eye of a needle than
for a rich person to enter the kingdom of God." 26 Those who heard it
said, "Then who can be saved?" 27 But he said, "What is impossible
with man is possible with God." 28 And Peter said, "See, we have left
our homes and followed you." 29 And he said to them, "Truly, I say to
you, there is no one who has left house or wife or brothers[1] or parents
or children, for the sake of the kingdom of God, 30 who will not receive
many times more in this time, and in the age to come eternal life."

1 Or *wife or brothers and sisters*

단락 개관

부유한 관리 내러티브는 그 사람이 스스로에 대해 모든 것을 하나님께 의존하는 어린이처럼 생각하지 않는다는 것을 보여준다. 그는 그 자신을, 앞의 비유(18:10-12)에 나오는 바리새인처럼 평가하기 때문이다. 그는 자기가 계명들을 다 지켰기 때문에 영생을 보장받았다고 생각한다. 하지만 예수님은 그에게 죄를 인정하도록 요구하는 대신 급진적 제자도의 표현으로서 모든 소유를 팔아 그분을 따르라고 요구하신다. 이 명령은 그 사람을 침울하게 만들고, 이를 통해 예수님은 재물이 하나님 나라에 들어가는 것을 방해한다고 말씀하신다. 사실 그 나라에 들어가는 것은 오직 하나님만 가능케 하시는 하나의 기적이다. 인간은 혼자서 그 나라를 위한 결정을 내릴 수 없고, 다름 아닌 하나님의 은혜가 그에게 필요한 반응을 보증한다. 이어서 베드로가 자신들은 모든 것을 버리고 예수님을 따랐다고 말하고, 예수님은 그 나라를 위해 모든 것을 버린 사람은 진정 영생을 받을 것이라고 단언하신다.

단락 개요

IV. 갈릴리에서 예루살렘으로: 제자의 길(9:51-19:27)
- C. 여행의 마지막 구간(17:11-19:27)
  - 3. 하나님 나라에 들어가는 자(18:9-30)
    - c. 부유한 관리와의 만남(18:18-30)

주석

18:18-19 나중에 부자로 밝혀지는(18:23) 한 관리가 예수님에게 영생을 얻으려면 무엇을 행해야 하는지 물어본다. 이는 모든 것을 남에게 의존하는 어린이들에 관해 다룬 앞의 텍스트와 대조된다. 부유한 사람은 그 자신으로 충분하고 독립적인 삶을 영위할 수 있다. 그럼에도 이 사람은 영원한 삶, 다가오는 시대의 삶을 경험하길 원한다. 앞에서는 한 율법교사가 예수님에게 동일한 질문을 던졌다(10:25). 거기서 예수님은 율법이 무엇을 말하는지 물으셨고, 율법교사는 하나님과 이웃을 사랑해야 한다는 것을 강조했다. 예수님도 동의하셨다(10:26-28). 여기서 예수님은 부유한 관리에게 하나님 한 분만 선하신데(신 6:4) 왜 자신을 선하다고 말하는지 그 이유를 캐물으신다. 이는 첫째 계명(출 20:3)에 대한 암시다.[222] 예수님의 선하심과 의로우심은 누가복음 전체에서 밝게 빛나고 있지만, 여기서 누가의 목적은 예수님이 하나님임을 직접 시사하는 것이 아니다. 그렇다고 예수님의 성품을 비판하는 것도 아니다. 이 구절을 마치 예수님이 자신의 선함을 부인하시는 것처럼 읽으면 안 된다. 이 질문은 이 이야기의 나머지 부분을 내다보는 수사적 역할을 한다. 이제 부유한 관리는 자기가 선하다고 주장하지만 실제로는 선함이 무엇인지 모르고 있음이 분명해질 것이기 때문이다. 달리 말하면 그 관리는 자신의 선함에 대해 자기기만에 빠져 있다.

18:20-21 율법교사가 영생을 얻는 것에 대해 궁금해 했을 때 예수님은 그에게 하나님과 이웃을 사랑해야 한다는 것을 확증해주셨다. 여기서는 예수님이 시선을 십계명의 일부로 돌리신다. 간음, 살인, 도둑질 또는 거짓말을 삼가는 것과 부모를 공경하는 것이다(출 20:12-16; 신 5:16-20). 내용으로 보면 여기에 나온 권고는 율법교사에게 말씀하신 것과 다르지 않다. 예

222 Garland, *Luke*, 730.

수님은 이웃에 대한 사랑을 드러내는 계명들에 초점을 맞추고, 영생을 얻으려면 그 계명들을 지켜야 한다고 암시하신다. 율법교사는 이와 비슷한 질문을 받았을 때 이웃의 정체와 관련해 자기를 옳게 보이려고 했다. 반면에 부유한 관리는 자기가 어릴 때부터 이 계명들을 다 지켰다고 주장하면서 영생을 얻을 자격이 있다고 믿는다. 이와 관련해 그는 하나님 앞에서 그분의 계명에 대한 순종을 내세우는 바리새인을 연상시킨다(눅 18:11-12).

18:22-23 그럼에도 예수님은 직접적으로 부유한 관리에게 도전하지 않고 그분의 제자가 되라고 부르신다. 그 사람은 모든 소유를 팔아서 가난한 자들에게 주고 나서 예수님을 따라야 한다(참고. 6:20; 12:33; 14:33). 예수님은 이 점이 그에게 부족하다고 말씀하신다. 바로 이것이 그가 '영생을 얻기에' 부족한 한 가지임을 아는 것이 중요하다. 그 질문에 대해 예수님이 여기서 답변하고 계시기 때문이다. 예수님은 그 사람이 이미 오는 시대에 속한 삶을 누리고 있다고 말씀하지 않으신다. 또한 슈퍼 제자(super-disciple)가 되고 싶으면 이것이 그가 행할 여분의 일이라고 말씀하지 않으신다. 마치 예수님이 영생 이상의 크고 특별한 상급을 얻기 위한 요건을 그 앞에 두고 계신 것처럼 생각하면 안 된다. 그 사람이 영생에 들어가려면, 모든 것을 팔고, 그 판 것을 가난한 자들에게 주고, 예수님을 따라야 한다.

부유한 관리는 예수님의 명령을 듣고 슬퍼하며 근심한다. 아마 그는 칭찬을 기대했을 것이다. 마치 바리새인이 자신의 순종으로 인해 스스로를 높였던 것처럼(18:14), 그는 자신을 높이고 있는 듯하다. 재물을 내놓지 못하는 모습은, 그가 모든 것을 예수님에게 기꺼이 의존하는 어린아이와 같지 않다는 것을 보여준다. 스스로의 미덕에 사로잡힌 모습은, 그가 오직 하나님께 자비를 간청하던 세리와 같지 않다는 것을 보여준다. 그럼에도 이 텍스트는 우리가 바리새인과 세리의 이야기 또는 예수님에게 나아오는 어린아이들의 이야기에서 볼 수 없는 어떤 것을 더해준다. 하나님께 용서해 달라고 부르짖는 사람들, 어린이가 부모에게 의존하듯 하나님께 의존하는 사람들은 예수님의 제자가 된다는 것이다. 그들은 모든 소유를 그분께 드린다. 만일 예수님이 그들에게 재물을 내놓으라고 요구하시면, 그들은 기꺼이 그렇게 한다.

부자들이 주님을 위해 돈을 쓰고 가난한 자들에게 관대하게 베푼다면, 그들은 하나님의 나라에서 배제되지 않는다. 레위는 예수님을 따르기 위해 모든 것을 버리지만(5:27-28), 모든 사람이 세리와 같은 직업을 버려야 하는 것은 아니다. 일부 사람은 책임 있게 또 윤리적으로 자기 분야에 남는다(3:12-13; 19:1-10). 요한 마가의 어머니는 값비싼 큰 집을 제자들의 모임을 위해 사용한다(행 12:12-16). 삭개오는 모든 소유를 팔지 않았지만 그 가운데 절반을 내놓고 자기가 사취한 자들에게 되갚는다(눅 19:8).

이 내러티브의 또 다른 차원도 탐구해야 한다. 부자 관리가 계명들을 지켰다는 주장이 어느 의미에서는 틀리지 않지만, 또 다른 의미에서 그는 율법교사가 기본 계명이라고 말한 것(10:27)을 지키지 않았다. 마음과 영혼을 다해 주님을 사랑하지 않기 때문이다.[223] 달리 말하면 그는 다른 신들을 섬기기 때문에 사실상 첫째 계명을 어기는 죄를 범하고 있다(출 20:3). 맘몬이 그의 우상이기에 그는 바리새인과 비슷하다(눅 16:9, 11, 13). 예수님의 제자가 되기를 거절한 것은 하나님이 삶의 중심이 아니라는 것을 입증한다. 마음과 영혼과 힘을 다해 주님을 사랑하는 사람들은 예수님의 제자가 되어 그분을 따르므로 이 텍스트 또한 높은 기독론을 담고 있다고 할 수 있다. 어느 랍비에 대한 제자의 신분은 완성될 수 있지만, 이와 달리 예수님의 제자가 되는 것은 결코 멈추지 않는다. 예수님은 삶의 모든 것을 그분을 위해 포기하라고 요구하신다! 오직 하나님만 그런 요구를 하신다. 따라서 우리는 예수님이 하나님과 동일한 정체성과 위상을 공유하고 계심을 알 수 있다.

18:24-27 이후 예수님은 재물을 소유한 사람들이 하나님 나라에 들어가

223 같은 책, 731.

는 것이 얼마나 어려운지 모른다고 외치신다(참고. 6:24). 여기서 그 사람 앞에 놓인 이슈는 '하나님 나라에 들어가는 것'이며, 이는 영생을 얻는 것을 달리 표현하는 방식이다(18:18). 즉, 그 사람은 다른 이들이 받지 못할 특별한 상급을 얻기 위해 여분의 무엇을 하도록 요구받는 것이 아니다. 여기서의 이슈는 그가 과연 하나님 나라에 들어갈 것인지 여부다.[224] 예수님의 말씀은, 그 나라에 들어가는 난점이 초인적인 노력으로 대체될 수 있어서 참으로 헌신해 모든 것을 내놓는 사람이 그 나라에 들어갈 수 있다는 뜻이 아니다. 그 대신, 25절은 과장법을 써서 그 나라에 들어가는 것이 부유한 사람들에게는 불가능하다는 점을 분명히 한다. "바늘귀"라고 불리는 예루살렘 성문이 있어서 낙타가 무릎을 꿇고 슬슬 움직이면 통과할 수 있었다는 견해는 전혀 근거가 없다. 낙타가 바늘에 있는 구멍을 통과하는 것이 부자가 영생을 얻는 것보다, 부자가 하나님 나라에 들어가는 것보다 더 쉽다고 예수님이 가르치신다.[225]

18장

18:26-27 이 이야기의 어구는 영생을 얻는 것(18:18), 하나님 나라에 들어가는 것(24절) 그리고 구원을 받는 것(26절)이 동일한 실재를 언급하는 세 가지 방식임을 보여준다. 재물은 사람이 하나님 나라에 들어가는 데 방해물이라는 예수님의 말씀에 사람들이 깜짝 놀란다. 구약에서는 재물이 하나님의 복을 받은 지표기 때문이다. 예컨대 아브라함과 이삭은 엄청난 부자였다(창 13:2; 26:13). 잠언에서는 재물이 지혜와 연관되어 있으며(잠 3:16; 8:18), 열심히 일하는 사람이 부자가 되고(10:4), 부유함은 복의 표징이다(10:22; 22:4). 하지만 잠언을 주의 깊게 읽으면 미묘한 차이가 있는 그림이 나온다. 잠언은 일부 사람이 불의하게(잠 11:4, 16; 28:6, 11) 또는 주님을 신뢰하지 않은 채(11:28; 18:11) 부유하게 된다는 것을 인정하기 때문이다.

224 Bock, *Luke 9:51-24:53*, 1476.

225 Garland, *Luke*, 733; Bock, *Luke 9:51-24:53*, 1485.

어쨌든 18:22-23 주석처럼, 우리는 균형 잡힌 관점을 얻기 위해 누가가 재물에 관해 말하는 모든 내용을 유념해야 한다. 그럼에도 재물에 관한 예수님의 파격적인 말씀은 도대체 누가 구원을 받을 수 있을지 의아하게 만든다. 우리는 예수님의 답변으로부터 구원이 하나의 기적이라는 것을, 구원은 하나님께 속하기 때문에 인간이 이룰 수 없다는 것을 알게 된다(참고. 눅 1:37; 욘 2:9). 우리를 변화시키는 하나님의 은혜가 없이는 아무도 세리처럼 스스로를 낮출 수 없고(눅 18:13) 어린아이처럼 될 수도 없다(16-17절).

18:28-30 제자들이 모든 것을 버리고 예수님을 따랐다(5:11, 28)는 베드로의 말이 자랑처럼 들릴지 모른다. 그렇지만 그들은 실제로 예수님을 따르기 위해 모든 소유를 포기함으로써 부유한 관리에게 말씀하신 것(18:22)을 행했으며, 이는 그들이 진정한 제자들임을 증명한다(12:33; 14:33). 마태는 베드로에 대한 암묵적 비판(마 19:30)을 포함하지만, 누가복음에는 베드로에 대한 책망이 없다. 다른 한편 누가는 베드로가 제대로 알아들었다는 데 초점을 맞추며, 우리는 세리처럼 겸손하고 어린아이처럼 그 나라를 받아들이는 사람들이 그들의 삶을 바꾸는 방식으로 의존과 겸손을 표현한다는 것을 보게 된다.

예수님이 베드로와 다른 제자들의 헌신을 인정하신다. 하나님의 나라를 위해 자기 집, 아내, 형제와 자매 그리고 자녀를 버린 사람들은 이 시대에는 그들이 포기한 것의 여러 배를 받을 것이고, 장래에는 영생을 얻게 될 것이다. 이 모든 논의는 관리가 영생을 얻을 수 있는 방법을 묻는 것(눅 18:18)으로 시작되었고, 그 나라를 위해 모든 것을 포기할 필요성이 강조되어 있다. 자기 아내와 자녀를 버린다는 것은 실제로 가족을 버린다는 뜻이 아니라, 일부 사람이 부부관계나 자녀로부터 오는 기쁨을 포기한다는 뜻 또는 아내나 자녀 없이 선교사로 나간다는 뜻이다.[226] 아울러 우리가 포기

226 Bock, *Luke 9:51-24:53*, 1489.

한 것의 여러 배를 받을 것이라는 약속도 문자적으로 해석해서 마치 제자들이 여러 아내나 자녀를 갖게 될 것으로 이해하면 안 된다. 그 목적은 신자들이 이생에서 많은 복을 받을 것이고 오는 시대에 영생을 누리게 될 것임을 강조하기 위함이다(참고. 마 12:32; 눅 16:8-9; 20:34-35; 엡 1:21).

응답

예수님은 부유한 관리에게 그가 하나님의 법을 지키지 못했고, 또 다른 신을 예배하고 있음을 보여주신다. 그 관리는 자기가 하나님의 계명들을 지키는 선한 사람이라고 생각하지만 실은 하나님보다 다른 무언가를 더 사랑하고 있다. 그는 첫째 계명을 순종하는 데 실패한다. 그의 신이 맘몬이라서 그렇다. 그래서 부유한 관리는 실은 선한 사람이 아니라 우상숭배자다. 이 텍스트의 요점은 구원을 받으려면 모든 돈을 포기해야 한다는 것이 아니다. 만일 우리가 어떤 것을 예수님보다 더 소중히 여긴다면, 성령이 그 문제를 지적해서 그것을 우리 마음에서 몰아내실 것이다.

우리가 이 단락에서 알게 되는 진리가 있다. 우리로서는 불가능한 일을 하나님께서 행하지 않으시면, 우리가 그분의 나라에 들어갈 수 없고, 영생을 물려받을 수 없고, 구원을 받지 못할 것이라는 진리다. 하나님의 은혜가 없으면 우리는 모두 바리새인이다. 기적을 일으키시는 하나님의 능력이 없으면 우리 모두가 부유한 관리와 같다. 우리가 어린아이처럼 되려면 하나님께서 우리 마음속에서 초자연적으로 일하셔야 한다. 어린아이가 된다는 것이 무슨 뜻인가? 우리 손에 있는 모든 신(神)들을 포기하고 우리 아버지의 손을 붙잡는다는 뜻이다. 모든 것을 하나님께 맡긴다는 뜻이다. 예수님과 사랑에 빠진다는 뜻이고 그분의 제자가 된다는 뜻이다.

31 예수께서 열두 제자를 데리시고 이르시되 보라 우리가 예루살렘으
로 올라가노니 선지자들을 통하여 기록된 모든 것이 인자에게 응하리
라 32 인자가 이방인들에게 넘겨져 희롱을 당하고 능욕을 당하고 침
뱉음을 당하겠으며 33 그들은 채찍질하고 그를 죽일 것이나 그는 삼 일
만에 살아나리라 하시되 34 제자들이 이것을 하나도 깨닫지 못하였으
니 그 말씀이 감추였으므로 그들이 그 이르신 바를 알지 못하였더라
31 And taking the twelve, he said to them, “See, we are going up to
Jerusalem, and everything that is written about the Son of Man by the
prophets will be accomplished. 32 For he will be delivered over to the
Gentiles and will be mocked and shamefully treated and spit upon.
33 And after flogging him, they will kill him, and on the third day he
will rise.” 34 But they understood none of these things. This saying was
hidden from them, and they did not grasp what was said.

단락 개관

제자들이 걸어야 할 길(예수님을 위해 모든 것을 희생하는 것)을 보여주는 탁월한 모범은 바로 예수님 자신이다. 그분은 열두 제자에게 인자로서 예언을 이루기 위해 예루살렘으로 가고 있다는 것을 상기시키신다. 유대인이 그분을 이방인에게 넘겨줄 것이고, 이방인은 그분을 조롱하고 채찍질하여 죽일 것이며, 이후에 그분은 죽은 자 가운데서 살아나실 것이다. 이제 예수님의 사역이 막바지에 가까워지면서 그분에게 일어날 일이 가장 구체적으로 예언된다. 하지만 제자들은 예수님이 무슨 말씀을 하시는지 조금도 깨닫지 못하고, 오히려 어리둥절하고 당혹스러워한다.

단락 개요

IV. 갈릴리에서 예루살렘으로: 제자의 길(9:51-19:27)
　C. 여행의 마지막 구간(17:11-19:27)
　　4. 죽음과 부활을 예언하시다(18:31-34)

주석

18:31-34 9:51에서 예수님이 예루살렘으로 가기로 결단하시고, 이후로 여행 모티브가 내러티브 저변에 깔려 있다. 이제 예수님이 열두 제자를 한쪽으로 데려가서 앞으로 일어날 일을 알려주신다. 예수님의 운명은 우발적인 사건이나 모종의 실수가 아니다. 그분은 인자에 관해 기록된 것을 이루기 위해 예루살렘으로 가고 계신다. 그분이 예루살렘으로 가시면 선지

자들의 책에 기록된 "모든 것"이 이루어질 것이다(참고. 21:22; 22:37; 24:25, 27, 44; 행 13:29). 하나님의 계획이 예수님의 사역을 통해 성취되는 중이다. 성경이 성취될 것이라는 생각이 열두 제자를 흥분시킬지 몰라도 그 내용은 깜짝 놀랄 만한 것이다. 그분은 지금 왕으로 즉위하기 위해서가 아니라 "이방인들에게 넘겨[지기]" 위해 예루살렘으로 가시는 중이다. 구약에서 이스라엘은 그들의 죄 때문에, 주님을 반역했기 때문에(참고. 왕상 8:46; 왕하 3:13; 렘 21:10; 22:25; 32:28, 36; 겔 7:21; 23:9) 적들에게 넘겨졌었다(참고. 눅 20:20; 23:1). 예수님의 말씀이 제자들에게는 너무도 이상하게 들릴 것이다. 과거에 적들에게 넘겨지는 자들은 하나님의 진노 아래 있었고, 그런 운명이 메시아, 그리스도에게는 전혀 어울리지 않기 때문이다. 누가는 예수님이 우리를 위해 그리고 우리를 대신하여 넘겨지신다는 것을 암시한다.

이방인들은 또한 메시아를 조롱하고, 학대하고, 그분에게 침을 뱉을 것이다. 그런 모욕은 하나님의 친구가 아니라 그분의 적들을 위해 예약되어 있다. 예수님의 죽음이 다른 다양한 방식으로도 예고되어 있지만(9:31; 12:49-50; 13:33; 17:25; 22:37), 이것은 세 번째 구체적인 수난 예언이다(9:22, 44-45). 그분은 또한 채찍질 당하고 죽을 것이라고 예언하신다. 이 최후의 수난 예언이 가장 구체적인 것은 이제 끝이 다가오고 있어서다. 그럼에도 죽음이 끝은 아니다. 사흘째 되는 날에 그분이 죽은 자 가운데서 살아나실 것이기 때문이다. 하지만 열두 제자는 예수님이 무슨 말씀을 하시는지 전혀 이해할 수 없다(참고. 9:45). 그 부분적인 이유는 기독교 이전의 유대교에서는 아무도 메시아가 고난 받을 것이라고 예상하지 않았기 때문이다. 예컨대 이사야 53장이 백성의 죄를 위해 고난당할 메시아를 가리키는 것으로 이해되었다는 증거는 전혀 없다. 하지만 이런 것을 깨닫는 일이 "감추였[다]"는 것을 우리가 알게 된다. '감추어져 있었다'[케크륌메논(*kekrymmenon*)]는 수동태 동사는 하나님께서 그들로 말씀하신 내용을 깨닫지 못하게 하셨다는 것을 가리킨다. 이 역시 그분 계획의 일부다. 그럼에도 우리는 하나님의 주권에 대한 언급을 과도하게 읽으면 안 된다. 마치 열두 제자가 그들의 몰이해에 대해 책임이 없는 것처럼 해석하면 안 된다는 뜻이다. 두

가지 진리 모두 긴장 가운데 견지해야 한다. 제자들은 예수님의 가르침을 깨달아야 하고, 그들이 인지하지 못하는 것에 대해 책임을 져야 한다. 이와 동시에 현재 일어나는 모든 일은 하나님의 주권적 통제 아래 있다.

응답

구원에 이르는 통로, 하나님을 위해 세상을 되찾게 될 길은 비록 구약에 예언되어 있지만 제자들이 결코 상상할 수 없는 방식으로 이루어진다. 그들은 장차 적들을 무찌르고 이스라엘을 세계 최강으로 만들 왕을 꿈꾸고 있다. 예수님이 오셔서 고난과 죽음을 통해 승리를 거둘 것이라고 말씀하실 때, 그들은 그 뜻을 전혀 이해할 수 없다. 예수님이 고난에 대해 말씀하시는 모든 내용은 그들의 세계관과 상충되지만, 오직 그분의 죽음과 부활이 승리에 이르는 유일한 길이다.

우리는 거꾸로 뒤집힌 나라의 구성원이다. 우리는 약할 때에 강하다. 부유한 사람은 가난한 사람이다. 굶주리는 사람이 배부를 것이다. 울고 있는 사람은 웃을 것이고, 박해받는 사람은 하나님 나라를 누리게 될 것이다. 구원을 받는 사람은 '의로운' 바리새인이 아니라 사악한 세리다. 맹인이 (진리를) 볼 수 있는 반면, 볼 수 있는 사람이 맹인이 된다. 불구인 사람이 온전하게 되는 반면, 건강한 사람이 불구가 된다. 귀먹은 사람이 듣는 반면, 들을 수 있는 자는 아무것도 듣지 못한다. 하나님은 참으로 놀라운 방식으로 일하시고, 우리는 모든 영광과 찬송을 그분께 돌린다. 하나님께서 상황을 거꾸로 뒤집으시기 때문에 우리가 아닌 하나님께 그 공로를 온전히 돌리는 것이다.

18장

35 여리고에 가까이 가셨을 때에 한 맹인이 길가에 앉아 구걸하다가
36 무리가 지나감을 듣고 이 무슨 일이냐고 물은대 37 그들이 나사렛
예수께서 지나가신다 하니 38 맹인이 외쳐 이르되 다윗의 자손 예수여
나를 불쌍히 여기소서 하거늘 39 앞서 가는 자들이 그를 꾸짖어 잠잠
하라 하되 그가 더욱 크게 소리 질러 다윗의 자손이여 나를 불쌍히 여
기소서 하는지라 40 예수께서 머물러 서서 명하여 데려오라 하셨더니
그가 가까이 오매 물어 이르시되 41 네게 무엇을 하여주기를 원하느냐
이르되 주여 보기를 원하나이다 42 예수께서 그에게 이르시되 보라 네
믿음이 너를 구원하였느니라 하시매 43 곧 보게 되어 하나님께 영광을
돌리며 예수를 따르니 백성이 다 이를 보고 하나님을 찬양하니라

35 As he drew near to Jericho, a blind man was sitting by the roadside
begging. 36 And hearing a crowd going by, he inquired what this meant.
37 They told him, “Jesus of Nazareth is passing by.” 38 And he cried
out, “Jesus, Son of David, have mercy on me!” 39 And those who were
in front rebuked him, telling him to be silent. But he cried out all the
more, “Son of David, have mercy on me!” 40 And Jesus stopped and

commanded him to be brought to him. And when he came near, he
asked him, 41 "What do you want me to do for you?" He said, "Lord, let
me recover my sight." 42 And Jesus said to him, "Recover your sight;
your faith has made you well." 43 And immediately he recovered his
sight and followed him, glorifying God. And all the people, when they
saw it, gave praise to God.

단락 개관

제자들은 예수님의 운명에 관해서는 맹인과 같다고 할 수 있다. 예수님이 예루살렘으로 가는 길에 여리고 성읍에 도착하시는데, 거기서 한 맹인이 구걸하고 있다. 그는 무슨 일이 벌어지고 있는지 볼 수 없지만 군중의 왁자지껄한 소리를 듣고 그 이유를 물어본다. 그리고 예수님이 지나가시는 중이라는 말을 듣고는 큰 소리로 예수님을 메시아로, 다윗의 자손으로 부르면서 자비를 베풀어달라고 간청한다. 사람들은 조용히 하라고 꾸짖지만, 그는 또 다시 예수님을 다윗의 자손으로 부르며 자비를 구한다. 소동을 들은 예수님이 다가가 무엇을 원하는지 물으신다. 맹인이 보게 해달라고 간청하자, 예수님이 그것을 허락하며 그의 믿음이 그를 구원했다고 말씀하신다. 그는 곧 시력을 회복하여 하나님께 찬송을 드리고, 예수님의 제자가 되어 그분을 따른다.

18장

단락 개요

IV. 갈릴리에서 예루살렘으로: 제자의 길(9:51-19:27)
C. 여행의 마지막 구간(17:11-19:27)
5. 맹인을 치유하시다(18:35-43)

단락 개요

18:35-37 예수님이 예루살렘에서 27킬로미터 떨어진 여리고에 접근하신다. 한 맹인이 길에서 구걸하고 있다. 우리는 이미 예수님이 맹인의 눈을 열어주기 위해(4:18; 7:21) 그리고 맹인을 종말의 잔치에 초대하기 위해(14:13) 오셨다는 것을 살펴보았다. 군중의 소음을 들은 맹인이 친구들에게 무슨 일인지 설명해달라고 부탁한다. 그리고 나사렛 예수가 그 길로 이동하고 계신다는 말을 듣는다. 맹인이 예수님에 관해 말하는 것을 감안하면, 군중이 그분을 나사렛 예수라고 부르는 것, 즉 예수님이 진정 누구인지 알지 못하는 호칭을 사용하는 것은 의미심장하다.

18:38-39 맹인은 시력을 찾을 수 있는 유일한 희망이 예수님에게 있음을 깨닫고 자비를 베풀어달라고 큰 소리로 외친다. 의미심장한 것은 그가 예수님을 메시아로, "다윗의 자손"으로 부른다는 사실이다. 이는 그가 비록 눈으로 볼 수는 없지만 영적 통찰력을 갖고 있음을 보여준다(참고. 20:41-44). 예수님은 누가복음에서 베드로의 고백(9:20) 이후 "그리스도"로 불리지 않으셨고, 아무도 공적인 자리에서 그분을 그리스도로 고백한 적이 없다. 하지만 맹인은 십자가를 향해 가고 계시는 그분을 메시아로 부른다. 예수님 앞에 가던 군중이 조용히 하라며 그를 꾸짖는다. 여기서 제자들

이 어린아이들을 예수님에게 데려오는 사람들을 꾸짖던 장면(18:15)이 생각나는데, 이제는 군중이 그와 똑같이 행동하고 있는 것이다. 하지만 그들의 만류가 맹인을 저지하지 못한다. 그는 오히려 더 크게 예수님을 다윗의 자손으로 부르며 자비를 베풀어달라고 간청한다.

18:40-43 예수님이 반응하며 그 사람을 데려오게 하고 무엇을 원하는지 물어보신다. 그는 예수님에게 "주여"라고 답하는데, 앞에서 "다윗의 자손"(18:39)으로 불렀으므로 이 단어는 '선생님' 이상의 의미를 지닌 것이 확실하다. 맹인은 시력을 회복시켜달라고 간청하고, 예수님이 은혜롭게 그 부탁을 들어주신다. 예수님은 그 사람을 치유하기 위해 눈을 만지거나 자신의 손을 얹는 것 같은 외적인 행동을 일체 하지 않으신다. 단지 "눈을 떠라"(새번역)고 말씀하시고 그 말씀이 능력을 나타낸다. 우리는 하나님의 말씀이 능력을 발휘하던 장면, 곧 "빛이 있으라"고 말씀하시자 빛이 쏟아졌던 그 장면(창 1:3)을 상기하게 된다. 하나님의 말씀이 능력을 나타내듯 예수님의 말씀도 마찬가지다. 예수님은 말씀으로 실재를 창조하신다.

18장

여기서 예수님은 예전에 죄 많은 여자(눅 7:50), 열두 해 동안 혈루병을 앓던 여자(8:48) 그리고 치유 받은 사마리아인 나병 환자(17:19)에게 했던 선언을 그대로 되풀이하신다. "네 믿음이 너를 구원했다." ESV가 그 절을 '네 믿음이 너를 낫게 했다'("Your faith has made you well")로 옳게 번역했으나, 우리가 앞에서 살펴보았듯이 이를 "네 믿음이 너를 구원하였느니라[세소켄]"(개역개정, ESV 난외주)로 번역하는 것도 타당하다. 맹인은 눈먼 상태에서 치유 받은 동시에 영적으로 구원받은 것이다(참고. 행 26:18). 그는 예수님이 메시아, 다윗의 자손, 이스라엘의 희망이라는 것을 깨닫고 고백한다. 또한 하나님께 영광을 돌리며, 갈보리로 향하는 예수님을 즉시 따르는 것으로 보아 그가 구원을 받은 것이 분명하다. 이 놀라운 치유를 목격한 사람들 역시 하나님께 큰 찬송을 드린다.

응답

세계를 보고 싶어 했던 어떤 사람에 관한 이야기가 있다. 가까이 있는 낯익은 광경들에 싫증이 나서 새로운 장소가 보고 싶었다. 날마다 반복되는 생활이 너무 지겨웠던 그는 배를 타고 여행하기로 결심했다. 모든 준비를 마치고 마침내 바다로 출항했다. 며칠 동안 바다를 항해하던 중 끔찍한 폭풍을 만났다. 과연 살아서 이 바다를 벗어날 수 있을지조차 알 수 없을 정도로 공포스러운 시간이었다. 드디어 폭풍이 가라앉아서 어느 육지에 상륙하게 되었다. 그는 땅의 낯섦과 생소함에 충격을 받았다. 어떤 도시에 들어가서는 번쩍이는 빌딩과 아름다운 건축물들에 압도되었다. 낯선 새 땅에서 무언가를 보고 경험하는 것이 얼마나 멋지고 짜릿했는지! 하지만 그가 몰랐던 사실이 있다. 사실 그는 자신이 살던 그 나라 그 도시로 돌아갔던 것이다. 그가 새로운 눈과 참신한 방식으로 사물을 보았던 것은 그것들을 당연시하지 않았기 때문이다. 이것은 G. K. 체스터턴(G. K. Chesterton)의 이야기다.[227] 체스터턴의 요점은 우리 대다수가 새롭고 흥미진진한 무언가를 보기 위해 여행을 간다는 것이다. 하지만 우리가 그렇게 하는 이유는 더 이상 우리가 몸담은 세계를 날마다 보고 있지 않기 때문이라고 한다. 체스터턴이 말하는 내용은 영적 세계에도 적용된다. 우리가 영적 실재를 보고 있다고 생각할지 몰라도, 여전히 우리는 가장 중요한 것을 보지 못하고 있다. 그 맹인은 비록 볼 수 없었지만 예수님이 메시아, 다윗의 자손, 이스라엘의 구원자라는 것을 인정했다.

227 G. K. Chesterton, *Orthodoxy* (Chicago: Moody, 2009), 20-24. 《G. K. 체스터턴의 정통》 (아바서원).

1 예수께서 여리고로 들어가 지나가시더라 2 삭개오라 이름하는 자가
있으니 세리장이요 또한 부자라 3 그가 예수께서 어떠한 사람인가 하
여 보고자 하되 키가 작고 사람이 많아 할 수 없어 4 앞으로 달려가서
보기 위하여 돌무화과나무에 올라가니 이는 예수께서 그리로 지나가
시게 됨이러라 5 예수께서 그곳에 이르사 쳐다보시고 이르시되 삭개
오야 속히 내려오라 내가 오늘 네 집에 유하여야 하겠다 하시니 6 급
히 내려와 즐거워하며 영접하거늘 7 뭇 사람이 보고 수군거려 이르되
저가 죄인의 집에 유하러 들어갔도다 하더라 8 삭개오가 서서 주께 여
짜오되 주여 보시옵소서 내 소유의 절반을 가난한 자들에게 주겠사
오며 만일 누구의 것을 속여 빼앗은 일이 있으면 네 갑절이나 갚겠나
이다 9 예수께서 이르시되 오늘 구원이 이 집에 이르렀으니 이 사람도
아브라함의 자손임이로다 10 인자가 온 것은 잃어버린 자를 찾아 구원
하려 함이니라

1 He entered Jericho and was passing through. 2 And behold, there was
a man named Zacchaeus. He was a chief tax collector and was rich.
3 And he was seeking to see who Jesus was, but on account of the

crowd he could not, because he was small in stature. 4 So he ran on
ahead and climbed up into a sycamore tree to see him, for he was about
to pass that way. 5 And when Jesus came to the place, he looked up
and said to him, "Zacchaeus, hurry and come down, for I must stay at
your house today." 6 So he hurried and came down and received him
joyfully. 7 And when they saw it, they all grumbled, "He has gone in
to be the guest of a man who is a sinner." 8 And Zacchaeus stood and
said to the Lord, "Behold, Lord, the half of my goods I give to the
poor. And if I have defrauded anyone of anything, I restore it fourfold."
9 And Jesus said to him, "Today salvation has come to this house, since
he also is a son of Abraham. 10 For the Son of Man came to seek and to
save the lost."

단락 개관

예수님이 삭개오라는 부유한 세리가 살고 있는 여리고로 들어가신다. 맹인이 당시 사회의 주변부에서 멸시를 받았듯이, 세리들도 마찬가지였다. 삭개오는 예수님이 보고 싶었지만 키가 작아서 쉽지 않았다. 그는 포기하지 않고 돌무화과나무에 올라간다. 예수님은 그의 이름을 부르며 그날 그의 집에 머무는 것이 하나님의 약정(appointment)이라고 말씀하신다. 삭개오는 예수님을 기쁘게 영접하지만, 사람들은 예수님이 죄인으로 낙인찍힌 사람과 음식을 먹는다며 불평을 늘어놓는다. 하지만 삭개오는 자기가 소유한 것의 절반을 가난한 자들에게 주고, 만일 사람들을 속여 빼앗은 것이 있으면 네 배로 갚겠다고 약속한다. 예수님은 구원이 오늘 아브라함의 자손인 삭개오에게 이르렀다고 선언하면서 그 증거가 그의 관대함과 의로운 거래에 있다고 말씀하신다. 예수님이 인자로 온 것은 삭개오처럼 잃어버린 자들을 찾아서 구원하시기 위해서다. 우리는 이 텍스트에서 하나님은 불가능한 일을 행하실 수 있다는 것을 본다. 즉, 재물의 노예였던 삭개오 같은 사람들을 구원하시는 것이다(18:25-26).[228]

단락 개요

IV. 갈릴리에서 예루살렘으로: 제자의 길(9:51-19:27)

C. 여행의 마지막 구간(17:11-19:27)

6. 삭개오를 구원하시다(19:1-10)

주석

19:1-4 예수님이 예루살렘으로 가는 길에 여리고를 통과하다가 하나님의 섭리로 삭개오를 만나신다. 삭개오는 세리장이었는데, 로마인에게 세금 징수원으로 임명받아 사람들로부터 세금을 걷었을 가능성이 크다. "로마인들은 개별적 세금(통행세와 여러 관세들)의 징수를 최고 입찰자들에게 경매로 내놓았다."[229] 삭개오는 "계약을 얻기 위해 합류한 파트너 그룹의 대표, 계약의 유일한 소유자 또는 파트너들이 그 작업을 감독하도록 고용한 사람 중 하나다."[230] 그는 로마인과의 협력 때문에 미움을 받는 인물이다. 세리들이 세금의 일부를 자기 것으로 챙긴 것이 잘 알려져 있듯이, 삭개오가

228 Garland, *Luke*, 744.

229 같은 책, 747.

230 같은 책.

부유해진 것은 놀랄 일이 아니다. 그럼에도 삭개오가 예수님을 보기 원했던 점은 맹인과 비슷하다. 예수님이 지나시는 길에 군중이 너무 많아서, 키가 작은 삭개오는 주님을 볼 수 없을 것 같아 염려하고 있다. 하지만 그는 적극적으로 어떻게든 그분을 보기로 결심하고는, 앞으로 달려가서 예수님이 지나가실 때 그분을 보기 위해 돌무화과나무에 올라간다.

19:5-6 예수님은 "잃어버린 자를 찾아 구원하려[고]" 오셨다(19:10). 잃어버린 자들에는 세리와 죄인들(5:27-32), 죄 많은 여자(7:36-50), 탕자 두 사람(15:11-32), 나사로 같은 가난한 자들(16:19-31), 사마리아인들(17:11-19), 어린아이처럼 의존하는 사람들(18:15-17), 눈먼 사람들(18:35-43) 등이 포함된다. "오늘"(19:9)이라고 언급되는 이날에는 예수님이 삭개오를 찾으신다. 예수님은 초자연적으로 삭개오의 이름을 알고 있는데, 이는 그를 구원하시려는 예수님의 신적 의도를 강조한다. 예수님이 삭개오의 집에 머물게 하려는 하나님의 계획을 수행하신다. 그분은 삭개오를 만나야 하기(데이) 때문에, 그에게 서둘러 나무에서 내려오라고 명하신다. 삭개오를 이보다 더 기쁘게 하는 것은 없다. 예수님의 방문은 기대하지도 못했던 것이기에, 삭개오는 재빨리 나무에서 내려와 기쁘게 예수님을 영접한다(참고. 5:29).

19:7-8 이를 지켜보던 사람들은 예수님이 죄인의 집에 묵으신다며 불평을 늘어놓는다(참고. 5:30). 그러나 삭개오는 멈춰 서서 자기가 소유한 것의 절반을 가난한 자들에게 주고, 사취한 것의 네 배를 갚겠다고(참고. 출 22:1; 삼하 12:6) 큰 소리로 말함으로써 예수님의 결정을 정당화한다. 예수님의 제자가 된다는 것이 반드시 모든 소유를 포기해야 한다는 뜻은 아니다(참고. 눅 12:33; 14:33; 18:22; 행 5:3-4). 그러나 그것은 재물이 더 이상 본인의 보물이 아니라는 것(눅 12:15-21)과 남들에게 관대하게 베푼다는 것(16:19-31)을 분명히 의미한다. 이것이 제자가 된다는 말의 뜻을 보여주는 공식은 아니지만, 제자들은 관대하게 또 의롭게 사는 사람들이다. 삭개오는 남에게서 강탈한 것을 되돌려줌으로써 자신의 잘못에 대해 보상하고 이제부터는 정

당한 세금만 부과할 것이다(참고. 3:12-13). 여기서 우리는 삭개오의 회개가 예수님이 그를 찾으신 것에 대한 반응임을 알아야 한다. 삭개오가 예수님을 초대한 것이 아니라 예수님이 그의 집에서 머물겠다고 말씀하셨다. 주도권은 예수님에게 있다.

19:9-10 예수님이 오늘 구원이 삭개오의 집에 이르렀다고 선언하신다. "오늘"이라는 단어가 누가복음에서 의미심장한 역할을 하고 구원-역사적인 뜻을 지닌다는 것을 우리는 이미 살펴보았다. 이사야의 예언들이 "오늘" 예수님의 사역을 통해 성취되었고(4:21), 병자를 고치는 것과 귀신을 쫓아내는 것 역시 "오늘" 일어난다(13:32-33). 마찬가지로 십자가에 달린 강도가 "오늘" 예수님과 함께 낙원에 있게 되리라(23:43). 군중은 맹인이 다가오는 것을 저지했던 것처럼 예수님이 삭개오와 함께 계시는 것을 만류하고 있으나, 구원이 아브라함의 자손인 삭개오에게 허락된다.

피츠마이어(Fitzmyer)는 이런 견해를 제시한다. 이 이야기의 요점은 삭개오가 아브라함의 자손이기 때문에 이미 구원받았다는 것이고, 삭개오가 정기적으로 소유의 절반을 가난한 자들에게 주어왔으며, 그의 수하에 있는 세리들로부터 사취를 당한 사람들에게 보상해왔다는 것이다.[231] 그러나 이런 해석은 설득력이 없다.[232] 첫째, 이 텍스트에 두 번 나오는 "오늘"(19:5, 9)이라는 단어는 그의 구원이 과거의 것이 아니라 현재의 실재임을 시사한다. 둘째, 사람들이 삭개오를 죄인으로 부르는데, 그런 판단은 소유의 절반을 가난한 자들에게 주는 것이나 강탈한 것을 되돌려주는 것과 조화되지 않는다. 셋째, 이 이야기의 요점은 예수님이 인자로서 '잃어버린 자를 찾아 구원하러 오셨다'는 것이다. 이 이야기를 읽는 가장 자연스러운 방식은 삭개오라는 인물이 예수님이 찾아 구원하러 오신 잃어버린 자들의 일부라는 것이

231 Joseph A. Fitzmyer, *The Gospel according to Luke*, vol. 2 *X-XXIV*, AB (Garden City, NY: Doubleday, 1985), 1220-1221.《앵커 바이블 누가복음 2》(CLC).

232 참고. Garland, *Luke*, 749-750; Bock, *Luke 9:51-24:53*, 1519-1520.

다. 이는 그가 세리라는 사실과 잘 부합한다. 따라서 이 이야기는 예수님의 모든 사역을 잘 요약하는 선언으로 마무리된다. 그분은 "의인을 부르러 온 것이 아니요 죄인을 불러 회개시키러 왔[기]"(5:32) 때문이다. 목자가 잃어버린 양을 찾듯이(15:3-7), 여자가 잃어버린 동전을 찾듯이(8-10절), 아버지가 잃어버린 아들을 찾듯이(11-32절) 그분은 잃어버린 자를 찾으신다.

응답

예수 그리스도는 잃어버린 자를 찾아 구원하러 오셨다. 이는 화이트칼라(white-collar) 범죄자들과 블루칼라(blue-collar) 범죄자들 가난한 자와 맹인, 영적으로 눈먼 부자들을 모두 포함한다. 주 예수님은 정치권력을 추구하는 과정에서 많은 이들을 학대했던 척 콜슨(Chuck Colson) 같은 화이트칼라 죄인들을 구원하신다. 또한 마약이나 알코올의 노예가 된 사람들도 구원하신다. 삭개오의 이야기가 우리에게 가르쳐주는 교훈이 있다. 단순히 "나는 구원받았어. 나는 이제 예수님을 믿어. 나는 예수님에게 속해 있어"라고 말하는 것으로 충분치 않다는 것이다. 우리는 삭개오처럼 반응해야 한다. 삭개오의 반응을 부유한 관리의 반응과 비교할 수 있다. 부유한 관리가 그의 돈을 포기하지 않은 것은 돈이 그의 신이요 우상이었기 때문이다. 하지만 하나님께서 삭개오의 마음을 변화시키는 불가능한 일을 행하셨기 때문에, 그는 돈의 절반을 기꺼이 가난한 자들에게 주려고 한 것이다. 이 두 내러티브로부터 배우는 교훈이 또 있다. 우리가 지금 퍼센트에 관해 이야기하고 있는 것이 아니라는 사실이다. 예수님이 부유한 관리에게는 모든 소유를 팔라고 명하신 반면, 삭개오는 소유의 절반을 가난한 자들에게 주어서 주님을 기쁘시게 했다. 우리가 주님을 기쁘시게 하기 위해 내놓아야 할 정해진 액수가 있는 것이 아니다. 그리스도는 우리에게서 모든 것을 요구하시지만, 그리스도의 주되심은 사람들의 삶에서 다양한 방식으로 나타난다. 물론 그리스도께 속한 사람은 누구나 관대하지만 말이다. 하나님께서 원하시는 것은 우리의 삶과 마음이다. 그분은 우리가 기쁨과 만족과 성취를 그분 안에서 발견하길 원하신다. 예수님은 맹인과 삭개오에게 보물이 되셨다. 그들 모두 인생에서 참으로 중요한 것이 무엇인지를 발견한 것이다.

11 그들이 이 말씀을 듣고 있을 때에 비유를 더하여 말씀하시니 이는
자기가 예루살렘에 가까이 오셨고 그들은 하나님의 나라가 당장에 나
타날 줄로 생각함이더라 12 이르시되 어떤 귀인이 왕위를 받아가지고
오려고 먼 나라로 갈 때에 13 그 종 열을 불러 은화 열 [1)]므나를 주며
이르되 내가 돌아올 때까지 장사하라 하니라 14 그런데 그 백성이 그
를 미워하여 사자를 뒤로 보내어 이르되 우리는 이 사람이 우리의 왕
됨을 원하지 아니하나이다 하였더라 15 귀인이 왕위를 받아가지고 돌
아와서 은화를 준 종들이 각각 어떻게 장사하였는지를 알고자 하여
그들을 부르니 16 그 첫째가 나아와 이르되 주인이여 당신의 한 [1)]므
나로 열 [1)]므나를 남겼나이다 17 주인이 이르되 잘하였다 착한 종이여
네가 지극히 작은 것에 충성하였으니 열 고을 권세를 차지하라 하고
18 그 둘째가 와서 이르되 주인이여 당신의 한 [1)]므나로 다섯 [1)]므나를
만들었나이다 19 주인이 그에게도 이르되 너도 다섯 고을을 차지하라
하고 20 또 한 사람이 와서 이르되 주인이여 보소서 당신의 한 [1)]므나
가 여기 있나이다 내가 수건으로 싸 두었었나이다 21 이는 당신이 엄
한 사람인 것을 내가 무서워함이라 당신은 두지 않은 것을 취하고 심

지 않은 것을 거두나이다 22 주인이 이르되 악한 종아 내가 네 말로 너
를 심판하노니 너는 내가 두지 않은 것을 취하고 심지 않은 것을 거두
는 엄한 사람인 줄로 알았느냐 23 그러면 어찌하여 내 돈을 은행에 맡
기지 아니하였느냐 그리하였으면 내가 와서 그 이자와 함께 그 돈을
찾았으리라 하고 24 곁에 섰는 자들에게 이르되 그 한 1)므나를 빼앗아
열 1)므나 있는 자에게 주라 하니 25 그들이 이르되 주여 그에게 이미
열 1)므나가 있나이다 26 주인이 이르되 내가 너희에게 말하노니 무릇
있는 자는 받겠고 없는 자는 그 있는 것도 빼앗기리라 27 그리고 내가
왕 됨을 원하지 아니하던 저 원수들을 이리로 끌어다가 내 앞에서 죽
이라 하였느니라

11 As they heard these things, he proceeded to tell a parable, because
he was near to Jerusalem, and because they supposed that the kingdom
of God was to appear immediately. 12 He said therefore, "A nobleman
went into a far country to receive for himself a kingdom and then
return. 13 Calling ten of his servants,[1] he gave them ten minas,[2] and said
to them, 'Engage in business until I come.' 14 But his citizens hated him
and sent a delegation after him, saying, 'We do not want this man to
reign over us.' 15 When he returned, having received the kingdom, he
ordered these servants to whom he had given the money to be called
to him, that he might know what they had gained by doing business.
16 The first came before him, saying, 'Lord, your mina has made
ten minas more.' 17 And he said to him, 'Well done, good servant![3]
Because you have been faithful in a very little, you shall have authority
over ten cities.' 18 And the second came, saying, 'Lord, your mina has
made five minas.' 19 And he said to him, 'And you are to be over five
cities.' 20 Then another came, saying, 'Lord, here is your mina, which
I kept laid away in a handkerchief; 21 for I was afraid of you, because

19장

you are a severe man. You take what you did not deposit, and reap what you did not sow.' 22 He said to him, 'I will condemn you with your own words, you wicked servant! You knew that I was a severe man, taking what I did not deposit and reaping what I did not sow? 23 Why then did you not put my money in the bank, and at my coming I might have collected it with interest?' 24 And he said to those who stood by, 'Take the mina from him, and give it to the one who has the ten minas.' 25 And they said to him, 'Lord, he has ten minas!' 26 'I tell you that to everyone who has, more will be given, but from the one who has not, even what he has will be taken away. 27 But as for these enemies of mine, who did not want me to reign over them, bring them here and slaughter them before me.'"

1) 금은의 중량

1 Or *bondservants*; also verse 15 *2* A *mina* was about three months' wages for a laborer *3* Or *bondservant*; also verse 22

단락 개관

여정이 거의 끝나가고 있다. 예수님이 예루살렘에 가까이 오셨다. 예수님이 예루살렘에 도착하시는 것이 중요한 이유는 일부 사람들이 하나님 나라가 즉시 출범할 것으로 생각하기 때문이다. 이는 그들이 그 나라가 완성될 것으로 생각한다는 뜻이다. 예수님은 이어서 열 사람에게 주어진 므나에 관한 비유를 들려주시는데, 이는 마태복음 25:14-30에 나오는 비유와 유사점과 차이점이 있다.[233] 여기서 그리스도를 상징하는 어떤 귀인이 한 나라를 얻기 위해 긴 여행을 떠났다가 돌아온다. 그는 자기가 돌아올 때까지 장사를 하도록 10명의 종에게 각각 한 므나씩을 준다. 하지만 그 나라의 시민들은 그를 미워하기 때문에 그의 통치를 거부한다. 귀인이 돌아와서 종들의 보고를 받는다. 3명의 응답은 10명을 대표하는 역할을 한다. 첫째 종은 장사를 하여 10배의 수익을 얻어서 열 므나를 더 만들었다. 그는 신실함에 대한 보상으로 열 성읍을 다스리는 책임을 받는다. 둘째 종은 그의 므나에 다섯 므나를 더해서 다섯 성읍을 다스리는 책임을 받는다. 셋째 종은 주인을 무서워한 나머지 그의 므나를 수건에 감추어두었다. 주인이 그 자신의 평가에 따라 셋째 종을 심판한다. 주인이 엄하다는 것을 알았다면, 그는 적어도 받은 므나를 예금해서 이자라도 붙게 했어야 한다. 주인이 그 사람에게서 므나를 빼앗아 열 므나 가진 사람에게 준다. 가진 사람에게는 더 많이 주어질 것인 반면, 아무것도 벌지 못한 사람은 이미 가진 것까지 잃을 것이다. 끝으로, 그의 통치를 거부했던 시민들, 곧 그의 대적들은 주인 앞에서 처형을 당한다.

단락 개요

IV. 갈릴리에서 예루살렘으로: 제자의 길(9:51-19:27)

C. 여행의 마지막 구간(17:11-19:27)

7. 열 므나의 비유(19:11-27)

233 참고. Bock, *Luke 9:51-24:53*, 1526-1529.

주석

19:11-14 예수님은 예루살렘으로 향하시는 중이고(9:51; 13:22; 17:11; 18:31), 이제 그 목적지에 가까워지고 있다. 예루살렘의 중요성은 청중에게도 각인되어 있는데, 그들은 하나님의 나라가 즉시 나타나기 시작할 것으로 믿고 있다(참고. 17:20; 21:31; 24:21; 행 1:6). 그들은 그 나라의 완성, 하나님 목적의 성취를 염두에 두고 있는 듯하다. 누가는 어쨌든 그 나라가 예수님 안에서 임했다고 이미 가르쳤고(눅 11:20; 13:18-21; 17:20-21), 이 비유 자체가 그 나라의 완성, 최후 심판의 날을 가리키고 있다. 귀인은 돌아오기 전에 그 나라를 받는데, 이는 이 비유가 그 나라의 완성에 관한 것임을 확증한다.[234] 이 비유는 어떤 사람이 한 나라를 얻기 위해 먼 나라로 갔다가 되돌아오는 이야기다. 당시 사람들은 왕이 한 나라를 받으러 가는 모습에 익숙했다. 아켈라오(Archelaus, 헤롯 대왕의 아들)는 이스라엘의 통치권을 얻기 위해 로마로 갔고, 헤롯 대왕도 마찬가지였다.[235]

이 비유에서 귀인은 예수님을 상징하는 것이 거의 확실하고, 여기서 그 나라가 나타나기 전에 시간적 간격이 있을 것이라는 암시를 보게 된다.[236] 귀인은 떠나기 전에 10명의 종에게 열 므나(1인당 한 므나씩)를 주면서 그가 돌아올 때까지 장사를 하라고 지시한다. 한 므나는 약 네 달치 임금에 해당한다.[237] 므나는 예수님 초림과 재림 사이의 신자들에게 주어진 책임을 상징한다. 즉 예수님이 우리에게 맡기신 과업이다. 달리 말하면 예수님의 제자들은 그분이 돌아오실 때까지 책임 있게 또 윤리적으로 섬겨야 한다는 뜻이다. 한편 이스라엘에서 예수님의 메시아 신분을 거부하는 대다

234 Bock, *Luke 9:51-24:53*, 1532.

235 참고. 같은 책.

236 이에 대한 반론은 Garland, *Luke*, 754-63에 나온다. 저자는 이 비유가 악한 왕에 관한 것이라고 주장한다.

237 Bock, *Luke 9:51-24:53*, 1533.

수 사람을 상징하는 그 나라의 시민들은 귀인을 미워한다. 그들은 귀인의 여행을 그를 쫓아낼 좋은 기회로 본다. 그 귀인이 자신들을 다스리는 왕이 되는 것을 원치 않기 때문에 그가 돌아오지 않기를 바라는 것이다.

19:15-19 시간이 흐른 후 귀인이 그 나라를 받아서 돌아온다. 이 시나리오는 최후의 심판, 모든 사람이 평가를 받는 그날을 가리킨다. 우리는 또한 왕이 돌아와서 그 나라의 사역이 완수되기 전까지 시간적 간격이 있다는 것을 알게 된다. 귀인이 돌아온 후, 종들은 그가 없는 동안 일을 어떻게 수행했는지 평가받기 위해 소환된다. 첫째 종은 대단한 성공을 거두었다. 그는 받은 한 므나로 열 므나를 더 만들었다. 여기서 그 종이 주인에게 "당신의 한 므나"(16절)라고 말하는 것이 눈에 띈다. 주인은 기뻐하며 그 사람이 종으로서 맡은 일을 잘 완수했다고 칭찬한다. 그는 작은 일에 충성했기 때문에 보상으로 열 성읍을 다스리는 권세를 받는다(참고. 12:32, 44; 16:10, 22:30). 둘째 종도 훌륭한 일을 해냈다. 그는 열심히 일해서 한 므나로("당신의 한 므나", 18절) 다섯 므나를 더 만들었다. 그 역시 다섯 성읍을 다스리는 자로 임명받는다. 하나님의 나라가 올 때, 주님은 그들의 과업에 부합하는 방식으로 적절하게 충성한 사람들에게 상급을 주실 것이다. 그들은 그 상급이 자신이 수행한 일에 비해 훨씬 크다는 것을 알게 되리라. 그들의 주인과 왕은 참으로 관대하고 친절한 분이다!

19:20-23 셋째 종이 와서 주인에게 한 므나를 돌려주면서("당신의 한 므나가 여기 있나이다", 20절) 그것을 수건에 감추어 두었다고 말한다. 그 종은 주인이 엄하고 또 맡기지 않은 것을 찾아가고 심지 않은 것을 거둔다는 것을 알기 때문에, 무서워서 이렇게 행했다고 설명한다. 주인은 종의 말이 그를 정죄한다고 대답한다(참고. 마 12:37). 그가 진정 주인이 엄한 사람이라서 맡기지 않은 것에서 이익을 챙기고 심지 않은 것을 거둔다는 것을 알았다면, 그에 따라 행했어야 한다. 최소한 돈을 은행에 맡겨서 이자라도 얻었어야 한다. 주님을 위해 신실하게 일하지 않는 사람은 그분이 엄하고 그들을 심

판하실 것임을 알게 되리라. 우리는 이 비유의 세부사항을 모두 강조하면 안 된다. 이 비유의 요점은 사람들이 마땅히 받을 것을 받는다는 것이다. 신실하지 못한 종은 상급을 받지 못하고 형벌만 받게 되리라. 그리고 그런 형벌은 보증되어 있다.

19:24-27 왕은 새로운 명령을 내려서 모두를 놀라게 한다. 한 므나를 가진 종, 주인의 사업에 전혀 투자하지 않은 종에게서 그 므나를 빼앗아 열 므나를 가진 종에게 주라고 한다. 지켜보던 자들이 그 사람은 이미 열 므나를 갖고 있다며 항의한다. 그에게는 더 줄 필요가 없다는 것이다! 이에 대한 응답은 이렇다. 가진 사람은 더 받게 될 것이고, 가지지 못한 사람은 그가 가진 것까지 빼앗길 것이다(참고. 8:18). 열매를 맺지 못하는 종들은 그들이 아무것도 갖지 못한다는 것을, 그들에게는 상급이 없다는 것을 그리고 그들이 구원받은 자들과 함께할 수 없다는 것을 알게 될 것이다.[238] 다른 한편, 상급을 받는 사람들은 그들의 상급이 계속 불어나서 그 풍성함에 끝이 없다는 것을 알게 될 것이다. 그들의 복은 결코 끝나지 않고 계속 늘어날 것이다. 그들의 왕을 미워하고 그 통치를 거부하는 시민들(특히 유대 지도자들)은 그 왕이 돌아오는 즉시 형벌을 받을 것이다. 그의 통치를 기뻐하지 않는 자들, 그의 대적 편에 서는 자들은 처형을 당하리라. 이것은 최후의 심판에 대한 생생한 그림이다.

238 같은 책, 1541-1543.

응답

때때로 사람들은 예수님이 즉시 돌아올 것이라고 말씀하셨다고 한다. 심지어는 예수님이 곧 돌아올 것이라고 말씀하셨기 때문에 그분이 틀렸다고 주장하기도 한다. 예수님이 말씀하신 지 2천 년이라는 세월이 흘렀기 때문에 그분의 말씀은 분명히 틀렸다는 것이다. 그러나 예수님의 가르침에 대해 이렇게 말하는 것은 사복음서를 지나치게 단순하기 읽기 때문이다. 신약에는 예수님이 신속히 오실 것이라는 말씀이 있고, 그분이 돌아오기 전에 미지의 시간적 간격이 있을 것으로 예언하는 대목들도 있다. 므나의 비유는 예수님이 돌아오시기 전에 지체가 있을 수 있다는 점과 잘 어울린다.

우리는 이 비유가 각 사람이 동일한 수준의 재능이나 능력을 받았다고 가르치는 것으로 해석하면 안 된다. 이는 성경적으로도 경험적으로도 사실이 아니다. 이 비유가 가르치는 바는 우리 각자가 주님 앞에서 어느 정도의 책임을 받는다는 것이고, 우리가 받은 책임과 함께 무엇을 하느냐에 따라 심판을 받는다는 것이다. 우리는 이 예화를 통해 참된 믿음은 선행으로 나타난다는 것을 배운다. 우리는 오직 믿음으로 구원을 받지만, 열매가 없는 믿음으로는 구원을 받지 못한다. 진정한 믿음은 반드시 선행으로 나타나는 법이다.

또한 이 비유가 그리스도인에게 주어질 상급의 다른 수준을 가르칠 가능성도 있다. 각 사람이 동일한 므나를 받지만, 한 사람은 열 므나를 더 벌어서 열 성읍을 다스리는 권세를 받는다. 또 다른 사람은 다섯 므나를 더 벌어서 다섯 성읍을 담당하게 된다. 하나님을 더욱 신뢰하는 사람들이 더 큰 상급을 받을 것이다. 학자들은 이 생각이 신약의 나머지 부분과 조화를 이루는지에 대해 논쟁한다. 만일 장차 받을 상급이 다르다면, 이는 새로운 창조 세계에서 더 적은 상급을 받는 사람들은 더 많은 사람들을 볼 때 불행하게 느낄 것이라는 뜻인가? 아니다. 새로운 세계에서는 시기나 질투가 없기 때문이다. 각 사람은 자기가 받은 상급에 완전히 만족할 것이다. 새로운 세계에서 받을 서로 다른 상급을 크기가 다른 컵들에 비유할 수 있다.

모든 컵은 하나같이 가득 찰 것이라서 각 사람이 기쁨과 경이와 찬송으로 흘러넘칠 것이다.

끝으로, 일부 사람은 예수님을 미워하는데 그런 사람은 항상 있을 것이다. 우리는 이생에서 그들이 구원을 받기를 바라면서 그들에게 예수님의 사랑을 보여주려고 최선을 다해야 한다. 그럼에도 일부는 결코 돌이키지 않을 것이다. 그들은 예수님을 알 때 생기는 기쁨을 영원히 배척한다. 어떤 이들은 복음을 들으면 화를 낸다. 지옥에 대해 들으면 노발대발한다. 사람들을 지옥으로 보내는 하나님은 비열하다고 생각한다. 그러나 우리는 우리 하나님이 부당하거나 무정하지 않으시다는 것을 안다. 그분은 거룩하고 공정하고 의롭기 때문에 심판하신다. 그분은 사람들이 형벌을 받아야 마땅하기 때문에 심판하신다. 물론 우리 모두 그런 형벌을 받아야 마땅하다. 하나님의 은혜가 없으면 그런 형벌이 우리 모두의 운명이다. 그래서 우리가 용서를 경험하면 기쁨과 감사로 충만해지는 것이다.

28 예수께서 이 말씀을 하시고 예루살렘을 향하여 앞서서 가시더라
29 감람원이라 불리는 산쪽에 있는 벳바게와 베다니에 가까이 가셨을
때에 제자 중 둘을 보내시며 30 이르시되 너희는 맞은편 마을로 가라
그리로 들어가면 아직 아무도 타보지 않은 나귀 새끼가 매여 있는 것
을 보리니 풀어 끌고 오라 31 만일 누가 너희에게 어찌하여 푸느냐 묻
거든 말하기를 주가 쓰시겠다 하라 하시매 32 보내심을 받은 자들이
가서 그 말씀하신 대로 만난지라 33 나귀 새끼를 풀 때에 그 임자들이
이르되 어찌하여 나귀 새끼를 푸느냐 34 대답하되 주께서 쓰시겠다 하
고 35 그것을 예수께로 끌고 와서 자기들의 겉옷을 나귀 새끼 위에 걸
쳐 놓고 예수를 태우니 36 가실 때에 그들이 자기의 겉옷을 길에 펴더
라 37 이미 감람산 내리막길에 가까이 오시매 제자의 온 무리가 자기
들이 본바 모든 능한 일로 인하여 기뻐하며 큰 소리로 하나님을 찬양
하여 38 이르되 찬송하리로다 주의 이름으로 오시는 왕이여 하늘에는
평화요 가장 높은 곳에는 영광이로다 하니 39 무리 중 어떤 바리새인
들이 말하되 선생이여 당신의 제자들을 책망하소서 하거늘 40 대답하
여 이르시되 내가 너희에게 말하노니 만일 이 사람들이 침묵하면 돌
들이 소리 지르리라 하시니라

28 And when he had said these things, he went on ahead, going up to
Jerusalem. 29 When he drew near to Bethphage and Bethany, at the
mount that is called Olivet, he sent two of the disciples, 30 saying,
"Go into the village in front of you, where on entering you will find a
colt tied, on which no one has ever yet sat. Untie it and bring it here.
31 If anyone asks you, 'Why are you untying it?' you shall say this:
'The Lord has need of it.'" 32 So those who were sent went away and
found it just as he had told them. 33 And as they were untying the colt,
its owners said to them, "Why are you untying the colt?" 34 And they
said, "The Lord has need of it." 35 And they brought it to Jesus, and
throwing their cloaks on the colt, they set Jesus on it. 36 And as he
rode along, they spread their cloaks on the road. 37 As he was drawing
near—already on the way down the Mount of Olives—the whole
multitude of his disciples began to rejoice and praise God with a loud
voice for all the mighty works that they had seen, 38 saying, "Blessed
is the King who comes in the name of the Lord! Peace in heaven and
glory in the highest!" 39 And some of the Pharisees in the crowd said to
him, "Teacher, rebuke your disciples." 40 He answered, "I tell you, if
these were silent, the very stones would cry out."

41 가까이 오사 성을 보시고 우시며 42 이르시되 너도 오늘 평화에 관
한 일을 알았더라면 좋을 뻔하였거니와 지금 네 눈에 숨겨졌도다
43 날이 이를지라 네 원수들이 토둔을 쌓고 너를 둘러 사면으로 가두
고 44 또 너와 및 그 가운데 있는 네 자식들을 땅에 메어치며 돌 하나
도 돌 위에 남기지 아니하리니 이는 네가 [1)]보살핌 받는 날을 알지 못
함을 인함이니라
41 And when he drew near and saw the city, he wept over it, 42 saying,

"Would that you, even you, had known on this day the things that make
for peace! But now they are hidden from your eyes. 43 For the days will
come upon you, when your enemies will set up a barricade around you
and surround you and hem you in on every side 44 and tear you down to
the ground, you and your children within you. And they will not leave
one stone upon another in you, because you did not know the time of
your visitation."

45 성전에 들어가사 장사하는 자들을 내쫓으시며 46 그들에게 이르시
되 기록된바 내 집은 기도하는 집이 되리라 하였거늘 너희는 강도의
소굴을 만들었도다 하시니라
45 And he entered the temple and began to drive out those who sold,
46 saying to them, "It is written, 'My house shall be a house of prayer,'
but you have made it a den of robbers."

19장

47 예수께서 날마다 성전에서 가르치시니 대제사장들과 서기관들과
백성의 지도자들이 그를 죽이려고 꾀하되 48 백성이 다 그에게 귀를
기울여 들으므로 어찌할 방도를 찾지 못하였더라
47 And he was teaching daily in the temple. The chief priests and the
scribes and the principal men of the people were seeking to destroy
him, 48 but they did not find anything they could do, for all the people
were hanging on his words.

1) 심판, 벧전 2:12 참조

단락 개관

예루살렘으로 가는 여행이 막바지에 이르렀고, 이 단락에서 예수님이 그 성읍으로 들어가신다. 예수님은 두 제자를 성읍 안으로 보내 아무도 탄 적이 없는 새끼 나귀를 끌고 오게 하신다. 누군가가 반대할 경우, 주님에게 그 새끼 나귀가 필요하다고 말하면 해결될 것이다. 이 계획은 예수님이 말씀하신 그대로 이행된다. 그분은 새끼 나귀 위에 앉으시고, 사람들은 길에 자신의 겉옷을 펼친다. 예수님이 나귀를 타고 예루살렘으로 들어오실 때, 군중이 그분의 모든 기적들로 인해 큰 소리로 하나님을 찬송하기 시작하면서 하나님의 이름으로 오시는 왕을 축복한다. 그들은 하늘에 있는 평화를 기뻐하며 "가장 높은 곳에는 영광!"이라고 외친다. 바리새인들은 현재 벌어지는 일에 마음이 상해서, 예수님에게 제자들을 책망하라고 요청한다. 이에 예수님은 만일 제자들이 잠잠하면 돌들이 소리칠 것이라고 응답하신다. 예수님이 예루살렘을 보고 눈물을 흘리시는 것은 그 성읍이 평화의 길을 배척했기 때문이다. 이제 그 성읍이 완전히 파괴될 멸망의 날이 다가오고 있다. 그 백성이 하나님께서 예수님 안에서 그들에게 오셨다는 것을 깨닫지 못하기 때문이다. 예수님이 성전에 들어가서 물건 파는 자들을 쫓아내시는 것은 그들이 기도의 집을 장터로 변질시켰기 때문이다. 예수님은 계속해서 성전에서 가르치시고, 종교 당국과 정치 당국은 그분을 죽이려고 하지만, 백성은 그분의 편에서 그분의 모든 말씀을 꼭 붙잡고 있다.

단락 개요

V. 예루살렘에서의 죽음과 부활(19:28-24:53)
  A. 예루살렘에 들어가시다(19:28-48)

주석

19:28-34 예루살렘으로 가는 마지막 여행이 이제 시작되려는 중이고, 9:51에서 시작된 그 여정이 곧 마무리될 것이다. 예루살렘은 예수님의 고난, 죽음 그리고 부활에 관한 예언들이 성취될 장소다. 감람산 근처에 있는 벳바게와 베다니 마을에서 예수님이 두 제자를 앞서 보내신다.[239] 그 성읍에 들어가면 새끼 나귀가 매여 있는 것을 보게 될 것이다. 예수님이 사전에 합의를 하셨는지 아니면 그분의 신성으로 이를 아시는지는 우리가 모른다. 예수님은 제자들에게 아무도 탄 적이 없는 그 새끼 나귀를 풀어서 끌고 오라고 지시하신다. 아무도 그 나귀 위에 앉은 적이 없다는 사실은 그것이 왕에게 적합하다는 것을 보여준다. 스가랴 9:9의 예언이 이제 성취되려고 한다.

시온의 딸아 크게 기뻐할지어다
　　예루살렘의 딸아 즐거이 부를지어다
보라 네 왕이 네게 임하시나니
　　그는 공의로우시며 구원을 베푸시며
겸손하여서 나귀를 타시나니
　　나귀의 작은 것 곧 나귀 새끼니라.

예수님은 심판하기 위한 군마가 아니라(참고. 계 19:11) 나귀를 타고 예루살렘에 들어가시는데, 이는 그분이 온유하고 겸손한 왕이라는 것을 가리킨다(참고. 왕상 1:38). 예수님은 백성을 구출하려고 왕으로서 감람산에서 오셨으나(슥 14:4, 9, 16), 성읍 전체는 그분을 그런 왕으로 환호하지 않는다.[240]

239 참고. 같은 책, 1552-1553.

240 참고. Garland, *Luke*, 769.

19장

예수님은 또한 제자들이 나귀를 풀 때 누군가 의문을 제기하면 주님에게 그것이 필요하다고 말하라고 지시하신다. 제자들은 모든 것이 예수님이 미리 말씀하신 그대로 이루어진다는 것(참고. 눅 22:13)을 알게 된다. 이는 모든 것이 하나님의 계획에 따라 일어나고 있음을 확증해준다. 실제로 나귀를 푸는 두 제자에게 주인들이 의문을 제기했지만 주님에게 그 나귀가 필요하다고 말하자 바로 허락한다.

19:35-40 새끼 나귀를 예수님에게 끌고 오자 제자들이 그들의 겉옷을 새끼 나귀 위에 걸치고 예수님을 그 위에 태운다. 이것은 예수님이 스가랴 9:9에 예언된 왕으로 즉위하시는 것이다(참고. 왕상 1:33). 그와 동시에 예수님이 예루살렘에 들어가실 때, 제자들은 그분을 자신들의 통치자로 환영하기 위해 겉옷을 길에 펼친다(참고, 왕하 9:13). 예수님이 메시아로서 다윗의 성읍에 오고 계신다. 예수님이 감람산에서 내려오실 때, 제자들이 예수님이 행하신 모든 기적으로 인해 큰 소리로 하나님을 찬송한다. 예수님의 기적들이 그분의 신분을 증언했기 때문이다(참고. 눅 2:13, 20). 이 기념식이 메시아적 성격을 지닌다는 것이 38절에서 분명해진다. 거기서 그들이 예수님을 주님의 이름으로 오시는 왕으로 선포하기 때문이다. 이 구절은 시편 118:26을 암시한다. 주님의 이름으로 오는 자가 축복을 받고, 대적들을 이긴 왕의 승리를 기뻐하는 구절이다. 왕은 주님의 구원으로 인한 찬송을 들으며 성전으로 돌아오신다.

여기서 모든 사람이 기뻐하지 않고 예수님의 제자들만 기뻐한다는 것을 주목할 필요가 있다. 메시아가 수도로 오신다는 것은 하늘에는 평화가 있고 가장 높은 곳에서는 하나님께 영광과 찬송을 돌린다는 것을 의미한다(참고. 눅 2:14). 왕과 고관들이 성읍을 방문할 때는 환영을 받게 되는데, 여기서는 제자들이 예수님을 환영한다. 그러나 지도자들은 그들의 왕을 영접하지 않는다. 일부 바리새인들이 하나님의 일을 보지 못한 채 예수님에게 제자들을 책망하시도록 요청한다. 그들은 예수님이 메시아라는 생각을 거부하기 때문이다. 그런 생각을 드러내는 것은 모두 틀렸다고 여긴다. 그러나 예수님은 오히려 바리새인들을 책망하면서 만일 제자들이 잠잠하면 돌들이 큰 소리로 찬송할 것이라고 말씀하신다.

19:41-44 왕으로서 성읍으로 들어갈 때, 예수님은 그분이 메시아라는 주장을 거부한 결과로 예루살렘에 닥칠 비극을 내다보며 눈물을 흘리신다(참고. 렘 9:1). '평화의 성읍'에 속한 백성이 평화를 가져오는 것들을 알 수 있었다면 얼마나 좋을까. 그들은 "평강의 왕"(사 9:6), 영원한 평화를 가져올 분(9:7)을 영접할 수도 있었기 때문이다. 메시아의 날에는 '평화가 풍성할' 것이다(시 72:7). 그분은 평화에 관한 좋은 소식, 하나님의 통치에 관한 소식(사 52:7)을 선포하신다. 그러나 이스라엘은 전반적으로, 특히 예루살렘은 그 메시지를 배척하고 말았다. 사람들이 평화에 관한 것을 모르는 이유는 평화를 가져오시는 분을 모르기 때문이다. 그 결과 이제 심판을 직면한다. 하나님께서 그들에게 진리를 숨기시는 것은 그들이 이미 그것을 배척했기 때문이다(참고. 눅 8:10; 10:21; 사 6:9; 롬 11:8, 10).

예루살렘은 평화 대신 전쟁을 마주할 것이다(참고. 눅 13:34). 적들이 성읍에 내려와 포위해서 피할 길이 없을 것이다. 예수님은 여기서 주후 70년에 있을 그 성읍의 멸망을 예언하고 계시는 것이 분명하다(참고. 21:20-24; 23:28-30). 그 성읍이 철저히 파괴될 것이다. 돌 위에 남은 돌이 하나도 없을 정도로 완전히 파괴될 것이다(참고. 21:6). 물론 이 표현은 과장법임에 틀림없다. 자녀들은 피하지 못한 채 부모의 죄가 낳은 결과를 경험할 것이다. 예루살렘이 심판을 받는 것은 "하나님께서 너를 찾아오신 때를, 네가 알지 못했기 때문"(44절, 새번역)이다. 구약에 나오는 하나님의 방문은 그분의 구출과 도움(창 50:24, 25; 출 3:16; 13:19) 또는 심판(사 10:3; 24:22; 렘 6:15; 겔 7:22)을 의미할 수 있다. 여기서의 방문은 사실 긍정적이다(참고. 눅 1:68). 예수님이 하나님의 그리스도로서 평화, 좋은 소식 그리고 하나님 나라를 가져오시기 때문이다. 그러나 예루살렘이 예수님을 인정하지 않고 오히려 배척하기 때문에 그 시민들은 심판을 직면할 것이다.

19:45-48 예수님은 성전에 도착하심으로 말라기 3:1-2의 예언을 성취하신다.

> 너희가 구하는바 주가 갑자기 그의 성전에 임하시리니 곧 너희가 사모하는바 언약의 사자가 임하실 것이라 그가 임하시는 날을 누가 능히 당하며 그가 나타나는 때에 누가 능히 서리요 그는 금을 연단하는 자의 불과 표백하는 자의 잿물과 같을 것이라.

예수님이 성전에 오시는 것은 기뻐할 순간이 아니라 심판의 순간이다. 성전에서 일어나는 일이 결코 바람직하지 않기 때문이다. 이스라엘이 과거에 성전에서 지었던 죄를 새로운 세대가 계속해서 답습하고 있다(렘 7:1-15; 겔 8:1-18). 예수님이 성전에 오는 장면을 누가는 사고파는 자들을 쫓아내시는 것으로 간략하게 기록한다. 성전은 기도에 전념함으로써 하나님과 만나는 곳이 아닌 재정적 이익을 추구하는 장소가 되었다(참고. 사 56:7; 렘 7:11). 어쩌면 성전을 정화하시는 장면은 예수님이 예언하는 성전의 파괴를 가리킬지 모른다(눅 21:5-6). 만일 그렇다면 이 정화 행위는 성전의 파괴를 상징하는 선지자적 행동인 셈이다.

예수님은 성전에서 백성을 가르치심으로써 가르침의 사역을 끝까지 수행하신다(참고. 13:10; 20:1; 21:37; 22:53). 영향력 있는 사람들, 즉 대제사장들, 서기관들 그리고 정계의 거물들은 예수님을 없애기로 결의했다(참고. 20:19; 22:2). 하지만 백성은 예수님에 대해 그들과 전혀 다른 입장이고 그분의 모든 말씀을 꼭 붙잡고 있어서 지도자들이 어찌할 도리가 없다. 백성이 예수님의 가르침에 주목하는 현상은 그들의 영적 통찰력이 지도자들의 통찰력보다 훨씬 뛰어나다는 것을 보여준다. 예수님이 그분의 성전에 오셨다. 이제 대적들은 그분이 오시는 날을 견뎌낼 수 없을 것임이 분명해진다.

응답

예수님은 왕이다. 그러나 당장 이스라엘의 적들을 물리치고 그 백성을 옹호하지 않으시기 때문에, 백성이 기대하는 그런 왕은 아니다. 그분은 군마를 타고 예루살렘에 들어오는 대신 평화의 왕으로서 새끼 나귀를 타고 오신다. 많은 사람이 그분을 왕으로 알아보지 못하는 것은 예언이 성취되는 모습이 그들의 기대와 상충되기 때문이다. 우리도 똑같은 실수를 범할 수 있다. 우리는 삶이 특정한 모습으로 나타나길 기대할 수 있다. 하나님께서 이루실 것으로 생각하는 우리만의 계획이 있을 수 있다. 그런데 삶이 우리가 기대하는 모습으로 이루어지지 않는다면, 하나님의 신실하심을 의심할 수 있다. 그러나 기억해야 할 것이 있다. 예수님은 고난을 통해 평화를 가져오시는 분이라는 것, 그리고 아무도 예상치 않았던 방식으로 예언을 성취하시는 왕이라는 것이다. 이런 의미에서 예수님의 나라는 "이 세상에 속한 것이 아니[다]"(요 18:36). 지금 일어나고 있는 일들을 완전히 이해하지 못할 때에도, 우리는 하나님을 신뢰하며 그분의 약속이 반드시 이루어질 것을 믿어야 한다.

1 하루는 예수께서 성전에서 백성을 가르치시며 복음을 전하실새 대
제사장들과 서기관들이 장로들과 함께 가까이 와서 2 말하여 이르되
당신이 무슨 권위로 이런 일을 하는지 이 권위를 준 이가 누구인지 우
리에게 말하라 3 대답하여 이르시되 나도 한 말을 너희에게 물으리니
내게 말하라 4 요한의 [1)]세례가 하늘로부터냐 사람으로부터냐 5 그들
이 서로 의논하여 이르되 만일 하늘로부터라 하면 어찌하여 그를 믿
지 아니하였느냐 할 것이요 6 만일 사람으로부터라 하면 백성이 요한
을 선지자로 인정하니 그들이 다 우리를 돌로 칠 것이라 하고 7 대답
하되 어디로부터인지 알지 못하노라 하니 8 예수께서 이르시되 나도
무슨 권위로 이런 일을 하는지 너희에게 이르지 아니하리라 하시니라
1 One day, as Jesus[1] was teaching the people in the temple and
preaching the gospel, the chief priests and the scribes with the elders
came up 2 and said to him, "Tell us by what authority you do these
things, or who it is that gave you this authority." 3 He answered them,
"I also will ask you a question. Now tell me, 4 was the baptism of John
from heaven or from man?" 5 And they discussed it with one another,

saying, "If we say, 'From heaven,' he will say, 'Why did you not believe him?' 6 But if we say, 'From man,' all the people will stone us to death, for they are convinced that John was a prophet." 7 So they answered that they did not know where it came from. 8 And Jesus said to them, "Neither will I tell you by what authority I do these things."

1) 헬, 또는 침례
1 Greek *he*

단락 개관

누가복음 20장은 예수님과 이스라엘 지도자들 사이에 벌어진 논쟁들의 1라운드로 시작된다. 예수님이 마지막 며칠 동안 성전에서 시간을 보내면서 행한 주된 활동 중 하나는 하나님의 은혜에 관한 좋은 소식을 가르치고 선포하시는 것이다. 하지만 대제사장들과 서기관들과 장로들은 예수님에게 완강히 반대하며 그분을 제거할 구실을 찾고 있다. 예수님이 성전에서 장사하는 자들을 내쫓을 뿐만 아니라(19:45-46) 계속해서 권위 있는 가르침을 베풀고 계시므로, 그들은 누가 그분에게 그런 일을 행할 권위를 주었는지 의문을 제기한다. 하지만 정작 답변에는 관심이 없다. 그래서 예수님은 세례 요한의 사역이 하나님으로부터 온 것인지, 아니면 사람으로부터 온 것인지를 묻는 반문을 제기하신다. 이 질문이 그 이슈를 회피하는 것이 아님은 세례 요한의 권위가 예수님의 권위와 묶여 있기 때문이다. 지도자들이 다함께 이 문제를 고려하지만, 그들은 진실을 추구하는 데 관심이 없다. 군중 앞에서 그릇된 대답을 할 경우 자신들의 영향력을 잃을까봐 염려할 뿐이다. 세례 요한이 하나님으로부터 왔다고 말한다면, 예수님은 왜 그를 믿지 않았는지 물으실 것이다. 반대로 세례 요한이 하나님으로부터 오

20장

지 않았다고 말한다면, 백성이 그들을 돌로 칠지도 모른다. 그래서 그들은 세례 요한 사역의 근원을 모른다고 말한다. 종교 당국자들이 그들 자신의 무지를 고백하도록 유도한 예수님은 그분 역시 '그분이 가지신' 권위의 근원을 말하지 않겠다고 답하신다.

단락 개요

V. 예루살렘에서의 죽음과 부활(19:28-24:53)
　B. 예수님과 지도자들 간의 논쟁(20:1-21:4)
　　1. 예수님의 권위와 세례 요한(20:1-8)

주석

20:1-2 누가복음은 예수님이 성전에서 질문을 던지는 장면(2:46-47)으로 시작되었고, 이제 공적 사역이 끝날 무렵에도 그분은 성전에서 가르치고 계신다(19:47; 21:37-38; 22:53).[241] 예수님의 가르침은 회복에 관한 좋은 소식, 주님이 기름 부음을 받은 자 예수를 통해 그 백성을 노예 상태에서 해방시키실 것이라는 약속(사 40:9; 52:7; 61:1-2; 눅 4:18-21, 43; 7:18-23; 8:1; 9:6; 16:16)에 초점을 맞춘다. 그러나 대제사장과 서기관과 장로들은 감명을 받지 않는다. 정치권력의 중심을 대표하는 그들은 예수님이 제거되어야 한다는 확신을 품고 있다. 특히 예수님이 성전에서 물건을 사고파는 사람들

241 참고. 같은 책, 782.

을 쫓아내신 것에 분개하는데, 그런 행동을 하는 인물은 독특한 권위를 주장하는 것이 틀림없기 때문이다. 그들은 또한 성전에서 베푸시는 그분의 권위 있는 가르침에도 분노한다. 그들은 예수님의 권위를 노골적으로 부인하기보다 그분에게 의문을 제기해서 영향력을 약화시킬 수 있다고 생각한다. 그래서 도대체 무슨 권위로 그렇게 행동하는지 묻는다(참고. 4:32). 그들은 과연 누가 그런 권위를 부여했는지에 대한 예수님의 설명을 듣는 데 특히 관심이 있다.

20:3-4 정치 및 종교 당국자들은 예수님에게 함정을 놓아서 그분이 군중 앞에서 실수를 저지르길 바란다. 그러나 예수님은 이전 질문이 해결되기 전에는 그들과 관계 맺기를 꺼려하기 때문에 그들에게 반문을 제기하신다. 예수님의 권위라는 이슈가 확정되기 전에, 세례 요한의 권위에 대한 질문에 답해야 한다. 특히 세례 요한은 예수님의 선구자였기 때문에(1:16-17, 76-79; 3:16)[242] 둘의 권위가 연계되어 있으므로 예수님이 그 질문을 회피하시는 것이 아니다. 요한의 세례는 하늘로부터, 말하자면, 위에 계신 하나님으로부터 온 것인가, 아니면 인간적인 것에 불과했는가? 만일 요한이 진정한 선지자가 아니었다면, 그는 거짓 선지자로 죽임을 당했어야 한다(신 18:20). 아마 일부 사람은 헤롯 치하에서 당한 그의 죽음을 하나님의 심판으로 보았을 것이다.[243]

20:5-6 예수님이 당국자들을 진퇴양난에 빠뜨리신다. 그들의 목적은 예수님을 공중 앞에서 사기꾼으로 노출시키는 것인데, 이제 사태가 반전되어 그들의 권위가 고려의 대상이 된다. 그들은 예수님의 질문에 정직하고 진실하게 대답하는 데는 관심이 없다. 무엇보다 그들이 정치적 동기를 품

242 Bock, *Luke 9:51-24:53*, 1586.

243 Garland, *Luke*, 784.

고 있어서다. 그들은 자신들의 평판을 구하려면 무슨 대답이 가장 그럴듯 한지를 놓고 서로 의논한다. 요한의 권위가 위에 계신 하나님(하늘)으로부터 왔다고 말할 수 없는 것은 그들이 명백히 그의 메시지를 믿지 않았기 때문이다. 어쨌든 그들은 요한의 메시지를 듣고도 회개하지 않았고 세례를 받지도 않았다(7:29-30). 다른 한편, 그들은 자신들이 정말로 생각하는 바를 시인하기도 원치 않는다. 말하자면 요한이 하나님으로부터 오지 않았다는 것과 그의 권위가 인간적인 것에 불과하다는 것을 말하고 싶지 않다. 그들이 요한의 사역을 배척했다는 이유로 백성이 그들에게 등을 돌려서 심지어 돌로 칠 수도 있기에 두려운 것이다(참고. 행 5:26). 백성은 종교 지도자들과 반대로 요한이 주님으로부터 온 선지자라고 인정했기 때문에 옳은 편에 섰다고 할 수 있다(참고. 눅 1:17, 76-77; 7:24-28).

20:7-8 종교 및 정치 지도자들은 그들이 지도자가 될 자격이 없다는 것을 입증한다. 두려움과 위선 때문에 예수님의 질문에 대한 정답을 모른다고 주장할 뿐이다. 요한의 사역이 하나님으로부터 왔는지, 아니면 인간적인 것에 불과했는지를 그들은 판단할 수 없다. 우리는 그들이 요한의 사역이 하나님에게서 온 것이 아니라고 믿는다는 것을 알지만, 그들의 대답은 백성이 어떻게 생각할지에 대한 두려움에서 나온다. 하지만 사실상 그들은 자기네가 모른다고 고백함으로써 예수님의 함정에 빠지게 된다. 요한에게 있던 권위의 근원을 알지 못한다면, 그들은 예수님의 권위가 하나님으로부터 오는지 여부를 판결할 수 없다. 그들은 스스로의 무지를 증언함으로써 지도자로서 부적합하다는 것, 영적 통찰력이 부족하다는 것을 드러낸다. 예수님은 그들에게 그분에게 있는 권위의 근원을 말해주길 거부하신다. 그들이 영적 문제를 판결할 만한 역량이 없다는 것을 스스로 입증했기 때문이다.

응답

정치 담론에서 우리는 종종 말한 내용에 '회전'(the spin)을 거는 것에 대해 듣곤 한다. 누군가가 말한 내용에 회전을 걸면 때때로 그것은 그 사람이 실제로 말한 것과 일치하지 않게 된다. 그러면 우리는 그 말 자체에 주목해야 하는지 아니면 미디어에 의해 포착된 회전이 사실인지 혼란스러워진다. 한 사람의 말 배후의 회전과 비밀 코드를 너무 강조하면 무척 헷갈릴 수 있다. 어떤 사람이 실제로 전달하려고 하는 것을 우리는 어떻게 확신할 수 있을까? 우리는 진실을 말할 용기가 없을 때가 많다. 우리가 하나님보다 사람을 더 두려워해서다. 그래서 사람들이 어떻게 생각하는지와 상관없이 진실을 말할 용기를 주시도록 주님께 간구해야 한다. 과거에 필자는 거리낌 없이 말했어야 함에도 그렇게 하지 못한 경우들이 있다. 또 어떤 상황에서는 어렵긴 했어도 하나님께서 진실을 말할 은혜를 주신 적도 있다. 이 텍스트에서 배우는 하나의 교훈은, 진실을 말할 용기가 없는 사람들은 궁극적으로 그들의 거짓말로 인해 덫에 걸릴 것이라는 사실이다. 우리는 또한 이 이야기에서 예수님의 지혜와 권위를 보게 된다. 아무도 그분의 지혜를 능가할 수 없다. 종교 지도자들은 그들의 권위에 진정성이 없다는 것, 그들이 나라를 지도하면서도 진실을 말할 용기가 없다는 것을 보여준다. 그들은 여론을 달래기 위해 자신의 견해를 바꾸는 정치꾼이다.

[9] 그가 또 이 비유로 백성에게 말씀하시기 시작하시니라 한 사람이 포
도원을 만들어 농부들에게 세로 주고 타국에 가서 오래 있다가 [10] 때
가 이르매 포도원 소출 얼마를 바치게 하려고 한 종을 농부들에게 보
내니 농부들이 종을 몹시 때리고 거저 보내었거늘 [11] 다시 다른 종을
보내니 그도 몹시 때리고 능욕하고 거저 보내었거늘 [12] 다시 세 번째
종을 보내니 이 종도 상하게 하고 내쫓은지라 [13] 포도원 주인이 이르
되 어찌할까 내 사랑하는 아들을 보내리니 그들이 혹 그는 존대하리
라 하였더니 [14] 농부들이 그를 보고 서로 의논하여 이르되 이는 상속
자니 죽이고 그 유산을 우리의 것으로 만들자 하고 [15] 포도원 밖에 내
쫓아 죽였느니라 그런즉 포도원 주인이 이 사람들을 어떻게 하겠느냐
[16] 와서 그 농부들을 진멸하고 포도원을 다른 사람들에게 주리라 하
시니 사람들이 듣고 이르되 그렇게 되지 말아지이다 하거늘 [17] 그들을
보시며 이르시되 그러면 기록된바

건축자들의 버린 돌이 모퉁이의 머릿돌이 되었느니라

함이 어찜이냐 [18] 무릇 이 돌 위에 떨어지는 자는 깨어지겠고 이 돌이
사람 위에 떨어지면 그를 가루로 만들어 흩으리라 하시니라

9 And he began to tell the people this parable: “A man planted a
vineyard and let it out to tenants and went into another country for a
long while. 10 When the time came, he sent a servant[1] to the tenants,
so that they would give him some of the fruit of the vineyard. But the
tenants beat him and sent him away empty-handed. 11 And he sent
another servant. But they also beat and treated him shamefully, and sent
him away empty-handed. 12 And he sent yet a third. This one also they
wounded and cast out. 13 Then the owner of the vineyard said, ‘What
shall I do? I will send my beloved son; perhaps they will respect him.’
14 But when the tenants saw him, they said to themselves, ‘This is the
heir. Let us kill him, so that the inheritance may be ours.’ 15 And they
threw him out of the vineyard and killed him. What then will the owner
of the vineyard do to them? 16 He will come and destroy those tenants
and give the vineyard to others.” When they heard this, they said,
“Surely not!” 17 But he looked directly at them and said, “What then is
this that is written:

“‘The stone that the builders rejected
has become the cornerstone’?[2]

18 Everyone who falls on that stone will be broken to pieces, and when
it falls on anyone, it will crush him.”

19 서기관들과 대제사장들이 예수의 이 비유는 자기들을 가리켜 말씀
하심인 줄 알고 즉시 잡고자 하되 백성을 두려워하더라

19 The scribes and the chief priests sought to lay hands on him at that
very hour, for they perceived that he had told this parable against them,
but they feared the people

1 Or *bondservant*; also verse 11 *2* Greek *the head of the corner*

단락 개관

예수님이 앞의 논쟁에서 그분의 권위에 관한 질문을 회피한 것처럼 보였다면, 악한 농부의 비유는 그분의 권위를 직설적으로 주장하시는 모습을 보여준다. 이 비유에서 포도원은 이스라엘을, 소작 농부는 종교 지도자들을 상징한다. 하나님은 포도원을 일정기간 동안 소작인들에게 빌려주는 주인이다. 수확 시기가 되자 포도원 주인이 소출을 거두기 위해 3명의 종을 보내지만, 농부들은 종들을 때리고 내쫓는다. '셋'이라는 숫자는 관례적 표현이기 때문에 문자적으로 읽으면 안 된다. 종들은 이스라엘에게 주님의 말씀을 선포했던 모든 선지자들을 상징한다. 마지막으로 포도원 주인이 자기 아들은 존중받을 것으로 기대하며 보낸다. 이 아들은 예수님을 상징한다. 그러나 농부들은 상속자인 그 아들을 해치려는 음모를 꾸미고 결국 유산을 차지하기 위해 그를 죽이고 만다. 여기서 예수님은 자신이 종교 지도자들의 손에 죽임당할 것을 예언하신다.

그러나 이것이 이야기의 끝이 아니다. 포도원 주인(하나님)은 결국 농부들을 파멸시키고 포도원을 다른 사람들에게 빌려줄 것이다. 다른 사람들은 이방인임이 거의 확실한데 유대인들은 그런 운명의 역전에 충격을 받고 그런 일이 일어나지 않길 바란다. 그러나 예수님은 시편 118:22의 말씀으로 응답하신다. 종교 지도자들이 버린 돌(예수님)이 하나님 성전의 모퉁잇돌이 되었다는 것이다. 그 돌 위에 떨어지는 자들은 부스러질 것이요, 그 돌이 어느 사람 위에 떨어지면 그를 가루로 만들 것이다. 서기관과 대제사장들은 이 비유의 뜻을 잘 이해한다! 그들은 예수님이 자신들을 겨냥하신 것을 안다.

단락 개요

V. 예루살렘에서의 죽음과 부활(19:28-24:53)
B. 예수님과 지도자들 간의 논쟁(20:1-21:4)
2. 악한 농부의 비유(20:9-19)

주석

20:9-12 예수님은 이 비유에서 그분의 권위가 하나님으로부터 온다는 것과, 종교 지도자들과 나라가 그분의 권위를 배척해서 심판받을 것임을 분명히 하신다. 이 비유는 포도원 주인이 여행을 떠난 동안 포도원을 소작인들에게 빌려주는 것에 관한 이야기다. 우리가 구약에서 종종 보듯이 포도원은 이스라엘을 상징하는데(시 80:8, 14; 사 5:1-7; 렘 2:21; 6:9; 8:13; 12:10; 겔 19:10, 12; 호 10:1), 여기서는 그 초점이 종교 지도자들에게 맞춰진다. 이사야 5장에서는 심판이 온 이스라엘에 임하지만, 이 비유는 지도자들에게 초점을 둔다. 바로 그들이 심판을 받을 자들이다.[244]

소작 농부들이 종교 지도자들을 상징한다면, 포도원 주인은 하나님을 상징한다. 하나님이 포도원 주인이므로 긴 여행은 예수님의 부재를 상징할 수 없다. 정해진 때에 포도원 주인이 소출을 확인하기 위해 종 하나를 보내지만, 농부들이 그 종을 때리고 빈손으로 돌려보낸다. 주인은 인내하며 또 다른 종을 보내지만, 농부들은 그 종도 때리고 모욕한 후 빈손으로

20장

244 참고. 같은 책, 791.

돌려보낸다. 세 번째에는 좋은 일이 있기를 기대하며 주인이 세 번째 종을 보내지만, 이 사람 역시 상처를 입고 쫓겨난다.

여기서 종들은 주님이 이스라엘에 보내셔서 회개하도록 촉구했던 선지자들을 상징한다(참고. 13:34). 구약에서는 선지자들이 종종 하나님의 종으로 불린다(왕하 9:7; 17:13, 23; 21:10; 24:2; 스 9:11; 렘 7:25; 25:4; 26:5; 29:19; 35:15; 44:4; 겔 38:17; 단 9:6, 10; 암 3:7; 슥 1:6). 이 비유 이야기는 역대하 36:15-16에 잘 요약되어 있다.

> 그 조상들의 하나님 여호와께서 그의 백성과 그 거하시는 곳을 아끼사 부지런히 그의 사신들을 그 백성에게 보내어 이르셨으나 그의 백성이 하나님의 사신들을 비웃고 그의 말씀을 멸시하며 그의 선지자를 욕하여 여호와의 진노를 그의 백성에게 미치게 하여 회복할 수 없게 하였으므로.

'셋'이라는 숫자를 강조하면 안 된다. 우리가 여러 구약 본문(참고. 사 5:1-7)에서 보듯이, 주님은 이스라엘에 많은 선지자를 보내셨으나 이스라엘은 일관되게도 열매 맺는 데 실패했다. 이스라엘 역사는 주님의 말씀에 귀 기울이기를 거절하는 역사다. 우리는 누가복음 11:49-51을 통해 선지자들에 대한 배척이 그들을 죽이고 피 흘리게 한 것을 포함하고 있음을 알게 된다. 여기에 선지자들을 죽이는 것이 언급되지 않는 이유는 이 비유가 포도원 주인의 아들에 대한 대우에서 절정에 이르기 때문이고, 종들의 살해를 언급하는 것은 이 절정을 약화시키기 때문이다. 이것은 하나의 비유이지 사건에 대한 문자적 기록이 아니다.

20:13-16 포도원 주인이 난처해진다. 그는 이제 "사랑하는 아들"을 보내기로 결심하는데, 아들은 존중받기를 바라는 마음으로 그렇게 한다. 그들이 종은 무시했지만, 아들은 다른 운명을 맞으리라. 물론 하나님은 그분의 아들에게 일어날 일을 아셨고, 우리는 다시금 이 비유에서 포도원 주인이

(엄밀하게 말하면) 하나님이 아니라는 것을 상기하게 된다. 달리 말하면 비유의 모든 부분에 병행 관계가 있다고 강조하면 안 된다. 아들을 보내는 것은 포도원 주인이 취할 수 있는 궁극적 조치를 상징하고, 여기서 우리는 이사야 5:4("내가 나의 포도원을 가꾸면서 빠뜨린 것이 무엇이냐? 내가 하지 않은 일이라도 있느냐?", 새번역)을 떠올리게 된다. 주인이 포도원을 위해 더할 일이 없었던 것이 확실하다. 이 비유에 나오는 "사랑하는 아들"은 누가복음의 틀에서 예수님을 상징한다. 그분이 세례를 받을 때 구체적으로 하나님의 "사랑하는 아들"로 불리시기 때문이다(3:21-22).

그런데 소작 농부들이 그 아들을 존중하지 않고 오히려 해치려는 음모를 꾸민다. 그들은 아들이 상속자라는 것을 알기에(참고. 히 1:2) 유산을 자신들의 것으로 만들기 위해 그를 죽이기로 결정한다. 주석가들은 포도원 주인이 현실적으로 생각하고 있는지, 아니면 당시의 관습에 따라 생각하고 있는지에 대해 논의한다. 그러나 이 비유의 요점은 농부들이 미쳤다는 것이다! 상속자를 죽이는 것은 미친 짓이다. 물론 그들은 처벌을 모면할 것으로 생각했을지도 모른다. 그러나 제정신이 있는 사람이라면 그럴 수 없다는 것을 안다. 어쨌든 소작인들이 그 아들을 포도원 밖으로 내쫓아서 죽이고 만다. 예수님이 여기서 그분의 죽음을 예언하시는 것이 분명하다. 이는 그분이 사역하는 동안 제자들에게 거듭해서 말씀하셨던 것과 잘 들어맞는다(눅 9:22, 31, 44-45; 12:49-50; 13:33; 17:25; 18:31-33).

이어서 예수님은 포도원 주인이 사랑하는 아들을 죽인 소작 농부들에게 무엇을 행할지 물으신다. 누가복음에서는 예수님이 자문자답을 하신다. 주인이 와서 그의 지시를 거듭 거절한 농부들을 파멸시키고 포도원을 다른 사람들에게 줄 것이다. 종교 지도자들은 권위를 잃을 것이고, 그 나라가 이방인들에게 주어질 것이다. 이로부터 마치 유대인들이 그 나라에서 축출된 것처럼, 그들에게 미래가 없다는 결론이 나오는 것은 아니다. 하지만 이는 이스라엘이 다시는 하나님의 목적과 계획에서 두드러진 자리를 차지하지 못할 것임을 시사한다. 예수님의 말씀을 들은 종교 지도자들은 그 의도를 알아차린 것이 분명하다. 예수님의 말씀이 절대로 현실이 될 수 없다고 외치기 때문이다. 그것은 도무지 생각할 수 없는 일이다.

20:17-19 지도자들이 그 나라가 절대로 이스라엘로부터 옮겨질 수 없다고 항의하자, 예수님이 그들을 똑바로 쳐다보면서 시편 118:22의 말씀이 무슨 뜻인지 물으신다. 즉 건축자들이 버린 돌이 집 모퉁이의 머릿돌이 되었다는 말씀이 무슨 뜻인지 물으신다. 구약의 히브리어를 고려하면, '아들'[벤(*ben*), 시 118:22에는 없음]이라는 단어와 "돌"[에벤('*eben*), 시 118:22의 첫 단어]이라는 단어 사이에 언어유희가 있다는 것을 알 수 있다. 시편 118편의 역사적 맥락을 보면, 그 돌을 버린 건축자들은 이방인들이고 그 돌은 다윗 혈통의 왕이었다. 그 시편의 내러티브 전개는 그 왕이 하나님의 도움으로 대적들을 물리치고 승리를 거두는 경위다. 그런데 이제 이것이 놀라운 방식으로 전용되고 있다. 그 왕, 그 아들, 그 모퉁잇돌을 버리는 건축자들은 바로 유대 지도자들이다! 예수님은 하나님의 새 성전(하나님의 새로운 백성)의 모퉁잇돌이고, 만일 지도자들이 그분을 버린다면 그들은 하나님의 백성 속에서 그들의 자리를 저버리는 셈이다. 이스라엘은 하나님의 아들을 '버렸지만', 하나님은 그 아들을 다시 살리실 때 새 성전의 모퉁잇돌로 삼으셨다(행 4:11, 참고. 사 28:16; 엡 2:20).

그들은 새 성전의 모퉁잇돌, 부활해서 승천하신 왕을 버림으로써 자신들의 운명을 확정했다. 그들이 그 모퉁잇돌 위에 떨어지면 산산조각 날 것이고, 그 돌이 그들 위에 떨어지면 그들이 가루가 될 것이다. 이사야 8:14의 예언이 성취된다. 주님이 "이스라엘의 두 집에는 걸림돌과 걸려 넘어지는 반석이 되실 것이며 예루살렘 주민에게는 함정과 올무가 되[실]" 것이다. 농부들은 자기네가 포도원 주인과 그의 아들을 제거하고 있다고 생각하지만 사실은 그들 자신을 파멸하는 중이다. 서기관과 대제사장들은 그 비유가 자신들에 관한 것이고 자신들을 고소한다는 것을 알아채고는 즉시 예수님을 체포하려고 한다(참고. 눅 6:7; 19:47; 22:2). 예수님은 그분이 하나님의 아들로서 가진 권위가 아버지로부터 온다는 것을 분명히 하신다. 그분은 이 비유에서 암묵적으로 메시아, 이스라엘의 왕 그리고 하나님의 아들이라고 주장하신다. 그럼에도 지도자들이 예수님을 해치지 못하는 것은 백성이 그들에게 무슨 행동을 할지 두려워하기 때문이다. 그들은 줄곧 주님을 두려워하기보다 사람들을 두려워하면서 살아간다.

응답

예수님은 그분이 하나님의 마지막 메신저이자 하나님의 아들이며, 그분의 권위가 하나님으로부터 온다는 것을 분명히 하신다. 예수님을 주님으로 인정하지 않고 배척하는 자들은 심판을 직면할 테고 하나님의 존전에서 쫓겨날 것이다. 이스라엘이 선지자들을 통해, 마지막에는 하나님의 아들을 통해 전해지는 하나님의 말씀을 거부하는 만큼, 이 비유로부터 죄가 얼마나 독자성을 주장하는지 보게 된다. 오늘날에도 사람들이 성경을 통해 전해지는 하나님의 말씀을 거부할 때 죄가 동일한 방식으로 나타내는 모습을 본다. 우리는 또한 죄의 광기, 그 고유한 자기파괴성을 보게 된다. 예수님의 주되심을 배척하는 사람들은 자신이 자유롭다고 생각하지만 사실은 노예 상태임을 알게 된다. 결국 그들은 부서지고 말 것이다. 우리가 예수님을 신뢰하지 못하면, 그 돌이 우리를 부서뜨릴 것이다.

다니엘은 하나님 나라의 도래를 한 돌에 비유한다.

> 또 왕이 보신즉 손대지 아니한 돌이 나와서 신상의 쇠와 진흙의 발을 쳐서 부서뜨리매 그때에 쇠와 진흙과 놋과 은과 금이 다 부서져 여름 타작마당의 겨같이 되어 바람에 불려 간 곳이 없었고 우상을 친 돌은 태산을 이루어 온 세계에 가득하였나이다. (단 2:34-35)

하나님의 나라는 묵시적 능력으로 오는 중이다. 예수님은 그분을 믿지 않는 모든 사람을 부서뜨리는 모퉁잇돌이다. 그러나 자비를 호소하는 사람들, 이 강력한 돌로부터 보호해달라고 간청하는 사람들에게는 구원의 희

20장

망이 있다. 종교 지도자들은 자비를 요청한 적이 없어서 부서지고 말았다. 우리 역시 이 무서운 돌을 피할 수 없다. 단, 우리가 예수님을 믿기만 하면 자비를 얻을 것이다.

20장

20 이에 그들이 엿보다가 예수를 총독의 다스림과 권세 아래에 넘기
려 하여 정탐들을 보내어 그들로 스스로 의인인 체하며 예수의 말을
책잡게 하니 21 그들이 물어 이르되 선생님이여 우리가 아노니 당신은
바로 말씀하시고 가르치시며 사람을 외모로 취하지 아니하시고 오직
진리로써 하나님의 도를 가르치시나이다 22 우리가 가이사에게 세를
바치는 것이 옳으니이까 옳지 않으니이까 하니 23 예수께서 그 간계
를 아시고 이르시되 24 [1)]데나리온 하나를 내게 보이라 누구의 형상과
글이 여기 있느냐 대답하되 가이사의 것이니이다 25 이르시되 그런즉
가이사의 것은 가이사에게, 하나님의 것은 하나님께 바치라 하시니
26 그들이 백성 앞에서 그의 말을 능히 책잡지 못하고 그의 대답을 놀
랍게 여겨 침묵하니라

20 So they watched him and sent spies, who pretended to be sincere,
that they might catch him in something he said, so as to deliver him
up to the authority and jurisdiction of the governor. 21 So they asked
him, "Teacher, we know that you speak and teach rightly, and show
no partiality,[1] but truly teach the way of God. 22 Is it lawful for us to

give tribute to Caesar, or not?" 23 But he perceived their craftiness, and
said to them, 24 "Show me a denarius.[2] Whose likeness and inscription
does it have?" They said, "Caesar's." 25 He said to them, "Then render
to Caesar the things that are Caesar's, and to God the things that are
God's." 26 And they were not able in the presence of the people to catch
him in what he said, but marveling at his answer they became silent.

1) 은전의 명칭

1 Greek *and do not receive a face* *2* A *denarius* was a day's wage for a laborer

단락 개관

소작 농부들의 비유는 종교 지도자들이 예수님을 죽이려는 음모를 꾸미는 것으로 끝나고, 이제 세금과 가이사에 관한 질문이 그 목적을 위한 수단으로 고안된다. 그들은 예수님을 넘어뜨려서 빌라도에게 넘겨주기 위해 공정한 체하는 정탐꾼들을 보낸다. 정탐꾼들은 아첨하는 말을 하면서 예수님을 선생님으로, 무슨 일이 있어도 진리를 말하는 사람으로 추켜세운다. 그러나 사실은 가이사에게 세금을 바쳐야 하는지에 대한 질문으로 함정을 놓으려는 속셈이다. 예수님은 어떤 답변을 하든지 곤경에 빠지실 수 있었다. 그러나 그분은 교활함에 속지 않고 데나리온에 누구의 형상이 새겨져 있는지 물으신다. 그들이 가이사의 형상이라고 대답하자, 예수님은 가이사에게 속한 것은 가이사에게 돌려주고, 하나님께 속한 것은 하나님께 돌려드리라고 응답하신다. 함정을 놓으려고 했던 계획은 수포로 돌아갔고, 그들은 예수님의 지혜로운 답변에 깜짝 놀라 입을 다문다.

단락 개요

V. 예루살렘에서의 죽음과 부활(19:28-24:53)

B. 예수님과 지도자들 간의 논쟁(20:1-21:4)

3. 가이사에게 세금을 바치는 문제(20:20-26)

주석

20:20-22 종교 지도자들이 면밀히 예수님을 엿보고 있다. 그분에게서 오류를 찾아내어 파멸시키기 위해서다. '엿보다'라는 동사는 누가복음 6:7과 14:1에도 나오는데, 두 경우 모두 바리새인들이 예수님을 열심히 관찰하면서 꼬투리를 잡으려고 하는 장면이다. 이 경우에는 종교 지도자들이 정탐꾼을 보내는데, 이들은 마치 자신들의 질문에 정말로 관심이 있는 것처럼 행동한다(참고. 고후 11:15). 그들의 의도는 예수님이 스스로를 정치적 곤경에 빠뜨릴 만한 말씀을 하시도록 유도하는 것이다(참고. 눅 11:54). 만일 예수님이 일촉즉발의 정치적 발언을 하신다면, 그분을 빌라도에게 넘길 수 있고, 빌라도가 그들의 소원을 이루어줄 것이다. 그들이 마치 예수님을 존경하는 것처럼 말을 건다. 예수님을 "선생님"으로 부르며, 결코 찬동하지 않는 그분의 정통성에 찬사를 보낸다. 예수님이 공정하며, 인간에게 영합하여 가르치지 않으신다는 그들의 말은 옳다(참고. 말 2:9 칠십인역). 그런데 아이러니하게도, 이런 말을 하는 그들은 지금 그분에게 아첨하는 중이다.

그들의 질문은 가이사에게 세금을 바치는 것이 정당한지 여부에 대한 것이다. "세금"이라는 단어는 "토지세 또는 인두세로서, 외세의 지배에 대해 바치는"[245] 세금과 관련이 있다. 세금은 "한 사람 소득의 거의 30-40퍼센트에 달하는 액수일 것이다. 정치적으로, 세금은 당시에 미움을 받던 로마 황실과 로마 제국의 이방 종교를 후원하는 데 쓰였다."[246] 이 질문이 순진하게 보일지 몰라도 1세기에는 폭발적인 이슈였다. 주후 6-7년에 갈릴리 사람 유다(Judas the Galilian)는 세금 납부가 유일한 참 하나님 대신 카이사르를 주님으로 인정하는 것이기 때문에 세금 납부를 참을 수 없다고 주장했다. 그리고 정치 반란이 참으로 하나님의 주되심을 믿는 사람들에게 유일한 선택이라고 주장하기도 했다(Josephus, *Antiquities* 18.1.6; *Jewish Wars* 2.8.1). 만일 예수님이 이런 견해의 편을 드신다면, 그분을 황제에게 넘기는 것은 식은 죽 먹기일 것이다. 대규모 군중이 예수님을 따르고 있는 것을 고려하면 그 군중이 위험한 반란 집단으로 간주될 것이기 때문이다. 다른 한편 만일 예수님이 세금 납부가 허용될 수 있다는 견해에 동의한다면, 그것은 가이사가 주님임에 동의하신다는 것을 시사할 터이다. 이런 입장은 하나님께서 그분을 통해 그 백성에게 약속한 것을 성취하고 계시다는 생각과 어울리지 않는다. 어느 답변이든 예수님의 인기를 끝장낼 수 있었다.

20:23-26 예수님은 그들의 질문이나 동기에 담긴 속임수에 조금도 넘어가지 않으신다. 하루 임금에 해당하는 데나리온을 보라고 하며, 누구의 모양과 형상이 동전에 새겨져 있는지 물으신다. '모양'["likeness", 에이콘(*eikōn*)]으로 번역된 단어는 "형상"(개역개정)으로도 번역될 수 있고, 어떤 맥락에서는 우상숭배를 가리키는 데 사용되기도 한다(신 4:16; 대하 33:7; 사 40:19-20; 단 3:1; 호 13:2; 롬 1:23; 계 13:14-15, 참고. 지혜서 13:16; 14:17). 어떤 사람들은 가이사의 형상을 소유하는 것 자체를 우상숭배적인 것으로 생각하기도 한다. 사람들은 그 글과 형상이 가이사의 것이라고 응답하는데, 당시의 황제는 티베리우스(통치. 주후 14-37년)다. 그 시대의 유물 중 한 동전에는 "신성한 아우구스투스의 아들, 티베리우스 카이사르 아우구스투스"[247]라고 새겨

245 같은 책, 800.

246 같은 책.

져 있다. 동전의 뒷면에는 로마가 세계에 가져온 평화를 경축하는 의미로, 그의 어머니 리비아(Livia)의 사진과 함께 '대제사장'이라는 글자가 새겨져 있다.[248] 그런 동전이 유대인에게는 매우 거슬렸다. 동전에 새겨진 그런 형상이 둘째 계명을 어긴다고 생각했다. 누구든 이른바 신들의 형상을 그 무엇에도 새기면 안 되기 때문이다. 이것은 로마가 행한 우상숭배의 한 본보기다. 이에 예수님은 그들에게 가이사에게 속한 것은 가이사에게 주고 하나님께 속한 것은 하나님께 드려야 한다고 대답하신다.

예수님의 답변에 대한 첫 번째 소견은 그것이 그분을 함정에 빠뜨리려는 모든 시도를 무시한다는 것이다. 그분은 하나님의 주되심을 부인하지 않으면서도 어떤 것들은 가이사에게 속한다는 것을 인정하신다. 적어도 동전은 그에게 속해 있다! 어떤 유대인도 하나님의 형상 대신에 가이사의 형상이 있는 동전을 소유하고 싶지 않을 것이다. 대적들은 그분 답변의 예리함과 영리함에 깜짝 놀라고, 다음에 무슨 말을 할지 몰라 입을 다물고 만다. 둘째, 초기 교회는 그 답변을 세금을 바치라는 권고로 해석했다(롬 13:1-7). 초기 교회에서 예수님의 전통을 수용한 것을 바울이 잘못 해석했을 가능성은 거의 없다. 황제는 어떤 영역들에서 권위를 행사할 수 있도록 위임받았다. 그럼에도 하나님은 만유의 주님이다. 황제의 통치권은 제한적이고 한계가 있어서 궁극적인 것으로 간주될 수 없다. 셋째, 예수님은 이 짧은 논쟁에서 그 문제의 모든 함의를 다루려고 하지 않으신다.[249] 요한계시록 13장은 국가가 하나의 짐승, 곧 적그리스도가 될 수도 있다는 것을 보여주므로 신자와 국가의 관계는 상당히 복잡하다. 우리는 성경의 전반적 잣대를 고려하는 가운데 이 문제를 풀어야 한다.

247 Bock, *Luke 9:51-24:53*, 1612.

248 참고. Garland, *Luke*, 801.

249 같은 책, 802.

응답

우리는 성경을 믿는 그리스도인이므로 예수님을 삶의 주님으로 고백한다. 우리는 예수님이 결혼생활과 가정생활의 주님이라는 것이 무슨 뜻인지 생각해본다. 아울러 예수님이 우리의 대인관계에서도 주권자라는 것이 무슨 의미인지 성찰하기도 한다. 물론 우리의 가족과 인간관계가 매우 중요하지만 사적인 삶에만 초점을 맞추면 공적인 영역에서의 삶은 거론하지 않게 된다. 우리가 공적 영역과 사적 영역을 분리시킨 나머지 예수님이 우리의 비즈니스에서도 주님이 되신다는 말의 뜻을 생각하지 않을 수 있다. 예수님을 주님으로 모시는 간호사, 의사 또는 정치인이 된다는 것은 무슨 뜻일까?

물론 어떤 문제들은 너무도 복잡하지만, 그렇다고 성경이 이런 이슈들에 대해 말하지 않는다고 결론 내리면 안 된다. 예수님은 모든 영역을 다스리신다. 그분은 우리의 개인적 세계와 정치적 세계의 주님이다. 그분은 우리의 가정과 비즈니스의 주님이다. 그분은 우리의 사적인 삶과 공적인 삶을 다스리시는 주님이다. 여기에 나온 예수님의 말씀은 우리에게 어떤 의미를 지니는가? 첫째, 이 말씀은 우리가 정치 당국과 어떤 관계를 맺어야 하는지에 대해 충분한 답변을 주지는 않는다. 우리가 온전한 견해를 정립하려면 성경 전체를 고찰해야 한다. 둘째, 우리는 이 텍스트로부터 예수님이 황제에게 세금을 바치는 것이 옳다고 생각하신다는 것을 배운다. 황제에게 세금을 바치는 것은 하나님의 뜻을 어기는 것이 아니다. 예수님은 로마에 대항하는 난폭한 혁명을 옹호하지 않으신다. 단지 로마가 불의하고 악한 권력이라는 이유로 반란을 촉구하지도 않으신다.

오늘날 우리에게 적용할 점이 있다. 그리스도인은 세금을 성실하게 납부해야 한다는 것이다. 우리는 다음과 같이 말할 수 없다. "국가가 너무 많이 요구해서 세금을 납부하지 않겠어." "국가가 낙태를 지지하고 있어서 세금을 깎아서 내겠어." "내가 세금을 납부하지 않는 이유는 국가가 핵무기에 돈을 사용하기 때문이야. 나는 평화주의자거든." 이런 이유들 중 어느 것도 타당하지 않다. 로마가 여러 면에서 불의하고 악한 권력이라는 이유로 예수님이 "그들이 악하기 때문에 너희의 세금 중 일부만 납부하라"고 말씀하지 않으시기 때문이다. 우리는 세금을 통해 선과 악이 섞여 있는 정부를 지원해야 한다. 그렇게 하는 것은 죄를 짓는 게 아니라 하나님을 기쁘시게 하는 일이다.

셋째, 예수님의 말씀으로부터 정치와 하나님에 대한 헌신은 각각 별개의 영역에 속한다고 결론 내리는 것도 잘못이다. 마치 우리가 한편으로 황제에게 헌신하고 다른 한편으로 하나님께 헌신하는 것처럼 말이다. 아니다, 하나님은 만유의 주님이다. 우리는 우리 위에 놓인 정부에 순종함으로써 그분의 주되심을 인정한다. 이는 로마서 13장에서도 분명히 알 수 있다. 바울이 우리에게 정부 당국에 순종하라고 요구하는 본문이다. 우리는 정부 기관들에 순종하려는 마음을 품어야 마땅하다. 그렇다고 해서 정부에 불순종해야 할 때도 있다는 것을 부정하는 것은 아니다. 만일 정부가 "복음을 전하지 말라"고 요구한다면, 따르지 말아야 한다. 만일 정부가 우리에게 "동성애가 나쁘다고 말하는 것은 증오 범죄기 때문에 그렇게 말할 수 없다"고 한다면, 우리는 인간의 법보다 하나님께 충성해야 한다. 정부에 순종하든지 정부의 방침을 거부하든지 간에, 우리 그리스도인은 예수님의 주되심에 순종해야 한다. 정부에 순종할지 저항할지 여부를 우리의 지혜로 결정할 수 없다. 사람보다 하나님께 순종해야 한다고 성경이 보여줄 때에만 우리는 정부에 저항한다. 예수님이 정치질서를 다스리시는 주님이기 때문이다.

27 부활이 없다고 주장하는 사두개인 중 어떤 이들이 와서 28 물어 이
르되 선생님이여 모세가 우리에게 써 주기를 만일 어떤 사람의 형이
아내를 두고 자식이 없이 죽으면 그 동생이 그 아내를 취하여 형을 위
하여 상속자를 세울지니라 하였나이다 29 그런데 칠 형제가 있었는데
맏이가 아내를 취하였다가 자식이 없이 죽고 30 그 둘째와 셋째가 그
를 취하고 31 일곱이 다 그와 같이 자식이 없이 죽고 32 그 후에 여자도
죽었나이다 33 일곱이 다 그를 아내로 취하였으니 부활 때에 그중에
누구의 아내가 되리이까

27 There came to him some Sadducees, those who deny that there is a
resurrection, 28 and they asked him a question, saying, "Teacher, Moses
wrote for us that if a man's brother dies, having a wife but no children,
the man[1] must take the widow and raise up offspring for his brother.
29 Now there were seven brothers. The first took a wife, and died
without children. 30 And the second 31 and the third took her, and
likewise all seven left no children and died. 32 Afterward the woman
also died. 33 In the resurrection, therefore, whose wife will the woman

be? For the seven had her as wife."

34 예수께서 이르시되 이 세상의 자녀들은 장가도 가고 시집도 가되
35 저 세상과 및 죽은 자 가운데서 부활함을 얻기에 합당히 여김을 받
은 자들은 장가가고 시집가는 일이 없으며 36 그들은 다시 죽을 수도
없나니 이는 천사와 동등이요 부활의 자녀로서 하나님의 자녀임이라
37 죽은 자가 살아난다는 것은 모세도 가시나무 떨기에 관한 글에서
주를 아브라함의 하나님이요 이삭의 하나님이요 야곱의 하나님이시
라 칭하였나니 38 하나님은 죽은 자의 하나님이 아니요 살아 있는 자
의 하나님이시라 하나님에게는 모든 사람이 살았느니라 하시니
34 And Jesus said to them, "The sons of this age marry and are given
in marriage, 35 but those who are considered worthy to attain to that
age and to the resurrection from the dead neither marry nor are given
in marriage, 36 for they cannot die anymore, because they are equal to
angels and are sons of God, being sons[2] of the resurrection. 37 But that
the dead are raised, even Moses showed, in the passage about the bush,
where he calls the Lord the God of Abraham and the God of Isaac and
the God of Jacob. 38 Now he is not God of the dead, but of the living,
for all live to him."

1 Greek *his brother* *2* Greek *huioi*; see Preface

20장

단락 개관

그 다음의 시험은 사두개인들로부터 온다. 그들은 부활에 대한 믿음이 터무니없다는 것을 보여주려는 의도로 예수님에게 질문을 던진다. 계대 결혼(levirate marriage), 즉 한 사람이 형의 이름으로 자식을 생산하기 위해 형의 아내와 혼인하는 관행에 호소한다. 그러면서 한 여자가 일곱 형제와 혼인을 했으나 자식이 없는 가설적인 경우를 든다. 일곱 형제가 한 여자와 혼인했으니 다가올 시대에는 그녀가 누구의 아내가 되겠는가? 이 질문으로 사두개인들은 자기네가 부활의 개념이 우스꽝스럽다는 것을 보여주었다고 생각한다. 예수님은 그들이 다가올 시대에서의 삶을 이해하지 못하고 있다는 말씀으로 받아넘기신다. 장차 올 시대는 이 시대와 같지 않아서 결혼이 없을 것이기 때문이다. 대신 인간은 다가오는 세계에서 천사와 같을 것이다. 나아가 성경은 하나님이 아브라함과 이삭과 야곱의 하나님이요 죽은 자가 아니라 살아 있는 자의 하나님이라고 선언한다.

단락 개요

V. 예루살렘에서의 죽음과 부활(19:28-24:53)
　B. 예수님과 지도자들 간의 논쟁(20:1-21:4)
　　4. 사두개인과 부활(20:27-38)

주석

20:27-33 사두개인은 정치적으로 보수적이고 로마 당국과 협력하는 사람들이었다. 그들은 성문법을 지지하고 바리새인의 구전(口傳)을 배격했다. 그들은 또한 인간의 자유의지를 강조하고 부활을 믿지 않았다(행 4:1-2; 23:8, Josephus, *Antiquities* 13.5.9, 13.10.6, 18:1,4). 그들이 부활에 대한 믿음이 터무니없다는 것을 보여주려고 예수님에게 부활에 관한 질문을 제기한다. 그 질문은 계대 결혼과 관련이 있다. 구약에 따르면, 남편이 죽고 남겨진 아내에게 아들이 없으면 죽은 남편의 형제가 그녀와 혼인해야 한다. 그리고 그녀의 첫 아들은 죽은 남편의 이름을 갖게 될 것이다(신 25:5-6, 참고. 창 38:8-9). 사두개인들은, 어떤 남자가 혼인했으나 자식 없이 죽는 특정한 상황을 제시한다. 이후 둘째 형제가 그 아내와 혼인하지만, 그녀는 그를 통해서도 자식을 낳지 못한다. 요컨대 일곱 형제들이 잇달아 그녀와 혼인하지만(참고. 토비트 7:11) 아무도 자식을 낳지 못한다. 결국 그 아내도 죽는다. 질문은 부활할 때 그 여자는 일곱 형제 중 누구의 아내인가 하는 것이다. 일곱 형제 모두 땅에서 그녀와 혼인했기 때문이다. 사두개인들은 부활의 개념 자체가 그들이 제기하는 상황에 의해 반증된다고 확신한다. 미래에 한 아내가 일곱 남편을 갖지 못할 것이 확실하기 때문이다.

20:34-38 예수님은 이 시대와 다가올 시대 간의 차이점에 호소하면서 사두개인들에게 대답하신다. 두 시대의 개념은 유대인의 공통된 신념이다(참고. 마 12:32; 눅 16:8; 18:30; 엡 1:21; 히 2:5; 6:5). 이 시대의 삶은 결혼이 주요한 부분이지만, 다가올 시대는 현 시대의 삶과 동일시될 수 없다. 생명의 부활을 얻을 자격이 있는 사람들은 장가도 가지 않고 시집도 가지 않는다(참고. 눅 14:14; 18:30; 살후 1:5; 빌 3:11). 결혼과 자식이 죽음을 포함하는 세계에서는 적합하지만, 다가올 시대에는 죽음이 더 이상 없을 것이다. 인간들이 천사가 되지는 않겠지만 결혼과 죽음이 그들의 삶을 구성하지 않는다는 점에서 천사들과 비슷해질 것이다. 그들이 부활을 누릴 때에는 하나님

의 아들이 된다는 것이 무슨 뜻인지를 완전히 경험할 것이다(참고. 눅 6:35; 갈 4:5-7; 요일 3:1-2). 사두개인들은 다가올 시대의 삶이 현 시대의 삶과 비슷할 것으로, 마치 이 시대와 다가올 시대 간에 불연속성이 없는 것처럼 생각하는 잘못을 범하고 있다.

예수님은 이어서 성경에 근거해 부활을 변호하신다. 그분이 모세오경을 인용하시는 것은 사두개인들이 구약 전체를 받아들이지는 않기 때문일 것이다.[250] 모세가 불타는 가시떨기에서 여호와를 마주쳤을 때, 주님은 스스로를 아브라함과 이삭과 야곱의 하나님으로 밝히셨다(출 3:1-6, 15). 만일 하나님이 그들의 하나님이라면, 그들은 계속 살아 있을 것임이 틀림없다. 하나님은 죽은 자의 하나님이 아니기 때문이다. 그리고 그들이 계속 살아 있다는 것은 부활의 날에 살아날 것이라는 사실을 증언한다(참고. 롬 4:18; 마카베오4서 7:19; 16:25).

250 참고. 같은 책, 807; Bock, *Luke 9:51-24:53*, 1616-1617.

응답

우리가 이 논의로부터 배우는 하나의 진리는 이 땅과 새로운 창조 세계가 모든 면에서 동일시될 수 없다는 것이다. 우리가 이 땅에서 천국의 삶을 기대할지 몰라도 이곳의 삶은 기쁨과 더불어 고난, 질병 그리고 죽음으로 얼룩져 있다는 것을 기억해야 한다. 우리는 또한 새로운 창조 세계가 이 땅과 비슷할 경우에만 기쁨이 넘칠 것으로 잘못 생각할 수도 있다. 어떤 사람들은 그들의 강아지가 새로운 창조 세계에 함께 있길 원해서, 또는 한 배우자와 결혼한 상태가 이어지길 원해서, 또는 그들의 자녀가 영원히 자신들의 자녀로 남길 원해서 슬퍼하기도 한다. 그러나 이 땅에서 누리는 모든 복이 미래에는 극적으로 다른 새로운 방식으로 우리의 것이 될 것임을 기억할 필요가 있다. 우리는 이생에서 즐기는 어떤 것도 잃지 않을 것이며 그런 것들이 더 깊고 더 풍성한 방식으로 우리에게 돌아올 것이다. 새로운 창조 세계는 우리가 현재 누리는 사랑과 기쁨을 훨씬 능가하는 사랑의 세계가 될 것이다.

우리가 배우는 또 하나의 진리는 하나님이 삶과 죽음을 다스리시는 주님이라는 것이다. 예수님이 먼저 오시지 않는다면, 우리는 예외 없이 모두 죽을 것이다. 우리가 사랑하는 이들도 모두 죽을 것이다. 그러나 하나님의 아들이 된 사람들, 예수님을 아는 사람들은 죽은 자 가운데서 살아날 것이고, 우리 역시 그들과 함께 살아날 것이다(살전 4:13-18). 우리는 영원히 서로를 즐거워할 것이다. 그 어떤 것도, 심지어 죽음조차도 예수님의 사랑과 능력을 이길 수 없다.

39 서기관 중 어떤 이들이 말하되 선생님 잘 말씀하셨나이다 하니
40 그들은 아무것도 감히 더 물을 수 없음이더라

39 Then some of the scribes answered, “Teacher, you have spoken
well.” 40 For they no longer dared to ask him any question.

41 예수께서 그들에게 이르시되 사람들이 어찌하여 그리스도를 다윗
의 자손이라 하느냐 42 시편에 다윗이 친히 말하였으되

주께서 내 주께 이르시되 43 내가 네 원수를 네 발등상으로 삼을
때까지 내 우편에 앉았으라 하셨도다

하였느니라 44 그런즉 다윗이 그리스도를 주라 칭하였으니 어찌 그의
자손이 되겠느냐 하시니라

41 But he said to them, “How can they say that the Christ is David’s
son? 42 For David himself says in the Book of Psalms,

“‘The Lord said to my Lord,
“Sit at my right hand,
43 until I make your enemies your footstool.”’

44 David thus calls him Lord, so how is he his son?”

단락 개관

예수님은 여러 질문을 받았지만 그 시험들을 모두 통과하셨다. 서기관들이 질문에 잘 답변하시는 그분의 능력을 언급한다. 아무도 더 이상 그분에게 질문하지 않는데, 이번에는 예수님이 그들에게 메시아의 본성에 대한 질문을 던지신다. 메시아가 어떻게 다윗의 자손인 동시에 다윗의 주님이 될 수 있느냐는 것이다. 메시아가 분명히 다윗의 주님인 것은, 다윗이 시편 110:1에서 그분을 그렇게 부르기 때문이다. 아무런 답변도 못하는 종교 지도자들의 모습은 그들이 정답을 모른다는 것을 보여준다. 예수님도 정답을 말씀하지 않으신다. 그러나 이 복음서 전체에 따르면, 이는 양자택일의 문제가 아니다. 예수님은 다윗의 자손인 동시에 그의 주님이라는 것이 분명하다.

단락 개요

V. 예루살렘에서의 죽음과 부활(19:28-24:53)
B. 예수님과 지도자들 간의 논쟁(20:1-21:4)
5. 종교 지도자들을 헷갈리게 하시다(20:39-44)

주석

20:39-40 예수님은 자신이 종교 지도자들보다 더 지혜롭다는 것을 보여 주셨고, 그분을 함정에 빠뜨리려던 그들의 시도가 실패하고 말았다. 그분은 솔로몬보다 더 지혜롭고(참고. 11:31), 솔로몬이나 다윗보다 더 위대한 왕이다. 후자는 다음 논의에서 분명해질 것이다. 서기관들이 여러 질문에 대답하는 예수님의 지혜와 능력을 인정한다. 사실 그분의 심오한 대답이 그들을 위협하기 때문에 더 이상 질문하길 두려워한다. 논쟁을 벌였다가 나사렛 출신의 교육받지 못한 사람에게 패배해서 공공연한 치욕을 당하길 원치 않기 때문이다.

20:41-44 그럼에도 이 문제가 끝난 것이 아니다. 예수님에게 그의 대적들에게 던질 질문이 있다. 메시아가 어떻게 다윗의 자손일 수 있는가? 구약에 따르면 메시아가 다윗의 자손인 것이 분명한 이유는, 다윗과 맺은 언약이 그의 혈통을 이을 상속자가 영원히 다스릴 것이라고 약속했기 때문이다(삼하 7:12-14; 시 89:4; 29-37). 선지자의 글에도 새로운 다윗이 일어나서 그 나라를 다스릴 것이라는 약속이 있고(사 9:2-7; 11:1-10; 55:3; 렘 23:5-6; 30:9; 33:15-26; 겔 34:23-24; 37:24-25; 호 3:5; 암 9:11), 이 희망은 유대인 진영들에서 계속 이어졌다[솔로몬의 시편 17:4, 21-44, 참고. (사해사본) 4QFlor I 11-13; 에스드라2서 12:32]. 그럼에도 예수님은 다윗의 시편으로 알려진 시편 110편에 비추어 메시아가 어떻게 다윗의 자손일 수 있느냐는 질문을 제기하신다. 예수님이 인용하는 시편 110:1은 주 여호와가 다윗의 주님에게 말씀하며 그가 하나님의 오른편에 앉을 것이라고 약속하시는 구절이다. 여기서 하나님의 오른편에 앉는다는 것은 하나님의 권위와 능력을 공유한다는 뜻이다. 하나님은 그의 원수들을 다윗의 주님 발아래 둠으로써 그의 통치를 옹호하실 것이다. 예수님이 시편 110:1을 인용하신 장면은 신약의 나머지 부분에 유익한 정보를 주고, 이는 예수님이 높이 들려서 하나님의 오른편에 앉은 분임을 변호하는 구절로 종종 인용된다(참고. 행 2:34-35; 고전 15:27;

엡 1:22; 히 1:3, 13; 8:1; 10:12; 12:2).

예수님이 종교 지도자들에게 던지시는 질문은, 시편 110편이 그토록 명백하게 메시아를 주님으로 부르는데 어떻게 메시아가 다윗의 자손일 수 있느냐는 것이다. 일부 학자들은 예수님의 질문이 메시아가 다윗의 자손이라는 생각을 그분 자신이 배격한다는 것을 가리킨다고 주장한다. 그러나 누가는 예수님을 이런 식으로 이해하지 않고 있음이 분명하다. 그는 예수님을 "그 조상 다윗의 왕위"(1:32)를 물려받으시는 분으로 보기 때문이다. 그분은 "그 종 다윗의 집에 일으키[신]…구원의 뿔"(1:69)이다. 누가는 또한 예수님이 "다윗 가문의 자손"(2:4, 새번역)이라는 점을 강조한다. 맹인이 예수님을 "다윗의 자손"(18:38-39)으로 고백한 것은 옳다. 따라서 예수님은 메시아가 다윗의 자손이라는 것을 부인하지 않으나, 이와 더불어 메시아가 다윗의 자손 '이상의' 존재라는 것을 가리키신다. 그분은 하나님의 오른편에 앉아 하나님과 동일한 위상과 정체성을 공유하실 것이다. 예수님은 다윗의 자손이면서도 하나님의 아들이다(참고. 1:35; 3:38; 4:3, 9, 41; 22:70).

응답

우리는 예수님이 사람의 아들(인자)이자 하나님의 아들, 다윗의 자손, 메시아, 완전한 인간이라고 고백한다. 이와 동시에 그분은 완전한 신적 존재며, 하나님의 오른편에 앉아 세계를 다스리신다고 고백한다. 우리가 살펴보았듯이, 예수님이 다윗의 자손으로, 메시아와 이스라엘의 왕으로 오심으로써 예언이 성취된다. 하지만 구약에서는 명확하지 않은 진리가 있다(그러나 사 9:6을 보라). 이스라엘의 궁극적 왕이 신적 존재이기도 할 것이라는 진리, 그 왕이 니케아 신조가 말하는 그런 인물일 것이라는 진리다. "그는 하나님의 독생자이시며, 모든 세상이 있기 전에 하나님으로부터 나셨으며, 하나님으로부터 나온 하나님이시요, 빛으로부터 나온 빛이시요, 참 하나님으로부터 나온 하나님이시다. 그는 피조된 것이 아니라 하나님으로부터 태어나셨다. 그는 모든 것을 지으신 하나님과 동일 본질을 가지고 있다"(니케아 신조 중에서). 여기에 기독교 신앙의 놀라운 진리가 있다. 우리는 오직 한 사람, 완전한 사람이 우리를 구원할 수 있다고 가르친다. 그러나 이와 동시에 오직 하나님만 우리를 구원하실 수 있다고 가르친다. 그리고 메시아 예수 안에서 하나님인 동시에 사람인 존재를 보게 된다. 우리의 구원은 삼위일체 하나님의 작품이다. 아버지는 보내시고, 아들은 가서 구원을 이루시고, 성령은 위대한 구원의 사역을 우리 마음에 적용하신다. 다른 세계로부터 침입하는 사건을 다루는 영화들을 많이 봐왔지만, 성육신이야말로 상상할 수 있는 최대의 침입이다. 그러나 그것은 엄밀한 의미에서 침입이 아니라 일종의 개입이다. 우리의 구원과 희망은 우리를 위한 이 위대한 사역 덕분에 주어진다.

20장

20:45 모든 백성이 들을 때에 예수께서 그 제자들에게 이르시되 46 긴
옷을 입고 다니는 것을 원하며 시장에서 문안 받는 것과 회당의 높은
자리와 잔치의 윗자리를 좋아하는 서기관들을 삼가라 47 그들은 과부
의 가산을 삼키며 외식으로 길게 기도하니 그들이 더 엄중한 심판을
받으리라 하시니라

20:45 And in the hearing of all the people he said to his disciples,
46 "Beware of the scribes, who like to walk around in long robes, and
love greetings in the marketplaces and the best seats in the synagogues
and the places of honor at feasts, 47 who devour widows' houses
and for a pretense make long prayers. They will receive the greater
condemnation."

21:1 예수께서 눈을 들어 부자들이 헌금함에 헌금 넣는 것을 보시고
2 또 어떤 가난한 과부가 두 1)렙돈 넣는 것을 보시고 3 이르시되 내가
참으로 너희에게 말하노니 이 가난한 과부가 다른 모든 사람보다 많
이 넣었도다 4 저들은 그 풍족한 중에서 헌금을 넣었거니와 이 과부는

그 가난한 중에서 자기가 가지고 있는 생활비 전부를 넣었느니라 하시니라

21:1 Jesus[1] looked up and saw the rich putting their gifts into the offering box, 2 and he saw a poor widow put in two small copper coins.[2] 3 And he said, "Truly, I tell you, this poor widow has put in more than all of them. 4 For they all contributed out of their abundance, but she out of her poverty put in all she had to live on."

1) 동전의 명칭

1 Greek *He* *2* Greek *two lepta*; a *lepton* was a Jewish bronze or copper coin worth about 1/128 of a *denarius* (which was a day's wage for a laborer)

단락 개관

종교 및 정치 당국은 여러 질문으로 예수님을 함정에 빠뜨리려고 했으나, 예수님은 그분을 저해하려는 모든 시도를 받아넘기며 그리스도이자 다윗의 주님다운 지혜를 보여주셨다. 이어서 그분은 백성에게 서기관들에 대해 경고하신다. 서기관들은 종교적 모습을 보여주면서도 타인의 주목과 칭송을 좋아하고 과부들을 이용하기 때문이다. 그들은 심판의 날에 큰 정죄를 받을 것이다. 백성은 서기관들에게 감명을 받을지 몰라도 예수님은 가난한 과부에게 감명을 받으신다. 부자들이 헌금함에 헌금을 넣을 때 백성은 그들의 관대함을 칭찬한다. 하지만 모든 사람의 마음을 아는 하나님께서 가난한 과부가 하찮은 금액을 넣는 것을 주시하신다. 그리고 그녀가 나머지 사람들보다 더 많은 것을 드렸다고 말씀하신다. 나머지 사람들은 풍족한 가운데 헌금을 넣었지만 그녀는 모든 소유를 넣음으로써 그녀 자신을 전적으로 주님께 드렸기 때문이다.

단락 개요

V. 예루살렘에서의 죽음과 부활(19:28-24:53)

B. 예수님과 지도자들 간의 논쟁(20:1-21:4)

6. 서기관의 허세와 과부의 진정성(20:45-21:4)

주석

20:45-47 예수님의 목표는 종교 지도자들의 공격을 피하는 것이 아니다. 그분의 과업 중 하나는 주님께 완전히 헌신한다는 것이 무슨 뜻인지를 설명하는 일이다. 그래서 그분은, 다른 사람들도 듣고 있는 가운데, 제자들에게 서기관들을 본받을 위험에 대해 경고하신다(참고. 12:1). 서기관들은 하나님께 헌신했다고 주장하지만 사실은 자기집착과 나르시시즘에 빠져 있다. 그들은 자신을 타인으로부터 구별시키는 긴 예복과 더불어 주목과 칭송받는 것을 좋아한다. 시장과 광장에서 받는 공손한 인사는 그들의 허영심을 어루만지고 그들에게 즐거움과 자기만족을 선사한다. 그와 동시에 그들이 회당과 만찬에서 최고의 자리를 기뻐하는 것은 사람들이 그들을 남들보다 특별하고 우월한 인물로 존경하기 때문이다(참고. 14:7). 그들은 장황하고 정교한 기도를 하고 영적 및 신학적 명민함으로 감명을 주지만, 그와 동시에 과부의 집에서 나오는 수입을 챙긴다. 그들의 재정적 타락은 그들이 하나님의 영광과 타인의 유익이 아니라 자신의 안락함을 위해 살고 있음을 입증한다. 성경은 진정한 경건함이 과부를 돌보는 일을 수반한다는 것을 분명히 밝힌다(출 22:22; 신 10:18; 24:17, 20, 21; 27:19; 욥 31:18; 시 94:6; 사 1:17; 렘 7:6; 22:3; 겔 22:7; 슥 7:10; 말 3:5; 눅 18:1-8; 행 6:1-6; 딤전 5:3-16; 약 1:27). 그러나 서기관들은 그와 정반대로 행하고 있다. 그들은 종교적 기득권층

의 일부고 이스라엘의 선생이기 때문에 그들의 심판과 정죄가 다른 사람들보다 더 클 것이라고 예수님이 결론 내리신다(참고. 눅 12:47-48; 약 3:1). 이는 지옥에서 심판의 수준이 다양할 것을 가리키는 또 하나의 지표다.

21:1-4 예수님은 부자들이 헌금함에 헌금을 넣는 모습을 주시하신다. 사람들에게, 부자들의 헌금은 분명 인상적일 것이다. 그와 동시에 어떤 가난한 과부, 즉 가난 때문에 사람들이 거의 신경 쓰지 않는 한 과부가 '작은 동전 두 닢'을 넣는다. 그 헌금 액수는 한 데나리온(하루 품삯)의 128분의 1에 불과하다.[251] 구경꾼들이 보기에는 그 액수가 너무 적어서 굳이 헌금할 가치가 있는지 의아스러울 정도다. 하지만 예수님은 그 과부가 지금까지 헌금한 다른 모든 사람보다 더 많이 넣었다고 말씀하신다. 추정컨대 그 헌금들 중 일부는 상당한 금액이겠지만 과부의 헌금이 가장 많은 것은, 다른 사람들의 생활방식은 그들의 헌금에 영향을 받지 않기 때문이라고 예수님이 설명하신다. 그들은 헌금을 하고도 남은 돈이 많아서 아무 문제없이 안락하게 살 수 있다. 하지만 과부는 자기에게 있는 모든 것을 드렸다. 그녀는 자기가 가진 모든 것을 포기함으로써 스스로 제자임을 보여준다(14:33, 참고. 12:33).

이와 같은 텍스트에는 사람들에게 헌금 액수를 정해주는 공식이나 무리한 획일화가 없다는 것을 이미 살펴보았다. 고린도후서 8:11-15은 사람들에게 자신의 소유에 따라 헌금하도록 권유하고, 바울은 그들이 부당한 짐을 지도록 요구하지 않는다. "신약은 우리에게 궁핍해질 정도로 헌금하라고 요구하지 않는다."[252] 그럼에도 과부의 놀라운 관대함이 칭찬을 받는다.

나아가 이 장면은 예수님의 신적 위상을 얼핏 보여주기도 한다. 예수님이 그녀가 다른 누구보다 더 많이 헌금했다는 것을 '안다'는 것은, 각 사람

251 BDAG, s.v. λεπτός.

252 Garland, *Luke*, 820-821.

이 자신의 소득 중에서 얼마만큼 헌금했는지를 아신다는 뜻이기 때문이다. 그리고 오직 하나님만 그런 지식을 갖고 계시다.[253] 그 지식은 선지자의 것이라고 말할 수도 있다. 그러나 예수님이 방금 메시아가 다윗의 주님이라고 설명하셨으므로(20:41-44), 그분의 지식은 신적인 것으로 설명되어야 한다.

응답

우리가 이 대목을 통해 알 수 있는 바는, 사물은 항상 겉으로 보이는 것과 같지 않다는 점이다. 대부분의 사람은 서기관들을 이스라엘에서 가장 경건한 사람들로 꼽는 반면 과부는 간과할 것이다. 반면에 예수님은 서기관들이 유일한 참 하나님보다 그들 자신을 예배하고 있는 우상숭배자라고 지적하신다. 그들은 하나님의 영광보다 사람들의 칭찬에 사로잡혀 있다. 다른 한편 과부는 하나님의 영광을 위해 헌금한다. 그런데 예수님을 제외한 어느 누구도 그녀가 소유한 모든 것을 주님께 드렸다는 것을 알지 못한다. 우리가 외모로 판단하면 안 되는 것은 주님이 사람의 마음(삼상 16:7)과 동기를 아시기 때문이다. 하나님께서 우리의 인생에 대해 판결을 내리시는 심판의 날에 우리 모두는 상당히 놀랄 것이고, 우리의 평가가 상당히 빗나갔다는 사실을 알게 될 것이다.

이 텍스트에서 우리가 배우는 바는, 비록 아무도 우리가 행하는 일을 보거나 알지 못할지라도, 하나님은 그분을 신뢰하고 순종하는 사람들을 보고 승인하신다는 것이다. 우리는 우리가 의미심장하거나 중대한 일을 하고 있지 않다고 느낄지 몰라도, 우리가 가진 작은 재능이나 능력을 주님께 드리고 있다면, 그분은 그것을 보고 또 아신다. 하나님은 겸손한 순종을 잊

21장

253 이에 대한 반론은 Bock, *Luke 9:51-24:53*, 1645를 보라.

어버리거나 무시하지 않으신다. 우리는 때로 사람들의 칭찬을 위해 일하고 싶은 유혹을 받지만, 이 텍스트에 나오는 과부는 우리가 무기력한 상태에서 벗어나 하나님의 칭찬과 영광을 위해 일해야 한다는 것을 상기시켜 준다.

5 어떤 사람들이 성전을 가리켜 그 아름다운 돌과 헌물로 꾸민 것을
말하매 예수께서 이르시되 6 너희 보는 이것들이 날이 이르면 돌 하나
도 돌 위에 남지 않고 다 무너뜨려지리라 7 그들이 물어 이르되 선생
님이여 그러면 어느 때에 이런 일이 있겠사오며 이런 일이 일어나려
할 때에 무슨 징조가 있사오리이까 8 이르시되 미혹을 받지 않도록 주
의하라 많은 사람이 내 이름으로 와서 이르되 내가 그라 하며 때가 가
까이 왔다 하겠으나 그들을 따르지 말라 9 난리와 소요의 소문을 들을
때에 두려워하지 말라 이 일이 먼저 있어야 하되 끝은 곧 되지 아니하
리라

5 And while some were speaking of the temple, how it was adorned
with noble stones and offerings, he said, 6 "As for these things that you
see, the days will come when there will not be left here one stone upon
another that will not be thrown down." 7 And they asked him, "Teacher,
when will these things be, and what will be the sign when these things
are about to take place?" 8 And he said, "See that you are not led astray.
For many will come in my name, saying, 'I am he!' and, 'The time is at

hand!' Do not go after them. 9 And when you hear of wars and tumults, do not be terrified, for these things must first take place, but the end will not be at once."

10 또 이르시되 민족이 민족을, 나라가 나라를 대적하여 일어나겠고
11 곳곳에 큰 지진과 기근과 전염병이 있겠고 또 무서운 일과 하늘로
부터 큰 징조들이 있으리라 12 이 모든 일 전에 내 이름으로 말미암아
너희에게 손을 대어 박해하며 회당과 옥에 넘겨주며 임금들과 집권
자들 앞에 끌어가려니와 13 이 일이 도리어 너희에게 1)증거가 되리라
14 그러므로 너희는 변명할 것을 미리 궁리하지 않도록 명심하라 15 내
가 너희의 모든 대적이 능히 대항하거나 변박할 수 없는 구변과 지혜
를 너희에게 주리라 16 심지어 부모와 형제와 친척과 벗이 너희를 넘
겨주어 너희 중의 몇을 죽이게 하겠고 17 또 너희가 내 이름으로 말미
암아 모든 사람에게 미움을 받을 것이나 18 너희 머리털 하나도 상하
지 아니하리라 19 너희의 인내로 너희 2)영혼을 얻으리라

10 Then he said to them, "Nation will rise against nation, and kingdom
against kingdom. 11 There will be great earthquakes, and in various
places famines and pestilences. And there will be terrors and great signs
from heaven. 12 But before all this they will lay their hands on you and
persecute you, delivering you up to the synagogues and prisons, and
you will be brought before kings and governors for my name's sake.
13 This will be your opportunity to bear witness. 14 Settle it therefore in
your minds not to meditate beforehand how to answer, 15 for I will give
you a mouth and wisdom, which none of your adversaries will be able
to withstand or contradict. 16 You will be delivered up even by parents
and brothers[1] and relatives and friends, and some of you they will put
to death. 17 You will be hated by all for my name's sake. 18 But not a

hair of your head will perish. 19 By your endurance you will gain your lives.

1) 또는 증거의 기회가 2) 또는 목숨을
1 Or *parents and brothers and sisters*

단락 개관

이스라엘의 심장에 암적인 요소가 있다는 것이 서기관들의 행위를 통해 명백해진다(20:45-47). 이제는 하나님을 기쁘시게 하는 과부(21:1-4)가 대표하는 남은 자들만 있을 뿐이다. 묵시적 담론에서 예수님은 예루살렘과 성전에 임할 심판으로 방향을 바꾸고, 그분이 장차 돌아올 것도 예언하신다. 성전과 예루살렘의 파괴가 과연 예수님의 오심과 별개의 사건인지는 분명하지 않아도, 성경의 예언이 흔히 그렇듯이, 예루살렘의 심판은 마지막 날과 예수님 재림의 한 유형이자 패턴이 된다.

사람들은 성전의 절묘한 아름다움에 탄성을 지르지만, 예수님은 그 성전이 완전히 무너질 날이 오고 있다고 예언하신다. 이어서 언제 이런 일이 일어날 것이고 무슨 징조가 수반될 것인지에 관한 질문을 받지만, 속지 말라고 경고하신다. 많은 사람이 와서 자기가 메시아라고 주장할 것이라서 그렇다. 설령 전쟁이 발발해도 그날이 왔다는 신호가 아닐 것은, 전쟁과 지진, 기근과 전염병은 현 시대에도 흔히 나타나는 현상이기 때문이다. 나아가 예수님의 제자들은 회당과 관공서에서 박해를 받을 준비를 해야 한다. 그들은 스스로 예수님을 증언할 준비를 갖추어야 한다. 그들이 자기를 변호하기 위해 무슨 말을 할지 염려할 필요가 없는 것은, 그들에 대한 고소에 대응할 적절한 말을 예수님이 주실 것이기 때문이다. 그러나 제자들은 최후의 구원을 얻기 위해 고난과 추방을 견딜 준비가 되어 있어야 한다.

왜냐하면 가족조차 그들에게 등을 돌리고, 일부 신자들은 죽임을 당할 것이기 때문이다. 그럼에도 하나님은 모든 경우에 그들과 함께하실 것이다.

단락 개요

V. 예루살렘에서의 죽음과 부활(19:28-24:53)
C. 묵시적 담론(21:5-38)
1. 예언과 경고(21:5-19)

주석

21:5-6 예수님이 성전 구역에서 헌금을 내는 사람들의 모습을 지켜보고 계실 때, 누군가가 성전의 아름다움에 대해 말한다. 성전은 세계의 불가사의 중 하나임에 틀림없다. 헤롯 대왕이 주전 20/19년에 그 성전을 증축하기 시작했는데 그 작업이 주후 62년까지 끝나지 않았기 때문이다.[254] 성전은 하나님께서 그분의 백성과 함께 거주하시는 장소인 만큼(참고. 왕상 8장, 참고. 마카베오하 9:16), 그 놀라운 아름다움과 장엄한 건축은 유대인에게 자부심을 가득 안겨주었다. 성전은 주님이 특별히 이스라엘과 함께하신다는 것과 그들이 그분의 백성이라는 것을 가리켰다. 하지만 예수님은 성전의 파괴를 예언함으로써 청중을 어리둥절하게 만드신다. 그 돌들이 완전히 무너질 것이라고 말씀하신다. 성전에 관한 예수님의 말씀이 대적들에 의

254 참고. Garland, *Luke*, 827.

해 왜곡되거나 잘못 전해지고, 일부 사람은 그분이 성전을 파괴할 것이라고 말했다며 거짓 혐의를 씌운다(참고. 막 14:58; 요 2:19; 행 6:14). 하지만 예수님은, 성전이 주전 586년경 바벨론에 의해 파괴되었듯이, '주님'이 그렇게 하실 것이라고 선언하신다. 그런 파괴는 하나님께서 이스라엘을 심판하신다는 신호였고, 여호와에 대한 그들의 불충함을 가리켰다. 이스라엘은 주님이 그분의 백성을 옹호하기 위해 성전으로 오실 것이라 믿었으나, 이제 주님이 오셨는데도 백성이 '그가 오시는 날을 능히 당할 수' 없다(말 3:2).

21:7-9 성전 파괴에 관한 말씀을 들은 청중이 언제 "이런 일"이 일어날지 묻는다. "이런 일"은 성전의 파괴를 언급하는 것이 틀림없다. 이에 더하여 그들은 성전의 붕괴가 임박한 것을 보여주는 징조에 대해 묻는다. 가장 큰 위험은 제자들이 속임을 당하고 시대의 징조를 잘못 읽는 것이다. 환난의 시대에는 많은 사람이 무대에 나타나서 자기가 메시아, 곧 선택받은 자라고 주장할 것이다. 당시에는 메시아에 대한 열정이 풍미했다. 요세푸스는 주전 4년경에 왕족 계급이 되길 열망했던 유다, 시몬 그리고 아트롱게스(Athronges)에 대해 이야기한다(*Antiquities* 17.10.5-7). 드다(Theudas) 역시 요단강이 여호수아 때처럼 자신의 손길 아래서 갈라질 것이라고 약속하는 등 백성을 해방시키겠다고 주장했다(주후 44-46년경, Josephus, *Antiquities*, 20.5.1). 어떤 이집트계 유대인은 주후 52-59년에 감람산 아래서 대규모 운동을 이끌면서 성벽들이 무너지고 그의 일당이 그 성읍을 차지할 것이라고 말하기도 했다(행 21:38, Josephus, *Jewish Wars*, 2.13.5; *Antiquities* 20.8.6). 예수님은 성전의 파멸이 가까워지면 다른 사기꾼들도 일어날 것이라고 예언하신다. 제자들은 미리 경고를 받고 대비하게 된다.

21:9-11 문제는 성전이 파괴되려고 할 때 어떤 징조가 있을 것인지 여부다. 제자들은 공포나 두려움으로 마비되어서는 안 된다. 전쟁과 온갖 난리가 발생해도 그것이 반드시 종말이 이르렀다는 징조는 아니다. 이 모든 일은 종말이 오기 전에 발생'해야'(데이) 하고, 모든 것이 하나님의 계획에 따

라 일어나고 있음을 입증한다. 인생은 나라들이 다른 나라들과 싸우고 왕국들이 다른 왕국들을 대항해 일어나는 등 갈등으로 점철될 것이다. 묵시적 징조들이 이 세상에서의 삶을 특징지을 것이다. 즉 지진, 기근 그리고 전염병이 여기저기서 돌출할 것이다. 무서운 일들이 일어날 것이고 놀라운 징조들이 나타날 것이다. 그러나 이 가운데 어느 것도 성전이 곧 파괴될 것이라는 확실한 신호는 아니다.

예수님은 제자들이 성전이 파괴될 때를 역사의 찻잎을 읽어서 계산하려는 것을 단념하게 하신다. 재난을 초래하는 사건들이 반드시 심판의 시기가 도래했다는 것을 의미하지는 않는다. 예수님의 제자들은 예언이 언제 성취될지를 풀어내려고 시도하기보다 신실하게 사는 데 초점을 두어야 한다. 여기서 성전에 대한 심판과 세상의 종말 사이에 유형론적 연관성을 볼 수 있다. 양자에 동일한 원리가 적용된다. 성전의 파괴를 세상의 사건들로부터 계산할 수 없는 것처럼, 세상의 종말도 시대의 징조를 읽어서 분별할 수 없다는 뜻이다.

21:12-15 제자들은 성전이 언제 파괴될 것인지 또는 세상이 언제 끝날 것인지를 예언하려고 시도하기보다 오히려 고난 받을 준비를 해야 한다. 미래에 관한 예측은 제자들이 가장 중요한 것에 집중하지 못하게 할 수 있는 만큼, 그들은 반대에 대해 준비할 필요가 있다. 대적들은 그들을 붙잡아 박해할 것이다. 범법자로 고소하고 불충하다는 이유로 감옥에 넘길 것이다(참고. 눅 12:11). 우리는 사도행전 4-5장에서 사도들이 예수님을 그리스도, 부활한 왕으로 선포한다는 이유로 감옥에 갇히고 매 맞는 장면을 본다. 제자들은 또한 예수님에 대한 충성 때문에 이방 왕과 총독들 앞에 서고, 법을 전복하고 공공질서를 어기는 죄로 기소될 것이다. 사도행전에서 바울은 벨릭스 총독과 베스도 총독 앞에서 증언하고 아그립바 왕 앞에서 복음을 선포하며(행 24-26장), 황제 앞에서 직접 증언하게 된다(25:11-12, 21; 26:32; 27:24; 28:19).

신자가 당국자들 앞에 끌려갈 때는 예수 그리스도에 관한 좋은 소식을 증언할 기회를 얻게 될 것이다. 사도행전에서 베드로는 예수님이 부활하셨고, 다른 누구를 통해서도 구원을 받을 수 없다고 담대하게 선포한다(행 4:9-12). 또한 사도들이 형벌의 위협을 받을 때는 유대 지도자들보다 오히려 하나님께 순종해야 한다고 주장한다. 왜냐하면 지도자들은 예수님을 죽였으나 하나님께서 그분을 죽은 자 가운데서 살리고 하나님의 오른편으로 높여서 회개하는 자들에게 용서를 베풀게 하셨기 때문이다(행 5:29-32). 스데반 역시 불충한 죄로 고소를 당할 때 그리스도를 증언한다(행 7:1-53). 아울러 제자들이 범죄 혐의로 기소될 때 어떻게 스스로를 변호할지 염려하지 말아야 하는 것은, 주님이 그들에게 지혜와 할 말을 주셔서 대적들이 반박할 수 없게 하실 것이기 때문이다(행 6:10). 우리는 방금 언급한 사도행전 텍스트들에서 그런 지혜의 실례를 볼 수 있다.

21:16-19 예수님은 장차 반대가 얼마나 심할지를 설명하신다. 심지어 가족까지도 제자들에게 등을 돌릴 것이다. 부모, 형제와 자매, 가까운 친척, 예전의 친구(참고. 12:52-53)도 그럴 것이다. 그리스도에 대한 충성이 가족을 분열시킬 것이고, 일부 제자들은 죽임을 당할 것이다. 신자들은 예수 그리스도를 위해 죽을 준비가 되어야 한다(참고. 계 2:10; 6:9-11). 제자들은 생명과 사랑의 메시지를 전하는데도 예수님을 위해 비신자들로부터 미움을 받을 것이다. 그런데 예수님은 앞에서 그분을 위해 미움을 받는 사람들은 복이 있다고 말씀하셨다(눅 6:22-23). 세상이 제자들을 멸시할 것은 그들이 다음과 같은 메시지에 헌신되어 있기 때문이다. 예수님이 그리스도라는 것, 그분이 부활해서 높아지신 왕이라는 것, 다른 누구를 통해서도 구원을 받을 수 없다는 것(행 4:9-12). 하지만 예수님은, 하나님께서 여전히 신실하기 때문에 이런 심한 반대 가운데서도 "너희는 머리카락 하나도 잃지 않을 것"(새번역)이라고 말씀하신다. 첫눈에는 이 말씀이 제자들은 고난과 죽임을 당하지 않을 것이라는 뜻처럼 보이지만(참고. 눅 12:7), 16절은 몇 사람이 죽임을 당할 것이라고 말한다. 따라서 이는 제자들이 비록 그분의 이름을 위해 죽임을 당할 때에도, 하나님께서 그들을 강건하게 지키실 것이라는

21장

약속이다. 그들이 궁극적으로 망하지는 않을 것은, 대적들이 몸은 죽일 수 있으나 영혼은 죽일 수 없기 때문이다. 끝까지 신실함을 지키는 사람들, 예수님을 부인하지 않는 사람들은 구원을 받을 것이다(참고. 8:15; 히 10:39). 육체적 생명은 잃을지 몰라도 영원한 상실을 겪지는 않을 것이다. 넘어질지 몰라도 다시 일어나서 영원히 승리할 것이다(미 7:8). 신자들은 시련을 겪을 테지만 최후의 구원을 얻기 위해 계속 믿음으로 인내해야 한다(행 11:23; 13:43; 14:22-23).

응답

믿거나 말거나, 어떤 유대인 소수 집단[루바비치(Lubavich) 종파 출신의 소수 사람들]은 랍비 쉬니어슨(Rabbi Schneerson)이 메시아였다고 주장한다. 대다수 독자는 쉬니어슨에 대해 들어본 적이 없을 것이다. 그는 1993년에 죽었으나, 극소수의 유대인은 여전히 그가 메시아라고 생각한다! 일부 사람은 그가 죽은 자 가운데서 살아날 것으로 기대했으나 여전히 죽은 상태로 오랜 시간이 흘렀다. 그렇다고 단지 유대인만 예언에 대해 이런 잘못을 저지른다고 생각하면 안 된다. 일부 복음주의자들은 적그리스도를 미국의 첫 로마가톨릭 대통령인 존 F. 케네디(John F. Kennedy)와 동일시했다. 일부는 케네디가 교황의 명령에 따라 움직인다고 믿었다. 케네디가 달라스에서 총격에 사망했을 때, 그 치명적 상처가 치유될 것을 기다리기도 했다. 하지만 그런 일은 일어나지 않았다. 로널드 윌슨 레이건(Ronald Wilson Reagan) 대통령 역시 적그리스도라는 딱지를 받은 적이 있다. 그의 이름 세 단어가 각각 여섯 글자(666)로 되어 있기 때문이다. 그 밖에 헨리 키신저, 로버트 케네디 그리고 러시 림보(미국 방송인, 평론가) 등도 적그리스도로 낙인찍힌 바 있다. 이제까지 사람들이 종말이 올 때를 예언한 것과 적그리스도의 정체를 가리킨 것이 백퍼센트 틀렸다는 사실을 우리는 알고 있다.

특히 놀라운 것은 우리가 예수님을 위해 받을 고난, 우리가 견디게 될 박해에 대해 경고를 받는다는 점이다. 우리는 모든 사람에게 사랑과 용서의 메시지를 전하기 때문에 칭송과 감사를 받을 것으로 생각할지 모른다. 그러나 예수님은 많은 사람이 우리를 반대할 것이라고, 복음이 가족을 분열시킬 것이라고, 우리 중 일부는 그분의 이름을 위해 죽임을 당할 것이라고 경고하신다. 그분은 우리에게 '현재 최고의 삶'이 아니라 반대와 갈등을 약속하신다. 그럼에도 주님은 우리가 고난을 받을 때 함께하겠다고 약속하신다. 우리가 곤경에 빠질 때 그분이 우리를 강건케 하실 것이다. 우리는 고난을 견딜 능력이 없어서 날마다 매순간 그분의 힘이 필요하기 때문이다.

20 너희가 예루살렘이 군대들에게 에워싸이는 것을 보거든 그 멸망이
가까운 줄을 알라 21 그때에 유대에 있는 자들은 산으로 도망갈 것이
며 1)성내에 있는 자들은 나갈 것이며 촌에 있는 자들은 그리로 들어
가지 말지어다 22 이날들은 기록된 모든 것을 이루는 징벌의 날이니
라 23 그날에는 아이 밴 자들과 젖먹이는 자들에게 화가 있으리니 이
는 땅에 큰 환난과 이 백성에게 진노가 있겠음이로다 24 그들이 칼날
에 죽임을 당하며 모든 이방에 사로잡혀 가겠고 예루살렘은 이방인의
때가 차기까지 이방인들에게 밟히리라

20 "But when you see Jerusalem surrounded by armies, then know
that its desolation has come near. 21 Then let those who are in Judea
flee to the mountains, and let those who are inside the city depart, and
let not those who are out in the country enter it, 22 for these are days
of vengeance, to fulfill all that is written. 23 Alas for women who are
pregnant and for those who are nursing infants in those days! For there
will be great distress upon the earth and wrath against this people.
24 They will fall by the edge of the sword and be led captive among all

nations, and Jerusalem will be trampled underfoot by the Gentiles, until
the times of the Gentiles are fulfilled.

25 일월성신에는 징조가 있겠고 땅에서는 민족들이 바다와 파도의 성
난 소리로 인하여 혼란한 중에 곤고하리라 26 사람들이 세상에 임할
일을 생각하고 무서워하므로 기절하리니 이는 하늘의 권능들이 흔들
리겠음이라 27 그때에 사람들이 인자가 구름을 타고 능력과 큰 영광으
로 오는 것을 보리라 28 이런 일이 되기를 시작하거든 일어나 머리를
들라 너희 속량이 가까웠느니라 하시더라
25 "And there will be signs in sun and moon and stars, and on the earth
distress of nations in perplexity because of the roaring of the sea and
the waves, 26 people fainting with fear and with foreboding of what is
coming on the world. For the powers of the heavens will be shaken.
27 And then they will see the Son of Man coming in a cloud with
power and great glory. 28 Now when these things begin to take place,
straighten up and raise your heads, because your redemption is drawing
near."

1) 헬, 그 안에

21장

단락 개관

전쟁, 기근, 전염병, 지진 또는 굉장한 징조들이 성전의 종말을 확실하게 가리키는 것은 아니며(21:5-11), 제자들은 고난 받을 준비를 해야 한다(21:12-19). 그럼에도 예루살렘이 적군에게 포위될 날이 오고 있고, 그때에는 백성이 그 성읍과 성전이 황폐해질 날이 가까웠다는 것을 알게 되리라. 그때가 오면 사람들은 성읍으로 도망하면 안 된다. 유대에 있는 사람들은 산으로 도망가야 하고, 성읍에 있는 자들은 그곳을 떠나야 하고, 시골에 있는 사람들도 성읍으로 후퇴하면 안 된다. 이런 날이 특히 임신한 사람이나 젖먹이가 딸린 사람들에게 고통스러울 것은 이스라엘 땅이 곤경에 빠지고 백성이 하나님의 진노를 직면할 것이기 때문이다. 이방인의 때가 차기까지 이스라엘이 이방 나라들에게 패배를 당하고 짓밟힐 것이다.

이 단락의 주제가 25절에서 바뀌고, 이후의 구절들은 명백히 예수님이 인자로 오시는 모습을 묘사한다. 해와 달과 별들에 일어나는 우주적 현상과 함께 세계가 무너질 것이다. 사람들은 바다의 격동으로 염려와 두려움에 사로잡히고 도래할 일이 무서워서 기절할 것이다. 그때 인자가 권능과 영광으로 구름을 타고 오실 것이다. 비신자들은 두려움에 떨겠지만, 제자들은 해방이 가까이 왔으므로 기쁨과 기대감으로 충만할 것이다.

단락 개요

V. 예루살렘에서의 죽음과 부활(19:28-24:53)
 C. 묵시적 담론(21:5-38)
  2. 예루살렘의 포위와 인자의 도래(21:20-28)

주석

21:20-22 이 지점까지 제자들은 종말에 대해 속지 말고 그리스도를 위해 고난 받을 준비를 하라는 권면을 받았다. 그러나 이제 예수님이 성전의 파괴에 대해 좀 더 구체적으로 말씀하신다. 그들이 예루살렘이 적군에 포위된 것을 볼 때는 그 심판이 가까이 온 것이다(참고. 19:43-44).

우리는 이 예언이 주후 70년, 곧 로마 군대가 예루살렘을 포위한 끝에(주후 66-70년) 그 성읍을 빼앗고 성전을 불태웠을 때 성취된다는 사실을 안다. 요세푸스가 그 포위에 관한 전반적인 이야기를 전한다(*Jewish Wars* 5.2.1-5, 6.2.1, 6.2.7). 그는 백만 명 이상이 죽임을 당했다고 말하는데, 이 숫자가 다소 과장된 것이라 할지라도 학살의 규모는 어마어마했다.[255] 그는 어떤 여자가 자기 영아를 요리해서 먹는 섬뜩한 이야기를 들려준다(*Jewish Wars* 6.3.4). 사람들은 포위를 당하는 동안 보호받기 위해 예루살렘으로 도망가기 쉬울 테지만, 예수님은 그들에게 정반대로 행동하라고 경고하신다. 즉 그 성읍에서 멀어져야 한다. 만일 유대에 있다면 산으로 도망가야 한다(참고. 창 19:17, 19). 만일 그 성읍 안에 있다면 가능한 빨리 그곳을 떠나야 한다. 시골에 사는 사람들은 그 성읍으로 들어오면 안 된다.

이런 사건들은 우발적인 것이 아니다. 그 사건들은 하나님의 심판이 나타나는 모습, 그 성읍에 대한 그분의 정의로운 진노일 것인데, 특히 그 백성이 메시아를 배척했기 때문에 발생하는 일이다. 그 성읍에 대한 징벌은 구약에서 이스라엘을 위협하는 언약의 저주들과 잘 들어맞는다(참고. 신 32:35; 호 9:7; 미 3:12). 하나님은 솔로몬에게, 만일 이스라엘이 주님을 버린다면 성전이 파괴될 것임을 상기시키셨다(왕상 9:6-9). 예루살렘과 성전의 파멸은 정치적 사건이 아니다. 그것은 하나님께서 그분의 목적과 뜻을 수행하신 결과다.

255 참고. Bock, *Luke 9:51-24:53*, 1676.

21:23-24 그 고난은 매우 심할 것이다. 임신한 여자들과 젖먹이가 딸린 여자들에게 견디기 어려운 고난이 될 것이다(참고. 23:29). 이스라엘 땅이 엄청난 압력을 직면할 것이고, 하나님께서 이스라엘 백성에게 진노를 퍼부으실 것이다(3:7). 이스라엘은 로마의 칼날에 쓰러지고 다른 나라들로 유배될 것이며, 예루살렘 역시 다른 나라들의 통제 아래 놓일 것이다(참고. 신 28:64; 시 79:1; 사 63:18; 겔 32:9; 토비트 14:4-6). 세계 역사가 이 운명을 확증했다. 이 사태는 "이방인의 때가 차기까지" 지속될 것이다. 이는 예루살렘의 예속 상태가 역사의 종말까지 지속될 것이라는 뜻이다. "이방인의 때"는 이방인 선교의 기간을 묘사한다. 아마 이 어구는 로마서 11:25-27, 즉 역사의 종말에 있을 이스라엘의 구원을 내다보는 대목과 일치할 것이다.[256] 여기서 심판은 예루살렘과 성전에 대한 심판에 초점을 두고 있어서 누가복음 21:20-24에 나오는 사건이 역사의 종말에 되풀이되지는 않을 것이다. 그럼에도 예루살렘에 내려진 심판이 종말에는 범세계적 심판이 될 것이라는 일반적인 유형론적 연관성을 볼 수 있다.[257]

21:25-26 25-28절이 다른 시기를 가리키는지는 분명치 않다. 뒤돌아보면 예루살렘과 성전은 주후 70년에 파괴되었으나 예수님은 몸소 돌아오지 않으셨다. 일부 학자들은 예수님이 그분의 재림 시기를 잘못 생각하셨다고 결론짓는다. 이런 해석의 문제점은, 이 복음서를 읽고 보존했던 초기 그리스도인들이 우리가 여기서 읽는 내용을 틀린 것으로 믿었다는 증거가 없다는 사실이다. 그들은 주후 70년 이후에도 이 말씀이 옳다고 믿으면서 계속 보존했다. 사실 주후 70년에 발생한 사건이 초기 그리스도인들 사이에 위기를 초래했다는 증거는 전혀 없다.

256 참고. 같은 책, 1681.

257 참고. 같은 책, 1675.

우리는 구약의 예언이 작동하는 방식과 유사한 병행 관계를 발견할 수 있다. 이사야 40-66장을 예로 들어보자. 이 구절에는 이스라엘 포로 생활의 종말이 예언되어 있다. 이스라엘은 새로운 출애굽을 통해 되돌아올 것이고, 새로운 창조가 출범할 것이고, 새로운 다윗이 다스릴 테고, 새로운 언약이 시작될 것이다. 그 예언은 틀리지 않았다. 이스라엘이 실제로 포로 상태에서 되돌아왔으나, 이사야서에 나오는 약속들이 완전히 성취되지는 않았다. 그럼에도 구약 공동체는 이사야가 틀렸다고 결론 내리지 않았다. 그들은 거기에 '시작된 성취'가 있다고 믿었고, 이사야의 예언이 장래에 완전히 실현될 것이라고 생각했다. 이와 동일한 패러다임을 여기에 나오는 예수님의 말씀에 적용해야 한다. 이 본문을 처음 읽을 때는 예루살렘이 파괴될 때 예수님이 몸소 돌아오실 것으로 기대했을 법하다. 예루살렘과 성전의 파괴는 예수님이 틀리지 않았음을 검증했으나, 성전의 파괴와 그리스도의 재림 사이에 시간적 간격이 있다는 것이 초기 그리스도인들에게 분명해졌다. 전자가 후자의 유형으로 작동하는 것이다.

다른 주석가들은 예루살렘과 성전의 파괴를 그리스도가 오시는 장면으로 이해했다. 달리 말하면 인자가 구름을 타고 가시적으로 오시지는 않았지만, 그 대신 예루살렘이 파괴될 때 '보였다'고 한다. 이런 해석은 이 구절들이 묵시적 성격을 띠고 있다는 주장으로 변호된다. 그러나 이는 예수님이 가시적으로 오시는 모습을 언급하는 누가복음 21:27을 읽는 자연스러운 방식이 아니다. 더구나 누가복음의 독자층은 유대 그리스도인들에게 국한되지 않았고, 누가복음을 읽는 모든 신자가 어떻게 그들의 구속을 예루살렘과 성전에 대한 심판에서 발견할 수 있을지 알기가 어렵다. 이 복음서를 읽는 대다수 그리스도인에게는 그런 파괴가 예수님 말씀의 진실성을 확증하는 역할 이외에는 그들의 일상생활에 거의 영향을 미치지 않았을 것이다.

예수님은 세상의 종말에 우주적이고 묵시적인 현상이 나타날 것이라고 예언하신다. 징조들이 하늘에서, 즉 해와 달과 별들에서 나타날 것이다. 이것은 여기에 묘사된 심판이 이스라엘에 국한되지 않는다는 또 다른 지표다. 왜냐하면 우리는 "민족들"의 괴로움에 대해 읽고, 여기에 사용된 복수형은 모든 곳의 모든 사람을 가리키기 때문이다. 민족들이 우주적 현상과 포효하는 바다와 부서지는 파도 때문에 당혹스러움에 빠질 것이다(참고. 시 46:2-4; 65:7; 89:9; 사 24:19 칠십인역). 이것은 분명히 세상이 무너지는 모습이다. 세상에서 발생하는 사건들이 너무도 무시무시해서 사람들이 두려움 때문에 기절하고 말 것이다. 우주의 질서가 해체됨에 따라 그들은 세상에 닥칠 일을 생각하며 전율할 것이다(참고. 사 34:4; 욜 2:10; 히 12:26-27; 계 6:12-13).

21:27-28 세상이 무너질 때 예수님이 오실 것이다. 그분은 다니엘 7:13-14에 묘사된 인자로서 "능력과 큰 영광과 함께"(27절, 참고. 9:26) 오실 것이다.[258] 구름을 타고 오실 터인데, 구름은 하나님의 임재를 상징한다(출 19:16; 40:34-38; 민 10:34; 11:25; 대하 5:14; 느 9:12; 눅 9:34-35). 다니엘서에서는 "인자"가 "하늘 구름을 타고" 옛적부터 항상 계신 이에게 오신다(단 7:13). 그러나 여기서는 그분이 분명히 이 땅에 오신다. 만일 인자의 도래가 하나님의 보좌에 국한된다면 사람들이 그분의 오심을 보지 못할 것이나 여기서는 그분의 오심을 볼 것이라고 말하기 때문이다. 요한은 예수님의 오심에 대해 묵상하면서 "볼지어다 그가 구름을 타고 오시리라 각 사람의 눈이 그를 보겠고"(계 1:7)라고 말한다. 다시 한번, 누가복음에는 예수님이 구름을 타고 오신다는 다니엘 7:13에 대한 암시가 있고, 계시록에서는 "각[모든] 사람"이 그분을 볼 것이라고 한다. 나아가 누가가 쓴 사도행전도 예수님이 땅에서 떠난 모습 그대로 구름을 타고 땅으로 돌아오실 것이라고 말한다(행 1:9-11).

따라서 사람들이 예수님이 인자로서 땅으로 돌아오시는 모습을 보게 될 것은 분명한 사실이다. 구약에서는 하나님께서 구름을 타는 분이기 때문

258 인자에 관한 유익한 논의는 같은 책, 1684-1685를 보라.

에(시 104:3; 사 19:1), 예수님이 구름을 타고 오신다는 것은 그분의 장엄함과 주권, 신적 능력을 가리킨다. 이 사건은 주후 70년에 발생하지 않은 것이 명백하므로 여전히 미래에 일어날 사건이다. 최후의 사건들이 일어나기 시작할 때, 비신자들은 불길한 예감이 들고 공포에 질리지만, 신자들은 기대감과 흥분에 차서 고개를 들어야 한다. 최후의 구속과 해방이 완성되는 날이 가까웠기 때문이다(참고. 롬 8:23; 13:11; 엡 4:30). 그들이 이제껏 기다려왔던 일들이 실현될 것이다.

응답

예루살렘에 임하는 심판은 우리에게 이 땅에서의 삶이 영원히 지속되지 않을 것임을 상기시켜준다. 주님을 반대하는 자들은 심판을 직면할 것이다. 예루살렘에 대한 현세적 심판은 더 큰 심판, 최후의 심판, 결코 끝나지 않을 심판을 가리킨다. 최후의 심판은 하나님의 정의 및 거룩함과 부합한다. 정의와 거룩함과 심판에 대한 거론은 오늘날 많은 사람에게 생소하다. 주님이 그분을 반대하는 자들을 심판하고 정죄하신다는 것이 어쩌면 불의하고 무정한 것처럼 보일지도 모른다. 하지만 그런 관점은 우리가 하나님의 거룩하심을 얼마나 부분적으로 이해하는지 그리고 우리의 죄를 얼마나 가볍게 여기는지를 보여준다. 우리는 우리의 정의관이 옳고 다른 관점은 비윤리적이라고 생각하기 쉽다. 그러나 이러한 생각은 우리가 마치 하나님인 것처럼, 우리가 그분보다 더 잘 아는 것처럼, 우리가 정의의 표준인 것처럼 행동하게 한다. 하나님의 말씀은 우리 바깥에서 와서 우리로 하여금 우리의 형상으로 만들지 않은 하나님을 대면하게 한다.

우리는 또한 이 대목에서 예수님이 능력과 영광과 함께 다시 오시는 모습을 본다. 그분은 다시 와서 그 나라를 완성시키실 것이다. 그분이 오시기 전에는 공포와 무질서가 있을 것이다. 비신자들은 두려움과 공포에 사로잡힐 테지만, 예수님은 신자들이 희망과 낙관주의로 충만하도록 격려하신

21장

다. 예수님이 다시 오실 때는 우리가 최후의 해방을 맛보는 날, 이 세상과 그 모든 환난과 고난에서 풀려나는 날이 될 것이다. "또 나를 장차 본향에 인도해주시리. 거기서 우리 영원히 주님의 은혜로 해처럼 밝게 살면서 주 찬양하리라."[259]

259 존 뉴턴, "나 같은 죄인 살리신."

29 이에 비유로 이르시되 무화과나무와 모든 나무를 보라 30 싹이 나면
너희가 보고 여름이 가까운 줄을 자연히 아나니 31 이와 같이 너희가
이런 일이 일어나는 것을 보거든 하나님의 나라가 가까이 온 줄을 알
라 32 내가 진실로 너희에게 말하노니 이 세대가 지나가기 전에 모든
일이 다 이루어지리라 33 천지는 없어지겠으나 내 말은 없어지지 아니
하리라

29 And he told them a parable: "Look at the fig tree, and all the trees.
30 As soon as they come out in leaf, you see for yourselves and know
that the summer is already near. 31 So also, when you see these things
taking place, you know that the kingdom of God is near. 32 Truly, I
say to you, this generation will not pass away until all has taken place.
33 Heaven and earth will pass away, but my words will not pass away.

34 너희는 스스로 조심하라 그렇지 않으면 방탕함과 술 취함과 생활
의 염려로 마음이 둔하여지고 뜻밖에 그날이 덫과 같이 너희에게 임
하리라 35 이날은 온 지구상에 거하는 모든 사람에게 임하리라 36 이러

므로 너희는 장차 올 이 모든 일을 능히 피하고 인자 앞에 서도록 항
상 기도하며 깨어 있으라 하시니라
34 "But watch yourselves lest your hearts be weighed down with
dissipation and drunkenness and cares of this life, and that day come
upon you suddenly like a trap. 35 For it will come upon all who dwell
on the face of the whole earth. 36 But stay awake at all times, praying
that you may have strength to escape all these things that are going to
take place, and to stand before the Son of Man."

37 예수께서 낮에는 성전에서 가르치시고 밤에는 나가 감람원이라 하
는 산에서 쉬시니 38 모든 백성이 그 말씀을 들으려고 이른 아침에 성
전에 나아가더라
37 And every day he was teaching in the temple, but at night he went
out and lodged on the mount called Olivet. 38 And early in the morning
all the people came to him in the temple to hear him.

단락 개관

예수님은 예루살렘에 대한 심판을 약속하고 장차 그분이 올 것을 예언하셨다. 이후 무화과나무와 모든 나무에 관한 비유로 전환하신다. 무화과나무에 잎이 돋으면 여름이 가까이 온 것이다. 이와 같이 제자들이 앞 대목에 언급된 일들이 발생하는 것을 볼 때는 하나님의 나라가 가까이 온 것을 알게 되리라. 예수님은 예언된 모든 일이 일어나기 전에는 이 세대가 지나가지 않을 것이라 약속하신다. 특히 우리가 아는 세계가 끝날지라도 그분의 말은 없어지지 않을 것이라고 말씀함으로써 이를 강조하신다. 제자들에게 가장 중요한 것은 끝까지 신실하게 살기 위해 늘 준비되어 있는 것이

다. 그들은 늘 깨어 있고 방심하지 않으며 믿음을 버리지 않고 마지막 날에 인자 앞에 설 수 있어야 한다. 예수님은 낮 동안 성전에서 가르치고 밤에는 감람산에서 지내시는데, 아마 목숨이 위태롭고 체포를 피하기 위해서일 것이다. 아침마다 백성이 그분의 말씀을 들으려고 나온다.

단락 개요

V. 예루살렘에서의 죽음과 부활(19:28-24:53)

C. 묵시적 담론(21:5-38)

3. 무화과나무의 비유와 깨어 있으라는 요구(21:29-38)

주석

21:29-31 역사의 종말과 인자의 영광스러운 재림이 소개되었다. 이제 예수님은 무화과나무와 관련된 비유를 드신다. "무화과나무는 겨울에 잎이 떨어지고 봄에 싹이 나는 첫 나무들 중 하나다."[260] 사실상 우리는 어떤 나무로부터도 이 교훈을 배울 수 있다. 무화과나무에 잎이 돋기 시작하면 여름이 가까이 온 것이 분명하다. 이를 알아채는 데 큰 지혜가 필요하지 않다. 마찬가지로 예수님이 방금 언급하신 일이 발생하는 것을 보면 하나님 나라가 가까이 왔다는 것이 분명해진다. 문맥상 이는 하나님 나라의 완성을 언급하는 것이다. 그 나라는 이미 예수라는 인물 안에 현존하기 때문

260 Garland, *Luke*, 836.

이다(17:20-21).[261] 하나님 나라가 오고 있음을 가리키는 일들은 21:25-26에 언급된 사건들, 즉 세계가 하늘과 바다에서 무너지는 현상임에 틀림없다. 이것이 신자들로 하여금 기대감을 품고 머리를 들게 할 바로 그 사건들이다(21:28).

21:32-33 이어서 예수님이 선언하시는 내용은 사복음서에서 이해하기 조금 어려운 대목에 속한다. 그분이 말씀하신 모든 일이 일어나기 전에는 이 세대가 지나가지 않을 것이다. 이 진술을 예루살렘의 파괴에 국한시킨다면, 이 말씀은 상당히 적합하다. 예루살렘이 주후 70년에 파괴되었기 때문이다. 그런데 난점은 이 진술이 예수님이 그분의 도래를 예언하신(21:27) 이후에 나온다는 것이다. 그리고 그분은 그 세대 안에 돌아오지 않으셨다. 우리가 예수님이 틀리셨다는 견해로 되돌아가고 싶을지 몰라도, 이 해결책은 누가복음 안에서조차 타당성이 없다는 것을 이미 살펴보았다. 사실 33절은 그 문제를 예상하는 듯 보인다. 현재의 세계 질서("천지")는 영원히 존속되지 않을 터이나 예수님의 말씀은 반드시 존속될 것임을 우리에게 확신시키고 있다. 이는 예수님이 말씀하신 모든 것이 실현될 것이라는 뜻이다(참고. 눅 16:17; 시 119:89; 사 40:8). 그분의 말씀 가운데 거짓으로 판명될 것은 하나도 없다. 또 하나의 해결책은 "세대"라는 단어가 유대 민족을 언급한다는 주장인데, 여기서 맥락상 유대 민족을 염두에 두고 있음을 가리키는 지표는 없다. 사실 "…전에"라는 표현은 이것이 시간적 진술임을 보여준다. 나아가 "세대"가 과연 인종적 의미를 갖는지는 의심스럽다.[262]

그러므로 필자는 다시금 이 텍스트를 두 가지 차원에서 읽어야 한다고 생각한다. 즉, 예루살렘에 대한 심판은 최후 심판의 한 유형으로 작동한다는 것이다. 만일 누가가 주후 70년 이후에 복음서를 썼다면, 그가 명백

261 Garland, *Luke*, 836; Bock, *Luke 9:51-24:53*, 1688.

262 Bock, *Luke 9:51-24:53*, 1690. 대럴 복은 "세대"를 이해하는 다양한 선택들을 잘 개관한다(1688-1692쪽).

히 틀린 예수님의 말씀을 보존했을 가능성은 매우 희박하다. 서론에서 시사했듯이 누가가 주후 70년 이전에 썼다면, 주후 70년에 일어난 사건들이 독자들로 하여금 예수님이 예전에 말씀하셨던 것을 다시 한번 고찰하게 했을 것이다. 예수님이 그분의 예언대로 죽은 자 가운데서 살아나셨고 그분의 예언대로 예루살렘이 파괴되었으므로, 독자들은 이사야 40-66장의 경우처럼 이 예언이 우리가 예상했던 것보다 더 복잡한 방식으로 성취될 것임을 알아차릴 것이다. 그래서 "이 세대"는 또한 하늘과 바다에서 우주적 현상이 일어나는 세대를 가리키면서도, 먼저는 주후 70년에 일어날 예루살렘의 함락과 성전 파괴에 적용된다.

21:34-36 주님이 오신다는 소식은 우리에게 늘 깨어 있고 인내할 것을 요구한다. 여기에 그분이 오시는 날이 지체될 수 있다는 암시가 있다. 제자들이 조심해야 하는 이유는 다른 것들이 그들의 마음을 붙잡을지 모르기 때문이다. 그들은 자칫 쾌락을 위한 삶, 예컨대 술 취함, 약물 그리고 감각을 둔화시키는 다른 것들에 빠질 수 있다(참고. 눅 12:45; 롬 13:13, 참고. 사 5:11-13). 여기서 술 취함은 하나님의 뜻에 상반되는 삶에 대한 은유일 수도 있다. 바울은 술 취함을 이런 넓은 의미로 사용하면서 온전한 정신으로 깨어서 사는 것과 대조한다(살전 5:4-8). "세상살이의 걱정"(34절, 새번역)은 하나님의 것들에 대한 헌신을 밀어낼 수도 있는데(참고. 8:14), 주님의 날, 예수님이 재림하시는 날이 덫과 같이 사람들에게 닥칠지도 모른다. 달리 말하면 사람들은 그분의 재림을 맞이할 준비가 안 된 모습을 삶으로 보여준다는 것이다(참고. 바룩2서 32:1). 이런 일이 발생하면 그들은 상급이 아닌 형벌을 받을 것이다. 예수님은 청중에게 이날이 오고 있다고 확신시키신다. 땅 위에 사는 어느 누구도 그것을 면하지 못할 것이다. 그러므로 신자들은 늘 깨어 있어야 한다(참고. 막 13:33). 늘 깨어 있으려면 규칙적인 기도가 필요한데(참고. 눅 18:1; 22:40, 46; 롬 12:12; 벧전 4:7), 기도를 통해 신자들은 주님께 신실하기 위해서는 도움이 필요하다는 것을 알기 때문이다. 그들은 악한 자들에게 닥칠 것들을 피하려고 위로부터 오는 힘을 얻기 위해 기도한다.

이런 것들을 피한다는 것은 아마 악인을 위해 준비된 심판을 피하는 것을 말할 것이다(참고. 바룩2서 83:8). 이와 반대로 인내하고 기도하며 늘 깨어 있는 사람들은 인자 앞에 의로운 자로 서게 될 것이다(참고. 눅 9:26; 계 6:17).

21:37-38 성전과 예수님의 재림에 관한 종말론적 담론은 끝났지만, 예수님은 성전에서 계속 가르치면서(참고. 19:47) 백성에게 하나님의 뜻에 관해 말씀하신다. 이런 의미에서 그분은 끝까지 인내하는 사람의 본보기가 되신다. 예수님은 또한 안전상의 이유로 그 성읍을 떠나서 밤에는 다른 이들과 함께 감람산에서 지내시는 것 같다(참고. 22:39). 아침 일찍 다시 성전으로 돌아오시자, 사람들이 그분의 가르침을 들으려고 떼를 지어 몰려온다. 비록 곧 반대 세력이 예수님에게 대항해 일어나서 죽음으로 몰고 가겠지만, 그분의 가르침은 계속해서 사람들을 끌어들인다(참고. 19:48).

응답

종말에 관한 한, 우리는 차트를 만들고 시간표를 작성하고 싶은 마음이 든다. 하지만 우리가 예수님의 종말론적 담론을 읽으면 구체적인 시간표를 만들 근거가 없다는 것을 알게 된다. 이 점은 성경에 나오는 다른 종말론적 텍스트들에도 적용된다. 성경은 예수님이 다시 오신다고 약속할 뿐이다. 악인은 형벌을 받고 의인은 정당성이 입증될 것이다. 신자들은 오로지 인내하며 그들의 마음을 지킬 필요가 있다. 우리는 무기력해지지 않도록 조심하고 죄가 우리의 마음과 삶을 다스리지 못하게 해야 한다. 인생을 살다보면 많은 스트레스와 고난과 실망이 생기기 마련이다. 사탄이 이런 상황을 이용해서 우리로 복음이 과연 진리인지를 의심하게 만들려고 한다. 하지만 우리는 끝까지 믿음을 지켜서 마지막 날에 인자 앞에 설 수 있도록 규칙적으로 기도해야 한다.

1 유월절이라 하는 무교절이 다가오매 2 대제사장들과 서기관들이 예
수를 무슨 방도로 죽일까 궁리하니 이는 그들이 백성을 두려워함이
더라

1 Now the Feast of Unleavened Bread drew near, which is called the
Passover. 2 And the chief priests and the scribes were seeking how to
put him to death, for they feared the people.

3 열둘 중의 하나인 가룟인이라 부르는 유다에게 사탄이 들어가니
4 이에 유다가 대제사장들과 성전 경비대장들에게 가서 예수를 넘겨
줄 방도를 의논하매 5 그들이 기뻐하여 돈을 주기로 언약하는지라
6 유다가 허락하고 예수를 무리가 없을 때에 넘겨줄 기회를 찾더라

3 Then Satan entered into Judas called Iscariot, who was of the number
of the twelve. 4 He went away and conferred with the chief priests and
officers how he might betray him to them. 5 And they were glad, and
agreed to give him money. 6 So he consented and sought an opportunity
to betray him to them in the absence of a crowd.

단락 개관

유월절과 무교병 축제가 다가오고 있다. 주님은 악의 한복판에서도 그분의 목적을 이루어가시기에, 예수님이 유월절에 죽음을 맞을 것이다. 대제사장과 서기관들은 예수님을 죽일 음모를 꾸미고 있으나 대중 폭동이 그들의 권위를 전복시킬지 몰라서 우려하고 있다. 사탄이 예수님의 열두 제자 중 하나인 가룟 유다에게 들어갈 때, (그들의 관점에서 보면) 예기치 않은 행운이 그들을 찾아온다. 유다는 언제 어떻게 예수님을 종교 지도자들에게 넘겨줄지 그들과 공모한다. 그들은 기뻐하며 그에게 수고의 대가를 지불하기로 약속한다. 양자의 합의가 끝나자 유다는 예수님을 당국자들에게 넘겨줄 알맞은 기회를 찾기 시작한다.

단락 개요

V. 예루살렘에서의 죽음과 부활(19:28-24:53)
D. 유월절 사건(22:1-38)
1. 유다의 배신(22:1-6)

주석

22:1-2 엄밀히 따지면 유월절 축제와 무교병 축제는 분리되어 있으나, 무교병 축제가 유월절 직후에 있기 때문에 실제적으로는 둘이 함께 치러진다(출 12:1-28; 13:6-10; 레 23:5-8; 민 28:16-17). 일례로 요세푸스는 두 축제가 별개라는 것을 알면서도(*Antiquities* 3.10.5, 9.13.3), 어떤 경우에는 둘을 동일시한다(*Antiquities* 14.2.1, 18.2.2; *Jewish Wars* 2.1.3, 5.3.1). 예수님은 우리의 유월절 제물이시므로(참고. 고전 5:7), 유월절 기간에 희생되시는 것이 하나님의 의도였다. 비록 예수님의 죽음이 하나님께서 정하신 운명일지라도(참고. 행 2:23; 4:27-28), 그분을 죽음에 넘겨주는 자들은 자신들의 결정과 행동에 대해 책임이 있다. 대제사장과 서기관들은 예수님을 죽이기로 결정했으나(참고. 눅 6:11; 19:47), 그분의 인기 때문에 어찌할 도리가 없다(참고. 19:48; 21:38; 23:27).

22:3-6 종교 당국자들은 그들 스스로 예수님을 제거할 편리한 방법을 찾을 수 없었으나, 갑자기 사태가 그들에게 유리한 쪽으로 바뀌었다. 에덴동산 이래 하나님의 대적이던 사탄(참고. 계 12:9)이 열두 제자 중 하나인 유다에게 들어간다(참고. 요 6:70-71; 13:2; 이사야의 승천서 3:11). 유다는 대제사장 및 성전을 담당하는 유대 군인들과 공모하고, 그들은 언제 어떻게 예수님을 체포할 수 있을지 의논한다. 종교 당국자들은 기뻐하면서 유다에게 수고에 대한 보답을 지불하기로 약속한다. 우리는 탐욕 말고는 유다가 배신한 다른 이유를 알지 못한다. 사탄이 그에게 들어갔다고 해서 유다가 자신의 동기나 행동에 대한 책임을 모면할 수 없다. 어쨌든 유다는 숙명적인 결정을 내렸고, 예수님을 지지할 수도 있는 군중이 없을 때 그분을 넘겨줄 기회를 찾고 있다.

응답

우리는 여기서 신비로운 악의 세력이 작동하는 모습을 본다. 사탄이 유다에게 들어가지만, 그와 동시에 유다 스스로 선택과 결정을 내린다. 사탄이 유다에 대한 통제권을 얻을 수 있는 것은 유다가 그것을 허용하기 때문이고, 유다가 스스로를 악에게 넘겨주면 악이 그의 삶에서 더욱 강해진다. 이제 유다는 선이 닿을 수 없는 곳에 있다. 그 자신을 완전히 악에게 맡겼기 때문이다. 바울은 "불법의 비밀이 이미 활동하[고]"(살후 2:7) 있다고 말한다. 유다는 몇 년 동안 예수님과 함께 사역하면서 그분의 가르침을 듣고 치유 및 축귀 사역을 목격했으면서도, 도대체 무슨 동기로 예수님을 배신했는지 무척 궁금하다. 하나님 나라의 약속이 그가 바랐던 방식으로 실현되지 않아서 실망한 것일까? 예수님이 고난을 강조하시는 바람에 더 이상 그분을 따르지 않기로 한 것일까? 우리에게 주어진 유일한 이유는 돈에 대한 욕망이다. 결국 악은 언제나 비합리적이고 무분별하고 자기 파괴적이다. 악은 기쁨을 약속하지만 슬픔과 고통과 죽음을 전달한다. 우리는 본래 유다보다 낫지 않다. 하나님의 은혜가 없으면 우리 역시 너무도 쉽게 유다처럼 행동할 수 있다.

7 유월절 양을 잡을 무교절 날이 이른지라 8 예수께서 베드로와 요한
을 보내시며 이르시되 가서 우리를 위하여 유월절을 준비하여 우리로
먹게 하라 9 여짜오되 어디서 준비하기를 원하시나이까 10 이르시되
보라 너희가 성내로 들어가면 물 한 동이를 가지고 가는 사람을 만나
리니 그가 들어가는 집으로 따라 들어가서 11 그 집 주인에게 이르되
선생님이 네게 하는 말씀이 내가 내 제자들과 함께 유월절을 먹을 객
실이 어디 있느냐 하시더라 하라 12 그리하면 그가 자리를 마련한 큰
다락방을 보이리니 거기서 준비하라 하시니 13 그들이 나가 그 하신
말씀대로 만나 유월절을 준비하니라

7 Then came the day of Unleavened Bread, on which the Passover lamb
had to be sacrificed. 8 So Jesus[1] sent Peter and John, saying, "Go and
prepare the Passover for us, that we may eat it." 9 They said to him,
"Where will you have us prepare it?" 10 He said to them, "Behold, when
you have entered the city, a man carrying a jar of water will meet you.
Follow him into the house that he enters 11 and tell the master of the
house, 'The Teacher says to you, Where is the guest room, where I may

eat the Passover with my disciples?' 12 And he will show you a large
upper room furnished; prepare it there." 13 And they went and found it
just as he had told them, and they prepared the Passover.

14 때가 이르매 예수께서 사도들과 함께 앉으사 15 이르시되 내가 고난
을 받기 전에 너희와 함께 이 유월절 먹기를 원하고 원하였노라 16 내
가 너희에게 이르노니 이 유월절이 하나님의 나라에서 이루기까지 다
시 먹지 아니하리라 하시고 17 이에 잔을 받으사 감사기도 하시고 이
르시되 이것을 갖다가 너희끼리 나누라 18 내가 너희에게 이르노니 내
가 이제부터 하나님의 나라가 임할 때까지 포도나무에서 난 것을 다
시 마시지 아니하리라 하시고 19 또 떡을 가져 감사기도 하시고 떼어
그들에게 주시며 이르시되 이것은 너희를 위하여 주는 내 몸이라 너
희가 이를 행하여 나를 기념하라 하시고 20 저녁 먹은 후에 잔도 그와
같이 하여 이르시되 이 잔은 내 피로 세우는 새 언약이니 곧 너희를
위하여 붓는 것이라 21 그러나 보라 나를 파는 자의 손이 나와 함께 상
위에 있도다 22 인자는 이미 작정된 대로 가거니와 그를 파는 그 사람
에게는 화가 있으리로다 하시니 23 그들이 서로 묻되 우리 중에서 이
일을 행할 자가 누구일까 하더라

14 And when the hour came, he reclined at table, and the apostles
with him. 15 And he said to them, "I have earnestly desired to eat this
Passover with you before I suffer. 16 For I tell you I will not eat it[2] until
it is fulfilled in the kingdom of God." 17 And he took a cup, and when
he had given thanks he said, "Take this, and divide it among yourselves.
18 For I tell you that from now on I will not drink of the fruit of the vine
until the kingdom of God comes." 19 And he took bread, and when he
had given thanks, he broke it and gave it to them, saying, "This is my
body, which is given for you. Do this in remembrance of me." 20 And

likewise the cup after they had eaten, saying, "This cup that is poured out for you is the new covenant in my blood.[3] 21 But behold, the hand of him who betrays me is with me on the table. 22 For the Son of Man goes as it has been determined, but woe to that man by whom he is betrayed!" 23 And they began to question one another, which of them it could be who was going to do this.

1 Greek *he* *2* Some manuscripts *never eat it again* *3* Some manuscripts omit, in whole or in part, verses 19b-20 (*which is given…in my blood*)

단락 개관

유월절과 무교병의 주제가 계속 이어지고, 예수님이 베드로와 요한을 불러서 유월절을 준비하게 하신다. 이 지시가 모두에게 알려지지는 않는다. 만일 유다가 세부사항을 알았다면, 당국자들에게 통보해서 유월절 식사 이전에 예수님을 체포하게 할 수도 있었다. 베드로와 요한은 물동이를 운반하는 남자를 만날 테고, 그 사람이 그들에게 만찬을 준비할 수 있는 방을 보여줄 것이다. 예수님은 이 특별한 날에 사도들과 함께 식탁에 비스듬히 앉아 계신다. 이 만찬은 훗날 그분이 완성된 나라에서 제자들과 나누실 메시아 잔치를 가리킨다. 예수님은 그분의 죽음을 상징하는 행동으로서 떡을 들고 그것을 떼어 제자들에게 주신다. 그 떡은 그들을 위해 주실 몸을 상징하기에 그분을 기억하면서 먹으라고 말씀하신다. 식사 후에는 잔을 들고 그 잔이 새 언약을 맺기 위해 그들을 위해 흘리는 피를 상징한다고 말씀하신다. 이 엄숙한 순간에 예수님은 배신자가 그곳에 있다는 것을 밝히신다. 그럼에도 배반은 하나님의 목적을 가로막지 못하고 오히려 그분의 계획을 이루게 한다. 배신자는 하나님의 징벌을 받을 것이지만 말이다. 예수님의 말씀을 들은 제자들은 과연 누가 그분을 배신할지를 놓고 논쟁에 빠진다.

단락 개요

V. 예루살렘에서의 죽음과 부활(19:28-24:53)
D. 유월절 사건(22:1-38)
2. 유월절(22:7-23)

주석

22:7-13 유월절과 무교병 축제 간의 밀접한 관계는 이미 살펴보았다(참고. 22:1-2 주석). 엄밀히 말하면 여기서 염두에 두는 날은 유월절이다. 첫째 달 14일째 날에 잡았던 유월절 양의 제사를 언급하고 있어서다(참고. 출 12:6; 레 23:5; 민 9:5; 33:3; 수 5:10-11; 대하 35:1; 겔 45:21, 참고. 희년서 49:10; 에스드라1서 1:1; 7:10). 예수님은 제자들과 유월절을 기념하는 식사를 하면서 자신의 죽음을 내다보신다. 베드로와 요한이 그 식사를 준비하는 임무를 맡는데, 예수님에게 식사 장소에 관한 안내를 부탁하자 이례적인 지시를 받는다. 그 성읍에 들어가면 물동이를 나르는 남자를 보게 될 것이다. 그런 상황이 이례적인 것은 보통 물동이는 여자가 나르기 때문이다. 베드로와 요한은 그를 따라서 어떤 집으로 들어가면 된다. 그리고 집 주인을 만나 예수님이 제자들과 함께 유월절 음식을 드실 방에 대해 물어보면, 집주인이 식사를 위해 준비된 큰 다락방을 보여줄 것이다. 모든 것이 예수님 말씀대로 되고, 베드로와 요한이 유월절 식사에 필요한 것을 마련한다.

그들이 예수님과 제자들을 위해 방을 준비한 사람을 만나는 과정을 보면, 사전 협의가 있어서 집 주인이 예수님과 제자들을 모실 준비를 갖춘 것처럼 보인다.[263] 그래서 이것이 성읍 내의 상황에 대한 예수님의 초자연적 지식의 본보기일 가능성은 적은 편이다. 독자들은 왜 하찮은 세부사항이 이렇게 기록되어 있는지 묻고 싶을 것이다. 누가는 이 내러티브의 속도를 늦추고 어디서 유월절 식사를 하게 될지를 이야기함으로써 식사에 대한 기대감을 고조시킨다. 우리는 예수님이 제자들과 함께 하시는 유월절 식사가 이 내러티브 전체에서 가장 중요한 사건들 중 하나라는 것을 안다. 달리 말해서 우리가 이 텍스트를 내러티브 전체에 비추어서, 또한 예수님의 임박한 죽음과 유다의 배신에 비추어서 읽으면, 저자가 이런 내용을 기록하는 것을 충분히 이해할 수 있다. 식사할 장소가 다른 제자들에게는 알려지지 않았다. 그래서 유다는 유월절 식사를 하는 동안 예수님이 계신 장소를 폭로하지 못한다(참고. 19:29-35). 모든 것이 하나님의 계획에 따라 일어나고 있다.

22:14-18 유월절을 기념할 때가 되고, 예수님이 식탁에 비스듬히 앉으신다. 이는 공식적인 만찬 자리다. 제자들은 빙 둘러 앉되 그들의 손으로 머리를 받치고 발은 뒤쪽으로 뻗고 있는 자세다. 그런 좌석 배치는 특별한 경우를 위해 마련되었다. 어쨌든 우리는 모든 사도들이 식탁의 한쪽에 앉아 있는 레오나르도의 유명한 그림을 떠올리면 안 된다! 그 식사는 사도들을 위해 준비된 것이 분명하고(참고. 6:13), 그래서 집 주인조차 참여하지 않는다. 예수님이 제자들과 함께 최후의 만찬을 나누고 계시다. 그분은 자신이 곧 고난 받을 것을 아신다. 예수님이 유월절 식사 장소를 종교 당국자들이 알지 못하도록 특별하게 준비하셨다고 해서 그분의 고난까지 막도록 계획된 것은 아니다. 고난은 예수님에게 주어진 운명이지만, 그분은 고난

22장

263 참고. Bock, *Luke 9:51-24:53*, 1711-1712.

을 받기 전에 제자들과 함께 유월절 식사를 나누길 갈망하신다.

16절을 해석할 때, 예수님이 실제로 제자들과 함께 음식을 드시지 않고 하나님의 모든 약속이 이루어질 미래의 나라에서만 그들과 함께 드실 것이라는 뜻으로 이해할 수도 있다. 그러나 이는 예수님이 장차 하나님의 나라에서 그들과 함께 먹을 때까지 "다시[는]" 유월절 음식을 먹지 않을 것이라는 말씀으로 이해하는 편이 더 낫다.[264]

유월절은 종말론적 잔치, 곧 모든 신자가 하나님의 나라에서 향연을 누릴 그날을 내다본다(참고. 13:29; 22:30). 유월절이 하나님의 모든 약속이 성취되는 날을 가리키며 내다본 것처럼, 주님의 만찬 역시 종말론적 요소를 갖고 있다. 그래서 바울이 이렇게 말한다. "너희가 이 떡을 먹으며 이 잔을 마실 때마다 주의 죽으심을 그가 오실 때까지 전하는 것이니라"(고전 11:26). 가장 큰 축제는 아직도 신자들을 기다리고 있다.

유월절 식사를 하는 동안 보통 네 가지 잔을 나누곤 하는데, 복음서 저자 중 유일하게 누가만 식사 전에 나눈 잔에 대해 이야기한다. 예수님이 하나님의 공급에 감사하는 기도를 드리고 제자들에게 그 잔을 가져다가 서로 나누라고 지시하신다. 여기서 염두에 두고 있는 것은 첫 번째 잔일 것이다.[265] 누가가 이 행동의 의미를 설명하지는 않는다. 이는 제자들이 식사 시간에 서로서로 그리고 예수님과 나누는 기쁨과 교제를 상징할 것이다. 그들은 대의에 동참하는 파트너들이고, 하나님 나라에 속한 친구이자 형제들이다(참고. 고전 10:16-17). 이 축제의 종말론적 차원이 다시 언급되어 있다. 예수님이 자신은 하나님의 나라가 올 때까지 "포도나무에서 난 것"을 마시지 않겠다고 말씀하신다. 다시 말하건대 이 구절을 예수님이 이 식사를 하지 않으신다는 뜻으로 해석하면 안 된다.[266] 이는 이후에 예수님이

264 참고. 같은 책, 1720.

265 같은 책, 1722-1723.

266 이와 다른 해석을 보려면 같은 책, 1724를 참고하라.

포도주를 마실 때는 다가올 큰 메시아의 잔치 자리일 것이라는 뜻이다(참고. 눅 14:15).

22:19-20 학자들이 19b-20절이 원본에 있는지를 놓고 논쟁하는 것은, 일부 사본이 이 부분을 생략하기 때문이다. 그러나 더 긴 본문을 받아들여야 하는 것은 이를 포함하는 의견을 지지하는 외적 증거가 보다 탄탄하기 때문이다. 그리고 두 번째 잔이 언급되었다는 사실은 더 짧은 본문을 지지하는 입장을 견지하기 어렵게 한다. 서기관들이 전자를 생략했다면 후자도 생략했을 것이기 때문이다.[267] 다음 내용은 사복음서에서 가장 유명하면서도 논란이 되는 구절에 속한다. 예수님이 떡을 가져다가 하나님께 감사를 드리고 떼어서 제자들에게 주신다. 이어서 떡을 떼는 것의 의미를 해석하신다. "이것은 너희를 위하여 주는 내 몸이라." 유감스럽게도 그리스도인들은 예수님 말씀의 뜻에 대해 의견이 분분하다. 로마가톨릭은 화체설을 지지한다. 비록 감각적으로 느낄 수는 없어도 떡이 그리스도의 몸이 된다고 주장하는 것이다. 루터(Luther)와 쯔빙글리(Zwingli) 사이에도 논쟁이 벌어져서 루터가 '…이다'라는 단어("is")의 뜻을 둘러싸고 쯔빙글리로부터 날카롭게 갈라선 것이다. 루터의 진리를 향한 열정은 칭찬할 만하지만 분열을 초래한 정신은 무척 유감스럽다. 우리는 진정한 신자들이 이 말씀의 뜻에 대해 서로 다른 개념을 갖고 있다는 것을 인정할 필요가 있다.

예수님은 떡과 그분 몸 사이의 변형이나 동일성을 상정하지는 않으신다. 여기서 '…이다'라는 단어는 '의미한다'는 뜻이다. 부서진 떡은 제자들을 위해 주시는 예수님의 부서진 몸을 의미한다. "이것은…내 몸이라"고 말씀할 때는 그 자신이 몸소 그들 앞에 계신다. 그들은 떡과 포도주가 그분의 몸과 피를 의미한다는 것을 이해할 것이다. 제자들은 예수님의 자기희생적 사랑을 기억하면서 정기적으로 부서진 떡을 나눌 것이다. 부서진

267 참고. 같은 책, 1721-1722.

떡은 전통적으로 제자들을 위한 예수님의 희생적 죽음을 가리킨다(24:30; 행 2:42, 그러나 행 27:35도 참고하라).[268] 기억한다는 것은 단지 정신적 회상에 그치지 않고 주님이 그분의 백성을 위해 이루신 것을 현재로 가져오는 것이다. 기억은 제자들의 삶에서 다시 살아나고 세상에서 그들의 존재방식을 재정립해준다.

식사를 마친 후 예수님이 잔을 들고 "이 잔은 내 피로 세우는 새 언약이니"(20절)라고 말씀하신다. 바울은 똑같은 표현을 사용하는데 아마 누가의 전통에 의존하는 것 같다. 여기에 '…이다'라는 단어가 두 경우 모두에 '의미하다'라는 뜻임을 지지하는 인상적인 증거가 있다. 예수님이 새 언약과 포도주 잔을 동일시하시는 것은 분명히 아니다. 잔과 그 속에 담긴 것이 새 언약을 '의미한다'는 뜻임이 틀림없다. 마치 피가 첫째 언약을 세웠듯이, 예수님의 피가 새 언약을 세우는 것은 이스라엘이 피 흘림 없이는 주님과의 언약에 들어갈 수 없기 때문이다(출 24:8). 새 언약은 예레미야 31:31-34을 암시한다. 이 본문은 주님이 그 백성과 새로운 언약, 즉 하나님의 법이 마음에 기록되는 언약을 맺을 것을 약속하시는 대목이다(참고. 렘 32:40; 겔 11:18-19; 36:25-27). 이 새 언약에서는 죄의 용서가 보증되고(참고. 히 8:7-13; 10:15-18), 누가는 이 용서가 예수님의 피로 보증된다고 본다. 제물의 피가 죄의 용서를 확보하기 위해 흘려졌듯이(레 1:4; 16:1-34), 피는 예수님의 희생적 죽음을 가리킨다(17:11). 잔은 또한 구약 텍스트들을 상기시키는데, 거기서는 잔이 하나님께 반역하고 죄를 지은 사람들에게 부어지는 하나님의 진노를 상징한다(시 11:6; 75:8; 사 51:17, 22; 렘 25:15, 17, 28; 49:12; 애 4:21; 겔 23:31-33; 합 2:16). 예수님은 그 백성이 죄 때문에 마땅히 받아야 할 진노를 스스로 받아서 그들이 심판의 날에 살아남을 수 있게 하신다.

일부 학자는 누가에게 속죄 신학이 없다고 말하는데, 여기서 예수님의 죽음이 제자들을 위한 것임을 알게 된다. 유월절 양의 피가 문설주와 인방

268 참고. 같은 책, 1725.

에 발라져서 이스라엘이 하나님의 심판에서 구출될 수 있었듯이(출 12:7, 12-13, 23-24, 27, 30), 예수님의 부서진 몸과 흘린 피가 그 백성으로 구속을 얻게 한다. 스가랴는 "언약의 피로 말미암아"(슥 9:11) 죄수들이 구출되는 것을 거론하는데, 신약의 신자들은 그것이 예수님을 통해, 스가랴 9:9의 비천한 새끼 나귀를 타고 오시는 왕을 통해 이루어지는 장면을 보게 된다. 예수님의 피는 "포로 된 자에게 자유"(눅 4:18)를 보증한다. 이것은 또한 이사야서의 고난 받는 종을 암시하는 듯하다(사 53:4-6). 종이 승리를 거두고(사 53:10) "많은 사람을 의롭게" 할 것은 그가 "그들의 죄악을 친히 담당[할]"(11절, 참고. 12절) 것이기 때문이다. 많은 "씨"(자손, 사 53:10)에 대한 약속은 이 종을 통해 실현될 것이다.

22:21-23 예수님이 자신의 죽음이 어떻게 제자들에게 용서를 가져다줄지 강조하셨으나, 이 내러티브는 다시 자신이 어떻게 죽임을 당할 것인지로 되돌아간다(22:1-6). 갑작스럽게, 예수님이 그분을 죽음에 넘겨줄 자가 함께 식탁에서 음식을 먹고 있다고 외치신다. 다른 복음서 저자들은 앞으로 무슨 일이 벌어질지에 대해 더 길게 설명한다(마 26:21-25; 막 14:18-21; 요 13:21-26). 예수님은 환경이 그분의 통제를 벗어나 돌아가는 것처럼 절망에 빠지지 않으신다. 인자의 죽음은 하나님께서 정해놓으신 운명이었다. 예수님은 이 복음서 내내 그분의 죽음을 강조하셨고, 이 여행 내러티브 전체가 예루살렘에서 있을 그분의 죽음과 부활로 마무리된다(9:22, 31, 44; 12:49-50; 13:33; 17:25; 18:32-33; 22:37; 24:7, 참고. 행 3:18; 17:3; 26:23). 다른 곳에서는 누가가 모든 사건을 다스리시는 하나님의 주권적 통치를 강조한다. "이 예수께서 버림을 받으신 것은 하나님이 정하신 계획을 따라 미리 알고 계신 대로 된 일이[다]"(행 2:23, 새번역). 지금 하나님의 계획이 실현되는 중이다.

과연 헤롯과 본디오 빌라도는 이방인과 이스라엘 백성과 합세하여 하나님께서 기름 부으신 거룩한 종 예수를 거슬러 하나님의 권능과 뜻대로 이루려고 예정하신 그것을 행하려고 이 성에 모였나이다.
(행 4:27-28)

성경이 성취어 가는 중에 있다. 예수님은 그분의 때가 되기 전에 죽으실 수 없다(참고. 눅 4:30).

그럼에도 예수님의 죽음이 예정되었다고 해서 유다의 책임이나 죄책이 면제되는 것은 아니다. 예수님이 그에게 화를 선언하시기 때문이다(참고. 행 1:16-20). 성경의 저자들은 예정과 인간 선택의 진정성이 서로 모순된다고 보지 않는다. 그들은 양자의 진실성을 모두 긍정한다. 하나님은 주사위가 떨어지는 곳을 포함해 모든 것을 주관하고 계시나(잠 16:33), 인간의 결정은 하나의 허구가 아니다. 인간은 하나님의 놀이에 이용되는 꼭두각시가 아니다(잠 16:1, 9). "사람의 마음에는 많은 계획이 있어도 오직 여호와의 뜻만이 완전히 서리라"(잠 19:21).

예수님이 배신에 관해 말씀하시자, 제자들이 온통 그들 중 누가 그런 짓을 할지에 대한 논쟁에 빠진다. 누가는 요한복음에 나오는 세부적인 내용(요 13:21-30)을 다루지는 않지만, 사도들이 배신자가 유다인 것을 바로 알아채지 못하는 것이 놀라울 뿐이다. 그들은 모두 실수할 수 있고 연약하며, 몇 년이나 함께 지낸 뒤에도 누가 넘어져서 악에 굴복할지 분명하지 않다. 흔히 그렇듯이, 배신자의 정체는 회고할 때에야 더 분명해지는 법이다.

응답

우리를 다함께 묶어주는 것들 중 하나는 과거를 기억하는 일이다. 과거를 기억하는 일은 현재 서로에 대한 우리의 사랑을 강화시킬 수 있다. 예컨대 가족 간의 사랑을 강화시킬 수 있다. 우리에게는 지난날들을 상기시키는 사진과 영상이 있다. 그 가운데 몇몇 사건들은 가족 전통의 일부가 되고 특히 의미심장하거나 유머러스하기 때문에 거듭해서 회자되곤 한다. 유월절 사건은 해마다 다시 이야기되고, 우리는 주님의 만찬을 거행할 때마다 그리스도의 죽음을 다시 이야기한다. 그리스도께서 우리를 위해 이루신 일을 기억하는 것은 현재와 미래를 위해 우리를 강화시켜주기 때문이다.

우리는 이 단락으로부터 주님의 만찬이 유월절 식사라는 것을 배운다. 유월절 축제는 하나님께서 이스라엘을 이집트에서 해방시키신 사건을 떠올리며 기념했다. 해마다 하나님의 백성은 주님이 그 백성을 이집트의 속박에서 해방시키신 출애굽 사건을 상기하기 위해 모였다. 하나님께서 이집트에서 처음 난 모든 것을 파멸시키셨으나, 주님의 천사가 문설주에 피가 발린 집들은 그냥 넘어갔다. 그리스도인에게 유월절은 미래를 기대하는, 예수 그리스도의 사역을 기대하는 사건이다. 바울은 고린도전서 5:7에서 예수님이 우리의 유월절 양이라고 말한다. 그분의 죽음은 우리가 죄와 죽음의 세력에서 해방된 것을 가리킨다. 그분의 피는 하나님의 진노와 분노를 우리에게서 떠나게 한다.

둘째, 주님의 만찬은 생명의 양식인 떡과 포도주로 구성된다. 유대 문화에서 포도주는 일상생활을 위한 흔한 음료수였다. 살기 위해서는 떡과 포도주가 필요했다. 양식과 음료가 없으면 우리는 죽을 것이다. 예수님은 그분의 죽음을 비범하고 이례적인 어떤 것으로 기념하지 않으신다. 그분은 안심 스테이크와 값비싼 포도주를 사용하도록 요구하지 않으신다. 우리는 그분의 죽음을 삶의 평범한 재료인 떡과 포도나무 열매로 기억한다. 우리가 살기 위해 떡과 포도주에 의존하듯이, 우리는 주 예수 그리스도의 몸과 피 때문에 영적으로 살게 된다. 우리가 주님의 만찬을 참여할 때는 우리를 위해 그 목숨을 주신 주 예수 그리스도를 먹는 것이다. 우리가 살려면 살아 있는 것들이 죽어야 한다. 우리의 생명은 다른 살아 있는 유기체들의 죽음에 의해 유지된다. 자연 세계는 우리에게, 생명은 다른 무언가의 죽음에서 온다는 것을 가르쳐준다. 이와 같이 우리의 영적 생명도 우리 주 예수 그리스도의 죽음에 의존한다. 그분이 우리를 대신해 죽으셨기 때문에 우리가 사는 것이다.

셋째, 우리는 성찬을 통해 주 예수의 죽음을 기억하라는 명령을 받았다. 기억하는 일은 단지 그리스도의 사랑에 대한 정신적 회고에 불과하지 않다. 우리의 삶을 변화시키고 우리를 다른 사람으로 만드는 그런 종류의 기억이 있다. 우리의 삶 전체가 예수 그리스도의 죽음과 부활에 의존해 있다는 진리를 새롭게 일깨워주는 그런 종류의 기억이 있다.

넷째, 주님의 만찬은 그저 개별적 식사가 아니다. 그것은 다른 신자들과의 교제를 포함하는 교회 공동체의 식사, 우리가 다함께 주님과 서로에게 묶여 있게 하는 가족 식사다. 이 때문에 주님의 만찬은 신학교나 가정 식탁이 아니라 교회에서 거행되어야 한다. 주님의 만찬은 나 홀로 그리스도인이 아니라 다른 그리스도인들과 언약 관계를 맺은 그리스도인을 위한 것이다.

24 또 그들 사이에 그중 누가 크냐 하는 다툼이 난지라 25 예수께서 이
르시되 이방인의 임금들은 그들을 주관하며 그 집권자들은 은인이라
칭함을 받으나 26 너희는 그렇지 않을지니 너희 중에 큰 자는 젊은 자
와 같고 다스리는 자는 섬기는 자와 같을지니라 27 [1]앉아서 먹는 자가
크냐 섬기는 자가 크냐 [1]앉아서 먹는 자가 아니냐 그러나 나는 섬기
는 자로 너희 중에 있노라

24 A dispute also arose among them, as to which of them was to be
regarded as the greatest. 25 And he said to them, “The kings of the
Gentiles exercise lordship over them, and those in authority over them
are called benefactors. 26 But not so with you. Rather, let the greatest
among you become as the youngest, and the leader as one who serves.
27 For who is the greater, one who reclines at table or one who serves?
Is it not the one who reclines at table? But I am among you as the one
who serves.

28 너희는 나의 모든 시험 중에 항상 나와 함께 한 자들인즉 29 내 아버

지께서 나라를 내게 맡기신 것같이 나도 너희에게 맡겨 30 너희로 내 나라에 있어 내 상에서 먹고 마시며 또는 보좌에 앉아 이스라엘 열두 지파를 다스리게 하려 하노라

28 "You are those who have stayed with me in my trials, 29 and I assign to you, as my Father assigned to me, a kingdom, 30 that you may eat and drink at my table in my kingdom and sit on thrones judging the twelve tribes of Israel.

1) 헬, 기대어 누워 있는지라(유대인이 음식 먹을 때에 가지는 자세)

단락 개관

누가 예수님을 배신할 것인지에 관한 토론이 그들 중 누가 가장 큰 사람인지에 관한 논쟁으로 바뀐다. 갈런드가 말하듯이 "제자들이 누가 가장 큰 사람인지를 놓고 말다툼을 벌이기에 이보다 더 부적절한 때는 없다".[269] 예수님은 그들을 책망하면서 이방인의 왕과 은인들은 권위라는 것을 자기 방식을 남들에게 강요하는 것으로 생각한다고 설명하신다. 신자들에게 위대함은 근본적으로 다르다. 그것은 섬김으로 표현된다. 다른 사람의 열망을 기꺼이 수행하는 자가 가장 크다는 뜻이다. 세속 사회에서는 식탁에 비스듬히 앉은 사람이 시중드는 사람보다 더 크지만, 예수님의 삶은 섬김으로 채워져 있다. 제자들은 그들의 연약함과 자기집착에도 불구하고 예수님이 시련을 겪으시는 동안 그분과 함께하는 사람들이다(물론 유다는 예외지만). 그래서 아버지께서 그들에게 한 나라를 주셨고, 그들은 그 나라에서

269 Garland, *Luke*, 865.

먹고 마시고, 메시아 잔치를 즐기고, 이스라엘의 열두 지파를 다스리게 될 것이다.

단락 개요

V. 예루살렘에서의 죽음과 부활(19:28-24:53)

D. 유월절 사건(22:1-38)

3. 위대함을 둘러싼 논쟁과 다스림의 약속(22:24-30)

주석

22:24-27 예수님이 열두 제자 중 하나가 그분을 배신할 것이라고 예언하시자, 그들은 배신자의 정체를 둘러싸고 논쟁에 빠진다. 요한과 달리(요 13:21-30), 누가는 이 논쟁이 어떻게 끝나는지 이야기하지 않는다. 대신 이후의 논쟁, 곧 누가 예수님을 배신할 것인지에 관한 논쟁에서 자연스레 발전되는 논쟁에 빛을 비춘다. 만일 그들 중 하나가 배신자라면, 저울의 다른 극단, 말하자면 누가 가장 큰 사람인지에 관한 논쟁이 벌어지는 것은 놀랍지 않다(참고. 마 18:1; 막 9:33-37; 눅 9:46). 독자 입장에서는 예수님이 배신당하시는 밤에 그런 나르시시즘을 보는 것이 당황스럽고 놀랍지만, 다른 한편으로는 복음서 저자들이 제자들의 결함과 성품을 정직하게 묘사하고 있다는 것을 알게 된다.

예수님은 제자들이 리더십에 관한 세속적 관점을 지지한다고 책망하신다. 이방 세계에 속한 왕의 경우, 큰 자가 된다는 것은 자신의 뜻을 남에게 강요하는 것이고, 남들로 하여금 자신의 명령에 순종하게 하는 것이다. 후견인과 수혜자의 세계에서는, 권위를 행사하는 후견인들이 '은인'(benefactors)으로 불린다. 예수님은 "은인이라는 호칭을 받는 사람들은 남들에게 혜택을 베풀어서 계속 자신을 추종하게 하고, 엘리트는 관대하고 칭송받을 만하다는 신화를 만든다는 것을 암시하신다".[270] 우리는 여기서 한 사람의 위대함이 그의 지위로 인해 세워지는 상의하달식 리더십을 보게 된다. 하지만 예수님은 세상의 개념과 패러다임을 따르지 않고 사람들이 위대함으로 생각하는 것을 뒤집으신다. 가장 큰 사람들은 그들의 권력과 영향력을 과시하지 않고 그들 자신을 가장 어린 사람처럼, 사회적 사다리의 밑바닥에 있는 사람처럼 생각한다. 지도자들은 자신의 지위를 남들에게 통제력을 행사할 기회로 보지 말고 그들의 권위를 남들을 섬기고 세워주는 데 사용해야 한다(참고. 마 23:11; 막 9:35; 눅 9:48). 권위는 이기적 목적이 아닌 자기 권위 아래 있는 사람들을 돕기 위해 사용되어야 한다.

예수님은 공식적인 식사 때의 관행인 식탁에 기대어 앉는 것을 예로 드신다. 고대 세계의 식사 자리에서 큰 자로 간주되는 사람들은 식탁에 기대어 앉는 자들이다. 기대어 앉은 사람들을 시중드는 이들이 크다고 생각하는 사람은 없을 것이다. 그러나 예수님은 사회적 현실에 대한 전형적 평가를 뒤집으신다. 그분은 칭송을 받기 위해서가 아니라 섬기려고 오셨기 때문이다. 환대나 칭송이나 칭찬을 받으려고 온 것이 아니라 남들을 위해 그 자신을 희생하기 위해 오셨다(참고. 요 13:12-17). 여기서 누가가 마태복음 20:28과 마가복음 10:45의 말씀, 즉 "인자가 온 것은 섬김을 받으려 함이 아니라 도리어 섬기려 하고 자기 목숨을 많은 사람의 대속물로 주려 함이니라"는 말씀을 빠뜨렸다고 종종 지적되어 왔다. 일부 주석가들은 이 말씀이 생략된 것은 누가가 속죄 신학을 갖고 있지 않기 때문이라고 주장했으나, 특정한 말씀 한 마디가 부족하다는 이유로 그런 판단을 내리기는 어렵다. 그리고 누가가 분명히 속죄 신학을 갖고 있다는 중요한 증거들이 있다.

270 같은 책, 874.

그런 증거는 수난 내러티브에 나오는 주님의 만찬 전통(눅 22:14-20), 하나님께서 그 자신의 피로 백성을 사신 것(행 20:28), 예수님이 바라바를 대신하신 것, 예수님이 죄인들을 위해 잔을 마시는 것 등에서 찾을 수 있다.

22:28-30 예수님이 제자들의 결함을 남겨두고 그들의 충성에 대해 칭찬하심에 따라 초점이 다시 급격하게 바뀐다. 제자들은 그들의 약점과 죄에도 불구하고 예수님을 버리지 않았다. 그분을 배신할 자를 제외하고, 그들은 끝까지 예수님과 함께 인내했고 어려운 때에도 그분을 버리지 않았다. 아버지는 아들이 보냄 받은 자로서 신실함을 지켰기 때문에 그에게 나라를 맡기셨다(참고. 1:33). 그 나라에서 아들의 역할은 그분의 상급에 해당하고, 이와 같이 제자들도 그들의 신실함 때문에 아들이 주시는 그 나라를 맡게 된다. 많은 사람이 아들을 버렸을 때 제자들은 계속 그 자리를 지켰기 때문이다. 제자들은 그 나라를 받은 가난한 자들이고(6:20), 가장 큰 상급을 받은 "적은 무리"다(12:32).

하나님의 나라는 제자들이 지금도 누리는 것인 동시에 미래의 차원도 있다. 예수님이 "내 상[식탁]"과 "내 나라"를 거론하는 것은, 그분이 다가오는 나라에서 핵심 역할을 담당하실 것을 가리킨다. 이는 메시아 잔치에 대한 언급일 수 있다. 이사야 25:6-8에서는 이것을 주님이 사망을 영원히 정복할 날에 산에서 벌이실 연회로 묘사한다. 이 잔치에 대한 언급은 에녹 1서에도 나온다. "영들의 주님이 그들 위에 계실 것이고, 그들은 인자와 함께 영원히 먹고 안식하고 일어날 것이다"(에녹1서 62:14). 누가는 다른 곳에서도 그 나라에서 열릴 미래의 잔치에 대해 말하고(눅 14:15, 참고. 22:18), 요한은 "어린양의 혼인 잔치"(계 19:9)에 대해 쓴다. 제자들은 그들의 신실함 덕분에 하나의 상급으로서 장차 예수님과 함께 식탁에 앉을 것이다. 그들이 이스라엘의 열두 지파를 심판할 것이다. '심판하다'("judging", 개역개정은 '다스리다')라는 단어는 그들이 이스라엘 가운데 누가 신실하고 신실하지 않은지를 판단할 것이라는 뜻으로 볼 수 있다. 하지만 여기서 '심판하다'는 것이 사도들이 누가 상급을 받고 정죄를 받을지 결정하는 법적인 상황을 가리키지는 않는다. 오히려 좀 더 긍정적으로 예수님과 함께 다스리고 통치하는 것을 가리키는 듯하다(참고. 단 7:18, 22, 27; 마 19:28; 고전 6:2-3; 계 3:21; 20:4). 이에 덧붙여 이스라엘의 열두 지파는 인종적 이스라엘을 가리킬 수도 있으나,[271] 이스라엘에 대한 언급을 상징적으로 이해해서 유대인과 이방인을 모두 포함하는 하나님의 백성을 다스리는 것으로 해석해야 할 듯하다. 열두 제자는 하나님께 속한 새 백성의 핵심이고, 그들과 그들의 메시지에 귀 기울이는 사람들이 회복된 이스라엘, 참된 이스라엘을 구성한다.

응답

우리는 신자로서 종종 세상에서의 영향력과 역할에 대해 생각하곤 한다. 그런 생각이 완전히 잘못된 것은 아니지만 자칫 우리 자신을 지나치게 중요시하는 쪽으로 치우칠 수 있다. 다른 사람들과 우리 자신을 세속적 관점에서 평가하는 것에 집중할 수 있는 것이다. 우리는 스스로가 은근히 영적 '엘리트층'에 속한다고 생각할지 모른다. 우리 자신을 그런 그룹에 올려놓고 싶은 마음이 들고, 그렇지 못하면 탄식할 수도 있다. 기독교 진영 내에서도 소위 높은 자리에 앉은 사람이 하나님을 가장 기쁘시게 한다고 생각할 수 있다. 그렇다고 지도자가 되는 것이 잘못이라는 뜻은 아니다! 그러나 세속적 관념이 우리의 사유에 침투한 결과 리더십이 하나님의 백성을 섬기는 것보다 우리의 영향력과 평판을 높이는 수단이 될 수 있다. 갈런드는 이렇게 말한다. "예수님은 다른 사람 위에 군림하고 그들을 억압하는 것에 반대하신다. 그분은 권위 있는 리더십이 아닌 권위주의적인 리더십을 배척하신다."[272] 예수님은 우리에게 리더십에 대해 진정한 하늘의 관점

271 Bock, *Luke 9:51-24:53*, 1741.

272 Garland, *Luke*, 874.

을 갖도록 권고하신다. 그분은 섬김을 받기 위해서가 아니라 섬기기 위해 오셨고, 이런 의미에서 우리의 모델이요 패턴이다. 이와 동시에 진정한 제자들은 그들의 결점과 약점에도 불구하고 상급을 받을 것이다. 우리는 우리가 얼마나 실패했고 부족한지에 초점을 맞출지 몰라도, 만일 계속해서 예수님을 따라간다면 우리의 신실함으로 인해 하나님을 기쁘시게 하고 장차 상급을 받게 될 것임을 잊지 말아야 한다. 놀라운 기쁨이 우리를 기다리고 있다. 그동안 인내와 겸손과 사랑으로 섬길 수 있도록 하나님의 은혜를 간구하자.

31 시몬아, 시몬아, 보라 사탄이 너희를 밀 까부르듯 하려고 요구하였
으나 32 그러나 내가 너를 위하여 네 믿음이 떨어지지 않기를 기도하
였노니 너는 돌이킨 후에 네 형제를 굳게 하라 33 그가 말하되 주여 내
가 주와 함께 옥에도, 죽는 데에도 가기를 각오하였나이다 34 이르시
되 베드로야 내가 네게 말하노니 오늘 닭 울기 전에 네가 세 번 나를
모른다고 부인하리라 하시니라

31 "Simon, Simon, behold, Satan demanded to have you,[1] that he might
sift you like wheat, 32 but I have prayed for you that your faith may
not fail. And when you have turned again, strengthen your brothers."
33 Peter[2] said to him, "Lord, I am ready to go with you both to prison
and to death." 34 Jesus[3] said, "I tell you, Peter, the rooster will not crow
this day, until you deny three times that you know me."

1 The Greek word for *you* (twice in this verse) is plural; in verse 32, all four instances are singular *2* Greek *He* *3* Greek *He*

단락 개관

이 이야기의 바퀴가 다시금 돌아가고, 시몬의 인내와 상급이 예수님의 기도에 의해 보증된다(그리고 이는 모든 제자에게 적용된다). 사탄이 제자들을 체질하고, 그들의 믿음을 파멸시키며, 예수님과 단절시키고 싶어 한다. 그럼에도 예수님이 시몬을 위해 기도하셨기 때문에 그의 믿음이 꺾이지 않을 테고, 예수님을 부인한 후 다시 돌아올 것이다. 베드로가 돌아온 뒤에는 동료들 중 으뜸으로서 형제들을 굳세게 해야 한다. 예수님은 베드로가 그분에게 신실하지 않겠지만 새롭게 돌아올 필요가 있을 것이라고 말씀하신다. 그러나 베드로는 자기가 예수님과 함께 감옥에도 가고 죽을 준비까지 되어 있다고 주장하면서 그것을 전혀 받아들이지 않는다. 이에 예수님은 베드로가 그리스도를 세 번 부인할 때까지 수탉이 다시 울지 않을 것이라고 대응하신다.

단락 개요

V. 예루살렘에서의 죽음과 부활(19:28-24:53)
  D. 유월절 사건(22:1-38)
    4. 베드로의 부인과 회복에 대한 예언(22:31-34)

주석

22:31-32 예수님은 시몬에게, 그의 인내와 남을 돕는 사역이 그 자신의 미덕 때문이 아니라 예수님이 시몬과 제자들을 위해 기도한 덕분임을 가르치신다. 예수님이 마르다를 향한 사랑을 표현하는 동시에 온유하게 책망하기 위해 "마르다야 마르다야"(10:41)라고 부른 것처럼, 여기서도 "시몬아, 시몬아"라고 부르시는 것은 엄숙하면서도 다정한 표현이다. 예수님이 시몬에게 사탄이 "너희를 손아귀에 넣기를 요구하였다"(31절, 새번역)고 알려주신다. 여기서 "너희"[휘마스(*hymas*)]라는 복수형을 사용하신 것은 사탄이 베드로뿐 아니라 모든 제자를 요구했다는 뜻이다. 과거에 사탄이 하나님께 욥에게 속한 모든 것(욥 1:6-12), 심지어 그의 건강까지(2:1-7) 빼앗게 해달라고 요청했던 것이 생각난다. 사탄의 계획은 욥으로 더 이상 주님을 경외하지 못하게 하려는 것이었다. 그와 같이 사탄은 베드로와 모든 제자를 체질하길 원한다(참고. 고후 2:11). 즉, 사탄은 그들을 체질해서 그들이 건강한 식용 밀이 아니라 쭉정이에 불과하다는 것을 드러내려고 한다(참고. 암 9:9). 그 체질은 예수님이 체포되고, 재판받고, 죽임을 당하실 때 일어날 것이다. 미래를 향한 그들의 꿈이 눈앞에서 산산조각 날 때는 예수님을 따른다는 것이 전혀 다르게 보일 것이다.

그럼에도 베드로의 믿음을 꺾으려는 사탄의 계획이 성공하지 못할 것은 예수님이 그를 위해 기도하셨기 때문이다. 여기서 텍스트가 단수형 "너"[수(*sou*)]로 돌아간다. 왜 하필 베드로가 타깃이 되었을까? 아마 동료들 중 으뜸이자 리더인 그의 행동이 모든 제자에게 영향을 주기 때문일 것이다. 베드로는 자신의 힘이나 경건으로 사탄의 유혹을 이길 수 없다. 베드로의 인내의 뿌리에 예수님의 기도가 있다. 이 기도는 구체적인 윤곽이 있다. 예수님이 베드로의 믿음의 불길이 꺼지지 않도록, 그의 믿음이 생명력을 지닌 채 계속 이어지도록 기도하신다. 이와 똑같은 주제가 요한복음 17장에 나온다. 예수님이 제자들을 위해 기도하되 그들이 떨어져나가지 않게 해달라고 간구하시는 내용이다(요 17:9, 11, 15). 우리는 또한 예수님의 기도가 능력을 나타낸다는 것을 알게 된다. 그분의 중보기도는 간구하는 그것을 이루어준다(참고. 사 53:12; 롬 8:34; 히 7:25). 누가복음 22:28-30에 약속된 상급은 베드로의 몫이 될 것이다. 예수님이 그를 위해 기도하셨으므로 그가 궁극적으로 떨어져나가지 않을 것이기 때문이다.

따라서 베드로가 다시 돌아와서 회복될 것에 대해서는 의심의 여지가 없다. 그는 확실히 그의 한시적 변절에서 돌이키고 회개할 것이다. 요한복음 21장이 베드로가 회복되는 장면을 묘사한다. 베드로는 돌아오면 그의 형제들, 동료 제자들을 굳세게 할 것이다. 베드로가 변절하는 유일한 제자 또는 돌아오는 유일한 제자가 아닐 것이기 때문이다. 훗날 베드로는 예루살렘에서 교회가 출범할 때(행 1-5장), 사마리아(8:14-17)와 이방인(10:1-11:18)에게 복음을 전파할 때 핵심적인 역할을 한다. 형제들을 굳세게 한다는 것은 다른 신자들을 섬기는 그의 역할을 달리 표현한 것이다. 그는 독재자가 되어서는 안 되고 다른 이들의 믿음을 겸손히 도와야 한다.

22:33-34 그런데 베드로는 자기가 절대로 예수님을 부인하지 않으리라고 확신하기 때문에, 회개하고 돌이킬 필요가 있다는 것을 도무지 생각할 수 없다. 그래서 자신은 예수님과 함께 감옥에 가고 죽을 준비까지 되어 있다고 항의한다. 시험이 오면 피하지 않고 대면할 각오가 되어 있기 때문에, 그의 말은 위선이 아니라 진심이다. 하지만 그는 실제로 자기 자신을 아는 것보다 더 잘 안다고 생각하는 흔한 실수를 범한다. 이제 곧 존재하는지조차 몰랐던 악이 자기 안에 있다는 것을 알게 되리라. 예수님의 반응은 베드로에게 충격을 준다. 그가 수탉이 울기 전에 예수님을 세 번 부인할 것이라고 말씀하시기 때문이다. 그런 사태가 지금 베드로에게는 불가능해 보여도, 결국 그는 예수님이 예언하신 그대로 행하게 될 것이다(22:54-62). 예수님이 베드로의 부인을, 특히 그 구체적인 사항(세 번)을 미리 알고 계신 것은 그분의 신적 정체성과 위상을 드러낸다.

응답

우리는 우리 자신을 잘 모르면서도 어떤 질문에 신학적으로 바른 답변을 할 수 있다. 우리는 사실 마음속 깊이 우리 자신의 힘, 우리 자신의 근성, 우리 자신의 결의로 끝까지 견딜 수 있다고 생각하면서도, 입으로는 오직 하나님의 은혜로만 그럴 수 있다고 말하곤 한다. 베드로도 그랬고, 우리 모두 종종 비슷한 실수를 범하곤 한다. 예수님은 우리가 최후의 상급을 받으려면, 또한 끝까지 믿으려면, 날마다 매순간 그분이 필요하다는 것을 상기시켜주신다. 우리의 인내와 신실함은 우리 자신이 아니라 예수님으로부터 나온다. 예수님은 십자가에서 우리를 위해 쏟은 그 피에 기초해 우리를 위해 중보하신다(롬 8:34; 히 7:25). 우리가 이 텍스트에서 배우는 것이 또 하나 있다. 예수님이 우리를 끝까지 지키는 하나의 목적, 매우 중요한 목적은 우리를 통해 다른 이들을 굳세게 하시는 것이다. 우리는 이렇게 자문해야 한다. 주님은 남들을 섬기는 일에 나를 어떻게 사용하기 원하실까? 나는 그런 목적을 위해 나의 일생을 보내고 있는가? 나는 믿음의 형제와 자매들을 잘 돌보고 있는가?

35 그들에게 이르시되 내가 너희를 전대와 배낭과 신발도 없이 보내
었을 때에 부족한 것이 있더냐 이르되 없었나이다 36 이르시되 이제는
전대 있는 자는 가질 것이요 배낭도 그리하고 검 없는 자는 겉옷을 팔
아 살지어다 37 내가 너희에게 말하노니 기록된바 그는 불법자의 동
류로 여김을 받았다 한 말이 내게 이루어져야 하리니 내게 관한 일이
[1]이루어져감이니라 38 그들이 여짜오되 주여 보소서 여기 검 둘이 있
나이다 대답하시되 족하다 하시니라

35 And he said to them, "When I sent you out with no moneybag or
knapsack or sandals, did you lack anything?" They said, "Nothing."
36 He said to them, "But now let the one who has a moneybag take it,
and likewise a knapsack. And let the one who has no sword sell his
cloak and buy one. 37 For I tell you that this Scripture must be fulfilled
in me: 'And he was numbered with the transgressors.' For what is
written about me has its fulfillment." 38 And they said, "Look, Lord,
here are two swords." And he said to them, "It is enough."

1) 또는 끝남이니라

22장

단락 개관

예수님은 방금 베드로가 그분을 부인할 것이라고 예언하며 위험한 때가 도래했다는 것을 알려주셨다. 제자들은 그 싸움을 대비해야 한다. 예수님은 예전에 양식 없이 그들을 선교지에 파송했던 것을 상기시키신다. 그들은 실제로 모든 상황에서 아무것도 부족하지 않았다. 그러나 어둠의 때가 도래한 만큼 이제는 칼을 포함해 필요한 것들을 챙겨야 한다. 예수님은 자신이 무법자들과 한패로 몰려 죽음으로써 이사야 53:12이 곧 이루어질 것임을 강조하신다. 예수님에 대한 반대가 이제 절정에 이를 것이다. 제자들은 자신에게 칼 두 자루가 있다고 응답하는데, 그들이 칼 두 자루를 붙잡고 있는 모습은 예수님의 가르침을 오해하고 있음을 보여준다. 그러나 예수님은 사실상 '그것으로 넉넉하다'고 말씀하면서 그 모든 논의를 갑자기 끝내신다. 그들의 무지몽매한 모습은 이후의 내러티브에 분명히 나타난다.

단락 개요

V. 예루살렘에서의 죽음과 부활(19:28-24:53)
  D. 유월절 사건(22:1-38)
    5. 반대에 대한 준비(22:35-38)

주석

22:35-36 베드로의 부인에 대한 예언은 위험이 다가왔다는 것, 제자들이 이제 격심한 시험을 겪게 될 것을 가리킨다. 이는 예수님이 잘 알고 계시는 현실이다. 그분은 열두 제자에게 이전의 선교, 즉 돈주머니나 자루나 신발 없이 파송되었던 그 선교(참고. 10:4)를 상기시키신다. 그 여행을 할 때 필요한 것들을 공급받았는지, 하나님께서 그들에게 필요한 모든 것을 신실하게 공급하셨는지에 대해 물으신다. 그들이 긍정적으로 대답한다. 필요한 모든 것을 공급받았기 때문에 부족한 것이 없었다. 하지만 이제 직면할 상황은 근본적으로 다르다. 적대자들과 대적들이 도처에 널려 있고, 어둠의 세력이 세상에 내려왔으며, 제자들이 큰 갈등을 빚고 있다(참고. 마 10:34). 이제는 갈등에 대비해야 하기 때문에 돈주머니와 자루를 가져가야 한다. 칼이 없다면 겉옷을 팔아서 한 자루를 사야 한다. 예수님이 여기서 말씀하시는 것을 문자적으로 해석하면 안 된다. 그분은 영적인 준비 상태를 알게 하려고 일상생활에서의 예를 들고 계시는 것이다(참고. 눅 2:35).[273]

22:37-38 악이 다가오는 중이라는 사실은 사태가 경로를 이탈했다는 것, 사탄이 이기고 있다는 것, 그 나라가 오게 하려는 하나님의 목적이 좌절되고 있다는 것을 암시할지 모른다. 그러나 실제로는 전혀 그렇지 않다. 사실은 현재 발생하고 있는 사건을 통해 성경이 성취되는 중이고, 하나님의 목적이 이런 악한 사건들 가운데서도 실현되는 중이다. 누가복음의 중심 주제들 중 하나는 하나님 계획의 성취다. 예수님은 구체적으로 이사야 53:12을 가리키시는데, 이 구절은 주님의 종이 무법자들과 한패로 몰려 죽은 것을 묘사한다. 이는 누가가 속죄 신학을 갖고 있음을 가리키는 또 하나의 지표다. 그가 더 큰 맥락을 염두에 두고 있을 가능성이 크기 때

273 참고. Garland, *Luke*, 871.

문이다. 예수님은 무법자들과 한패로 몰려 악인들에게 죽임을 당하시지만, 이어지는 내용은 하나님의 관점을 전한다. "그러나 그가 많은 사람의 죄를 담당하며 범죄자를 위하여 기도하였느니라"(사 53:12b). 우리는 방금 예수님이 베드로를 위해 기도하신 것을 보았고(눅 22:32), 여기서는 예수님이 왜 죄인들과 동일시되는지를 알게 된다. 예수님은 속건 제물로서 많은 사람의 죄를 담당하며(사 53:10), 그분의 죽음이 그분이 드리시는 중보기도의 기반이 된다. 그래서 여기서 성경의 성취에 대해 강조하시는 것이다.

제자들은 흔히 그렇듯이 예수님의 말씀을 오해한다. 마치 예수님이 그들에게 문자 그대로의 싸움을 준비하라고 요구하시는 것처럼, 칼 두 자루를 붙잡고 있다. 그러나 누가복음 22:49-51에 나오듯이 예수님이 칼을 사용하는 제자를 꾸짖는 것을 보면, 그분이 물리적 충돌을 염두에 두지 않으시는 것이 분명하다. 아울러 우리는 칼 두 자루가 두 나라(교회의 권위와 국가의 권위)를 가리키는 것으로 해석해서도 안 된다. 이런 종류의 미묘한 해석들을 지지하는 문맥상의 증거가 전혀 없기 때문이다. 칼 두 자루는 제자들이 직면할 영적 충돌을 상징한다. 예수님의 마지막 말씀은 무척 어렵다. "족하다"라는 말씀은 칼 두 자루만 필요하다는 뜻으로 볼 수도 있다. 그러나 예수님이 나중에 그들이 물리적 폭력에 가담하는 것을 꾸짖으시기 때문에, '이것으로 충분하다'라는 뜻일 가능성이 크다. 이는 제자들이 그분의 의도를 오해했다는 것을 시사한다.[274]

274 참고. 같은 책, 872.

응답

악한 날이 오면 우리는 육신에, 인간의 지혜에, 인간의 전략에 그리고 인간의 힘에 의지하고픈 유혹을 받는다. 우리는 절박하게 안전 보장을 원하지만, 그것을 주님이 아닌 다른 곳에서 찾고 싶은 마음이 든다. 우리가 영광스러운 복음을 여러 나라에 전할 때 반대에 직면할 것이기 때문에, 그 싸움을 위해 영적으로 준비할 필요가 있다는 것을 예수님이 상기시키신다. 우리는 또한 여기서 예수님이 죄인들과 한패로 몰릴 것임을 알게 된다. 즉, 그분이 우리의 구원을 위해 죄인으로 간주되실 것이라는 사실이다. 우리 모두는 하나같이 범법자들이고 하나님을 기쁘시게 하는 데 실패했다. 그래서 우리가 용서와 기쁨을 찾을 수 있도록 예수님이 우리 중 하나로 간주되시는 것이다.

39 예수께서 나가사 습관을 따라 감람산에 가시매 제자들도 따라갔
더니 40 그곳에 이르러 그들에게 이르시되 유혹에 빠지지 않게 기도
하라 하시고 41 그들을 떠나 돌 던질 만큼 가서 무릎을 꿇고 기도하여
42 이르시되 아버지여 만일 아버지의 뜻이거든 이 잔을 내게서 옮기
시옵소서 그러나 내 원대로 마시옵고 아버지의 원대로 되기를 원하나
이다 하시니 43 천사가 하늘로부터 예수께 나타나 힘을 더하더라 44 예
수께서 힘쓰고 애써 더욱 간절히 기도하시니 땀이 땅에 떨어지는 핏
방울같이 되더라 45 기도 후에 일어나 제자들에게 가서 슬픔으로 인하
여 잠든 것을 보시고 46 이르시되 어찌하여 자느냐 시험에 들지 않게
일어나 기도하라 하시니라

39 And he came out and went, as was his custom, to the Mount of
Olives, and the disciples followed him. 40 And when he came to the
place, he said to them, "Pray that you may not enter into temptation."
41 And he withdrew from them about a stone's throw, and knelt down
and prayed, 42 saying, "Father, if you are willing, remove this cup
from me. Nevertheless, not my will, but yours, be done." 43 And there

appeared to him an angel from heaven, strengthening him. 44 And being
in agony he prayed more earnestly; and his sweat became like great
drops of blood falling down to the ground.[1] 45 And when he rose from
prayer, he came to the disciples and found them sleeping for sorrow,
46 and he said to them, "Why are you sleeping? Rise and pray that you
may not enter into temptation."

1 Some manuscripts omit verses 43 and 44

단락 개관

예수님이 제자들에게 영적 싸움에 대해 경고하신 후, 이제 역사상 가장 큰 싸움 중 하나가 감람산에서 벌어진다. 누가는 그 싸움이 겟세마네 동산에서 일어난다고 말하지 않고 단지 "그곳"이라고 부를 뿐이다. 이 단락의 앞뒤에 예수님이 제자들에게 유혹에 빠지지 않도록 기도하라고 권고하시는 구절이 나온다. 그동안 예수님은 그분 생애의 가장 큰 시련과 유혹 속으로 몸소 들어가신다. 그분은 제자들에게서 약간 떨어진 곳으로 옮긴 후 아버지 하나님께 고난의 잔을 옮겨달라고 요청하신다. 그럼에도 그 모든 상황에서 스스로를 아버지의 뜻에 맡기신다. 한 천사가 그분을 강건케 하는 모습에 관한 구절은 논란거리지만 아마 원문에 포함되어 있을 것이다. 그 유혹이 너무나 극심하기 때문에 예수님에게는 하나님의 도움이 필요하다.

단락 개요

V. 예루살렘에서의 죽음과 부활(19:28-24:53)
  E. 체포와 재판(22:39-23:25)
    1. 체포(22:39-65)
      a. 유혹에 빠지지 않도록 기도하라(22:39-46)

주석

22:39-40 예수님이 예언하신 영적 싸움이 이제 극단으로 치닫는다. 누가는 예수님이 자주 감람산을 찾아가셨다고 말하며, 여기서는 제자들이 그분을 따라간다. 다른 복음서들은 예수님이 구체적으로 겟세마네 동산에 가셨다고 기록한다(마 26:36; 막 14:32). 이 장소에 가시는 습관은 유다가 예수님이 거기에 계신 것을 예측할 수 있었다는 것을 의미한다. 예수님은 제자들과 함께 도착한 후, 유혹에 빠지지 않도록 기도하라고, 하나님께 전적으로 의존하라고 권면하신다. 이 권면은 주기도문의 "우리를 유혹에 빠지지 않게 하소서"(눅 11:4, 공동번역)라는 간구와 어울리고, "이러므로 너희는 장차 올 이 모든 일을 능히 피하고 인자 앞에 서도록 항상 기도하며 깨어 있으라"(21:36)는 권고와 잘 들어맞는다. 제자들이 곧 그들 생애에서 가장 큰 유혹에 직면할 것이므로 그런 말씀은 이 경우에 특히 적절하다.

22:41-42 예수님은 제자들로부터 약간 떨어진 곳으로("돌 던질 만큼") 물러나서 무릎을 꿇고 기도하신다. 제자들에게 기도의 중요성과 필요성에 대해 말씀하신 분이 곧바로 몸소 실천하여 본을 보이신다. 이제 직면할 큰 유혹과 시험을 고려할 때 하나님의 도움이 필요하다는 것을 아시기 때문

이다. 이 대목에서 예수님 역시 완전한 인간이라는 것, 그분도 모든 인간처럼 죽음을 피하고 싶은 심정을 갖고 계시다는 것을 보게 된다. 그분 역시 죽음이 하나의 적, 곧 바울이 "맨 나중에 멸망 받을 원수"(고전 15:26)라고 부르는 존재임을 아신다. 그분은 아버지의 뜻을 자동으로 행하는 인물이 아니라 고난이나 고통을 피하고 싶은 정상적인 한 사람이다. 그분은 자신을 향한 아버지의 사랑과 돌봄을 아는 가운데 아버지 하나님께 기도하신다. 예수님은 하나님의 아들이기에 독특한 사랑과 돌봄을 받고 계시다. 그분은 하나님께 고난의 잔을 옮겨서 십자가의 수치, 수모 또는 극심한 고통을 겪지 않게 해달라고 간구하신다.

잔에 대한 언급은 특히 예수님이 십자가에서 겪으실 하나님의 진노를 강조한다. 잔은 구약에서 종종 하나님의 진노를 나타내는데, 예수님이 곧 십자가에 처형되실 것이기 때문에 이 맥락에서는 분명히 그 진노를 가리킨다. 예컨대 시편 75:8에는 이렇게 나온다. "여호와의 손에 잔이 있어 술 거품이 일어나는도다 속에 섞은 것이 가득한 그 잔을 하나님이 쏟아내시나니 실로 그 찌꺼기까지도 땅의 모든 악인이 기울여 마시리로다." 이와 똑같은 주제가 이사야 51:22에도 나온다. "네 주 여호와, 그의 백성의 억울함을 풀어주시는 네 하나님이 이같이 말씀하시되 보라 내가 비틀걸음치게 하는 잔 곧 나의 분노의 큰 잔을 네 손에서 거두어서 네가 다시는 마시지 못하게 하고"(참고. 사 51:17; 렘 25:15, 17, 28; 49:12; 애 4:21; 겔 23:31, 32, 33; 합 2:16). 이는 누가복음에 나오는 속죄 신학을 가리키는 또 하나의 지표다. 무죄한 하나님의 아들이 진노의 잔을 담당함으로써 그분의 백성을 위해 하나님의 진노를 겪으시기 때문이다.

예수님이 아버지께 그 잔을 옮겨달라고 간구하시는 것은 그분의 인성을 나타낸다. 하지만 예수님은 또한 자신의 뜻을 하나님의 뜻에 맞춤으로써 아버지의 뜻에 완전히 의탁하시는 인물로 부각된다. 결국 그분은 자신의 뜻보다 아버지의 뜻을 선택하신다. 예수님 마음 안에 있는 모든 것은 십자가를 피하고 싶어 하고, 그분의 인간적 소원은 궁극적인 선(善)을 나타내지 않는다. 하나님의 뜻이 그렇게 한다.

22장

22:43-44 이 구절의 진정성에 대해서는 본문의 증거가 나뉘고, 일부 학자는 후대에 추가된 것이라고 주장한다. 이 구절이 진본인 듯 보이는 것은 그 해독이 좀 더 어렵기 때문이다.[275] 이 구절은 하나님의 아들 예수님에게 천사의 도움이 필요한 것을 보여주기 때문에, 일부 서기관들은 예수님에게 부적절하다고 여긴 나머지 이를 없애고 싶은 마음이 들었을 것이다(참고. 단 10:19). 하지만 하늘에서 오는 천사는 예수님이 완전히 인간임을 확증해주고, 기도에 대한 응답에 해당하기도 한다. 예수님은 완전한 인간인 만큼 다른 모든 사람과 마찬가지로 하나님의 도움이 필요하다. 그 시험은 놀라울 정도로 혹독하고, 예수님은 그분 앞에 놓인 것을 생각하면서 '고뇌'에 빠지신다. 역사상 인간들이 견뎌낸 어려운 일들이 많았지만, 이제 예수님이 직면하실 고난보다 더 큰 것은 없었다. 그분은 더욱 열심히 기도하시고, 땀방울이 하염없이 땅바닥에 떨어진다. 그분의 피가 떨어지는 게 아니라 그 땀이 너무도 많아서 피땀 같았던 것이다.

22:45-46 예수님이 기도를 마치고 제자들에게 돌아가신다. 그들은 슬픔과 비통에 젖어 깊이 잠들어 있다. 여기서 제자들의 모습이 예수님과 대조를 이룬다. 그들은 유혹의 시간에 잠을 이기지 못하는 반면, 예수님은 기도로 끈기 있게 버텨내신다. 이 단락이 시작될 때 나온 주제(22:41)가 마지막을 장식한다. 제자들은 계속 기도하면서 유혹에 넘어가지 말아야 한다는 것이다. 이런 기도는 다음 두 가지를 인식하고 있음을 보여준다. 첫째, 하나님의 은혜 없이는 우리가 아무것도 할 수 없다는 것이다(요 15:5). 둘째, 선을 행하면서 인내하는 힘은 하나님으로부터 온다는 것이다.

275 참고. Bock, *Luke 9:51-24:53*, 1763-1764; Garland, *Luke*, 882-883.

응답

허드슨 테일러(Hudson Taylor)는 기도생활로 잘 알려져 있다. 그는 힘과 인내를 달라고 매순간 하나님께 의존했기 때문에 그분의 도구로 강력하게 쓰임 받았다. 우리가 기도할 때는 마치 아무것도 하지 않는 것처럼 느낄지 몰라도, 기도는 우리가 주님과 우리 자신 중 누구를 신뢰하는지를 보여준다. 기도할 때는, 우리가 방황하기 쉬운 존재며 인내하기 위해서는 하나님의 능력이 필요함을 알고 있다는 것을 나타낸다.

물론 예수님은 우리의 최고 본보기다. 그분은 십자가, 곧 세상이 이제껏 알았던 그리고 앞으로 알게 될 악과 고난 중 최대의 것인 십자가를 직면할 때 전적으로 그 자신을 하나님의 뜻에 맡기시기 때문이다. 우리는 예수님이 우리처럼 살과 피를 가진 인간이며, 고난을 원치 않고 가능하면 십자가를 피하고 싶어 하셨다는 사실에서 위로를 받을 수 있다. 우리가 믿는 구원자는 삶의 모든 영역에서 유혹을 받는 것이 무엇인지를 아시는 분이다(히 2:18; 4:14-16). 우리에게 있는 하나님은 인간이 된다는 것이 무엇인지, 우리가 고난을 받을 때 무엇을 느끼는지를 아시는 분이다. 아무도, 예수 그리스도 안에 계신 우리 하나님은 고난 받는다는 것이 무엇인지, 우리가 경험하는 것이 어떤지 모르신다고 결코 말할 수 없다. 예수님은 하나님의 아들로서 우리 모두보다 더 많은 고난을 겪으셨다.

제자들은 그 마음이 슬픔으로 가득 차서 잠자고 있었다. 영적 싸움이 벌어지면 때때로 우리도 슬픔과 절망으로 가득 찰 수 있다. 고통을 피하기 위해 삶의 현장에서 물러나 잠잘 수 있다. 우리에게 무엇보다도 필요한 것이 잠일 때도 있다. 우리가 이 본문을 너무 단순하게 적용하면 안 된다. 그와 동시에, 예수님은 제자들에게 잠과 물러남이 승리에 이르는 길이 아니라는 것을 상기시키신다. 어려운 때를 접하면 우리를 도우실 하나님을 의존해야 한다. 우리의 능력이 아니라 오직 그분의 능력으로만 그 어려움을 극복할 수 있기 때문이다.

47 말씀하실 때에 한 무리가 오는데 열둘 중의 하나인 유다라 하는 자
가 그들을 앞장서 와서 48 예수께 입을 맞추려고 가까이 하는지라 예
수께서 이르시되 유다야 네가 입맞춤으로 인자를 파느냐 하시니 49 그
의 주위 사람들이 그 된 일을 보고 여짜오되 주여 우리가 칼로 치리이
까 하고 50 그중의 한 사람이 대제사장의 종을 쳐 그 오른쪽 귀를 떨어
뜨린지라 51 예수께서 일러 이르시되 이것까지 참으라 하시고 그 귀를
만져 낫게 하시더라 52 예수께서 그 잡으러 온 대제사장들과 성전의
경비대장들과 장로들에게 이르시되 너희가 강도를 잡는 것같이 검과
몽치를 가지고 나왔느냐 53 내가 날마다 너희와 함께 성전에 있을 때
에 내게 손을 대지 아니하였도다 그러나 이제는 너희 때요 어둠의 권
세로다 하시더라

47 While he was still speaking, there came a crowd, and the man called
Judas, one of the twelve, was leading them. He drew near to Jesus to
kiss him, 48 but Jesus said to him, "Judas, would you betray the Son of
Man with a kiss?" 49 And when those who were around him saw what
would follow, they said, "Lord, shall we strike with the sword?" 50 And

one of them struck the servant[1] of the high priest and cut off his right ear. 51 But Jesus said, "No more of this!" And he touched his ear and healed him. 52 Then Jesus said to the chief priests and officers of the temple and elders, who had come out against him, "Have you come out as against a robber, with swords and clubs? 53 When I was with you day after day in the temple, you did not lay hands on me. But this is your hour, and the power of darkness."

1 Or *bondservant*

단락 개관

예수님이 체포되시는 장면은 네 복음서에 모두 기록되어 있고(마 26:47-56; 막 14:43-49; 요 18:3-11), 그 가운데 누가복음이 가장 짧다. 한 무리가 갑자기 나타날 때는 예수님이 제자들에게 유혹에 대해 경고하고 영적인 준비를 갖추도록 권고하시는 중이었다. 유다가 그 무리를 예수님에게 데려오고 있다. 그리고 마치 예수님의 친구인양 입을 맞추려고 다가온다. 하지만 예수님은 그런 위선적인 태도로 인자를 배반하려 하느냐는 수사적 질문과 함께 그를 책망하신다. 벌어지는 상황을 인지한 제자들은 칼로 쳐야 할지를 묻고, 한 제자(요한복음은 베드로라고 말한다, 요 18:10)가 칼을 휘둘러 대제사장 종의 오른쪽 귀를 잘라버린다. 예수님은 그 제자를 책망하며 마지막 치유를 베푸신다. 이후 종교 당국자들에게 어째서 마치 그분이 강도인양, 마치 물리적 폭력을 동원하여 붙들어야 하는 것처럼 나오는지 물으신다. 예수님의 설명에 따르면, 그들은 밝은 대낮에 군중이 모인 성전에서 그분을 붙잡을 수도 있었으나 어둠 가운데서 체포하기로 한 것은 어둠이 그들의 때이고 어둠의 시간이 왔기 때문이다.

단락 개요

V. 예루살렘에서의 죽음과 부활(19:28-24:53)
E. 체포와 재판(22:39-23:25)
1. 체포(22:39-65)
b. 체포되시다(22:47-53)

주석

22:47-48 예수님이 제자들에게 준비하라고 경고하시지만 준비를 갖출 시간이 없다. 갑자기 예수님을 체포하기 위해 유다가 무리를 이끌고 나타나기 때문이다(참고. 행 1:16). 누가는 유다가 행하는 배신의 심도를 강조하기 위해 그가 열둘 중의 하나임에 주목한다. 유다는 3년 동안 예수님을 따라다니며 그분의 가르침을 듣고 그분의 치유와 축귀를 목격한 뒤에 그분에게서 등을 돌렸다. 그리고 마치 그들이 아직 친구인 것처럼 예수님에게 입을 맞추려고 다가온다. 그러나 예수님이 벌어지는 상황을 파악하고 유다에게 최후의 말씀을 던지신다. 유다는 애정의 입맞춤으로 인자이신 예수님을 배신하고 있고, 이는 악이 그의 마음을 얼마만큼 지배하는지를 보여준다.

22:49-51 급변하는 상황은 위기가 닥쳤다는 것과 예수님을 파멸시키려는 세력이 출현했다는 것을 시사한다. 우리가 앞에서 보았듯이, 제자들은 벌어지는 사건들의 진상을 인지하지 못한 채 눈앞의 일들을 세속적 관점에서 본다. 그들은 예수님이 문자 그대로의 칼을 언급하신다고 생각했고(22:38), 기도하기보다는 잠을 잤다(22:45). 그래서 적의 출현에 대해서도

그릇된 방식과 그릇된 방법으로 대처한다. 그들은 예수님에게 싸우러 가서 칼을 꺼내야 할지 묻는다. 제자들 중 한 명은 아예 대답을 기다리지 않는다. 칼을 꺼냈지만 무술은 아주 평범한 수준이다. 칼을 휘둘렀지만 겨우 대제사장 종의 오른쪽 귀를 잘랐을 뿐이다. 이런 방어는 우스울 따름이고, 예수님이 그들에게 칼을 가져야 한다고 말씀하신 것을 오해한 결과다. 예수님이 제자들에게 그런 짓을 그만두고 칼을 칼집에 넣으라고 말씀하신다. 그리고 연민의 마음으로 최후의 치유를 베푸신다. 그분이 겪고 있는 스트레스를 생각하면 참으로 놀라운 일이다. 무리가 그분을 체포하려고 모였고, 대제사장의 종은 결코 예수님의 편이 아니기 때문이다. 그럼에도 예수님은 잠시 멈춘 채 그의 귀를 만져서 치유하신다(참고. 5:13; 6:19). 그분은 가장 어두운 시간이 다가오는 중에도 다른 사람의 필요를 돌보신다.

22:52-53 예수님이 이어서 그분을 체포하러 온 사람들과 맞서신다. 대제사장들, 성전의 경비대장 그리고 공동체의 존경받는 장로들을 포함한 종교 당국과 정치 당국이 예수님을 제거하려고 합류했다(참고. 22:4). 현재 일어나는 일이 이상하다는(incongruity) 것이 뚜렷이 드러난다. 마치 예수님이 위험한 강도, 곧 폭력을 휘두르는 사람인 것처럼 그분께 대항하기 위해 그들이 공모해서 칼과 몽둥이를 들고 나타난 것이다. 그동안 예수님의 사역이 은밀히 행해지지 않았기 때문에 이런 일은 도무지 이해할 수 없다. 예수님은 공개적으로 자주 성전에서 가르치셨으므로 그곳에서 언제든지 그분을 기소할 수 있었다. 그런데 대낮에는 예수님을 체포하려는 움직임이 전혀 없었다. 이제 어둠이 깔리자 어둠의 영역에 사는 자들이 몸을 움직인다. '그들'은 어둠 속에 있기 때문에 어두울 때 행동하는 것이다. 지금은 그들의 "때"이자 그들의 시간이고, 그들의 행동은 그들의 마음속에 있는 것을 드러낸다.

응답

제자들은 행동으로 자신들이 기도를 통해 하나님을 의존하고 있지 않음을 보여주고, 따라서 예수님의 대적들이 도착했을 때에도 세속적인 대응책에 의지한다. 시련의 때가 시작될 때는 육신의 무기에 의존하기가 얼마나 쉬운지 모른다. 누군가에게 너무나 화가 난 나머지 폭력을 휘두를지도 모른다. 분노가 폭발해서 다른 사람을 공격하고 우리의 연약한 자아를 지키기 위해 언어폭력을 가할 수도 있다. 화를 분출하기 위해 친구들에게 누군가를 비난할 수도 있다. 압력을 느끼면 남을 모욕하거나 심지어 구타할 수도 있다. 그러나 예수님은 제자들을 바로잡으신다. 분노의 폭발은 유혹에 반응하는 바른 길이 아니다. 예수님은 그들에게 칼을 사용하길 멈추라고 명한 후, 그 고난의 시간에 대제사장 종의 귀를 치유함으로써 연민을 보이신다. 여기서 예수님의 사랑이 빛난다. 이 사람은 적의 종인데도 예수님은 사랑으로 충만해서 상상도 못할 십자가의 고통을 겪을 그날 밤에 그 사랑을 아픈 사람에게 베푸신다. 순전한 추측이지만, 이 사람에게 베푸신 예수님의 사랑이 그의 인생을 영원히 바꾸지 않았을까 생각해본다. 우리가 새로운 창조 세계에서 그를 다시 보게 될지도 모르겠다. 이에 대한 암시가 요한복음 18:10에 나온다. 이 구절은 그의 이름을 말고(Malchus)라고 언급하는데, 이는 그가 교회에서 신자로 알려져 있었다는 것을 시사한다.

예수님이 비폭력적 입장을 견지한다고 해서 진실을 말씀하지 않으시는 것은 아니다. 이로부터 우리는 진실을 겸손하되 담대하게 말하는 것이 잘못이 아님을 배운다. 우리는 우리 마음이 복수심으로 가득차지 않도록 절제해야 하지만, 악한 마음을 품은 대적과 맞서는 것은 죄가 아니다. 신자들이 악을 직면할 때 무조건 침묵을 지켜야 하는 것은 아니다. 우리는 다른 사람을 사랑하고 사랑 안에서 진실을 말하도록 부름 받았다(엡 4:15).

54 예수를 잡아끌고 대제사장의 집으로 들어갈새 베드로가 멀찍이 따
라가니라 55 사람들이 뜰 가운데 불을 피우고 함께 앉았는지라 베드로
도 그 가운데 앉았더니 56 한 여종이 베드로의 불빛을 향하여 앉은 것
을 보고 주목하여 이르되 이 사람도 그와 함께 있었느니라 하니 57 베
드로가 부인하여 이르되 이 여자여 내가 그를 알지 못하노라 하더라
58 조금 후에 다른 사람이 보고 이르되 너도 그 도당이라 하거늘 베드
로가 이르되 이 사람아 나는 아니로라 하더라 59 한 시간쯤 있다가 또
한 사람이 장담하여 이르되 이는 갈릴리 사람이니 참으로 그와 함께
있었느니라 60 베드로가 이르되 이 사람아 나는 네가 하는 말을 알지
못하노라고 아직 말하고 있을 때에 닭이 곧 울더라 61 주께서 돌이켜
베드로를 보시니 베드로가 주의 말씀 곧 오늘 닭 울기 전에 네가 세
번 나를 부인하리라 하심이 생각나서 62 밖에 나가서 심히 통곡하니라
54 Then they seized him and led him away, bringing him into the high
priest's house, and Peter was following at a distance. 55 And when they
had kindled a fire in the middle of the courtyard and sat down together,
Peter sat down among them. 56 Then a servant girl, seeing him as he

sat in the light and looking closely at him, said, "This man also was
with him." 57 But he denied it, saying, "Woman, I do not know him."
58 And a little later someone else saw him and said, "You also are one
of them." But Peter said, "Man, I am not." 59 And after an interval of
about an hour still another insisted, saying, "Certainly this man also
was with him, for he too is a Galilean." 60 But Peter said, "Man, I do
not know what you are talking about." And immediately, while he was
still speaking, the rooster crowed. 61 And the Lord turned and looked at
Peter. And Peter remembered the saying of the Lord, how he had said
to him, "Before the rooster crows today, you will deny me three times."
62 And he went out and wept bitterly.

단락 개관

어둠의 때가 이르렀고, 예수님을 체포하려는 무리가 그분을 붙잡아 신문하려고 대제사장의 집으로 끌고 간다. 이제 장면이 베드로 쪽으로 바뀌는데, 그는 스스로 유혹에 잘 대비할 것이라고 그토록 장담했던 인물이다. 이 이야기를 통해 베드로가 유혹이나 어둠의 때를 직면할 준비가 되지 않았음을 알게 된다. 이는 모든 제자들을 위한 교훈이다. 베드로는 애초부터 예수님을 완전히 버리지는 않고 거리를 둔 채 그분을 따라가 대제사장의 마당에서 다른 이들과 함께 불을 쬐고 있었다. 이어지는 내용은 베드로가 예수님의 제자들 중 하나라고 하는 세 번의 고발로, 사복음서에 모두 기록되어 있는 사건이다(마 26:69-75; 막 14:66-72; 요 18:15-18, 24-27). 첫째, 어떤 여종이 베드로는 예수님을 알고 있다고 말하지만, 베드로가 그것을 부인한다. 둘째, 또 다른 사람이 똑같은 기소를 하지만, 다시금 베드로가 그것을 반박한다. 끝으로, 세 번째 사람이 베드로의 갈릴리 말투가 그가 예수님의 제자임을 확증한다고 주장하지만, 베드로는 단연코 그 고발을 부인한다. 바로 그 순간 수탉이 울고 주님이 베드로를 똑바로 쳐다보신다. 베드로는 그날 저녁에 예수님이 장차 일어날 일을 정확히 예언하셨던 것이 기억나 쓰러져서 통곡한다.

단락 개요

V. 예루살렘에서의 죽음과 부활(19:28-24:53)
  E. 체포와 재판(22:39-23:25)
    1. 체포(22:39-65)
      c. 베드로가 부인하다(22:54-62)

주석

22:54-55 도착한 무리가 예수님을 붙잡아서 대제사장의 집으로 끌고 간다. 앞에서 예수님이 거론하신 어둠이 특히 그분과 그분의 가르침을 배척한 종교 당국자들 위에 내려앉았다. 베드로는 이 이야기에서 분명히 실패하지만, 처음에는 용기가 있었던 그의 모습을 볼 필요가 있다. 그는 완전히 달아나지는 않고 거리를 둔 채 예수님을 따라간다. 사람들이 대제사장의 마당에서 불을 피우자, 베드로는 다른 사람들과 함께 불을 쬠으로써 적이 있는 곳에 다가가 스스로를 위험에 노출시킨다.

22:56-58 누가는 베드로의 부인에 관한 이야기를 간략하게 들려준다.

첫째, 한 여종이 베드로를 알아채고 불빛에 비친 그의 얼굴을 신중하게 살피기 시작한다. 이후 모든 사람 앞에서 베드로가 예수님의 제자들 중 하나라고 자신 있게 단언한다. 하지만 베드로는 그 고발을 부정하면서 자신은 예수님을 모른다고, 그 고발은 근거가 없다고 주장한다. 둘째, 약간의 시간이 흐른 후 또 다른 사람이 베드로가 예수의 도당과 한패라고 주장한다. 베드로는 첫 번째 경우에서 "여자여"("Woman")라는 호격을 사용한 것처럼, 이번에는 '남자여'("Man", 개역개정은 "이 사람아")라는 호격을 사용하면서 다시금 자기가 예수님에게 속해 있다는 고발을 간신히 물리친다.

22:59-62 세 번째 부인이 절정을 장식한다. 베드로가 수탉이 울기 전에 세 번 그분을 부인할 것이라는 예수님의 예언(22:34)을 확증하기 때문이다. 약 한 시간이 흐른 뒤에 또 다른 사람이 베드로가 예수님의 제자들 중 하나라고 계속 주장한다[디이스퀴리제토(*diischyrizeto*), 동사의 미완료시제는 반복적인 행동을 의미한다]. 이 고발자의 주장인즉, 자기가 말하는 바가 사실인 것은 예수님이 갈릴리 사람이고, 베드로가 갈릴리 출신임을 그의 말투로부터 분명히 알 수 있다는 것이다(참고. 마 26:73). 베드로는 그 주장을 단연코 부정하면서 자기는 그 사람이 '무슨 소리를 하는지' 모르겠다고 대꾸한다. 다른 이야기들에는 베드로가 자신이 진실을 말하고 있음을 단언하기 위해 맹세까지 한다고 기록되어 있다(마 26:74; 막 14:71). 베드로가 세 번째로 부인하는 순간 수탉이 울어서 예수님의 예언이 성취된다(눅 22:34). 오직 누가만 우리에게, 예수님 역시 그 마당에 계시고 바로 그 순간에 벌어지는 모든 일을 알고 고개를 돌려 베드로를 쳐다보신다고 이야기한다. 갈런드는 그것이 "책망"의 시선이 아니고 "용서와 격려의 시선이라서 장래에 대한 희망을 전달한다"[276]고 말한다. 이는 그럴 듯한 해석이다. 그때 베드로는 불과 몇 시간 전에, 그가 수탉이 울기 전에 예수님을 세 번 부인할 것이라고 하

276 Garland, *Luke*, 892.

셨던 주님의 예언을 떠올린다. 그때 베드로는 자기가 그렇게 행동하는 것은 도무지 있을 수 없는 일이라고 생각했다. 그러나 이제 그는 자신의 변절을 뼈저리게 인식하고 통곡한다. 이는 회개의 출발점이고 그에게 자신의 성품에 대한 더 깊은 통찰력을 제공한다.[277]

응답

예수님의 구체적인 예언은 인간들이 장차 자유의지로 내릴 결정을 그분이 알고 계신다는 것을 보여준다. 베드로가 그분을 부인할 것을 알 뿐 아니라 세 번 그렇게 할 것도 아셨기 때문이다. 그 부인이 세 번 일어날 것을 알 수 있었던 것은, 인간들이 장차 선택할 행동을 그분이 분명하게 아실 경우에만 가능하다.

우리 역시 베드로와 비슷하기 때문에 그의 부인을 이해할 수 있다. 고난과 죽음에 대한 두려움이 마음속에 불쑥 생겨서, 자기가 예수님을 알지 못한다는 말을 갑작스럽게 내뱉은 것이다.

우리는 유다와 베드로를 대조할 필요가 있다. 첫눈에는 그들이 똑같은 일을 했다고 생각할지 모른다. 어쨌든 유다는 예수님을 배신했고, 베드로도 그분을 부인했으니 말이다. 하지만 기억할 것이 있다. 유다는 예수님을 배신할 계획을 짰고, 상당 기간에 걸쳐 전략을 세운 뒤에 그 계획을 실행했다는 사실이다. 베드로의 상황은 확연히 다르다. 그는 예수님을 부인할 계획을 짜지 않았고, 오히려 그분과 함께 죽을 준비가 되어 있다고 확신했다(22:33)! 베드로는 압력을 받았을 때 예수님을 부인했고, 시험의 순간이 왔을 때 용기가 꺾이고 말았다. 우리는 실로 연약하고 신뢰할 수 없는 제자들이다. 우리 중 아무도 충분히 강인하지 못하다. 제자들의 리더가

277 같은 책.

넘어졌다면 우리 역시 하나님의 은혜가 없으면 그렇게 될 것이다. 우리 역시 유혹에 빠지지 않게 해달라고 기도해야 한다. 예수님이 베드로를 쳐다보았을 때, 그 모든 일을 알면서도 여전히 그를 사랑하신다는 것을 베드로가 깨달았을 때, 그 시선이 어떻게 그에게 와닿았을까?

앞에서 예수님은 베드로의 믿음이 꺾이지 않도록 기도하셨다. 우리는 제자로서 모두 실패하지만 끝까지 믿음을 지킬 수 있는 것은, 하나님의 사랑 덕분이고 예수님이 우리를 위해 기도하시기 때문이다. 베드로는 회개하고 다시 예수님에게 돌이킬 필요가 없었다고 생각하면 안 된다. 요한복음 21장에 나오듯이 그는 회복되어야 했다. 궁극적으로 베드로는 예수님을 부인하지 않았고, 사람들 앞에서 그분을 고백하고, 복음을 위해 목숨을 잃었다. 누구든지 예수님을 부인하면 장차 아버지 앞에서 예수님이 그를 부인하실 것이다(마 10:33). 베드로는 마지막 날에 주님께 인정을 받을 것이기에, 영원한 멸망을 가져오는 부인은 궁극적이고 완전한 부인이다. 베드로가 구원을 받은 것은 그가 자신의 부인을 부인했기 때문이다. 그는 자신의 철회를 철회했다. 베드로는 그날 밤에 그 교훈을 배웠다. 이후 그는 유혹에 빠지지 않도록 기도하는 것을 삶의 행습으로 삼았다.

63 지키는 사람들이 예수를 희롱하고 때리며 64 그의 눈을 가리고 물어
이르되 선지자 노릇 하라 너를 친 자가 누구냐 하고 65 이 외에도 많은
말로 욕하더라

63 Now the men who were holding Jesus in custody were mocking him
as they beat him. 64 They also blindfolded him and kept asking him,
"Prophesy! Who is it that struck you?" 65 And they said many other
things against him, blaspheming him.

22장

단락 개관

예수님을 맡은 성전 경비병들이 그분을 조롱하고, 때리고, 눈을 가리고, 도전한다. 그들은 자신들이 어둠의 시간의 일부라는 것, 진리의 빛이 그들의 생각이나 마음에 침투하지 않았다는 것을 그런 행동으로 보여준다.

단락 개요

V. 예루살렘에서의 죽음과 부활(19:28-24:53)
　E. 체포와 재판(22:39-23:25)
　　1. 체포(22:39-65)
　　　d. 군인들이 조롱하다(22:63-65)

주석

22:63-65 성전을 경비하던 유대인들이 예수님을 조롱하고 때림으로써 그들 역시 메시아를 배척하고 이방인들과 똑같이 그들의 왕을 학대하고 있음을 보여준다(18:32; 23:6, 참고. 23:11). 그들은 예수님의 눈을 가린 후 예언하도록 요구하고, 누가 그분을 때렸는지 알아맞히라면서 조롱한다. 이는 아이러니한 장면이다. 이 복음서에는 예수님이 참된 선지자라는 증거가 수없이 나오는데도(참고. 4:24; 7:16, 39-47; 13:33; 24:19) 경비병들이 그것을 알지 못하기 때문이다. 그들은 다른 방식으로도 예수님에게 욕설을 퍼붓는데, 이는 삶에 대한 그분의 주되심을 배척하는 모습이다.

응답

나치즘의 악행에 관한 글로 유명한 한나 아렌트(Hannah Arendt)는 '악의 평범성'(the banality of evil)이라는 어구를 만들었다. 성전 경비병들에게 그날은 그저 또 하나의 근무일에 불과할 테고, 그들은 예수님을 조롱하고 비웃고 때리는 것을 즐긴다. 그들은 자신들이 메시아, 인자 그리고 하나님의 아들을 학대하고 있다는 사실을 알지 못한다. 악의 문제는 그것이 통제될 수 없다는 데 있다. 일단 우리가 누군가에게 악행을 저지르기로 동의한다면 누구든지 학대하는 데 마음을 열어놓게 된다. 모든 사람은 예외 없이 하나님의 눈에 중요하기 때문에 '하찮은 사람들'과 '중요한 사람들'을 나눌 마법의 선은 없다. 여기서 솔제니친(Solzhenitsyn)이 《수용소군도》(*The Gulag Archipelago*)에 쓴 글이 생각난다. "선과 악을 가르는 경계선이 지나는 곳은 국가나 계급이나 정당이 아니라 각 인간의 마음, 모든 인간의 마음이다."[278] 은혜가 없으면, 우리는 모두 경비병들이 행한 짓을 그대로 행할 것이다. 우리는 하나같이 다른 인간들을 조롱하는 일에 가담했다. 그래서 유대인 경비병들에게 필요한 용서가 우리에게도 필요한 것이다.

22장

278 Aleksandr I. Solzhenitsyn, *The Gulag Archipelago 1918–1956: An Experiment in Literary Investigation, III–IV*, trans. Thomas P. Whitney (New York: Harper & Row, 1975), 615. 《수용소군도》(열린책들).

66 날이 새매 백성의 장로들 곧 대제사장들과 서기관들이 모여서 예
수를 그 공회로 끌어들여 67 이르되 네가 그리스도이거든 우리에게 말
하라 대답하시되 내가 말할지라도 너희가 믿지 아니할 것이요 68 내가
물어도 너희가 대답하지 아니할 것이니라 69 그러나 이제부터는 인자
가 하나님의 권능의 우편에 앉아 있으리라 하시니 70 다 이르되 그러
면 네가 하나님의 아들이냐 대답하시되 너희들이 내가 그라고 말하고
있느니라 71 그들이 이르되 어찌 더 증거를 요구하리요 우리가 친히
그 입에서 들었노라 하더라

66 When day came, the assembly of the elders of the people gathered
together, both chief priests and scribes. And they led him away to their
council, and they said, 67 "If you are the Christ, tell us." But he said to
them, "If I tell you, you will not believe, 68 and if I ask you, you will
not answer. 69 But from now on the Son of Man shall be seated at the
right hand of the power of God." 70 So they all said, "Are you the Son
of God, then?" And he said to them, "You say that I am." 71 Then they
said, "What further testimony do we need? We have heard it ourselves
from his own lips."

단락 개관

누가는 예수님이 빌라도 앞에 죄수로 나오시기 전에 열린 유대의 재판을 다섯 구절로 축약한다. 종교 지도자와 정치 지도자들이 예수님에 관한 문제를 심의하기 위해 공의회로 모인다. 그들은 과연 예수님이 메시아라고 주장했는지에 관한 정치적 협의에 초점을 맞춘다. 예수님은 자신이 그들에게 진실을 말해도 믿지 않을 것이라고 응답하신다. 그러나 이어서 자신이 하나님의 우편에 앉을 인자라고 말씀하신다. 이후 예수님은 자신이 하나님의 아들이라고 단언하시는데 이 부분의 기독론은 경이롭다. 공의회는 예수님이 그들이 들을 필요가 있는 모든 것을 말씀하셨다는 판단 하에 그분을 유죄로 판결한다.

단락 개요

V. 예루살렘에서의 죽음과 부활(19:28-24:53)
  E. 체포와 재판(22:39-23:25)
    2. 재판(22:66-23:25)
      a. 예수님이 자신의 정체를 밝히시다(22:66-71)

22장

주석

22:66 예수님은 밤중에 체포되셨고, 누가는 유대 당국자들 앞에서 벌어지는 재판을 매우 간략하게 묘사하면서 그분에 대한 기독론적 혐의에 초점을 맞춘다.[279] 공의회 내지는 산헤드린으로도 불리는 장로회가 그 문제를 판결하기 위해 모인다.[280]

> 로마 시대에는 이것이 유대에서 최고의 토착 통치 기구였고, 대제사장들과…장로들과 학자들(서기관들)로 구성되어 있었으며, 대제사장이 주재하는 회의였다. 이 기구는 로마 총독의 권위를 침해하지 않는 한, 종교적 사안은 물론 법적 및 정치적 사안들에서도 궁극적 권위를 가졌다. 예컨대 로마 총독은 공의회가 통과시킨 사형선고를 확증해야 했다.[281]

유대 당국자들이 마침내 예수님을 그들의 손아귀 안에 두게 된다.

22:67-68 공의회가 예수님에게 메시아, 곧 하나님의 그리스도인지 여부를 묻는다. 그들이 이 혐의에 초점을 맞추는 것은 그런 주장이 정치적 폭발성을 지니고 예수님을 로마 총독 본디오 빌라도 앞에서 곤경에 빠뜨릴 수 있기 때문이다. 예수님은 신문자들의 영적 상태의 견지에서 그 질문을 다루신다. 예수님에게 그 이슈는 궁극적으로 그 혐의의 정치적 결과가 아니다. 그 이슈는 공의회와 하나님의 관계와 관련이 있다. 그분의 가르침과 사역들을 볼 때 그들이 예수님을 그리스도로 믿어야 '마땅하지만', 설령 예

279 Garland, *Luke*, 895.

280 대럴 복은 그것이 반(半)공식적인 회합이라고 말한다(*Luke 9:51-24:53*, 1794). 그 회의와 관련이 있는 다른 역사적 문제들에 관한 논의는 Bock, 1794-1798을 참고하라.

281 BDAG, s.v. συνέδιον.

수님이 그들에게 자신이 누군지를 명백히 말씀하실지라도 그들이 믿지 않을 것이다. 따라서 그 재판은 사실상 유대 지도자들이 명백히 알았어야 하는 것을 거부하는 바람에 그들 자신을 기소하고 있다(참고. 요 10:24-26). 나아가 이제는 예수님이 종교 지도자들로부터 정직한 의견을 얻지 못할 것임이 분명해진다(참고. 눅 20:1-8). 그들은 정치적으로 기민하고 연줄이 든든하며 자신의 평판을 보호하기 위해 무엇이든 행하는 사람들이다.

22:69-71 재판이 소집되자 많은 말들이 오간다. 누가는 그 가운데 가장 극적인 순간과 가장 중요한 것들에 관심을 집중시킨다. 이 복음서 내내 그 자신을 인자로 불렀던 예수님(참고. 5:24; 6:5, 22; 7:34; 9:22, 26, 44, 58; 11:30; 12:8, 40; 17:22, 24, 26, 30; 18:8, 31; 19:10; 21:17, 36; 22:22, 48; 24:7)은 인자가 권위 있는 자리, 곧 하나님의 능력의 오른편에 앉을 것이라고 말씀하신다(참고. 시 110:1; 단 7:13-14). 이는 예수님이 하나님과 동등한 권위를 갖고 계신다는 주장이다. 공의회가 예수님을 심판하는 것처럼 보이지만, '인자'가 하나님의 오른편에 앉은 자로서 장차 '그들'을 심판하실 것이다. 공의회가 예수님의 말씀에서 올바른 결론을 끌어낸 후 그러면 "네가 하나님의 아들이냐"고 묻는다. 다시 말하건대 우리는 이미 누가복음 전체를 통해 예수님이 하나님의 아들임을 알고 있다. 그것은 동정녀 임태(눅 1:31, 35)에서 명백히 드러나고, 예수님이 세례 받으실 때 임한 하나님의 음성(3:22, 참고. 3:38)과 예수님의 변형(9:35)으로 확증되며, 사탄과 귀신들이 고백하고(4:3, 9, 41; 8:28), 예수님이 친히 가르치시고(10:22), 아버지가 보낸 "사랑하는 아들"의 비유(20:13)에 암시되어 있다. 예수님은 직접적으로 답변하지 않지만, 그들이 신성모독 혐의를 씌우고(누가가 이 단어를 사용하지는 않지만, 참고. 5:21; 마 26:65; 막 14:64) 따라서 죽어야 마땅하다고 생각하고 있은즉 그분을 하나님의 아들로 밝히고 있다고 대답하신다.[282] 유대 공의회는 예수님이 하나님의

22장

282 대럴 복은 예수님이 신성모독의 죄로 심판을 받을 만한 여러 이유들을 개관하고, 그것은 예수님이 하나님의 오른편에 앉는다고 주장하시기 때문이라고 말한다(*Luke 9:51-24:53*, 1797-1799).

아들이라고 주장한다는 이유로 사형선고를 내리면서도 그분을 믿지는 않는다. 그들은 예수님을 기소할 다른 증언이 필요 없으며, 그분의 말이 빌라도에게 유죄임을 납득시킬 것으로 믿는다.

응답

예수님은 인자이며 하나님의 아들이라는 이유로 유대 지도자들에게 정죄를 받으신다. 아이러니하게도 예수님은 정말로 인자이고 하나님의 아들이며, 유대 지도자들은 그들의 메시아, 그들의 왕 그리고 그들의 하나님을 배척한다. 예수님이 하나님의 계획을 실현하신다는 것은 그 이야기에 엮인 아이러니가 시사한다. 예수님에게 사형을 선고하는 자들은 종종 그들이 실제 아는 것보다 더 잘 안다는 식으로 말하고 행동한다. 그들은 자기네가 말하는 내용의 온전한 의미를 알거나 믿지 못하지만, 그들의 말 자체가 하나님의 계획이 실현되고 있음을 보여준다. 예컨대 종교 지도자들이 예수님에게 "네가 하나님의 아들이냐"고 물을 때, 예수님은 "너희들"이 그렇게 주장한다고 말씀하신다. 종교 지도자들은 바로 이 주장을 그분을 죽일 사유로 이용한다. 그러나 그들이 주장하는 바가 사실은 옳다. 예수님은 바로 하나님의 아들이다. 불행하게도 그들은 자신의 입으로 나오는 그 말 자체를 믿지 않는다. 이 모든 것은 예수님이 이제껏 예언하신 것, 곧 유대 지도자들이 그분을 정죄하고 사형에 처할 것이라는 말씀을 성취한다(9:22, 44; 17:25; 18:31-33). 역사상 가장 큰 악이 저질러지는 중에도 하나님의 계획이 이행되고 있는 것이다. 종교 지도자들은 자신들이 예수님을 제거하고 있다고 생각하지만, 그들은 온 세상에 대한 그분의 통치가 십자가와 부활을 통해 실현될 것임을 모르고 있다.

1 무리가 다 일어나 예수를 빌라도에게 끌고 가서 2 고발하여 이르되
우리가 이 사람을 보매 우리 백성을 미혹하고 가이사에게 세금 바치
는 것을 금하며 자칭 왕 그리스도라 하더이다 하니 3 빌라도가 예수께
물어 이르되 네가 유대인의 왕이냐 대답하여 이르시되 네 말이 옳도
다 4 빌라도가 대제사장들과 무리에게 이르되 내가 보니 이 사람에게
죄가 없도다 하니 5 무리가 더욱 강하게 말하되 그가 온 유대에서 가
르치고 갈릴리에서부터 시작하여 여기까지 와서 백성을 소동하게 하
나이다

1 Then the whole company of them arose and brought him before
Pilate. 2 And they began to accuse him, saying, "We found this man
misleading our nation and forbidding us to give tribute to Caesar, and
saying that he himself is Christ, a king." 3 And Pilate asked him, "Are
you the King of the Jews?" And he answered him, "You have said so."
4 Then Pilate said to the chief priests and the crowds, "I find no guilt
in this man." 5 But they were urgent, saying, "He stirs up the people,
teaching throughout all Judea, from Galilee even to this place."

6 빌라도가 듣고 그가 갈릴리 사람이냐 물어 7 헤롯의 관할에 속한 줄
을 알고 헤롯에게 보내니 그때에 헤롯이 예루살렘에 있더라 8 헤롯
이 예수를 보고 매우 기뻐하니 이는 그의 소문을 들었으므로 보고자
한 지 오래였고 또한 무엇이나 [1]이적 행하심을 볼까 바랐던 연고러라
9 여러 말로 물으나 아무 말도 대답하지 아니하시 10 대제사장들과 서
기관들이 서서 힘써 고발하더라 11 헤롯이 그 군인들과 함께 예수를
업신여기며 희롱하고 빛난 옷을 입혀 빌라도에게 도로 보내니 12 헤롯
과 빌라도가 전에는 원수였으나 당일에 서로 친구가 되니라

6 When Pilate heard this, he asked whether the man was a Galilean.
7 And when he learned that he belonged to Herod's jurisdiction, he sent
him over to Herod, who was himself in Jerusalem at that time. 8 When
Herod saw Jesus, he was very glad, for he had long desired to see
him, because he had heard about him, and he was hoping to see some
sign done by him. 9 So he questioned him at some length, but he made
no answer. 10 The chief priests and the scribes stood by, vehemently
accusing him. 11 And Herod with his soldiers treated him with contempt
and mocked him. Then, arraying him in splendid clothing, he sent him
back to Pilate. 12 And Herod and Pilate became friends with each other
that very day, for before this they had been at enmity with each other.

1) 또는 표적

단락 개관

유대 공의회는 이제 유대를 다스리는 로마 총독 빌라도 앞에서 예수님을 고소할 근거를 갖고 있다. 그들은 예수님이 사회적 말썽꾼이고, 세금 바치는 것을 거부하며, 스스로 왕이라고 주장한다고 고소한다. 빌라도가 그 고소가 사실인지 묻자, 예수님은 아이러니하게도 이는 '네가' 말하고 있는 것이라고 응답하신다! 예수님에게 죄가 없다고 판단한 빌라도는 그분을 풀어주길 원하지만, 종교 지도자들은 예수님이 온 유대와 갈릴리를 누비면서 분란을 일으키고 있다고 주장한다. 빌라도는 예수님이 갈릴리 출신이라는 말을 듣고는 갈릴리가 헤롯의 관할권 아래 있다는 이유로 그분을 헤롯 안디바에게 보낸다. 헤롯은 기뻐하면서 예수님이 기적을 일으키는 것을 보고 싶어 하지만 예수님은 헤롯의 질문에 대답조차 하지 않으신다. 곁에 있던 종교 지도자들은 예수님을 맹렬하게 고발한다. 헤롯과 호위병들이 예수님을 멸시하고 조롱한 뒤 화려한 옷을 입혀서 빌라도에게 돌려보낸다. 바로 이날에 빌라도와 헤롯 간의 적대관계가 끝나고 친구관계가 회복된다.

23장

단락 개요

V. 예루살렘에서의 죽음과 부활(19:28-24:53)

E. 체포와 재판(22:39-23:25)

2. 재판(22:66-23:25)

b. 빌라도와 헤롯이 예수님이 무죄임을 알다(23:1-12)

주석

23:1-2 공의회는 이제 예수님을 본디오 빌라도 앞에 끌고 가서 공식적 고소를 할 만한 증거를 갖고 있다고 생각한다. 오직 로마 당국만 죄인에게 사형을 선고할 수 있었다(요 18:31, Josephus, *Jewish Wars* 2.8.1). 본디오 빌라도는 유대 총독이었다(주후 26-36년). 공의회가 예수님에 대해 세 가지를 고소한다. 첫째, 그는 민족을 오도했다. 이는 예수님이 유대 사회를 어지럽게 하는 말썽꾼이며 사회적 선동자라는 뜻이다(훗날 바울도 똑같은 고소를 당한다, 행 24:5). 둘째, 갈릴리 사람 유다처럼 예수가 황제에게 세금을 바치지 말라고 말했다고 추정된다. 누가는 유대 당국자들 앞에서 받은 신문에서 이 고소를 언급하지는 않지만(눅 22:66-71), 그 기사를 생략하고 기독론적 문제에 초점을 맞춘 것으로 추측할 수 있다. 아울러 세금 납부 반대에 대한 고소는 거짓임을, 예수님이 실제로 가르치신 내용(참고. 20:25)을 왜곡한 것임을 우리는 안다. 가장 심각한 세 번째 고소는 예수가 스스로 왕, 곧 메시아라고 주장한다는 것이다. 이 고소가 심각한 이유는 왕이라면 황제의 경쟁자이기 때문이다(참고. 요 19:12). 유대인은 정치적 폭발성을 지닌 민족으로 알려져 있고 결국 로마에 대항하는 전쟁(주후 66-70년)으로 절정에 이른다. 그래서 이 고소는 확실히 빌라도의 주의를 끌 것이다. 기독교 운동이 계속 성장함에 따라 또 다른 왕에 대한 우려가 계속해서 로마와의 긴장을 조성할 것이다(행 17:7).

23:2-5 누가는 그리스도가 "유대인의 왕"인지 여부에 초점을 맞추는 만큼, 빌라도가 예수님에게 그와 동일한 질문을 던진다. 로마에게는 예수님이 과연 왕인지가 가장 중요한 이슈일 것이다. 예수님은 '너'(단수 "You")를 사용하며 빌라도가 그분을 그렇게 부른다는 말씀으로 대답하신다. 예수님은 사실상 장차 일어날 일을 예측하고 계신다. 빌라도는 예수님이 스스로 왕이라고 주장하신 혐의로 사형을 선고할 것이다. 하지만 이 시점에서는 빌라도가 예수님에 대한 고소의 근거를 찾을 수 없다고 말하면서 그분

을 풀어주길 원한다. 누가는 여기서 수난 내러티브의 중요한 한 주제를 소개한다. 빌라도가 총독이라는 공식 자격으로 예수님이 무죄하다고 거듭해서 선언하기 때문이다(참고. 23:14, 22). 그렇다면 예수님의 사형은 놀랄 만한 오심(誤審)이다(참고. 행 3:13). 이는 또한 이사야 53:9에 대한 암시일 것이다. 거기서 "그는 강포를 행하지 아니하였고 그의 입에 거짓이 없었으나" 그 종이 죽임을 당하기 때문이다. 대제사장들과 군중은 빌라도가 자기 손아귀에 있는 것이 무엇인지를 모른다고 집요하게 항의한다. 예수님이 무죄한 것처럼 보일지 몰라도, 실제로는 유대와 갈릴리에서 행한 가르침을 통해 사회적 불안을 야기하고 있다는 것이다.

23:6-9 빌라도는 예수님이 갈릴리 출신인 것을 알고는 그분을 갈릴리를 관할하는 헤롯 안디바에게 보낸다. 빌라도가 왜 예수님을 헤롯에게 보내는지에 대한 설명은 없다. 빌라도는 "그 문제에 관한 그(헤롯)의 의견을 얻기 위해"[283] 그렇게 하는 듯하다. 헤롯은 무척 기뻐한다. 예수님에 대한 평판이 갈릴리 전역에 잘 알려져 있고, 헤롯이 한동안 그분을 보기 원했기 때문이다. 이제 그는 예수님이 일으키는 기적, 표징 또는 이적을 볼 수 있다(참고. 9:9). 하지만 예수님은 헤롯과 협력하지 않으신다. 그분은 헤롯의 질문에 대답하지도 기적을 일으키지도 않으신다. 그분의 침묵이 극적인 긴장을 만든다. "헤롯은 침묵을 지키는 사람을 다스릴 권력이 없고", 침묵 또한 "상징적인 효과가 있는데, 여기서 생긴 시각적 및 청각적 공백은 헤롯과 고소인들이 영적으로 눈멀고 귀먹었음을 나타낸다."[284] 예수님의 침묵은 또한 그분이 이사야 53:7에 나오는 주님의 잠잠한 종이라는 것을 보여준다. 헤롯은 표징이나 이적을 보기 원하는 악한 세대의 일부이나(참고. 눅 11:16, 29), 예수님은 흥미를 위해 기적을 일으키시는 분이 아니다. 세례

283 Garland, *Luke*, 905.

284 같은 책, 906.

요한을 처형했던 헤롯(9:9)의 경우에 분명히 드러나듯이, 예수님은 진실로 주님을 찾지 않는 사람에게는 하실 말씀이 없다.

23:10-12 대제사장과 서기관들은 혹시 예수님이 풀려날까봐 우려하고 있다. 그러면 그들의 모든 노력이 수포로 돌아갈 것이라서 그분에 대한 고소를 힘차게 밀어붙인다. 이는 오랫동안 예수님을 반대했던 그들의 입장과 잘 들어맞는다(참고. 6:7; 11:54; 14:1; 20:20). 예수님이 아무것도 말씀하지도 행하지도 않으시기 때문에, 헤롯과 군인들이 그분을 비웃고 조롱함으로써 예언을 성취한다(18:32). 그들은 예수님이 왕이라는 것을 모르고 있지만, 이 모든 상황이 재미있어서 그분에게 왕족에 어울리는 옷을 입혀서 돌려보낸다. 그들은 지금 유일하고 참된 왕을 조롱하고 있다. 헤롯과 빌라도가 왜 서로 적대적이었는지 알 수 없지만, 악의 공모를 통해 다시 친구 관계로 맺어진다. 그들은 시편 2:2을 성취하는 셈이다. "세상의 군왕들이 나서며 관원들이 서로 꾀하여 여호와와 그의 기름 부음 받은 자를 대적하며." 누가는 사도행전에서 시편 2:1-2을 인용한 후 이 주제를 끄집어낸다. "과연 헤롯과 본디오 빌라도는 이방인과 이스라엘 백성과 합세하여 하나님께서 기름 부으신 거룩한 종 예수를 거슬러 하나님의 권능과 뜻대로 이루려고 예정하신 그것을 행하려고 이 성에 모였나이다"(행 4:27-28). 예수님의 죽음은, 성경에 따르면, 우발적 사건이 아니라 하나님의 계획에 따라 일어난다.

응답

빌라도와 헤롯은 모두 그들의 악행에 대해 책임이 있지만, 동시에 예수님을 배척함으로써 하나님의 계획과 목적을 이행하고 있다. 헤롯은 흥미로운 사례다. 그는 오늘날의 많은 사람과 비슷하다. 그는 예수님이 기적을 일으키시는 모습을 보고 깜짝 놀라고 싶어 한다. 평범함을 뛰어넘는 무언가를 목격하는 것은 얼마나 짜릿한 일인가! 그는 영화관에 가서 특수 효과를 볼 수는 없지만, 예수님이 흥분시키는 어떤 것을 행하시는 모습을 보기 원한다. 하지만 예수님은 아무 일도 아무 말도 하지 않으신다. 헤롯이 진리에 관심이 없다는 것을 예수님은 아신다. 그는 그저 쇼를 보고 싶어 할 뿐이다. 주님은 단지 재미를 원하는 사람들에게는 그 자신을 나타내지 않으신다. 헤롯은 예수님을 비웃고 조롱한 다음 화려한 옷을 입혀서 빌라도에게 돌려보내어 죽게 한다. 헤롯은 이런 식으로 예수님을 돌려보내는 것이 사실은 그 자신의 사형집행 영장에 서명하는 것임을 알지 못한다. 그는 예수님을 비웃고 놀리지만, 그 자신이야말로 죽음의 길로 가는 장본인이다. 예수님은 죽었다가 다시 살아나시지만, 헤롯이 변한다는 증거는 어디에도 없다. 그는 하나님의 아들(길이요 진리요 생명인)과 얼굴을 맞대고 그분을 조롱하며 비웃는다. 그는 스스로를 예수에게 겉옷을 입히는 영리한 인물이라고 생각한다. 생명과 아름다움과 용서에 이르는 길이 바로 자기 앞에 있는데도, 그는 그 길을 놓치고 만다.

13 빌라도가 대제사장들과 관리들과 백성을 불러 모으고 14 이르되 너
희가 이 사람이 백성을 미혹하는 자라 하여 내게 끌고 왔도다 보라 내
가 너희 앞에서 심문하였으되 너희가 고발하는 일에 대하여 이 사람
에게서 죄를 찾지 못하였고 15 헤롯이 또한 그렇게 하여 그를 우리에
게 도로 보내었도다 보라 그가 행한 일에는 죽일 일이 없느니라 16 그
러므로 때려서 놓겠노라 17 [1)](없음)

13 Pilate then called together the chief priests and the rulers and the
people, 14 and said to them, “You brought me this man as one who was
misleading the people. And after examining him before you, behold,
I did not find this man guilty of any of your charges against him.
15 Neither did Herod, for he sent him back to us. Look, nothing
deserving death has been done by him. 16 I will therefore punish and
release him.”[1]

18 무리가 일제히 소리 질러 이르되 이 사람을 없이하고 바라바를 우
리에게 놓아주소서 하니 19 이 바라바는 성중에서 일어난 민란과 살인

으로 말미암아 옥에 갇힌 자러라 20 빌라도는 예수를 놓고자 하여 다
시 그들에게 말하되 21 그들은 소리 질러 이르되 그를 십자가에 못 박
게 하소서 십자가에 못 박게 하소서 하는지라 22 빌라도가 세 번째 말
하되 이 사람이 무슨 악한 일을 하였느냐 나는 그에게서 죽일 죄를 찾
지 못하였나니 때려서 놓으리라 하니 23 그들이 큰 소리로 재촉하여
십자가에 못 박기를 구하니 그들의 소리가 이긴지라 24 이에 빌라도가
그들이 구하는 대로 하기를 언도하고 25 그들이 요구하는 자 곧 민란
과 살인으로 말미암아 옥에 갇힌 자를 놓아주고 예수는 넘겨주어 그
들의 뜻대로 하게 하니라

18 But they all cried out together, "Away with this man, and release
to us Barabbas"— 19 a man who had been thrown into prison for an
insurrection started in the city and for murder. 20 Pilate addressed them
once more, desiring to release Jesus, 21 but they kept shouting, "Crucify,
crucify him!" 22 A third time he said to them, "Why? What evil has he
done? I have found in him no guilt deserving death. I will therefore
punish and release him." 23 But they were urgent, demanding with
loud cries that he should be crucified. And their voices prevailed. 24 So
Pilate decided that their demand should be granted. 25 He released the
man who had been thrown into prison for insurrection and murder, for
whom they asked, but he delivered Jesus over to their will.

23장

1) 어떤 사본에는, 17절 '명절을 당하면 반드시 한 사람을 놓아주더라'가 있음

1 Here, or after verse 19, some manuscripts add verse 17: *Now he was obliged to release one man to them at the festival*

단락 개관

이제 예수님이 빌라도에게 돌려보내졌으니 그가 판결을 내려야 한다. 빌라도가 백성과 함께 종교 및 정치 지도자들을 소환해서 예수가 백성을 오도했다는 그들의 고소는 근거가 없다는 것을 알려준다. 예수님을 신문한 결과 그분에 대해 제시된 고소들 중 어느 죄도 짓지 않았다는 것이 밝혀진다. 사실 헤롯도 똑같은 결론에 도달했다. 예수님이 행한 일들 중 어떤 것도 사형을 받을 만한 게 아니라서 빌라도는 그분을 처벌한 후 풀어주려고 한다. '예수는 무죄'라는 주제가 이 내러티브에서 계속 두드러진다. 하지만 군중이 그 조처에 반발하면서 예수님을 없애야 한다고, 예수님 대신 테러 활동으로 투옥된 바라바를 풀어주어야 한다고 소리친다. 그럼에도 빌라도는 예수님을 풀어주고 싶어서 반발하지만, 군중은 그분을 십자가에 못 박아야 한다고 우기기 시작한다. 빌라도는 계속 저항하면서 예수님에 대한 고소에 근거가 없다고 말한다. 그들은 무죄한 사람을 사형시키기 원하고, 빌라도는 그의 본래 계획을 추진하려고 한다. 하지만 군중이 예수님을 처형해야 한다고 계속 요구하자 결국 빌라도는 그들의 요구에 굴복한다. 그는 바라바를 풀어주고 악과 관련된 유대인의 열망이 이루어지도록 허락한다. 누가가 보여주듯이, 이 모든 재판은 끔찍한 오심이다.

단락 개요

V. 예루살렘에서의 죽음과 부활(19:28-24:53)
  E. 체포와 재판(22:39-23:25)
    2. 재판(22:66-23:25)
      c. 빌라도가 군중에 좌우되다(23:13-25)

주석

23:13-16 이 내러티브에서는 빌라도가 예수님의 무죄를 알아채고 그분을 풀어주려 한다는 것이 두드러진다. 그는 자신의 결정을 알려주기 위해 "관리들" 및 "백성"과 더불어 "대제사장들"을 소환한다(참고. 24:20). 이 단계에 이르면 많은 사람이 예수님을 사형에 처해야 한다는 데 의견을 같이 한다. 갈런드는 이렇게 말한다. "성전 고위층은 신학에 관심이 있으나 신학이 그들의 이익을 도모하고 그들의 지위와 특권을 보존하는 경우에만 그렇다…그들은 그들의 전철을 밟은 교회의 지도자들, 곧 냉소적이고, 정치적 수완이 있고, 이기적이고, 허세를 부리는 종교 지도자들과 전혀 다르지 않다."[285] 빌라도의 설명에 따르면, 그들이 예수를 백성들 가운데서 사회적 및 정치적 불안을 야기한 인물로 자신에게 끌고 왔다(참고. 23:2). 빌라도는 그의 사법적 심문에 비춰보면 고소한 내용 중 어느 것도[우텐(*outhen*), 단 하나도!] 신빙성이 없다고 말하면서 그들의 상황 해석을 완전히 배격한다. 유대인이 제기한 고소들은 전혀 근거가 없고, 설득력 있는 증거가 부족하다.

빌라도는 나아가 헤롯도 자신의 판단에 동의한다고 덧붙이면서, 헤롯이 최종 판결을 위해 예수를 자신에게 돌려보냈으나 아무도 사형선고 받을 만한 아무[우덴(*ouden*)] 죄도 찾지 못했다고 말한다. 유대 당국자들이 불합리한 편견을 못 이겨서 예수님을 반대하고 있는 것이 분명하다(참고. 행 23:29). 마태와 마가 모두 예수님에 대한 소송이 질투로 인한 것임을 빌라도가 알고 있다고 전한다(마 27:18; 막 15:10). 그러므로 빌라도는 예수님을 매질로 처벌해서 경고하되,[286] 처벌이 끝난 뒤에는 그분을 풀어줄 생각이다(참고. 행 3:13).

23장

285 같은 책, 910.

286 참고. 같은 책, 908.

23:18-25[287] 군중은 이미 준비된 상태로 예수를 없애고 대신 바라바를 풀어주어야 한다고 한목소리로 외친다(참고. 행 21:36). 바라바는 살인을 해서 감옥에 갇혀 있었는데, 당시에 유대인이 로마의 통치에 저항하여 여기저기에서 일으킨 정치적 폭동이나 테러리즘과 관계가 있었을 것이다.[288] 하지만 빌라도는 바라바가 아니라 예수님을 풀어주길 원한다. 빌라도가 보기에 예수님에 대한 혐의가 가짜라는 것이 분명하기 때문이다. 그런데 이 지점에서 군중이 자극을 받아 "그를 십자가에 못 박게 하소서"라고 거듭 외친다. '십자가에 못 박다'[스타우루(*staurou*)]의 현재 시제가 두 번 반복되는 것은 군중이 예수가 십자가에 못 박혀야 한다고 계속 고함친다는 것을 가리킨다.

빌라도가 세 번째로 군중을 잠재우고 이성을 되찾게 하려고 시도한다. 그는 예수님을 죽이는 것이 불합리하다고 다시금 그들에게 설명한다. 그분은 나쁜 짓을 행한 적이 전혀 없기 때문이다. 그것은 또한 법에 상반되는 일이다. 예수님이 사형을 당할 만한 행동을 하지 않으셔서 그렇다. 그래서 그는 앞서 내린 판단으로 되돌아간다. 예수님을 징계한 뒤에 풀어주겠다는 것이다. 하지만 군중이 빌라도에게 가하는 압박이 수그러들지 않는다. 그들은 예수를 십자가에 못 박아야 한다고 맹렬하게 또 미친 듯이 계속 소리치고, 그러는 동안 빌라도가 약해지기 시작한다. 그는 군중에 맞설 만한 용기나 정직함이 없어서 비겁하고 소심하게 예수님을 십자가에 못 박는 것에 동의한다. 군중이 완전히 통제권을 쥐고 있다. 빌라도는 살인자요 폭동 선동가인 바라바를 풀어주는 한편 무죄한 예수님을 백성에게 넘겨준다.

이 내러티브에서 누가는 신학을 전하기도 한다. 이 본문에는 예수님이 무죄한 사람, 곧 어떤 죄도 없는 사람이라는 것이 세 번 나온다. 하지만 죄

287 누가복음 23:17은 아마 원문의 일부가 아니었을 것이다(참고. Bock, *Luke 9:51-24:53*, 1834; Garland, *Luke*, 908).

288 참고. Bock, *Luke 9:51-24:53*, 1829.

가 없는 분이 사형선고를 받는다. 다른 한편, 바라바는 폭동과 살인죄를 범한 것이 분명하다. 그래서 죽임을 당해야 마땅하다. 여기서 무죄한 예수님이 죄인 바라바를 위해 죽으신다. 우리는 바라바가 실제로 신자가 되는지 여부에 신경 쓸 필요가 없다. 누가는 여기서 바라바에게 국한되지 않는 신학적 교훈을 끌어낸다. 이 내러티브는 무죄한 분이 죄인을 위해 죽는다는 것, 자유와 용서는 예수님의 속죄의 죽음을 통해 온다는 것을 보여준다.

응답

예수님은 하나님의 죄 없고 무고한 자로서 죽으신다. 현장에 있는 이방인들까지 예수님은 죽을 만한 죄를 짓지 않으셨다는 것, 정의가 유린되었다는 것을 인정한다. 여기에 나온 이야기는 곧 우리의 이야기다. 우리 역시 그날에 예수를 죽이라고 고함쳤을 것이다. 하나님의 은혜가 없으면, 우리도 군중과 똑같이 행동할 것이다. 누가는 우리가 그 이야기를 더 깊은 차원에서 읽기를 바란다. 우리는 바라바에 관한 내러티브를 그저 그가 감옥에서 풀려난 것에 대한 기록으로 읽어서는 안 된다. 물론 그것은 바라바의 해방에 관한 이야기다. 그는 살인자고 우리가 오늘날 테러리스트라고 부르는 인물이다. 그런데도 예수님이 그의 자리에서 죽으심으로 그가 풀려난다. 누가는 독자들이 바라바 안에 있는 자기 자신을 보기 바란다. 우리가 심판을 피할 수 있는 유일한 길은 예수님이 우리의 자리에서 죽는 것, 그 분이 우리가 받아야 마땅한 형벌을 짊어지시는 것밖에 없다.

26 그들이 예수를 끌고 갈 때에 시몬이라는 구레네 사람이 시골에서
오는 것을 붙들어 그에게 십자가를 지워 예수를 따르게 하더라 27 또
백성과 및 그를 위하여 가슴을 치며 슬피 우는 여자의 큰 무리가 따라
오는지라 28 예수께서 돌이켜 그들을 향하여 이르시되 예루살렘의 딸
들아 나를 위하여 울지 말고 너희와 너희 자녀를 위하여 울라 29 보라
날이 이르면 사람이 말하기를 잉태하지 못하는 이와 해산하지 못한
배와 먹이지 못한 젖이 복이 있다 하리라 30 그때에 사람이 산들을 대
하여 우리 위에 무너지라 하며 작은 산들을 대하여 우리를 덮으라 하
리라 31 푸른 나무에도 이같이 하거든 마른 나무에는 어떻게 되리요
하시니라

26 And as they led him away, they seized one Simon of Cyrene, who
was coming in from the country, and laid on him the cross, to carry
it behind Jesus. 27 And there followed him a great multitude of the
people and of women who were mourning and lamenting for him.
28 But turning to them Jesus said, "Daughters of Jerusalem, do not weep
for me, but weep for yourselves and for your children. 29 For behold,

the days are coming when they will say, 'Blessed are the barren and the
wombs that never bore and the breasts that never nursed!' 30 Then they
will begin to say to the mountains, 'Fall on us,' and to the hills, 'Cover
us.' 31 For if they do these things when the wood is green, what will
happen when it is dry?"

32 또 다른 두 행악자도 사형을 받게 되어 예수와 함께 끌려 가니라
33 해골이라 하는 곳에 이르러 거기서 예수를 십자가에 못 박고 두 행
악자도 그렇게 하니 하나는 우편에, 하나는 좌편에 있더라 34 이에
1)예수께서 이르시되 아버지 저들을 사하여주옵소서 자기들이 하는
것을 알지 못함이니이다 하시더라 그들이 그의 옷을 나눠 제비 뽑을
새 35 백성은 서서 구경하는데 관리들은 비웃어 이르되 저가 남을 구
원하였으니 만일 하나님이 택하신 자 그리스도이면 자신도 구원할지
어다 하고 36 군인들도 희롱하면서 나아와 신 포도주를 주며 37 이르
되 네가 만일 유대인의 왕이면 네가 너를 구원하라 하더라 38 그의 위
에 이는 유대인의 왕이라 쓴 패가 있더라
32 Two others, who were criminals, were led away to be put to death
with him. 33 And when they came to the place that is called The Skull,
there they crucified him, and the criminals, one on his right and one
on his left. 34 And Jesus said, "Father, forgive them, for they know
not what they do."[1] And they cast lots to divide his garments. 35 And
the people stood by, watching, but the rulers scoffed at him, saying,
"He saved others; let him save himself, if he is the Christ of God, his
Chosen One!" 36 The soldiers also mocked him, coming up and offering
him sour wine 37 and saying, "If you are the King of the Jews, save
yourself!" 38 There was also an inscription over him,[2] "This is the King
of the Jews."

39 달린 행악자 중 하나는 비방하여 이르되 네가 그리스도가 아니냐
너와 우리를 구원하라 하되 40 하나는 그 사람을 꾸짖어 이르되 네가
동일한 정죄를 받고서도 하나님을 두려워하지 아니하느냐 41 우리는
우리가 행한 일에 상당한 보응을 받는 것이니 이에 당연하거니와 이
사람이 행한 것은 옳지 않은 것이 없느니라 하고 42 이르되 예수여 당
신의 나라에 임하실 때에 나를 기억하소서 하니 43 예수께서 이르시되
내가 진실로 네게 이르노니 오늘 네가 나와 함께 낙원에 있으리라 하
시니라

39 One of the criminals who were hanged railed at him,[3] saying, "Are
you not the Christ? Save yourself and us!" 40 But the other rebuked him,
saying, "Do you not fear God, since you are under the same sentence
of condemnation? 41 And we indeed justly, for we are receiving the due
reward of our deeds; but this man has done nothing wrong." 42 And
he said, "Jesus, remember me when you come into your kingdom."
43 And he said to him, "Truly, I say to you, today you will be with me
in paradise."

44 때가 제육시쯤 되어 해가 빛을 잃고 온 땅에 어둠이 임하여 제구
시까지 계속하며 45 성소의 휘장이 한가운데가 찢어지더라 46 예수께
서 큰 소리로 불러 이르시되 아버지 내 영혼을 아버지 손에 부탁하나
이다 하고 이 말씀을 하신 후 숨지시니라 47 백부장이 그 된 일을 보
고 하나님께 영광을 돌려 이르되 이 사람은 정녕 의인이었도다 하고
48 이를 구경하러 모인 무리도 그 된 일을 보고 다 가슴을 치며 돌아가
고 49 예수를 아는 자들과 갈릴리로부터 따라온 여자들도 다 멀리 서
서 이 일을 보니라

44 It was now about the sixth hour,[4] and there was darkness over the
whole land until the ninth hour,[5] 45 while the sun's light failed. And the

curtain of the temple was torn in two. [46] Then Jesus, calling out with a loud voice, said, "Father, into your hands I commit my spirit!" And having said this he breathed his last. [47] Now when the centurion saw what had taken place, he praised God, saying, "Certainly this man was innocent!" [48] And all the crowds that had assembled for this spectacle, when they saw what had taken place, returned home beating their breasts. [49] And all his acquaintances and the women who had followed him from Galilee stood at a distance watching these things.

1) 어떤 사본에, '예수께서'부터 '하시더라'까지 없음

1 Some manuscripts omit the sentence *And Jesus… what they do 2* Some manuscripts add *in letters of Greek and Latin and Hebrew 3* Or *blasphemed him 4* That is, noon *5* That is, 3 p.m.

단락 개관

23장

예수님의 죽음에 나타나는 놀라운 특징 중 하나는 그 죽음에 관한 말이 별로 없다는 것이다. 그 이야기는 무척 간결하다. 누가복음 23:26-31에서 구레네 시몬이 예수님의 십자가를 대신 지라는 요구를 받는다. 그동안 일부 백성과 여자들이 예수님의 죽음을 한탄하지만, 그분은 자신의 운명이 아니라 그들의 운명에 초점을 두고 예루살렘이 심판받는 날이 다가오고 있다고 경고하신다. 예수님은 다른 죄수들처럼 그리고 다른 죄수들과 함께 십자가에서 처형되지만, 그분을 부당하게 정죄하는 자들에게 용서를 베푸신다(32-34절). 예수님이 죽음을 맞는 동안 세 그룹의 사람들이 그분을 조롱한다. 종교 지도자들(35절), 군인들(36-38절) 그리고 함께 십자가에 달린 죄수들 중 한 명(39절)이다. 그러나 볼 눈이 있는 사람들에게는 십자가에 못 박히신 예수님이 바로 유대인의 왕이다(38절). 십자가에 못 박힌

다른 죄수는 예수님은 그런 형벌을 받을 만한 죄를 짓지 않으셨으나, 자신과 또 다른 죄수는 마땅히 형벌을 받아야 한다고 인정한다(39-43절). 그는 예수님에게 자기를 기억해달라고 부탁하고, 예수님은 그날 그와 함께 낙원에 있을 것이라고 약속하신다. 예수님이 죽음을 맞을 때가 가까워진다(43-49절). 어둠이 그 땅을 덮고, 성전 휘장이 둘로 찢어지고, 예수님은 죽는 순간에 그 자신을 아버지께 의탁하신다. 백부장은 예수님이 의인이라고 고백하고, 군중은 깊은 감동을 받고 집으로 돌아간다.

단락 개요

V. 예루살렘에서의 죽음과 부활(19:28-24:53)

F. 십자가 처형과 장사(23:26-56)

1. 십자가 처형(23:26-49)

주석

23:26 누가는 예수님이 채찍을 맞았다고 구체적으로 말하지 않지만, 이는 다른 복음서들로부터 분명히 알 수 있다(마 27:26; 막 15:15). 이 때문에 예수님이 로마의 관습에 따라 그분의 십자가를 처형장까지 끌고 갈 수 없으셨던 것이다. 구레네(오늘날의 리비아) 출신의 시몬이 시골에서 오다가 억지로 예수님의 십자가를 지고 가게 된다. 이런 행동을 통해 누가는, 예수님이 앞에서 가르치신 대로(참고. 9:23), 그리스도의 제자가 된다는 것이 무슨 뜻인지 상징적으로 보여준다. 시몬은 두 아들인 알렉산더, 루포와 함께 신자가 된다(막 15:21). 그렇지 않으면 마가복음에 알렉산더와 루포가 언급된 것

이 불필요할 것이다.

23:27-31 상당히 많은 사람과 여자들이 예수님을 부끄러워하지 않고 함께하며 그분에게 벌어지는 일을 슬퍼하는 장면은, 예수님을 따르는 일이 계속 이어지고 있음을 보여준다. 그처럼 슬퍼하는 모습은 스가랴 12:10-14의 내용과 일치하고, 예수님은 슬퍼하는 자들을 위해 복을 약속하신다(참고. 눅 6:21). 슬퍼하는 사람들은 스스로를 십자가에 못 박힌 분, 이스라엘 백성 대다수에게 버림받은 분과 동일시한다. 예수님이 "예루살렘의 딸들"에게 말씀하시는 것으로 볼 때 아마 울고 있는 사람 중 대다수는 여자일 것이다. 예수님은 죽는 순간에도 그 자신의 고통을 생각하기보다 다른 이들에게 사랑과 배려를 베풀고, 여자와 자녀들 모두에게 다가오는 큰 슬픔을 예고하신다. 여기서 예수님이 다가올 예루살렘의 멸망에 관해 가르치신 것(19:41-44; 21:5-24)을 상기하게 된다. 어려운 날들, 흔히 저주받은 것으로 여겨지는 사람들이 이제 복을 받은 것으로 느끼게 될 날이 다가오는 중이다. 자녀를 잉태하거나 젖먹일 수 없는 여자들은 자녀가 없어서 심한 고통을 모면할 것이므로 오히려 안심하게 될 것이다(참고. 21:23).

고통이 너무나 심해서 사람들은 살기보다 차라리 죽고 싶어 할 것이다. 호세아의 글이 현실이 될 것이다(호 10:8, 참고. 계 6:16). 그들은 산과 언덕들에게 그들 위에 무너져서 생명을 앗아가도록 애원할 것이다. 죽음이 삶보다 더 나아 보일 것이기 때문이다. 예수님이 비교적 논증을 펼치신다. 그들이 세월이 좋을 때 그런 고통을 예수님("푸른 나무")에게 가했다면, 괴로운 시기에 닥칠 고통은 도무지 상상할 수 없을 것이다. 다시금 여기서 염두에 두는 날들은 주후 70년에 있을 예루살렘의 멸망이다. 그때가 얼마나 끔찍한 날인지는 요세푸스의 《유대 전쟁사》(*Jewish Wars*)에 잘 기록되어 있다.

23:32-34 예수님이 두 죄수와 함께 십자가에 못 박히심으로써, 범법자들과 한패로 간주될 것이라는 예언이 성취된다(눅 22:37; 사 53:12). 누가는 예수님이 해골이라 불리는 곳에서 양쪽에 있는 죄수들과 함께 십자가에

못 박히신다고 말해준다. 사복음서 중 어느 책도 십자가 처형의 끔찍함을 강조함으로써 동정심을 불러일으키려고 하지 않는다. 모든 복음서는 예수님의 고난을 묘사할 때 놀랄 만큼 절제되고 차분하다. 로마 세계에 속한 사람들은 그런 고통이 얼마나 지독한지 알 것이다. 오늘날에는 '암'이라는 단어가 큰 두려움을 불러일으키지만, '십자가 처형'이라는 단어가 훨씬 더 끔찍한 것은 십자가에 처형된 이들이 보통 벌거벗은 채로 몇 시간, 길게는 며칠 동안 십자가에 매달려 있기 때문이다. 그들은 자기 발로 몸을 밀어 올려야만 간신히 숨을 쉴 수 있다. 곤충들이 피를 빨아먹기도 한다. 더구나 예수님의 몸은 이미 채찍질로 찢어져 있다. 예수님이 십자가에 달리실 때, 군인들이 그분의 옷을 가지려고 제비뽑기를 함으로써 시편 22:18이 성취된다.

일부 텍스트의 증거는 누가복음 23:34의 첫 부분, 곧 예수님이 그분을 십자가에 못 박는 이들을 용서해달라고 기도하시는 부분을 생략한다. 텍스트상의 증거는 나뉘지만 이 텍스트는 진본인 것이 거의 확실하다. 서기관들은, 예수님을 십자가에 못 박은 자들이 용서받을 것을 의심했기 때문에 이 구절들을 제거하기 쉬웠을 것이다! 그들의 용서를 위한 기도가 예수님을 죽이는 자들이 죄가 없다는 것을 의미하지는 않는다. 왜냐하면 회개가 없이는 용서받을 수 없는 법이고, 이 점을 누가가 이 복음서와 사도행전에서 분명히 하기 때문이다(눅 3:3, 8; 5:32; 10:13; 11:32; 13:3, 5; 15:7, 10; 16:30; 17:3, 4; 24:47; 행 2:38; 3:19; 8:22; 11:18; 13:24; 17:30; 19:4; 20:21; 26:20). 베드로가 예루살렘에서 이 진리를 전파한다. 예수님을 십자가에 못 박는 이들은 무지한 가운데 행동하기 때문에 용서받을 수 있다. 즉, 그들은 하나님의 아들을 십자가에 못 박을 때 자기네가 무슨 짓을 하는지 모르고 있다는 뜻이다(행 3:17-20, 참고. 고전 2:8). 무지가 악한 행위의 변명이 될 수는 없으나, 무지한 자들은 그들의 악행에서 돌이킬 기회를 얻을 수 있다. 예수님은 여기서 그들을 용서하는 게 아니라 그렇게 해달라고 하나님께 요청하고 계심을 주목해야 한다. 그분은 자신을 죽이는 자들에 대해 용서와 자비의 마음을 품으신다. 스데반도 죽임을 당할 때 주님과 똑같은 마음이었다

(행 7:60). 예수님의 마음속에는 그분에 대한 분노가 가득한 사람들을 향한 미움, 복수심, 원한이 자리를 잡지 못한다.

23:35-39 누가복음에서 백성[라오스(*laos*)]은 보통 예수님의 편을 든다. 그들은 종교 지도자들의 반대편에 서고 세리들과 합류하여 하나님의 방식을 옹호한다(7:29; 20:6). 백성은 또한 맹인이 고침을 받을 때 하나님을 찬송하고(18:43), 예수님의 가르침을 열심히 경청한다(19:48; 20:1; 21:38, 참고. 23:5, 14, 27). 종교 지도자들은 백성이 예수님 편을 들까봐 두려워한다(20:19). 예수님은 백성에게 내릴 진노를 언급하시므로(21:23) 그들에게 잘못이 없는 것은 아니다. 그럼에도 여기서 그들은 예수님을 조롱하지 않고 지켜보기만 하는데, 이는 경멸이 아니라 동정을 의미할 것이다.

다른 한편, 지도자들은 예수님을 비웃는다. 그들은 예수를 비판하는 것이 옳다고 생각한다. 예수가 정말로 메시아이고 하나님의 택함을 받은 자(참고. 9:20, 35)라면, 남들을 구원한 것처럼 그 자신을 구원할 수 있어야 한다고 생각해서다. 하지만 그들은 자기네가 이런 말을 함으로써 성경을 성취하고 있다는 사실을 모른다. 시편 22편은 메시아의 대적들이 욕할 것을 예고하면서, 그들이 "그가 주님께 그토록 의지하였다면, 주님이 그를 구하여주시겠지. 그의 주님이 그토록 그를 사랑하신다니, 주님이 그를 건져주시겠지"(시 22:8, 새번역)하고 말할 것이라고 전한다. 지도자들이 바로 이 텍스트를 성취하는 중이다. 예수님은 사역 초기에 다른 이들을 구원하기 위해 그 자신을 고칠 수 없다는 것을 내다보신다(눅 4:23). 아이러니하게도 예수님이 다른 이들을 구원할 수 있는 유일한 길은 그 자신을 구원하지 않으시는 것이다.

로마 군인들 역시 예수님을 비웃고 조롱하면서 신 포도주를 그분에게 가져간다. 신 포도주를 주는 것은 시편 69:21을 성취하는데, 이는 다윗의 적들이 그에게 신 포도주를 주는 장면이다(참고. 마 27:34, 48; 막 15:23, 36; 눅 23:36; 요 19:28). 시편 69편은 다윗이 삶에서 위기에 직면하는 시기를 묘사하며, 그의 적들이 그를 반대하고 아무 이유 없이 미워하는 모습을 그린다. 시편은 명백한 예언이 아니고 다윗은 이 시편에서 자기의 죄를 고백하고 있으므로(시 69:5), 다윗 유형론(Davidic typology)이 작동하고 있는 셈이다. 다윗 왕에 대한 미움과 반대가 유형론적으로 메시아 예수에 대한 반대를 가리키고 있다. 많은 신약 저자들은 시편 69편이 궁극적으로 예수님의 삶과 죽음으로 성취된다고 본다(예. 요 15:25에 나오는 시 69:4; 요 2:17에 나오는 시 69:9; 롬 15:3에 나오는 시 69:9; 롬 11:9-10에 나오는 시 69:22-23). 일부 주석가들은 예수님에게 포도주를 준 것은 고통을 줄여주기 위해서라고 생각하는데, 군인들이 그분을 조롱하고 있으므로 그럴 가능성은 별로 없다. 오히려 그분의 고통을 연장시키려고 하는 짓일 가능성이 크다.[289] 그들은 기본적으로 지도자들의 말을 반복하지만 유대인의 왕은 그 자신을 구원할 수 있어야 한다는 것을 강조함으로써 유대인의 지도자들과 똑같이 눈이 멀었음을 보여준다.

누가는 십자가 위에 쓰인 명패를 알려준다. "이는 유대인의 왕이라." 그 명패를 이 지점에 배치한 것이 의미심장한 이유는 그것이 로마 군인들의 견해와 상충하기 때문이다. 그 명패에 쓰인 말은 옳다. 예수님은 '진정' 유대인의 왕이기는 하지만 십자가에 못 박힌 왕이다. 아이러니한 것은, 그들이 그분이 정말로 그런 인물이라는 이유로 십자가에 못 박고 있다는 사실이다. 그들은 십자가 처형이 그분이 왕이 아니라는 것을 증명한다고 생각하지만, 사실은 그 처형이 그분에게 그 자격을 부여한다.

23:39-43 조롱하는 자들이 연달아 등장한다. 먼저 종교 지도자들이 예수님을 조롱한다. 이어서 군인들이 그렇게 하고, 이제는 예수님 옆의 십자가에 달린 죄수들 중 하나가 그분을 욕하기 시작한다. 그는 똑같은 말을 반복한다. 만일 예수가 정말로 그리스도라면, 그 자신과 양 옆에 있는 두 죄수를 구원할 것이라고. 십자가에 달린 또 다른 죄수는 그 죄수가 하나님

289 Garland, *Luke*, 924.

을 두려워하지 않는다고 꾸짖는다. 하나님을 두려워하는 것은 구약 신앙의 핵심이다(참고. 신 6:2; 10:12; 욥 28:28; 잠 1:7; 9:10; 전 12:13). 그가 하나님을 두려워해야 하는 이유는 죽으면 심판을 직면할 것이고, 그 심판은 그가 저지른 악행에 걸맞기에 마땅하고 의로운 심판이기 때문이다. 그러나 예수님은 아무것도 잘못한 일이 없다고 그가 지적한다. 거기에 있는 모든 사람 가운데 참된 영적 통찰력을 지닌 사람은 바로 이 죄수 한 명이다. 그 사람은 자기는 형벌을 받아야 마땅하다는 것을 인정하면서, 이 수난 내러티브의 핵심적인 주제들 중 하나로 돌아간다. 예수님은 죄가 없다는 것이다. 그분의 형벌은 전적으로 부당하다.

이 죄수의 영적 통찰력은 여기서 더 나아간다. 그는 예수님에게 그분의 나라에 들어가실 때 자기를 기억해달라고 부탁한다. 그는 예수님이 십자가에 달려 있을 때도 그분이 왕이라는 것과 왕으로 통치하실 것임을 알고 있다(참고. 마 16:28; 20:21). "그는 마치 예수님이 하나님인 것처럼, 즉 그분의 언약적 자비로 자기 백성을 기억하시는 하나님인 것처럼 예수님에게 말한다(참고. 시 106:4; 눅 1:54, 72; 행 10:31)."[290] 그가 어떻게 이런 통찰력을 갖게 되었는지에 대해서는 말할 수 없지만, 그것은 성령이 주신 초자연적 조명임이 확실하다. 예수님이 확신의 말씀으로 응답하신다. "오늘 네가 나와 함께 낙원에 있으리라"(43절). "오늘"이라는 단어는 누가복음에서 중요한 역할을 한다. 목자들은 "오늘" 예수가 탄생했다는 말을 듣는다(2:11). 예수님은 이사야서에 나온 큰 약속들이 그분의 사역을 통해 "오늘" 이루어진다고 선언하신다(4:21). 예수님은 "오늘" 용서하시고, 치유하시고, 귀신을 쫓아내신다(13:32-33). 또한 그분이 삭개오의 집에 "오늘" 묵으셔야 하는 것은 "오늘" 구원이 그에게 이르렀기 때문이다(19:5, 9). 그 죄수는 오늘의 구원-역사적인 복에 참여한다. "낙원"은 에덴동산을 가리키는 또 다른 이름이며 장차 얻을 영원한 기쁨을 내다본다(창 2:8, 9, 10, 15, 16; 겔 28:13; 31:9; 고

23장

290 같은 책, 926.

후 12:3-4; 계 2:7). 여기서 누가복음에서 자주 부각되는, 악인을 위한 은혜를 보게 된다. 회개하고 예수님을 믿는 사람은 구원을 받는다(참고. 5:27-32; 7:36-50; 18:9-14). 구원받은 죄수는 회개의 증거를 보여줄 시간이 거의 없지만, 한 가지 증거는 그가 예수님을 모욕하는 다른 죄수를 비판함으로써 예수님이 왕이라는 것을 공개적으로 증언하는 모습이다.

23:44-46 때는 정오쯤 되었고, 어둠이 약 세 시간 동안 땅 위에 내려앉는다. 어둠은 아모스 8:9에 나오듯이 하나님의 심판과 불길함을 의미한다(참고. 욜 2:10).[291]

주 여호와의 말씀이니라
그날에 내가 해를 대낮에 지게 하여
백주에 땅을 캄캄하게 하며.

하지만 이 심판은 예수님에게 내리는 게 아니라 자기 왕을 배척하는 이스라엘에게 내리는 것이다.[292] 성전에 있는 휘장이 둘로 찢어진다. 그 휘장은 길고 두꺼워서 오직 초자연적 능력으로만 찢어질 수 있었다. 누가는 어느 휘장이 찢어졌는지 명시하지 않는다. 그래서 그가 성소로부터 안뜰을 나누는 가시적인 바깥 휘장(출 26:36)을 언급했을 수도 있다. 그러나 지성소와 성소를 나누는 휘장을 언급할 가능성이 더 크다. 휘장이 두 조각으로 갈라진 것은, 하나님께 다가가는 것이 예수 그리스도의 죽음을 통해 신자들에게 허락되었다는 것을 그리고 옛 언약과 레위 지파 제사장직과 성전이 종말을 고했다는 것을 의미한다.[293] 히브리서가 가르치듯이, 이제 신자

291 참고. Bock, *Luke 9:51-24:53*, 1858.

292 참고. Garland, *Luke*, 927. 갈런드는 이는 사탄의 어둠의 때를 상징한다고 말한다.

293 여러 견해에 관한 충분한 논의는 Bock, *Luke 9:51-24:53*, 1860-1861을 참고하라.

들은 대제사장이신 예수님의 죽음을 통해 하나님께 담대히 나아갈 수 있게 되었다(히 4:16; 6:19-20; 10:19-22).

휘장이 찢어진 것은 예수님의 죽음으로 인한 변화에 주목하게 하고, 누가는 이어서 예수님이 죽으시는 순간에 대해 이야기한다. 결정적 순간이 이르렀고, 예수님이 큰 소리로 그분의 영혼을 아버지께 맡기신다. 이는 시편 31:5을 암시하는데, 다윗이 적들에게 공격을 당할 때 지은 시편이다. 예수님은 다윗처럼 왕이고, 다윗을 그 역사적 맥락에서 언급하는 시편들은 그의 자손인 예수님과 유형론적 연계성을 갖고 있으며, 이는 다윗의 소망이 성취된 것을 가리킨다. 예수님은 하나님께서 그분을 변호할 것을 확신하면서 자신을 의탁하신다. 그분은 두려움이 아니라 확신과 소망 가운데 죽음을 맞으신다. 이미 제자들에게 자신이 죽을 뿐만 아니라 죽은 자 가운데서 살아날 것이라고 가르치셨기 때문이다(눅 9:22; 18:33; 24:6-7).

23:47-49 백부장이 예수님은 의롭고 무죄한 사람이었다고 선언함으로써 이번 장에 줄곧 나오는 누가의 핵심 주제를 긍정한다. 초기 교회에서는 예수님의 사형이 잘못된 판결이었음을 단언하는 것이 중요했다. 백부장이 과연 무엇을 목격하고 이런 선언을 하게 되는지는 분명치 않다. 예수님이 그분을 죽이는 사람들을 용서하시는 모습, 옆에 달렸던 죄수가 예수님을 메시아로 고백하는 장면, 어둠이 온 땅을 뒤덮는 광경, 또는 예수님이 숨을 거두면서 발설하신 최후의 말씀일 수도 있다. 어쩌면 이 모든 요소들이 합쳐져서 그런 선언을 이끌어냈을지도 모른다. 하지만 성전의 휘장이 찢어진 것을 염두에 둘 가능성은 없다. 이는 예수님이 죽으신 장소에서는 볼 수 없었던 현상이라서 나중에 알려진 것이 틀림없기 때문이다.

군중은 예수님이 사역하시는 내내 몰려왔으나(참고. 4:42; 5:1, 3, 19; 6:17, 19; 7:11, 12; 8:4, 19, 40, 42, 45; 9:11, 12, 37-38; 11:14, 29; 12:1; 18:36; 19:3), 그분이 진정 누군지는 알지 못했다(9:18). 때때로 그들이 종교 지도자들을 반대하며 예수님의 편을 들긴 했지만 말이다(예. 13:17). 군중은 또한 예수님을 체포했고(22:4), 그분을 죽이라고 외치면서 종교 지도자들 편에 선 것처럼

23장

보이기도 한다(23:21). 군중의 입장은 애매모호해서 어느 범주에 넣기가 어렵다. 그들은 예수님이 죽는 광경을 구경하러 왔지만 그분에게 일어나는 일을 보고 슬픔에 잠긴다(참고. 18:13). 예수님의 제자로서 그분을 따랐던 친구들과 여자들(참고. 8:1-3) 등 그분과 가까웠던 사람들은 멀찌감치 서서 지켜보고 있다. 이는 예수님이 시련을 겪으시는 동안 그분 가까이 있지 않았던 것에 대한 비판일 수도 있다.

응답

누가복음 23:45은 성전 휘장이 둘로 찢어졌다고 말한다. 예수님은 그분의 죽음을 통해 성전을 대체하신다. 성전 제사는 언제나 장차 일어날 예수님의 죽음을 가리켰다. 예수님의 죽음으로 인해 우리는 담대하게 하나님의 존전에 들어갈 수 있고, 이 사실을 십자가에 달린 동안 회개한 죄수의 이야기에서 볼 수 있다. 얼마나 많은 악을 행했든지 간에, 심지어 거의 모든 생애를 낭비했다 할지라도, 우리는 예수님에게 돌이켜서 용서받을 수 있다. 예컨대, 맬컴 머거리지(Malcolm Muggeridge, 영국의 20세기 작가이자 저널리스트-옮긴이 주)는 그의 생애 끝자락에 기독교 신앙으로 전향했던 인물이다. 그렇다고 우리가 인생 말년에 하나님께 돌이킬 것을 내다보며 회개를 연기하는 것은 물론 잘못이다. 우리가 장래에 과연 하나님을 추구할 마음이 생길지 여부는 알 수 없기 때문이다. 바울이 말하듯이 '지금이 구원의 날'(고후 6:2)이다. 지금 주님께 등을 돌린다면, 어쩌면 인생의 말년에 이르러서는 그분을 미워할 수도 있다.

이와 동시에 우리의 죄가 너무 커서 하나님께서 결코 우리를 용서할 수 없으실 것이라고 말해서도 안 된다. 사탄은 우리 자신을 주님께 드리지 못하게 하려고 우리 마음속에 그런 말을 속삭인다. 그런 생각이 들 때마다 예수님이 십자가에 달린 죄수에게 하신 그 놀라운 말씀을 기억해야 한다. "오늘 네가 나와 함께 낙원에 있으리라"(43절). 끝으로, 그 죄수는 회심한 후 짧은 시간밖에 살지 못했지만 그가 참으로 구원받았다는 것을 보여준다. 우리는 선한 행위로 구원을 얻을 수 없으나, 구원받은 모든 사람은 자기가 구원받은 것을 새로운 삶으로 보여주게 된다. 바울은 사도행전 26:20에서 "회개한 것을 행동으로 보이라"(현대인의성경)고 말한다. 참된 회개는 언제나 선한 행위로 나타나는 법이다. 그리고 이는 그 죄수가 맞이한 최후의 짧은 시간에도 해당된다. 그는 예수님에게 불평을 늘어놓는 다른 죄수를 꾸짖는다. 회개한 죄수는 그의 말을 통해 자기가 다른 사람이 된 것을 보여준다. 우리가 말하고 생활하는 방식이 진정으로 회개했는지 여부를 드러낸다. 그러나 우리의 삶에 어떤 변화가 있든지 그것은 예수님을 믿는 데서 흘러나오는 것이다. 그 강도가 회개한 것은 예수님이 자신을 구원하실 수 있다고 믿었기 때문이다.

50 공회 의원으로 선하고 의로운 요셉이라 하는 사람이 있으니 51 (그
들의 결의와 행사에 찬성하지 아니한 자라) 그는 유대인의 동네 아리
마대 사람이요 하나님의 나라를 기다리는 자라 52 그가 빌라도에게 가
서 예수의 시체를 달라 하여 53 이를 내려 세마포로 싸고 아직 사람을
장사한 일이 없는 바위에 판 무덤에 넣어 두니 54 이날은 준비일이요
안식일이 거의 되었더라 55 갈릴리에서 예수와 함께 온 여자들이 뒤를
따라 그 무덤과 그의 시체를 어떻게 두었는지를 보고 56 돌아가 향품
과 향유를 준비하더라 계명을 따라 안식일에 쉬더라

50 Now there was a man named Joseph, from the Jewish town of
Arimathea. He was a member of the council, a good and righteous
man, 51 who had not consented to their decision and action; and he
was looking for the kingdom of God. 52 This man went to Pilate and
asked for the body of Jesus. 53 Then he took it down and wrapped it in
a linen shroud and laid him in a tomb cut in stone, where no one had
ever yet been laid. 54 It was the day of Preparation, and the Sabbath
was beginning.[1] 55 The women who had come with him from Galilee

followed and saw the tomb and how his body was laid. 56 Then they returned and prepared spices and ointments.

On the Sabbath they rested according to the commandment.

1 Greek was dawning

단락 개관

매장은 유대인에게 중요한 장례 문화였지만, 십자가에서 처형당한 이들은 종종 공동 무덤에 던져져서 짐승들에게 찢기곤 했다. 이 경우에는 공의회 의원인 아리마대 요셉이 나서서 빌라도에게 예수님의 시체를 달라고 요청한다. 누가는 요셉이 예수님을 정죄하고 처형하려는 결정에 찬성하지 않았다고 재빨리 덧붙인다. 그는 하나님의 나라를 기다리는 경건한 사람이다. 요셉은 예수님을 세마포로 싸서 이제껏 아무도 누인 적이 없는 무덤 안에 둔다. 금요일 늦은 오후에 그렇게 하는데 이제 그날 저녁에 안식일이 시작되기 때문이다. 그동안 갈릴리에서 온 여자들은 무덤과 그 위치를 잘 살피고, 안식일 이전에 향료와 향유를 준비하기 위해 돌아간다.

단락 개요

V. 예루살렘에서의 죽음과 부활(19:28-24:53)

F. 십자가 처형과 장사(23:26-56)

2. 장사(23:50-56)

주석

23:50-51 요셉은 예수님을 정죄한 공의회의 의원이지만 "선하고 의로운" 사람이다. 또한 아리마대 성읍 출신이라고 한다.[294] 그는 우리에게 이 복음서의 초반에 나오는 사가랴와 엘리사벳을 상기시키는데, 그들 역시 의로운 사람으로 묘사되어 있어서다(1:6). 요셉이 눈에 띄는 이유가 있다. 공의회 의원들의 뜻에 순복하라는 압박이 엄청났을 텐데도 그들의 조작에 저항했기 때문이다. 그는 공의회의 결정과 예수님의 처형에 찬성하지 않았다. 요셉은 시선을 정치권력에 두지 않고 다가올 하나님의 나라를 고대하고 있다. 똑같은 동사[프로스데코마이(*prosdechomai*)]가 "이스라엘의 위로를 기다리는"(2:25) 시므온에게 사용되었다. 이 말은 하나님 나라의 도래를 달리 표현하는 것이다. 안나도 "예루살렘의 속량을 바라는 모든 사람에게"(2:38) 예수님에 대해 말했다. 요셉은 하나님의 나라를 구하는 사람들에게 속해 있다(12:31). 그리고 그는 부유한 관리와 달리 기꺼이 자신의 지위를 내려놓고 스스로를 예수님과 동일시하고 있다(참고. 18:24-25, 29).

23:52-54 요셉은 빌라도에게 접근해서 예수님의 시체를 달라고 할 만큼 무모한 사람이다. 그런 결심이 위험할 수 있는 것은 요셉이 중죄로 처형당한 사람과 동일시될 수 있기 때문이다. "로마인들은 보통 사형선고를 받은 사람을 위한 매장을 금했다(Tacitus, *Ann.* 6.29)…십자가 처형을 당한 사람들 대다수는 십자가 위에서 썩도록 방치되거나 불명예스러운 매장에 넘겨졌다."[295] 유대인은 시체가 제대로 된 매장으로 존중되어야 한다고 믿었다(참고. 창 50:5, 13; 왕상 14:11; 겔 29:5; 토비트 2:3-7). 이와 동시에 율법은 시체를 나무 위에 밤새도록 두는 것을 금지했다(신 21:22-23). 요셉이 예수님의 시체

294 이 성읍에 대해서는 알려진 것이 거의 없다. 참고. Bock, *Luke 9:51-24:53*, 1894.

295 Garland, *Luke*, 939.

를 세마포로 싼다는 것은 그 몸에 대한 배려를 보여준다. 또한 시체를 새 무덤 속에 둔다. 마태는 그 무덤이 요셉의 소유라고 말한다(마 27:59-60). 이스라엘에서는 죽은 자의 뼈를 훗날 뼈단지라 불리는 작은 상자에 넣은 후 무덤을 다시 사용하곤 했다.[296] 하지만 예수님은 이제껏 아무도 누인 적이 없는 무덤의 벽감 속에 안치되신다. 예수님의 매장에 관한 세부사항이 중요한 것은 그분이 매장된 장소가 공개적으로 입증되기 때문이다. 예수님의 몸이 다른 누구의 몸과도 혼동될 수 없었던 것은 그분이 이 무덤에 안치된 유일한 인물이기 때문이다. 곧 안식일이 시작되므로 금요일 늦은 오후에 이 모든 조치가 취해진다.

23:55-56 예수님을 따라온 갈릴리 여자들이 무덤과 그분이 안치된 곳을 잘 살핀다. 이들 가운데는 예수님의 사역을 후원했던 여자들(참고. 8:1-3)도 포함된 것 같다. 이 여자들은 예수님이 매장된 장소를 목격한 추가적인 증인의 역할을 한다. 그들은 향료와 향유를 준비하지만, 제4계명에 따라 안식일에는 쉬고(참고. 출 12:16; 20:10; 레 23:8) 안식일 다음날인 일요일 아침에 그분의 몸에 향유를 바를 계획을 세운다.

23장

296 같은책.

응답

그리스도인들은 예수님이 죽은 자 가운데서 부활하셨다고 믿고, 이 구절은 그 믿음을 지지하는 증거 중 일부를 보여준다. 예수님이 매장된 장소는 공개적으로 알려져 있고, 그분의 무덤은 누구나 접근할 수 있다. 훗날 제자들이 예수님의 시체를 훔쳐갔다는 거짓 보도가 있었다. 그러나 무덤의 위치가 알려지지 않았다거나, 그분이 짐승들에게 먹히고 찢겼다고 주장한 사람은 하나도 없었다. 그리고 아리마대 요셉의 내러티브가 분명히 하듯이, 유대인 가운데 일부 종교 지도자들이 예수님을 믿었다는 것도 알게 된다. 사도행전 6:7은 "제사장들 가운데서도 이 믿음에 순종하는 사람들이 많았다"(새번역)고 한다. 물론 많은 유대인이 믿지 않았으나, 유대인 중에는 예수님을 메시아로 믿었던 남은 자들이 분명 있었다는 것을 인정해야 한다.

1 [1)]안식 후 첫날 새벽에 이 여자들이 그 준비한 향품을 가지고 무덤에
가서 2 돌이 무덤에서 굴려 옮겨진 것을 보고 3 들어가니 주 예수의 시
체가 보이지 아니하더라 4 이로 인하여 근심할 때에 문득 찬란한 옷을
입은 두 사람이 곁에 섰는지라 5 여자들이 두려워 얼굴을 땅에 대니
두 사람이 이르되 어찌하여 살아 있는 자를 죽은 자 가운데서 찾느냐
6 여기 계시지 않고 살아나셨느니라 갈릴리에 계실 때에 너희에게 어
떻게 말씀하셨는지를 기억하라 7 이르시기를 인자가 죄인의 손에 넘
겨져 십자가에 못 박히고 제삼일에 다시 살아나야 하리라 하셨느니라
한대 8 그들이 예수의 말씀을 기억하고 9 무덤에서 돌아가 이 모든 것
을 열한 사도와 다른 모든 이에게 알리니 10 (이 여자들은 막달라 마
리아와 요안나와 야고보의 모친 마리아라 또 그들과 함께한 다른 여
자들도 이것을 사도들에게 알리니라) 11 사도들은 그들의 말이 허탄
한 듯이 들려 믿지 아니하나 12 베드로는 일어나 무덤에 달려가서 구
부려 들여다보니 세마포만 보이는지라 그 된 일을 놀랍게 여기며 집
으로 돌아가니라

1 But on the first day of the week, at early dawn, they went to the tomb,

taking the spices they had prepared. 2 And they found the stone rolled
away from the tomb, 3 but when they went in they did not find the body
of the Lord Jesus. 4 While they were perplexed about this, behold, two
men stood by them in dazzling apparel. 5 And as they were frightened
and bowed their faces to the ground, the men said to them, "Why do
you seek the living among the dead? 6 He is not here, but has risen.
Remember how he told you, while he was still in Galilee, 7 that the Son
of Man must be delivered into the hands of sinful men and be crucified
and on the third day rise." 8 And they remembered his words, 9 and
returning from the tomb they told all these things to the eleven and to
all the rest. 10 Now it was Mary Magdalene and Joanna and Mary the
mother of James and the other women with them who told these things
to the apostles, 11 but these words seemed to them an idle tale, and they
did not believe them. 12 But Peter rose and ran to the tomb; stooping
and looking in, he saw the linen cloths by themselves; and he went
home marveling at what had happened.

1) 헬, 그 주간의

단락 개관

누가는 여자들이 무덤에 갔으나 비어 있는 것을 발견하는 이야기를 들려준다. 돌이 굴려나갔고 예수님은 더 이상 거기에 계시지 않았다. 여자들이 무슨 일이 일어났는지 몰라 어리둥절해 있을 때, 두 천사가 그 상황을 설명해준다. 예수님은 더 이상 무덤 속에 계시지 않는다. 그분은 부활해서 살아 나셨고, 그러한 상황은 사역하는 동안 말씀하셨던 것과 잘 부합한다. 예수님은 이미 자신의 고난과 부활에 대해 예언하셨기 때문이다. 여자들이 예수님의 말씀을 기억하고, 누가는 거기서 일어난 모든 것이 예수님이 그동안 말씀하신 것과 일치한다는 점을 강조한다. 여자들이 돌아가서 그들이 보고 들은 것을 나머지 사람들에게 말했으나, 사람들은 예수님의 말씀을 믿지 않기 때문에 그것을 난센스로 치부해버린다. 하지만 베드로는 무덤으로 달려가서 세마포를 보고는 깜짝 놀란다. 베드로 역시 예수님의 말씀을 기억해야 하지만 그의 놀람은 아마도 의심이 아니라 믿음의 반응일 것이다.

단락 개요

V. 예루살렘에서의 죽음과 부활(19:28-24:53)
- G. 부활: 성경이 이루어지다(24:1-24:53)
  - 1. 부활 소식이 여자들에게 알려지고, 사도들이 믿지 않다 (24:1-12)

주석

24:1-3 여자들이 그 주간의 첫날인 일요일 아침 일찍 동이 틀 무렵에 무덤으로 간다. 매장 절차에 따라 예수님의 몸에 바를 향료를 챙겼다. 그들은 도착하는 순간 무덤 앞에 놓였던 돌이 굴려나간 것을 발견한다. 마태는 그 돌이 컸다고 말한다(마 27:60). 돌이 옮겨진 것을 보자마자 시체의 위치를 확인해야 한다는 생각이 든다. 여자들이 무덤에 들어갔을 때는 이미 예수님의 몸이 사라진 상태고, 이는 자연스럽게 도굴꾼들이 시체를 훔쳐갔다는 결론으로 이끌 것이다(참고. 마 28:13-15).

24:4-8 여자들이 이 모든 사태에 대해 어리둥절해 있을 때, 갑자기 눈부신 옷을 입은 두 사람이 나타난다. 성경의 다른 경우들을 보면 천사들이 사람의 모습으로 땅에 오는 것을 알 수 있다(창 18:2, 16; 19:1, 5, 10, 15; 행 1:10; 10:3, 30; 11:13). 아울러 병행 구절들(참고. 마 28:5; 요 20:12)로부터 이 사람들은 천사라는 것이 분명하고, 다른 경우들에도 천사들이 영광스러운 모습을 지닌 사람으로 오는 것을 볼 수 있다(참고. 에녹2서 1:4-7). 여자들이 천사들의 영광스러운 모습을 보고 두려워서 땅에 얼굴을 대고 절한다. 가장 중요한 요소는 천사들이 여자들에게 하는 말이다. 천사들이 어찌하여 죽은 자 가운데서 (살아 계신) 예수님을 찾고 있느냐고 묻는다. 그리고 잊을 수 없는 말로 예수님의 부활을 증언한다. "[그가] 여기 계시지 않고 살아나셨느니라"(6절).

그럼에도 예수님의 말씀이 가장 중요하다. 천사들은 그분의 말씀을 잊어버린 여자들에게 갈릴리에서 사역하는 동안 예언하셨던 것을 기억하라고 권유한다. 자신이 죄인들에게 넘겨져서 십자가에서 죽고 다시 살아나야 할 것이라고 가르치셨던 말씀 말이다(9:22, 44; 18:31-33). 천사들의 말에 자극을 받아 여자들이 예수님의 말씀을 기억하게 된다. 예수님이 그분의 부활을 예언하셨기 때문에, 그 부활은 그분의 말씀에 기초해 믿어야 하는 것이다.

24:9-12 무덤에서 돌아온 여자들이 보고 들은 것을 열한 사도와 나머지 사람들에게 알려준다. 앞에서 우리는 막달라 마리아에게서 일곱 귀신이 쫓겨난 것을 보았고(8:2), 요한은 그녀가 예수님의 어머니, 예수님의 이모, 글로바의 아내인 마리아와 함께 십자가 곁에 머물러 있었다고 말해준다(요 19:25). "헤롯의 청지기 구사의 아내"(눅 8:3) 요안나도 함께 있었다. 야고보의 어머니 마리아 역시 함께 있었고, 마태는 그녀가 요셉의 어머니이기도 했다고 알려준다(마 27:56). 마가는 그녀가 "작은 야고보와 요세의 어머니"(막 15:40)였다고 말한다. 이름을 밝히지 않은 다른 여자들도 거기에 있었다. 사도들이 그 여자들의 말을 믿어야 하는 것은 그들이 어쨌든 예수님의 말씀을 전달하기 때문이다. 여자들이 그저 자신의 의견을 전달하고 있는 것이 아니다. 그들은 목격한 것(빈 무덤), 들은 것(그분이 살아 계신다고 한 천사들의 말) 그리고 천사들이 상기시킨 것의 내용(고난과 부활을 예언하신 예수님의 말씀)을 전하고 있다. 그럼에도 불구하고 사도들은 여자들의 말을 난센스로 치부하고 믿지 못한다. 사도들이 그들을 믿지 못하는 것은 사실상 예수님의 말씀을 거부하는 셈이다.

그러나 베드로는 무슨 일이 일어났는지 직접 확인하기 위해 무덤으로 달려간다(참고. 요 20:2-10). 그는 예수님의 몸을 쌌던 세마포가 따로 놓여 있는 것을 본다. 도굴꾼은 물건을 아무렇게나 내던졌을 것이므로 이렇게 질서정연한 모습은 무덤이 약탈되지 않았음을 가리킨다. 실제로 도굴꾼들은 세마포를 훔쳐갈 가능성이 크다.[297] 예수님은 죽은 뒤에 그분을 감쌌던 세마포 안에 계시지 않은 것이 명백하다. 베드로의 반응은 해석하기가 어렵다. '놀라다'[타우마존(*thaumazōn*)]라는 용어는 그가 놀라며 어떻게 생각해야 할지 몰랐다는 뜻일 수도 있다(참고. 눅 8:25; 9:43; 11:14). 또한 이 동사는 불신(4:22; 20:26)이나 믿음(2:18, 33)에 수반되는 놀라움을 가리킬 수도 있다. 아마도 이 맥락에서는 '놀라다'가 믿음을 가리킬 것이다. 물론 베드로가 아

24장

297 Garland, *Luke*, 943.

직도 예수님 말씀의 뜻을 충분히 이해하지 못해서 믿음이 약한 상태이기는 하지만 말이다.

응답

문제에 대한 해답이 우리 바로 앞에 있을 때는 어리둥절하고 두려워지곤 한다. 여자들을 염려하고 두려워하게 하는 것은 사실상 그들을 가장 기쁘게 만드는 것이다. 달리 말하면, 때때로 우리가 기대하는 바는 실은 우리의 문제에 대한 해답이다. 하나님은 예상치 못한 뜻밖의 방식으로 일하신다. 우리가 그분의 일을 예측할 수 있다고 생각할 때, 그분은 우리를 습격해서 놀라게 하신다. 예컨대 역사상 일어났던 큰 부흥 운동 몇 가지를 생각해 보라. 18세기에는 하나님께서 교회를 부흥시키기 위해 조지 휫필드(George Whitefield)와 존 웨슬리(John Wesley)를 일으키셨다. 필자의 생애를 돌아보면, 내가 그분을 전혀 찾고 있지 않을 때 하나님께서 예상치 못한 뜻밖의 방식으로 나를 구원하셨다.

우리의 희망, 우리의 기대는 그리스도의 부활에 달려 있다. 예수님의 부활을 통해 구원 역사가 성취된다. 바울이 말하듯이, 예수님은 부활의 "첫 열매"다(고전 15:20). 그분이 다시 살아나셨기 때문에 우리도 마지막 날에 살아날 것임을 안다(15:12-19). 우리는 사망이 우리를 이길 수 없을 것이고, 최후의 적으로서 정복될 것임을 확신할 수 있다. 예수님이 죽은 자 가운데서 살아나셨기 때문에 우리의 죄가 용서받았다는 것을 안다. 만일 예수님이 우리의 죄를 위해 죽고 부활하지 못했다면 그분이 우리의 죄를 용서하셨다는 것을 믿을 수 없겠지만, 그분의 부활은 우리의 죄가 깨끗이 씻겼다는 것을 증명한다.

우리가 예수님의 말씀을 신뢰해야 한다는 진리는 이 이야기의 가장 놀라운 특징 중 하나다. 하나님의 모든 약속이 그리스도 안에서 성취되었다는 것을 잊으면 안 된다. 천사들이 말하는 것을 주목하라. "너희에게 어떻게 말씀하셨는지를 기억하라"(24:6). 그리고 24:8은 여자들이 예수님의 말씀을 기억했다고 전한다. 천사들이 무덤이 비어 있다는 사실에만 초점을 두지 않는 것이 중요하다. 물론 그들은 무덤이 비어 있다는 것을 말하고, 우리는 다른 부활 기사들로부터 그들이 여자들에게 예수님을 볼 것이라고 약속한다는 것을 알게 된다. 그럼에도 그들이 여기서 초점을 두는 것은 주 예수님의 말씀에 대한 믿음, 즉 그분이 죽은 자 가운데서 살아날 것이라고 하신 약속을 신뢰하는 것이다. 우리에게 주는 교훈은 분명하다. 우리의 희망과 확신은 성경에 나오는 하나님의 말씀에 기반을 두어야 한다는 것이다. 때로는 경험과 증거가 하나님의 말씀과 상충되는 듯이 보인다. 때로는 하나님의 말씀이 참일 수 없는 것처럼 보인다. 하지만 그럴 때에도 우리는 바울이 고린도후서 1:20에서 말하는 것을 기억해야 한다. "하나님의 모든 약속은 그리스도 안에서 '예'가 됩니다"(새번역). 시련과 유혹의 닥칠 때 하나님의 말씀을 기억해야 한다. 우리의 힘은 우리 자신이 아니라 그분의 말씀과 약속에서 온다. 우리는 그리스도를 죽은 자 가운데서 살리심으로써 구원의 약속에 대한 신실함을 보여주신 하나님을 의지한다. 우리는 구속 역사를 통해 계획한 것을 이루시는 하나님을 의지한다.

여자들은 유대교에서 믿을 만한 증인으로 간주되지 않았으나, 하나님은 여자들이 최초의 부활 통보자가 되도록 주권적으로 결정하셨다. 이를 통해 주님은 여자들을 무시하지 않고 그들을 하나님의 형상으로 창조된 인간으로서 존중하신다는 것을 알게 된다. 때때로 우리는 자신의 삶에 대해 부정적 감정을 품기 때문에 증언할 자격이 없다고 느낀다. 그러나 우리가 증언할 때는 우리 자신이 아니라 우리 주 예수 그리스도를 소개하는 것이다. 우리는 우리가 얼마나 선한지가 아니라 그분이 얼마나 위대하신지를 알리는 것이다. 우리는 증언하는 일을 행위의 관점에서 볼 수 있다. 즉, 우리의 삶이 훌륭할 때에만 증언해야 한다고 생각하는 것이다. 그러나 그런 견해는 예수 그리스도보다 우리 자신에게 강조점을 두는 것이다.

13 그날에 그들 중 둘이 예루살렘에서 이십오 리 되는 엠마오라 하는
마을로 가면서 14 이 모든 된 일을 서로 이야기하더라 15 그들이 서로
이야기하며 문의할 때에 예수께서 가까이 이르러 그들과 동행하시나
16 그들의 눈이 가리어져서 그인 줄 알아보지 못하거늘 17 예수께서 이
르시되 너희가 길 가면서 서로 주고받고 하는 이야기가 무엇이냐 하
시니 두 사람이 슬픈 빛을 띠고 머물러 서더라 18 그 한 사람인 글로바
라 하는 자가 대답하여 이르되 당신이 예루살렘에 체류하면서도 요즘
거기서 된 일을 혼자만 알지 못하느냐 19 이르시되 무슨 일이냐 이르
되 나사렛 예수의 일이니 그는 하나님과 모든 백성 앞에서 말과 일에
능하신 선지자이거늘 20 우리 대제사장들과 관리들이 사형 판결에 넘
겨주어 십자가에 못 박았느니라 21 우리는 이 사람이 이스라엘을 속량
할 자라고 바랐노라 이뿐 아니라 이 일이 일어난 지가 사흘째요 22 또
한 우리 중에 어떤 여자들이 우리로 놀라게 하였으니 이는 그들이 새
벽에 무덤에 갔다가 23 그의 시체는 보지 못하고 와서 그가 살아나셨
다 하는 천사들의 나타남을 보았다 함이라 24 또 우리와 함께한 자 중
에 두어 사람이 무덤에 가 과연 여자들이 말한 바와 같음을 보았으나

예수는 보지 못하였느니라 하거늘 25 이르시되 미련하고 선지자들이
말한 모든 것을 마음에 더디 믿는 자들이여 26 그리스도가 이런 고난
을 받고 자기의 영광에 들어가야 할 것이 아니냐 하시고 27 이에 모세
와 모든 선지자의 글로 시작하여 모든 성경에 쓴 바 자기에 관한 것을
자세히 설명하시니라

13 That very day two of them were going to a village named Emmaus,
about seven miles[1] from Jerusalem, 14 and they were talking with each
other about all these things that had happened. 15 While they were
talking and discussing together, Jesus himself drew near and went
with them. 16 But their eyes were kept from recognizing him. 17 And
he said to them, "What is this conversation that you are holding with
each other as you walk?" And they stood still, looking sad. 18 Then one
of them, named Cleopas, answered him, "Are you the only visitor to
Jerusalem who does not know the things that have happened there in
these days?" 19 And he said to them, "What things?" And they said to
him, "Concerning Jesus of Nazareth, a man who was a prophet mighty
in deed and word before God and all the people, 20 and how our chief
priests and rulers delivered him up to be condemned to death, and
crucified him. 21 But we had hoped that he was the one to redeem Israel.
Yes, and besides all this, it is now the third day since these things
happened. 22 Moreover, some women of our company amazed us. They
were at the tomb early in the morning, 23 and when they did not find his
body, they came back saying that they had even seen a vision of angels,
who said that he was alive. 24 Some of those who were with us went
to the tomb and found it just as the women had said, but him they did
not see." 25 And he said to them, "O foolish ones, and slow of heart to
believe all that the prophets have spoken! 26 Was it not necessary that

the Christ should suffer these things and enter into his glory?" 27 And
beginning with Moses and all the Prophets, he interpreted to them in all
the Scriptures the things concerning himself.

28 그들이 가는 마을에 가까이 가매 예수는 더 가려 하는 것같이 하시
니 29 그들이 강권하여 이르되 우리와 함께 유하사이다 때가 저물어가
고 날이 이미 기울었나이다 하니 이에 그들과 함께 유하러 들어가시
니라 30 그들과 함께 [1]음식 잡수실 때에 떡을 가지사 축사하시고 떼어
그들에게 주시니 31 그들의 눈이 밝아져 그인 줄 알아보더니 예수는
그들에게 보이지 아니하시는지라 32 그들이 서로 말하되 길에서 우리
에게 말씀하시고 우리에게 성경을 풀어주실 때에 우리 속에서 마음이
[2]뜨겁지 아니하더냐 하고 33 곧 그때로 일어나 예루살렘에 돌아가 보
니 열한 제자 및 그들과 함께한 자들이 모여 있어 34 말하기를 주께서
과연 살아나시고 시몬에게 보이셨다 하는지라 35 두 사람도 길에서 된
일과 예수께서 떡을 떼심으로 자기들에게 알려지신 것을 말하더라
28 So they drew near to the village to which they were going. He acted
as if he were going farther, 29 but they urged him strongly, saying, "Stay
with us, for it is toward evening and the day is now far spent." So he
went in to stay with them. 30 When he was at table with them, he took
the bread and blessed and broke it and gave it to them. 31 And their eyes
were opened, and they recognized him. And he vanished from their
sight. 32 They said to each other, "Did not our hearts burn within us
while he talked to us on the road, while he opened to us the Scriptures?"
33 And they rose that same hour and returned to Jerusalem. And they
found the eleven and those who were with them gathered together,
34 saying, "The Lord has risen indeed, and has appeared to Simon!"
35 Then they told what had happened on the road, and how he was

known to them in the breaking of the bread.

1) 헬, 기대어 누워 있는지라(유대인이 음식 먹을 때에 가지는 자세) 2) 헬, 불타지
1 Greek *sixty stadia*; a *stadion* was about 607 feet or 185 meters

단락 개관

엠마오로 가는 여행 이야기는 신약에서 가장 기억할 만한 것들 중 하나다. 글로바와 그의 친구가 예루살렘에서 약 11킬로미터 떨어진 엠마오를 향해 가고 있다. 그들이 예수님의 죽음에 대해 이야기할 때 예수님이 대화에 합류하시지만, 그들은 하나님에 의해 눈이 가려져서 그분을 알아보지 못한다. 예수님이 질문을 던지자 그들은 자신들에게 지난 며칠 동안 일어난 일을 상세히 알려주면서 실망을 표현한다. 예수님이 이스라엘의 구속자가 되길 바랐으나 십자가 처형을 당하심으로 모든 것이 완전히 끝장났다는 것이다. 그들은 이어서 예수님이 살아 계신다는 여자들의 증언을 전하면서 예수님을 보지 못했기 때문에 믿지 않은 경위를 알려준다. 예수님은 그들이 그리스도의 고난과 영광을 모두 예언한 성경을 믿지 못한다며 책망하신다. 엠마오에 도착한 후, 예수님은 더 멀리 가려다가 그들에게 설득되어 함께 거하신다. 함께 음식을 먹을 때에 예수님이 떡을 떼는 순간 그들에게 나타나신다. 곧바로 예수님이 사라졌지만, 그들은 그분이 성경을 설명하셨을 때 마음이 뜨거워졌던 것에 대해 생각한다. 글로바와 그의 친구는 즉시 예루살렘으로 돌아가는데, 거기서는 열한 제자와 다른 이들이 함께 모여서 주님이 확실히 살아나 시몬에게 나타나셨다고 고백하고 있었다. 글로바와 그의 친구는 예수님이 떡을 떼실 때 어떻게 그들에게 나타나셨는지를 이야기하며 그들의 증언에 또 하나의 증언을 더한다.

단락 개요

V. 예루살렘에서의 죽음과 부활(19:28-24:53)
G. 부활: 성경이 이루어지다(24:1-24:53).
2. 글로바와 그의 친구에게 나타나시다(24:13-35)

주석

24:13-18 예수님을 믿는 두 사람, 글로바와 또 한 사람이 예루살렘에서 엠마오로 여행하고 있는데, 이는 약 11킬로미터를 걸어야 하는 길이다.[298] 아마 이 사람은 요한복음 19:25에 나오는 글로바가 아닐 것이다. 그들은 여행하면서 나사렛 예수의 갑작스러운 죽음을 중심으로 최근에 예루살렘에서 일어난 사건들에 대해 이야기한다. 그들이 이야기를 나누는 동안 예수님이 다가가서 합류하신다. 이 텍스트는 극적인 아이러니로 가득 차 있다. 독자인 우리와 부활하신 예수님은 무슨 일이 벌어지고 있는지 알지만 두 제자는 아무것도 모르기 때문이다. 그들은 그 사람이 예수님인 줄 알지 못한다. 그들이 그분을 알아보지 못하는 것은 그분의 모습이나 몸이 부활한 뒤에 극적으로 변했기 때문이 아니다. 오히려 하나님께서 그들로 예수님을 알아보지 못하게 하셨기 때문이다. (사탄이 그들을 방해한다는 것은 본문에 뚜렷이 나오지 않는다.) 예수님이 대화에 관해 물으시자 그들의 얼굴이 온통 침울해진다. 그들이 '의기소침해진'("downcast", NIV 1984, 참고. 마 6:16) 것이다. 글로바는 이 새로운 동행이 그들이 이야기하고 있는 내용에 관해 모르

298 엠마오의 위치에 관한 논의는 Bock, *Luke 9:51-24:53*, 1908-1909를 참고하라.

고 있다는 것에 놀라며, 예루살렘을 방문한 사람들 중에 최근의 사건들에 대해 듣지 못한 유일한 사람이 아닌가하며 어리둥절해 한다.

24:19-20 예수님이 설명을 요청하시자, 그들은 나사렛 예수에 관해 말하기 시작한다. 예수님은 이스라엘에서 많은 사람에게 선지자로 인정받았다(참고. 4:24; 7:16, 39; 13:33; 신 18:15). 그분의 선지자 사역은 진실성과 권위를 담은 가르침과 병든 자를 고치고 귀신을 쫓아내며 죽은 자를 살리는 등의 기적으로 분명히 드러났다. 그와 동시에 (두 제자가 이제 알게 될 것처럼) 예수님은 선지자 이상의 인물이었다. 어쨌든 대제사장과 당국자들이 예수님에게 사형선고를 내려서 십자가에 못 박았고, 따라서 예수님에 대해 품은 희망이 산산조각 나고 말았다(참고. 눅 9:22; 14:1; 19:47; 20:19; 22:2, 4, 52, 66; 23:4, 10, 13, 35; 24:20).

24:21-24 글로바와 그의 친구는 성경의 약속에 따라 예수님이 이스라엘을 구속할 분이기를 바라고 있었다(참고. 시 25:22). 구약에서는 여호와가 이스라엘의 구속자, 곧 이스라엘을 포로 상태에서 회복시키겠다고 약속하셨던 분이다(사 41:14; 43:14; 44:24). 이스라엘은 구속을 위해 기도했고(시 25:22), 이스라엘의 희망은 시편 130:8에 나온다. "그가 이스라엘을 그의 모든 죄악에서 속량하시리로다." 사가랴와 안나가 처음부터 예언했듯이(눅 1:68; 2:38), 예수님은 구속자로 왔으나 그들이 기대하지 않은 방식으로 그 백성을 구속하셨다.

두 제자는 이날이 예수님이 십자가에 처형되신 지 사흘째라고 말하고, 이는 그들에게 약속이 실현되지 않았다는 것을 의미한다. 반면에 누가에게는 사흘째가 부활의 날, 구속의 날, 약속이 실현된 날이다. 우리는 여기서 다수의 성경적 선례들을 보게 된다. 이삭은 "제삼일"에 아브라함의 칼에서 벗어났고(창 22:4), 주님은 "셋째 날에" 시내산에서 내려와 그분의 백성을 만나신다(출 19:11, 15, 16). 호세아는 주님이 "셋째 날에" 이스라엘을 "일으키[실]" 것이라고 선언하고(호 6:2), 예수님은 자신이 "제삼일에" 살

24장

아날 것이라고 예언하셨다(눅 9:22; 18:33; 24:7, 46, 참고. 13:32). 이 두 제자는 예수님을 알아보지 못할뿐더러 그들이 하는 말의 의미도 인지하지 못하고 있다. 그들이 이야기하는 일들이 성취되었다는 것을 깨닫지 못하고 있는 것이다.

이어서 그들은 여자들이 예수님의 무덤에 갔다가 그분의 시체를 보지 못한 바람에 그들 모두를 놀라게 했다는 이야기를 한다. 여자들은 예수님이 살아 있다고 말한 천사들을 보았다고 전했다. 두 제자는 예수님이 살아나셨다는 중요한 증거를 받았으나 여전히 침울함과 불신으로 가득 차 있다. 그들은 무덤이 비어 있는 것을 발견한 사람들의 보고는 신뢰하지만, 예수님을 보지 못했다는 이유로 믿기를 거부한다. 이들은 예수님의 몸이 도둑을 맞았고 천사들의 말에 대한 여자들의 보고는 지나친 상상의 결과라고 결론 내린 것 같다. 여기에 아이러니한 사실이 있다. 이 두 제자는 무덤에 갔던 사람들이 예수님을 보지 못했다고 이야기하고 있는데, 그들은 실제로 그분을 보고 있으면서도 눈앞에 계신 그분을 알아보지 못하고 있다는 것이다.[299]

24:25-27 예수님이 두 제자를 꾸짖으신다. 그들의 근본적인 잘못은 성경을 신뢰하지 않는 것이다. 그들의 어리석음과 느린 마음이 도덕적 결함인 것은 그들이 "선지자들이 말한 모든 것을 믿어야" 하기 때문이다.[300] 그리스도가 고난을 받고 영광을 받으신 것은 처음부터 하나님 계획의 일부였다('그것이 필요했다', 에데이). 예수님은 제자들에게 자신이 죽은 자 가운데서 살아나기 전에 고난을 받을 것이라고 거듭해서 말씀하셨다(참고. 9:22, 44; 18:31-33). 예수님의 말씀이 시편 22편과 이사야 53장(참고. 시 2:7; 16:8-11; 110:1) 같은 텍스트에 국한되지는 않지만 이런 텍스트들을 염두에 두

299 같은 책, 1915.

300 Garland, *Luke*, 953.

고 계셨던 것이 분명하다. 그분은 성경의 줄거리 전체가 어떻게 그분 자신을 가리키는지 설명하시기 때문이다. 여기서 "영광"은 예수님이 부활하여 주님과 메시아로서 승천하시는 것을 가리킨다(참고. 행 2:36; 3:19-21; 4:10; 5:30-31; 13:32-36).[301] 예수님이 재판받을 때 언급하신(눅 22:69, 참고. 23:42-43) 시편 110:1과 다니엘 7:14의 예언들이 성취된 것이다. 물론 장차 그리스도께서 오시는 일(참고. 21:27, 행 3:19-21)은 아직 남아 있지만 말이다.[302]

"모세"와 "모든 선지자"는 구약의 증언 전체를 언급한다(참고. 눅 24:44). 모든 성경을 올바르게 해석하면 모두 예수 그리스도를 가리킨다. 오늘날 우리는 이때 예수님이 무슨 성경책들을 설명하셨는지 궁금해 하지만, 사도들이 사도행전에서 구약이 어떻게 예수님을 가리키는지 설명할 때 사용하는 책들일 가능성이 크다. 갈런드는 이렇게 결론 내린다. "예수님은 두 제자에게 믿음을 강요하는 그 자신에 관한 몇 개의 굉장한 계시로 그들을 압도하지 않으셨다. 대신 그들을 위해 성경책들을 해석하신다. 그들은 자신의 헷갈리는 '말'(24:17)을 말끔히 정리하기 위해 하나님의 말씀을 들을 필요가 있었다."[303]

24:28-35 세 사람이 엠마오에 이르자, 예수님은 더 멀리 가시려고 한다. 하지만 글로바와 그의 친구가 저녁때가 되고 날이 저물었으니 함께 묵자고 강하게 권유한다. 예수님은 승낙하고 그들과 함께 음식을 드신다. 함께 음식을 먹을 때에 예수님이 떡을 들고 감사한 후 그것을 떼어 그들에게 주신다. 떡을 떼실 때 그들이 그분을 알아보지만 그 순간 예수님이 사라지신다. 떡을 떼는 장면이 이 텍스트의 핵심이다. 그래서 나중에 이 두 제자가 예루살렘에 모인 사람들에게 예수님이 떡을 떼실 때에 비로소 그분을 알

301 Bock, *Luke 9:51-24:53*, 1917.

302 같은 책.

303 Garland, *Luke*, 954.

아보게 된 일을 설명하는 것이다. 즉 누가는 떡을 떼는 것에 특별한 강조점을 두고 있다.

일부 주석가들은 떡을 떼는 것이 다함께 음식을 먹는 것을 언급한다고 하는데, 이 어구는 분명히 그런 뜻을 지니고 있을 것이다(행 27:35).[304] 이 견해를 따른다면, 우리가 동료 신자들을 대접하고 돌볼 때 예수님이 우리에게 그분을 드러내신다고 말할 수 있다. 하지만 떡을 떼는 것은 주님의 만찬에서 절정에 이르는 음식 나눔을 언급할 가능성이 더 크다. 최후의 만찬에서 예수님은 떡을 들고 그것을 떼면서 그 떡이 신자들을 위해 주는 그분의 몸을 가리킨다고 설명하셨고, 주님이 죽음으로 그분 자신을 주신 것을 기억하기 위해 신자들이 이런 식으로 다함께 떡을 떼는 일을 계속 해야 한다고 말씀하셨다(눅 22:19). 그런 언급이 엠마오 에피소드에 잘 어울리는 것은, 글로바와 그의 친구가 예수님이 어떻게 고난 받는 자요 십자가에 못 박힌 자로서 이스라엘의 구속자가 되실 수 있는지 알지 못했기 때문이다. 예수님은 방금 그들에게 고난과 영광이 어떻게 구약 계시 전체의 패턴에 들어맞는지를 설명하셨다. 예수님은 떡을 떼는 순간에 두 제자에게 알려지신다. 말하자면 그들은 예수님이 십자가에 못 박힌 자로서, 깨어진 자로서 그분의 백성을 구속하고 구원하신다는 것을 알게 된 것이다. 이 해석은 사도행전 2:42, 46, 곧 예루살렘에서 제자들이 정기적으로 다함께 떡을 떼는 모습과 잘 들어맞는다. 초기 교회에서는 성만찬이 식사가 끝날 때 거행되었으므로 이것은 양자택일의 문제가 아니다. 초기 신자들은 정기적으로 다함께 음식을 먹고 주님의 만찬으로 마감했다. 이런 행습을 가리키는 또 다른 구절은 사도행전 20:7, 11로서, 교회가 주간의 첫날에 떡을 떼는 모습이다. 이는 교회가 예수님의 죽음과 부활을 기억하기 위해 다함께 모였던 일요일에 주님의 만찬을 거행했다는 것을 보여준다.

예수님이 사라지신 후 두 제자는 예수님이 그들에게 성경을 풀어주실

304 Bock, *Luke 9:51-24:53*, 1919; Garland, *Luke*, 955-956.

때 마음이 기쁨으로 뜨거워졌던 것에 대해 말한다(참고. 렘 20:9). 누가가 계속 강조하는 바는, 제자들이 성경의 증언에 따라 예수님의 사역과 죽음과 부활을 해석한다면 그분이 누구인지를 깨닫게 될 것이라는 점이다. 날이 저물었고 11킬로미터나 되는 길이었지만, 글로바와 그의 친구는 그날 밤에 예루살렘으로 되돌아간다. 이 기쁜 소식을 제자들과 나누어야 하기 때문이다. 그들이 열한 제자 및 다른 제자들을 만났을 때, 거기에 모인 사람들이 예수님이 정말로 죽은 자 가운데서 살아나셨다고 말하는 것을 들었고, 그들 역시 이미 이 기쁜 메시지를 믿고 있다는 것을 알게 된다. 그들은 또한 그분이 특별히 시몬 베드로에게 나타나셨다고 말한다(이는 바울이 고린도전서 15:5에서 확증한다). 그 모임에 관한 세부사항은 나오지 않지만, 그 시점부터 베드로는 예수님이 십자가에서 죽고 살아나신 분이라는 확고한 신념을 갖게 된다.

응답

성경은 장차 오실 그리스도를 가리킨다. 그것들은 그리스도에 관해 예언한다. 우리가 구약을 읽으면서 그것들이 그리스도를 가리키는 것을 보지 못한다면, 구약을 올바로 읽는 것이 아니다. 많은 사람이 그리스도께서 이날 무슨 성경을 가르치셨는지 궁금해 한다. 이렇게 생각하면서 말이다. "그 사람들은 구약의 성경책들이 무엇에 관한 것인지를 그리스도에게 직접 배웠으니 얼마나 큰 특권인가! 예수님이 그들에게 무엇을 가르치셨는지 우리가 알 수 있으면 좋으련만." 그러나 필자는, 예수님이 그들에게 가르치신 것을 우리가 알고 있고 생각한다. 초기 제자들은 예수님이 그들에게 가르치신 것을 잊지 않았다. 그것은 신약의 나머지 부분에 설명되어 있다. 우리가 사도행전에서 예수님의 죽음과 부활에 관한 초기 설교들을 읽으면, 예수님이 베드로와 바울의 입술을 통해 성경을 해석하시는 말씀을 듣는 셈이다.

성경을 올바로 이해하는 것은 단지 지적인 문제만이 아니다. 예수님의 가르침에 따르면, 구약이 그리스도의 죽음과 부활을 예언하고 있음을 보지 못한다면 우리는 어리석고 마음이 느린 것이다. 성경을 깨닫기 위해서는 하나님의 초자연적 사역이 필요하다. 그래서 누가복음 24:45은 예수님이 "성경을 깨닫게 하시려고, 그들의 마음을 열어주[셨다]"(새번역)고 한다. 예수님이 우리에게 성경을 열어주실 때, 우리의 마음은 기쁨과 통찰로 뜨거워진다. 시종일관 성경을 지루하게 느낀다면, 우리는 거기에 무엇이 있는지를 보지 못하는 셈이다. 성경을 참으로 이해하는 사람은 그것을 읽을 때 마음이 뜨거워진다. 그래서 성경을 읽을 때 주님께 우리의 마음을 열어 달라고 기도하는 것이다.

이 단락의 또 다른 특징을 주목할 필요가 있다. 글로바와 그의 친구는 걸으며 이야기하는 동안 예수님을 알아보지 못한다. 24:16은 그들의 눈이 가려져서 그분을 알아보지 못한다고 말한다. 그러나 그들의 마음이 예수님의 가르침으로 따스해질 때 이 사람이 말하는 것이 옳다고 느끼기 시작한다. 바로 예수님은 십자가에서 죽고 부활하신 주님이라는 진리다. 달리 말하면, 우리가 예수님이 십자가에서 죽고 부활하신 주님임을 알 때에만 비로소 예수님이 누구인지를 이해하는 것이다. 예수님의 몸이 우리를 위해 깨어지고 그분의 피가 우리를 위해 흘려진 것을 볼 때는 우리에게 예수님을 보는 눈이 있는 것이다. 존 웨슬리가 회심했을 때 그의 마음이 따스해진 것처럼, 예수님의 몸이 우리를 위해 깨어졌고 그분이 바로 우리를 구속하러 오신 분임을 볼 때 우리의 마음도 이상하리만큼 따스해질 것이다.

36 이 말을 할 때에 예수께서 친히 그들 가운데 서서 이르시되 너희에
게 평강이 있을지어다 하시니 37 그들이 놀라고 무서워하여 그 보는
것을 영으로 생각하는지라 38 예수께서 이르시되 어찌하여 두려워하
며 어찌하여 마음에 의심이 일어나느냐 39 내 손과 발을 보고 나인 줄
알라 또 나를 만져보라 영은 살과 뼈가 없으되 너희 보는 바와 같이
나는 있느니라 40 이 말씀을 하시고 손과 발을 보이시나 41 그들이 너
무 기쁘므로 아직도 믿지 못하고 놀랍게 여길 때에 이르시되 여기 무
슨 먹을 것이 있느냐 하시니 42 이에 구운 생선 한 토막을 드리니 43 받
으사 그 앞에서 잡수시더라

36 As they were talking about these things, Jesus himself stood among
them, and said to them, "Peace to you!" 37 But they were startled and
frightened and thought they saw a spirit. 38 And he said to them, "Why
are you troubled, and why do doubts arise in your hearts? 39 See my
hands and my feet, that it is I myself. Touch me, and see. For a spirit
does not have flesh and bones as you see that I have." 40 And when he
had said this, he showed them his hands and his feet. 41 And while they

still disbelieved for joy and were marveling, he said to them, “Have you
anything here to eat?” 42 They gave him a piece of broiled fish,[1] 43 and
he took it and ate before them.

44 또 이르시되 내가 너희와 함께 있을 때에 너희에게 말한바 곧 모세
의 율법과 선지자의 글과 시편에 나를 가리켜 기록된 모든 것이 이루
어져야 하리라 한 말이 이것이라 하시고 45 이에 그들의 마음을 열어
성경을 깨닫게 하시고 46 또 이르시되 이같이 그리스도가 고난을 받
고 제삼일에 죽은 자 가운데서 살아날 것과 47 또 그의 이름으로 죄 사
함을 받게 하는 회개가 예루살렘에서 시작하여 모든 족속에게 전파될
것이 기록되었으니 48 너희는 이 모든 일의 증인이라 49 볼지어다 내가
내 아버지께서 약속하신 것을 너희에게 보내리니 너희는 위로부터 능
력으로 입혀질 때까지 이 성에 머물라 하시니라
44 Then he said to them, “These are my words that I spoke to you while
I was still with you, that everything written about me in the Law of
Moses and the Prophets and the Psalms must be fulfilled.” 45 Then he
opened their minds to understand the Scriptures, 46 and said to them,
“Thus it is written, that the Christ should suffer and on the third day rise
from the dead, 47 and that repentance for[2] the forgiveness of sins should
be proclaimed in his name to all nations, beginning from Jerusalem.
48 You are witnesses of these things. 49 And behold, I am sending
the promise of my Father upon you. But stay in the city until you are
clothed with power from on high.”

50 예수께서 그들을 데리고 베다니 앞까지 나가사 손을 들어 그들에
게 축복하시더니 51 축복하실 때에 그들을 떠나 [1)][하늘로 올려지시니]
52 그들이 [1)][그에게 경배하고] 큰 기쁨으로 예루살렘에 돌아가 53 늘

성전에서 하나님을 찬송하니라

50 And he led them out as far as Bethany, and lifting up his hands he
blessed them. 51 While he blessed them, he parted from them and was
carried up into heaven. 52 And they worshiped him and returned to
Jerusalem with great joy, 53 and were continually in the temple blessing
God.

1) 어떤 사본에는, 이 괄호 내 구절이 없음

1 Some manuscripts add *and some honeycomb* *2* Some manuscripts *and*

단락 개관

제자들이 모여서 이야기를 나눌 때, 예수님이 갑자기 그들 가운데 서서 평안을 선언하신다. 제자들은 무서워하며 예수님을 영이나 유령으로 생각한다. 그들은 아직도 의심에 시달리고 있어서, 예수님이 손과 발을 보여주며 직접 만져보라고 권유하신다. 부활하신 그분의 몸은 만질 수 있는 실체다. 살과 뼈로 되어 있어서다. 예수님의 부활은 제자들에게 너무나 놀라운 일이다. 너무 좋아서 도무지 믿어지지 않는다. 영은 생선을 먹을 수 없기 때문에, 예수님은 그들 앞에서 생선을 드심으로써 자신의 물리적 현존을 입증하신다.

이후 예수님은 그동안 일어난 모든 것이 성경을 이룬 것이라고 상기시켜주신다. 그분은 제자들의 마음을 열어서 그들로 그리스도의 고난과 죽음을 모두 예언하는 성경을 깨닫게 하신다. 제자들은 예수님의 증인들로서 모든 민족에게 죄 사함을 받게 하는 회개를 전파하는 사명을 위임받는다. 그들은 사역을 수행하기 위해 성령의 능력을 받을 때까지 예루살렘에서 기다려야 한다. 이 복음서는 베다니에서 예수님이 손을 들어 제자들을 축복하시는 장면으로 끝난다. 그분은 그들을 축복하는 순간 하늘로 올라가신다. 이 복음서는 시작한 곳에서 끝난다. 바로 예루살렘에서, 성전에서다. 제자들은 예루살렘에서 예수님에게 경배하고, 성전에서 계속 하나님을 찬양한다.

단락 개요

V. 예루살렘에서의 죽음과 부활(19:28-24:53)
G. 부활: 성경이 이루어지다(24:1-24:53)
3. 제자들에게 사명을 위임하시다(24:36-53)

주석

24:36-37 열한 제자와 다른 이들은 새로 도착한 글로바 및 그의 친구와 더불어 다함께 모여서 그날의 사건들을 되풀이해서 말하고 예수님이 죽은 자 가운데서 살아나셨다는 것을 인정한다. 갑자기 예수님이 친히 그들 가운데 서서 그들 각자에게 평안을 선언하신다. 하지만 제자들은 깜짝 놀라고, 예수님의 갑작스러운 출현이 그들을 공포로 가득 차게 한다(참고. 막 6:50). 그들은 예수님의 부활을 기뻐하고 평안을 느껴야 하지만, 그분이 정말로 그들 가운데 계시다는 것을 믿지 못한다. 그들은 그분이 몸을 가진 부활하신 주님이 아니라 영이나 유령(참고. 막 6:49)이라고 생각한다. 그러나 갈런드가 주장하듯이, "부활하신 예수님은 증기 같은, 어슴푸레한 유령이 아니다".[305]

24:38-40 제자들이 불안해하고 의심하며 당황하고 혼란스러워 하자 예수님이 그들에게 왜 그러는지 물으신다. 그분은 육체적으로 존재한다는 것을 보여주기 위해 자신의 손과 발을 보여주시는데, 거기에는 아마 못 자국이 있었을 것이다(참고. 요 20:24-27). 그분은 제자들에게 자신을 만지고(참고. 요일 1:1; 행 17:27) 직접 보라고 권유하신다. 그분은 모종의 유령이나 천상의 영이 아니다. 그분은 그 어떤 영도 아니다. 영과는 달리, 살과 뼈, 물리적 몸의 구조와 물질성을 갖고 있는 '육체적' 부활임을 보여주신다. "예수님은 망령이 아니고, 제자들이 신기루를 경험하는 것이 아니다. 예수님을 만진다는 것은 그분이 참혹한 죽음 때문에 안치될 수 없는 공중의 유령이 아님을 증명한다."[306] 부활은 본인의 영이 되살아난다는 뜻이 아니다. 무덤 속에 있던 예수님의 몸이 살아나서 제자들과 함께 방에 계시고 뚜렷하게 볼 수 있다. 그분은 손과 발을 보여줌으로써, 그들로 하여금 그분이 부활한 주님으로 그들과 함께 계시다는 것을 의심하지 않게 하려고 하신다.

24:41-43 제자들은 쉽게 믿지 않는 회의론자임이 확실하다. 예수님이 그들에게 손과 발을 보여주고 그 방에 몸소 계신 것이 분명한데도, 여전히 의심을 품고 있다. 그들이 생각하기에, 예수님이 다시 살아났다는 것은 너무 기뻐서 도무지 사실일 수 없다. 또한 너무 놀라서 현기증이 날 정도다. 예수님은 그들을 현실로 되돌리려고 먹을 것이 있는지 물어보신다. 그들에게 구운 생선이 조금 있었는데, 예수님이 그들 앞에서 그 생선을 드신다. 제자들이 예수님의 현존을 의심할지는 몰라도 생선이 거기에 있다는 것은 안다. 그리고 그들은 예수님이 생선을 받아서 입 속에 넣고 드시는 것을 실제로 본다. 실제 몸을 가진 사람만 먹을 수 있고, 따라서 생선을 먹는 것은 예수님이 정말로 죽은 자 가운데서 살아나셨다는 것을 입증한다.

305 Garland, *Luke*, 966.

306 같은 책.

24:44-46 제자들은 예수님이 죽은 자 가운데서 살아나셨다는 것을 믿어야 마땅하다. 그분이 그들 바로 앞에 서 계시고, 그분의 손과 발을 보여주고, 구운 생선을 드시기 때문이다. 그럼에도 예수님의 부활은 어느 의미에서 전혀 새로운 계시가 아니다. 예수님이 그동안 제자들에게 하나님의 계획과 목적이 '이루어져야 한다'[데이 플레로테나이(*dei plērothēnai*)]고 말씀하셨고, 그분의 계획과 목적은 성경에 드러나(unfolded) 있다. 예수님은 모세의 율법, 선지자의 글 그리고 시편 등 구약의 삼중적 구분을 상징하는 부분들을 언급하신다. 달리 말하면 구약 전체가 예수님을 가리키고 그분 안에서 성취되는 것이다.

하지만 예수님에 관한 성경의 말씀을 깨닫는 것은 추정컨대 죄 때문에 인간이 도달할 수 없는 일이다. 앞에서 글로바와 그의 친구는 성경을 이해하지 못해서 도덕적 결함이 있는 것으로 간주되었다(24:25). 참된 깨달음은 초자연적인 것이라서 예수님이 제자들의 마음을 열어 성경을 깨닫게 하신다. 그런데 오직 하나님만 이런 식으로 사람들의 마음을 여실 수 있다. 따라서 이것은 예수님이 하나님과 똑같은 정체성과 본성을 공유하신다는 또 하나의 지표다. 여기서 우리는 고린도전서 2:6-16을 기억하게 된다. 그 본문은 신자들이 성령의 사역, 곧 신자들에게 영적인 것을 드러내시는 하나님의 영의 사역 덕분에 하나님의 지혜를 즐거워한다고 가르친다. 이제 제자들은 예수님이 그동안 그들에게 말씀하셨던 것, 즉 그리스도가 고난을 받고 죽고 사흘 만에(참고. 호 6:2) 죽은 자 가운데서 살아날 것이라고 성경이 가르친다는 것(참고. 눅 24:26-27; 고전 15:3-4)을 비로소 깨달을 수 있다.

24:47-49 제자들은 이런 문제들을 깨달을 뿐 아니라 복음을 세상에 '전파하도록' 부름 받는다. 제자들은 예수님을 십자가에 못 박히고 살아나신 분으로 전파하고, 사람들에게 죄 사함을 받기 위해 회개하도록 촉구해야 한다. 여기서 제자들이 유대인에게만 아니라 "모든 족속"에게 전파해야 한다는 것을 주목할 필요가 있다. 이 사역은 예루살렘에서 시작되지만(참고. 사 2:3; 겔 5:5; 미 4:2) 온 세계 전역으로, 모든 곳의 모든 사람에게 확장된다.

이는 사도행전 1:8에 나오는 예수님의 위임령, 즉 제자들에게 성령의 능력을 받아서 예루살렘에서 시작해 땅끝까지 좋은 소식을 전파하라는 그 명령과 일치한다. 이 사명은 온 세계를 대상으로 삼고, 사도행전이 복음 전파의 역사를 계속 이어간다.

세례 요한 역시 죄 사함을 얻게 하는 회개를 촉구했고(3:3), 예수님은 사역하는 동안 회개하라고 말씀하셨다(5:32; 13:3, 5; 15:7; 10; 16:31). 그러나 사도행전에서는 예수님이 십자가에서 죽고 부활하고 승천하신 주님이기 때문에 회개하라는 요청을 받는다(참고. 행 2:38; 3:19; 5:31; 8:22; 11:18; 17:30; 20:21; 26:20). 죄 사함은 예수님의 이름으로 주어지고, 그분의 죽음과 부활에 기반을 둔다(참고. 행 2:38; 5:31; 10:43; 13:38; 26:18). 제자들은 예수님의 사역과 죽음과 부활의 증인으로서 독특한 역할을 맡았고(참고. 행 1:8), 자신들이 보고 들은 것을 모든 곳의 모든 사람에게 전달할 특별한 책임을 담당한다.

제자들은 증인이 되도록 부름 받았으나 증언을 하려면 능력이 필요하다. 누가복음에서는 예수님 안에 성령이 있고, 예수님이 성령의 능력을 받으신다(3:22; 4:1, 14, 18). 이제 그분은 부활한 분이자 승천한 분으로서 약속한 성령을 제자들에게 보내실 것이다(사 32:15; 44:3; 겔 36:26-27; 39:29; 욜 2:28-29). 성령을 지닌 분이 이제 주님과 그리스도로서, 성령을 주는 분으로서 높이 들리신다. 사도행전 1:4-8에도 똑같은 주제가 나온다. 거기서 제자들은 예루살렘에서 "아버지께서 약속하신 것"을 "기다리[게]" 되어 있고, 그때 예수님은 그들이 성령으로 세례를 받을 것이라고 약속하신다. 성령이 제자들에게 내리실 때, 그들은 능력을 받아 예루살렘으로부터 땅끝까지 증인이 될 것이다. 누가복음의 이 구절에서는 제자들이 "위로부터 오는 능력을 입을 때까지"(49절, 새번역) 예루살렘에 머물러야 하고, 다시 한 번 우리는 그 능력이 증언하기 위한 것임을 알게 된다. 복음 전파는 성령의 사역 때문에 가능한 초자연적 실재다.

24:50-53 이 복음서에서는 승천이 40일 뒤에 일어나는지가 분명치 않으나, 누가는 사도행전 1:3, 9-11에서 시간적 간격을 분명히 밝힌다. 누가

복음에서는 예수님이 제자들을 베다니로 데려가고, 감람산에서(행 1:12) 손을 들어 그들을 축복하신다. 여기서 민수기 6:24-26에 나오는, 하나님의 은총과 보호를 요청하는 제사장의 축복을 생각하게 된다(참고. 레 9:22; 집회서 50:20-24). 예수님이 그들을 축복할 때 하늘로 올라가신다. 누가는 사도행전 1:9-11에서도 승천을 서술한다. 승천은 예수님이 이제 주님과 그리스도로 높이 들리신 것을 분명히 한다(행 2:36). 예수님은 하나님에게 의롭다고 인정되어 성전의 모퉁잇돌이 되셨다(참고. 행 5:31). 그분은 높이 들린 분으로서, 다윗 혈통의 왕이고 다윗 언약의 약속들을 성취하시는 분이다(참고. 삼하 7장). 이와 동시에 부활하고 승천하신 분으로서, 제자들에게 성령을 주고 그들이 사명을 수행하도록 능력을 부여하신다. 승천은 또한 예수님이 며칠 만에 한 번씩 제자들에게 계속 나타나지 않으실 것을 분명히 한다. 그들은 예수님이 영광스럽게 돌아오실 때까지 그분을 다시 보지 못할 것이다(행 1:11).

제자들은 예수님이 하나님과 똑같은 지위와 정체성을 공유하신다는 것을 알고 그분께 경배한다. 예배의 중심은 더 이상 누가의 이야기가 시작되는 성전이 아니라 예수님이다. 스데반이 사도행전 7장에서 설명하듯이, 예수님이 이스라엘 예배의 중심이다. 그럼에도 선교가 예루살렘에서 시작되므로 제자들이 기쁘게 거기로 돌아간다. 그리고 계속해서 성전에 머물러 있으면서 하나님을 송축한다. 그들은 예수님을 경배하고 하나님을 찬송한다. 이 두 행동 사이에는 모순이 없다. 참으로 하나님을 찬송하는 사람들은 예수님도 경배하기 때문이다.

응답

예수님이 정말 죽은 자 가운데서 살아나셨는지에 대해 제자들의 마음속에 의심이 생기는데, 이런 의심은 오늘날 우리 마음속에도 생길 수 있다. 예수님이 죽은 자 가운데서 살아나셨다는 주장은 놀랍다. 첫 제자들 역시 처음에는 회의론자였다는 사실은 우리의 믿음을 더욱 강하게 한다. 그들은 예수님이 죽음을 정복하셨다는 것을 순진하게 믿지 않는다. 처음 부활에 관한 소식을 들을 때는 설마 그럴 수 있겠냐고 의심한다. 그러나 예수님은 그들에게 자신이 참으로 살아났다는 구체적인 증거를 주신다. 손과 발과 상처의 흔적을 보도록 권함으로써 그들의 상식적인 관찰력에 호소하신다. 예수님은 시각에서 멈추지 않으신다. 제자들이 환각에 빠질 수도 있기에 그들로 한 걸음 더 나가게 하신다. 그분은 자신을 직접 만져보라고 말씀하신다. 누군가가 거실에 있는 피아노를 보지만 그것이 피아노라고 믿을 수 없다고 상상해보라. 그러나 그 사람이 건반을 누르고 멜로디를 연주하기 시작한다면, 그는 그것이 피아노라는 것을 의심할 수 없다! 예수님은 자신이 영에 불과한 존재가 아님을 강조하신다. 그분은 살과 뼈가 있는 물리적인 부활의 몸을 갖고 계신다.

예수님의 부활은 제자들에게 꿈이 실현되는 것과 비슷하다. 누가는 그 사건이 너무나 위대해서 그들이 "너무 기쁘므로 아직도 믿지 못[한다]"(24:41)고 말해준다. 그것은 마치 어떤 것에 대해 너무나 흥분한 나머지 그것이 현실인지 확인하기 위해 자기 몸을 꼬집어봐야 하고, 그래도 믿기 어려운 경우와 비슷하다. 그것이 바로 제자들의 상태다. 그럼에도 그들은 이성을 잃지 않았다. 그들은 너무나 흥분한 나머지, 자신들이 꿈을 꾸고 있고 그 모든 것을 꾸며낸 것은 아닌지 의아해 한다. 그래서 예수님이 그들에게 먹을 것이 있는지 물어보신다. 구운 생선 한 토막을 드리자 그들이 있는 곳에서 그것을 드신다. 어쩌면 누군가는 예수님이 갑자기 방에 나타난 이야기를 제자들이 꾸며냈다고 말할 수도 있다. 그리고 어쩌면 누군가는 그들이 예수님을 본 것은 환각이었다고 말할 수도 있다. 그런데 생선한 토막은 어떻게 설명할 것인가? 그들이 생선 한 토막을 예수님에게 드리자 그것이 사라진다. 환각은 생선을 먹지 않는다. 생선 한 토막이 저절로 사라지지는 않는다. 그 생선은 실제 몸을 가진 부활한 예수님이 그것을 드시기 때문에 사라지는 것이다.

예수님의 부활이 좋은 소식을 전할 능력을 받는 것과 무슨 관계가 있는가? 마음속에 성령이 내주하시고 우리가 전하는 좋은 소식이 진실임을 확신할 때, 우리는 좋은 소식을 전파할 능력을 얻게 된다. 우리는 요정 이야기를 전하는 게 아니라 역사상 실제로 일어난 일을 전하는 것이다.

나는 최근에 멤피스(미국의 도시-옮긴이 주)에서 엘비스 프레슬리를 보았다는 좋은 소식을 전파하지 않는다. 왜냐하면 엘비스는 죽은 상태로 있기 때문이다. 만일 누군가가 엘비스가 아직도 살아 있다고 생각한다면, 우리 모두는 그 사람이 바보라는 데 동의한다. 반면에 우리가 전파하는 좋은 소식은 진실이라는 것을 우리는 확신할 수 있다. 예수님은 정말로 죽은 자 가운데서 살아나셨고, 제자들에게 그분의 부활을 믿을 만한 타당한 이유들을 제공하신다.

우리는 모든 민족에게 복음을 전파해야 한다. 예수님은 이렇게 말씀하지 않으신다. "어떤 인종이나 민족에게 이미 종교가 있다면 복음을 전파하지 말라." "어떤 민족이나 인종이 복음을 듣고 싶어 하지 않는다면 복음을 전파하지 말라." 우리는 모든 민족, 모든 인종에게 복음을 전해야 한다. 그리고 그들이 회개하고 죄에서 돌이키도록 촉구해야 한다. 모든 곳의 모든 사람이 죄를 지었고 하나님의 영광에 미치지 못한다. 그래서 모든 곳의 모든 사람이 회개하고 예수 그리스도, 곧 십자가에 죽고 부활하신 주님을 믿을 필요가 있다. 이 세상에는 너무도 선해서 구원받기 위해 회개할 필요가 없는 민족이나 인종은 없다. 그리고 너무나 악해서 우리가 아예 무시한 채 복음을 들을 자격도 없다고 말할 수 있는 민족도 없다. 우리는 우리 자신의 힘으로 모든 민족에게 복음을 전할 수 없다는 것을 안다. 우리에게는 성령, 곧 위로부터 오는 능력이 필요하다.

교회 역사를 뒤돌아보면 하나님께서 그분의 약속을 지켜 오셨다는 것을 알게 된다. 그분의 복음이 성령, 곧 교회가 선교하도록 구비시킨 그 영을 통해 모든 민족에게 퍼져나갔고, 우리는 동일한 영에게 오늘날 우리를 사용해서 모든 곳의 모든 사람에게 복음을 전파하시도록 간구한다. 우리는 더 이상 성령의 능력을 받기 위해 예루살렘이나 다른 곳에서 기다릴 필요가 없다. 성령은 예수 그리스도께 속한 우리 각자 속에 계신다. 예수님은 우리를 육체적 죽음에서 구해주겠다고 약속하지는 않았으나, 우리를 그분의 영으로 강건케 하시고 구원의 복음을 전파하는 데 필요한 담대함을 주겠다고 약속하셨다. 그분은 우리로 테러리스트의 공격을 피하게 해주겠다고 약속하지는 않았으나, 아무것도 우리를 그리스도의 사랑에서 끊을 수 없게 하겠다고 약속하셨다. 그분은 우리가 복음을 전파하는 모든 사람이 믿을 것이라고 약속하지는 않았으나, 그분이 각 족속과 방언과 백성과 나라 가운데서 일부를 피로 샀다고 약속하셨다(계 5:9).

24장

참고문헌

Bock, Darrell L. *Luke*. 2 vols. BECNT, Grand Rapids, MI: Baker Academic, 1994-1996. 《BECNT 누가복음 2》 (부흥과개혁사).

대럴 복의 누가복음 주석은 복음주의 진영에서 최상의 전문적인 주석이다.

Bock, Darrell L. *Luke*, IVPNTC. Downers Grove, IL: InterVarsity Press, 1994.

두 권짜리 주석보다 더 짧고 이해하기 쉬운 요약판.

Bovon, François, *Luke*, 3 vols. Hermeneia, Minneapolis: Fortress, 2002-2013.

보본의 저술은 중요한 업적이다.

Edwards, Jame R. *The Gospel according to Luke*, PNTC, Grand Rapids, MI: Eerdmans, 2015. 《PNTC 누가복음》 (부흥과개혁사).

훌륭한 영어 강해서.

Fitzmyer, Joseph A. *The Gospel according to Luke*, 2 vols. AB. Garden City, NY: Doubleday, 1981-1985. 《앵커 바이블 누가복음》 (CLC).

피츠마이어의 저술은 그 특유의 명쾌함이 특징이다.

France, R. T. *Luke*, TTT. Grand Rapids, MI: Baker, 2013.

목사들을 위한 명료하고 짧은 강해서.

Garland, David E. *Luke*, ZECNT. Grand Rapids: MI: Zondervan, 2011. 《강해로 푸는 누가복음》 (디모데).

목사들이 사용하기 쉬운 뛰어난 주석.

Green, Joel B. *The Gospel of Luke*. NICNT. Grand Rapids, MI: Eerdmans, 1997.
명료하고 유익한 주석. 《NICNT 누가복음》 (부흥과개혁사).

Marshall, I. Howard. *The Gospel of Luke*. NIGTC. Grand Rapids, MI: Eerdmans, 1978.
유명한 복음주의 학자가 쓴 전문적인 주석.

Stein, Robert H. *Luke: An Exegetical and Theological Exposition of Holy Scripture*. NAC 24. Nashville: B&H, 1993.
목사들에게 유익한 매우 명료하고 이해하기 쉬운 강해서.

성경구절 찾아보기

예레미야

예레미야애가

에스겔

마가복음

로마서

국제제자훈련원은 건강한 교회를 꿈꾸는 목회의 동반자로서 제자 삼는 사역을 중심으로 성경적 목회 모델을 제시함으로 세계 교회를 섬기는 전문 사역 기관입니다.

ESV 성경 해설 주석
누가복음

초판 1쇄 인쇄 2023년 11월 28일
초판 1쇄 발행 2023년 12월 11일

지은이 토머스 R. 슈라이너
옮긴이 홍병룡

펴낸이 오정현
펴낸곳 국제제자훈련원
등록번호 제2013-000170호(2013년 9월 25일)
주소 서울시 서초구 효령로68길 98(서초동)
전화 02) 3489-4300 **팩스** 02) 3489-4329
이메일 dmipress@sarang.org

ISBN 978-89-5731-888-1 94230
978-89-5731-825-6 94230(세트)

※ 책값은 뒤표지에 있습니다. 잘못된 책은 구입하신 곳에서 교환해드립니다.